Décomposer la culture par l'imagination

le surréalisme et la pensée anthropologique

文化解体の想像力

シュルレアリスムと人類学的思考の近代

鈴木雅雄／真島一郎＝編

人文書院

文化解体の想像力・目　次

★

III　表現者とフィールド

文化解体の想像力

シュルレアリスムと人類学的思考の近代

★

序章　儀礼と神話
——ある解体の思考の地勢図のために

鈴木雅雄

シュルレアリスムと人類学という問題はおそらく二つ存在する。シュルレアリスム研究にとってのそれと、人類学にとってのそれである。この一見当然の、しかし実は奇妙な事態が、ここに読まれようとしている書物にはつきまとっていくだろう。

『シュルレアリスムと精神分析』という書物を、あるいは『シュルレアリスムとヘーゲル哲学』という書物を手に取るのは、まず第一に、精神分析やヘーゲルについてではなくシュルレアリスムについて考える必要を持つ人々であるに違いない。だがシュルレアリスムと人類学（あるいはむしろ民族誌学）という問題は、この十数年間人類学そのものの根底的な問い直しの中心であり続けたジェイムズ・クリフォードがあの決定的な論文(1)を発表して以来、むしろ人類学者のものであったかもしれない。一方やはりこの十数年のうちに、第二次世界大戦中・大戦後の活動を扱うことの必要性をようやく自覚しつつあるシュルレアリスム研究もまた、この問題に少しずつ接近してきた。しかしここに、すでに矛盾がある。人類学との接点を語るとき、文学研究がまず一九四〇年代のシュルレアリスムにおける神話の問題系に目を向けるのに対し、クリフォードは何よりも二〇年代末の、しかもシュルレアリスムの敵対者であったバタイユを中心とする運動を凝視していた。これはクリフォードが「シュルレアリスム」という語の用法を誤っているといった問題ではないし、おそらく文学研究と人類学研究という立場の違いですらない。シュルレアリスムと人類学という問題は、ブルトンがフロイトをいかに受容したか、あるいはヘーゲルにいかなる支えを見出したかといった、影響関係や近縁性の問題ではなく、ある思考の空間で——自己と一致できないことを本質とし、運命的に「他者」をめぐるものであるような思考、つまりは「近代的」な思考の空間で——同時期に形成された二つの強力な磁極が生み出す磁場の中で、その時代の先鋭な知性が選択した、しばしば互いに矛盾する無数の戦略と態度決定の問題である。だがこの磁場の織りなす地勢図があまりに錯綜しているせいで、選ばれた視点によって互いに調停不可能なほどに異なったいくつもの風景が開かれてしまうのだ。だから私たちはこの序章で、それもまた一つの視点から見た風景であることを自覚しつつ、それでも一つの見取り図を呈示し、またそこでのこの書物の位置を測定しようと試みる。この論文集を構成するのはまさに、どこまでも不透明なこの空間をさまざまな方向に踏査しようとするいくつもの試みだからである。

1　抜き出すこと・出会うこと・焼き尽くすこと

文学研究と人類学研究のあいだの前提のずれが、どのような視点のずれに対応するものかを明らかにすることからはじめなくてはならない。

ブルトンやエリュアールが二〇年代から「未開美術」を収集していたのは周知の事実だが、両大戦間のシュルレアリストたちは、これら「野蛮の品々」を自らの理論や実践とどう関係づけるべきか、意外なくらいの戸惑いをみせていた。この論文集では星埜氏の論考が、政治的な文脈をも含めてこの「戸惑い」を詳細に跡づけてくれている。彼らが民族学的な領域に接近していくのは、メンバーの多くがアメリカへの亡命を余儀なくされて直接にヨーロッパ外の文化に触れ、これと前後して「新しい神話」の問題がグループの中心課題となっていく四〇年代前半であり、人類学上の文献が積極的に援用されるのも、やはりこれ以降である。[2]第二次大戦後のシュルレアリスムを単なる後日談と考える偏見から解放されつつある文学研究が、亡命期の活動や新大陸文化との接触、[3]一九四七年の国際展や神話的思考[4]との関係[5]などを次々に取り上げていく中で、人類学との両義的なつながりに関心を寄せることになるのも当然の成り行きであった。[6]だとすれば、『ドキュマン』とその時代に焦点を合わせるクリフォードの「シュルレアリスム」論が、この動きとかみ合わないのは当然である。だがそうした事実レヴェルの問題を別にして、(7) さらにシュルレアリスムという表現を彼が用いるような広い意味に理解したとしても、シュルレアリスム研究の中で流通してきた解釈からするとなお一定の違和感が残る。それはなぜか。

ある対象をそれ自身の文脈とは別の場所に置き直すことで世界を異化するという、いわゆる「並置」の手法を中心に据えたクリフォードのシュルレアリスム解釈は、ある意味で非常に好意的なものである。この視点は、しばしば弁証法的全体化であるとして批判されてきたシュルレアリスムを生産的な意味での断片化・相対化の運動と捉え、バタイユなどの試みと連続的に考えることにつながるからだ。この解釈には、おそらく非常にアメリカ的なものという側面がある。いささか極端に言うならば、フランスの研究者は六〇年代以降、シュルレアリスム批判をスプリングボードとしてバタイユを評価するディスクールに対し、なんらかの態度決定をすることでしか、シュルレアリスムについてアクチュアルな意義をもった発言ができなかったようにすら見える。だが、たとえばシュルレアリスムとテル・ケルの確執などから距離を置ける英語圏では、もっと緩やかな枠で考えることがしやすかったし、それはしばしば生産的なことでもあった。クリフォードは自分の言う「シュルレアリスム」が厳密なグループとしてのそれではないと主張するためにスーザン・ソンタグを援用しているが、(8) そこで引かれているソンタグの写真論はある角度から見ると、ここ十数年のシュルレアリスム研究としてきわめて重要なものの一つであるロザリンド・クラウスの、写真というパラダイムでシュルレアリスム美術全体を捉え返す作業の先駆であるとも評価できる。(9) 写真は対象世界を記録する道具などではなく世界を「異化」するものであり、シュルレアリスムとはまさに写真の持つこの「異化」効果を本質とする態度だ、という発想がソンタグとクラウスの仕事に通底するモティーフではなかろうか。アメリカの研究者はかなり以前から、クリフォードが「並置」と呼ぶ態度に引きつけてシュルレアリスムを理解してきたとも言えるわけだ。だがこの「好意的」な解釈にも不都合がないわけではない。

シュルレアリスムをこれほど主体的・意図的な作業に還元してしまっていいのか、という疑問がそれである。シュルレアリスムは無意識に全権を委任することではなく、そこに何らかの意図的な作業があったと考えるのは、抑圧と解放という図式の呪縛から逃れようとする近年の研究に共通した方向性ではあろう。(10) それにしてもシュルレアリスムが、もともと一つの主体が意図的になしうることの限界を認識することからはじまった運動であるという事実は残る。一つの詩を入念に練り上げていくよりも、意識的なあらゆる努力の外で聞き取られる声によって決定的な何かが与えられるという認識こそが、自動記述なのであった。それがいかに芸術家の天才というイデオロギーに回収される危険を抱え込んでいたにせよ、出発点におけるシュルレアリスムとは、主体の創造性という神話を括弧に括ろうとする意志そのものだったと言ってよい。たしかに二つのイメージ、二つの語が出会うのだが、出会いは「起こるか起こらないか」なのであり、それはあくまで意図的な「並置」によっては得られない現象だったはずである。「並置」を語ることで、非ヨーロッパ世界の芸術家たちの芸術を、ある民族の伝統文化の本質の表現などに還元せずに理解する道が開かれるならば、この意図自体はまさに正当としか言いようがないが、疑いなく生産的なものであるクリフォードの読解に対してそれでも提出することのできる問いの一つは、そうした作り手たちの「創造性」を語ることは、シュルレアリスムが一旦消去したはずの主体という神話の復活ではないかという問いなのである。

だが実際のところ、クリフォードの論文に対して明確な、しかも多くは批判的な反応をしたのは、むしろバタイユとその周辺の作家を取り上げてきた研究者たちであった。たとえシュルレアリスムを、クリフォードの言うような特殊な意味に捉えたとしても、なおかつバタイユの思考をそれと混同されては困る理由が、彼らにはあった。典型的でもありもっとも重要なのは、ドゥニ・オリエの反応であろう。他ならぬ『ドキュマン』再版への序文[11]で彼は、この雑誌が実行に移そうとしたのは「脱文脈化」や「並置」ではなく、まさに文脈の中にとどまることだったと語る。二〇年代に（少なくともフランスで）支配的だった美学的、あるいは形式主義的「脱文脈化」に抗し、バタイユも民族誌学者たちも、対象となるオブジェがそれを生み出した社会の中で占めていた場所にあくまでも踏みとどまろうとした。さらにオリエは、雑誌の寄稿者である作家・芸術家と民族学者とのあいだに共通の方向性を見つけようとすることにも無理があると考える。同じく文脈へのこだわりといっても、民族学者のそれがオブジェの機能を知ることにあるとすれば、バタイユが注目するのはそれが消費ないしは蕩尽され、社会的機能が意味を失う場面であった。『ドキュマン』は二つの対象を「並置」するのでなく、一つの対象（たとえば人体）それ自体の中に裂け目を見つけ出し、現実のもっとも残酷な真実を露呈させようとしたのであり、したがってそれは、「想像力」すなわち「可能なもの」の掲揚としてのシュルレアリスムではなく、「現実」すなわち「不可能なもの」の凝視としての「レアリスム」をこそ体現していたのである。[12]

つまり文脈から抜き取り別の文脈と出会わせるというクリフォード的な「シュルレアリスム」に対して、ブルトンの側からは、出会わせるのではなくいわば出会いによって襲われようとする態度が、バタイユの側からは、文脈の中にとどまり文脈という概念自体が無効化される瞬間に立ち会おうとする意志が、対置されることになる。クリフォードの議論が生産的なものであるとすれば、それはいっそ爽快なまでの図式化が、その図式性によって他の複数のモデルの可能性を際立たせてくれるという点にこそあるだろう。このようにして私たちは、とりあえず「前衛」という言葉で括っておくしかないある時代の作家・芸術家たちが、その時代の複雑な磁場の中で、自らのそれとは異なった世界と関係を結ぶために選び取る可能性のあった、複数の選択肢を確認するのである。

★

だが私たちはこの論文集に、バタイユの民族学との関係を正面から取り扱ったような研究は収録しなかったし、副題にもおそらくより実態に近い「フランス・モダニズム」などの表現ではなく、あえて「シュルレアリスム」という語を選んだ。アルトーやレリスの研究者は彼らをシュルレアリスムという枠で捉えるのに抵抗を示す正当な理由があるし、ポーランは言うまでもなくシュルレアリスムに対する同時代の代表的な批判者である（だが彼の言語観が、シュルレアリスムのそれに意外な角度から光をあてるものであることを、深澤論文の読者は理解するだろう）。グラックですら、グループの外部にとどまることを選択した作家であった。にもかかわらず、まるで一つのベクトルのみを優先させるかのようにこの副題を選んだのは、今世紀フランスの前衛文学と人類学との関係を語るときのある種の常套句をあらためて問題化し、そこで考えられているものとは違う、しかし同様に重要な別の流れが存在することを強調したかったからである。三〇年代後半以降シュルレアリスムが民族学と軒を接しながら語った多くのことは、しばしば面食らうほどにナイーヴな「未開芸術」称讃の態度にもかかわらず、人類が本来普遍的に共有しているはずの「原始的」心性を、「文明的」な生活の課す抑圧から解き放とうなどという戯言よりも、はるかに以上の何かであった。まさにシュルレアリスムと人類学をメインテーマとしたシンポジウム記録への序言[13]で、この二つの領域の関係が重要な展開を見せたのは二〇年代であり、三〇年代以降この関係は後退したといった発言がなされてしまう現状を、容認するわけにはいかないのである。もちろん私たちは、シュルレアリスムの「未開文化」への視線が四〇年代にかけて「進化」したと主張したいわけではない。グループのメンバー自身がときに繰り返したそういうきわめて党派的な断言が、六〇年代以降のシュルレアリスム批判を誘発したのは間違いがない。だがバタイユとその周辺の作家たちが民族学を必要としたその理由と、やや遅れてそれを自らのディスクールに取り込んだときのシュルレアリスムの選択を、ともにそれ自体の重みで測定するために、やはり一旦はシュルレアリスム、特にブルトンの思索に多くの頁を割きたいと考えたのである。

ただそれにしても、シュルレアリスムと民族学という問題の可能性を十全に踏査するには多くの欠落ができてしまったことは否定できない。とりわけヴォルフガング・パーレンのアメリカ北西海岸インディアンについての研究に関する論文[14]を収録できなかったのは悔やまれるし、工藤氏の射程の長いラム論を除いて、シュルレアリスムをさまざまに変形しつつ取り込んでいったカリブ海域出身の芸術家たち、特に数十年間にわたって書きつづったテクストを最近一冊に編んだルネ・メニル[15]や、やはりその数少ない詩篇がやっと多くの読者に手の届くものとなったクレマン・マグロワール＝サン＝トード[16]についても、ここでは何も語られていない。ポストモダン人類学でアフロアメリカン文化の占める重要性を考えれば、テッド・ジョーンズのシュルレアリスムへの接近の意味を考察すべきであったし、ジャン＝ミシェル・エモネの仕事[17]によって近年にわかに情報量のふえた、名著『現代詩と聖なるもの』の著者ジュール・モヌロについても、何かが語られるべきであったろう。また別の文脈では、『コブラ』の運動に近いところに身を置き、多くの現代芸術を論じてきた人類学者、リュック・ド・ウーシュ[18]からなんらかの証言を引き出せなかったろうかと、自問しないでもない。だがそうした無数の欠落にもかかわらず、ここに収められているのは、自文化の外に位置する他者と向き合うことを課されたある時代の感性が、戸惑いながら発明しようと試行錯誤した無数の対処法の中の、おそらくもっともよく知られたものではないいくつかをめぐる思索であると考えたい。

2　儀礼を創造すること・神話を召還すること

だがブルトンの思考は、「前衛」と民族学のあいだに開かれたこの空間の中で、本当にバタイユのそれ同様の強力な力線でありうるのだろうか。序章という枠をいささか超えてしまうのかもしれないが、私たちはここで、亡命時代のブルトンが『ドキュマン』以降のバタイユの試みを相当程度に意識していたことを示し、そうしながら、一九三〇年前後のバタイユやレリスとともに、この論文集が包摂すべき空間のもう一方の極となる、この時期のブルトンの思索の枠組みを素描しておきたいと思う。私たちのテーゼは、四〇年代前半のブルトンが、バタイユの「儀礼」の思考とでも呼ぶべき何かに、彼の「神話」の思考を対置しようとしたというものである。

「コレージュ・ド・ソシオロジーの諸氏」のフェティシズム

一九四二年は、「新しい神話」というテーマがシュルレアリスムの地平に登場した年である。その指標となるのは、言うまでもなくまずこの年六月付で創刊された『VVV』第一号の「シュルレアリスム第三宣言か否かのための序論[19]」に呈示されている「透明な巨人」という「神話」であり、同年一〇月から一一月にニューヨークで開催された「シュルレアリスムの帰化申請書」展、特にそのカタログ後半に掲載された、「いくつかの神話の残存について、あるいは増大ないし生成の途上にあるその他いくつかの神話について[20]」と題されたあの奇妙な数頁であるが、これにやはり同年四月『ヴュー』に掲載されていた、「マックス・エルンストの伝説的生涯、その前置きとして、新しい神話の必要性をめぐる短い議論[21]」を付け加えることができる。このテクストがとりわけ私たちの注意を惹くのは、その「前置き」部分に「コレージュ・ド・ソシオロジーの諸氏」という表現が見つかるからである。

この「前置き」は、「フェティシズム」の語を発明したことで知られる一八世紀ディジョンの市議会議長、シャルル・ド・ブロッスとの空想上の対話といういくらか突飛な設定の文章だが、ここでブルトンは「コレージュ・ド・ソシオロジーの諸氏」の活動を高く評価し、かつそれに一定の留保を表明する。ブルトンはバタイユたちのしていたことが、ド・ブロッスの理解するような一八世紀的意味でのフェティシズム、つまり象徴化作用を伴わない対象そのものの信仰であると考える。「超越者へ送り返されない宗教」と言い換えてもいいだろう。キリスト教や合理的精神、さらには全体主義指導者のまわりを旋回するこの時代の精神的磁場を、それとは別の、しかもきわめて特殊な「聖なるもの」の創造によって磁化し直そうとする試みだというのである。ただしブルトンはこれに対し、コレージュの構成員たちが、その新しい宗教を「何から何まで発明できる」と考えていたらしいことに疑問を提示し、彼らの「宗教」に、自然発生的に現れるものとしての「新しい神話」を対置するのである。だがこのことの含意を考える前に、ここでブルトンが「コレージュ・ド・ソシオロジー」と呼んでいるものはそもそも何であるのか、考えてみる必要がある。

このエルンスト論には「『ヴァーティカル』誌（ジョラス編、一九四一年）を参照」という註が付けられている。両大戦間フランスで『トランジション』誌を主宰していたウージェーヌ・ジョラスもまたこの時期アメリカに移っていたが、彼は一九四一年、一号のみで終わった『ヴァーティカル』を出版する際に、コレージュに関する資料の取り集めと紹介を、コレージュでの発表経験を持つジョルジュ・デュテュイに依頼した。[22] 当時ニューヨークのブルトン周辺には、マッソンやロベール・ルベル、後述のワルドベルグ夫妻、ドゥニ・ド・ルージュモンやこのデュテュイのように、コレージュ・ド・ソシオロジーや雑誌としてのまた秘密結社としての「アセファル」にさまざまな形態、さまざまな程度で関与していた作家・芸術家が集まっており、極端に言えば、二九年にシュルレアリスムを脱退した作家たちが『ドキュマン』ないしバタイユのまわりに集まっていたのと対照をなすような状況が生まれていた。だから特にマッソンとは近しい関係にあったらしいジョラスが[23]こうした企画を考えるのは唐突ではなかったのだろう。ドゥニ・オリエの記述によると、特集全体は「聖なる儀礼」と題されており、収録されているのは『アセファル』のためのマッソンのデッサン以外に次のテクストである。(1)『新フランス評論』一九三八年七月号に発表された、コレージュによる宣言ともいうべきアンソロジー「コレージュ・ド・ソシオロジーのために」への匿名の序文（実はカイヨワによるテクストで、ここでは「聖なる社会学のための宣言」と題されている）、(2)『アセファル』第一号掲載のバタイユの宣言文書「聖なる陰謀」、(3)研究会におけるカイヨワの発表原稿であり、のちに『人間と聖なるもの』に収録される「聖なるものの両義性」、(4)そしてデュテュイ自身の「聖なる芸術のために」である。すべてが見事なまでに「聖なるもの」という記号のもとに置かれているわけだが、だとすればブルトンが、あまりにも直接的に宗教と結びついてしまう「聖なるもの」という語の代わりにあくまで「神話」という語にこだわったという事実を確認しなくてはならない。だがそれ以上に注目されるのは、ここに再録されたバタイユの「聖なる陰謀」である。[24] ブルトンはこのテクストを『アセファル』誌上ですでに読んでいたろうから、ここにとりわけ新しい論点を見つけたわけではないはずだし、そもそも彼がこれら英文の資料をどこまで理解したか、はなはだ疑わしい。だが「聖なる陰謀」のエピグラフが、サド、キルケゴール、ニーチェの文章であることは無意味ではない。「新しい神話の必要性をめぐる短い議論」では、その新しい神話の予言者としてランボーとロートレアモンという当然の名前の他に、まさにこの三人の名前が挙げられていた。戦前からニーチェへの言及は何度かあったものの（それ自体バタイユの影響という側面もあるだろうが）、ブルトンがキルケゴールの名を挙げるのはきわめて珍しく、ここでの言及は「聖なる陰謀」を思い浮かべながらのものだと考えるのが妥当であろう。またテクスト（およびイラスト）の選択からわかる通り、『ヴァーティカル』のアンソロジーはコレージュと『アセファル』を区別していないのだから、ブルトンがそれに「新しい神話」を対置した「コレージュ・ド・ソシオロジー」による宗教とは、すなわち「無頭人《アセファル》」への信仰だということになる。だがここまででは、「アセファル」とはまだ一つの雑誌の名にすぎない。いかに漠然とした形ではあれ、ブルトンの考えていた「アセファル」が、やはり秘密結社としてのそれでもあったことを示すために、一人の特権的な証人に登場してもらうことにしたい。

森の出会いと灰皿の崇拝

一九三九年秋、パリ近郊サン＝ノン＝ラ＝ブルテッシュからほど近いあのマルリーの森で、バタイユを含めわずか四人の参加者によって最後の「出会い」が行われた日、パトリック・ワルドベルグはその参加者の一人であった。彼自身が晩年に残したノート[25]を信じるなら、このときバタイユは、アセファルという結社の存続を保証する神話を作り出すために、他の三人が供犠の儀礼の中で自分に死を与えてくれるように望んだはずである。これを拒否されたバタイユは、アセファルの試みが決定的に破綻したことを認め、やがて隠された共同体を基礎づける沈黙とは別の、テクストというもう一つの夜の中へと沈潜していくことになる。一方このののち志願兵として参戦したワルドベルグは、敗戦後やはりアセファルに加わっていた妻イザベルとともにアメリカに渡り、私たちが問題にしているこの時期、ブルトンと行動をともにしていた。彼は四二年秋、再び志願してアルジェに赴き、やがて二年後の八月には連合軍の一員としてパリ解放に立ち会うことになるのだが、この間イザベルと多くの手紙を交わしており、その中の一通（一九四三年九月一九日付）が、四四年三月『W』第四号に掲載された、有名なバタイユ批判、アセファル否認の書簡である。ニューヨーク亡命期のシュルレアリスム、およびアセファル構成員のその後に関する比類ない一次資料であるパトリックとイザベルの書簡集(26)をたどっていくと、四三年九月にその手紙を受け取ったイザベルが、ブルトンはじめニューヨークの友人たちのあいだでそれを回覧し、ブルトンがそれを『W』次号に掲載したいと提案したいきさつや、ワルドベルグ本人は自分の手紙の価値を疑ったものの、ブルトンとイザベルの判断でそれが公表された事情などを詳細に跡づけることができる。いわばこの書簡はブルトンの承認を得たものなのであり、アセファルについて決して直接には語らなかった彼がそれについて何を知り何を考えていたか想像するための重要な手がかりである。

実際の手紙を雑誌に掲載されたヴァージョンと比較すると、『W』誌上では冒頭に、出版されてほどない『内的体験』への批判を含む同年九月八日の手紙の一部が付け加えられており、またワルドベルグの手紙のあとには、結社の構成員ではなかったがコレージュと一定のつながりを持っていたロベール・ルベルとデュテュイによる応答の手紙が併載されていて、さらにその全体は「新しい神話に向けて——予感と疑念」と題されている。バタイユの試みを出発点として、それを乗り越えるために「新しい神話」への問いが立てられていくという方向性が、意図的に強調されているのである。ではバタイユの何が批判されているのか。

ワルドベルグが告発しているのは、一言で言うならアセファルという試みの、あまりに意図的で偶然を排除した性格であった。迷宮という象徴とマッソンがそのためにデザインした紋章はあくまで意図的に選択されたものだが、結社の記号は本来、事態の進展の中で自然に与えられるべきものだった。またバタイユはこの試みにあたって多くの「生活の諸規則」を設定し、細々とした道具だてをさえ指定したが、こうした規則は自然発生的な共同体内部で、既存の神話を中心として組織される儀礼にのみふさわしいのであり、いわば「可能態」としてしか存在しないはずのアセファルにはふさわしくないというのである。アセファルのメンバー間の書簡やその他の内部文書(27)をたどっていくと、一方で私たちはこの「生活の諸規則」の詳細を知ることができるが、他方でこの資料からは、バタイユが神話の自然発生的性格や、この共同体の中で偶然が果たすべき役割を決して無視してはいなかったこともわかってくる。だがワルドベルグの批判の妥当性がどの程度のものであるにせよ、彼のアセファルに対する否認が、「非＝知」の体験を通過しながらもあくまで「知の主体」であろうとするせいで、そこで何が生じていたかを理解できないものの発言だと考えてしまうのは(28)、やはり正しくはない。ワルドベルグが告発したのはまさに、「非＝知」を主体として引き寄せようとするバタイユの行為の矛盾であった。「非＝知」はやってくるものでしかないのである。

　文学的すぎるきらいはあるが、ブルトンの発想はこれよりはるかに正当なものだと、ワルドベルグは続ける。ニューヨークを発って以来彼の頭を離れないのは、次のような場面の記憶だ。その場にはイザベルと自分をはじめ、デュテュイやピエール・アンドレール、ジャン・ロランといった、アセファルに、あるいは少なくともコレージュに加わった人々がいた。彼らを前にしてブルトンは、それがいかなる性質のものでありいかなる表象をともなうかといった問題を一切宙吊りにしたままで、一つの神話を作り出す企てについて語ったらしい。手元にあった灰皿を振りかざすと、たとえばこのソーサーを崇拝の対象にして教団のようなものを設立し、会の形態や規則など一切おかまいなしに、すべてを偶然にゆだねて突き進んでいけばいいというのだ。この灰皿の崇拝こそはまさに、ブルトンがエルンスト論の「前置き」で語っていた、あの象徴化機能のゼロ度としてのフェティシズムである。ワルドベルグが支持するのは、このフェティシズムが、つまりは「新しい神話」が自然発生する地点に立ち会おうとするブルトンの意志であり、逆にバタイユに対して批判するのは、儀礼によって信仰を維持しようとする意志であった。ワルドベルグの主張の是非は、先に見た通りいささか微妙ではあろう。にもかかわらず、ある視点から見るならば、ブルトンとバタイユの思想についての一般的な理解とは正反対に、不定形のものに触れようとするバタイユが儀礼という「形」を必要とするのに対し、神話的な形象の誕生する地点に赴こうとするブルトンはあらかじめそれを必要とはしていないというこの矛盾に、私たちはおそらく、もう少し意識的になるべきなのである。

頭のない巨人と透明な巨人

だがブルトンは、単に「神話」を「儀礼」に対置するだけではない。儀礼によって維持される既成宗教の神話も、それがなんらかの欲望を体現している限りにおいて、儀礼から解き放たれて新しい神話に生まれ変わる可能性もある。神話が「発明」しえないものである以上、私たちにできるのは古い神話をなんらかの暴力によって作り変えることであり、だからブルトンはバタイユの神話をすら、自分の方へ引き寄せようとするのである。

「透明な巨人」の神話がはじめて語られたのは『W』創刊号の「第三宣言か否かのための序論」だが、そこで神話の問題を共有する同時代の思索者として、バタイユ、カイヨワ、デュテュイ、マッソンの名も挙げられていることは確認しておくとして、注目すべきはやはり、上述の「シュルレアリスムの帰化申請書」展の際の「いくつかの神話の残存について……」である。そこに選ばれ、各々二つのイメージと一つの引用によって「演出」された一五の神話は、ほとんどが西欧世界のもっとも伝統的な神話体系に属しているが、これは決していまだ「残存」している神話の羅列ではなく、一五の神話が寄り集まって一つの物語、すなわち「透明な巨人」の神話を形成していると考えねばならない（この点については別の場所で論じておいた）[29]。「黄金時代」の楽園から「失墜」した人間が、「オルフェウス」のごとき呪力を取り戻すため「賢者の石」や「聖杯」を探し求めるという、あまりに凡庸なストーリー。だが結局は失敗してしまう無数の楽園回復の試みの末に到来するはずの新しい人間、すなわち「透明な巨人」を予告するのが、その直前に位置する「ランボーの神話」と「超人」であることに注目しよう。「超人」のイラストの一つはニーチェの肖像であり、また引用はサドからのものであるが、だからここでもエルンスト論の場合同様に、ランボー、ニーチェ、サドが新しい神話の予言者として召還されていることになる。さらに当の「透明な巨人」のイラストとして用いられたミハエル・マイヤーの『逃げるアタランタ』の挿画を見るなら、両手と頭は雲に溶け込み腹には幼子を宿したこの巨人が、両手に武器と炎を握りしめ腹には迷宮を宿した、マッソン描くあの頭のない巨人を連想させるとしても、恣意的な印象にすぎないとは断言できないはずだ（図1、2）。『ヴァーティカル』のアンソロジーにはマッソンのデッサンが収録されていたし、『W』第四号の「新しい神話に向けて」でも、ファシズム・イデオロギーによる回収からのニーチェ奪回をテーマとした『アセファル』第二号の表紙、ニーチェ自身の肖像、およびワイマールのニーチェ資料館で撮影されたヒトラーの写真が用いられることになるだろう。まして「聖なる陰謀」のエピグラフに掲げられたニーチェからの引用が超人の到来を予告する文章であったとすれば、そもそも「無頭人《アセファル》」とは超人に対応する、あるいはそれが予告する新しい人間であったとすら言える。「透明な巨人」の神話が四二年のはじめ、マッタとの会話の中から浮かび上がってきたものだという通説はおそらく正しいし、それを示す証拠もあるが、この神話へと向けて収斂する観念とイメージの流れが複数存在していたとしても、少しも不思議なことはない。だからおそらく、私たちはこう結論できるだろう。アメリカ亡命期の前半、ブルトンが心の中で続けていたかに見えるバタイユとの対話の文脈に置き直して考えるなら、「透明な巨人」とはまた、「無頭人」という神話の一つの変奏でもあったのである。

神話の内容だけを比較するなら、ブルトンはバタイユが人間から取り去った頭部を彼の巨人に与え直したにすぎないと、評価する他はない。しかし神話が差し出されるその様態に視線を向けるなら、話はこれほど単純ではないはずだ。註釈なしに置かれたこれらの神話は、より上位の神話に組み込まれ新たな役割を担わされているが、その一つ一

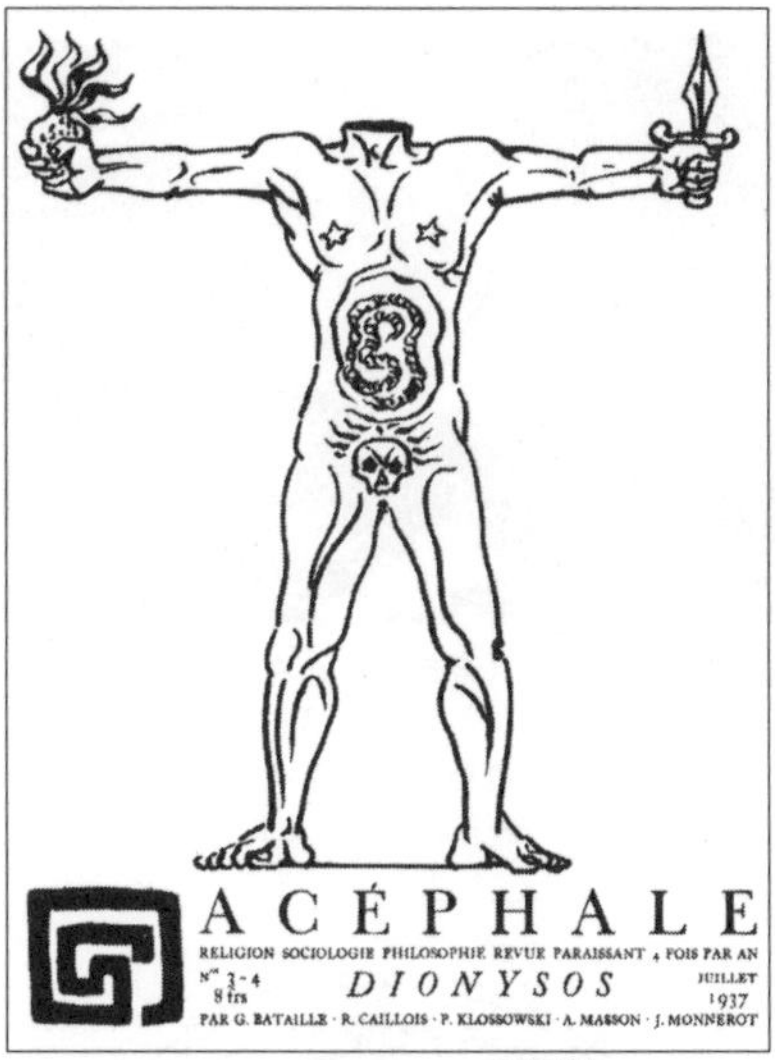

図1　マッソンの描いた「無頭人《アセファル》」（『アセファル』第2号の表紙）

図2　ミハエル・マイヤー『逃げるアタランタ』挿画（ブルトン「いくつかの神話の残存について……」中の「透明な巨人」の神話より）

つにしても、イラストや引用は決してそれを肯定し補強するものとは限らず、多くはその意味価を反転させるようなものである。(30) すでに流通している神話の中に別の神話を読み取るように、だから私たちは誘われているに違いない。まして多少とも注意深く見つめるなら、「透明な巨人」はすでにここで差し出されている他の神話の中に潜在していたことがわかるだろう。「オルフェウス」のイラストとして、オルフェウスが登場するわけでもないブーシェの《若きバッカスをニンフたちに託すメルクリウス》が選ばれているとすればそれは、このデッサンと先のマイヤーの図像とのあいだに対応関係が隠されているからではなかろうか。『逃げるアタランタ』第一図に描かれた巨人は実はメルクリウス（＝水銀）であり、腹の中の子供は錬金術の象徴体系では硫黄を表現するディオニュソス（＝バッカス）であって、つまりこれは賢者の石を得るために必要な水銀と硫黄の出会いを図像化したものだ。まして「賢者の石」の神話のためにパラケルススから選ばれたイメージが当然のように上部に水銀、下部に硫黄を配したものであってみれば、「透明な巨人」は古代や中世の神話の中に、また黄金時代とそこからの失墜を語るそれ自体としては凡庸な神話

図3　ブーシェ《若きバッカスをニンフたちに託すメルクリウス》のエスキス（部分）（ブルトン「いくつかの神話の残存について……」中の「オルフェウス」の神話より）

図4　パラケルスス『秘宝の秘宝』挿画（ブルトン「いくつかの神話の残存について……」中の「賢者の石」の神話より）

の中に、すでに書き込まれていたことになる（図3、4）。おそらくこの奇妙な数頁は、あなたの傍らにはいつでも透明な巨人（＝新しい神話）がたたずんでいるかもしれないという語りかけであり、既存の神話を別の神話に作り変えるよう誘惑するための装置なのである。

「アセファル」とは人間からその頭部を、その形態を奪うことであった。「透明な巨人」とは、そして「新しい神話」とは、人間に別の形態を与えようとすることである。人間は宇宙の中心ではなく、擬態をする昆虫のように身を隠した透明な巨大生物[31]の中で生きているのかもしれないというこの神話の核心は、その仮想的存在が人間には似ていない何かだという点にあった。つまり「透明な巨人」とは「別の形」の神話であり、「新しい神話」そのものを要約したいわばメタ神話なのである。ワルドベルグの書簡やブルトンのエルンスト論でバタイユに向けられていた批判がアセファルの試みの意図的な性格に対するものであったとすれば、「別の形」の現れとしての「透明な巨人」とはまた、『ドキュマン』以来バタイユが一貫して突きつけてきた、形態（あるいはその剝奪）に関する問いに対しての、ブルトンからの回答でもあったに違いない。

3　愛すること

西欧近代の思考様式を神話的思考とでも呼びうる何かによって解体するために、ある時代の「前衛」的な知性は、「儀礼」と「神話」という二つのモデルを提出した。もちろんここでは、「儀礼」にも「神話」にも特殊な含意が与えられている。バタイユにとっての儀礼とは、対象を（そして結局は自己自身を）超越的なものに捧げることなくそれ自身の場所で焼き尽くすことであり、ブルトンの想像した神話とは、対象の意味が屈折・反転し、別の意味が生成する可能性に賭けることだったはずである。これとは違うレヴェルの言葉で表現するなら、バタイユの問題はエロティスムであり、ブルトンの問題は愛なのだと言ってもいい。超越的なものの崇拝であるかに見える儀礼は、実は自己の肉体をも超越者の形象をも焼き尽くすエロティスムである。だが愛とは、本質的に反復不可能な、いかなる儀礼の手続きによっても呼び出すことのできないもの、やってくることも立ち去ることも主体には操作することのできない何かであり、神話の問題系とはこの扱いがたい体験との接触を断つまいとする意思の表現でもあった。

この論文集に収められた研究の多くは、この相補的な思考に問いかける多様な試みである。とりわけ千葉氏の緻密な追跡と真島氏の見事な理論化は、バタイユの足跡と深く重なりつつあくまでそれと同一のものでもなかったはずのミシェル・レリスの思考が、やはりこうした形態が剝奪される瞬間に差し向けられるものであったことを理解させてくれるし、守中氏と浅利氏の論考はそれぞれ、異なった時期のブルトンの思考について、それが形態の現れと呼びうる現象をめぐるものであったことを納得させてくれる。この序章の著者自身は、理論家としての価値がフランスですらあまりに過小評価されているバンジャマン・ペレが、儀礼と神話をめぐる思考をブルトンと共有していたことを示そうとした。また浅利氏の論考について付け加えるなら、それはシュルレアリスムにとって、形態の現れ——シニフィアンの誕生と言い換えてもいい——の問題が五〇年代にいたるまで人類学と深く関係するものであったことを、鮮やかに解きあかしてくれている。ブルトンが一度だけ、しかし決定的な箇所で用いた「シニフィアン」という語は、レヴィ=ストロースの「浮遊するシニフィアン」を典拠としつつ、それと明確に対立してもいる。それは「ゼロ記号」ではなく厚みを持った、謎としての性格を備えた記号であり、おそらくはだからこそ予期しえない何かを作動させることができるのである。そしてこの何かを作動させる記号とのつきあいこそが、ブルトンにとっての呪術だったはずであって、おそらく『魔術的（=呪術的）芸術』もこの視点から読み直さなくてはならないはずだ。そこで語られているラスコー洞窟の絵画に関する記述などは、再びその直前に発表されたバタイユのラスコー論への答えとして読み解きうる側面を持っているからである。いずれにしても、こうして儀礼と神話という二つのベクトルを定義することは、モダニズムと人類学との関係は一九三〇年前後、バタイユの周辺で頂点に達し、その後ブルトンのグループがそれを次第に薄め拡散させていったという単純なイメージを修正してくれる。「知ること」より「創り出す」ことを優先する態度において、モダニズムのある部分といわゆるポストモダン人類学が交錯するというのが事実だとしても、この出会いの場には、普通に考えられているよりも多くの、そしてどれもが必然性と有効性と限界とを持った、複数の態度決定が混在していたのである。

★

この序章では、これらモダニストたちが実際には民族学的事象といかに接触したかという問題は、本文にゆだねる形で括弧に入れてきた。だがこうして発見された神話モデルを延長するならば、対象社会の産物を自分の思考に取り込むのではなく、また対象社会の中に入り込もうとするのともやや異なって、他者と自己との接触面で生ずる記号と意味の生まれ変わりに目を凝らす態度に達することは間違いないだろう。こうした抽象的な表現で、この論集が扱っていくはずの多様な接触のあり方すべてを要約するのはもちろん不可能であるが、文化と文化の接触面に踏みとどまろうとするペレの選択はやはり典型的なものに思えるし、坂原氏の論考が描き出してくれるのも、アルトーという並外れた個体が、別の文化との接触面で生ずる事件の一つ一つを自らの身体に激しく刻み込んでいく、そうしたメキシコ体験である。ちょうどこれと表裏をなすように、永井氏が鋭く指摘するのは、自分の今いる場所そのものをこうした接触面として発見していこうとするグラックの実践であるはずだし、ブルトンがホピ・インディアンの土地で行ったことも、彼らについて書くのではなく、彼らとともに、彼らの与える衝撃の中で書くという意味で、この接触面にとどまる身振りであったかもしれない。もちろんシュルレアリストたちと「未開社会」の結びつきと言ったとき、人がまず何より彼らの「未開美術」への執着を想起し、さらにとりわけ画家たちがそれを自分の作品の中でいかに引用し利用したかを研究してきたのは自然なことであった[32]。それでも現在語られるべきシュルレアリスムと非ヨーロッパ世界との関わりとは、むしろこうした目に見えにくい、私たちがいまだにその取り扱いについて躊躇しているような細部なのではなかろうか。

シュルレアリストたちであれ『ドキュマン』の寄稿者たちであれ、彼らがいまだに私たちに語り続けているのは、異文化の産物と相対した芸術家が、その産物の意味や、それが用いられていた文脈を徹底して知ろうとしたとしても、それが必然的に「本質主義」として断罪さるべき態度を意味するとは限らないという、考えてみればごく当然の事実でもあるだろう。シュルレアリスムの「未開社会」観に対してしばしば提起された批判は、ポストモダン人類学の文脈で言えばまさに「本質主義」という用語で要約できるものであったが、この序章の目的の一つは、少なくともそれがシュルレアリスムの一面でしかなかったという事実を示しておくことであった。言うまでもなく、シュルレアリスムにたしかに内在していた「本質主義」的な思考を隠蔽してはならないだろうが、「脱文脈化」と「並置」のみがそれを超え出るための唯一の方途ではないことを、やはり忘れるべきではない。対象を軽々と別の文脈の中に投げ入れていくのではなく、それと接触することのじりじりとした居心地の悪さ、そしてそうであればこその抗しがたい誘惑に身をさらし、創造的な主体として対象の意味を書き換えるかわりに、その対象への愛において果てしなく自らを見失うこと、そして同時に、このことに伴うあらゆる危険を意識化するのを恐れないこと——彼らが私たちに差し出しているのは、そうするための無数の処方なのである。

註

（1） James Clifford, «On Ethnographic Surrealism», *The Predicament of Culture: Twentieth-Century Ethnography, Literature, and Art*, Cambridge, Mass., Harvard University Press, 1988, pp. 117-151.

（2） Martica Sawin, *Surrealism in Exile and the Beginning of the New York School*, Cambridge, The MIT Press, 1995.

（3） Daniel Lefort, Pierre Rivas, Jacqueline Chénieux-Gendron, éd., *Nouveau monde, autres mondes. Surréalisme & Amériques*, Paris, Lachenal & Ritter, 1995.

（4） *L'Herne / André Breton*, Paris, Editions de l'Herne, 1998.

（5） Jacqueline Chénieux-Gendron, Yves Vadé, éd., *Pensée mythique et surréalisme*, Paris, Lachenal & Ritter, 1996.

（6） 代表的なものとして次の二冊のみ挙げておく。*L'Autre et le sacré*, textes recueillis par C. W. Thompson, Paris, L'Harmattan, 1995. Jean-Claude Blachère, *Les Totems d'André Breton. Surréalisme et primitivisme littéraire*, Paris, L'Harmattan, 1996.

（7） ただし、バタイユがシュルレアリスムに参加したことがあるというクリフォードの記述はさすがに不正確と言わざるをえない。またこうした記述が、基本的には慎重なものであるクリフォードの議論を離れ、マーカスとフィッシャーなどによって引用されていくとき、やはりいくらか困惑せずにはいられない（ジョージ・E・マーカス、マイケル・M・J・フィッシャー『文化批判としての人類学』永渕康之訳、紀伊國屋書店、一九八九年、二二九頁）。

(8) クリフォードはジャン・ジャマンなどの批判に答える形で、一九八一年初出のこの論文を一九八八年の著作に収めるに際して註を付け加え、その中でソンタグに言及している(*op. cit.*, p. 118, n. 1)。援用されている著作には次の邦訳がある。スーザン・ソンタグ『写真論』近藤耕人訳、晶文社、一九七九年。

(9) Rosalind Krauss, *The Originality of the Avant-Garde and Other Modernist Myths*, Cambridge, The MIT Press, 1985(『オリジナリティと反復』小西信之訳、リブロポート、一九九四年).

(10) この点については次の文章で論じた。「解放と変形――シュルレアリスム研究の現在」、鈴木雅雄編『シュルレアリスムの射程』、せりか書房、一九九八年、六―二四頁。

(11) Denis Hollier, «La Valeur d'usage de l'impossible», *in*: *Documents* (réimpression), vol. 1, Paris, Jean-Michel Place, 1991, pp. VII-XXXIV. Repris dans: Hollier, *Les Dépossédés*, Paris, Les Editions de Minuit, 1993. また同じ方向からクリフォードを批判した他の典型的な論文として、次のものを挙げておく。John Lechte, «Bataille, l'autre et le sacré», *in*: *L'Autre et le sacré*, *op. cit.*, pp. 129-150.

(12) これはクリフォード批判であると同時に、バタイユの立場からのシュルレアリスム批判の洗練された形態であると言えるが、これに対しシュルレアリスムの側から何が言えるかをここで展開する余裕はない。

(13) *L'Autre et le sacré*, *op. cit.*, pp. 16-17. 第二節での私たちの主張は、トンプソンによる序文のこの一節で語られているパースペクティヴと真っ向から対立する。

(14) 暫定的には次の文献を参照してもらいたい。Wolfgang Paalen, «Voyage sur la côte Nord-Ouest de l'Amérique» présenté par Christian Kloyber et José Pierre, *Pleine Marge*, n° 20, décembre 1994, pp. 7-53.

(15) René Ménil, *Antilles déjà jadis* précédé de *Tracées*, Paris, Jean-Michel Place, 1999.

(16) Clément Magloire-Saint-Aude, *Dialogues de mes lampes et autres textes. Œuvres complètes*, Paris, Jean-Michel Place, 1998.

(17) Jean-Michel Heimonet, *Jules Monnerot ou la démission critique — 1932-1990*, Paris, Editions Kimé, 1993.

(18) リュック・ド・ウーシュの美術論としては次のものが入手しやすいであろう。Luc de Heusch, *Ceci n'est pas la Belgique*, Bruxelles, Editions Complexe, 1992.

(19) André Breton, «Prolégomènes à un troisième manifeste du surréalisme ou non», *Œuvres complètes*, tome III, Paris, Gallimard («Bibliothèque de la Pléiade»), 1999, pp. 3-15.

(20) Breton, «De la survivance de certains mythes et de quelques autres mythes en croissance ou en formation», *Œuvres complètes*, tome III, *ibid.*, pp. 127-142.

(21) Breton, «Vie légendaire de Max Ernst, précédé d'une brève discussion sur le besoin d'un nouveau mythe», *Le Surréalisme et la peinture*, Paris, Gallimard, 1965, pp. 155-165（アンドレ・ブルトン『シュルレアリスムと絵画』瀧口修造・巖谷國士監修、人文書院、一九九七年、一八八―一九八頁）.

(22) Hollier, *Collège de Sociologie, 1937-1939*, Paris, Gallimard (coll. «Folio / essais»), 1995, p. 749. この書物には非常に有益な邦訳があるが（ドゥニ・オリエ編『聖社会学』兼子正勝・中沢信一・西谷修訳、工作舎、一九八七年）、一九七九年の初版からの翻訳なのでこの部分は含まれていない。

(23) Sawin, *Surrealism in Exile and the Beginning of the New York School*, *op. cit.*, p. 141.

(24)『アセファル』には復刻版（Paris, Jean-Michel Place, 1980）があり、次の邦訳もある。ジョルジュ・バタイユ他『アセファル』兼子正勝・中沢信一・鈴木創士訳、現代思潮社、一九九九年。

(25) Patrick Waldberg, «Acéphalogramme», *in*: Georges Bataille, *L'Apprenti sorcier*, Paris, Editions de la Différence, 1999.

(26) Patrick Waldberg, Isabelle Waldberg, *Un amour acéphale, correspondance 1940-1949*, Paris, Editions de la Différence, 1992.『Ⅵ』に発表された書簡のうちワルドベルグとルベルのものについては次の邦訳がある。パトリック・ワルドベルグ、ロベール・ルベル「新たな神話にむかって」上野俊哉訳、『ユリイカ』一九八六年二月号、二〇四―二一一頁。

(27) Bataille, *L'Apprenti sorcier*, *op. cit.*

(28) 西谷修「ブランショと共同体」、モーリス・ブランショ『明かしえぬ共同体』（朝日出版社、一九八四年）への訳者あとがき、一九九頁。もっとも、その後シュルレアリスムの凡庸な解説者の一人になってしまったワルドベルグの重要性が認識されるには、前掲の書簡集と、民主共産主義サークルの時期の記憶を物語化した、バタイユやスヴァーリンが別名で登場する未刊の小説が、彼の死後家族の手で編纂・発表されるのを待たねばならなかったのであり（Waldberg, *La Clé de cendre*, Paris, Editions de la Différence, 1999）、彼がバタイユの意図を理解できない、なかば偶然の参加者のように受け取られたのも、ある時期までの反応としては自然であったかもしれない。

(29)「神話の転生・転生の神話」、『現代詩手帖』一九九四年一〇月号。

(30) 同論文を参照。

(31) ここでは慣用に従って「透明な巨人」という訳語を用いてきたが、les Grands Transparents という表現に「人間」という意味が含まれているわけではなく、それを「透明な巨大生物」と考えることから出発している浅利氏の議論はまったく正しい。浅利誠「帰納的思考と動物たち――ブルトンの形而上学素描の試み」、鈴木雅雄編『シュルレアリスムの射程』、前掲書、一八〇―一九五頁。

(32) 典型的かつ非常によく整理された例として、次の論文を挙げておく。エヴァン・モーラー「ダダとシュルレアリスム」、ウィリアム・ルービン編『20世紀美術におけるプリミティヴィズム(Ⅱ)』吉田憲司他日本語版監修、淡交社、一九九五年、五三四―五九三頁。

Ⅰ　記号・他者・身体

マルセル・モースにおける現実と超現実
――シュルレアリスムへ向けた人類学からのいくつかの断片

渡辺公三

今世紀の前半、シュルレアリスムと人類学がどのように交差したかを確かめるために、「危機の二〇年」の時期、当時フランス人類学の中心をなしていたモースを軸に、出来事と出会いの連鎖をたどり、いくつかの断片的な考察を試みる。モースの探求において、「民族誌的超現実」と呼びうるものはどのような意味をもっていたのだろうか、そうしたモースの探求は西欧の危機の現実とどのように結びついていたのだろうか。それがわれわれの興味の焦点である。断片に含まれる二つの年譜は、モースの人生の節目にあわせて、一九三〇年までと一九四〇年までの二つの部分に分け、三〇年代から二〇年代へと遡る。主語を略した文はモースに関する事実を表し、また「　」、『　』で示した論文、著作は、特に註記しない限り刊行時期で記載する。

★

1　年譜一――一九三〇～一九四〇年

一九三〇年　三月　モロッコに旅行
　一一月　コレージュ・ド・フランスに選出

一九三一年　五月　「ピカソをたたえる」（『ドキュマン』）
五月（六日）　パリで国際植民地博覧会開会、シュルレアリストによる批判
五月（一〇日）　グリオール、レリス等のダカール＝ジブチ調査団出発（〜三三年二月）
「多環節社会における社会的凝集力」（『社会学研究所紀要』）
一九三二年　五月　総選挙で左翼の勝利
一九三三年　一月　ドイツでヒトラー内閣成立
コジェーヴによる「ヘーゲル講義」始まる。バタイユ、カイヨワ、ラカン等聴講
一二月　スタヴィスキー事件発覚
「一九一四年以降のフランスにおける社会学」（『フランスの科学』）
「個体性についての発言」
この年からカイヨワ、モースの講義に出席（〜三五年）
ダカール＝ジブチ調査団特集（『ミノトール』）
一九三四年　三月　反ファシズム知識人監視委員会に参加署名（ブルトンも署名）
「一般記述社会学の計画・断章」（『社会学年誌』）
一九三五年一〇月　ブルトン、バタイユ等「反撃」を結成
イタリア、エチオピア侵入
「身体技法」（『心理学雑誌』）
一九三六年　三月　ドイツ軍、ラインラント進駐、「反撃」分裂
五月　人民戦線内閣の発足
レオン・ブルム内閣への理論的協力を約す
七月　スペインでフランコ等反乱、内戦始まる
一九三七年　一月〜二月　レヴィ＝ストロース夫妻「マトグロッソのインディアン」展開催

七月　バタイユ、カイヨワ等、コレージュ・ド・ソシオロジー結成
ナチス主催の「頽廃芸術」展開催
一九三八年　二月　高等研究院宗教研究部長兼任
三月　ソ連でブハーリンなど粛正
五月　ブルトン、メキシコでトロツキーと会見
レヴィ=ストロース、ブラジル調査旅行始める
六月　カイヨワへの私信
カイヨワ、モース担当授業で講師を務める
九月　ミュンヘン協定
「人間精神の一範疇——人格の観念」(『王立人類学協会紀要』)
一九三九年　八月　独ソ不可侵条約
九月　英、仏が独に宣戦、第二次世界大戦始まる
「物質の観念に先行する概念」(物質をめぐる国際会議での報告、刊行は四五年)
一九四〇年　六月　パリ陥落
八月　ブルトン、エルンスト等、アメリカ亡命のためマルセイユへ。トロツキー暗殺の報
に接する
一〇月　モース、ユダヤ人という理由からあらゆる公職を辞任

2　三〇年代

危機の時代の後半は、モースにとって学問的な栄光と悲惨の激しい変転の時でもあった。学問的な最高峰であるコレージュ・ド・フランスへの選挙活動の合間をぬうようにしておこなわれた短期間のモロッコ旅行は、モースにとっ

てほとんど生涯唯一のフィールドワークらしいものであった。

僅差の厳しい投票結果でコレージュに選出された後のモースは、実質的な研究の主導者という以上に、いわば時代の寵児としての人類学の代表者として、スポークスマンの役割を果たしてゆく。三一年のパリ国際植民地博覧会の組織にも、とりわけ教え子たちの活躍を通じて関わり、またほぼ同時に高弟であるグリオールを中心とするダカール＝ジブチ調査団が、フランス初の大規模な学術探検隊として政府の後援のもとに出発する。この時期、モースの多くの弟子が現地調査に赴いている。バタイユの親友だったメトローはアルゼンチンに、後に民族精神医学を開拓するドゥヴルーはベトナムのモイ人のもとに、インカ研究者を経て政治家となるスーステルはメキシコに、独自の民族植物学を提起するオードリクールはコーカサスに。そしてモースとはやや距離を置いていたらしいレヴィ＝ストロースも、三五年、モースの同僚であるブーグレの紹介でサンパウロ大学へと赴任し、やがて三七年には最初の調査旅行の成果を携えて帰国し、モースの後援をえて再調査にブラジルへと帰ってゆく。学問的な最後の時期三七〜三八年頃には、後にインド研究者としてモースの初期のインド古典学への関心を引き継ぐことになるデュモンが講義に参加してくる。

フランス人類学における「散種」の時代といえそうな三〇年代はまた、世界がファシズムとボルシェヴィスムと、大恐慌に翻弄されるアメリカニズムによって混乱と緊張に見舞われた時代でもあった。モース自身も含め二〇年代の知識人にとってロシア革命をどう評価するかが緊急の問題だったとすれば、三〇年代にはもうひとつの軸としてナチズムとの対決が課された。「反ファシズム知識人監視委員会」、「反撃」の結成と解体、人民戦線内閣への支持、スペイン内乱への関与、コレージュ・ド・ソシオロジーの設立という、ブルトンやバタイユなどの動きに、時には近く、時には遠く、モースの動静が絡み合っている。また、この時期には若い神話研究者として、ロジェ・カイヨワがブルトン、バタイユの間近に接しながら、私的にもモースの謦咳にふれ、「ヒトラー主義に引きずられて時代遅れになったベルクソン主義者ハイデガー」に感化されることなく、神話学に専念するよう強く勧められてもいる。

三〇年代のモースの業績は多くない。古典ともいえる論文集『人類学と社会学』に収録された論文のうちでも、魅力的で斬新な視点が満ちているとはいえ口頭の研究会報告を書き起こした「身体技法」と「人格の観念」の比較的小さな二篇にとどまる。三〇年からほぼ一〇年間続けられたコレージュでの講義は、「社会学」教授のポストであったこともあって、多くはデュルケムと、ロベール・エルツやアンリ・ユベールなどデュルケム派宗教社会学の業績の再評価に当てられ、その成果がモースの序文を付したこれら故人の論文集の刊行となって具体化している。第一次世界大戦後、二〇年代から始められたデュルケム派の故人(戦争の犠牲者が少なくない)のいわば「喪の仕事」が継続されたといえるだろう。

いっぽう、教授職を続け、カイヨワなど多くの若い知性を惹きつけた高等研究院での授業では、三〇年には、二〇年代あるいはさらに前から継続された「オーストラリアにおける口頭儀礼」から始まり、儀礼、神話を軸に宗教と芸術をめぐって年毎に、アフリカ、アジア、オセアニアの民族誌を詳細に読み込むという作業が続けられた。そうした民族誌の読みのなかで、異文化の超現実的な現実が、モースのアルザス訛りの強い言葉によってどのように再現されたのか、その片鱗はモース自身による講義概要を通じて推測する以外にはない(後出第6節)。

これらの授業と研究会報告以外に、若い研究者に向けて、いかに調査し観察し記述するかを手ほどきする民族誌学の講義が、民族学研究所で一九二六年の研究所開設以来続行されていた。その内容は出席者の講義ノートをもとに再構成され一九五〇年に刊行された。

カーは『危機の二〇年』で、両大戦間期の危機の基底にさまざまな二分法的対立があり、政治におけるユートピア主義と現実主義の対立がその基軸をなしていたという考えを示している。少し飛躍していえば、モースの人類学的探求の根底には、多様なかたちの二分法を失効させ、知をあらたに再編するという意識的で強い意志があったように思える。西欧的思考に根を張ったアリストテレス的カテゴリーとは異なった思考の枠組みの探求を標榜する三〇年代の論考には、とりわけその方向が明瞭に示されているように見える。シュルレアリスムが現実と超現実を単に対立させ、二分法を固定するということではなく、むしろ超現実を導入する詩的方法を創出することで現実を変容させることを目論んでいるとも理解されるように、モースにとっての民族誌もまた災厄をもたらす二分法をいかに脱臼させるかという方法だったという受け取り方がありえるのではないだろうか。

しかし三〇年代終わりのモースは、「散種」の豊かな成果を確認するいとまもなく、陥落したパリでナチス支配に直接さらされ、ユダヤ人排除政策の圧力のもとであらゆる公職を追われ、学問生活の条件のみならず年金さえも保証されないという厳しく不当な境遇に追い込まれたのである。

3 『民族誌学への手引き』——断片とコメント

『手引き』では、モースが常識的な、未開対文明という対立をいわば「なかったこと」とみなし、世界の新たな測量線を手探りし、それを若い人類学者たちに伝えようとしていることが確かめられるように思える。いくつかの文章を拾って列挙すると、時にはそれが若い人類学者へ向けた生活上の指針を教える父の様相を帯びてくるようにも見える。

〔……〕現認することと統計をとることによる科学である民族学においては、直観の働く余地はない。社会学と記述的民族学は、研究者に古文書学者であり歴史家であり統計家であることを求める。さらにある社会における生活全体をありありと感じさせる小説家であることも。（八頁）

〔……〕主観的であることからくる障害。表面的な観察に終わる危険性。「信じ」てはいけない。見たのだから知っているのだと信じないこと。道徳的判断を一切してはならない。驚いてはならない。逆上してはならない。土地の社会の生活をその内部で生きるよう努めること。（九頁）

ただこの生活指針は、むしろ判断停止とアモラルな冷静さを課しながら、生活のさなかに入ること、直観を排しながら想像力を目覚めさせておくことを求めるのだ。

「未開」と「文明」という二分法の転換といわば対をなす、もうひとつの二分法の解体と再編の志向は例えば次のように示される。そこに、「身体技法」の発見にもつながる反形而上学ともいえそうな、新たな具体性への注意力が表れていると言えないだろうか。

〔……〕観察の方法は、物的なものの記録と観察法、および心的なものの記録と観察法に二分される。それは、かなり恣意的な区分である。社会生活には、純粋に物的なだけの要素も、純粋に心的なだけの要素もありはしない。理念的なもの、手に触れ得ぬものの芸術である音楽は、人間にもっとも物理的（身体的）に働きかけるものでもある。（一八頁）

物質と精神の二分法は括弧に入れられ視線の新たな布置のなかに、メディアとしての身体が浮き上がってくる。社会へのまなざしを、この身体という「運動し生成する場」のまわりに編成しなおすこと、それがモースの最盛期から晩年にかけてのモティーフのもっとも重要なもののひとつであったと思われる。『手引き』のかなり大きな部分を「技術論」が占めていることも、モース的展望のなかで技術が、文明論と密接にリンクしているばかりでなく、技術の実践と技術の効果の身体的位相の問題として心理的生理的身体に直接かかわり、あるいは「身体技法」といった問題系を導入することから理解されよう。

アモラルつまり道徳的に中立な場で解放された注意力もしくは好奇心は、「身体技法」の一項目として、「生殖の身体技法」について観察されるべきことをこうあげている。

〔……〕生殖の方法については、人工的に身体を加工変形することで生じる障害も含めて研究すること。同時に、ソドミー、レスビアンの慣習、獣姦等などがおこなわれているか、おこなわれていないかも記録すること。（三三頁）

観察者はまさに「すべてを、欠けるところなく、網羅的に」記録することが求められているのだ。こうしたあけすけのアモラルな言葉遣いを、ただちにラブレー風のゴーロワズリに結びつけるのは無理にしても、人類学的好奇心が、世間的「道徳」から自由であるべきことが短刀直入に示されてはいる。

技術の細部に眼をとどかせることによって、そこに物質と精神のきわめて親密な関係が確かめられることは間違いない。例えば籠編みの技術は次のように観察されねばならない。

〔……〕籠の底面はもっともむずかしい。〔……〕円形の胴の籠に、頂点をつきあわせた三角形四つを合わせて作る四角い底がつけられることもある。幾何学的形相互間の関係。平面幾何学と空間幾何学の定理の多くが、意識的な定式化も必要とせず、大昔の籠編み職人たちの手で解決されていたのを見ることができる（籠編みが女の仕事とされていることも多い）。（四一頁）

数学の課題をそうと知らずにマニュアルに解いている伝統技術の保持者としての女性という視点は、十分に現代的ではないだろうか。

あるいは、「接着の技術論」が次のように展開される。

〔……〕糊、樹脂、蠟、ニスは、抵抗力による道具である。この問題については概論書は一冊も存在しない。糊と樹脂はオーストラリアではさかんに使われている。先史時代の道具のあるものについては、こうした粘着物があったと仮定しない限り、使用法が理解できない。もっとも効き目のある糊のひとつは血である。糊のなかでは蠟（蜜蠟その他）を忘れないこと。蠟のさまざまな用法。（四七頁）

「抵抗力による道具」という言葉はモースの技術論体系のなかでの位置づけを表す。その導入から、概論書への言及つまり研究の現状へ、さらにオーストラリアの民族誌へ、そして先史学のポイントのひとつが示され、身体の問題（素材としての血）へ飛躍し、蠟の問題の細部へ没入してゆく。こうした細部から細部へのたえまない移動の途上に、モースの口をついてあふれたであろうエピソードや観察やジョークや笑いがどんなものであったかは、文字となった記録からはうかがいとることはできない。文字化された記録はせいぜいランダム・ウォークのいくつかの回折点の軌跡をかろうじて写しとっているだけなのではないか、という印象がそれほど見当違いであるとは思えないのである。

4　年譜二——一九二〇～一九三〇年

一九二〇年　初　「ナシオン」について論文（未完成、生前未刊）を準備
　一月　協同組合についての一連の小論によって活動再開
　　　　ツァラ、パリに到着。パリ・ダダの口火が切られる
　二月　フランス社会党創立、鉄道員のゼネスト
　五月　フランス労働総同盟主導のゼネスト。政治経済不安
　秋　ロンドンのアリストテレス協会で「ナショナリティ」について講演
　冬　高等研究院に復帰、研究活動再開。ポットラッチについて講義。院の講義には、グリオール、
　　　　アレクサンドル・コイレ、アルフレッド・メトローなどが参加
　一二月　社会党分裂、左派、コミンテルン・フランス支部設立
一九二一年　三月　ロシア共産党、新経済政策（NEP）への移行を決定
　五月　エルンストのコラージュ展
　　　「義務的な感情表現（オーストラリアにおける葬礼の口頭儀礼）」（『心理学雑誌』）
一九二二年　四月　スターリン、ロシア共産党書記長に任命
　九月　ブルトン等、交霊術に倣った催眠実験
　一〇月　イタリアでファシスト政権成立
　一二月　「為替一～七」（『人民のもの』）、「ボルシェヴィキのために」（『社会主義生活』）
　　　　コミンテルン支部、フランス共産党に
　　　　マリノフスキー『西太平洋の遠洋航海者』、ラドクリフ＝ブラウン『アンダマン島

人』刊行
一九二三年　一月　フランス、ドイツに賠償を求めルール進駐
二月　「暴力に関する観察一～三」（『社会主義生活』）
一一月　ヒトラー、ミュンヘン蜂起失敗
ブルトン『地の光』、デュシャン《大ガラス》
「贈り物にお返しをする義務」（『人類学』）
一九二四年　一月　レーニン没
三月　「為替、第二、第三シリーズ」（『人民のもの』）
ブルトン等、自動記述の実験を継続
五月　選挙で左翼の勝利
一〇月　ブルトン他、シュルレアリスム研究所設立
ブルトン『シュルレアリスム宣言』
「心理学と人類学の現実的、実践的関係」（『心理学雑誌』）
「ボルシェヴィスムの社会学的評価」（『道徳・形而上学誌』）
一九二五年　九月　ジョゼフィン・ベイカーのレヴュー始まる
「社会主義とボルシェヴィスム」（『スラヴ世界』）
「贈与論」（『社会学年報』復刊第二シリーズ第一巻）
ヒトラー『わが闘争』
ブルトン「現実僅少論序説」
一九二六年　初　レヴィ＝ブリュル等と民族学研究所開設、民族誌学の講義始める（～三九年）
五月　ロックフェラー財団の招待でアメリカに旅行
「集団によって暗示された死の観念の個人への生理的影響」（『心理学雑誌』）

「冗談関係」（『高等研究院年報』）

一九二七年　　　ブルトン「正当防衛」
一九二八年　　　ブルトン、アラゴン等共産党入党
　　　　　　　　ブルトン『ナジャ』、バタイユ『眼球譚』
一九二九年　　　「文明——要素と形式」（文明をめぐる国際会議での報告、刊行は三〇年）
　　　　　　　　ブルトン「シュルレアリスム第二宣言」

5　二〇年代

一九二〇年代にさかのぼってモースの主な業績を検討する時、まず例外なく「贈与論」がとりあげられる。贈与交換という行為に人間にとって普遍的な関係の生成の場を見る、現代人類学の古典とみなされているこの論文が、モース自身の同時代的な問題意識のどのような文脈で書かれたのか、われわれはようやくさまざまな手がかりを得始めている。ここではその文脈をできるだけ正確に測るためのいくつかの指標をおくことで満足しなければならない。

第一次大戦中、英国軍付きの通訳将校を務めたモースは、研究生活に復帰するに当たって、まず戦後世界秩序の新たな枠組みとしての国民国家の考察から手を染めた。それが未完のままに終わり、モース没後の一九五四年『社会学年報』に掲載されることになった「ナシオン」論であった。この論文を支える問題意識は、戦前の青年期から一貫して持続する「協同組合」運動への熱のこもったコミットメントと、そして戦後の新たな焦眉の問題であるロシア革命をどう評価するかという課題と緊密に呼応していた。とりわけ後者は若い時、その前身となる組織の創立に関わった社会党から左派（後、共産党となる）が分裂しようという動向にも直接結びついていた。一九二二年、共産党の設立にともなって、かつてモース自身が年長の盟友であったジャン・ジョーレスとともに創刊した『ユマニテ』という新聞が、共産党の機関紙に姿を変えることを、モースは平静に、ただ一抹の苦渋と愛惜をこめて、ある記事に記録している。

「長い戦争」がようやく終わり、戦後処理のための国際連盟が発足しようという時、今後の世界秩序が「ナシオン」という原理にのっとって運用されてゆくことを見通し、「ナシオン」から原理的な帰結を可能な限り引き出そうと、いわばリアルタイムで徹底して考察することは、やはりきわめて明敏な判断だというべきではないだろうか。それは国際という時の「国＝ナシオン」がどのような資格においてナシオン足りうるのか、ナシオン間関係の主体はいかにして主体足りうるのかという問いである。カーが『危機の二〇年』で、一九四〇年の時点で、第一次世界大戦の後、歴史的には初めて、国家間の関係が少数の専門的な「外交官」のみの手を離れて「国際関係」となったと述べている指摘が正しいとすれば、モースはまさにそのようなものとしての国際関係の主体を見極めようとしたともいえるだろう。

この問いはモースの西欧的な問題設定において直ちに、三つの方向に展開する。すなわちナシオンと国家《エタ》の関係、ナシオンと少数民族の民族性を含むナショナリテとの関係、そしてナシオンと社会主義国の誕生が切迫した問いとして提示する「国有化＝ナショナリザシオン」の概念との関係、である。

かなり長く同時に粗削りなモースの試論を、委細をつくして検討する余裕はないが、これら三つの問いが互いに緊密に連携していること、またモースにとってナシオンの成立要件として、ある「自発性」を獲得した市民の成立ということが置かれており、市民の自発的な結合＝統合＝自意識としてのナシオンという理念が想定され、そうした視点から「後進地域」ロシアでのナショナルな革命の成立しがたいこと、国有化が国家による専制支配に短絡すること、が批判される。これが近代主義的な立論であることは確かだろう。ただそうした既視感を帯びた要約のしかたでは零れ落ちてしまうモース独自の視点がいくつかある。

スペンサーの社会学を援用する、いかにも進化論的な言葉づかいながら、モースはナシオンという形の結合＝統合＝自意識の形成の段階とは異なる、さまざまな社会の結合形式をいかに把握するかという問いを立て、その形態学的比較論を、比較という作業のもつ危うさを指摘しつつ素描している。それは半世紀ほど後に人類学の分野として形成される「政治人類学」を予兆する、あるいは明確に先取りする探求だったといえるだろう。その一端はほぼ一〇年後の「多環節社会における社会的凝集力」という論文として公刊されることになる。そしてまた結合を誘起するものが、広い意味での「互酬性」という関係の様態として把握され、その関係は具体的には「もの」の贈与交換としてとらえられていることを付け加えるべきであろう。それが歴史的、地理的な多様な現実として検討されるとき「贈与論」の主題となり、他方で、同時代の「自発的」、「自主的」流通＝交換システムとして構想されるとき「協同組合」の実践をみちびく理念となるだろう。またこうした視点は、ロシア革命においてボルシェヴィキがおこなった、協同組合のソヴィエトへの強制的な組み込みへの批判ともなる。モースにおける協同組合への関心は、おもに消費協同組合に向けられていた。

さらに注目すべき点は、ロシア革命批判のためには近代主義的なスタンスをとっているとも見えるモースが、その一方ではナシオンの自意識の過剰な先鋭化の危険をきわめて具体的な面から指摘していることである。モースの政治的な短文には、精彩のある皮肉の利いた言葉づかいが特徴的に表れていることが多いが、ナシオン意識の行き過ぎを指摘する文にはその言葉づかいの勢いが幾分か発露しているようにも思える。

問題は三つある。「近代のナシオンは自らの人種が存在すると信じている」、「さらにナシオンは自らの言語が存在すると信じている」、「そして第三に、ナシオンは自らの文明、風俗、産業技術、芸術が存在すると信じている」。ところが近代の文明がもっとも端的に示すとおり、人間の所産のなかに、自ら固有のものとして専有権を主張しうるようなものはありはしないのである。純粋な「自らの人種」など存在しないし、「自らの言語」などありえないし、「自らの文明」などありえないのだ。

ナシオンの意識は自らの固有性にたてこもろうとする傾向を宿している。ところがまさにそうしたナシオンが、いっぽうでは逆により多くの事物を共有し、いっそうの交通のなかでこそ存在しうるものとなってきている。固有性への固執と交通の深化という正反対のベクトルこそがナシオンの存立の文脈を形成している。歴史とともにいっそう拡大深化する交通のあり方を表現する言葉が「文明」にほかならない、とモースは指摘する。それが一九二〇年代、モースのもっとも豊かな収穫の時代を締めくくる文明論「文明——要素と形式」の基調であった。文明の語のもととなった civis とは、市民という語の語源でもある。

こうした「文明」認識は、「ナシオン」論執筆の数年後に公刊されるロシア革命批判のなかで使われる「交換するという人間の本性」という認識と直結している。「交換するという人間の本性」から考えて、きわめて人為主義的なかたちで市場を廃絶しようとするボルシェヴィスムの政策は、破綻せざるをえなかったのだというモースの論旨は、同時並行で執筆されたと考えられる「贈与論」の思考とまさに表裏一体をなしている。

ところで、交換が常に自らの一部を譲渡することであるとすれば、交換によって関係を生成しつつ自意識の自発性と固有性を保持しようという人間の存在、そして近代における人間の存在様式としての市民あるいは「人格」は常に逆説を孕んだものであることになろう。

この逆説を人為的に排除するのではなく、豊かな具体性として保持し、展開し、経験的なものとして生きうるものにする方法は何か。二〇年代の多方面にわたるモースの探求の基本モティーフを粗雑に要約すればそのようになるだろう。こうしたモティーフが協同組合論や為替制度の動向といった、同時代的なきわめて具体的で社会的な状況の分析によって検証されていることが、モースの思考の大きな特徴だといえるだろう。またロシア革命におけるボルシェヴィスムもしくはレーニンの思考をソレル、ムッソリーニ(さらにはヒトラー)のそれの系列に結びつけ「行動的少数派」の「陰謀集団」の政治手法と断じる見方は二三年の「暴力に関する観察」という時評以後、一貫して維持されるものとなる。

モースの穏健な社会主義の発想は、自ら形容するように「行動的多数派」市民の自発的な自己組織能力を基礎に置くものであった。その市民が交換主体として関係を生成する存在であるのだとすれば、交換行為が誘起する、ある種の拘束性(贈る、受け取る、お返しをする「義務」)と主体の自発性(もしくは「自由」)とはいかなる関係としてとらえられるのか。「贈与論」の問題意識にはこうした問いが包含されている。この論考の前後に試みられている、人間における「義務的」な行動や表出への問いをめぐる一連の考察をリードするのもそうした問いかけであろう。「義務」という様態はまた心理学と社会学を媒介するものとして、方法論的な問題を提起する。一九二六年の論文における「死」という言葉を「義務」に置き換えて、「集団によって暗示された義務の観念の個人への生理的影響」がこの時期のモースの重要な関心のひとつだったともいえるだろう。

「贈与」の行為に典型的に表れる義務と自由の相関は、来るべき社会においても重要で核心にふれる問いとして、モースには意識されていたであろう。そして、いくぶんかの推測を交えて次のように考えられないだろうか。拘束性と自発性の相関によって作られる人間の現実を謎と呼べるならば、その謎を謎として解くための捷径は、人間にとって拘束性と自発性を同時に課す、社会という源泉の力が何であるかを解明することだとモースは考えていた、その源泉の力がもっとも起源的な形で発露するのが呪的な言葉であり、したがってモースの用語における「祈り」の意味の解明こそもっとも本質的な探求の方法だと想定されていた、と。高等研究院の講義概要が示す呪術あるいは祈りへの一貫したこだわりはそのようにして理解されるというのが筆者の解釈である。

モースは一九〇四年に公刊された三〇代前半の『呪術の一般理論への素描』から始まり一九一〇年にかなりの規模の草稿を書きながら完成はしなかった博士学位論文「祈り——口頭儀礼について」を経て晩年にいたるまで、オーストラリアのアボリジニーの民族誌を中心とした祈りと口頭儀礼、呪術の力の研究をたゆみなく持続している。「贈与論」をおおやけにし、ロシア革命を論じていた時期にも、そうした関心はけして手放されることはなかったことが、一九二三、二四年の講義概要にも読み取れる。その詳細は今うかがうことはできないが、そこにはモース独自のひとつの「詩学」が示されていたとも思われるのである。

6　講義概要

一九二三〜二四年の講義

宗教的詩の他のいくつかの形式に続いて劇詩の形式が詳しく検討された。オーストラリアのコロボレーは合唱隊つきの、マイムと歌と踊りのある喜劇あるいは悲劇である。そのテーマの多くは宗教的で、上演もしばしば宗教的な意味をもち、その創始と啓示とは常に宗教的なものである。このジャンルを完全な形で上演することはまれでしかも困難をともなうものである。コロボレーは特性の上でも、原因としても結果としても一体をなしており、ひとつのものと考えられている。またそれは部族全体の所有物ともみなされている。それは固有の価値と特殊な力と効力をもつとされている。オーストラリアにおいては美的な現象のこうした宗教的な性質は切り離せない形で結びついている。ませるのである。

た逆に、あらゆる宗教的口頭儀礼の美的な特性こそ、定型表現に力があると信じさせる原因のかなりの部分を理解させるのである。

一九二四〜二五年の講義

前年の講義の要約に続いて、劇的な芸術と呪術とが検討された。前者としてのコロボレーはオーストラリアの詩の大部分を含みすでにきわめて高い水準に達している。コロボレーはあらゆる点でオペラに比肩しうる。それは多くの場合宗教的な性格を帯び、その反復練習、伝承、啓示、効果は常にいくぶんかは宗教的な意味をもっている。この年の研究では劇的な芸術の起源についての知見を得、またそれ以外の宗教的で荘重な儀礼の美的な特性（韻律法、音楽、マイム、舞踏）について検討した。

オーストラリアの口頭呪術もまた、著しい発展の跡を見せると同時に起源にふれてもいる。呪師たちはほんとうの意味で技の持ち主であり、よく組織された団体をなしきわめて高度な動作を達成することもあり、たとえば完璧な交霊術のセッションを演じることもある。その一方では、この技は息の技の例ともなっている。そして幻惑ということはその文字どおりの意味で理解されなければならない。そうした視点からは技の行為と口頭の行為とは同一のものとなり、しぐさと定型表現についての宗教の歴史と心理学の研究対象を構成することになる。一定の呪術行為の社会的、公共的性格が浮き彫りにされた。

7　同一化と他者との関係をめぐる証言

〔……〕彼〔モース〕は始終歩きながら語りました。それはあたかも遠い土地の諸種族の秘密の数々、人類の古記録の断片が、その道の達人によってただの会話のかたちで啓示されるというふうでした。というのも彼は書斎の椅子に座ったまま書物を通じて人々と同一化することで世界を旅したからです。彼のいつもの語り口もそこからきています。私は食べる……、私は呪う……、私は感じる……、というのはその時々に応じて、かくかくの島のメラネシア人は食べる、マオリ族の首長は呪う、プエブロ・インディアンは感じるという意味なのです。（デュモン「マルセル・モース――生成しつつある科学」）

〔……〕想像力はありとあらゆる能力をそなえている。ただ一つ欠けているのは、うわべはどうあろうと、われわれを自分以外の人物と同一化させる能力だけである。（ブルトン「現実僅少論序説」）

マルセル・モースが学生や聴衆の大多数の人に感じさせた魅力あるいは幻惑とさえいえるものは、なによりもまず彼の講義のもっていたこうした直覚知に関わる側面から来ていたのである。〔……〕ここで社会学的直覚知の印象的な例を示す逸話を紹介させていただきたい。民族学の修了証を得るための準備にかかったころ、民族学専攻を志望しているわけではない同僚が奇妙な経験をした話を語ってくれたことがある。それはだいたい次のような内容であった。

「先日、僕が乗合バスの後部デッキにいた時、突然、同乗者たちをいつもと同じようには見ていないことに気づいたのだ。僕と彼らの関係、彼らに対して僕自身が僕をどう位置づけているかということで何かが変わっていた。『僕と彼ら』ということではなくなっていた。僕は彼らのうちの一人になっていた。この奇妙な突然の変化の理由を僕はかなりの間考えた。そしてふいに、モースの教えのせいだ、と分かったのだ」。

昨日まで個人だった者が、社会的人間と感じるようになり、彼は自分の人格が言語と姿勢と仕種と結びついていてそのイメージが隣人たちから送られてきていることに気づいたのだ。これが民族学の教育の本質的に人間主義的な側面なのである。（デュモン「序論」、『ホモ・ヒエラルキクス』）

★

モースの人類学的な知が、「危機の二〇年」の現実にどのような遠近法によって対峙しようとしたのか、さまざまな断片のコラージュによって近似的な像を描くことを試みた。オーストラリアのアボリジニーのおこなう口頭儀礼の定型表現に認められる呪力が、「超現実」の領域に属するものを象徴するなら、モースの頭脳はそれを西欧の危機の「現実」と不断に通底させる思考装置として働いていたといえないだろうか。ただこの思考装置の構造は、おそらく「危機の二〇年」に先立つ、モースの学問的人生の初期、すなわち一八九九年の「供犠論」から一九一〇年の「祈り──口頭儀礼について」のほぼ一〇年の間に、基本的な組み立てが完了していたのではないか。そのような関心をもってこの時期に遡って、モースの人類学的な探求と、持続的におこなわれた政治的時評そして一九〇四年の『ユマニテ』の創刊などの活動とを跡付けることは、あらためて別のかたちで試みなければならない。

最後に、これらの断片の未完成なコラージュを、さらに広い文脈に散開させるための断片を付け加えてみたい。一九二四年、日本の一人の若い批評的精神は次のように書いていた。

〔……〕顔色の悪い、繃帯をした腕を首から吊した若者が石炭酸の匂ひをさせて胡座をかいて居た。その匂ひが船室を非常に不潔な様に思わせた。傍らに、父親らしい痩せた爺さんが、指先に皆穴がいた手袋で、鉄火鉢の辺につかまって居る。申し合わせた様に膝頭を抱えた二人連れの洋服の男、一人は大きな写真機を肩から提げて居る、一人は洗面器と洗面器の間隙に、頭を靠せて口を開けている。それから、柳行李の上に俯伏した四十位の女、──これらの人々が、皆醜い奇妙な置物の様に黙って船の振動でガタガタ震えて居るのだ。自分の身体も勿論、彼等と同じリズムで震へなければならない。それが堪らなかった。然し自分だけ震へない方法は如何にしても発見できなかった。(小林秀雄「一つの脳髄」)

その約四〇年後、第二次世界大戦を挟んで別の若い批評家は、このひとつの社会的直覚知について「ここに表れている自分を相対的なものと感じる感覚とそれを『堪らない』とする自意識との相剋は、すでに小林氏が身につけていた新しさであって、それが氏をやがて批評という形式におもむかせ、その批評を独立した文学の一ジャンルとして確立させもしたのであった」と評している(江藤淳『Xへの手紙・私小説論』新潮文庫版解説)。

批評を独立したジャンルとして確立する出発点が「プロレタリア文学」を含む「様々なる意匠」を作家の「宿命」という一語によって相対化する文章によって始まったことは人々の見方の一致するところだろう。一九二九年に公にされたその書き出しは以下のとおりであった。

吾々にとって幸福な事か不幸な事か知らないが、世に一つとして簡単に片付く問題はない。遠い昔、人間が意識と共に与えられた言葉という吾々の思索の唯一の武器は、依然として昔乍らの魔術を止めない。劣悪を指嗾しない如何なる崇高な言葉もなく、崇高を指嗾しない如何なる劣悪な言葉もない。而も、若し言葉がその人心眩惑の魔術を捨てたら恐らく影に過ぎない。（小林秀雄「様々なる意匠」）

自己の相対性と自意識の相克の緊張のもとに閃く、モースのそれとは別種の、ある意味では対極にある社会的直覚知。個人を社会ではなく自らの「宿命」へと媒介するものとしての言葉の魔術への感覚……。時代の思想としてのマルクス主義への批判的距離がいやおうなく問われた、「危機の二〇年」の同時代の「現実」と「超現実」のメビウス状の表裏一体性をどう考えるべきなのか。この問いは必ずしも純粋に「彼方」の土地の完全な「過去」にのみ向けられた問いではない。危機の時代にそれぞれの仕方で語られた、「贈与」と「愛」と「宿命」という問いは。

参考文献

青山吉信他編　一九九二　『世界史大年表』山川出版社。

オリエ、ドゥニ編　一九八七　『聖社会学』兼子正勝・中沢信一・西谷修訳、工作舎。

カー、E・H　一九九六　『危機の二十年』井上茂訳、岩波文庫。

シェニウー＝ジャンドロン、ジャクリーヌ　一九九七　『シュルレアリスム』星埜守之・鈴木雅雄訳、人文書院。

デュモン、ルイ　一九九三　『個人主義論考』渡辺公三・浅野房一訳、言叢社。

——　近刊　『ホモ・ヒエラルキクス（階層的人間）』田中雅一・渡辺公三訳、みすず書房。

ブルトン、アンドレ　一九七四　『アンドレ・ブルトン集成6』生田耕作他訳、人文書院。
ベアール、アンリ　一九九〇　『アンドレ・ブルトン伝』塚原史・谷昌親訳、思潮社。
モース、マルセル　一九七六　『社会学と人類学（Ⅰ・Ⅱ）』有地亨・山口俊夫訳、弘文堂。
――　未刊　『民族誌学の手引き』渡辺公三訳。
矢代梓　一九九九　『年表で読む二十世紀思想史』講談社。
渡辺公三　一九八六　「再び見出された父――マルセル・モースの人類学」、『季刊 iichiko』n° 13。
Fournier, Marcel 1994 *Marcel Mauss*. Paris : Fayard.
Mauss, Marcel 1997 *Ecrits politiques*, éd. par Marcel Fournier. Paris : Fayard.
―― 1968, 69 *Œuvres*, 1, 2, 3, éd. par Victor Karady. Paris : Les Editions de Minuit.
Minotaure, n° 2. Genève : Editions Albert Skira, 1933（『ミノトール』復刻版、みすず書房、一九八六）.

レヴィ＝ストロースとブルトンの記号理論
――浮遊するシニフィアンとアウラを帯びたシニフィアン

浅利　誠

一九三八年のトロツキーとの出会いのときと同様に、一九四一年にアメリカに亡命すべく妻子と共に乗り込んだ「ポール・ルメルル大尉号」の船上におけるレヴィ＝ストロースとの最初の出会いのときにも、ブルトンは芸術の独立性と絶対性について意見の交換を求めている。二人ともブルトンの期待に応えるだけの度量も素養もある人物であったことはいうまでもない。『悲しき熱帯』の著者は、「手紙のやりとりは、この果てしない旅のあいだ、かなり長くつづいたが、そのなかで私たちは、審美的にみた美しさというものと、絶対的な独創性との関係を論じた[1]」と回想している。さしあたり、彼らの議論がとりわけ芸術をめぐるものであったらしいことに留意しておこう。

ブルトンの亡命先ニューヨークでの、そして戦後のパリでの二人の交友関係は人の知るところである。しかし、今日にいたるまで、彼らの思想的関係を扱った資料は意外なほど少ない。彼らのあいだに思想的な相互啓発があったことを感じている人間の数は少なくないし、それを語ろうとした試みもかなりの数にのぼるにちがいない。それに、彼らが共有していたはずのテーマを列挙するのは難しくはない。仮面、トーテム、ブリコラージュ等々のテーマはもとより、記号論、神話論、贈与論といった大きな枠においても二人が交差しているらしいということは誰もが感じている。しかし、彼らの思想的な相互関係さらには影響関係について語ろうとする場合には、往復書簡は別にして、交友関係にまつわる資料はたいした手助けにならない。かといって、テクスト読解のレヴェルでの検証を可能にさせてくれる参照テクストも限られている。その上、彼らの言説のスタイルには大きな隔たりがあるし、ブルトンは、とりわけ理論的なレヴェルでは、相手の文章を祖述するスタイルを守ることが多く、言説の土俵を合わせようという配慮がみられない。したがって、方法的には、ブルトンの言説のなかでも理論的な読解が比較的容易なものを選び、しかもレヴィ＝ストロースの理論との突き合わせを可能にさせてくれる文章を取り出して論じるという手順が必要になる。この観点からみて、とりわけ高い資料的価値をもつものとして、『魔術的芸術』に付された「アンケート」（一九五四年）の一節があるが、これはレヴィ＝ストロースの「マルセル・モース論文集への序文」（一九五〇年）への直接の言及からなっている。これを主要な参照テクストにした上で、内容的にも年代的にもこれを囲むような位置にある二つのテクストと突き合わせるという手順を踏むことにする。一つは一九四七年の「第二の方舟」の一節、もう一つは一九五三年の『吃水部におけるシュルレアリスム』の一節である。

言語の誕生への遡行

第一の引用は、「第二の方舟」のなかでブルトンが全文を大文字で記している一節である。

ほんとうのデカダンス、ほんとうの頽廃は、芸術その他の領域における発見の意志を、おのれの対立物としている。つまり、それは、次のような基本的な徴候と結びついた、あらゆる強迫観念に従属しているのだ。その徴候というのは、意味される物（la chose signifiée）に対する記号（le signe）の残存であって、これは不可避的に、不寛容を呼び起こし、いっさいの教条は、つねにこのことを通して終りを告げるのだ。(2)

第二の引用は、ブルトンの生涯におけるいわば理論的総括をなすともいえるテクスト「吃水部におけるシュルレアリスム」の一節だが、ここで彼は自動記述とエスとの関係を記号と神話のテーマ系のなかに位置づけている。

私たちのあいだで、自動記述の実行があんなにも早く打ち棄てられたことを意外に思う人たちのためにこのことを言っておこう。この書記法の産物を検討することによって、抑制のない欲望がそそり立つ領域に、また神話が天翔ける領域に深照燈が向けられたということ、これがこれまで特に強調されてきた。ところが、言語にその真の生を取り戻させる作業、すなわち、意味される物 (la chose signifiée) から、そのあとにまで残存する記号 (le signe) へと遡る——これはそもそも不可能であることが明らかにされている——のではなく、一挙にシニフィアンの誕生へ移る作業の意味と射程については、十分に力説されてこなかった。(3)

第三の引用である「アンケート」(一九五四年) の一節は、もう少し先で、数カ所に分けて検討することにして、先ずは以上の二つの引用から基本的な事柄を確認しておこう。

第一に、ブルトンは、シニフィアンとシニフィエとの関係と呼んでさしつかえのないもの (彼の用語では「記号」と「意味される物」との関係)、それを一貫して時間の軸から考察している。彼は、シニフィアンが誕生する瞬間におけるシニフィアンとシニフィエとがとり結ぶ関係を根源的なものとみなし、それとの偏差において教条主義の構造あるいは強迫観念の暴力の構造を捉えうるとしている。つまり、彼はとりわけシニフィアンとシニフィエとがとり結ぶ関係の、時間の軸における、変性 (頽廃) を問題にしているのであり、この変性のなかに教条主義、強迫観念の起源が見出せると考えているのである。そして、記号の変性 (頽廃) は不可避であり、したがって教条主義や強迫観念も不可避であるが、だからこそ「芸術その他の領域における発見の意志」というものがあるのだと言っているのである。ここでは二重のことが言われている。教条主義、強迫観念の起源を見出すための条件として、言語の誕生そのものへの遡行の必要性が説かれていると同時に、記号の真の (深刻な) 頽廃があるところには (真の) シニフィアンの誕生もまたあるのであるという確信が表明されているのである。

第二に、ブルトンは、彼が生涯にわたって絶対的な公理とみなした「真の生は不在なのです(4)」というランボーの一句を反復しつつ、記号の誕生を不在 (ないしは取り戻し) のモティーフに結びつけている。この公理としてのランボーの表現の執拗な反復、それが彼の記号概念を指揮しているのだが、注意すべきなのは、この「不在」のモティーフが現前と不在の弁証法的な関係を免れたものであるとみなされていることである。先の強迫観念についていえば、かつては現前していたが今では見えなくなってしまった意味される物の現前を取り戻す（再び見出す）ために、強迫観念を否定すべきであると言っているわけではないのである。むしろブルトンが斥けているのは否定なのである。なぜなら、彼が回避したいのは、まさに現前とその否定としての不在のあいだを往還する論理だからである。彼は、弁証法的論理に対する一つの別の論理を立てているのであり、その論理とは、現前の否定としての不在ではなく、現前と不在の図式には回収されない「不在」をモティーフにした論理、いわば隔たりの論理とでも呼ぶべきものである。現前と不在の弁証法を斥けるべく、隔たりを刻印することに依拠した論理の立場から、彼は一貫して時間的推移における記号のたどるコースの不可逆性を力説しているのである。第二の引用にあった、「意味される物から、そのあとにまで残存する記号へ遡る」こと、それは「そもそも不可能である」とは、このことを言っているのである。それと同時に、ブルトンは、現前の否定としての不在ではない「不在」、何か絶対的なものとしての「真の生」の現前＝不在が問われるような場においてこそ隔たりの論理が作動すると言っているのである。ここにあるのは、ほとんどトートロジックな論理であり、記号の頽廃のあるところには、その頽廃に対立するものがある（はずである）というふうに機能する論理である。そして、その対立を可能にさせるものとして、「一挙にシニフィアンの誕生へ移る」ことの可能性そのものが前提にされているのである。ここには、あとでみるように、レヴィ＝ストロースが理論的に想定した浮遊するシニフィアンに依拠する論理とはかなり異なった論理がある。ともあれ、すでに以上の二つの確認から、彼らの観点には類似性と差異の両方があることが予想される。

自動記述における記号の誕生をモデルにして理論的な枠を設けようとするブルトンの場合、彼が記号の誕生の瞬間を特権視するのは当然であろうし、さらには、ある種の記号の誕生を言語の誕生そのものと重ねて考えたとしても別に不思議はない。しかし、かりにレヴィ＝ストロースがブルトン的な見方をそのまま受け入れたとしたら、問題なしとしないだろう。ここで一つの仮説的な推測をしてみよう。レヴィ＝ストロースが、ブルトンとの長い交友関係を通じて、ブルトン的な観点に賛同したと仮定した場合、論理的にはどのような帰結を生みだすだろうか。ここで次のことを思い起こしておこう。レヴィ＝ストロースの理論に微妙な揺らぎをみてとれる箇所のあることは指摘されているが(5)、その顕著な例の一つに、言語の起源についての彼のテーゼにおける揺らぎがある。このテーゼがまさに「マルセル・モース論文集への序文」のなかで立てられたものであったこと、また、このテーゼがデリダの過剰なまでの反撥を招いたことも人の知るところである。(6) ところで、レヴィ=ストロースの上記のテクストのなかには、かなり唐突な印象を伴って顔を出す「芸術」についての言及がみられるが、これもデリダを苛立たせる原因の一つになったように思われるし、ブルトンとの出会いが彼にもたらした効果の一つでもあったのではないかと私は想像する。ともあれ、レヴィ=ストロースにおける、シニフィアンの、したがって言語の一挙の誕生というモティーフ、これはブルトンが自動記述の実践をとおして抱いていた言語観を貫いているモティーフに、奇妙なほどぴったりと符合してはいないだろうか。

逆にまた、右でみたブルトンの第一の引用における記号の誕生と記号の変性についてのテーゼ、これはレヴィ=ストロースの理論を喚起させずにおかない。しかも、第二の引用に関しては、ブルトンがこれをレヴィ=ストロースの言語起源論を念頭において書いたとみてまずまちがいない。彼が唐突に使用しているシニフィアンという語は、レヴィ=ストロースからの借用なのである。(7)

第一の引用におけるブルトンの主張とは、シニフィアンは、それがシニフィエから乖離しているという限りで、あるいはシニフィエが消えたあとまで残存する(生き延びる)という限りで、政治的、神話的、その他の教条主義に結びついており、シニフィアンのシニフィエに対する乖離と残存(延命)が不寛容の起源にあるのだというものである。ブルトンが言わんとしていることは、教条主義ないし不寛容の暴力というものと、このような残存するシニフィアンへの執着との間には本質的な関係があるということである。そこでブルトンの関心は、教条主義や不寛容を免れうる可能性の条件を求めて、シニフィアンの誕生する瞬間、シニフィエに対するシニフィアンの過剰の可能性が現れる瞬間に向けられる。ここで私たちは一つの符合に気づかされる。この一九四七年の「第二の方舟」(レヴィ=ストロースとの出会いの六年八カ月後に書かれたテクスト)は、一九五〇年の浮遊するシニフィアンの理論の一つの解釈をなしているように見えるのである。さらに、くり返して言えば、一九五三年の「吃水部におけるシュルレアリスム」において、ブルトンは、相変わらず記号と意味される物という語を用いつつも、唐突に「シニフィアンの誕生」という表現を使用しているのである。これはレヴィ=ストロースからの影響によるものとみていいだろう。ただし、ここであらかじめ言い添えておくが、言語の起源をめぐる考察において、彼がレヴィ＝ストロースの理論に依拠する必要があったとは思われないのである。なぜなら、彼と出会う以前にブルトンは、自動記述の経験をもとに、言語の起源への仮説的考察をなし終えていたはずだからである。シニフィアンという語の援用がブルトンの理論に何か本質的なものを加えているとはとうてい思えないのである。レヴィ＝ストロースにおいては、「浮遊するシニフィアン」という概念の導入は方法論上の要請から出てくる極めて重要なものであったのだが[8]、ブルトンがこの重要性を共有しているようには思えないのである。この点はあとであらためて検討することにして、この辺で第三の引用に移ろう。

『魔術的芸術』の「アンケート」において、ブルトンはレヴィ＝ストロースからの返答に対して苦い思いと失望を味わったことは文面から明らかである。また、ブルトンのかなり曖昧な質問形式に対して繊細な論理主義者レヴィ＝ストロースが苛立ちを隠さなかったのも理解できる。しかしここでは両者のすれ違いが問題なのではない。とりあえず重要なのは、ブルトンがレヴィ＝ストロースの理論から何を読みとったかを知ることである。それでは「マルセル・モース論文集への序文」からブルトンが読みとったものが何であったかを、彼の文章にそって、いくつかに分割して検討してみよう。

また私たちは、この不確実な境界領域に注目したり、個人的な角度から見るにしろ集団的視点から見るにしろ、それが人間行動の周囲から払拭されてしまったなどと考えるのは思いあがりであるような、あのアウラを近くから観察することにかけても、彼ら〔職業民族学者と社会学者たち〕以上にその必要性を感じとっている人々はいないということも知っているつもりであった。私たちのアンケートの目的はまさしく、クロード・レヴィ＝ストロースの語るこの「浮遊するシニフィアン」を調べあげることだったのだが、彼によるなら「浮遊するシニフィアン」とは、「あらゆる有限な思考の従僕なのである（しかしそれはまた、あらゆる芸術、あらゆる詩、神話的・美学的なあらゆる発明のあかしでもある）」。私たちはここで、まさしく私たちの主題の中心にいる。[9]

ここにはすでに第一の引用と反響し合うモティーフが語られているが[10]、しかし重要なのはむしろ次の一点である。

ブルトンは、浮遊するシニフィアンがモースの「贈与論」におけるハウ、「呪術論」におけるマナに相当する語であることを確認しつつ、それらの語に自らの鍵語の一つであるアウラという語を重ねている点である。ブルトンは、ある意味では、故意にレヴィ＝ストロースの用語の含意をずらし、自らの理論にひきつけて論じているのだが、それなりの理由があってのことである。あとで見るように、彼は自らの神話理論の枠のなかにこの概念を引き入れようとしているのである。

科学上の教説がやはり今もって人々を強く拘束していることがわかる。その教説は、ある観察者が――たとえば美学的、あるいは神話的な次元に身を置いて――、この「情動の混濁したアウラ」を注視しようとするのに反対するのである。そこにこそ「接近の困難な心的形態が反映しており」、民族学ですらそれを考慮しなくてはならないと認めているのに。この領域では「主知主義的心理学」を乗り超えることが必要だと主張しているにもかかわらず、この戦闘的な民族学は今日、「非主知主義的心理学」の段階をすっとばして、「別のしかたで主知主義的な心理学」を持ちあげることになってしまっている。[11]

ここでブルトンは、レヴィ＝ストロースが浮遊するシニフィアンを問題にしながらも、それをアウラのモティーフから切断させていることに不満を表明しているが、とうぜんそれは「序文」の著者の芸術、詩、神話、美学についての立場が不徹底であることへの不満をも含意しているだろう。いずれにしても、原住民においてはアウラないし力を帯びたものとみなされているマナやハウが、まさにそれゆえに、説明原理としては忌避されていることがブルトンには不満なのである。ここには合理主義者レヴィ＝ストロースと『魔術的芸術』の著者との立場上の差異がくっきりと表明されている。[12]

結局こうしたアンケートは、いくつもの二律背反が解消する地点以外のどこもめざしていないのではなかろうか。ふたたびクロード・レヴィ＝ストロースを引くなら、それは「客観的なものと主観的なものが出会う、無意識と呼んでいいような」地点なのである。私たちの立場からすればたとえどんな大義名分のためであっても、この無意識が、受動的で生命のない、ただ内省の対象にすぎないものだなどと認めることはできない。ましてや、ここで次のようなマルセル・モースの言葉を引きあいに出しているのは、クロード・レヴィ＝ストロース自身なのである。「魔術においても宗教や言語学におけると同様に、そこで作動しているのは無意識の諸観念である」。この「作動している」という表現を、強調させていただきたい[13]。

彼は、浮遊するシニフィアンという概念を、『シュルレアリスム宣言』以来執拗に掲げてきた二律背反解消というモティーフに結びつけようとしているが、レヴィ＝ストロースにおいては、浮遊するシニフィアンはゼロ記号として理論的に要請されたものであって、ブルトンが読み込もうとしているものが問題にされているわけではない。しかし強引にも彼は、「浮遊するシニフィアン」の発生地点を「いくつもの二律背反が解消される地点」に重ねうると想像しているにちがいない。ブルトンに好意的な見方をすれば、それは以下の二つのことを意味すると言える。

第一に、彼は、体系としての言語（ラング）の成立に先立つ、根源的なシニフィアンを想定しており、シニフィアンとシニフィエ、意識と体系、空間と時間、知覚と想像といった分化に先立ち、それらが派生する手前にある地点を想定しているのである。

第二に、彼は、はからずも吐露しているように、レヴィ＝ストロースの理論に対する本質的な不満がどこからくるかを表明してもいる。それは、彼の無意識の観念が静態的であるという不満である。この不満の内実を確認することによって私たちは両者を分かつものが何であるかを探ることができるだろう。そしてこの差異は彼らのフロイト継承のスタイルの差異として捉えうるだろう。ブルトンによるフロイトの継承とはいっても、それはけっして単線的なものではないのだが、「集合的神話」[14]のテーマのもとに集約的に語られているとは言える。このテーマはとりわけフロイトのテクストとの長期にわたる対話をとおして形成されたものであった。ブルトンが夢の問題から神話の問題へと大きく方向転換したのは一九三五年のことであったが、この方向転換は、フロイトの局所論を神話の問題を扱う際の方法論的基礎づけとして捉え返す試みでもあったのである。彼は、『シュルレアリスムの政治的位置』（一九三五年）

のなかで、フロイトの局所論を象徴の解読の問題系のなかで以下のように捉え返そうとしている。

芸術は、この数世紀以来、自我と超自我の歩き馴れた小路からほんの少ししか離れることができず、エスの広大で[15]ほとんど未開の地帯をあらゆる方面で探険したいと熱望する態度を示すことしかできません。[16]

このような一般的な展望のもとにブルトンは自己流の局所論への展望を次のように表現している。

シュルレアリスムが提出した技術的な方法は、その見るところでは、測深鉛の価値しかもたぬものでありましょう。そして、方法としてそれらを有利に用いることだけが問題となりうるものです。しかし、人がそれについてなんと言ったとしても、その方法はすべての人がおこないうるものであるとあくまでわたしたちは主張します。そして、それらの厳密化された方法は、自我に対比してエスと呼ばれ、自我（定義によると意識）が沈潜し、「エロスと死の本能を闘わせる闘技場」を人に直視させる心的諸要因の総体を意味するものの第一の諸審級を少なくとも表現する象形文字のような符号を、紙やその他のものに、記してみたいと願っている人のものであると主張します。ここで問題になっている符号は、見た目の奇妙さのためや形態的な美のために記録されるのではなく、それらが解読しうるものだということが今や信じられる素晴らしい理由のためになされるのです。[17]

このようにブルトンは、フロイトの局所論を自らの「集合的神話」の問題系のなかにとり込んでいるわけだが、その際彼がとりわけ強調しているのは、無意識の審級、エスの審級が、オートマティスムをとおして、象形文字のような符号として記録される（贈与される）ということ、そして、これらの記号（贈与されたもの）が解読という作業を求めているということである。つまり、オートマティスムが無意識（エス）と意識とを繋ぐ回路をなしていると同時に、オートマティスムをとおして贈与される象形文字の解読の作業こそがエスとの特権的な交渉たりうるのだというパフォーマティヴな確信が述べられているのである。[18]

ここで以下の二つのことが確認できる。第一に、ブルトンの第一の引用と「アンケート」の発言は首尾一貫している。同じ一九四七年にブルトンは「詩人たちや芸術家たちの想像力から出てきた」ものである「アウラを帯びた存在や事物」[19]について語っている。マナやハウに「混濁した情動のアウラ」を見、原住民がそこに感じている力としてのアウラを、論理的な要請に従って、結局はゼロ記号としての浮遊するシニフィアンへと回収してしまうレヴィ＝ストロースと、あくまでも記号につきまとうアウラに執着するブルトンとのあいだには大きな隔たりがあると言わねばならない。アウラをアウラとして感受し、それを現実に生きるという限りでは、ブルトンは原住民の思惟の側に身を置いているのである。

くり返すが、ブルトンは、「マルセル・モース論文集への序文」における言語の起源についてのテーゼを自動記述における記号の誕生をモデルにして受けとめているはずである。そして、彼によれば、誕生時における記号のモデルはアウラを帯びた記号たちであり、それはいわば象形文字としての記号なのである。第二の引用のなかにある「シニフィアンの誕生」という表現で彼が考えていたのは、実は、このような記号の誕生のことだったのである。したがって、ここで立てるべき問いは以下のようなものとなろう。はたしてレヴィ＝ストロースのいう浮遊するシニフィアンとブルトンのいうアウラを帯びた記号とのあいだには如何なる類似性と差異があるのかと。

浮遊するシニフィアンとアウラを帯びたシニフィアン

先ずは類似性から検討してみよう。ここで「マルセル・モース論文集への序文」以来有名になった問題のテーゼをみておこう。

動物的な生活段階のいかなる時点で、またいかなる状況下に言語が出現したのかはともかくとして、言語の誕生はただ一挙にしかありえなかったのである。事物は漸次的に意味を持っていくことはできなかった。[20]

彼は言語の起源をある空虚なシニフィアンの突然の誕生として分析している。この発言はもともとはマナについての発言であった。そして彼は、シニフィアンがシニフィエなしに単独で機能し始めることのできる瞬間、それを、同時に、神話の、社会の、暴力の可能性の瞬間とみなしている。この点ではブルトンは彼に完全に同意しているように見える。ブルトンにとっては、「意味される物から、そのあとにまで残存する記号へ遡る」ことではなく、つまりシニフィエから、それが消えたあともなお残存する、亡霊のようなシニフィアンへと移行することではなく、「一挙にシニフィアンの誕生へ移る」ことが問題であった。ところで、一挙にシニフィアンの誕生へ移るというのはどういうことか。それは、記号が、まさにシニフィアンのシニフィエに対する過剰の可能性、隔たりの可能性として現れるようなゼロ地点への移行のことである。ブルトンが第一の引用で言っているのもたぶんこのことである。何らかの停滞を前にして、その停滞を脱するためには、このゼロ地点への移行の可能性をこそ探るべきであり、すでに形成され終えたシニフィアンの所与に執着すべきではない、なぜなら、シニフィエが消失してしまったあとまで残存しているシニフィアンは、まさにその起源、その誕生から乖離しているがゆえに教条主義を生み出すことになるからである、これがブルトンの主張である。これだけをとってみると、ブルトンとレヴィ゠ストロースは、どちらがどちらの影響を受けているのか判然としないほど類似しているように見える。しかし、彼らの言説には外見上の類似を超えたある本質的な差異があることも感じられる。そしてその差異は、おそらくゼロ記号（浮遊するシニフィアン）とアウラを帯びた記号とのあいだの差異に呼応しているのである。

第一に、彼ら二人の記号理論の差異として、両者が範例として選んだ記号のあいだにある差異をあげなければならない。レヴィ゠ストロースがマナやハウをゼロ記号で置き換えたとすれば、ブルトンはゼロ記号の場所にアウラを帯びた記号を置いているのである。前者がヤコブソンの「ゼロの音素」から演繹された数学的な記号であるゼロ記号を案出したのに対して、後者はそれとは著しく異なった記号、象徴としての性質を極度に帯びた記号、まるで「もの」であるかのような記号を帰納的に持ち出してきたのである。

第二に、上記の差異は、両者のいわば局所論における大きな開きに対応している。彼らの理論の違いは、「体系」と「体系以前的なもの」をどのような位相空間として捉えているかというレヴェルの違いに対応しているのである。

ブルトン的な視点に立てば、レヴィ＝ストロースの理論は意識と前意識、自我と超自我のレヴェルでとどまっており、第一の審級である無意識ないしエスの領域が「無意識の構造」の名のもとに手つかずのままにされているということになる。柄谷行人が鋭く指摘しているように、エスとはもともと象形文字的なものなのだが[23]、レヴィ＝ストロースは、象形文字的なものに接近しながらも、結局はその手前にとどまっており、その結果として、エスと自我との終わることなき交渉はついに問われずにいるのである。それとは逆に、フロイトの局所論から啓示を受けたブルトンの場合は、フロイト同様に、衝動の領域、エスの領域を象形文字的なものとみなしつつ、フロイトの局所論を神話の問題系という枠のなかで継承しているのである。彼は、一方では、エスの領域を象形文字の解読という形で接近可能な領域であるとみなし、他方では、例えばオートマティスムをとおして、「そこから、象徴が武装して現れる」巨大な貯蔵庫[25]であるとみなしている。これらの象徴（象形文字的記号）の解読が、ちょうど夢解釈における夢の解読・解釈がそうであったように、ある新しい可能性を約束しているのだという確信を彼は抱いていたはずである。賭金とされているのは、意識に先行するもの、あるいは、意識に先だって与えられ（贈与され）ているものの解読である。したがって、ブルトンが一貫して問題にしているのは、贈与であり、より正確にいえば、贈与されたものとの交渉であると言える。そしてここでいう贈与されたものとは、象形文字的なものであり、デリダならこれを原エクリチュールと呼ぶだろう。

ここで言語の贈与、言語の誕生についての両者の見方の違いに立ち返ってみよう。言語は一挙にしか誕生しえないというテーゼをレヴィ＝ストロースは固持したが[26]、ブルトンはこうした見方を共有しているわけではない。彼が「一挙にシニフィアンの誕生に移る」と言う際には、ソシュール的な意味でのラングの誕生のことを念頭において言っているわけではないのだ。彼が言っていること、それは、記号の変性（頽廃）の不可避性と不可逆性があるということ、そして、それを補完すべきものとしてシニフィアンの誕生というものがあるということ、とりあえずはこの二つなのだ。そして、あとでみるように、彼が「シニフィアンの誕生」という言葉で考えている内容は、レヴィ＝ストロースが考えているような、体系を体系たらしめるものとしてのゼロ記号の誕生とは全く異質な何ものかである。もう一つの違いは、過剰なものとしてのシニフィアンの誕生という構造上の類似にもかかわらず、範例とされているシニフィアンは、すでに指摘したように、記号としてはむしろ対蹠的なものである。ところで、これら二つの違いは両者の記号概念の何か本質的な差異に呼応しているのではないだろうか。最後にこの点に触れるべく、ここでデリダの次の文章を参照してみよう。デリダは、過激なレヴィ＝ストロース批判を展開していた時期に、ブルトンの「吃水部におけるシュルレアリスム」の一節に触れながらこう言っている。

欠如は結局文字の吐く息である。文字は生きているのだから。「名は芽を出さなければならない。芽生えがなければ、それはうそだ」とブルトンは言った。不在と分離を意味しながら、文字は警句のように生きて行く。文字は孤独であり、孤独を語り、孤独を糧に生きている。文字は差異の外では死文である。またもし文字が孤独を打ち砕き、中断や距離や尊敬や他者との関係やいわば或る非関係を打ち砕くならば、死文となるだろう。したがって欲望や不安や孤独の形をとる文字の動物性が存在するのである。(27)

デリダのこの文章から私たちは二つの重要なモティーフを引き出しうる。一つは、時間性を抱えた生としての「名」のモティーフであり、もう一つは、文字の動物性というモティーフである。これらは、レヴィ＝ストロースの記号理論のなかでは重要な場を占めているとは思えないが、逆にブルトンの記号理論のなかでは中心的な場を占めているのである。「シニフィアンの誕生」というときに、ブルトンが頭のなかに範例として描いているものは、シニフィアンであると同時に動物でもある記号であり、それらをアウラを帯びた記号（シニフィアン）とみなしているのである。(28)これらの記号は、それを自動記述の実践のなかで出てきたもの（贈与されたもの）とみなしうるならば、エクリチュールないし文字としての記号である。これらの記号にデリダのように「文字の動物性」を認めるのは難しくはないし、「生としてのシニフィアンの最初のそして無限のあいまいさ(29)」を認めることもできよう。あるいは「芽を出す」名と呼んでもいいだろう。なぜなら、この名は長い解読（の時間）を要する文字、生きて成長するだろう形象的な記号だからである。また、これらは欠如ないし過剰としての動物性を抱えた記号であるという言い方も可能であろう。デリダ的にいえば、「差延」を抱えた記号たちなのであり、ブルトンは、この差延を象形文字の解読というモティーフから語っているのである。ところで、彼の場合には、このモティーフに、体系からはみ出す名（とりわけ固有名）というもう一つのモティーフが重ねられてもいる。[30]というのも、ブルトンにおける隔たりの論理は、次のようなパフォーマティヴな肯定を支えにしているからである。ブルトンは、たぶんこんなふうに言うであろう。言語体系があるところには、その体系に回収されないものもまたあるのだが、それがまさにアウラを帯びた記号なのであり、これらの記号を、芽を出して成長する名というふうに言い換えることもできると。

ブルトンは、たぶん、レヴィ＝ストロースのいうゼロ記号の場所に象形文字的なもの、アウラを帯びた固有名のようなものを、つまり体系の体系性を絶えず脅かすものを置いたのである。だからこそ、彼は体系化に惹かれながら体系に対して一貫して不信を抱き続けざるをえず、体系化に対するアンビヴァレンツな態度を固持することにならざるをえないのである。[31]逆にまた、もしもここに逆説的な形での何らかの体系化への志向を認めうるとすれば、彼が求めたものは、体系を体系たらしめるために論理的に要請された、デカルトにおける「神」でもなければ、レヴィ＝ストロースにおける「ゼロ記号」でもない何ものかに依拠することによる一つの（本質的に不可能な）逆説的な体系化の試みだったのである。レヴィ＝ストロースが体系を体系たらしめるものをゼロ記号（数学）に求め、それによって体系化をはかったのに対して、ブルトンは、むしろ、体系が見えなくさせてしまうもの、体系の体系性（前意識）によって抑圧されているものをこそ語ろうと苦心惨憺したのである。彼が執着するのは、オートマティスムをとおして、ときおりちらりと顔を覗かせる象形文字的なものにであるが、これこそは、体系が体系たるために捧げ物にされてしまうもの、体系が抱えきれずに締め出してしまう過剰なもの、それがなければ真の生が不在であらざるをえないもの、こういったものなのである。

彼は、自分がかくも執着しているものについて、コンスタティヴな、あるいは理論的な言説によっては、およそ十分に語れてはいない。しかし、それは彼に理論家としての力が欠けていたからだというふうには言い切れないものが残る。ブルトンがコンスタティヴな言説において貧しく見えてしまうのは、体系を体系たらしめるために想定された「神」や「ゼロ記号」に依拠することを頑強に拒んでいることと無関係ではないだろう。[32]ブルトンが構築しようとしていた論理（隔たりの論理と呼んでおこう）における法則は、演繹によって樹立されることはできないものである。そこでの法則は、経験的に得られた具体的な素材（アウラを帯びた記号）を起点にして構築されるべきものでなければならないからである。それは証明しうる種類のもの（コンスタティヴなもの）ではなく、行動（確信、信仰）の土台にしうる種類のもの（パフォーマティヴなもの）である。ブルトンが身を置いている場所とは、経験的に得られたものを列挙することによって、何らかの科学的な信仰（パフォーマティヴな確信）にいたりつくことは可能であろうような、いわば帰納的論理の立場なのである。

レヴィ＝ストロースとブルトンのあいだに成立したものとは、結局のところ、立場上の違いを自覚していた者同士の相互啓発的な出会いであったのである。

註

（1）クロード・レヴィ＝ストロース「悲しき熱帯」川田順造訳、『世界の名著59』、中央公論社、一九六七年、三六〇頁。

（2）『アンドレ・ブルトン集成7』粟津則雄訳、人文書院、一九七一年、一六五頁。この巻だけでなく、『アンドレ・ブルトン集成』の訳を、必要最小限、変更させていただいた。

（3）『アンドレ・ブルトン集成5』生田耕作・田淵晋也訳、人文書院、一九七〇年、一四三頁。

（4）Arthur Rimbaud, *Œuvres complètes*, Paris, Gallimard («Bibliothèque de la Pléiade»), 1979, p. 103. 原文は、«La vraie vie est absente.» である。

（5）ここで私は、柄谷行人の次の指摘をとくに念頭に置いている。「文化（形式体系）の自律性――それを超越論的にみるか、自然主義（進化論）的にみるかはべつとして――から出発してしまう構造主義者とは逆に、レヴィ＝ストロースは、その前提そのものへの基礎論的問いのなかで、その無‐根拠性を一瞬照らし出している。〔……〕いうまでもなく、右のような『問い』は、インセストの禁止に関してだけでなく、いわば『言語の起源』に関するレヴィ＝ストロースの考察にもみいだされる」（柄谷行人『内省と遡行』、講談社、一九八五年、一六三―一六四頁）。

（6）ジャック・デリダ『根源の彼方に　グラマトロジーについて』上巻、足立和浩訳、現代思潮社、一九七二年。とくに二四四―二四六頁参照。

（7）ブルトンは「吃水部におけるシュルレアリスム」（一九五三年）以前には「シニフィアン」という語は用いていない。この語の使用は「マルセル・モース論文集への序文」の読解に由来するとみていいだろう。

(8) この概念は、ヤコブソンが音韻論において考えた、それ自体は存在しないが構造を成立せしめるような音素ゼロ（ゼロ記号）をモデルに考えられたものである。

(9) アンドレ・ブルトン『魔術的芸術』巖谷國士監修、河出書房新社、一九九七年、二六八頁。

(10) この引用のなかにあるレヴィ＝ストロースの文章は、ブルトンの「ほんとうのデカダンス、ほんとうの頽廃は、芸術その他の領域における発見の意志を、おのれの対立物としている」という文章に構図上かなり似かよっている。

(11) ブルトン『魔術的芸術』、前掲書、二六八頁。

(12) モースは、「贈与論」のなかで、贈与に対して返礼を強いる力を、原住民がいうハウに求めたが、レヴィ＝ストロースは、原住民の「意識」に依拠して、ハウのような超越的なものを前提とするのは方法論的に容認できないとして、ハウをゼロ記号で置き換えている。しかし、ブルトンが重視するのは、むしろゼロ記号に還元できないハウ（やマナ）の「力」、それに対する原住民の意識の方なのである。

(13) ブルトン『魔術的芸術』、前掲書、二六八頁。

(14) 『アンドレ・ブルトン集成5』、前掲書、一九〇頁。

(15) ブルトンが使用した仏訳（*Essais de psychanalyse*, Paris, Payot, 1927）では、「エス」の訳は、今日一般に用いられている «le ça» ではなく、«le soi» となっている。訳語を統一させる必要から、「エス」という訳語を当てた。

(16) 『アンドレ・ブルトン集成5』、前掲書、一八九頁。

(17) 同書、一八八―一八九頁。

(18) 彼は、パフォーマティヴな確信のレヴェルにとどまっており、コンスタティヴなレヴェルの説明を展開しえていない。ただし、それは、エスを象形文字的なものとみなしたフロイトやラカンの理論、あるいは象形文字的なものについての柄谷行人の一連の考察を参照することによって可能になるであろうような今後に残されている課題であるという言い方もできるだろう。

(19) 『アンドレ・ブルトン集成7』、前掲書、一五九頁。

(20) レヴィ＝ストロース「マルセル・モース論文集への序文」、『人類学と社会学Ⅰ』有地亨・伊藤昌司・山口俊夫訳、弘文堂、一九七三年、三九頁。

(21) 同書、四六頁参照。ヤコブソンの「ゼロの音素」からヒントを得てゼロ記号を導入した彼にとって、ゼロ記号とは、体系を体系たらしめるものとして理論的に想定されたものであり、そのゼロ記号を彼は「浮遊するシニフィアン」と呼んでいるのである。

(22) ブルトンがゼロ記号の場所に置きうると考えた象形文字的な記号は、演繹的な推論によって導き出されたものではない。あくまでも経験的に（アポステリオリに）見出されたものであり、それを起点にして一つの法則性にいたりつこうとする限りでは、ブルトンの推論は反演繹的であり、いわば帰納的なものである。

(23) 柄谷行人『マルクスその可能性の中心』、講談社、一九七八年、三三一―三四頁参照。

(24) 上で引用した「アウラを帯びた存在や事物」という表現がみられる一節には、以下のような文章が続く。「彼ら（アウラを帯びた存在や事物）のかたわらでは――あらゆる黙示録の場合と同様――さまざまな動物たちが象徴的な生によって生きようとしているが、これらの動物たちは現代の感受性に影響を与えうるようなもののなかから選ばれたものだ。もっとも、象形文字を解くようなこれらの動物たちに関する解釈は、今日までもっとも手をつけられていないものである」（『アンドレ・ブルトン集成7』、前掲書、一五九頁）。

(25) 『アンドレ・ブルトン集成5』、前掲書、一八八頁参照。

(26) デリダが指摘しているように、「マルセル・モース論文集への序文」から五年後の『悲しき熱帯』の時期においても、このテーゼはくり返されている（デリダ『根源の彼方に　グラマトロジーについて』上巻、前掲書、二四五頁参照）。

(27) デリダ『エクリチュールと差異』上巻、若桑毅他訳、法政大学出版局、一九七七年、一三八頁。訳語を少しだけ変更させていただいた。

(28) 拙稿「帰納的思考と動物たち」、鈴木雅雄編『シュルレアリスムの射程』、せりか書房、一九九八年、一九〇―一九二頁参照。

(29) デリダ『エクリチュールと差異』上巻、前掲書、一三九頁。

(30) 「固有名」に関しては、拙稿、前掲書、一九一頁を参照。

(31) 同書、一八四頁参照。

(32) 体系化の問題をめぐるデカルトとレヴィ＝ストロースの微妙な関係については柄谷行人の『探求 I』（講談社、一九八六年）、一二〇二頁を参照。

演劇と憑依
――ミシェル・レリスにおける詩学と民族誌

千葉文夫

「民族学はまずもって知的環境を変えるための手段として捉えられ、やがては第二のメティエとなったわけだが、いまになってみるとこれは文学的活動に密接に結びついていると彼自身には思われる」――一九六七年八月、CNRS研究主任の候補者として履歴書および業績書を準備する必要に迫られたミシェル・レリスは、この種の公的文書の約束事にしたがって自己を三人称で表現しながら、彼自身にとっての民族学の意味を問い直す(1)。こうして彼はドゴン族におけるシギの儀礼の言語に関する研究、ゴンダル地方におけるザール信仰の調査研究、アフリカの造形美術の研究など、民族誌の分野での仕事の三つの主要な軸がそれぞれ作家としての彼自身の探求と深く結びついていた点に触れるとともに、あたかも最終的結論にたどりついたかのようにして、次のように書く。「民族誌学における観察体験が自己を記述しようとする試みにあって助けとなったのは否定しがたいと彼には思われる。精神分析治療の影響のほかに、人間に関わる諸現象を前にして、観察者の立場を取る習慣が、彼自身の内部で展開する事象についての、いわば外部に位置する証人とみずからなることを彼に許したのではなかったか(2)」。

ここでのレリスはすでに民族誌についての安定した視点を獲得したかのように見える。シュルレアリスム運動を離れ、民族誌学の旅にアヴァンギャルド運動の閉塞状況からの脱出口を見出そうとした時からは三〇余年の時間が流れている。作家としてのレリスはすでに『ゲームの規則』第三巻を書き上げ、まるで迷路を思わせる自己探求の連作にひとつの終止符を打ったところだった(3)。また完成までにほぼ一〇年近くの歳月を要した『黒人アフリカの美術』もこの年ようやくガリマール書店の「形態の宇宙」叢書の一冊として刊行を見ることになり、大きなサイクルが閉じて、新たな視点をもって過去を見渡すことがここに可能になったという意識が彼にあったとしても不思議ではない。

問題となる文書はその性格からして、あくまでもひとりの民族誌学者としてのレリスの仕事の中身を説明するべきものであるはずだ。ただし必要事項をそこに記載する者の視点はやはり独自のものであるというべきだろう。たとえみずからの学問的業績を提示するために書かれる単純な記述であっても、それを支える視点は基本的には『ゲームの規則』連作、とくにその第三巻において民族誌学の意味を集中的に問い直そうとする著者のそれと別物ではないと思わざるをえない。レリスの場合、民族誌学と文学は容易に切り離しえない。事実われわれはこの業績書に、民族学の仕事として、『幻のアフリカ』および「日常生活の中の聖なるもの」があげられているのを見ることになるのである。[4]

『幻のアフリカ』はダカール＝ジブチ調査旅行（一九三一〜三三年）に「秘書兼記録係」として随行したレリスがほとんど毎日欠かさず日常を書き記した日誌であり、民族誌と深く関係していることはまちがいない。しかしながら一冊の書物として眺めた場合、たとえ書物ならざる書物あるいは「幻影の書物」と呼ぶべき要素は認められるにせよ、[5]これはレリスにとってみれば『シミュラクル』あるいは『基本方位』などシュルレアリスト時代の詩的実験の書とは完全に体裁の異なる最初の書物らしい書物であり、そのなかに滑り込まされた夢の記述、自己分析の視点などの要素からしても、作家レリス誕生を告げるものだといってよい。一九三四年の初版刊行時、さらには一九五一年および八一年の再刊の際に、そのつど性格の異なる叢書の一冊として出ているところにも、この書物が一貫して不安定な場をさまよわざるをえぬ運命にあることが告げられている。[6]もう一方の「日常生活の中の聖なるもの」にしても、もともと狭義の民族誌とは完全に別な場において準備され発表がなされたものであり、ただちに民族誌学の分野の業績とするには無理が感じられる。この文章は、一九三〇年代末にバタイユおよびカイヨワとともにレリスみずから呼びかけ人となって生まれたコレージュ・ド・ソシオロジーの例会でなされた唯一の口頭発表のための原稿であるとともに、「告白の専門家」レリスにしてみれば『成熟の年齢』から『ゲームの規則』連作への展開を可能にする蝶番のごとき役割を果たすテクストであり、そこで語られる幼少期の記憶の数々は、たとえば鉛の兵隊の挿話にみられるように、書き換えを経て、『ゲームの規則』第一巻のうちに新たに置き直されることになるものだった。

フランス民族学におけるミシェル・レリスの特異性、それは彼がシュルレアリスム運動を通過して民族誌学にたどりついた経験をもつとか、民族誌と並行して独自の作品世界をきりひらいてきたなどという月並みな表現では十分にとらえきれない厄介な要素を多分に含んでいる。その後ポストコロニアリズムの時代のエスノグラフィーは、フィールド研究における観察主体と観察対象の関係性そのものを問題化するようになったが、そのような流れを経て『幻のアフリカ』は民族誌の基盤を問い直す視角をもった書物としてすでに古典たる位置を獲得しているように思われる。ただしレリスの場合、エスノグラフィーとポエティックは、まるで複雑に枝葉が絡み合うあの文章作法そのもののように切り離しがたく結びついている。いったんペンを手にするならば、レリスはつねにほとんど病的ともいえるような複雑で厄介な自己言及の迷路の中に入り込んでしまう。おそらくそこには単なる手際の悪さ以上のものを認めるべきであるはずであり、いかなる点においても優等生的ではないレリスの民族誌学は、まさにその矛盾ゆえにアクチュアルな意味をもちうるとすべきではないか。たとえばゴンダル地方におけるザール信仰に関する一連の論考および著作はまさに彼自身の「民族誌学者の眼」(7)の独自のありようを浮き彫りにする場となっているように思われる。

ザール霊に取り憑かれた女たち

ひとまず一九三二年夏まで時間を遡ってみなければならない。マルセル・グリオール率いるダカール＝ジブチ調査団が旅の最終目的地であるエチオピアのゴンダル地方に入ったのはこの年の七月一日のことだった。すでに一行がパリを出発してから一年以上が経過し、調査旅行前半の主要目的であったドゴン族についてのフィールド調査を終えている。調査団はその後一二月五日まで約五カ月間にわたりこの地に滞在することになるが、レリスはこの間、ゴンダル市バアタ地区の憑依者として有名な老女マルカム・アッヤフを中心としておこなわれるザール霊の信仰、病の治療、憑依および供犠などの実際に間近に接し、アッバ・ジェロームの助けのもとに夥しい分量のノートをとり、また調査研究の日常を日誌に詳しく書き記す。

調査旅行からの帰還後まもなくいくつかの研究論文が書かれることになるだろう。『ミノトール』誌第二号に一二枚の写真と合わせて掲載された「セイフ・チェンゲルの牡牛」は発表時期から見ればその最初のものであった。これは一九三二年一〇月八日におこなわれた供犠について時間を追ってその進行のありさまをつぶさに再構成してみせようというものであり、具体的な場面の記述という点ではもっとも詳しい。このほかに一九三〇年代半ばには三つの研究論文が書かれている。それからほぼ二〇数年後に書かれる『ゴンダルのエチオピア人にみられる憑依とその演劇的諸相』にいたるまで、基本的にはこの一九三二年秋に採集された資料をもとにしながら、レリスはいくつかの異なるヴァージョンを書き分けてきたともいえる。一九三八年に発表された論考「エチオピア北部における《ザール》霊信仰」において、レリスはマルカム・アッヤフがさまざまな役割を状況に応じて演じわけているのではないかと示唆するわけだが[8]、彼自身もまた『幻のアフリカ』から『ゴンダルのエチオピア人にみられる憑依とその演劇的諸相』の刊行にいたるまで、ほぼ同じ材料をもとにそのつど微妙に異なる役割を演じわけているように見えなくもない。

後に『幻のアフリカ』として刊行されることになる日誌にレリスが「ものに取り憑かれた人間を研究するよりも取り憑かれたい、学問的にその詳細を知るよりも、肉体をもってひとりの《ザールに憑かれた女》を知りたいのだ」と書き記すのは一九三二年七月二三日のことであり、奇妙なことに本格的な調査が始まる以前のことだった。それより約一カ月が過ぎた八月二五日の記述には、「観察者の非人間的な立場を守らせる民族誌学に対する恨み」についての言葉が書き記される。すでにこのことからも窺えるように、仮にこの日誌がマルセル・モースの教えにしたがいフィールド調査の日常を記録することから出発しているとしても、書き手自身の躁と鬱の状態をそのまま反映するような記述のトーン、コンラッドの小説への言及に認められるように書き手の文学的志向をあらわにしてみせる自己描写のありよう、場合によっては略奪というべき性格をおびた民族誌資料収集のありさまへの言及、植民地アフリカのグロテスクな日常的現実の記録など、民族誌の補助手段という枠を大きくはみ出す要素を多分に含んでいる。

全体を通じて日誌は記述者の気分、「窮屈に感じている西欧人[9]」の心理状態をそのまま反映しているといえるのだが、とくにゴンダルに入った時点を境に、記述のトーンに変化が生じる。ひとことで言うならば、憑依現象を目の前にして記述者もトランス状態に入り込んでゆくのであり、やがて熱が急速にさめてゆく過程もまたはっきりと記されている。日誌は調査団一行の日常を書き記す役目も同時にもっていたはずだが、レリスがマルカム・アッヤフの生活圏にしだいに深く入り込むにつれて、記述はもっぱらレリスとアッバ・ジェロームの行動を中心としたものに変わり、それ以外のメンバーの行動に関する言及は極端に少なくなる。たとえば一一月一一日の記述に久しぶりに登場するマルセル・グリオールはほとんど外部の人間というべき存在に変わっている。

晩、グリオールとのあいだで議論となる。口調は激しいが（アフリカに来て一八カ月ともなれば、いやでも調子はうわずる）、友好的なものだ。彼はインフォーマントの女たちに対するわたしの甘さを非難する。[10]

意見の食い違いは「友好的」なものだったと日誌には述べられている。ただしその後この日誌が『幻のアフリカ』として刊行され、民族学者のあいだに大きな波紋を投げかけ、占領下の時代に入って禁書処分を受けるにいたる経緯を考慮に入れるならば、このときインフォーマントとの関係をめぐって二人のあいだに生じた衝突はすでに決定的な態度あるいは生き方の違いを意味していたと思わざるをえない。その後レリスは一九四一年一月二九日の日記に『幻のアフリカ』を部分的に再読した感想を記し、この本が徹頭徹尾グリオールのようなタイプの人間の神経を逆なでにするような記述に満ちていることを認め、民族誌という分野の精神風土をある程度知った今は、残念ながらこのように単純素朴なかたちで表現することはもはやできないと告白している。[11]

『幻のアフリカ』に読み取ることができる一九三二年秋のレリスの行動は模範的な民族誌学者のものではない。そのことはレリスがマルカム・アッヤフの家に住み始める時点で決定的になるといえよう。九月一八日の日誌には次のように記されている。

アッバ・モラス・ウォルキエに供犠を捧げて以来、われわれは家族同然になった。マルカム・アッヤフおよびその一族の者たちとは、もはや切っても切れぬ仲だといってもよい。要するにわれわれは同じ党派の仲間である。われわれは相棒なのだ。[12]

グリオールの非難の対象となるインフォーマントの女たちに対する甘い態度、だが、そのようなレリスだからこそザール信仰の実践の場に奥深く入り込むことが可能になったということもできる。ザール霊に取り憑かれた女たちの姿はいったいなにゆえにこれほどまでに彼の心を捉えるのか。後にレリスは『ゲームの規則』第三巻において、この調査旅行が「ネグロフィリア」(13)のひとつの帰結としてあったことに触れて以下のように語っている。

わたしが試みた旅が、ジャズの登場以来やみくもにわたしを夢中にさせたこの黒人たちの世界についての直接的認識をわたしにもたらしえたということがあり、しかもまた人間嫌いのしるしの刻印を受けた孤独な逃避とはまったく違って、この旅には、わたしが加わることになる調査団の一行があらかじめ定められたプランをできるだけ逸脱せぬようにしながら熱心に実地に移すことになる人道主義的な探求の意味がそなわっていたにせよ、議論の余地なき正当な根拠と旅がそのもとでおこなわれることになるすぐれて学問的な庇護にもかかわらず、わたしはこの旅に、無法者とはいわぬまでも向こう見ずな者の冒険に対するのと同じ激しく燃える色合、自分にとってもわが同僚にとってもひとしくこの旅の基礎をなしていたもの、すなわちどこかしら異端的なものであった当時の民族誌学によってはほとんど弱められることのない色合をあたえていた。調査研究に向かおうとする意志を越えて、わたしはコンラッドの小説のさまざまな主人公、すなわちいったんは身の破滅を招きながらも復活する水夫ロード・ジム、『勝利』における熱帯地方の完璧なダンディ、『闇の奥』にあって小説の話者が「文明の最果ての地で」現地の黒人と見分けがつかぬ姿となったのを見出す冒険家などを――これらの人物のあいだに明らかに相容れぬものがある点は顧みずに――みずから演じようとする気になっていたのはたしかなのである。(14)

例によって紆余曲折の多い文章のなかに、民族誌のうちに昇華しえぬ過剰な欲望を抱えていた者の姿が浮かび上がる。一九二〇年代末から三〇年代初頭にかけて、「黒人世界」についてのレリスのいわば直接ならざる認識の集中的な表現の場となったのは『ドキュマン』誌だった。その初年次第七号の「辞書」欄に彼がグリオールと分担して「唾」に関するテクストを書き、明らかにバタイユの影響下に唾を「アンフォルムの象徴そのもの」としたとき、おそらくは民族誌学そのものというよりも異端の言説としての民族誌の可能性が夢想されていたとすることができるだろう。レリスはシュルレアリスムの内部にいながらというよりも、シュルレアリスムを離れた直後この『ドキュマン』誌においてそのような意味での「民族誌学」と出会う。W・B・シーブルックの著書『魔術の島』に触発されて書かれた「《死せる頭》あるいは錬金術師の女」はこの時期の彼の民族誌についての認識を明らかにする一例であるといってよいはずだ。シーブルックの著書とともに、ジョゼフィン・ベイカーの「ルヴュ・ネーグル」あるいはルー・レスリー率いる「ブラック・バーズ」の舞台、デューク・エリントンの音楽、キング・ヴィダーの映画『ハレルヤ』、さらにはレーモン・ルーセルの『アフリカの印象』の初演の舞台の記憶までもが渾然と入り混じってレリスにとっての「黒人世界」をつくりあげ(15)、また『ドキュマン』誌におけるバタイユの一連の論考が血なまぐさい儀礼、供犠のトランス状態に彼を誘い込む。そのすべてが一九三二年秋、ザール霊に取り憑かれた女たちの姿を通して、表象ではなくて現実のものとしてたちあらわれるのである。

それとともにこの時期のレリスにとっておよそ旅がもちうる独特の意味合いを考えてみなければならない。ダカール＝ジブチ調査旅行以前、レリスは一九二七年から二八年にかけてギリシアおよびエジプトへの旅をおこなっているが、先の引用文で「人間嫌いの刻印を受けた孤独な旅」と呼ばれるこの旅は、しかしながら四年後の民族誌調査の旅と決定的に異なるものであったのかどうか。ギリシア＝エジプト旅行は『オーロラ』の成立に深く関係し、民族誌調査旅行は『幻のアフリカ』を生むという、レリスにおける旅と書物の深い結びつきを示す共通性とともに、いずれの場合もどこかに旅をプリミティヴな力の回復と結びつける見方が存在しているように思われるのである。ここで一九二〇年代末のレリスがバタイユの勧めのもとにアドリアン・ボレル博士による精神分析治療を受けていたことを思い出してもよいはずだ。マルカム・アッヤフがザール霊の降神体験を媒介として病の治癒を試みる存在であったことは象徴的である。八月一〇日の日誌には次のように書き記されている。

《ザールに取り憑かれた》老婆は、母親のようにわたしを支配している。彼女の信者たちは、向こうがどう思っていようと、わたしの姉妹だ。彼女らの憑依のインチキ臭さにいたるまで好ましく思っている。生活のなかに金ぴかの幻想を持ちこみ、夫たちから逃れ、聖霊たちの助けを借りて非現実の高みへとよじのぼり、それによって退屈な日常の下らぬ事柄の重みを忘れ去ろうとするこの愛すべき娘にいたるまで好ましく思うのだ。[16]

レリスはなおもバタイユが説く「低次唯物論」の影響下にある。マルカム・アッヤフを中心とする女たちの姿の記述を特徴づけるのはグロテスクな細部に向けられるまなざしであり、少なくともこの日誌という場においては、彼女らの姿が詩的隠喩によって昇華を遂げて描き出されるということはほとんどみられない。それでも彼女らの姿のうちに呪術と結びついた詩の源泉を認めようとする視線が存在しているのはたしかなのである。マルカム・アッヤフの家の敷居をまたぎ、一緒に住むにいたるその行為は、調査研究という以上に加入儀礼的な行為といわねばならない。レリスが入り込むのは女たちの共同体であり、女たちが歌う歌が彼の耳をとらえる。[17]『幻のアフリカ』においてひときわ目立つのはいうまでもなくマルカム・アッヤフの娘エマワイシュの存在であり、たとえばわれわれ読者はこの異邦の女の魅惑のもとにあるレリスを一九三二年八月二四日の日誌の記述のうちに見出すことになるだろう。

彼女は、半ば即興の恋の歌を歌う。そこで歌われているのは彼女をくびきから解き放った離婚であり、恋と比べるなら取るに足らない富に対する軽蔑であり、情熱の揚句にシフタになったり、虫になって恋人の身体のなかに入り込みたいと思う若者だったりする。それから詩の形で、自分を病気にかからせた、むごい扱いをしたと言って、母親――それに答える――を責める……。こうして歌に掛け合いが長々と続いてゆく。[18]

アッバ・ジェロームの助けを借りて、エマワイシュの歌を書き取り、翻訳し、これを完全なかたちで復元しようとするレリスの姿はまるで暗号解読者のようだ。[19]その後別の場でもエマワイシュの記憶は直接名指されはしないものの繰り返し喚起され、『成熟の年齢』においては「肉体的にも精神的にもルクレティアとユディットという二重の理想に一致するエチオピア女」と呼ばれることによって、レリス的なエロスの表象世界のなかに送りこまれ「宿命の女」の系列に加えられることになるだろう。[20]ただしいま問題にすべきは、そのような昇華作用のプロセスそのものではなくて、むしろ歌うという行為をきっかけとしてエグゾティックなるものとアルカイックなるものの対立項が導入され、そしてまたある種の転換がそこに生じることになる点である。

「内なるアビシニア」(一九三五年)および「アンティル諸島と交叉路の詩学」(一九四八年)などの文章は、この転換をさらに強くわれわれに印象づける効果をもっている。「内なるアビシニア」は、まさに先に引いた日誌の八月二四日の記述で言及される歌を問題にしており、エマワイシュの名があげられているわけではないが、レリスはここでも歌の一部を引き、彼にとってのエチオピアの記憶のもっとも心に触れる部分はそのような歌の記憶であると述べる。さらにまたエグゾティスムが空間的移動に結びついたものであるとするならば、これとの対比のうちに過去への遡行によるアルカイックなものの探求の可能性についての示唆がなされ、アビシニアにおいて生まれるのは「前世の奇妙な感覚であり」、さらには「中世の時代にわれわれが送っていたような生活がわれわれの記憶に突然戻ってくるかのようであり、そしてまたこの土地にあらたに歩を踏み入れるたびごとに、過去のすべてを蘇らせ、そのなかでわれわれ自身を見出すかのようである」[21]と言われている。いわば既得の文化的習慣や知識を捨て去るきっかけとして旅があるのだという主張、「子供の眼のような新鮮な眼」——アンドレ・ブルトンの『シュルレアリスムと絵画』の書き出しの一節を連想させずにはいない——を獲得することが必要だとするこの文章の主張はじつはある種の倫理性に貫かれたレリスのポエティックの根本原理ともいうべきものであるはずだが、この文章の後半部に断片的に引用される歌はゴンダルで彼が採集した民族誌資料という枠をすでに抜け出し、場合によってプルースト的と呼んでもよいような想起作用と結びつくことによって新たな機能をもちはじめる。

アビシニアについてなおもわたしのうちに残るもっとも生き生きとした記憶のなかにこのような歌の記憶がある。ときにメロディの一節が頭に浮かぶ。その周囲にあるシーンあるいはある風景全体が結晶化するのである。

それ以後、聖ヨハネ教会の長、ザール霊に取り憑かれた女たちの面倒をみる老女の家でのトランスの場面、廃墟となったゴンダルの城、アディス゠アラムの回教地区、ヴァルカイトのサヴァンナ風景が喚起される。歌の生々しい記憶というよりも、ある種の浄化作用を経た上で、歌が記憶を呼び覚ますという構図はレリスのテクストのいたるところに見出すことができるし、翻って考えてみるならば、それこそ『ゲームの規則』連作の進行をつかさどる詩学原理のひとつの重要な要素となっているのではないか。二度にわたるアンティル諸島への滞在を通して、そのような体験はさらに明確な姿をとりつつ反復されることになるだろう。たとえば「アンティル諸島と交叉路の詩学」においては、民族誌という以上に独自のアルケオロジーへの志向はさらに明確になっており、またネルヴァルの名の喚起に認められるように、そこには文学的記憶の世界への通路もまた準備されているのである。

数歩ばかりわたしの前にまだ少女といってもよいようなひとりの若い娘、丈の短い黒い服を着て、褐色の肌をした娘が歩み出るのを見た。羊を連れた羊飼いの娘であり、まるでイル＝ド＝フランスの古謡を思わせる節に乗せて、彼女が歌を口ずさむのが聞こえる。〔……〕熱帯地方の太陽のもとで、過剰なほどの繁茂を見せる植物を背景として、わたしの前にいきなり登場したどこまでもアフリカ的なこの娘は、ジェラール・ド・ネルヴァルの伝説的な恋人シルヴィが歌いえたような古謡のひとつを聞いてわたしの心は感動でいっぱいになる一方で、わたしを一挙にあの知的交叉路のひとつ、すなわち奇異のきわみであると同時にじつに親しいものでもあるように思われる何かを前にしたことに起因する甘美なまでに不確定な状態のなかで自分が茫然として錯乱状態に陥ったかのように感じさせることになったのである。(22)

「わたしにとってエグゾティスムの蜃気楼は過ぎ去った」とレリスが日誌に書くのは、ダカール＝ジブチ調査旅行がその終わりに近づいた一九三三年一月一二日のことであるが、ゴンダルの体験からアンティル諸島での体験を通じて、歌はエグゾティックなものからアルカイックなものの探求への転換、さらには民族誌から文学へ通じる道を準備する。「交叉路」という表現に認めるべきは単なる異種混淆という要素にはとどまらない何かである。子供時代の遠い記憶にある懐かしい歌がまったく違った土地、違った環境にいて聞こえてくる。懐かしいと同時に奇異でもあるという感覚は、いうまでもなくフロイト的「不気味なもの」への意識と重なり合うわけだが、ここで言われる「交叉路」とはまさにレリス独自の二重性の主題の集約的表現であるといってもよい[23]。

トランス、この表象不可能なもの

『ゴンダルのエチオピア人にみられる憑依とその演劇的諸相』は民族誌の分野におけるレリスの一般にもっともよく知られた仕事であろう。一九五八年にプロン書店から「人間――人類学、地理学、言語学ノート」叢書の一冊として刊行されたこの書物はその後幾度か版を重ねており、やはり同じ年にガリマール書店の「人類」叢書の一冊として刊行されたアルフレッド・メトローの『ハイチのヴードゥー』と並んで、今日なおも憑依体験を主題とする古典的著作の位置を得ているといってもよい[24]。ほぼ同時期に準備が始まったものの、予定の期日を大幅に過ぎて一九六七年になってようやく刊行を見た『黒人アフリカの美術』の難航ぶりとは対照的に、『ゴンダルのエチオピア人にみられる憑依とその演劇的諸相』はレリスにしては異例の速さでまとめられている。とはいっても、フィールドワークをおこなった時点からは、ほぼ四半世紀の時間が過ぎた計算になる。シギの儀礼でもなければ、ドゴン族の仮面でもない。なにゆえにレリスは一九五八年になってこのザール信仰の記録に立ち戻ることになるのか。『幻のアフリカ』の刊行を契機として生じたマルセル・グリオールとの敵対関係、一九三五年から一九四五年にかけてのエチオピアとの国交断絶など、いわばザール信仰関係の仕事を進める上で障害となる条件があったのはたしかである。ただしそれ以上にこの著作のうちには、一九五〇年代末のレリスを襲った危機を乗り越えようとする試みの反映を認めるべきなのではないか。すなわち一九五七年五月二九日から三〇日にかけての晩、レリスはバルビチュール酸睡眠薬を大量に飲み込んで自殺をはかる。いわば冥府降りに相当するこの体験の後で彼が必死につかみとろうとした導きの糸――演劇の相のもとにすべてを眺め直すとは、まさにそのようなものであったということができるのではないか。美術史家アビ・ヴァールブルクは被害妄想と躁鬱状態をともなった精神分裂症と診断され、ボーデン湖畔にあるビンスヴァンガーの療養所に暮らしたことがあったが、一九二三年には自己治療の試みとして、二十数年前に彼がニューメキシコの地で体験したアメリカ・インディアンの蛇儀礼についての講演をおこなったという[25]。レリスの場合もちょうどこれに似た自己回復の試みとして、ゴンダルにおけるザール信仰の体験に立ち戻ってふたたび生の源泉に触れてみる必要があったということができるように思われる。

一九三八年に発表された「エチオピア北部における《ザール》霊信仰」と題された論文と読み比べてみれば、『ゴンダルのエチオピア人にみられる憑依とその演劇的諸相』における論点の移動はさらに明確なものとなるだろう。一九三八年の論文は、まずもってダカール＝ジブチ調査旅行におけるフィールド調査の全体が民族学研究所でのマルセル・モースの教えに忠実になされたことに言及し、さらにはこの論文が調査資料の提示を主要な目的とするものであり、個人的な解釈を交えぬものであることを強調していた。そこにはすでに憑依現象を「現実の生活と演劇の中間」にある no man's land に位置づけ、演劇的相のもとに事象を眺める可能性の示唆が認められるが、これはあくまでも示唆の段階にとどまり、それ以上の展開を生まない。『幻のアフリカ』におけるザール関係の記述、そしてまた一九五八年の著作と比べてみれば、禁欲的な何かが——場合によっては、自己検閲という表現すら思い浮かぶ——認められる瞬間があるが、その背景として、ダカール＝ジブチ調査旅行を終えてパリに戻ってきたこの時期のレリスが、遅まきながら民族学研究の分野で自己の位置を見出すために悪戦苦闘していたことを思い出す必要があるだろう。一九三六年から三七年にかけて、宗教史学、社会学、民族学などの単位取得を経て、[26]翌年パリ高等研究所宗教科学部門ルイ・マシニョン教授のもとに提出された論文『サンガのドゴン族における秘密言語』をもってようやくレリスの徒弟修業は終わりを告げるのである。

同時期のコレージュ・ド・ソシオロジーとの微妙なかかわり、そしてとくに『ドキュマン』誌時代の盟友バタイユとの距離の取り方をあわせて考えてみるとき、あえて正統的な民族誌学の枠のなかに自己の位置を見出そうとするこの時代のレリスの姿勢がさらに明確な姿で浮かび上がってくる。一九三九年七月二日付のバタイユ宛ての書簡において、レリスはコレージュの活動に疑義を差し挟み、デュルケム、モース、エルツなどの名をあげつつ、社会学を標榜するならば、これらの先駆者の名に恥じぬ厳密な方法の吟味が必要だと述べる。『幻のアフリカ』において民族誌への疑念を繰り返し口にしていた人物の発言としては奇異に感じられるところであり、ダカール＝ジブチ調査旅行からの帰還後に書かれたザール信仰関係の論文が、「憑依体験」、「供犠」、「秘密結社」など、コレージュが取り上げる問題にかかわる論点を含むものであるだけに、『ドキュマン』誌、あるいは『幻のアフリカ』におけるレリスの姿との違いが目立つ。(27)

一九五八年の著作に立ち戻ろう。「演劇的諸相」という表現のもとに問題となるのは「生きられた演劇」という把握のあり方である。

俳優〔……〕によって生きられる演劇、かなり特殊な――特殊というのは、それは自分にそなわる演劇性をけっしてみずから認めようとしないからなのだが――この演劇を見物人もまた同様に生きるのである。たしかに見物人もまた、いまにも霊に取り憑かれる可能性があるのであり、いずれにせよ手を叩いたり歌うことで精霊たちを呼び出すのに参加するのみならず、ひとたび精霊たちが「取り憑く」ならば、彼らの化身となっている人々から遠ざけられるどころか、彼らとかかわりを持つという点からみても、この見物人は純然たる観察者ではけっしてありえない。たとえ彼自身は霊に取り憑かれることなく、二次的な形でしか介入しなくても、このように巻き込まれた見物人は、目の前の出来事に加わり、単にその受動的な証人となるという以上に、主役たちとともにこれを生きるのである。(28)

純然たるトランス体験においては観察者のための場はない。脱自体験といっても同じことだが、憑依におちる人間も見物人もすべて巻き込む一体化の体験こそが憑依の憑依たるゆえんであり、ここで「生きられた」という表現によって指し示されるのもそのことである。換言するならば、「集団生活それじたいが演劇という形態をとるという特権的瞬間こそが問題になっている」のである。取り憑かれた女たちのなかに身をおいて、内部に入り込まなければ、憑依なる現象はそもそも存在しないし、特権的な瞬間ともなりえない。シュルレアリスト時代からレリスは「生きられた」状態の詩を問題にしてきたはずであり、彼がシュルレアリスムに見出そうとしたのは詩作品の形態という以上に「詩人であること」の様態ではなかったか。「生きられた詩」から「生きられた演劇」へとつながるレリスの思考回路の筋道をみきわめるのはけっして難しいことではない。ただしそのことをひとまず踏まえた上で言うならば、「生きられた演劇」に矛盾語法的な匂いがあることもたしかだ。ここでなされる「生きられた（vécu）」／「演じられた（joué）」という対比項の導入が示唆するように、「生」と「演劇」の乖離を意識しつつ、ディオニュソス的あるいはヴェリズモ的な生の高揚の表象不可能な瞬間を見つめなおそうとするレリスの視線の動きが感じられるのである。

レリスは一九四〇年代のアンティル諸島への旅、あるいはその折に行動をともにしたアルフレッド・メトローによる「儀礼劇」なる発想に刺激を受けつつこのような視点を獲得したと述べている。さらに付け加えるならば、メトローはレリスにとって民族誌学者としてのあるべき姿を体現する理想的な alter ego だったといってもよい。一九六三年六月一七日にパリのユネスコ会館でおこなわれた講演においても、あるいはジャン・シュステルとの対談においてもメトローの名は民族学者＝詩人として特別な思いをこめつつ引かれている。[29]『ハイチのヴードゥー』の序文として書かれた文章は、同僚の民族学者の仕事を儀礼的に紹介するという以上の強い意味を含むものであって、「さまざまな社会の調査研究は、理論的な見取り図にたどりつく道筋というよりも、人々を知り、彼らにもっと近づくための手段」というべきものであったとする言葉には、いわば倫理的な含みをもったレリス自身の民族誌の把握が如実に示されているといってもよいだろう。レリスはメトローの『ハイチのヴードゥー』のうちに自分自身の軌跡を重ね合わせようとする。たとえば序文において引かれる「ある種のエグゾティックな語句は大きな喚起力を秘めている」というこの書物の冒頭の一文は、その表現からして、まさにレリス自身の言語体験に密着するものだったはずだし、これもまた同じく序文で引かれる末尾の言葉「遠くにあるとともに親しい過去」なる表現もまたレリスがゴンダルにおける体験を経て獲得した見方とみごとに重なり合うのである。

ザール信仰をめぐる一連の著作において一九三〇年代と五〇年代のもうひとつの対比項をなすのは「用」と「美」にかかわる問題である。いささか図式的にはなるが、ある種の審美的態度の批判を通じて、対象の美的価値の発見よりも、これを文化的コンテクストのなかに再度位置づけ直すという作業に意識が向かう三〇年代前半の民族誌の共通認識から、とりあえず西欧中心的な美の認識を相対化しつつ、新たなかたちで美的側面に視線を向け直すという転換がレリスの場合にも認められるといってよい。一九五八年の著作では、アクセサリーと衣装、役割、演出にかかわる部分などの側面に意識的に目が向けられ、「治癒」という要素以上に「美的な感覚」あるいは「幸福感」といったものを問題にする視点がより明確になっている。

公式には非難されながらも、ひろくおこなわれており、その集団的性格のためだけに、単なる呪術ではなく宗教とされているこの信仰は、信用を落とす一方で魅力をも有する一つの要素を含んでいる。すなわちその演劇的側面であって、これはキリスト教およびイスラームの本来の宗教儀式に認められるよりもはっきりと目立つものである。なぜならザール信仰においては、単に神話的あるいは伝説的な存在であるだけではなく、――これらの役割をひきうける憑依者の姿を借りて――正真正銘の登場人物からなる実質的存在の介入が見られるからである。登場人物はそれぞれが自分独自の言語を話し、そのうちの多くはフッカラーと称する銘句からなる呼び出し文句をもち、それぞれが独自の所作と流儀をそなえ、さらに多くの場合、割り当てられた役柄にふさわしい独自の衣裳を身につけて、列席者の前に姿をあらわす。誰もが照明に関しては自分独自の好みをもっており、場合によってはほとんど舞台の上でみられるのと同じ要求を出すことさえある。したがってこれらの人物はその役割からして、西欧のもっとも伝統的形式の演劇が舞台にのせる人物と大して異なってはいない[30]。

「演劇的諸相」を問題にするレリスの視線はこれもまた複数の視線の交錯によって産み出された相互テクスト的生成物であるといえる。スペクタクルの支配のもとに幼年期が過ぎていったと述べる『成熟の年齢』の一節を思い出すまでもなく、レリス独自の舞台とスペクタクルへの強い嗜好と感性がここにはたらいているのはもちろんのこととして、すでに触れたようにメトローの「儀礼劇」なる発想を根本においた憑依体験の再把握、そしてまたダカール＝ジブチ調査旅行の際の同僚でもあったアンドレ・シェフネルの仕事との接点も見出される。たとえば「前＝演劇」（一九四七～四八年）と題されたシェフネルの論文は、オペラの起源を一六世紀もしくは一五世紀末のイタリアに求めるのは無知のなせるわざだとするマルセル・モースの言葉を冒頭に引いて、時間的にも空間的にも西欧的な演劇の観念とは無縁な場で実践されるさまざまな「演劇的形態」の研究の可能性を探るものであり、「宗教」と「芸術」が絡み合う「未開の」状態を問題化するものであった。シェフネルは「前＝演劇」なる発想を説明するにあたって、この用語はいわゆる演劇に時間的に先行する形態、あるいはその準備段階を指し示すというよりも、古代ギリシア以来の西欧の演劇の特徴と考えられてきた諸要素が、「未開の」人々のうちにも十分に見出しうるものである点を論じるために導入されたものであると述べている。[31] ギリシア語のテアトロンという語に立ち戻り、これが劇場というよりも純粋に観客が身をおく場を意味する言葉であったことを再確認するところから、マラルメの『芝居鉛筆書き』への言及を交えながら、演劇という名の場あるいは場としての演劇を問題化してゆこうとするシェフネルの視線は、時間軸に沿った進化という見方とはまったく別の可能性を見つめようとするものである。[32]

ところでレリスにはオペラを主題とする書物の構想があったことが知られている。レリスの死後、ジャン・ジャマンによって残された草稿が発見され、『オペラティック』なるタイトルのもとに刊行されたものがこれに当たる。ここにあるのは、結局のところオペラに関する断片的なノートの集積であり、個々の断片を有機的に結合する原理を見出せぬままにあくまでも構想の段階にとどまる「書物の幻影」とすべきであるかもしれないが、たとえ『ゲームの規則』連作に認められるようなかたちでの精緻な彫琢がほどこされた文章表現ではなくとも、場合によってある種の逸話的展開にレリス独自の感性を見出すことは十分にできる。『オペラティック』は、京劇、ハイチで体験したヴードゥーなどについての言及も含んでいて、本来の意味でのオペラ以外のものも取りこもうとするそのあり方には、シェフネルの「前＝演劇」なる観念に触発された部分があることはたしかだ。編者によれば、レリスがオペラに関する印象、記憶、感想などをノートに取りはじめたのは一九五九年一月のことだったという。レリスは一九六〇年代前半までノートを取りつづけるが、その後、書物の構想は放棄される。

レリスがメトローあるいはシェフネルに共感を寄せたのはたしかなことではあるが、彼らの仕事との違いについても考えてみなければならない。『ゴンダルのエチオピア人にみられる憑依とその演劇的諸相』の場合でも、たとえばメトローの『ハイチのヴードゥー』と並べて眺めてみる際に、民族誌の著作としてはもうひとつひろがりと奥行きの点での弱さが見えてしまうのではないか。あえて繰り返すならば、ここでのレリスの中心課題はパースペクティヴを変えて見るという点におかれており、必ずしもこれまでの研究の集大成あるいは総合化というべき性格はもっていないのである。ここで表面に浮かび上がる「演劇的諸相」という視点は、少なくともレリスの意識のなかでは、一九五八年の著作からオペラに関する書物の構想へと受け継がれるべきものとして考えられていたのではなかったかと思われる節がある。ただし、すでに述べたように、この書物の構想は放棄される。オペラについてレリスが書いた最良の部分、それは『ゲームの規則』第三巻において叔母クレール・フリシェの記憶をよみがえらせようとするくだりにあるといわなければならない。この書物を読むならば、読者はオペラに関する書物の構想がなぜ放棄されるにいたったのか、その理由を理解することになるはずだ。われわれは民族誌学と文学とのあいだにある敷居をまたぎ——しかしながらすべてが敷居のような状態であるとすれば、敷居を語る必要がなおもあるのだろうか——もうひとりの歌う女を最後に呼び出さねばならない。

もうひとりの歌姫あるいは親族の構造

一九五七年五月末の自殺未遂の体験は折から執筆中であった『ゲームの規則』第三巻に特異なトーンを帯びさせることになるだろう。睡眠薬がその効果を十分に発揮していたならば、この書物の後半はそもそも書かれはしなかった。しかしながら、もう一度幕があがり、第二部が始まる。すなわちこの書物の後半部は文字通り死から生への帰還の記録となるのである。意識が戻ったときにはパリのクロード・ベルナール病院の一室のベッドに横たわっている。ただし錯乱した意識の状態で、レリスは自分がブリュッセルの病院にいるのだと思いこみ、やがて彼の想念は独自の連想の糸にしたがって、舞台の役者、軽業師の叔父、そしてオペラ歌手だった叔母、すなわち一九〇三年にはオペラ＝コミック座におけるフランスでの『トスカ』初演の舞台をつとめたというクレール・フリシェの姿に向かってゆく。この叔母の記憶をさらに導き出すために、ここでは「羽飾りのある大きな帽子」をかぶり「リボンの飾りがついた長いステッキ」を手にしフロリア・トスカに扮した彼女の肖像写真に特権的地位があたえられているのがわれわれの眼をひく。

この彼女の肖像写真、この衣裳の特徴は自然なものとして眼にうつる——というのもその特徴は舞台女優が問題になっているという事実によって説明しうるからだ——役柄を演じる、この彼女の肖像はいわば彼女独自の真実のなかで彼女をわたしに示す。というのも芸術家という仕事は彼女の人生の本質であり、彼女の人生について自分はこの側面だけしか知らなかったからである。ほかの肖像写真——幾度もそれを眺めたことがある——は完全に彼女であると同時に彼女以外の別物である彼女の姿をあらわしていた。すなわちイヨカナンの切り落とされた首を眺めるサロメ、松明をもって踊るエレクトラ、フィデリオに変装したレオノーレ〔……〕」(33)

ここではトスカ自身が歌姫であったことを思い出す必要があるだろう。歌姫クレール・フリシェはこれもまた歌姫であるトスカに変装し、舞台の上でもまた舞台女優の役を演じることになるといえば、何やら『成熟の年齢』において語られるココア缶のエピソード(34)にも似た無限のめまいの世界に通じる感覚が生じる。クレール・フリシェのことは『成熟の年齢』においてもエリーズ叔母なる別の名のもとに語られていたわけであって、『ゲームの規則』第三巻のこの部分で繰り広げられるのは、あるいはリメイクと呼ぶべき情景だといえるかもしれない。ただし同一物の回帰というよりも、いまはそこに生じる色合の変化にこそ視線を向けるべきであろう。『成熟の年齢』での記述の対象となるのは、おそらくはオペラ歌手の叔母の生身の存在というよりはむしろ彼女が演じる役柄であり、舞台上の表象の魅惑であったということができるかもしれない。そこではルクレティアとユディットなる二重像が祖型的なイメージとなって、さまざまな女たちの姿はどこかしらこの二重像の反映とでもいうべき性格を負わされていた。一九世紀末から二〇世紀初頭にかけての時代を特徴づけるエロスの感性と結びついた世界、いまになってみればセピア色の写真のように古めいてみえる「宿命の女」の世界である。『ゲームの規則』第三巻にあって、オペラ歌手の記憶はさらに精緻な記述の手つきによってよみがえる。あるいはどこかしら錯乱の影をとどめながらも果たされる記憶の襞に分け入る連想作用のなかで、叔母を想起する過程そのものが記述の対象として中心に据えられることになるのである。生と死の敷居を揺れ動く意識が『トスカ』第二幕の有名なアリア「歌に生き愛に生き」を記憶のうちによみがえらせ、これとともに喚起される愛と死の主題のもとに想起を独自の色にそめあげる。愛と死の主題に深く結びついたオペラ、そこにレリスにとっての生きられた演劇の原型があるといってもよい。単にオペラ歌手であった親族の女性の記憶が呼び覚まされるだけではない。書き手は『ゲームの規則』第三巻というテクスト空間そのものをオペラの比喩のもとにおき、一個のオペラ的空間に変えようとしているかのようである。

一個のオペラとしての人生、つまりは旋律の曲線をつくりだす愛と終幕にその奥行きをあたえる死をともにあわせ持つオペラとしての。仮にオペラが一個の祝祭であり、演技者および彼らの演技の証人となる者たちがいずれも舞台衣裳と正装姿をもってそのシャンデリアの輝きに競って加わる場であるとするならば、しかも、このように集まる観客がさまざまなやり方で、また荘重さのきわみあるいは軽やかさのきわみをもって感情を解き放つように呼びかけるような作品となって提供されるのであれば、ほかのいかなるものにもましてより直接的に人生に結びついた歌の芸術。ダイヤモンドの如き芸術の輝きと人生の荒々しい裸形性、虚構と現実、彼岸と此岸、その接合――「本物」の接合でありアレゴリーもしくは瞬間的なものではない――はおそらくはわたしの最大の問題であり、自分と折り合いをつけるためにみずからを依拠させるべき唯一のアポリアなのである。[35]

まずは『幻のアフリカ』に登場し、『成熟の年齢』そして「紅海のネレイス」に影を引きずるエマワイシュの姿は『ゴンダルのエチオピア人にみられる憑依とその演劇的諸相』にあっては、憑依の場面をつかさどる老婆、あるいはそれ以上に状況によって異なるザール霊に取り憑かれた状況を演じ分けてみせるマルカム・アッヤフの陰にすでに隠れてしまっているように見える。それとともにレリスがおこなった無作法の行為の痕跡も消えてゆく。まるでそれと入れ替わってあらわれるというかのように、ふたたびレリスの記憶に浮かび上がるクレール・フリシェの記憶。こうしてオペラが憑依の演劇をすっかり呑み込むことになるとしても、レリスは現実世界と想像的世界の両面にわたって、あるいはその敷居をなす曖昧な境界地帯にあって、歌う女たちに支配されている。それが彼の親族の構造を決定するのである。

★

たとえレリスが長いことパリ人類博物館に勤務し、後にCNRSの研究主任までつとめた経験のある人間だとしても、民族誌学という言葉自体が彼独自の用法をもって使われる場合があることをわれわれは知っている。レリスが民族誌に足を踏み入れ始めた時代、それはフランス民族学の草創期であった。彼が加わったダカール＝ジブチ調査旅行は夥しい量の民族学資料を持ち帰り、これがパリ人類博物館コレクションの基礎を築くことになる。レリスは『ゲームの規則』第三巻の先の部分において「当時どこかしら異端の学問であった民族学」という表現を用いていた。風変わりな経歴をもって民族誌の分野に身をおくにいたったという人間、あるいは民族学者として異色な存在というならば、レリスと同時代の人々には多かれ少なかれそのことは当てはまる。たしかにジョルジュ・アンリ・リヴィエールあるいはアンドレ・シェフネルなど彼とほぼ同世代の人々は、今日のエスノグラフィー研究という視点から見るならば、その自己形成過程もメンタリティも違っている。ジョルジュ・アンリ・リヴィエールはいかなるディプロムも持たずしてトロカデロ民族誌博物館副館長になり、アンドレ・シェフネルは民族音楽研究の分野のみならず、フランスにおける最初の重要なジャズ研究書の著者となり、また一連のドビュッシー研究の論文の著者でもあった。ただしレリスの場合には、ただ横断的な知を語るだけでは十分ではない。記憶の古層に沈みこむものに向けられる視線、ほとんど生得のものであるというべきこのような視線から離れることができないという点でレリスは唯一無二の存在だといわざるをえない。

註

（1）Michel Leiris, «Titres et Travaux», *C'est-à-dire*, Paris, Jean-Michel Place, 1992, p. 60.

（2）*Ibid.*, p. 61.

（3）『ゲームの規則』第三巻 *Fibrilles* の出版は一九六六年。『ゲームの規則』は四部作とは言いながらも、内容および形式の両面において、この第三巻でひとまず完結を見ているとすることもできる。

(4) Cf. Jean Jamin, «Quand le sacré devint gauche», *L'Ire des vents*, n° 3+4, 1981.

(5) Cf. Catherine Maubon, *Michel Leiris en marge de l'autobiographie*, Paris, José Corti, 1994, pp. 109-116.

(6) 『幻のアフリカ』は一九三四年、アンドレ・マルロー監修の「コレクション・ブルー」叢書の一冊としてガリマール書店より出版された。この叢書はアクチュアルな問題を扱うジャーナリスティックな傾向を帯びたものだとされる。その後一九五一年には文学書のためのシリーズ「コレクション・ブランシュ」の一冊として再刊され、また一九八一年には「人文科学叢書」の一冊として再刊される。ジャン・ジャマンはこのような『幻のアフリカ』の受容の変遷を論じている。Cf. Jamin, «Les métamorphoses de *l'Afrique fantôme*», *Critique*, n° 418, mars 1982.

(7) レリスが「民族誌学者の眼」と題する文章を『ドキュマン』誌に発表したのは一九三〇年のことだった。アヴァンギャルド運動の閉塞状況から脱出するために外部に眼を向けるべきだとするこの文章の主張にはシュルレアリスム運動の分裂という事件の直接的な影響を見ることができる。

(8) Leiris, «La Croyance aux génies *Zar* en Ethiopie du Nord», *Miroir de l'Afrique*, Paris, Gallimard (Coll. «Quarto»), 1996, p. 942.

(9) 直訳すれば「自分の皮膚の内側で病んでいる西欧人」。「皮膚」の意味については本書所収の真島一郎氏の論文「頭蓋・顔・皮膚」を参照のこと。

(10) Leiris, *L'Afrique fantôme*, Paris, Gallimard, 1981 (1ère éd., 1934), p. 455（ミシェル・レリス『幻のアフリカ』岡谷公二・田中淳一・高橋達明訳、河出書房新社、一九九五年）.

(11) Leiris, *Journal*, Paris, Gallimard, 1992, pp. 333-334.

(12) Leiris, *L'Afrique fantôme*, *op. cit.*, p. 388.

(13) ダカール＝ジブチ調査旅行の背景をなすこの「ネグロフィリア」に関してはジェイムズ・クリフォードの簡潔な記述がとりあえずの参考になるだろう。Cf. James Clifford, «1933, février : Négrophilie», *in* : *De la littérature française*, sous la direction de Denis Hollier, Paris, Bordas, 1993, pp. 844-850.

(14) Leiris, *Fibrilles*, Paris, Gallimard, 1966, pp. 83-84.

(15) これとは別に、『幻のアフリカ』の一九三二年六月一九日の記述には、「リヴィングストンの死」を皮切におよそ二〇余りの項目をあげつつ、自分が抱くアフリカのイメージの分析を試みる一節がある。

（16） Leiris, *L'Afrique fantôme, op. cit.*, p. 336.

（17） 『ビフュール』誌第二号（一九二九年）に掲載された「巫女たち」と題するレリスの詩は、四つの基本方位にそれぞれ女占い師もしくは娼婦めいた存在を配して、すでに女たちの共同体をめぐる詩的幻想にかたちをあたえている。『ビフュール』誌はこれもまたシュルレアリスム運動を抜け出たジョルジュ・リブモン＝デセーニュが主宰する雑誌であり、「巫女たち」もまたシュルレアリスト時代の詩法を受け継いでいる。

（18） Leiris, *L'Afrique fantôme, op. cit.*, p. 349.

（19） ジャック・メルシエは一九三二年八月二三日夜（『幻のアフリカ』では同年同月二四日の日付のもとに記述）マルカム・アッヤフの家での出来事とこの歌の関係を詳細に論じている。蜂蜜酒に「取り憑かれて」、レリスはエマワイシュの身体に触れるという「無作法」（日誌の同年一二月二七日の記述およびそれに対する付記にも繰り返しそのことが記されている）を犯すが、彼女の歌はこのレリスの行為と無関係ではない。Cf. Jacques Mercier, «Journal intime et enquêtes ethnographiques — Les traverses éthiopiennes de Michel Leiris», *Gradhiva*, n° 16, 1994, pp. 29-42.

（20） Leiris, *L'Age d'homme*, Paris, Gallimard (coll. «Folio»), 1973 (1ère éd., 1939), pp. 199-200（ミシェル・レリス『成熟の年齢』松崎芳隆訳、現代思潮社、一九七六年）. さらに言うならば『ゲームの規則』第二巻の末尾をしめるアルジェリアの娼婦カディジャとの交流の記述にもエマワイシュのひそやかな影が落ちているように思われる。エマワイシュおよびカディジャの姿がいわば詩的昇華をとげるなりゆきについては拙稿「旅の神話——ミシェル・レリスのアフリカ旅行」（『早稲田文学』一九八七年五月号）および「ミシェル・レリスとオペラ」（『早稲田大学比較文学研究室　比較文学年誌』第二九号）を参照していただければ幸いである。

（21） Leiris, «L'Abyssinie intime», *Zébrage*, Paris, Gallimard (coll. «Folio/essais»), 1992, pp. 48-49.

（22） Leiris, «Antilles et poésie des carrefours», *ibid.*, pp. 75-76.

（23） レリスはここでボードレールの『赤裸々な告白』、ネルヴァルの『火の娘』、ブルトンの「痙攣的な美」、エメ・セゼールの『帰郷ノート』を引き、繰り返し「エグゾティスムと親しさが交じり合った状態」に言及しつつ、「交叉路」の詩学のうちに二重性の主題の総合化をはかろうとする。『闘牛鑑』はニコラウス・クザーヌスの言う「反対物の一致」に触れるところから書き始められていた。二重性の主題はレリスの書くテクストのいたるところに深く刻印されたものであるが、分裂を統合するパースペクティヴを獲得しようとする意思をもっとも強く感じさせるのが、四〇年代から五〇年代末にかけての一〇年間に書かれたテクストであるということができるだろう。『ゲームの規則』という表現にもすでに二重性は忍び込んでいる。アンフォルム、カオス、ディオニュソス的なるものの場としての jeu に対して、レリス的幾何学の支配を意味する règle が向き合う。

(24) Leiris, *La Possession et ses aspects théâtraux chez les Ethiopiens de Gondar*, Paris, Plon, 1958 (ミシェル・レリス『ゴンダルのエチオピア人にみられる憑依とその演劇的諸相』、『日常生活の中の聖なるもの』岡谷公二訳、思潮社、一九七二年).

(25) Cf. Philippe-Alain Michard, *Aby Warburg et l'image en mouvement*, Paris, Macula, 1998, pp. 169-170. 高橋純「不可能な古代——アビ・ヴァールブルクにおけるイメージの病理学」(『批評空間』一九九七年II-一三)。

(26) Leiris, *La Langue secrète des Dogons de Sanga*, Paris, Institut d'Ethnologie, 1948. 論文の提出後、書き直しを経て出版されるまで一〇年かかっている。

(27) レリスの死後発見された彼の草稿のなかに雑誌の構想を記すメモがある。一九三六年半ばに書かれたと推定されているが、雑誌の性格としては、『カイエ・ダール』誌と『ドキュマン』誌および『ミノトール』誌の中間に位置する形態が考えられていたようであり、かなり多くの予定執筆者の名もあげられている。ジョルジュ・バタイユとマルセル・グリオールの二人の名が欠落しているのが印象的だ。『ドキュマン』誌の時代にあって、レリスのもっとも近くにいたはずの二人だからである。Cf. Leiris, «Un projet de revue», *La Revue des revues*, n° 18, 1994.

(28) Leiris, *La Possession et ses aspects théâtraux chez les Ethiopiens de Gondar*, *op. cit.*, p. 96.

(29) Leiris, «Regard vers Alfred Métraux», *Brisées*, Paris, Mercure de France, 1966 (ミシェル・レリス『獣道』後藤辰男訳、思潮社、一九七一年); Michel Leiris, Jean Schuster, *Entre augures*, Paris, Terrain vague, 1990.

(30) Leiris, *La Possession et ses aspects théâtraux chez les Ethiopiens de Gondar*, *op. cit.*, pp. 93-94.

(31) André Schaeffner, «Pré-théâtre», *Variations sur la musique*, Paris, Fayard, 1998, p. 24.

(32) この分野での彼の仕事はさらにプレイアード百科事典の一冊として刊行された『スペクタクルの歴史』の巻頭を飾る「儀礼と前＝演劇」(一九六五年)に発展してゆくことになるが、この論考の末尾には参考文献としてレリスの『ゴンダルのエチオピア人にみられる憑依とその演劇的諸相』およびメトローの『ハイチのヴードゥー』があげられていることを付言しておこう。

（33） Leiris, *Fibrilles, op. cit.*, p. 142.

（34） Leiris, *L'Âge d'homme, op. cit.*, pp. 36-37. なおレリスの書法にあって、悪しき無限を思わせる像の反復、もしくはマクロコスモスとミクロコスモスの関係がひとつの重要な契機をなす点については、拙稿「『オーロラ』あるいは名の発見」（鈴木雅雄編『シュルレアリスムの射程』、せりか書房、一九九八年）を参照していただければ幸いである。

（35） *Ibid.*, p. 148.

頭蓋・顔・皮膚
――フランス仮面論の一系譜

真島一郎

「倦怠のすべてをみごとに言い表した『自分の皮膚をどうしたものかわからない（ne pas savoir quoi faire de sa peau）』というすばらしい通俗表現は、この意味を理解できる者にとりすでに当の倦怠を晴らす方法について単なる暗示以上のことがらを含んでいる」
（Leiris 1930a：266）

「このような鏡の戯れの中に入り、そのもっとも中心に位置する影になろうと試みる機会を獲得するためには、君たちの肉、骨、感情、思考そのものまでも脱ぎすてたまえ、それから運を天にまかせ斧を何回となくふりあげて、錫箔もなく、破片になる可能性もなく、色も形もない鏡を切りとりたまえ」
（レリス 一九七〇：一五四）

1 皮膚

一九二九年六月、日誌を綴っているミシェル・レリスは、ふと分身当てとでも呼びたくなる独り遊びを思いついていた。現在の知人たちが過去に自分の知っていた別のだれかと記憶の内で奇妙に重なり、いつしかたがいに分身のような関係をきり結んでいることに気づいたからだ。神秘的なカップルの例として現在の知人アラゴン、バタイユ、ランブールらの名と、それぞれの分身にあたる過去の知人の名が並べて日誌に書きつけられていく(1)。だれかの中には別のだれかが……

何かしらレヴィ＝ブリュルの融即律を思わせるこの種の呪術的なロジックは、たとえば五〇年代のブルトンが発明したあの遊び、ある品物の名を別の品物にまつわるエノンセの中へと外挿し、繋辞にひそむ同一化の呪力を意図的に誘発していく「互いの中に（l'un dans l'autre）」でも、異質な要素間の偶然の出会いという彼らなりのロジックに織り込まれたかたちで積極的に利用されてはいなかっただろうか。[2] なにかの中には別のなにかが……

ただし二人をくらべたとき、詩作への革新的な意図がこめられたブルトンの遊びとは対照的に、レリスの遊びが——単に沈黙のうちで自己の記憶をたぐる孤独な作業だったからというのではない——ある種の暗さのようなものをたたえているのはまたどうしたことであろう。おそらくそれは、ブルトンにとって顔や姿であったものがレリスにとっては皮膚でしかありえなかったからなのだ。

自己の身体を他者にあけわたす、もしくは自己の身体の界面を超えでていくという変身の願いを、レリスは生涯にわたり強烈にいだきつづけた個体だった。舞台の上で起きることがらを生身の現実と思いこむ魔術的な演劇観からなかなか抜けだせずにいた幼年期の彼。二〇年代のシュルレアリスム期には夢見る人デスノスの才能をおしみなく崇敬し、三〇年代のアビシニア・ゴンダル高原ではザールの霊に自ら憑かれることを熱望する彼。だとすれば、『成熟の年齢』に達した四〇年代のレリスが「自分を〜に同化させる」というフレーズをあたかも呪文のごとく著作中でいかに多用していたかという点に私たちは今さらながら思いあたるであろうし、五七年の自殺未遂事件と演劇的変身観との関わりについてさえ、レリス伝の著者アルメルとともに臆測してみたい誘惑にかられるのである。[3]

そのレリスが自己の変身願望を語るごとに執着していった身体部位とは、それを通じて人体の内外の峻別を語ることがはじめてひとに可能となる界面のイマジネール、皮膚にほかならなかった。私たちが本書で訳出した「《死せる頭》あるいは錬金術師の女」を発表する以前から、レリスは『ドキュマン』誌上で少なくとも二度、自らの皮膚について語っていたことをここで確認しておこう。まず、初年次第六号の辞典コラム「変身——自我の外へ」で、彼は「自己の皮膚から抜け出そうという欲望をまるでもたない連中にぼくは同情を寄せる」と述べ、皮膚の内側で安穏とするそうした自我のありかたを「皮袋の中のぶどう酒」に喩えて遠ざけていた。[4] また二年次第五号の論文「人間とその内部」で、彼は皮膚の界面をイマージュの定点にとりながら、人体の内外を往還するパラケルスス流の宇宙論を一種の演劇モデルで――後に展開することになる憑依論の輪郭を予示するかのごとく――語りはじめようとしていた(5)。人体はその内奥に宇宙の縮小された魔術的価値を秘め、内なるものと外なるものとのあいだで物質、知性、感覚のあらゆる交換がなされる「神秘の劇場」だと彼は形容する。その劇場の舞台俳優として自我が内なるものと外なるものの交換媒体となるとき、レリスには皮膚の内外を自由に回遊する夢想がひらかれていくだろう、ちょうどシベリアのシャーマンの脱魂現象をあれこれ論ずるよりは、むしろ自分がシャーマンになることを望んだバタイユのように(6)。

三〇年代の民族学への熱狂について、後にレリスはこうも述懐するだろう。「民族誌学の力をかりることで自分の皮膚から抜け出し、こういう言い方ができるとすれば他人の皮膚に近づいていけるだろうと思っていたのです(7)」。アフリカ渡航前夜の彼にとり、それゆえ民族学とはすぐれて皮膚の問題であった。そしてこの皮膚をめぐり当時の彼が執筆した論文「死せる頭」とは、エロティスムの要素を内在させたそれ自体がひとつの仮面論でもあった。「顔を覆い隠す〔……〕だけのことからひとはなぜ深い喜悦（完全な熱狂状態のもとで必ず生ずるようなエロティックであり神秘的でもある喜悦）を引きだせるのか〔……〕ひとは自らの皮膚を意識したとたん、それをあわてて別の皮膚にとりかえ刺激的な変身のただなかへとやみくもに身を投じていくようである」（本書一八六―一八七頁）。

私たちは、レリスによるこの小論がグリオール以後のフランス民族学で一次資料をもとに展開していく仮面の道具＝身体論的な視点、すなわち仮面をアール・ネーグルの木彫としてではなく汗ばむ身体――つまり皮膚――に装着される変身用の道具とみなす視点にとり、ひとつの祖型を提供していた事実に思いあたるだろう。当時『ドキュマン』同人に名を連ねていた一群の民族学者とシュルレアリスム離脱者のあいだでは、この種の視点が考察の全体方針としてもゆるやかに共有されていた。二〇年代を席捲したフォルマリスム運動への新たな批判者として、彼らはそれぞれの立場から事物の脱脈絡化に抗し、逆にあれこれの具体的な状況におかれた事物の使用価値を顕揚する側にまわっていた(8)。それが「聖なる使用価値」であれ「俗なる使用価値」であれ、彼らの問題意識は当の事物を実際に道具として用いる人間の身体へと必ずや送り返されていくだろう。人体に装着する道具としての仮面、あるいは仮面という道具を装着する人体――および自我、皮膚――の考察は、『ドキュマン』流の反＝美学の方向づけにもほぼ合致するものだったのだ。

仮面というすぐれて身体に密着した道具の使用価値。たとえばアメリカ滞留期の副産物といえるブルトンの仮面論もまた、その意味では面を装着する人間精神の詩学を称揚する方へと向かっていたことはたしかである。ただレリスにくらべ、ブルトンの論調には全体にピトレスクともバロックともいえそうな華やぎのようなものが感じられるのはなぜだろう。それはひとつには、レヴィ＝ストロースとの交流を通じて当時の彼が目を向けた民族誌学の対象が、北西海岸のクワキウトルやハイダにみられる早変わりの仮面の作例群だった点に求められる（図1）。可動式の扉を左右に開くと仮面の下には別の仮面が、そしてその下にも別の仮面が、といったしかたで多彩色に塗られた異形の顔貌が次々と現れ、トーテミックな同一性の論理が観衆の眼前で立証されていくこれらの作例は、詩の生成する現場につねづね不意打ちと欲動の激変感覚を見いだしていたシュルレアリスムの法王にとり、多形的な人間精神のまたとない実例として映じていた。「ここで考察されているオブジェの効力とは、まずもってひとつの外観から別の外観へ、またひとつの意味作用《シニフィカシオン》から別の意味作用へと唐突に移行する可能性にある[9]」。

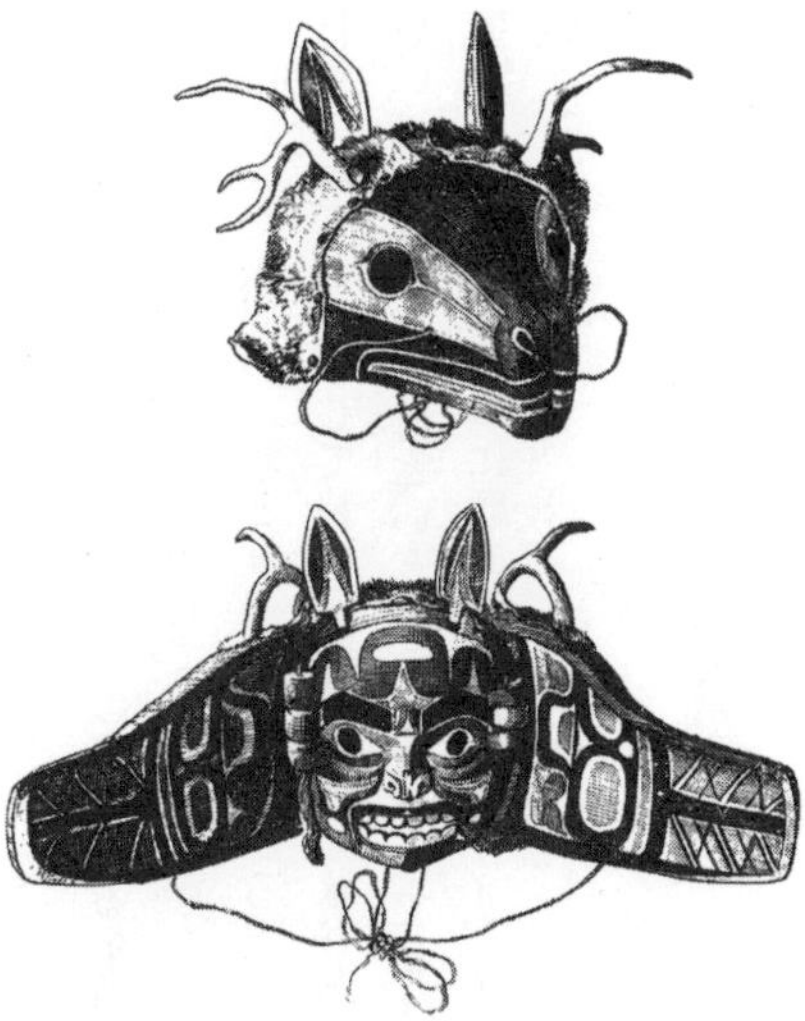

図1　ブルトンの仮面論に転載された早変わり仮面の作例群（Breton 1985：10）

ただ、ブルトンの仮面論にひとつの明るい彩りを添えているのは、単に選びとられた作例の華やかさという以上に、変身の鍵をにぎる身体部位をとらえどころのない皮膚感覚にまで広げず、ひとが白日のもとで明晰な意味作用と意匠をそこに見いだしうる顔面のありように限定したブルトンの論調それ自体であったと考えることもできるだろう。彼にとっての変身とは何よりも人間の顔の唐突なる変容であり、トランスフォルマシオンやメタモルフォーズというよりは姿かたち、フィギュールの多彩なる変転という意味での「変貌」、つまりはトランスフィギュラシオンの局面に集中する[10]。ちょうど人間の顔を「装飾と形態とが物理的にも社会的にも分離しえないすぐれて三次元的な表面」とみなしたレヴィ＝ストロースのように、ブルトンにとってのトランスフィギュラシオンとは、まずもって意味作用の華麗なる集積でこそあるだろう。「このエスキモーの仮面は、春に白鯨を狩人のもとへ導くハクチョウを表現《フィギュレ》しています〔……〕このホピの人形は、トウモロコシの女神を思い起こさせます。また刻みのついた頭部のふちどりには山にかかる雲が見てとれますし、額《ひたい》の中央にあるこの小さな格子縞には穂が、口のまわりには虹が、そして装束の縦縞模様には谷あいに降る雨が見いだされましょう。どうでしょう、それこそ私たちが思いつづけている詩《ポエジー》というものではないでしょうか」(11)。しかしこれとはまたなんと対照的なことであろう、「死せる頭」のレリスはじつに顔面の喪失をモティーフとすることで、仮面論としては破格といってもよい航跡を描きだしていくのである。

2　顔、その喪失が……

顔が喪失する。しかしこのとき喪失するものとは顔であるとともに、顔をめぐって長らくとりかわされてきた思想の系譜それ自体でもなかっただろうか。たとえばユダヤ神秘思想、そこではひとが自らの顔を天に向け立っていられるのも、人間の顔が神の顔と秘密の相似をもつよう創造されていたからだという。人間の顔とは、内なる魂が半開の窓を通るように身をかがめながら目や口などの体孔を通りぬけていく半透明の場、人が宇宙と交流するべくそこから言葉が流れ出しまなざしが飛びたつ肉体のいただきを意味していた。あるいはキリスト教、そこでもまた唯一なる神が人間の姿に化したという同一化の奥義をもとに、神が与え給うた神聖なる人間の顔を仮面でいつわるなど瀆神の悪魔の所業とされてきた。崇高なる精神の窓をもつ人間の顔とは、なにより神の顔であってきたのだ。

だとすれば、レリスが抹消しようとした人間の顔とは、その傍らにたたずむ神の西欧でもあったにちがいない。そしてそれはまた、ひとの顔を神の顔として映しだすための道具「鏡」のたわむれのなかへと力なく落ちていく西欧流の自我——あるいは自己意識の外化を絶対者の現前とみなしてしまう西欧流の「啓示」宗教——を抹消する行為だったともいえるだろう。ひとが特別な状況のもとで目にした神の顔がじつは自分自身の顔だったという戦慄のモティーフ、それが語られるのはなにもレリスがシーブルックから教わったというイスラーム神秘主義の伝承や『オーレリア』の森の騎士の挿話に限ったことではない。たとえばジャン＝ルイ・ベドゥアンがノヴァーリスのテクストから引く「サイスの女神のヴェールを剝ぎ取った男が見たもの、それは彼自身だった」というあの挿話。また部屋で手鏡をのぞき見る貴族らしき男の顔がイースター島の石像であるというエルンストのあの夢想（図2）。あるいはバリ島の演劇を前にしたときアルトーの身に生ずる魔術的同一化──「我々は、話していたのが我々自身だったことを知る」──の訪れにさえ、私たちはそれとほぼ同一のモティーフを見いだすことになるのかもしれない。[12] そして彼、ミシェル・レリス自身の顔。その窓の向こうにひそむ自己と、窓を通りぬけてきた声が自己に送り返してくる反射、鏡。

〔……〕こんな夢をみた。ぼくが中をよく見ようとするように頭を入れてるのはほぼ小さな円窓に似た孔《あな》で、孔は閉じた暗い場所へと通じている。それはちょうど一九三一年から三三年にかけてぼくが黒人アフリカで目にした、練り土でできた円筒型の穀倉小屋の内部に似ている〔……〕ぼくが夢でうなされたのは、この幽閉された空間の上に身をかがめて内部の闇を見きわめようとしているぼくが見るもの、それがほかでもないぼく自身の内面だからなのだ。[13]

私の身体、すなわちいつも断片として目にうつり、またその本質的部分である顔は鏡を媒介としてしか自分の目には見えないのだが、その身体にもましてなおのこと私自身だという気がするのは疑いなく私の声である〔……〕自分の声を聞くこと、それはもうひとりの自分の前に立つことではないのか。もうひとりの自分との出会いとは〔……〕死の兆しにほかならない〔……〕

際限なく反射を繰り返すこのような鏡の作用にあって、私の影像のすべてのうちでどれがまともなものだろうか。[14]

しかし一九三〇年、鏡にうつしだされていく神の顔を破砕するかのように、数枚の不吉な写真がシーブルックからレリスのもとへと送り届けられる。そこで被写体となっているのは、自己とそのうつしのはざまで絶望的な鏡像のた

図2　エルンスト『慈善週間』所収のコラージュ(エルンスト　一九九七：三三三)

わむれを招かずにはいない何かしらかりそめの顔＝仮面ではなく、むしろ鏡像のエコノミーそのものを根こそぎ否認する顔面の喪失でこそあり、女の表情を一面に覆い隠してしまう黒革の匿名性にほかならなかった。神の創造物である顔が抹消されるのだから、それまで外界へと開かれていた高貴なる精神の窓、眼と口は、このとき界面に生じた単なる亀裂あるいは皮膚の外傷にすぎなくなり、その窓を通り抜けていたまなざしと言葉も同時に禁止されるであろう。

　顔かたちの変容よりは皮膚からの超出が、トランスフィギュラシオンよりはメタモルフォーズこそが問題であったレリスにとり、だがそれは単に顔がなくなるという事態にとどまるものでもなかった。当時『ドキュマン』同人のあいだで流通していたレヴィ＝ブリュル流――アインシュタイン流といってもよい――の「部分」と「全体」の神秘的同一化のロジックをもとに、彼は顔という身体部位の喪失をそのまま全人格の喪失とみなしていく。レリスの言葉をかりれば、このときの部分とは全体以上に凝縮された喚起力をもつイマージュの第五元素なのだから、顔面を抹消された女は匿名性と神秘性を全身で増していき、日常の脈絡からいっそう乖離した異質な図式《シェマ》とならずにはいない。いかなる身分証書とも無縁になるよう覆いをかけられ首をはねられた顔面なき頭部の亡霊、この誰でもない者という身体の図式。しかしそれはだからこそ、逆に誰の身体でもありうるという一般性のイマージュへと解き放たれていくことにもなるだろう。レリスが「死せる頭」でヘーゲルのテクストから引用する「物自体（chose en soi）」および「死せる頭（*caput mortuum*）」とは、ほかでもないこの一般性のイマージュ、誰でもないものはそれゆえ誰でもありうるという魅惑のイマージュを名ざしていくための二通りの手だてとなったのだ。

　ただし私たちは、この二つの術語に対するヘーゲル本来の語用がレリスのそれとはいささかニュアンスを異にしていた点をここで確認しておく必要がある。レリスが引用したと思われる『小論理学』第四四節でヘーゲルが展開したのは、このうえもなく明白なカント批判であった。外界の現象を認識主観がつくりあげた単なる構成物であるとみなす一方、そうした現象の背後にあらゆる現象の起源でありながら自らはけっして現象することのない何ものかとして不可知の先験的客観「物自体」を措定するというのが、もとよりカントのエピステモロジーを基礎づける構図である。ヘーゲルはこれに対し、いうところの物自体こそ思惟の抽象がまねいた空虚な産物であり、ある現象からそれに関する主観のあらゆる意識、感情、思想を捨象してしまえば、そこに残るのは錬金術でいう「死せる頭」つまりは「蒸留後の無用の残滓」でしかないと揶揄してみせたのだった[15]。

だがレリスは、これをカント批判の哲学論争としては深刻に受けとめない。むしろ錬金術の隠語を硬質な哲学用語とたくみに結びつけたヘーゲルのレトリックを換骨奪胎しながら、「物自体」をおそらくは錬金術のプリマ・マテリアにほど近いポエティックなイマージュのうちへと誘導させる。そのため隠語特有の背反的な語義のうち、ヘーゲルが揶揄に利用した「死せる頭」の俗義「無用の残滓」はレリスによって否認され、逆に錬金術の「大いなる作業」のうちでも腐敗と再生の段階を同時にしめすその奥義「至高の残留物」が黒革の仮面女の喩に転用されたのだった[16]。漆黒の革で顔面を覆いつくされた女は、ひとがそれをいかようにも価値づけできる神秘的な物自体の身体イマージュへと変容した。つまり女は、顔面の腐敗から生じた至高の残滓をひとつの謎として呈示するスフィンクスそのものに化したのだという。とはいえレリスのこうしたロジックに対し、私たちはカント本来の物自体の規定を心に留めながらこうも問うことができるだろう。あらゆる現象の背後にひそむ現象の起源でありながら自らはけっして現前することのない何か、あるいは誰でもないがゆえにこそ逆に誰でもありうる点で主体と鏡像のたわむれから解かれた原存在としての身体、しかしそうした身体とは、ならばいったい誰なのかと。

3　界面の根源、さえも

黒革の仮面をつけた女は理性のあかしである脳が象徴的に破砕されているから、単純かつ万能な機械じかけのエロスと化したまま、獣性にまで還元された愛の交わりを求めていくだろう。仮面をひとつの眩暈と呼んだカイヨワさながら、レリスもまた顔面の喪失に「完全な熱狂状態で生ずるエロティックで神秘的な喜悦」の姿を重ねあわせていた。論文「死せる頭」に日誌中でふれる晩年の彼は、当時の自分の関心事が憑依、つまりトランス中に頭部を喪失することにあり、理性から切断され斬首されたその人間の姿が当時のアセファルの思潮にかなうものだったと回顧することになるはずである。[17]実際この「死せる頭」とあまりにも近い地点にたたずむバタイユの仮面論は、誰でもないがゆえに誰でもありうるという原存在の身分証明をめぐる先の問いかけに、ひとつの明瞭な回答を用意していたといえるのかもしれない。

『ミノトール』誌上での掲載が予定されながら死後に発表された短いテクストのなかで、バタイユは仮面を「カオスの肉化」とみなしていた。[18]彼によれば、開かれた精神の窓をもつ顔たちのあいだでまなざしや言葉を通じ築かれるのが明るい地上界における人間的秩序であるとすれば、ひとたび顔が仮面で覆われるとき、そこには突如としてえたいの知れぬ恐怖の意志が満ち、獣性と死が支配する夜の孤独へとひとは引き渡される。太古からこの方、仮面という道具は明るい人間世界のとば口で、冥界から不断に送り届けられるカオスを肉化させた姿で立ち現れてきた。この場合のカオスとはバタイユにとりむろん死を、そして自然を意味する。仮面はわたしの眼前でひとりの同胞のようにたたずむ。しかしわたしをじっと見つめるこの同胞とは、わたし自身の死の相貌を自己の内にとりこんだ存在である。逆にこのわたしが仮面をつけ、地上でのわたしの顔が仮面の手で夜へと引き渡されるとき、わたしはカオスを所有したために破滅する人間、わたしを腐敗させ死にいたらしめようとする自然の意志を肉化した人間の姿と化すだろう。かくして仮面は獣性の深みから生ずる無の姿、シエナの大聖堂から逃れつづける聖なる暴力の姿、あるいは太古の洞窟壁画に描かれたアセファルとして現前することになる。自己の死がまぎれもない自己のうつしとして当の自己に現前してしまうというこの解きがたい悪夢。

天上からふりそそぐ理性の光と、その光のもと地上に築かれてきた人間社会の存立をゆるがすバタイユの仮面とは、冥界の夜から送り届けられたカオスであり死でもある根源そのものの現前であった。これと同じく、不吉な写真の被写体となった黒革の仮面女に理性の欠損と獣性の体現を見いだすレリスも、おそらくはそうした根源そのものの現前を彼なりに「至高の残留物」や「物自体」と形容したのにちがいない。ひとつの根源がまぎれもない根源としての姿で、あれこれの私に現前してしまうという事態。だがレリスが黒革の仮面女に見いだしたのは、それがいかようの存在にもなりうるという意味での根源であり、いわば誰でもないがゆえにこそ誰でもありうるという根源のような何かであるとすれば、存在とイマージュのたわむれを粉砕したすえに現前してくるというこの根源ですら、それは根源そのものというよりまたしても根源のイマージュだったのではないだろうか。女の顔を革の仮面で覆い隠したはずなのに、逆に顔皮が魔術的なしかたで剝ぎ取られ、その背後から現前をはじめる根源のような何か。皮膚と同じくそれ自体が自我の界面のイマジネールをささやかながらも構成していたはずの顔面、それを仮に剝ぎ取ったとしても、だがその下からはたとえばまだ頭蓋が現れてくるのではないだろうか。顔の喪失によってあらわとなる「物自体」としての頭部、あるいは死せる頭、頭蓋。

4　頭蓋の空間

眼孔からはまなざしが、二つの唇のあわいからは言葉がたえまなく湧出する人間の顔が生気あふれる精神の表象だとすれば、その顔を革の仮面で覆いつくすことにより魔術的に露呈しはじめる皮下の頭蓋とは、またすぐれて死の表象であるといえるだろう。

人間の頭部のうち、頭蓋とは死せる頭にほかならない。錬金術の隠語「死せる頭」を皮肉めいた形容に用いながらこのことを主張したのも、やはり先のヘーゲルであったことを私たちはここで確認しておこう。ただし『精神現象学』中の「頭蓋論」で今回のヘーゲルが論駁するのは先のカントでなく、長らく西欧の神秘思想でとりあげられてきた骨相学の論理を科学的に立証しようとする同時代の脳神経学者ガルと、その俗流唯物論の発想であった。骨相学者たちは、頭蓋の骨相こそが個人の頭脳のはたらきを定めているのだから、性格や気質や能力といった人間精神の諸側面も結局のところは頭蓋の物理的な形状に拘束されると説く。だがヘーゲルは、人体のうちでも脊髄から脳髄へといたる神経系と、脊柱から頭蓋にいたる骨格系との対比にあらかじめ読者の注意をうながしたのち、一方の脳髄が生け

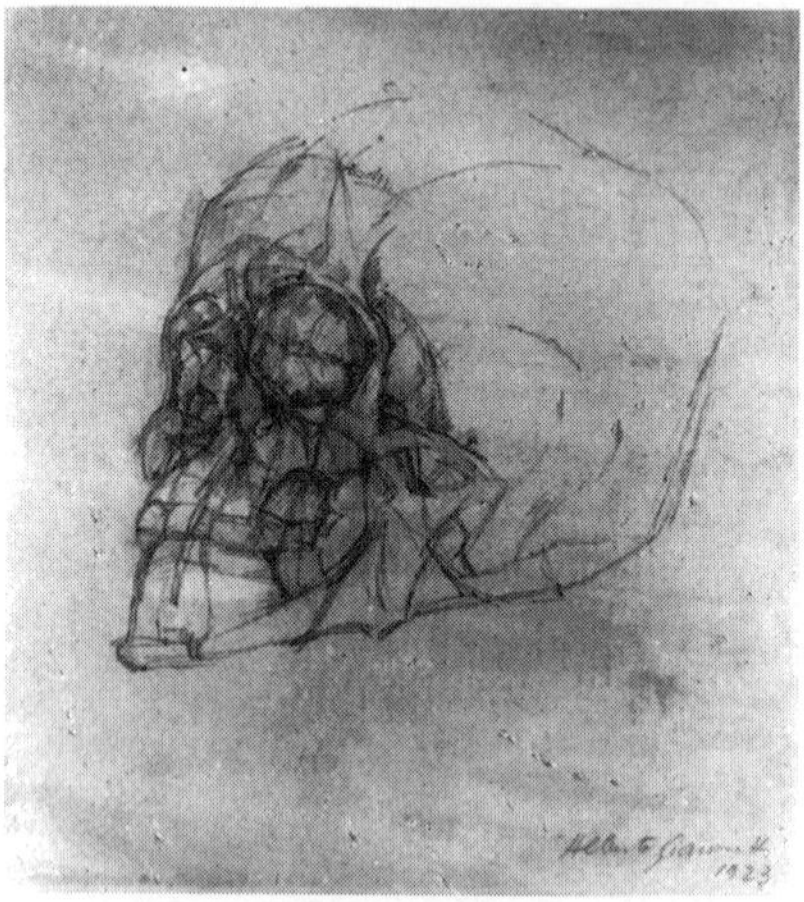

図3　ジャコメッティ《頭蓋骨》1923年。鉛筆，23×21.5cm。ノーリッジ，東アングリア大学蔵（ボヌフォワ　一九九三：一二二）

る存在であるならば、頭蓋は固定的で静止しそれ自身の内になんら人間精神を宿らせていない死せる存在、単なるされこうべにすぎないと正当にも反論した。頭蓋にはひとの手のような生きた活動性もなければ、生きた顔の表情——ヘーゲルは人間の顔を個体性が自由に脱ぎ捨てることのできる仮面と呼ぶ——のような意味作用もない。したがって脳髄が生ける頭であるなら、それを外側から覆う頭蓋は「死せる頭（*caput mortuum*）」にすぎないとして、ふたたび同じラテン語を用いつつ骨相学の俗説を揶揄したのだった[19]。

仮にレリスがヘーゲルの頭蓋論を一読していたなら、おそらく彼はここでもまた問題の表現「死せる頭」をヘーゲル流の「無用の残滓」としてでなく錬金術の奥義「至高の残滓」として読みかえ、それでもなおヘーゲルの論旨を歓迎していたにちがいない[20]。なぜなら黒革の仮面に覆われた生ける顔の背後から唐突にさらけだされる頭蓋でもあり根源でもあるような何ものかに、レリスはバタイユ同様の死とエロティスムの匂いをかぎつけていたからこそ、それを死せる頭と形容していたからである。

生ける顔面の喪失、そして死せる頭蓋の露出。それはまた『ドキュマン』期以来レリスとバタイユの共通の友人だったジャコメッティが長らくアトリエで格闘してきたテーマでもあったことは知られていよう。周囲の人びとの顔が一瞬のうちに凝固し不動化する恐怖の時を体験し、それらがもはや生ける人間の顔ではなく視線も言葉も失ったまま死んでいたと第二次大戦後のテクストで告白するひとりの彫刻家。「このヴィジョンは、メトロの中ででも、通りででも、友人達と一緒にレストランにいる時でも、何度も繰り返された。『シェ・リップ』のあの給仕は、私の方に身を傾けて口を開けたまま不動と化していた。その前の瞬間ともその後の瞬間とも全く関係を失い、絶対的な不動性の中で口は開かれたまま、眼は凍りついたままだった[21]」。生者の顔が生命の窓を閉ざされた仮面として凝固するとき、そこには死をめぐる異貌のイマージュがすみやかに立ち現れるだろう。若き日のジャコメッティが頭蓋のデッサンを経て、頭部のうちでもまなざしこそが人物像の生命であり残りは生命の単なる容器、死人の頭蓋骨にすぎないことに気づくときも、私たちはそこにヘーゲル流の脳髄と頭蓋の、つまりは頭部をめぐる生と死の空間対立を見いださずにはいないはずである。だが先にもふれたように、ひとの顔が仮面で覆い尽くされたのちに露呈する「カオス」なり「物自体」なり「死せる頭」なりが、根源そのものというよりはそれ自体もまた根源のイマージュにすぎず、いわば絶対的なシニフィエの現前よりはむしろシニフィエの不在こそを証してしまっているとしたらどうであろう。そのときこの頭部という空間は、単に生者の顔皮を剝ぎ取ったのちに死者の頭蓋が露呈するといった素朴な層序の図式——バタイユが嫌ったような「哲学の先生たちの分割」——ではとらえきれぬ特異な空間であったことが私たちにも予想されてくるはずなのだ。

図4　ジャコメッティ《父の頭Ⅱ（平らで彫り込みのある）》（正面および側面）
1927年。ブロンズ，27.5×21×14cm。チューリヒ，アルベルト・ジャコメッティ財団蔵（ディディ＝ユベルマン　一九九五：一〇九）

　パリ到来後の一九二〇年代から三〇年代にかけ、ジャコメッティの作品群には人間の頭蓋に向けられた彫刻家の不安の高まりと、頭像からの顔＝面の消失プロセスとが同時にはじまっていた（図3、4）。ディディ＝ユベルマンによる比類なき批評テクストによれば、それは彼がシュルレアリスムへの参画以前から抱きつづけていた特異な観念、すなわち頭蓋を生命にとっての牢獄もしくは檻とみなし、人間の頭部を顔の喪失の場ととらえるきわめてパラドクサルな観念によるものだった。悩み多き彫刻家にひそんでいた頭部をめぐる問題群はやがて当時の民族学の知と接続し、それがジャコメッティにおける「人類学的厚み」[22]と呼びうるものを形づくっていくだろう。

彫刻家ジャコメッティと民族学との出会い。もともと彼は同時代の他の作家にやや遅れ、パリ到来以前の一九二〇年代初頭にアール・ネーグルの洗礼を受けていた。プリミティフの輝きをたたえた二六〜二七年の作品群——たとえば《人物（男と女）》や《カップル》、あるいは仏領象牙海岸ダン族の大型匙のフォルムに想をえた《女＝スプーン》——をへて、彼は二八年《凝視する頭》をパリで初出品する。この作品がマッソンを通じてブロメ街グループの間で話題をよび、ジャコメッティは『ドキュマン』誌創刊直前のバタイユやレリスと出会うことになる。彼はこのとき私家版『眼球譚』を著者本人から手渡されることになるであろうし、『ドキュマン』同人による民族学の議論の場にも加わっていくはずである。[23] とりわけ人間の頭部と向きあう彫刻家を民族学に近づけるきっかけとなったのは、非西洋

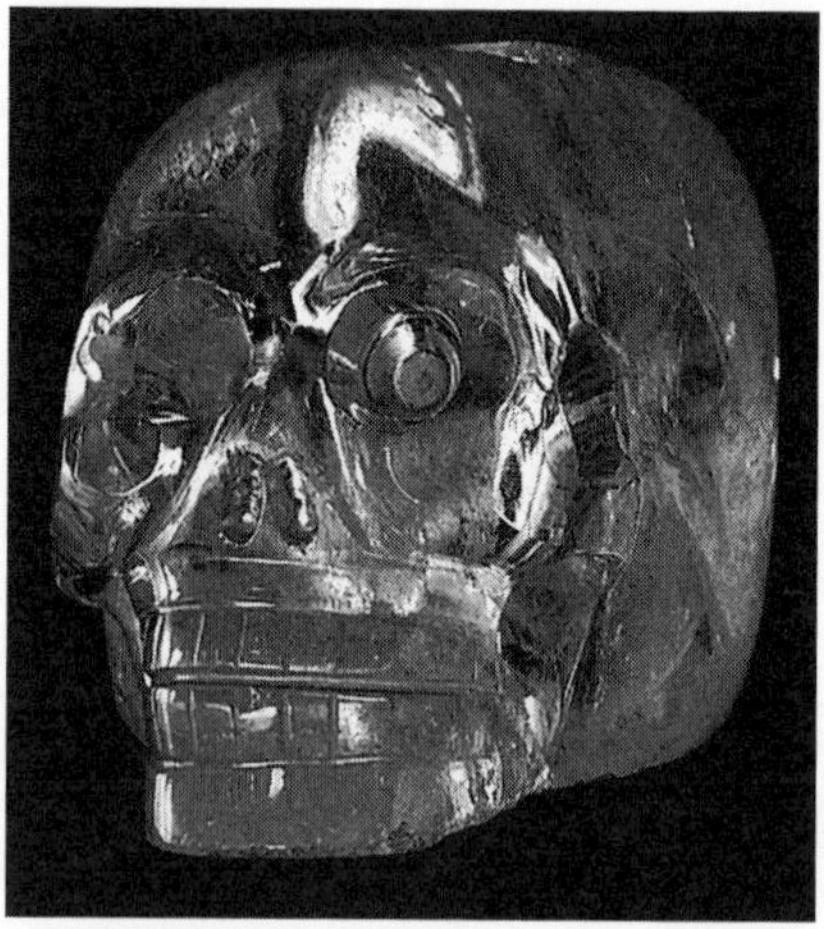

図 5　頭蓋像，メキシコ出土，先コロンブス期。水晶，11×15cm。パリ，人類博物館蔵（ボヌフォワ　一九九三：二一七）

図 6　粘土で肉付けされた成型頭蓋骨，ニューヘブリデス諸島。パリ，人類博物館蔵（ディディ＝ユベルマン　一九九五：八七）

世界——オセアニアとラテンアメリカ——で死のイマージュから独自に発展した頭蓋崇拝の「美術的」な作例群であった。第一に、彼はトロカデロ民族誌博物館でコロンブス以前期のあの謎の水晶頭蓋像を目撃していたし、バーゼルの民族学博物館やブルトンの個人コレクションでもニューヘブリデス諸島の成型頭蓋骨に関心をむけていた(図5、6)。ただそれ以上に、彫刻家と「未開の頭蓋」の邂逅は、彼が死ぬまで全巻を保管していた『ドキュマン』の場で生じたものといえるだろう。やがてアセファルの思想として結実するバタイユの問題意識を反映し、この雑誌にはジャコメッティが孤独な制作の過程で突きあたった顔と頭蓋の関係に示唆をあたえる考察と豊富な図版とが、ほぼ毎号のように掲載されていたからである。

なかでも特筆すべきなのは『ドキュマン』誌二年次第六号に掲載されたケーニヒスヴァルトの民族学論文「頭と頭蓋——未開人における祖先の頭蓋と戦利品」である。[24] 内容から判断するかぎりはオセアニストとおぼしき、だがかつても今も人類学史ではほぼ無名にとどまってきたこの人物の小論に私たちがことさら注目するのは、たとえば一九三四〜三五年の自作《キュビスムの頭》にジャコメッティ自身があたえた別名《頭—頭蓋》の由来を、ある研究者がこの論文の表題に求めているからでもなければ——これが的確な指摘なら、私たちは五八年の作品《頭蓋なき頭》も同じ借名リストに加えよう——あるいは別の研究者が四七年の作品《鼻》の着想をこの論文の転載図版「木の鼻が付いたニューギニアの頭蓋」に見いだしていたからでもない。[25] 問題はケーニヒスヴァルトがこの論文に掲載した過剰なまでの写真図版の内容であり、なかでも私たちがそのうちの一点を前にしたとき転載者の問題意識から離れた地点で感じずにはいない、頭蓋という空間の謎と魅惑でこそあるだろう。

ケーニヒスヴァルトが論文に転載した図版は、タイトルの示す通りその大半が非西洋社会の「頭蓋崇拝」をめぐる作例である。まず彼自身が撮影したというカリマンタン島ダヤク族の首狩り頭蓋、ニューギニア島の成型頭蓋、ニューブリテン島ガゼル半島で頭蓋から制作された仮面、トレス諸島の装飾頭蓋——人類学史に残るあのケンブリッジ大学トレス海峡探査団(一八九八〜九九年)の収集品——のほか、トロカデロ民族誌博物館所蔵のアマゾン上流域ヒヴァロ族の乾し首とムンドゥルク族の装飾頭蓋、また先にふれた水晶頭蓋像の図版がならぶ(図7)。これら一連の民族誌資料とともに、そこではオーストリア・ハルシュタットの納骨堂や、一六世紀ドイツ・ルネサンスの画家クラ

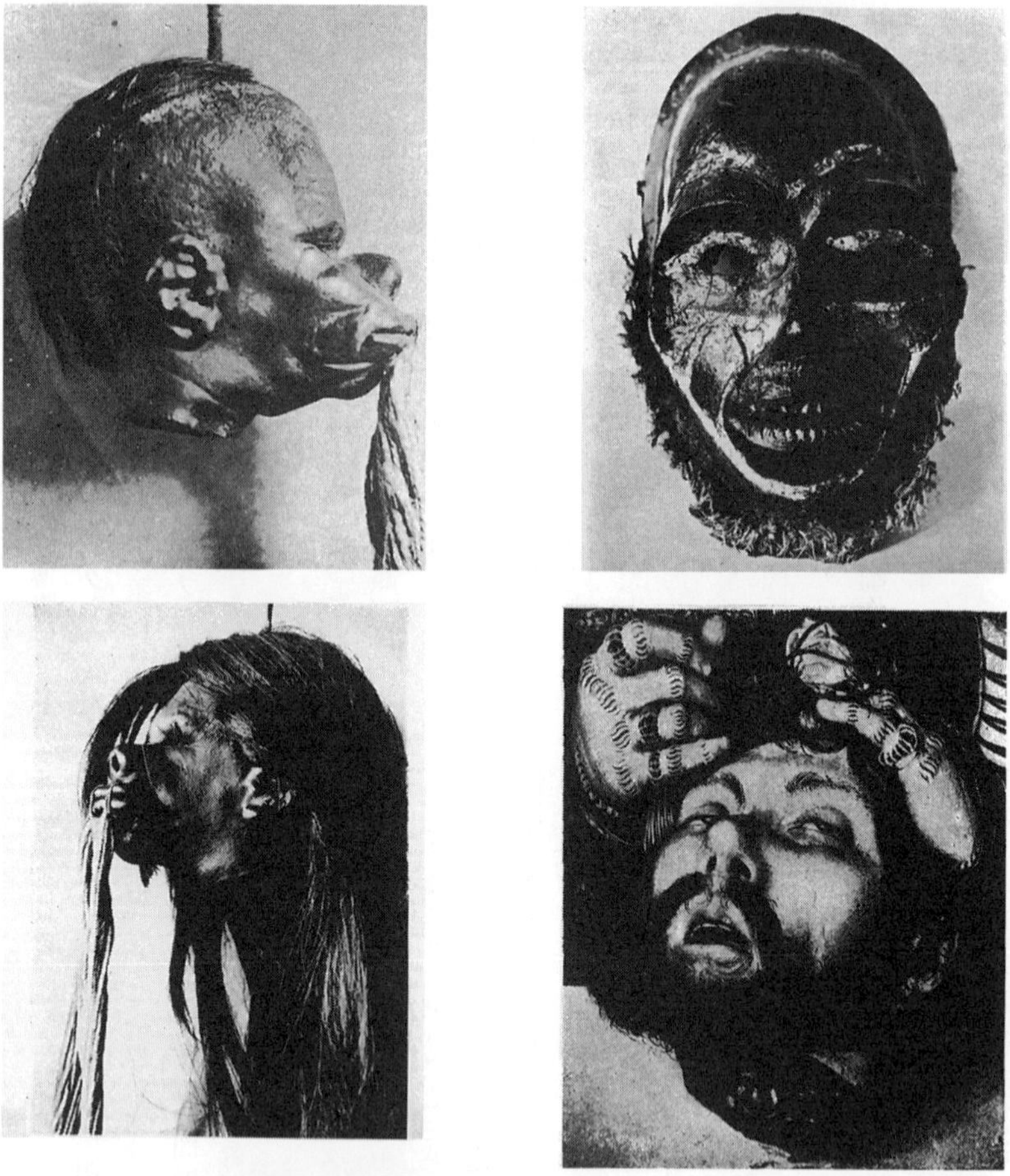

図7　ケーニヒスヴァルト「頭と頭蓋」に転載された図版（一部）(Koenigswald 1930)

ナハ（父）による《ホロフェルネスの頭部を持つユディット》（一五三〇年）の斬首部分――レリスが後に『成熟の年齢』で見いだすあの原光景よりさらに生々しくクラナハが描いた斬首――の拡大図（図7中の右中央）、果ては「中央ヨーロッパの肥満症の女性の頭部」までが参考図版として転載されていた。

とはいえ、当時レリスとジャコメッティの直面していた問題がいずれも生と死の対立をめぐる頭部の空間性、また顔面と頭蓋の根源的な関わりにあったことを想起する私たちは、ケーニヒスヴァルトが簡単な解説とともに羅列する「未開人の頭蓋」のうちでもただ一点の作例から目を離すことができなくなる。それはおそらく、ジャコメッティが制作したどの頭部像がどの「未開の頭蓋」に影響され、どの顔がどの顔をうつしたのかを問う常識的な作品論の外部に位置し、ことによればそうした模倣と鏡像をめぐるディスクールの基盤そのものに亀裂を入れかねない作例であり、変型頭蓋の習俗に頭部という空間の謎をそのまま封印させたといえそうな作例、すなわち先の「ニューブリテン島ガゼル半島で頭蓋から制作された仮面」（図7中の右上の作例）にほかならないのだ。ケーニヒスヴァルトの解説によれば、この仮面は粘土に死者の頭蓋の細片をまぜて制作されるため、仮面着用者は自己の顔皮を死者の骨とじかに接触させることで呪力の分与にあずかるという。本来ならば顔面の背後にひそんでいるべき頭蓋が破砕され、その死せる細片が生者の顔皮を逆に上から覆い第二の顔面＝仮面として露出するというこの空間性。あるいは生ける顔たちが言葉やまなざしを交わして築きあげた社会では生の深層にひそんでいるべきだった死が、いまや仮面着用者の生ける顔皮のさらに表層で死者の頭蓋片として不動の表情をかたちづくるというこの逆転。ガゼル半島の仮面の作例が沈黙のうちに私たちへと投げかけているのは、頭蓋もまた死の根源ではなく、顔面と同様のそれ自体がひとつの表層、ひとつのイマージュになりうるという謎の本質ではなかっただろうか。頭部

図8　バタイユの辞典コラム「空間」に転載された「数名のニグロがおこなう醜悪な加入儀礼」(Bataille 1930: 43)

ということの奇妙にもねじれた空間でひきおこされる顔と仮面の、顔と頭蓋の、つまりは生と死のたわむれ、民族学者はそうした無限循環の不安をたとえば「未開人の再生観」という陳腐な表現のうちに回収していくことだろう。

長らく西洋哲学が措定してきた均質空間の欺瞞を『ドキュマン』誌の辞典コラムで暴きたてる時のバタイユもまた、非西洋の仮面の事例を通じてこの頭部という空間の謎をたくみに援用していたはずである。[26]「数名のニグロがおこなう醜悪な加入儀礼」のキャプションとともに転載されたこの写真図版では、一見して髑髏をおもわせる仮面をつけた英領ケニア・ナンディ族の男性たちが横一列に並び、私たちがここで頭部をめぐる空間のねじれと呼び、顔と頭蓋のたわむれと呼ぶ何かが、民族誌資料というにはあまりに暴力的なパリ知識人の視線によりいっそう明瞭にあかされていた（図8）。ガゼル半島民の仮面であれナンディ族の加入儀礼であれ、これら一連の「民族誌資料」で問題とされるべきなのは、それゆえ同じナンディの写真図版をふまえてディディ＝ユベルマンが指摘するような、[27]顔面がその背後にある頭蓋にとってはひとつの仮面にすぎなかったという素朴な事実の再認にあるのではなく、むしろ顔面の背後には頭蓋があると考え、生と死が明確に弁別されることを疑わない日常の層序と分類のディスクールに亀裂を入れるたわむれでこそあるだろう、ちょうどロココ期西欧の上流階級で流行した女性のメイクが、皮下の血脈を青のペンシルで顔面に忠実になぞっていくものだったように。

5　仮面

人間の生と死のたわむれを頭部という謎めいた空間のゆがみに見いだす『ドキュマン』同人の発想は、仮面を主題とする場合でさえ顔というよりはすぐれて皮膚の発想であった。生ける顔を仮面で覆うサディスムが皮膚の腐乱にもひとしい頭蓋の露呈をもたらすという恐怖、あるいはエロスの器具であり民族誌学の対象でもある仮面こそが皮膚という牢獄に幽閉されてきた根源のような何かを解きはなつという魅惑。だとすれば、ここでの問題は依然として変貌ではなく変身でありつづけている。逆にひとの顔貌を内なる感情の投影とみなして「仮面を最初に彫刻した者とは感情につき動かされた最初の人間のことだ[28]」と結論する凡庸さほどここから遠いものはなかろう。あるいは仮面と文身の習俗を語るときのレヴィ＝ストロースが、たとえばブラジル・カドゥヴェオ族の女性の顔面——および全裸体——への文身（図9）に向けられた白人放浪者たちのサディスティックな欲望にふれながらそれを単なる挿話のままに放置してしまったのは、構造主義者にとっての仮面なり文身なりがもっぱらフィギュールの発想、つまりあれこれの顔かたちの造形様式や文様から抽出できる構造的な布置に「自然」と「社会」の媒介項を見いだしていく発想で考察されたためである。[29] 顔面の構造分析に皮膚の実存はむしろ有害であり、顔面という特権的な表層にとっての深層とはこの場合、頭蓋ではなく「文化」であったからだ。

ではもうひとりの民族誌家レリスの場合はどうだったであろう。たとえば「死せる頭」で皮膚の思想を明かした直後の彼のアフリカ渡航、それはなるほど「苦痛の経験を通じた自己救済への強迫観念[30]」をモティーフとしていた点で、アフリカを主題とするコンラッド以来の西洋文学の系譜に属する一見このうえなく凡庸な、だが彼にとってはあくまで民族誌学の知を借りた「自己の皮膚からの超出」がめざされる旅となった。

図9　レヴィ＝ストロース『構造人類学』に転載されたカドゥヴェオ族の顔面文身のスケッチ（Lévi-Strauss 1958 : Illus. vi）

レリスの旅の記録『幻のアフリカ』は、ダカール＝ジブチ調査団の旅程と集中調査地に沿った、当然といえばあまりに当然な二部構成をとる書物である。ただしそれが黒革の仮面女の残影を自己救済の地アフリカにそのままのかたちで密輸した精神の二部構成でもあったことに気づくとき、この書物はグリオール調査団の公式記録という味気ない体裁の陰に隠れた日誌執筆者の暗い沈黙の声を私たちに送りとどけてはこないだろうか。渡航六年前にパリの舞台で衝撃とともに目にしたジョゼフィン・ベイカーの黒い裸体、その「有色女」のエロスを「絶対の〈他者〉（Autre absolu）」と命名する彼。また渡航一年前の『ドキュマン』誌上では、東スーダンの少女の裸身と仏領西アフリカの仮面の姿とを写真図版で同時に並べた一文に「民族誌学者の眼」と題する彼[31]。だとすれば、その彼が渡航直前に発表した小論「死せる頭」とは、かつてより絶対の他者として彼に現前してきた物自体が仮面女の姿をとり、まもなくアフリカの地でふたたび仮面と女というふたつの主題に分岐していく――しかもアフリカ大陸の西と東、仮面と女の振り分け方が「民族誌学者の眼」の図版に対応さえするかのような――将来を予示する声ではなかっただろうか。いいかえれば、『幻のアフリカ』第一部の核をなすバンディアガラ断崖と第二部のゴンダル高原とは、単にフランス植民地帝国とエチオピア黒人帝国との対比をきわだたせる構成であった以上に、皮膚からの超出を熱望する詩人が邂逅をもとめたふたつの他者、「仮面」と「女」とをふたつの土地でそれぞれのしかたで語っていくための沈黙の二部構成ではなかっただろうか。

仮にそうであれば「死せる頭」はまた、レリスにとっての「アフリカ」がいわば必然的に幻となっていく不吉な過程を暗示するテクストでもあっただろう。サンガの地でなされたドゴンの仮面調査と呪物の略奪、またゴンダル高原でのザール憑依の調査とエマワイシュへの失恋。『幻のアフリカ』におけるこの二大テーマをつらぬいて読者の耳にとどかずにはいない何か通奏低音のような暗い響きとは、それが仮面であれ憑依であれあるいは性交であれ、「死せる頭」の執筆者がアフリカに求めたあらゆる次元での皮膚からの超出、あらゆる次元での根源的なコミュニケーションの可能性が目前でつぎつぎに破産していく衝撃を語る、二部構成の告白だったからである。絶対の他者の現前に立ちあっていながらその皮膚の内へと入っていく方法を教えもしなければ許しもしない冷徹な民族誌学への失望として、それはまもなく詩人の内で結晶していくことだろう。

ただし、むしろこの失望という点で私たちが注目してもよいのは、フィールドワークの現場でレリスの直面したコミュニケーションの破産の原因が単に民族誌学の方法論や両大戦間期の植民地状況にあったという以上に、フィールドでの調査対象それ自体の内に――あるいはこれら三者の関係性の内に――もひそんでいたという事実である。たとえば「他者と同一化する以外に民族誌学の実際的な知は得られない[32]」という皮膚の思想をレリスと共有し、フランス帰国後の彼が実際に師と仰いだモーリス・レーナルト。この老練実直な民族誌家が描きだすニューカレドニア島民の仮面もまた、明るい地上社会でのコミュニケーションを自らの手で暴力的に切り裂くバタイユ流の孤独と内閉を何かしら想わせる存在であった（図10）。「名をもたぬ者が社会的には非在とみなされる社会にあり、仮面着用者のうかがいしれぬ匿名性は自然の理法における非在のしるしである。あえていえば、彼は連絡の断たれた知覚相にもひとしい。原住民たちは『見えない（On ne peut pas voir）』とくりかえすのだが、これは我々が不適切にも『不可視性（invisibilité）』と訳してしまう表現なのだ[33]」。

このパサージュの「うかがいしれぬ」にあたる原文にレーナルトが「入り込めない（impénétrable）」という形容を用いていた事実には、何かしら私たち読者をひきつけてやまないところがある。ましてや仏領スーダンのドゴン族は、仮面の現前が秘密という社会制度、つまりはコミュニケーションの断絶を自ら志向する制度に取り囲まれた社会としてレリスには映じている。「おそらくぼくたちは何も知りえないだろう〔……〕人々はささいな秘密をいくつか漏らすにせよ、大事な部分は注意ぶかく隠しているようだ〔……〕ぼくたちの間にある唯一の絆とはどちらにもある不誠実さだ〔……〕何ひとつとしてけっして奥まで入り込んでいけない（jamais pénétrer à fond）ことにぼくは絶望する〔……〕[34]」。レリスがその後ダカール＝ジブチ調査団の成果として発表することになるふたつの民族誌――『サンガのドゴン族における秘密言語』と『ゴンダルのエチオピア人にみられる憑依とその演劇的諸相』――が、『幻のアフリカ』の二部構成を形式としても内容としても反復することになった事実を、それゆえ今の私たちはことのほか重く受けとめねばならない。民族誌家としてのレリスが、仮面であれ女であれ、これら絶対の他者たちから皮膚の交流を目前で拒まれてしまった原光景をあたかもふたつの土地それぞれで自虐的になぞるかのように――あるいはふたつのフィールドで受けた外傷を民族学の別個のディスクールでそれぞれ封印してしまうかのように――あえて生硬な表題のもとでこの二冊を上梓したのは、単に詩作と演劇に向けられた

図10　レーナルトが描くニューカレドニアの仮面と仮面着用者（Leenhardt 1970：15）

この特異な民族誌家の志向だけでは断じて説明しがたい現象なのである。

そのレリスの手により黒革の仮面女からドゴン族へと対象を変え発展していくかにみえた皮膚と頭蓋の仮面論は、だが一九三八年のグリオールの大著『ドゴン族の仮面』以後、フランス民族学が精緻なモノグラフィーの作成をめざすフィールドの学として整備されていく過程で過去のものとなっていった。代わって登場したのは、四〇年時点で黄金期をむかえるイギリス社会人類学の手法にならった仮面の社会機能論であり、アール・ネーグルの審美主義とは規模も精度も異にする木彫面の様式・形態論であった。こうした思潮のもとでは、かつて「仮面とは不動の恍惚(extase immobile)である」[35]と呼びつつそれをまぎれもなく皮膚の思想でとらえようとしていた『ドキュマン』同人の問題意識さえ機能論的なニュアンスのもとで変質をこうむり、「仮面とは着用者を憑依から防御するための道具である」[36]という説明に代置されていくことだろう。

しかも機能論や様式論にくわえ、まもなく仮面は他の文化事象と同列のあつかいで意味論のロジックにも捕捉されていく。それは対象社会におけるあれこれの仮面が誰の面貌をかたどり、何を表象しているのかというアール・ネーグル以来の素朴な問いかけを経て、やがて複数の文化コードとパラディグムを駆使するレヴィ＝ストロースの構造分析によりひとつの頂点をむかえた。なるほどレヴィ＝ストロースがそのとき用いていた言葉づかいには、「仮面とは何者か(quelqu'un)である」、「一つの仮面はそれ自体では存在しない」など、どこかしら三〇年のレリスが提起した顔面の喪失、主体の喪失の思想をおもわせるところがあるかもしれない[37]。しかしこの場合の「何者か」とはレヴィ＝ストロースにとりあくまで「意味するもの」としての何者かであり、「仮面がそれ自体で存在しない」のは近隣社会の仮面のフィギュールとの比較をつうじて広域文化圏の深層構造にあたる「包括的な意味場(champ sémantique global)」の検出がめざされていたためであった。誰かの顔を明晰に意味し表象するものとしての仮面、またひとつの神話素、ひとつのシニフィエへと還元されるべき仮面。顔面の喪失から皮膚の問題へと近づいていったレリスの発想とこれほどまでに遠い仮面論はまたかつてあっただろうか。

つねに誰かの顔を表象するフィギュールとしての顔、あるいは鏡の中の私が神の顔としてそこにあったという恐怖の挿話。そしてそうした顔と鏡像のたわむれを破砕した後に露呈する根源のイマージュ、死せる頭。だが私たちがレリスの「死せる頭」をふりだしにこれまで述べようとしてきたのは、自身の顔が神の顔でもあったという、ごくプリミティフな自己参照の図式からすでに兆しはじめていた、人間の頭部にまつわるあの空間のゆがみでこそあった。仮面の装着により皮膚が魔術的に腐乱し頭蓋が露出した後でさえ生起してしまうそれはひとつのたわむれ、たとえば顔面と頭蓋とをめぐる、界面と内奥とをめぐる、あるいはイマージュと存在とをめぐる悪無限のような何ごとかであった。こうして私たちが今ようやくたどりつこうとしているのは、先のガゼル半島の作例のように何らかの機能や様式や意味を産出していくディスクールの外部に仮面が現前するという最終の可能性であり、いわば仮面は誰でもないがゆえに誰でもありうるという特権的なイマージュのまま、その姿を見る者、その声を聴く者に意味を求めるようたえずいざなう場の配置それ自体であったという可能性であろう。存在や根源そのものであるというより、むしろ自らのうちにかぎりなく内閉していくことで自らを絶対的なシニフィエに擬していく空間の罠と仕掛け、その特権的なイマージュとしての仮面。「形態上の理由からも宗教上の理由からも、アール・ネーグルの作品に可能な解釈はひとつしかない。それは何も意味しない。それは何の象徴でもない。それは閉ざされた神話の現実を保持する神そのものである[38]」。アインシュタインがこのように言うときの「神」とは、これまで私たちがふれてきたようにレリスなら「死せる頭」や「物自体」と呼ぶものであろうし、バタイユなら「受肉したカオス」とも「聖＝暴力」とも名づけるものであろう、またジャコメッティにとりそれはまさしく「頭蓋」そのものでありえたかもしれない。ただそれはいかなる名で呼ばれるにせよ、根源そのものというよりまたしても根源のイマージュにすぎず、皮膚を介した界面と内奥のたわむれが際限もなく重なっていく空間の配置であったとすれば、いっそのことレリスが「死せる頭」で黒革の仮面女を形容した「スフィンクスやセイレンに劣らぬほど謎に満ち魅惑的なそれ」（本書一九〇頁）の方が、この場の配置を語る神話の言葉づかいとしてふさわしいことになるだろう。

謎と魅惑をひきおこす空間とそこに無言で立ちつくす誰でもあり誰でもない者、黒革の仮面女。しかし意味づけの延期と内閉の運動により謎と魅惑がいっそう昂じていくそうした仮面の空間とは、またかつてなく秘密のおりなす空間でもあっただろう。たとえば、社会学者ジンメルが自らの秘密論へと唐突に挿入したそれ自体からして魅惑的な「装身具に関する補説」を想起させるかのように、レリスの仮面論も「扮装の魅惑」について語るとき、だがその魅惑とは仮面の装着をつうじて現前した根源のような何ものかが周囲の人間の視線からたえず逃れつづけ、それがはらむべきかもしれなかった意味作用ごと、どこか空虚な中心へと向かって——ただしデリダが「否定の神学」として回避するアルケーの擬装とも異質な反＝中心へと向かって——延期されていくような空間の魅惑であった。[39]意味作用の遅延によりひとがいやおうなく根源のイマージュへと引き込まれていく空間の配置、そこに一見そなわるかのようにみえる層序の構造はそれゆえけっして堅牢なものでなく、実のところシニフィエを実在から予期の対象へ、さらに不在そのものへと変換せずにはいない反＝層序の構造であったとさえいえるだろう。自我の界面にあたる顔皮を剝ぎ取って露出するむき出しの頭蓋とは、表層の内奥にひそむ根源そのものというより、つまるところ顔面との相互反転をたちまち引き起こさずにはいない恐怖と魅惑のうつしそのものだったのだ。

このとき仮面は、そしてまた新たなる仮面論の系譜は、かつて錬金術師たちが賢者の石と呼んだ奇跡の変容体の姿へとむしろ回帰していくのかもしれない。「この石は単に他からの影響によって変容する能力のみならず、またみずからも自他の変容を誘発する能力をそなえている、すなわちいわば変容そのものであり、いわば変容運動の本質といったものなのである〔……〕この石は、皮膚の上面《うわつら》を腐蝕するという愚にもつかぬ口実のもとにその名をかたっているなにやらの腐食性塩などよりはるかに、地獄の石の名にふさわしい〔……〕」[40]。あるいは、レリスがこの『オーロラ』と「死せる頭」を経由して『幻のアフリカ』へと発展させていってもよかった皮膚の仮面論の系譜は、むしろ民族学の外部にその後継者を見いだすべきなのかもしれない。たとえばそれは、三〇年代後半に政治権力の問題を論じたときのコレージュ・ド・ソシオロジーのメンバーたち、そこでは際限のない層序のたわむれを通じて仮面着用者の頭部と同様の魅惑と恐怖を産出してやまない権力空間の特異性が論じられていくことだろう。あるいは四〇年代に「自己欺瞞（mauvaise foi）」のエピステモロジーを論ずるときのサルトル、そこでは偽に対する真、シニフィアンに対するシニフィエの層序がたわむれに堕していく自意識の混沌が——彼にとりそれはあくまで「自意識」の「混沌」だったのだが——時にはレリスによるザール憑依論の引用とともに暗示されていくだろう。[41]さながらその前後の時期、実存の敵手レヴィ＝ストロースが構造論の枠内で提示しうる極限の回答「浮遊するシニフィアン」を——さりとて彼がレヴィ＝ストロースであるかぎりはあくまでコミュニケーションへの全幅の信頼をもとに——彼なりの「誰でもあるがゆえに誰でもない」概念として案出していたように。

註

（1）Leiris 1992a：191-192.
（2）Breton 1970a. いわゆる「シュルレアリスムの遊戯」の概要については、星埜 一九九八を参照されたい。
（3）Armel 1997：574-586.
（4）Leiris 1929b.
（5）Leiris 1930a.
（6）Hollier 1979：424.
（7）Leiris 1994：23.
（8）Hollier 1991.
（9）Breton 1985：13；Bonnet 1985.
（10）Breton 1970b.
（11）Lévi-Strauss 1958：289；Breton 1952：244-245.
（12）Bédouin 1961：127；アルトー 一九九六：一〇九。
（13）Leiris 1961：132.
（14）Leiris 1988：77, 93. 千葉文夫氏の訳文による。
（15）ヘーゲル 一九五一：一七六―一七七。
（16）「死せる頭」が発表された一九三一年時点で、ヘーゲル哲学はパリ知識人のあいだでほとんど知られていなかった。レリスにヘーゲル哲学の存在を伝えたバタイユでさえ、パリでコジェーヴの『精神現象学』講読がはじまる三三年一一月以前はエミール・ブレイエの概説書『ドイツ哲学史』やギュルヴィッチの著作からの受け売りでヘーゲルを語る状況にあった（シュリヤ 一九九一：二四二―二四六）。このブレイエの概説書は『ドキュマン』創刊号に掲載されたレリスの小論でも引用されている（Leiris 1929a：52）。当時のこうした事情を斟酌するなら、「死せる頭」のヘーゲル引用部分でレリスがその正確な著作名も引用頁も付しておらず、またそのカント批判の内容を前後の脈絡からさほど忠実に把握していなかった理由にも自然と納得がいくだろう。

(17) Leiris 1992a : 721-722.

(18) Bataille 1970.

(19) ヘーゲル 一九七一：三〇八―三五〇。

(20) ちなみに仏訳版『精神現象学』の初版発行は一九三九年のことである。

(21) ジャコメッティ 一九九四：八二。

(22) ディディ＝ユベルマン 一九九五。

(23) クラウス 一九九五：五〇四―五一一；ボヌフォワ 一九九三：一三〇、一四〇、一五七。

(24) Koenigswald 1930. なお、本稿であえてふれなかった事実関係をふくめ、民族学者ケーニヒスヴァルトについては栗田博之氏（東京外国語大学教授）から貴重な御教示をたまわった。

(25) 順に、ディディ＝ユベルマン 一九九五：二〇四；ボヌフォワ 一九九三：二九二。

(26) Bataille 1930.

(27) ディディ＝ユベルマン 一九九五：二〇七。

(28) Buraud 1948 : 10.

(29) Lévi-Strauss 1958 : 279-280.

(30) タッカー 一九九二。

(31) Armel 1997 : 225 ; Leiris 1930b.

(32) Leiris 1992b : 65.

(33) Leenhardt 1970 : 29. 傍点は引用者。

(34) Leiris 1981 : 62, 103, 105. 傍点は引用者。

(35) Einstein 1986 : 353.

(36) Laude 1988 : 95-99.

(37) Lévi-Strauss 1961 : 20 ; Lévi-Strauss 1979 : 144.

(38) Einstein 1986：349.
(39) ジンメル 一九七九：五四―六七。フランス民族学でメトロー、レリス、シェフネルへとつらなる演劇モデルの系譜と秘密をめぐる問題系との関わりについては、別の場所でやや詳しく論じた(真島 一九九七)。
(40) レリス 一九七〇：一一五―一一八。
(41) Hollier 1979：188-254；サルトル 一九五六；サルトル 一九六六。

文献

アルトー、アントナン 一九九六『演劇とその分身』安堂信也訳、白水社。

エルンスト、マックス 一九九七『慈善週間または七大元素』巖谷國士訳、河出文庫。

クラウス、ロザリンド 一九九五「ジャコメッティ」堀切正人訳、『20世紀美術におけるプリミティヴィズム(Ⅱ)』、ウィリアム・ルービン編、吉田憲司他日本語版監修、淡交社、五〇二―五三三頁。

サルトル、ジャン゠ポール 一九五六『存在と無(Ⅰ)』松浪信三郎訳、人文書院。

―― 一九六六『聖ジュネ(Ⅰ・Ⅱ)』白井浩司・平井啓之訳、人文書院。

ジャコメッティ、アルベルト 一九九四『エクリ』矢内原伊作他訳、みすず書房。

シュリヤ、ミシェル 一九九一『G・バタイユ伝(上)1897～1936』西谷修他訳、河出書房新社。

ジンメル、ゲオルク 一九七九『秘密の社会学』居安正訳、世界思想社。

タッカー、マーティン 一九九二『アフリカ――文学的イメージ』山崎勉訳、彩流社。

ディディ゠ユベルマン、ジョルジュ 一九九五『ジャコメッティ――キューブと顔』石井直志訳、PARCO出版。

ヘーゲル、G・W・F 一九五一『小論理学(上)』松村一人訳、岩波書店。

―― 一九七一『精神の現象学(上)』金子武蔵訳、岩波書店。

星埜守之 一九九八「ゲームの共同体」、『シュルレアリスムの射程――言語・無意識・複数性』、鈴木雅雄編、せりか書房、六六―七九頁。

ボヌフォワ、イヴ 一九九三『ジャコメッティ作品集――彫刻・絵画・オブジェ・デッサン・石版画』清水茂訳、リブロポート。

真島一郎　一九九七　「憑依と楽屋――情報論による演劇モデル批判」、『岩波講座文化人類学　第9巻　儀礼とパフォーマンス』、岩波書店、一〇七―一四七頁。
レリス、ミシェル　一九七〇　『オーロラ』宮原庸太郎訳、思潮社。
Armel, Aliette 1997 *Michel Leiris.* Paris : Librairie Arthème Fayard.
Bataille, Georges 1930 «Espace», *Documents*, 2 (1) : 41-43.
—— 1970 «Le masque», In *Œuvres complètes*, tome II : *Ecrits posthumes 1922-1940.* Paris : Gallimard, pp. 403-406.
Bédouin, Jean-Louis 1961 *Les masques.* Paris : P. U. F. (ジャン＝ルイ・ベドゥアン　一九六三『仮面の民俗学』斎藤正二訳、白水社).
Bonnet, Marguerite 1985 «A partir de ces "mécaniques à la fois naïves et véhémentes ..." », *Pleine Marge*, 1 : 18-28.
Breton, André 1952 *Entretiens (1923-1952).* Paris : Gallimard (アンドレ・ブルトン　一九九四『ブルトン、シュルレアリスムを語る』稲田三吉・佐山一訳、思潮社).
—— 1970a [1954] «L'un dans l'autre», In *Perspective cavalière.* Paris : Gallimard, pp. 50-61.
—— 1970b [1960] «Phénix du masque», In *Perspective cavalière.* Paris : Gallimard, pp. 182-186.
—— 1985 [1950] «Notes sur les masques à transformation de la côte pacifique nord-ouest», *Pleine Marge*, 1 : 7-17.
Buraud, Georges 1948 *Les masques.* Paris : Editions du Seuil.
Einstein, Carl 1986 [1915] «La sculpture nègre» (trad. L. Meffre), In *Qu'est-ce que la sculpture moderne ?* (M. Rowell, dir.), Paris : Editions du Centre Pompidou, pp. 344-353 (カール・アインシュタイン　一九八四『アフリカの彫刻』、桐島敬子編、岩崎美術社).
Hollier, Denis 1979 *Le Collège de Sociologie (1937-1939).* Paris : Gallimrd (ドゥニ・オリエ編　一九八七『聖社会学』兼子正勝他訳、工作舎).
—— 1991 «La valeur d'usage de l'impossible», préface de *Documents* (réimpression). Paris : Jean-Michel Place, pp. vii-xxxiv.
Koenigswald, Ralph von 1930 «Têtes et crânes (Crânes d'ancêtres et trophées de guerre chez les peuples primitifs)», *Documents*, 2 (6) : 352-358.
Laude, Jean 1988 [1966] *Les arts de l'Afrique noire.* Paris : Editions du Chêne (ジャン・ロード　一九八六『黒人アフリカの美術』江口一久訳、白水社).

Leenhardt, Maurice 1970 *La structure de la personne en Mélanésie.* Milano : S. T. O. A. Edizioni.

Leiris, Michel 1929a «Notes sur deux figures microcosmiques des XIVe et XVe siècles», *Documents,* 1 (1) : 48-52.

—— 1929b «Métamorphose : Hors de soi», *Documents,* 1 (6) : 333.

—— 1930a «L'homme et son intérieur», *Documents,* 2 (5) : 261-266（ミシェル・レリス　一九七一「人間とその内部」、『獣道』後藤辰男訳、思潮社、五七—六三頁）.

—— 1930b «L'œil de l'ethnographe (à propos de la Mission Dakar-Djibouti)», *Documents,* 2 (7) : 404-414.

—— 1961 *Nuits sans nuit et quelques jours sans jour.* Paris : Gallimard（同　一九七〇『夜なき夜、昼なき昼』細田直孝訳、現代思潮社）.

—— 1981[1934] *L'Afrique fantôme.* Paris : Gallimard（同　一九九五『幻のアフリカ』岡谷公二他訳、河出書房新社）.

—— 1988 *A cor et à cri.* Paris : Gallimard（同　一九八九『角笛と叫び』千葉文夫訳、青土社）.

—— 1992a *Journal : 1922-1989.* Paris : Gallimard.

—— 1992b[1938] «Gens de la Grande Terre», In *Zébrage.* Paris : Gallimard, pp. 64-66.

—— 1994 *Au-delà d'un regard : Entretien sur l'art africain par Paul Lebeer.* Lausanne : La bibliothèque des arts.

Lévi-Strauss, Claude 1958 [1944/45] «Le dédoublement de la représentation dans les arts de l'Asie et de l'Amérique», In *Anthropologie structurale.* Paris : Plon, pp. 269-294（クロード・レヴィ＝ストロース　一九七二「アジアとアメリカの芸術における図像表現の分割性」荒川幾男訳、『構造人類学』、みすず書房、二六九—二九三頁）.

—— 1961 «Les Nombreux Visages de l'Homme», *World Theatre,* 10 (1) : 11-20.

—— 1979 *La voie des masques* (édition revue, augumentée et rallongée de *Trois excursions*). Paris : Plon（同　一九七七『仮面の道』山口昌男・渡辺守章訳、新潮社）.

人類学とモダニティ

ジャン・ジャマン[1]
（真島一郎訳）

ダンディとしての民族誌学者

民族学――より正確には民族誌学――は、異化《ディスタンシアシオン》効果ともよばれる距離《ディスタンス》の効果が観察に際しての実験条件となる学問とされている。異化とは周知のごとく、まずもって観察者の視点へとはたらきかける効果であり、対象の地理的・文化的なへだたりから、したがって観察者の視軸の移動であるデペイズマンからひきおこされる。異化は同じ運動を通じ、民族学の調査プロセスに客観性ほどではなくとも公正さを、あるいはせめて人文科学全体の営みを人に倫理として納得させるだけの「好意ある」中立性を保証するものとなるだろう。

民族誌学は、自らが科学であることの認識論的な根拠と実践に際しての倫理の要請とを、いずれも学問遂行上の経験的な――しかも自然な――条件のうちに見いだしている。民族誌学にそなわるこの美徳を冒頭から強調しておいてもおそらく無益ではあるまい。いわばこの学問は、古典的な科学哲学は言うにおよばずふつうは常識でさえ峻別するような三種類の原木、つまり経験と実験と価値基準とをよせ集めて一本の矢を作ってしまう。三本の原木はそれぞれが発見、合理的証明、事実承認のコンテクストに照応し、スポーツのメタファーが許されるならトライ、コンバート、リプレーにもあたるだろう――これら三要素をふくむ試合が同じ時に同じグラウンド＝フィールド（terrain）で行われ、民族誌学者はそこで試合の進行役、プレーヤー、レフェリーの役柄を同時にはたしていることになるだろう。

民族学の知へと近づくには、フィールドワークの経験が依然としてその必要条件であり、ときには十分条件でもあることをここで確認しておかねばならない。民族学者の仕事やその結果として生ずる職業上の戦略、また芸術や文学のアヴァンギャルドの流儀よろしく成立しては解体していく諸々の学派になおもフィールドワークが信用をあたえつづけている以上、事情はなおさらである。たとえば民族学のフランス的な状況には、文化領域ごとの切り分けが今もなお根づよく存続するという特異点がみられる。すなわちアフリカ研究、アメリカ研究、オリエント研究、インド研究、オセアニア研究などといった切り分けが、形成途上のパラダイムと知の制度（切り分けに対応する各学会）を同じ数だけ個別に生みだしてきた。ようするにそこからは、たがいに異なりときには対抗する民族誌学の流儀がもたらされてきたのである。民族誌として信頼をえるための規則、分析原理、基準となる座標軸について、各流儀にはそれぞれ固有のものがあり、人々はそうした状況のもと、文化領域の数と同じだけの歴史、仕事、ネットワーク、約束ごとへと送りとどけられる。しかも人類学の知におけるこうした領域分割は、実際の境界争い——私がとくに思い浮かべるのは、たとえばここ数年のアメリカニストとアフリカニストの対立であるが、それは構造主義者といわばマルクシストとの対立におおよそ合致するような、時に激しくもなる論争だ——をも引き起こしかねなかった。その結果、人々は自分たちがいったい同じ対象について議論し、同じ「学問」を実践しているかどうかを正当にも自問しかねない状況にいたっている。(2) ただし学問分野の切り分けは、当の学問の方法論に強烈な打撃をもたらすという代価なしに考えられるものではない。そこでは知の対象が経験対象と対応づけられてしまうばかりか両者のあいだにひとつの混同がもたらされ、マルク・オジェ(3)が強調したように、民族学（ある社会とある文化の研究）から社会一般を研究しうるという確信、つまり社会という対象の科学性にまつわる確信が最終的には根こそぎ失われてしまうだろう。しかし、この確信あるいは少なくとも野心といえるものが現実には民族学になおも根づよく存続し、それが学問の思考法そのものに重くのしかかっているのだ。

この種の混同は学術諸機関の手でときに維持され望まれもしてきたものであり、民族学は一面でたしかにこの混同から自らの方法上・分析上の原理を生みだしてもきた。だがその結果、いかなる民族誌学者もある時点から、自分が社会的なるものの根本の真理をつかんだと言いだしかねない状況になってしまった。ようするに民族学のレトリックは、ほかでもない換喩のスタイルを範にしていそうなのだ。つまりある具体的な社会なり文化なりを記述することで、社会と文化のすべてを理解することが事実上も論理上も可能とみなすレトリックである。かつてリュシアン・レヴィ＝ブリュルが規定し、のちほど私も論ずる予定でいる「未開心性」の概念にならっていえば、民族誌学者の対象は彼自らが研究するコミュニティの周縁に限定されることなく、すべての村はほかのどの村とも等価であるとの観念に従いながらその「依属存在《アパルトナンス》〔1〕」にまで拡張されていくだろう。

　個別社会のモノグラフィーが登場し、それが民族学の特権的なデータ構成と復元の様式として承認されたことこそ、ある意味では全体化へ向けられたこの民族学の野心を証拠立てている。そこでは特殊が一般への接近を可能にするばかりか、一般を凝縮し体現しているというのである。民族誌学者の共犯者とまではいかずとも彼のもう一方の同志である、いわゆる「現地インフォーマント」についても事情は同様だ。他の同胞の言葉を翻訳し解説するインフォーマントの言葉がモノグラフィーで復元されるとき、それはたいてい現地の住民全員の言葉として呈示されるからである。主語は単数であるにもかかわらず複数形へと結びつけられ、この珍妙な文法規則を用いた時代がおおむね過ぎ去ったというわけでもない。しかもこの文法規則は、単数が同時に複数であるという結果ばかりか、発話行為の主体が対象をめぐる発話内容のまえでかき消される事態まで生んでしまうのだ(4)。

　ただしバシュラールの言葉(5)をかりれば、対象へとむかうこの民族学の足どりも「初発から客観的な」ものではない。民族誌学者が装備されたコギトを意のままにするようにみえたところで、それはバシュラールが解する意味での装置のコギトというより、むしろ情動と習慣のコギトにちかい。対象へとむかう民族誌学者の足どりには、フィールドの現場で感性を動員しながら、合理的な証拠よりむしろ自己の心の状態を突きとめようとする傾向がある。けだしフィールドとは、他のどの場所にもまして「共感が方法の基礎となる(6)」場所である。それをひとが認めようが認めまいが、対象との同化《イダンティフィカシオン》はフィールドで魅惑と化し、対象からのいざないが調査の刺激となり、そして「融即〔2〕」こそが対象を理解するうえでの前提条件となっていく。当初は論理上の利点であるとともに方法上の原則に属していたかもしれないこと――つまり距離と隔たり――は、経験に対してけっきょく無力だったことが判明する。かくして民族誌学者は、まずフィールドにとけこんで人々に受け入れてもらい、フィールドから立ち去る時には、自らにとって科学的精神の代役をつとめていた原則など忘れているようでなければならないというわけだ。

民族誌学の観察と観察結果の妥当性をうらなう上で経験的な条件のひとつとなるのは、だから異化ではなく――異化は観察者にとり耐えがたいとまではいかなくとも実験として遂行不能な条件だ――その対極にある加入《アデジオン》であろう。ただし民族誌学者はこの加入という条件に近づけるだけであり、つまりは加入のふりをして人々と同じであるかのようにふるまいたいだけなのだ。こうした事情をきわめてたくみに表現しているのが、あの相互に矛盾した単語からなる「参与観察」という観念である。この観念の歴史が人類学の始源そのものにまで遡ることを、この際あらためて指摘しておいた方がよいだろう。

「人類観察者の会」の活動の一環として一八〇〇年に出版された『蛮族の観察にて守られるべき種々の方法に関する考察』の中で、[3]著者ジョゼフ＝マリー・ド・ジェランドはすでに参与観察の必要性を予感していた。「理解も対話も不可能な民族を前に、いかにすれば彼らを十分に観察したものといえるだろう？　蛮人を熟知する手段として第一にあげるべきは、いわば蛮人の一員であるかのようになってしまうことであり、蛮人の言語を習得することでひとは彼らの同志となるのである」[7]。ところでこの命題（「人々と同じであるかのようにふるまう」）が近代へと転移された場合、そこに反転の可能性が生ずることを指摘しておこう。というのも、こちら側の文化の参加者である民族誌学者は、結局のところ客観化に到達するための条件として、人々と同じでないかのようにふるまうことが要請されるからである。

ただし、この「同じであるかのように／ないかのように」という二つの思考スタイルがまったくの反転関係にあるようにみえたとしても、そこにシンメトリックな位置づけが示されているわけではない。ことによれば前者にはスノッブの形象（いかなる代価を払ってでも人々と同じでいたい）が、後者にはダンディの形象（いかなる代価を払ってでも人々から区別されたい）が対応し、それぞれがそれぞれのしかたでモダニティと何らかの関係をきり結んでいることになるのかもしれない。このときのモダニティとは、かつてボードレールが語ってみせたこの儚《はかな》きもの、このつかのまに去り行くもの、この偶然なるものであり、彼によればそうしたものこそが流行《モード》と嗜好《グー》を通じて当時のモダニティを特徴づけていたのだった（そして今日ではポストモダニティを特徴づけているようにも思える）。ただし一般的な、またたぶん（加入／異化の弁証法からみて）いっそう適切なしかたでいえば、おそらくはこのうちダンディの形象こそが民族誌学者――時代の新旧をとわず――にはふさわしいものとなるだろう。民族誌学者は近代におけるダンディの一変種であり、より正確にいってダンディの学者版である。なるほどダンディスムとは、なにより特定の時代にみられた審美的・社会的・道徳的なひとつの姿勢、外見にかかわるひとつの主義であり、また自己の存在《プレザンス》と自己呈示《プレザンタシオン》の記号を統制しながら反転させるというひとつの倫理にほかならない。そしてその達成目標とは、つねに他者から差異を認められることにある。ただそうであるなら、民族誌学者が自らの思考法そのものの内で探求するとまではいわずとも見いだすものとは、じつは当のダンディスムではないだろうか？　彼ら自身ダンディでもあったバルザック、バルベィ・ドールヴィイ、ボードレールといったダンディスムの理論家たちが、エクリチュールの行為とふるまいのかたちに変えて文壇にダンディスムを導き入れたとすれば、さらにふみこんで民族誌学者も――存在・行動・思考のしかたをめぐるその不安定な位置のゆえに――ひとつの言説ほどではなくとも、少なくともひとつの方法の美学と文化の実践のかたちに変えて学問の世界にダンディスムを導き入れたと考えても、この類比はおそらく軽率ではあるまい。

昨今のフィールド日誌のなかには出版や論評の対象となり、しかもそうなることを意図して書かれ、思索のなされているものがある[8]。この種の日誌は、ふつう民族誌学者の語らないことがら、いやむしろ沈黙が望ましいとされてきたことがらを述べたてる。これに比べれば民族学のモノグラフィーは、かつてよりこのかたダンディで通している器用な仕立屋の存在をいささかも明かすことがない。客の外見をてなづけるというお決まりの作業の単調さを、この仕立屋は壮麗な衣装を用い一定のやり方にしたがいながら覆いかくす（masquer）術を心得ているというわけである。民族学のまさに中心でここ数年のうちに発展をとげたものにテクスト主義とよばれる潮流があげられるが、これもダンディスムのひとつの亜種とみなせるだろう。パスカル・ボアイエの指摘するところ[9]、それはおおむね仮面を剝ぎ落とす（démasquer）作業に要約される潮流であり、私が言葉をつぎ足すならそれは別の仮面を持ち込むための剝ぎ落としでもある。ボアイエは次のように記す。「民族誌テクストの説得的なレトリックや、純粋なデータとしてそこで示される過去の言述、また見かけはもっぱら合理的説明の要請にしたがってなされたかのような記述の連関。こうした状況のもとで要請されるのは、当のテクストに秘められた動機づけや文化的な構築物の存在を明らかにする作業である。それは人類学的著述の『テクスチュアルな』側面を正面から取りあげる作業、人類学的著述を文学的な構築物とみなす作業、つまりは必要上の虚構とでもよべそうなことがらをテクストから暴きだす作業にほかならない」。したがって現実とは、人がかくあると思う現実ではないことになる。脱構築主義とも呼びうるこの態度は、先のダンディにならっていえば科学性にまつわるコードの許容範囲内での反転と価値基準のインフレーションに支配されているようである。つまり価値のヒエラルキーがくつがえされた結果、学問にそなわる権威《オトリテ》がついには文学的な意味での著者《オトウール》の権威に還元される、あるいは少なくともそれと同列におかれる[4]。また、科学もしくは自らが科学であり合理的説明たらんとする記述は、虚構というのでなければ美学や文学的構築物の方へと送り返される。そうして文化は、行為や儀礼や表象としてよりもテクストとして捉えられていくのだ[10]。さて考察はこの点までに留めおいて、頽廃の時代における英雄的行為の最後のきらめきをダンディスムにみていたボードレールの流麗な文章[11]にここであらためてふれておこう。「[……]そして旅行者が北米にもダンディの典型を見出したという事実は、この考えをいささかも弱めるものではない。なぜなら、私たちが野蛮なと呼ぶ種族が、実は消え失せた大文明の残片であると想定することをさまたげるものは何もないからだ。ダンディスムとは一個の落日である。傾く太陽さながら、壮麗で、熱を欠き、憂愁《メランコリー》に満ちている」[5]。なるほど、民族誌学者がミネルヴァの梟さながらに飛び立つのは、えてして他者が黄昏へとむかう時ではある。しかしそれはまた、自らの黄昏がきざまれる時でもあるのだ。なぜならダンディスムで前提とされるのは、自分を受け入れてくれている人々のなかで自分が生まれながらに社会的・文化的な欠損をもつことの自覚であり、後ほどふれるように、それは民族誌学者にそなわる欠損でもあるからなのだ。

今日の私たちは、かつてボードレールの言った「永久《とわ》のそしてつかの間の真実」からほとんど遠ざかってはいない。けだし真実はかくも永久の、そしてつかのまのものであるために、民族学の知の目的《オブジェ》——手短かにいえば個別の社会や文化にもそなわる普遍的な要素を呈示するという目的——がたとえかつてと同じままであれ、その経験的対象《オブジェ》は流行が過ぎゆくものであるのと同じ程度に儚いのである。マリノフスキーが『西太平洋の遠洋航海者』のいわば題辞として置いた次の一文は、おそらく周知のところであろう[12]。「民族学は、悲劇的とまではいわずとも滑稽であり嘆かわしくもある状況下におかれている。なぜなら、民族学が学としての態勢を整えて自らの道具だてを練りあげ、己れに課された務めをはたせるようになりはじめたとき、研究を基礎づける資料はいまや絶望的なまでの速さで消え去りつつあるからだ。民族学的フィールドワークの手法と目的が確立し、この分野で十全に養成された研究者がいまだ文明化されざる地域を踏破してそこにくらす住民を研究しはじめるまさにその瞬間、当の住民はいわばわれわれの眼前で消滅していくのである」。

　こうした表明をまえに私たちが比較の観点から目を向けざるをえないのは、ノーベル文学賞受賞者エリアス・カネッティが時を下って（一九七八年）同じように表明した以下の文章である。[13]「『単純な』民族を対象とする民族学という学問は、あらゆる学問のうちでも、最も傷ましき哀愁をたたえている。民族学によれば、これらの民族はまたなんと労苦にみちた熱心さで、なんという過酷さのもと、しかもなんとうんざりするような努力をしてまで古びた社会制度に固執してきたことであろう！　にもかかわらず、そうした民族は実のところもう消滅しているのである」。

　こうしてみると、民族学とその対象にかかわるヴィジョンは、ほぼ五〇年という時のへだたりを越えて何ら変わっていないことになるだろう。今日の私たちに行き渡っている（大方の人類学者がよく心得ているはずの）指摘をここから三点ひきだしてみよう。(1)対象の喪失が強調されたために、民族学は緊急性をおびた分野、対象のサルベージとまではいかなくとも保護をめざした企てとなる（その意味で、主として民族学の成果は時代をこえて受け継がれる遺産なり証言なりといった価値をおびる）。(2)対象《オブジェ》＝客体側の相続人の不在とでも呼べる事態は、主体すなわち民族誌学者の側にも何らかの絶望感をあたえずにはいない。このことはマリノフスキーの場合きわめて明白であるし、レヴィ＝ストロースの場合（本書一三三頁以下を参照）は別の理由からなおいっそう明白となるだろう。くわえて後者のケースからは、次の第三点の考察がうながされてくる。(3)民族学の対象はモダニティの境へと追いやられている。ただしそれはモダニティの余白へ追いやられているわけではなく、むしろモダニティの運動——文化の画一化、西洋化、世界化、または産業化とよばれる運動——そのものによってたえず後退しながら吸収、開発、あるいは絶滅といった手段を通じてこの消えゆく対象をおびやかす境界へと追いやられているということなのだ。

いまだフィクションが問題となる場所

民族学は、したがって二重の認識論的フィクションのうえに成り立っていることになるだろう。そのひとつは異化のフィクションである。仮に異化の姿勢が保持されているとすれば、この学問は――ミシェル・レリスがかつて『幻のアフリカ』で感じたように[14]――最も非人間的な学問のひとつと化し、民族学者を博物学者のような立場に置いていることだろう。またもうひとつは同化のフィクションである。仮に同化が完全なかたちで実現していようものなら、民族誌学者が距離をおいて対象の知を形づくる可能性はすべて奪われていることだろう(その場合、むしろ対象の方こそが民族学者を形づくっているはずだ)。つまるところ民族誌学者は、同化とひきかえに外界をアイロニーとしてとらえる可能性を、ひいては学術的著作を産出する可能性までをも奪われていることだろう。マルク・オジェ[15]が指摘するように、「ボロロ族の宇宙を理解してそれを内側から説明しようと試みる民族学者がいたとすれば、彼はもはや民族学者ではなく、ひとりのボロロ人である」。こうしたパラドクサルな状況は、現実にも一種のアポリアをひきおこしていく。民族誌学者ならばすでにフィールドで遭遇したことのあるアポリア、また参与観察という観念そのものに凝縮されているこのアポリアとは、現地人でもないのに現地人の視点からものを見るということなのだ! ようするにここで問われているのは、距離と参加、役者と観客、あるいはマルク・アベレス[16]独自の用語による「能動者と受動者」の双方を、ひとはいかにして同時にまたは交替につとめられるのかという問題である。ヴァンサン・デコンブ[17]は、このパラドクスの所在を次のような文章でみごとに際だたせていた。「民族学者が自らの言葉で現地人について語ったなら、彼は現地で理解されることがない。だがそれを現地の言葉で語ってしまえば、こんどは自国で理解されなくなる。だとすれば、民族学者は自分の言うことをこちら側やあちら側でいったいどのように理解しているというのだろう? かくして民族誌学の仕事の可能性そのものが、ひとつの謎と化すのである」。あるいはこうも考えられるかもしれない。民族誌学者の仕事は、超越論的とはいわぬまでもメタ文化論的なひとつの公準、すなわち異文化の言葉も話せず生き方も暮らし方も共有しないよそ者であれ、およそ文化というものは何びとにも理解と分析が可能であるという公準に基礎づけられているため、民族学は初めから人類学の側、つまり普遍のレヴェルに位置づけられているのだと。経験的な視点にたてば、このパラドクスは初めから民族誌学の思考法を破綻へと導いてはいないだろうか？また民族誌学者をいきなり不安定な場におくのがこの学問の方法論であるとはいえ、そもそも彼を躓きへと導くのもこのパラドクスではないだろうか？　ようするに発見の端緒に失策があるということ、それはほとんどお決まりの話ではないだろうか？　いわば民族学にみられる不手際とは、厳密さで通用している他の学問にも生ずる誤謬と同じことであり、それは思考の欠陥などではなく、じっさいは思考訓練に際しての条件なのである。

民族誌調査の初発に生じ、当の調査にいわば現実からの試練をあたえていくパラドクス。たとえばマルク・アベレスがオチョロ族（エチオピア南部の住民）をめぐる著作の冒頭で、自身の旅日誌からある不幸な体験談を抜きだし紹介しているのは、おそらくこのパラドクスを彼が理解していたからにちがいない。問題の体験談とは、民族誌学者としての彼が犯した不手際のせいで、ある祝宴の計画がたてつづけに流れてしまったというものである。おそらく彼はこのとき、あまりに急いで現地の人々の「気をひこう」とした、あるいは「お歴々」の列に自分も加えてもらおうと派手な出費をするなど、人々との同化を気にかけすぎていたのであろう。アベレス氏はそれをつつみ隠さず次のように記す。「けっきょく私たちは村の住民と『一体になる』ふりをしていたのだ。長老たちの考えによれば、祝宴を開くということは私たちがコミュニティに『捕まえ』てもらい、私たちが示した気前のよさに見あうだけの承認をそこから得るうえで最善の手段とされていたからである」[18]。ともあれこの民族誌学者は、ウシと酒を買い求めて肉を切り分けたのち、わざわざ彼らのために宴を準備して招待していた当の人々——村の長老たち——が飲み食いにやって来るのを、妻とともにむなしく待つばかりだった。民族学ではこうした体験も珍しくはなく、観察者の気のはやりや気弱さ、あるいはいっそうありがちな人の好さからえてして調査の初発に起きるものだとすれば、自己の体験を語りながらそれを著作中で用いるマルク・アベレスのやり方には、多少とも立ちどまって考えてみるだけの価値がある。ほかの著者ならば見せかけの、そしてそれだけに型にはまったアイロニー（読者になげかける一種のウィンク）の気味をこめて緒言や序文の内へと——ジェラール・ジュネットが「外＝テクスト」[19]と呼ぶものの内へと——送りとどけていたであろう記述が、彼の著作にあってはテクストの統合的な一部と化し、ともかくもテクスト構成上の支えとなっている。[6]つまり民族誌学者による発見の順序と、彼が研究対象を構築していく経験的なプロセスとをテクストの構成がたどりなおそうとしているのだ。民族誌学のモノグラフィーでは著者に壁抜けの（＝いつのまにか姿を消してしまう）才能――まったくありえそうにない才能――が仮定され、フランソワ・モーリアック風の作家さながら、彼は社会というもうひとつの絶対的な主体と対等にわたりあう神のごとき存在と化し、社会を解釈するほどではなくとも記述しているつもりにはなっている。民族誌学のモノグラフィーにそなわるそうした独断的とまではいわずとも、少なくとも冷淡かつ尊大で全体論的なレトリックをはねつけながらマルク・アベレスがむしろここで選択しているのは、フィールド実践について語ることなのだ。民族誌学者が対象を調査するとき、当の対象も同じく彼を調査していることを、アベレスは正当にも考慮していたことになるのである。

彼のようなパースペクティヴには、モノグラフィーの思考法以上に謙虚で現実感覚のある外観がそなわり、反省的な、また分析に徹した側面がみとめられる。そこからごく自然に導かれるのは、唯一の観察媒体にとどまる点で知られる民族学者のポジションを検討に付すという作業である。なるほど民族誌テクストをめぐるこの種のエクリチュールは、調査カードを一枚残らず――民族学者がふだん公表しないものや「外＝テクスト」へと送りとどけるものもすべて――提示することで、真実の一部（遠回りながらも客観性をめざした形式）を復元するという、明らかに認識論的な配慮をたたえている。だがこの点を別にすれば、類似の手法を用いたクリフォード・ギアーツの論考についてジェイムズ・クリフォードが指摘したように、[20]そこには民族誌的権威（私はいかなる名のもとで他者を語る権威を与えられるのか？）をめぐる新たな表明もなされてしまっているのだ。このとき表明される権威とは、書く行為《エクリチュール》と読む行為《レクチュール》の格子にはめこまれた諸々の事実がアプリオリに分かりやすいと想定される民族誌のモノグラフィーのような、フィールドにおける観察者の外在性によってもたらされる権威ではもはやない。それとはまるで逆に、ある事象の意味とは、探究者であり調査者でもある人間がその意味を発見していく足どりと同時に与えられるという、暗黙の前提からもたらされた権威である。かつて哲学者アンリ・ベルクソンが、「経験にそなわる権威に訴えよ」と述べたように。[21]

したがってフィールド実践を厳密に叙述の見地からみれば、そこにはひとが数々の試練を多少ともたくみに通過し克服していくイニシエーションの全体がふくまれていることになる。研究対象の文化を代弁しうる権威、さらにクリフォード・ギアーツの喩をかりれば「文化を肩越しに読み」うる権威さえもが、これらの試練からひとに与えられていくのだ。[7] ところで、身を投ずる（engager）という厳密な意味での民族誌経験の概念は、おそらくミシェル・レリスの作品にこそ、概念としての起源がたどられるべきであろう。自らを何より詩人・作家とみなしていたこの著者にあって、フィールドでのへまや不手際には、たんに美学的な価値（まとはずれな場所へ事物を置いた瞬間に発動するのが芸術ではなかっただろうか？）だけでなく、発見学的な価値もそなわっていたからだ。

フランス民族学で最も初期に組織された大規模な現地調査団のひとつ——ダカール＝ジブチ調査団（一九三一〜三三年）——によるまさに最初の出版物が、ひとりのメンバーの手で調査期間中に几帳面につけられた私的な日誌であったこと、そのことに思いをはせるとき私たちはたしかにいくぶん愉しい心持ちとなる。『幻のアフリカ』と題されたこの日誌は、しかし出版早々から不手際の代物とみなされた。それは今日ならば認識論的とでも形容できそうな不手際であり、当時はひとりの初学者——たしかに著者ミシェル・レリスは民族学の初学者だった——がしでかしたと思われかねない不手際だった。それほどまでに、彼はアカデミックな民族学用語にほとんど配慮する気がないようにみえ、また叙述上の約束ごとを尊重する姿勢も現にほとんど示していなかった。当初ダカール＝ジブチ調査団に秘書兼記録係として採用されたレリスは、ことあるごとに「へま」をやらかしながらも、自分で苛だちを感ずるほどにこの職務をまっとうする。じっさい几帳面で注意ぶかい民族誌学者として、彼は調査団の収集品や調査内容のいっさいを——そこには彼自身もふくまれる——臆面もなく書きとめ、描写し、ファイルしていく。民族誌学の良き風習が沈黙をのぞんでいた場所、つまりフィールドとそこでの観察行為にまで、こうして彼は観察者の視点を導き入れたのだった。

良き風習をまもる民族誌学からみれば、それ自体方法の歪みであり慎みのないやり方とみなされずにはいなかったレリスの行為とは、つまるところこの学問が当時の自然科学に流通していた視線から何とか解放しようとつとめてきた独自の民族学的視線を、あらためて検討の場にさらす行為であったことがわかるはずだ。公式民族誌学がやがては自らの実験室になるものと期待していたフィールドでの経験を、レリスは厚かましくも他者の語る神話と自分のみる夢とが同等の重みをもつような日常のことがらにしてしまった。だから仮面を剝ぎ落とす必要などなかったのだ、仮面はひとりでに落ちたのだから（その点『幻のアフリカ』がマリノフスキーの日記とは異なり、作成当初から公的な著作、つまり刊行を目的とした著作として構想されていた点を指摘しておきたい）。私はもうだいぶ以前に書いた論文のなかで[22]、自らの不手際を調整しながら利用していくレリスのやり方が、いくぶんダンディにもかなった流儀で彼の文学作品をいわばいかに構造化し、部分的に決定してきたかという点を明らかにしようとしたことがある。ダンディの流儀が民族誌学へと適用された場合、さしあたり次の点が明らかになるものと言っておこう。他者の領域にまで行き着いたことが民族誌学者の意識にのぼるのは、ほとんどつねに彼自らが犯した不手際——見知らぬ世界に入りこんだ者が最初に、ごく「自然に」犯してしまう不手際——をきっかけとしている。彼はほかでもないその不手際のおかげで、そもそも自己の行為を不手際と断じた社会動態やイデオロギー装置を認識として再構成していく。ようするに彼の不手際とは過失なのだが、しかしそれなしには他者の現状をめぐる認識ばかりか知覚すらも民族誌学者には得られなくなるという過失である。けだしそれ自体として新味に欠けた発想ではあるだろう。ただしこの発想を極限までおし進めたのちに再び自らの方へと送り返してみせるレリスは、自己認識の考察が他者の視線を介さずにはそれ自体不可能なことを示唆したかぎりで、この発想に特別な彩りを添えているのである。他者は、まさに彼らが他者であることの本質として初めにこう言ってくる、「へまなやつだな」と。じっさいレリスの足どりは先のアベレスと同じく、かつてプルーストが自らの歩みを終えたのと同じしかたで、逆に第一歩が踏みだされているのだ、つまり躓きによって[23]。

人類学的懐疑

「文字の教訓」にあてた『悲しき熱帯』中の有名な一章でレヴィ＝ストロースが直面していたのは、それとはまた別のタイプの失策であり、失策に対する別の読みとり方であった[24]。周知のごとくレヴィ＝ストロースによれば、民族誌経験からは彼が「人類学的懐疑」と呼ぶもの、つまり私は何者なのか？　という懐疑が生み落とされる。他者のあいだにあえて足を踏み入れた者は、異なる思考体系や生き方にじかにふれることで自分の無知のほどをたえず知らされるだけでなく、自分が大切にしてきた観念や習慣に対する執拗なまでの「侮辱と否認」を受けとることになるからだ。[25]

民族誌学者はフィールドで過酷な試練をうけ、彼の自我は疑問に、いやむしろ危険にさらされる。もっともこうした体験はまたとないものであるから、とかく民族誌学者の精神を豊かにするものと想像されがちなのだが、逆にレヴィ＝ストロースはこの点についてじつに陰鬱な一覧表を作成する。そこでは愉悦、放縦、あるいは夢想にすらいかなる場所も与えられることがない。彼の民族誌学とは、まるで痛みと苦悩のただなかでしか可能でないかのようなのだ。「民族学者はフィールドに身をおくたびごとに、異質でしばしば敵対的な世界に自己の身柄が引き渡されたことに気づく。彼が自由にできるのはいまだ彼の自我でしかなく、その自我をたよりにフィールドで生き延び、研究をしていく以外にない。にもかかわらずこのときの自我とは、空腹や気づまり、現地で身についた習慣との軋轢、また予想もしなかった偏見の出現により肉体的にも精神的にも傷を負った自我である。かくして自我が見いだすものとは、異質な状況下でふりかかったあらゆる困難のせいで麻痺し、不随となってしまった自らの姿である。彼の個人史にとり、これらの困難はたしかに初めは民族学者としての使命から生じたものだとしても、以後の人生にまで影響をおよぼしていくだろう[26]」。レヴィ＝ストロースは民族誌経験がひとを眩暈と波瀾に引き入れてしまうという彼なりのヴィジョンに支えをほどこすべく、だからこそ外傷学系のメタファー（「傷を負った」、「麻痺した」、「不随の」）をためらうことなく用いている。「民族誌学者は当初の彼と同じままでは帰ってこないだろう。客観化の体験を経たあとの彼がわが身を目にするとき、そこには二重の欠陥が永久に刻印されていることだろう。第一に、民族誌学者としての生活・研究条件のもとで、彼は長期にわたり帰属集団から切り離され、その間にわが身を荒々しい変化にゆだねたせいで、いまや一種の慢性的な故郷喪失感《デラシヌマン》にさらされている。また第二に、以後の彼はどこに行こうとも、二度と故郷にいる感覚をもてなくなり、心理的に深手を負ったままであろう。だがとりわけ旅は、ここで象徴の効力を生みだしている。民族誌学者は旅の過程で――自称探険家や観光客とはちがい――世界の中での自らの位置を賭して境界を越えていく。それゆえ彼は蛮人の国と文明人の国を往き来しているわけではない、ある意味では死者たちのあいだを往還しているのだ。手持ちの経験に還元できないような社会経験の試練に自己の伝統と信念をさらし、いわば自己が属する社会の死体解剖を手がけてしまった彼は、自らの思い描く世界で真正の死者と化している。そのためどうにか帰ってこられたところで、自文化の伝統から切断された手足を再びとりつけたような体では、彼はしょせん生き返りの人間として生きていくほかないだろう(27)」。

民族誌学者は、道に迷うことではじめて他者のいる場へと到達する。このとき彼が見失ってしまう道とは、彼と彼の同胞、そして彼が二度と見いだすことのない在郷者のいる場所へとつづく道である。かくして初めは方法論上の規定とされていたこと（脱中心化《デサントルマン》と異化の必要性）も、けっきょくは民族誌経験の倫理をさし示す行動規定だったことが明らかとなる。命令法でいえば「デラシネたれ！」とでもなろうその規範により、同化や参与や連座といった姿勢も他者の認識に近づく手段としては排される。民族誌学者がデペイズマンを通じて——つまり脱中心化そのものを通じて——一挙に理解していくこと、それは異文化などではなく、自己の内における他者の現前なのだ。そうした他者が彼に向かって告げ知らせているのは、（ルソーが直観したように）彼の内には自らを思考するもうひとりの彼（il）がいる、あるいは（アルチュール・ランボーが確信したように）彼を考察するもうひとりのひと（on）がいるということなのである。

さて「文字の教訓」へと話をもどすことにしよう(28)。この章でレヴィ＝ストロースがある驚くべきフィールド体験を語っていたことはおそらくご記憶のことであろう。マトグロッソ州でナンビクァラ・インディアンの一グループと暮らしていた時のこと、住民に紙と鉛筆を分け与えたレヴィ＝ストロースは、彼らがうねうねとした線を鉛筆で紙に書きつけ、民族誌学者の自分と同じ使い方をしようとしていることに気づく。彼はその後このグループとともにナンビクァラの別グループを訪問するのだが、訪問先の首長が来訪者たちと儀礼的な交換をとりおこなうという時に、レヴィ＝ストロースは自らが真の「コメディ」と呼ぶ場面に出くわす。彼が滞在していたグループの首長は「曲がりくねった線が一面に描いてある紙を一枚」自分の背負い籠から取り出して、「それを読むふりをし、わざとらしく躊躇《ためら》いながら、贈り物への返礼として〔この民族誌家が〕与えることになっている品物の目録をそこに探した〔8〕」。首長はそうすることでナンビクァラの同胞を驚かせ、品物の取引は自分の仲介でなされるべきことを彼らに納得させ、さらに自分が白人と結束し白人の秘密も共有していることを実証しようと望んだのだった。いずれにしろレヴィ＝ストロースは、この「常ならぬ事件」——彼はそう形容する——に言及したのち、ただちにその解釈へと取りかかってはいない。というのも、ナンビクヮラの首長のふるまいをめぐるこの記述と、章の締めくくりに置かれた文字の機能をめぐる広範な理説展開とのあいだには、ある予想外のできごとが挿話として差し込まれ、この民族誌学者が帰路の途次でふいに道に迷った経緯が語られているからである。「欺瞞」の場となった会合の後で感じられたという苛だちのせいで、彼は知らないうちに旅の同行者とはぐれ、叢林のただなか道に迷う（自分の身元をあかす武器や撮影用具といった機材を紛失してしまうほど事態は悪化する）。しかも彼は、これまでそこから生還した者はだれひとりいないという敵対的な住民のくらす一帯にまで迷い込んでしまうのだ。よくよく考えれば、つい先刻まで民族誌学者がその証人であり被害者でもあった当の「コメディ」やら「欺瞞」やらが、今やあたかも旅の道標をかき乱し、彼の自我を一時喪失させずにはいないかのごとくに万事が進行する。自分が今どこにいてどこに向かおうとしているのか、彼の自我にはもう分からない。その結果、自我は自らの基点を切りとられて「手足が切断され」、この場合道に迷っているからには現実に脱中心化がおきていることにもなる。ふいに自我にとりついた地理上の懐疑（私はどこにいるのか？）とは、おそらくさらに深遠なもうひとつの懐疑の可視面もしくは徴候でしかないだろう。つまりそれは、レヴィ＝ストロースが後に人類学的と形容することになる懐疑（私は何者なのか？）である。そうした懐疑の発生こそが、自らの内に他者が侵入したことの結果ではないだろうか？　まずもって自我のもうひとつのイマージュにあたるこの他者とは、彼を模倣しようとしたナンビクヮラの首長のしぐさが彼にむかって投げ返してきた、まさに自我のカリカチュアでもある。

したがって「文字の教訓」にはもうひとつの教訓、民族誌学の教訓が含まれているように思えるのだ。この教訓によれば、他者の土地におもむく民族誌学者が最初に発見するものとは客我（soi）[9]であり、この的確なケースをふまえて言いかえれば、それはモダニティである。レヴィ＝ストロースが一連の事件から感じとったのは、抑圧、記号の没収、人間による人間の搾取などを文字の機能により流通させていく存在としてのモダニティだったのである。文字の機能をめぐる理論展開をとじる際に彼が言及した観察例からも、同様の結論を導きだすことが可能であろう。そこではナンビクヮラの「数名の頑迷な連中」が首長に異議をとなえて彼を見かぎるのだが、そもそも自己の権力強化にあたって文字の機能とそこから引きだせる利益を理解していた唯一の人物がこの首長であった点を、ここであらためて指摘しておこう。レヴィ＝ストロースは次のように記す。「首長が文明の札《カード》を使ってみようとしてからというもの、首長から離れて行った人たち（私がやって来た結果、首長は大部分の部下に見棄てられてしまった）は、朧気《おぼろげ》ながら、文字と虚偽とが共謀して彼らのところに入り込んで来たことを理解したのだ」。ただし客我が自我とは異なるもの、そして自我に利用されるものとして現れるのは、当の自我が破滅の危険をおかし、破滅の代価そのものを受け入れたときのことである。つまるところ「文字の教訓」の教訓とは、次のような次元のものとなるだろう。民族誌経験は、経験の実践者をモダニティに向かいあう地点へと一挙に位置づけながら、当のモダニティに異議をとなえる手段もいちどに彼に呈示するのである。

　ボードレールが新たなるものの探究に際して指摘していた事態こそ、まさしくそうした「主体の漂流」であり、現《モデ》代《ルヌ》生活の画家について彼の述べる言葉ひとつひとつが、少なくともレヴィ＝ストロースはそう感じとっていたように民族誌学者にも異論の余地なくあてはまるだろう。ボードレールは記す。「かくのごとくに彼は行き、彼は走り、彼は索《もと》める。何を索めるのか？　むろんのこと、私が描いてきた通りのこの男、活潑な想像力に恵まれ、つねに人間たちの大砂漠を過《よぎ》って旅するこの孤独な人は、純然たる遊歩者よりは一段と高い目的を、めぐり合わせ《シルコンスタンス》のうつろい易い快楽とは違った、より一般的な目的をもっているのだ。彼の索めるあの何ものかを、現代性《モデルニテ》と名づけることを許していただきたい(29)」。

精査する懐疑

　民族誌学者は自らの研究対象——未開ないし伝統社会——のせいで、またフィールド経験とその結果として生じた「主体の漂流」のせいで、いわばモダニティの境界へと流刑に処された身である。それゆえ彼はおそらく他のだれより、またともかくも専門家として、モダニティの論理を説明するほどではなくとも、せめてそれがもたらした効果を算定できる人間である。この点からすれば、実証主義を追究してきた民族学であるとはいえ、その本質は依然として人間・世界・社会をめぐる脱中心化された思考法にとどまってきたといえるだろう。この思考法は、おそらく一八世紀末ごろの学問草創期に、今日よりも際だったしかたで表れていた。当時の民族学における偏愛の対象——野蛮人

——は、西洋文明の反転像として立ち現れ、ある時はそこに文明側の憧憬が、またある時は不安が表明されることになった。一言でいって、そこには文明側の魅惑が示されていたのである。くわえて当時の道徳哲学・政治哲学の分野では、こうした魅惑の対象にひとつの核心的な批判機能をわりふっておく必要もあった。人々が当時は進歩とよび、以後はモダニティとよぶものが経済・社会・文化の各領域に配備されていく状況をくつがえせるほどの批判がそこに想定されていたのである。たとえば人類学的思考法の最初期における創始者のひとりヴォルネィは、自著『アメリカ合州国の気候・土地目録』[30]で次の点を指摘していた。すなわち一七九六年から九八年にかけて彼がインディアンの社会にみいだした無政府状態は、本来の社会状態と何の関わりももちえない。入植者の定住と戦乱が開始される以前のインディアン社会には、政府も特権的な家族も存在し、われわれの社会が原初にもっていたのと同じ潜在力があったというのである。ヴォルネィは記す。「一見停滞しているかにみえる彼らは現実には退行しているのである。その原因のひとつは、われわれが彼らの進化のプロセスへ粗暴に侵入したことにある。かかる侵入さえなければ、われわれの友好的な介入もかえって容易となっていたにちがいない」。当時は世界史の一段階とされ、単なる研究対象にすぎなかった野蛮人について、ヴォルネィはそれが将来文明人になる可能性と必然性とを想定していたのだろう。他者を権利上自由で平等な主体として認めることこそ、彼にとっては当時人類学とよばれた観察の条件そのものをなしていた点をここで指摘しておくことも無益ではない。しかもこのときの他者はたしかに特殊な存在ではあれ、観察者と同等の資格をもった歴史主体であり、両者の相違も単に後者が歴史主体としての可能性を自文化の内で実現したというだけのものとされていたのである。

なるほどこの種の意思表明は、やがて観察者と被観察者のあいだに契約上の、つまりは権利上平等の関係を打ちたてていく人類学の企図を基礎づけるものだった。さりとて民族誌学の知の生産条件が、二〇世紀中葉にいたるまで本質的に植民地の事実とその最初の激動——すなわち征服志向のモダニティを体現する支配と抑圧の関係——に特徴づけられていたことに変わりはなかった。

学としての自己実現をはたすうえで時には拒絶する必要があったにしても、民族学は世界に対する特定のヴィジョンと搾取行為の内にいやおうなく組み込まれていた。この学問が理解につとめるべき隔たりが伝統とモダニティの間にあるという理由それ自体からも、民族学はこの状況を免れることができなかった。だとすれば、さらに進んでこうも言えるはずだ。民族学は「習俗の学」や「伝統の学」をもって任じていたからこそ、結果としてモダニティの源泉や表現を考察し、その根拠や論理について自問するよう促されていたのだと。たとえば両大戦間期におけるリュシアン・レヴィ＝ブリュルの著作では、人間の思考にみられる複数の論理形式を地域化・序列化する作業とともに、機能や表現の点からみた論理形式間の変異が重視されていた。その後一九四〇年代末からは複数の未開「哲学」を明らかにしようとする一連の研究が、やはり同じ経緯から発展する。未開「哲学」はまもなく「民族哲学《エトノフィロゾフィ》」と呼び名を変えるのだが、この視点のもとで今や放散する理性の一表出物にすぎないと感じとられた西洋哲学は、将来の検討課題としておそらく数ある哲学のうちのひとつ、つまり一個の民族哲学に還元される必要にせまられていた。ほかでもないそうした視点こそ、レヴィ＝ストロースがのちに次のような指摘をもって採ることになる視点である。「哲学とは同時代の社会にみられるひとつの民族誌学的な様態なのだから、民族誌学のしかたで『水平に』評価されねばならない。哲学が客観的に規定されるものだとしても、主観的には他との関係から自らの位置を判定する権利をいかなる根拠でもつことになるのか、私には分からないのだ」(31)。

逆にフッサールは、レヴィ＝ブリュル宛の有名な書簡――この書簡についてはモーリス・メルロ＝ポンティ、ジャック・デリダ、最近ではフィリップ・スーレの論評があり、スーレは書簡の全訳も発表している(32)――で、哲学が人類学から引き出せる利益の大きさを積算していた。フッサールによれば、人類学とは始源的なるもの（l'originaire）の特権的な体験を立証する学問であり、前論理心性――レヴィ＝ブリュルによればそうした体験により発動する心性――も哲学の構築すべき一般論理の特殊事例にすぎないことが、この学問の貢献から指摘できるはずであった。周知のとおりフッサールが根拠づけようとした現象学は、彼にとり次のような問題を解決する試みとして出来していた。つまり仮に――心理学や社会学と同じく人類学、歴史学も現に明らかとしていることだが――思考や精神の指導原理が、精神に外部から作用する原因によりそのつどもたらされた結果でしかないとすれば、自己が何らかの事象を肯定する際の根拠も現実には自己の肯定にとっての真の根拠ではなくなり、それゆえ当の肯定には根拠よりむしろ原因の方が多く含まれることになるという問題である。モーリス・メルロ＝ポンティが論ずるように(33)、こうした観点のもとではいかなる正当化の手だても哲学からは失われてしまうだろう。それぞれの社会的・歴史的コンテクストの中に置き直された複数の哲学が、まさに社会や歴史といった外在因の表出物であることが明らかだというのに、いったいどうすれば哲学者は真理を保有するなどと主張できるのだろう？　その点で哲学的考察に要請されてくるとフッサールがみなしたのは、立言《エノンセ》により表明されるものが何らかの自然条件、もしくは哲学的考察の行為それ自体に外在する条件ではなく、精神が他の精神とじかにそして内的にとり交わす接触であるという事実だった。彼は『危機』(34)の最終部分で哲学者を一種の「人類の官吏」に見立てているが、この形容によって彼が言いたかったのも、哲学者が人類の条件、つまり万人が共通の真理を分かちあうための条件を規定し意識化するよう職業的に運命づけられているということであった。フッサールは『危機』の執筆とほぼ同時期にレヴィ＝ブリュルの著作、とくに『未開神話学』の読解作業をくわだてており、彼独自の読みであることはまちがいないこの作業が、まもなく自己の見解を確証し強化するものとなっていくだろう（以下の私の指摘はモーリス・メルロ＝ポンティに負っている）。つまりフッサールによれば、特定の時代に特定の環境のもとで生まれた民族学者が、自らとは異なる文化、異なる思考形式と語りあい、しかもそうした文化や思考形式を自国の同胞とも共有できるという事実こそ、自己における精神の現前を証拠立てているというのである。

レヴィ＝ブリュルの読解からフッサールが引き出したこの論証は、当のレヴィ＝ブリュルの見解をはるかに超えていたばかりか、実際それと相反する地点にまでおよんでいた。レヴィ＝ブリュルは一九一〇年に自著『劣等社会における心的機能』（パリ、アルカン社〔10〕）を刊行して以来、人間精神の同一性信仰を基礎づける公準をまさに再検討に付す作業に没頭していたからである。さりとて哲学的想像力とでも呼びうるもの、すなわち現象学的省察の中核に位置するあらゆる未体験の可能的事象を構想するしかたにとっては、歴史をもたない地域や歴史のない時代もふくめ、人類学が世界や歴史のなかで異質な存在形式を明らかにしているという事実がやはり刺激となっていた。可能的事実の在庫目録を作成する人類学は、それゆえ可能的社会の思考として現象学の豊饒化に貢献する。つまり人類学は、想像上の変換《ヴァリアシオン》が推測のまま放置せざるをえなかったようなものを、具体的・経験的なかたちで現象学に提示する。したがって人類学が最初の言葉であるとするなら、現象学――ヘーゲルがいうような――は最終審級となる。とはいえ、現象学はまずあらゆる経験を了解することから着手されねばならず、この意味で、またこの意味においてのみ、フッサール現象学は人類学の企図を哲学的に正当化しつつ回収したものということができるだろう。ただしフッサール自らが『危機』で直観していたように、そこには人類学の貢献によって哲学的真理の基盤が掘り崩される危険もあった。見方をかえれば、それはモダニティの哲学的基盤が掘り崩されるということでもある。

一方、人類学のまさにフィールドでは、タンペル神父やアレクシス・カガメ[35]のほか、とくにマルセル・グリオール[36]などのアフリカニストの調査から、真正の未開哲学の存在が明らかにされていた。ただし研究者はこれらの哲学を暗黙の、しかも集合的な次元で見いだしていたため、結果として未開哲学にそなわる定式や表現も社会的・文化的枠組の拘束下にあるものとされていた。世界を別のしかたで思考し、生き、語りうるシステムを発見し価値づけたとき、それゆえ人類学者は対象社会から理論上あらゆる「個体化《アンディヴィデュアリザシオン》」の可能性を奪い、そのことで集団ぐるみの暴政やら、信念と臆断の単一性やらといった観念を強化してしまったことになる。この――ポーラン・ウントンジが指摘したような[37]――意味で、当時の人類学調査のうちに支配の微妙な形式が示されていたことはほとんど疑いえない（未開哲学の研究がこの学問の貢献としてはあまりに観念論的な見解であったとはいえ）。しかしながら、人類学――当時でいう民族学――が文化の他者性を過小評価するあまり西洋の意識にこうして新たな抑圧の道具を提供しえたにせよ、当の人類学がまさにそうした行為を通じ、自ら傷つく危険をおかしながら両刃《もろは》のやいばを研いでいたことに変わりはなかった。

リュシアン・レヴィ＝ブリュルの著作が当時好評を博していた事実こそ、その顕著な一例である。第一次大戦で自らの価値体系や合理性原理に生じた亀裂から「文明化された心性」がかろうじて立ち直ってきた――だがまもなくその理性を悲劇的なまでに揺るがしていく悪魔がすでにとりついていた――時代、レヴィ＝ブリュルの学説が主として形成されたのはそうした時代である。ときに誤った解釈や図式化をこうむってきた彼の学説ではあるが、それは他方でアヴァンギャルドのグループや作家たち、つまり文明の基礎を正面から攻撃し、その廃墟の上に新たな人間観や社会観を築こうとした人々に多大な影響をおよぼしていた。

なるほど一方では、シュルレアリストたちがレヴィ＝ブリュルの著作を断固としてこばみ、デュルケムの著作と同じく特にその形式主義《アカデミスム》を非難していたことはたしかである（シュルレアリストによる一九二〇年代のビラには「読まないで、下さい……デュルケム……レヴィ＝ブリュル……！」と記されていた）。しかしアヴァンギャルド運動の理解者や推進者でさえあったトリスタン・ツァラ、ブレーズ・サンドラールなどの作家が、詩的言語の革新をめぐる試み、夢の価値づけ、西洋的理性の疑問視といった自らの視点を正当化するうえでレヴィ＝ブリュルの著作を明らかに参照していた事実がこのことによって覆い隠されるべきではない。レヴィ＝ブリュルが本質解明に没頭した「未開心性」のうちに、これらの作家は自らの試みや企てがすでに芽ばえ、発酵しているさまを見いだしていたのである。未開心性で集合的に思考された事物——および生物——は、それ自身であると同時にそれ自身以外のものであることができた。私とはひとりの他者であるというランボーの詩的直観をそれは確証し、またかつてロートレアモンが願っていたこと、つまり美的創造と思索のいとなみが万人に開かれうることをそれは証明するようにもみえていたのである。

レヴィ＝ブリュルの学説からまきおこった数々の論評、議論、論争が、当時における民族学的省察の流行をもたらしたことは明らかである。彼は、いわゆる文明化された思考と未開人の思考とのあいだに相違とまではいわずとも対立点を見いだしながら、同時に両者の合致点をも見いだしていた。だがこのうちもっぱら未開人の思考をよりどころに、普遍なるもの、意味、真理などをめぐる問題の再考がうながされたこともまた明らかなのである。

闘争する懐疑

逆説におちいる危険をおかしつつもこう言ってみよう。レヴィ＝ブリュルはデュルケムやウェーバー以上でないにしても、彼らと同じ程度には人類学におけるモダニティの思想家としてとらえられるのだと。彼は社会的・文化的事実を優先するアプローチのもとで発生論、進化論、あるいは歴史的視点のいっさいを拒否しながら、伝統とモダニティのそれぞれに属する人間の相違を人類学的、かつ論理的とさえ呼びたくなるしかたで基礎づけようとしたからだ。彼はこの相違を二つのタイプの心性間にみられる構造的な対立へと還元する。大まかな輪郭だけをここで述べるとすれば、一方の未開心性は、情動の優位性といわゆる融即律（自然と超自然、個人と彼の属する集団の連続性）に特徴づけられ、表象の内容は神秘的、表象間の連係は前論理的（矛盾律つまり論理的要請に無頓着）とされる。他方の文明化された近代の心性は、情動に対する認識の優位性に特徴づけられ、論理的要請と征服志向の合理性に基礎づけられるという。周知のごとく、没後にモーリス・レーナルトの手で出版された『手帖』[38]の中で、レヴィ＝ブリュルは前論理心性と論理的思考とのあいだの明確な対立、少なくとも社会学上・地理上の両者の振り分けをめぐる自説を修正し、むしろこの対立が社会に応じて強調の度合いを変異させつつあらゆる人間精神に存在するものと考えていた。ジャン・カズヌーヴも指摘するように、そこでは人間精神が二つの選択の前におかれていたのである。「……概念的関係へと向かうのか、それとも客体―主体間に微弱な懸隔しかない融即連関にとどまるのか」[39]。レヴィ＝ブリュルの心性観念とは、まさにそうした二重の選択に基礎づけられていた。エマニュエル・レヴィナスも述べるように[40]、それは次のことを主張するための観念だったのである。「人間精神は外在する状況――風土、人種、制度、さらに自然の光（理性）を歪めてしまう心的な習慣――にのみ依存するわけではなく、人間精神はそれ自体からして依存なのだ」。レヴィナスによれば、レヴィ＝ブリュルは実体《シュプスタンス》の観念に疑義を投じ、表象作用が人類に本源的な所作ではなくひとつの選択であることを示した点で、実存哲学到来の基盤固めに貢献した思想家のひとりとなる。民族誌データをもとに、主として未開心性の機能則の発見につとめたレヴィ＝ブリュルではあるが、彼は同時に、文明化された心性の特質を明らかにする作業もすすめていた。とりわけそれは、彼の知識社会学的考察に表出している。知性や推論の論理形式が社会的条件に拘束されうる点を認めていたデュルケムとは異なり、レヴィ＝ブリュルは論理的思考の発生、したがってモダニティの発生が個人精神と集団精神の対立からひきおこされるものと考えていた。こうしたパースペクティヴのもとでは、モダニティは「世界の脱魔術化」というよりむしろ個人と集団の絶えざる緊張から、さらには相互の断絶から発生してくるだろう。つまるところモダニティとは、社会に対する精神の、本質に対する実存の絶えざる反逆であり闘争でこそあるだろう。

　レヴィ＝ブリュル思想がアヴァンギャルドの一部のグループをいざないえた事実も、その点でこそ理解が可能となる。彼の思想はたんに社会学上・論理学上の相対主義を進展させたという以上に、モダニティを文明の一状態としてよりもどちらかといえば精神のひとつの構えとみなしていくような、理性への一種の反逆《アナルシスム》をうながしていたからである。いわば彼の思想は、断絶の美学にもアンガージュマンの倫理にも合致していたのだ。ユベール・ブルジャンが(41)「反逆の哲学者たち」のひとりに彼を数えながら次のように語りえたとしても、したがってそこにはそれなりの根拠がそなわっている。「〔……〕大方の人間にとっては、二重性と矛盾をかかえたこの人《ペルソン》という存在に人格《ペルソナリテ》は必要不可欠である。人格のおかげで、人は安定と調和を欠くとはいえともかく単一性を与えられるからだ。だが私の思うところ、レヴィ＝ブリュルはこの種の単一性を追い求めることがない。彼は矛盾に甘んじ、二重であり多重であることを愉しむ。また身体と霊魂、物質的なるものと精神的なるものそれぞれに最大限の自立をゆるし、このうち一方を他方で境界づけることは慎みながら、自由の享受と活動の可能性を双方に対して同等にきりひらいているのである」。

一方、レヴィ＝ブリュルが一九二五年のパリ民族学研究所創設にあたり、当時進歩派として政治活動にも関与していた二人の左翼系人物、ポール・リヴェ、マルセル・モースと協力関係にあったとしても、これまた偶然のことではない。当時の民族学は、実証的・科学的研究をめざした一つの方法であるとともに、社会問題に対する一つの解決策とも受けとられていたからである。民族学の考察対象は、学問上の意義と重要性から選ばれた歴史学や社会学の課題にではなく、とくに植民地諸社会の生活条件が提起してくる実践的、近代的、今日的な問題にむけられていた。そのかぎりで、民族学は社会主義的でなければならなかったのだ。

一九二五年の民族学研究所の創設、および植民地在住者（行政官、技師のほか軍人、企業家）の養成を完遂するという同研究所の明確な使命によって公式のフランス植民地イデオロギーに亀裂がもたらされ、その前提のいくつかが修正へと導かれねばならなかった――それが研究所創設者たちの望みであり、現にさまざまな事件が要請してきた修正でもあった。というのもこの同じ一九二五年に、フランス植民地帝国はさっそくモロッコのリーフ戦争で初の深刻な動乱を経験し、つづく三一年にはインドシナでイエンバイの反乱と抵抗も生じていたからである。

植民地に初の動揺が生じた時期にフランス民族学が形成されたというのなら、それはまた植民地システムがフランス本国のまさに内側から、ときには暴力とともに非難されはじめた時期にもあたっていた。共産党のジャック・ドリオや、シュルレアリストのうち特にアンドレ・ブルトン、ピエール・ナヴィル、ジャック・ヴィオといったメンバーは植民地主義のあらゆる形式を非難し拒絶したのだが、そこには民族学研究所の創設者たちが一面で提唱していた穏健な植民地主義もふくまれていた。同研究所の創設者は、少なくとも戦略のうえで自らを植民地行政と折りあわせていかねばならなかった。民族学はフィールドを必要としていたからである。英領黄金海岸（現ガーナ共和国）でラットレーが試したイギリス式モデル（間接統治システムを強化する目的で、民族学者を植民地権力の文化顧問とするモデル）を明白に範としていたかぎりで、なるほど研究所の創設を支配していた哲学は、表向き同化主義をとるフランスの植民地計画に逆行するものではあった。だがそれは、植民地計画の正当性にまで異議をとなえるものではなかった。「おだやかな植民地化」を導入し、植民地行政と被植民地住民とのはざまで民族学をその緩衝材に、民族学者を仲介者にするという発想からは、植民地における特定の実践形式への異議が暗々裏に生じたところで、当の実践を拒絶する動きなどまるでみられはしなかった。それはつまるところ、ある種の植民地ユマニスムの生誕をいわば知的に告げ知らせる一通の出生証書にほかならなかったのである。

こうした慎重かつ穏健な植民地主義の発想を習得した（かつて民族学研究所に学び、ポール・リヴェとも親しく共同研究を行った）過去をもちながら、ミシェル・レリスは一九五〇年の『レ・タン・モデルヌ』誌上に発表した有名な論文[42]で、民族学者には使命としても任務としても政府の植民地関連政策を批判し、植民地化の理念と事実の双方を告発する義務があり、権利があると訴えていた。民族学者は、かつてレヴィ＝ブリュルが望んだような被植民地住民との仲介役をになうのではもはやなく、彼らの「当然の弁護人」となる旨をレリスは提案していた――アルジェリア戦争さなかの一九六〇年には、こうした姿勢のもとレリスほか数名の民族学者が「一二一人のマニフェスト」に署名し、植民地戦争に兵籍登録された若き新兵の命令拒否権を主張していた。

一方、それまで植民地化による支配をうけ、いわば沈黙の場に追いやられていた諸社会が、自らの表現と異議申し立てを行うための独自の回路を育てはじめていた（『トロピック』誌がマルティニクで一九四一年に、また『プレザンス・アフリケーヌ』誌がパリで一九四七年に創刊された）。その結果、これらの社会における社会・経済上の現実が先鋭に意識化され、民族学も対象の理解と構築にあたってさらなるレアリスムへの転換をはかるよう促されていく。つまり現地の文化を神話や儀礼だけでなく、日常行動や食物摂取、生活水準など、ようするに生産と消費の様式にかかわる次元にまで考察を広げるという転換である。ミシェル・レリスが推奨し、後にはジョルジュ・バランディエが専心することになる[43]同じ視点のもとでは、植民地社会を一個の全体として考察する必要があった。したがって、研究対象は植民地化した者とされた者の双方にまたがり、両者の関係をめぐる調査や歴史研究、さらにその関係から生じた不平等とその改善策にまで及ぶこととなった。

結局のところ、型どおりのフィールドだった場所で第二次大戦後に生じた変化、とりわけそれまでは経験的な研究対象だった諸社会が歴史の表舞台へとたいていの場合は荒々しい侵入——近代化とも呼びうる侵入——をとげたために、人類学は自らの研究対象と歴史性との関わりを見直す必要にせまられる。構造と出来事の連関をめぐる問題も、そうした時流のただなかで表面化していくことだろう。

ただしそれはもうひとつの物語、モダニティのもうひとつの物語である。私は本稿で、人類学とモダニティのあいだに存在しうる関係や想像しうる関係を、認識論的・歴史的な性質をおびた問題群としてとりあげてきたにすぎない。ここでひとつの結論をうちたてる、あるいはより正確にいって結末の言葉を添えねばならないとすれば、今ひとたびボードレールにたちかえって、民族誌学者とはまさしく彼独自のしかたにおいて現代《モデルヌ》生活の画家の一様態であることを述べてみよう。

民族学の視線がフランスで近代化されるには、実のところ一九五〇年代の転換期を待たねばならなかった。それはまさに民族学の視線が危機におちいった結果であり、かくして異化と同化の弁証法はこれまでと違ったしかたで作動し、対象の復元《レスティテュシオン》と対象への返還《レスティテュシオン》をめぐる問題も初めて生じてくるだろう。そのとき民族学は、新たな対象とまではいかずとも、少なくともフィールドや事実との関係を考えていくうえで新たな手段を構築していく。しかしそうした変化も、単に経験的対象の近代化によって引き起こされたわけではけっしてない。たとえば、人類学が対象の歴史や歴史性を考慮するよういわば強いられていたまさにその時期に、他方では歴史と変化を抹殺し、出来事に対して構造を特権化する企てとみなされがちな構造主義が発展をとげ承認を得ていた事実を、私たちは忘れるべきではない。逆にそうした潮流が、研究対象の減衰とでも呼びうる事態にむけられたひとつの反動であったと考えうる根拠など、何ひとつ存在しないのである。かつては栄光の時を刻んだ経験的対象が欠如してしまったせいで人類学に危機が生じたなど、当時の人々と同じく今日の私にも言えないように思うのだ。ガストン・バシュラールの指摘によれば、ある学問もしくはある専門分野が危機にあるというとき、危機は偶然ではなくことの本質からもたらされたのであり、そこではほぼ当然の帰結として不安な思考が表明されていくのだから。(44)

　人類学の危機というより、トーマス・クーンの有名な表現をかりれば人類学の内部ではむしろパラダイム変化が生じているのではないかと私は思う。パラダイム変化、すなわち人類学における参照枠組・一般定式化・仮説群・対象構築・観察者の立場などをめぐる変化である。新たな研究の対象――近年いわれるところの民族学にかぎっていえば、市場の社会空間、郊外や街角の社会空間、原子力発電所のようなハイテク産業空間、政治制度の空間など――の境界画定と調査行為のうちに、また同じくそうした対象の構築作業のうちにも、一種の認識論的な生産性が表明されている事実をこの際しっかりと認識しておく必要がある。儀礼、神話、聖なるもの、けがれ、同一性、さらには共同体、民族など、これまで古典的でエグゾティックといわれてきた人類学の分析上の観念・概念・カテゴリーが新たな作業の場でその効力を試され、変容ほどではなくとも少なくとも再編が要されている事実そのものに、この認識論的な生産性が表明されているのである。

　批判的緊張とは、事実上も論理上もまさにこうした同時代の事象の調査、こうしたモダニティへの直面から発展していくものである。儀礼はひとつのメランコリーさながら、もはやかつての姿における儀礼でないばかりか、民族学者もまた、かつて自らが望んでいた姿としての民族学者、つまり先述のダンディではもはやない。人類学調査における時間性の歪みを矯正すること、いいかえれば観察者と被観察者をほとんど法的な意味における審理の時に位置づけるのではもはやなく、対話という同一の時に位置づけようとしたことは、アメリカのポストモダニズム人類学でなされてきた作業のひとつである。この修正作業から第一にもたらされたのは、観察者が自己に対する視線を身につけたということであり、結果としてたとえばクリフォード・ギアーツが表明したようなアイロニーといくぶんの耽美をたたえた姿勢がそこで示されることになった――おそらくはそれこそが人類学的ダンディスムを体現する最終の姿であろう。くわえてこの修正作業から第二にもたらされた姿勢を、私は仮に民族誌的関係をめぐるエコロジカルな姿勢と呼ぶことにしよう。かつては搾取され今日ではマイノリティとして冷遇されている民族やコミュニティに民族誌学を役だたせようと、いくぶん道徳家ぶった概念（ポリティカリー・コレクトというその言葉づかいがひとつの徴候だ）を擁護する姿勢がそれである。

なるほど人類学が歴史の圧力や概念をめぐる学問独自の発展圧のもとで研究対象やフィールドとの関係を再考するよう迫られていること、それは今やひとつの明白な事実であり要請ではあろう。さりとてギアーツ流のアイロニカルな態度、ジェイムズ・クリフォード流のエコロジカルな態度のいずれにも、けっきょくは与しがたいところがある。それぞれのケースにおいて思考は空転しながらぬかるみの内へとはまり込んでしまう恐れがあるからだ、一方はテクスト化作用というぬかるみの内へ、もう一方はコンテクスト化作用というぬかるみの内へと……

さきほど私はパラダイム変化と言ったが、それは民族学者の立場の変化もひとしく意味している。征服の時代をしるしづけた民族誌経験をめぐるボードレール流の概念——つまりダンディ——は、いまやブレヒト流の概念に代置されねばならないだろう。ブレヒトの概念によれば、同一の時と場におかれた役者と観客、観察者と被観察者の双方は、互いに形成する表象によって距離をたもっている。このとき彼らに要請されるのは、行為をつうじて自生するイデオロギーを分析すること、いいかえればそうしたイデオロギーに対峙し、最終的にはそれに生成途上の物語を関係づけていくことなのだ。なぜなら彼らは彼ら自身からして、この物語に巻きこまれているのだから。

パリ、一九九九年七月

原註

（1）社会科学高等研究院（パリ、フランス）。

（2）とくに以下を参照。Jean-Loup Amselle, éd., *Le sauvage à la mode*, Paris, Editions Le Sycomore, 1979.

（3）以下を参照。Marc Augé, *Symbole, fonction, histoire. Les interrogations de l'anthropologie*, Paris, Hachette, 1979.

（4）以下を参照。Jeanne Favret-Saada, *Les Mots, la mort, les sorts. La sorcellerie dans le Bocage*, Paris, Gallimard, 1977.

（5）Gaston Bachelard, *La Formation de l'esprit scientifique*, Paris, Vrin, 1938, p. 239〔ガストン・バシュラール『科学的精神の形成』及川馥・小井戸光彦訳、国文社、一九七五年〕.

（6） 以下を参照。Bachelard, *La Psychanalyse du feu*, Paris, Gallimard, 1938, p. 9〔バシュラール『火の精神分析』前田耕作訳、せりか書房、一九六九年〕.

（7） 以下からの引用。Jean Copans, Jean Jamin, éd., *Aux origines de l'anthropologie française*, Paris, Jean-Michel Place, 1994, p. 82.

（8） とくに以下を参照。Jeanne Favret-Saada, Josée Contreras, *Corps pour corps*, Paris, Gallimard, 1981 ; Paul Rabinow, *Un ethnologue au Maroc. Réflexions sur une enquête de terrain*, Paris, Hachette, 1988〔ポール・ラビノー『異文化の理解——モロッコのフィールドワークから』井上順孝訳、岩波書店、一九八〇年〕. 全般的な問題については以下を参照。René Lourau, *Le Journal de recherche*, Paris, Méridien Klincksieck, 1988.

（9） Pascal Boyer, «Pourquoi les Pygmées n'ont pas de culture ?», 1989, *Gradhiva*, n° 7, 1989, pp. 3-17.

（10） 以下を参照。James Clifford, «De l'ethnographie comme fiction. Conrad et Malinowski», *Etudes rurales*, n° 7-8, 1985, pp. 47-67. 同一著者名で以下に再録。*The Predicament of Culture*, Cambridge, Mass., Harvard University Press, 1988.

（11） Charles Baudelaire, «Le peintre de la vie moderne», *Œuvres complètes* (Edition Y.-G. Le Dantec), Paris, Gallimard, 1956, p. 909〔シャルル・ボードレール「現代生活の画家」、『ボードレール全集』阿部良雄訳、筑摩書房、一九八七年〕.

（12） 以下を参照。Bronislaw Malinowski, *Les Argonautes du Pacifique occidental*, Paris, Gallimard, 1967, p. 52〔ブロニスラフ・マリノフスキー「西太平洋の遠洋航海者」寺田和夫・増田義郎抄訳、『世界の名著59』中央公論社、一九六七年〕.

（13） Elias Canetti, *Le Territoire de l'Homme*, Paris, Albin Michel, 1978, p. 70.

（14） 以下を参照。Michel Leiris, *L'Afrique fantôme*, Paris, Gallimard, 1968〔ミシェル・レリス『幻のアフリカ』岡谷公二・高橋達明・田中淳一訳、河出書房新社、一九九五年〕.「苦い思い。自己放棄しなければならない場合にあって、観察者の非人間的な立場を守らせる民族誌学に対する恨み」(p. 350〔前掲訳書三五八頁〕)。

（15） Augé, *Symbole, fonction, histoire. Les interrogations de l'anthropologie*, *op. cit.*

（16） Marc Abélès, *Le Lieu du politique*, Paris, Société d'ethnographie, 1983.

（17） Vincent Descombes, «Les mots de la tribu», *Critique*, n° 456, 1985, pp. 418-444.

（18） 以下を参照。Abélès, *Le Lieu du politique*, *op. cit.*, 1983, p. 138.

（19） 以下を参照。Gérard Genette, *Palimpsestes. La littérature au second degré*, Paris, Editions du Seuil, 1982〔ジェラール・

ジュネット『パランプセスト――第二次の文学』和泉涼一訳、水声社、一九九五年〕.

(20) 以下を参照。Clifford Geertz, «Jeu d'enfer. Notes sur le combat de coqs balinais», *Bali. Interprétation d'une culture* (traduit de l'anglais par D. Paulme et L. Evrard), Paris, Gallimard, 1983, pp. 165-215〔クリフォード・ギアーツ「ディープ・プレイ――バリの闘鶏に関する覚え書き」、『文化の解釈学II』吉田禎吾・柳川啓一・中牧弘允・板橋作美訳、岩波書店、一九八七年〕；およびジェイムズ・クリフォードによるその論評 «De l'autorité en ethnographie», *L'Ethnographie*, LXXXIX (90-91), 1983, pp. 87-118.

(21) 以下を参照。Henri Bergson, *L'Evolution créatrice*, Paris, Félix Alcan, 1940 (52e édition), p. 36〔アンリ・ベルクソン『ベルグソン全集4　創造的進化』松浪信三郎・高橋允昭訳、白水社、一九六六年〕.

(22) 以下を参照。Jean Jamin, «Quand le sacré devint gauche», *L'Ire des vents*, n° 3+4, 1981, pp. 98-118.

(23) 『見出された時』の結末部分では、ゲルマント大公夫人邸の午後のパーティに向かう語り手が、館の庭で荒削りの敷石に足をぶつける。その躓きが彼に、マドレーヌのそれと同じような至福の感覚をもたらし、失われた時を見いださせることになる。

(24) 以下を参照。Claude Lévi-Strauss, *Tristes tropiques*, Paris, Plon, 1955, pp. 312-324〔クロード・レヴィ＝ストロース『悲しき熱帯』川田順造訳、中央公論社、一九七七年〕.

(25) Lévi-Strauss, «Introduction à l'œuvre de Marcel Mauss», *in*: Marcel Mauss, *Sociologie et anthropologie*, Paris, P. U. F., 1950, p. XXVII〔レヴィ＝ストロース「マルセル・モース論文集への序文」、『社会学と人類学I』有地亨・伊藤昌司・山口俊夫訳、弘文堂、一九七三年〕.

(26) Lévi-Strauss, «Jean-Jacques Rousseau, fondateur des sciences de l'Homme». Repris dans : *Anthropologie structurale deux*, Paris, Plon, 1973, p. 48〔レヴィ＝ストロース「人類学の創始者ルソー」塙嘉彦訳、山口昌男編『現代人の思想15　未開と文明』、平凡社、一九六九年〕.

(27) Lévi-Strauss, «Diogène couché», *Les Temps Modernes*, n° 255, 1955, p. 30.

(28) Lévi-Strauss, *Tristes tropiques*, *op. cit.*, 1955, pp. 312-324〔前掲訳書〕.

(29) 以下を参照。Baudelaire, «Le peintre de la vie moderne», *op. cit.*, 1956, p. 910〔前掲訳書〕.

(30) C. -F. Volney, *Tableau du climat et du sol des Etats-Unis*, Paris, Courcier, 1803.

（31） Lévi-Strauss, «Philosophie et anthropologie», *Cahiers de philosophie*, n° 1, 1966, p. 55.

（32） 以下を参照。Maurice Merleau-Ponty, «Le Philosophe et la sociologie», *Signes*, Paris, Gallimard, 1960〔モーリス・メルロ＝ポンティ「哲学者と社会学」竹内芳郎訳、『シーニュ1』竹内芳郎監訳、みすず書房、一九六九年〕; Jacques Derrida, *Introduction à L'Origine de la géométrie*, Paris, P. U. F., 1962〔ジャック・デリダ「『幾何学の起源』序説」、E・フッサール『幾何学の起源』田島節夫・矢島忠夫・鈴木修一訳、青土社、一九八〇年〕; Philippe Soulez, éd., «Sur la mythologie primitive. La lettre de Husserl à Lévy-Bruhl, 11 mars 1935», *Gradhiva*, n° 4, 1988, pp. 63-72.

（33） Merleau-Ponty, *Résumé de cours à la Sorbonne (1949-1952)*, Grenoble, Cynara, 1988. なかでも以下を参照。«Les sciences de l'homme et la phénoménologie», pp. 397-464.

（34） 以下のタイトルによるフランス語版を参照。Edmund Husserl, *La Crise de l'humanité européenne et la philosophie*, Paris, Aubier, 1977〔エドムント・フッサール『ヨーロッパ諸学の危機と超越論的現象学』細谷恒夫・木田元訳、中央公論社、一九七四年〕.

（35） 以下を参照。Placide Tempels, *La Philosophie bantoue*, Paris, Présence africaine, 1949; Alexis Kagame, *La Philosophie bantu-rwandaise de l'être*, Bruxelles, Académie Royale des Sciences Coloniales, 1956.

（36） Marcel Griaule, *Dieu d'eau. Entretiens avec Ogotemmêli*, Paris, Editions du Chêne, 1948〔マルセル・グリオール『水の神――ドゴン族の神話的世界』坂井信三・竹沢尚一郎訳、せりか書房、一九八一年〕.

（37） Paulin J. Hountondji, *Sur la «Philosophie africaine»*, Paris, Maspéro, 1977.

（38） Lucien Levy-Bruhl, *Les Carnets*, Paris, P. U. F., 1949.

（39） Jean Cazeneuve, *La Mentalité archaïque*, Paris, Armand Colin, 1961, p. 10.

（40） Emmanuel Levinas, «Lévy-Bruhl et la philosophie contemporaine», *Revue philosophique*, octobre-décembre 1957, p. 568〔再録書の邦訳は以下の通り。エマニュエル・レヴィナス「レヴィ＝ブリュールと現代哲学」、『われわれのあいだで』合田正人・谷口博史訳、法政大学出版局、一九九三年〕.

（41） Hubert Bourgin, *De Jaurès à Léon Blum. L'Ecole normale et la politique*, Paris, Arthème Fayard, 1938, pp. 482-483.

（42） Leiris, «L'ethnographe devant le colonialisme», *Les Temps Modernes*, n° 58, 1950: pp. 357-374〔再録書の邦訳は以下の通り。レリス「植民地主義を前にした民族誌学者」、『獣道』後藤辰男訳、思潮社、一九八六年〕.

（43） 以下を参照。Georges Balandier, *Sociologie actuelle de l'Afrique noire*, Paris, P. U. F., 1955〔ジョルジュ・バランディエ『黒

アフリカ社会の研究――植民地状況とメシアニズム』井上兼行抄訳、紀伊國屋書店、一九八三年〕.この著作中で植民地状況の観念が展開されることになった。

(44) 以下を参照。Jean Jamin, «Anxious Science. Ethnography as a Devil's Dictionary», *Visual Anthropology Review*, vol. 7, n° 1, pp. 84-91.

訳註

〔1〕«appartenance» は、レヴィ＝ブリュル中期の著作『未開霊魂』（一九二七年）で呈示された概念。「〔未開心性では……〕個人の体毛、分泌物などは、彼の両足、両手、心臓、頭とおなじ資格で彼自身である。語の最も充実した意味において、それらは彼に『依属している《アパルトニール》』。私は以下でこれを個人の『依属存在《アパルトナンス》』と呼ぶことにしよう」（*L'âme primitive*, Paris : P. U. F., p. 134）。戦前の日本人研究者の間ではこの語に「付属物」の訳があてられていたが、それは必ずしも彼の学説の本意を汲んだ訳語とはいえないため（融即は「物」のみに適用される原理でもなければ、「付」のごとき加算性をおびたエヴァンズ＝プリチャード流の象徴形式でもない）、あえて「依属存在」の訳語をとった。

〔2〕レヴィ＝ブリュルの術語 «participation» については、本書所収の拙稿「ヤフバ・ハベ幻想」を参照されたい。

〔3〕人類観察者の会（la Société des Observateurs de l'Homme）は、市民革命期の一七九九年に博物学者や哲学者らの手で創設され、一八〇五年まで存続した。本文に引用のある出版物は、同会の会合報告書を要約した五七頁の冊子であり、民族学的調査法の先駆としてボーダンのオセアニア探検（一八〇一～〇三年）でも活用された。

〔4〕民族誌的著述における著者（author）の権威（authority）にふれたこの部分では、おそらく原註(20)に仏訳版の示されたクリフォードの論考が意識されている（英語原文は、James Clifford, «On Ethnographic Authority», *Representations*, 1, pp. 118-146, 1983. なおこの論考は Clifford, *The Predicament of Culture*, Cambridge, Mass., Harvard University Press, 1988 に再録がある）。

〔5〕本訳稿中のボードレール引用部分は、いずれも阿部良雄氏の訳文による。

〔6〕«hors-texte» は、本来ならば書物に挿し入れる別刷りの中絵、中扉などの「別丁」を意味する製本用語である。ただし、ジュネットがテクスト間の相互関連性を論ずるときに用いる多彩な術語群――パラテクスト、メタテクスト、イペルテクスト、イポテクストなど――にこの単語も属することを意識しつつ、ここでは「外＝テクスト」と訳した。フランス民族学の脈絡に変換するならば、これは一九七〇年代後半に「民族誌テクストをそれ自身の序文に化す」行為の価値を力説したファ

ヴレ＝サーダのテクスト論にまで遡行可能な発想である（Jeanne Favret-Saada, *Les mots, la mort, les sorts*, Paris, Gallimard, 1977）。

〔7〕「人びとの文化は、それ自体が集合体であるいくつものテキストの集合体であり、人類学者は、テキストの所有者たちの肩越しにそれらのテキストを読み取ろうと骨折っている」（クリフォード・ギアーツ「ディープ・プレイ――バリの闘鶏に関する覚え書き」、『文化の解釈学Ⅱ』吉田禎吾・柳川啓一・中牧弘允・板橋作美訳、岩波書店、一九八七年、四四四―四四五頁）。

〔8〕本訳稿中の『悲しき熱帯』引用部分は、いずれも川田順造氏の訳文による。

〔9〕本文では、「自我」にあたる単語としてこれまでもっぱら«moi»が用いられてきたが、ここからは「自我（moi）に侵入する他者」あるいは「もうひとつの自我」のニュアンスを込めた«soi»が登場している。理論的に的確な対応をみせているわけではないものの、この«soi»については«moi»との弁別をはかるうえでの次善策として、シンボリック相互作用論で用いられる「主我」の対概念「客我」の訳語をあてた。

〔10〕邦題は『未開社会の思惟』（山田吉彦訳、上・下巻、岩波文庫、一九五三年）。

＊ ここに訳出したのは、ジャン・ジャマン氏が本書のために仏文で書きおろされた未発表論考«Anthropologie et modernité»の全訳である。論文タイトルにも登場する単語«modernité»について、訳者は本稿の主たる考察対象がポストモダン人類学以降の脈絡に置き直されたフィールドワーク論であるものと判断し、同種の脈絡のもとでしばしば「近代の物語」「近代の視線」などと語られる際の日本語の「近代（性）」に相当する「モダニティ」の訳語をあてることとした。これをそのまま「近代性」と訳すのはいかにも生硬に感じられる反面、本文に頻出する形容詞«moderne»を、「モダニティ」の訳語に準じてすべて「モダンの」式に統一してしまうのも、訳文として煩瑣な印象をまぬがれないため、あえて形容詞については「近代の」のように訳した。ただし本文中に引用のあるボードレールの概念«modernité»は、第一にそれが一九世紀末の発話者による「新時代／同時代」のニュアンスをもつ言葉であり、また当の論考がいわゆる「モデルニテ論」の圏域をかたちづくりながら日本でも「現代生活の画家」の邦題で定着していることから、「現代生活《モデルヌ》」、「現代性《モデルニテ》」のようにルビを付した。なお、本文中のイタリックによる強調箇所には傍点を付した。

＊ ジャマン氏への執筆依頼に際しては、川田順造氏（広島市立大学教授）ならびに本書の共同執筆者でもある千葉文夫氏のお力添えをいただいた。本書への論文寄稿を快諾されたジャマン氏とともに、記して両氏への謝意を表したい。

Ⅱ　テクストと読解

II テクスト読解

クレオールの対話

アンドレ・ブルトン／アンドレ・マッソン

（鈴木雅雄訳）

〈訳者解説〉

ここに紹介するのは、アンドレ・ブルトンとアンドレ・マッソンの共著『マルティニク島、蛇使いの女』（André Breton, André Masson, *Martinique charmeuse de serpents*, Paris, Le Sagittaire, 1948）に収録されている、«Le Dialogue créole» と題されたテクストである。ブルトンとマッソンがマルティニク島の土を踏むことになった経緯や、収録された各テクストの初出については、本書所収のブラシェール氏の論文に詳しい。

タイトルは一応「クレオールの対話」としたが、もちろん「クレオール（語）の」という形容詞をブルトンやマッソンが、私たちが現在クレオール文学を云々するときに使うような意味で理解していたわけではないだろう。ここでは、複数の文化の出会いと衝突から生まれた、単一のアイデンティティという神話から自由な新しい文化といったものが扱われているわけではなく、あるいはこのタイトルも、ただ単に「植民地で生まれた対話」というだけの意味なのかもしれない。にもかかわらずこの「対話」は、ヨーロッパのシュルレアリストたちが自分たちの日常的な世界とは異なる世界と出会ったことから生まれた、もっとも重要な、あるいはもっとも典型的なテクストの一つであろう。たしかにその出会いの対象となっているのは、ここでは異文化というよりも、まずマルティニクの驚異的な自然である。それにしてもここで解説されている《蛇使いの女》というタイトルの含意は、やはり示唆的であろう。その後の研究によって、アンリ・ルソーが実際には熱帯のジャングルを目にした経験のないことが確認されているにしても、ブルトンとマッソンにとってこのタブローは、現実の異世界を写し取ったものか、あるいは画家自身の想像世界から生まれたものかを決定できない、いわば主観性と客観性のあいだで宙吊りにされた作品であった。言い換えればここには、エグゾティスムと相対したときのブルトンの態度の両義性が表現されているのである。だからたとえば、クレオール文学についての議論を通過した視点からアンティル諸島の文学を語ろうとするレジス・アントワーヌが、ブルトンのテクストは結局、マルティニクの女性的な性格とか、その驚くべき動植物といった古色蒼然たるエグゾティスムの紋切り型によって組み立てられているし、またマルティニクでのブルトンの対話者であったセゼールの「反＝同化主義」と比較するなら、「より一般的なヒューマニズム的枠組みへの取り込み」にすぎないと評価するのは、ある意味で当然のことかもしれない。[1]にもかかわらず、ブルトンのマルティニクは単なる捏造ではなく、「別の」世界との出会いという事件が生み出す、なんらかの断絶の体験を希求するものでもあった。

この点で示唆的なのは、ブルトンが取り上げているクックの『航海記』のエピソードであろう。愛しあった水夫と島の娘が、共通の言語を持たないがために、抱擁のニュアンスのみによる新しい言語を作り出すという、ほとんど感傷的と形容すべきエピソード。だが少なくともメタフォリックなレヴェルでそこから読みとれるのは、共約不可能な二つの文化の出会いから、そのどちらとも異なる文化が生まれることの夢想ではなかろうか。もちろんこれに対して、ブルトンの夢見るものは「断絶」の体験ではなく、ちょうどルソーについて言われているように、なんらかの集団的無意識のようなレヴェルへの「回帰」なのではないか、と反論する余地もある。自己と他者を通底する基層という、結局は主観的な幻想の押しつけなのか、それとも他者の現前という事件から生まれるものへの賭なのか。私たちとしてはただ、このブルトン特有の曖昧さが、本文末尾でのやりとりの中に端的に表現されていることを指摘するにとどめたい。

マルティニクの自然の獰猛なまでの豊饒さを目の当たりにして、マッソンはそこで「不定形（l'informe）」という、きわめてバタイユ的な語彙を口にする。対してブルトンは、この頃彼がこだわり続けていた、そしてやがては「新しい神話」のテーマへと接続されていく「ゲシュタルト心理学」の議論を持ち出してくる。[2]ブルトンがこの理論を援用したテクストをたどっていくと理解できるように、彼にとってのゲシュタルト心理学とは、知覚の普遍的な秩序であるとともに（そしてそれ以上に）、あらゆる形態は別の形態にとって代わられうるという事実の保証であった。だからマッソンとブルトンの差異とは、「形の解体」と「別の形」の差異である。そしてその「別の」形が、やはり最終的には既知の秩序に回収されるしかない何かであるのか、それとも既知の形態を別のものに置き換える手段となるのか、このテクストについて語らねばならないのはそうした問いであり、さらにまた、そもそもなぜブルトンにとっては、形の解体ではなく別の形が求められねばならなかったのかという問いであろう。表題そのものによって、現実と夢想のあいだで宙吊りにされた『マルティニク島』というこの書物はだから、たとえ直接的にではなくとも、シュルレアリスムが「別の」文化との関係に対して問いかけた問いの曖昧さと豊かさに、具体的な形を与えていると言えるだろう。

（1）Régis Antoine, *La Littérature franco-antillaise. Haïti, Guadeloupe et Martinique*, Paris, Karthala, 1992, pp. 262-270.

（2）マルティニク滞在時にブルトンがこの問題を考えていたという証言として、次の文献がある。René Ménil, *Antilles déjà jadis précédé de Tracées*, Paris, Jean-Michel Place, 1999, pp. 266-267.

――あの上の方にある白いシミのようなものを見てほしい。大きな花に思えるかもしれないが、あれはきっと、ただの木の葉の裏側なのだろう。あまりに風がなくて、わからないけれど。この土地の夜は、さまざまの罠と未知のざわめきに満ちている。しかしなんといっても一番に美しいのは、つまりもっとも想像を絶するのは夜明けの時間だ。これを見逃したら、いつまでも後悔し続けることになる。

――森が僕たちを取り囲んでいる。この森とその魔力を、ここに来る前から僕たちはよく知っていた。僕が《植物の錯乱》と題したデッサンを覚えているかい。ここにはまさにその錯乱がある。僕たちはそれに触れ、それに参加している。僕たちは、階層構造を備えたこの木々の一本だ。枝のうろの部分は、幹に接ぎ木されたあらゆる寄生植物のおかげで沼のミニチュアになっている。寄生植物の蔓は昇っては下り、活動的かと思うと受け身になり、上から下まで星形の花を散りばめられている。

――たしかに君はここに来ることで、誰よりも自分を取り戻したように見える。なにもかも、こんなに昔から準備ができていたわけだ。シュルレアリスムの風景は恣意的などころではなかったと、やがてはっきりするだろう。そうした風景が、自然が少しも手馴づけられていないこうした土地で解答を見つけ出すのは宿命だった。あらゆる渦巻きの楽器がうなる谷底に落ちていくなんて、まるでいくつもの次元の折り重なりを夢見るランボーの夢のようじゃないか。

――そう、世界の中にはすべてがあるんだ。画家を圧迫している、想像力への恐怖心以上に馬鹿げたものなどありはしない。自然とその繁茂の力を前にして、画家は恥をかくことになる。「見つけてくれ、椅子になる花々を！」[1]などと言うけれど、僕たちは今、ほとんどそれを目の当たりにしているんだ。

――ヨーロッパの植物が貧相なせいで、僕たちの精神は想像上の植物の方へ向かっていったのではないかと疑うことができるだろう。今人々が逃れたいと思っているのは、知覚することそのものなんだろうか、それとももっと条件の悪い場所に僕たちが戻ったら目にしなくてはいけない特殊な眺めから逃れたいだけなんだろうか。わざわざこのためだけにヨーロッパを離れた人間もいる。たとえばゴーギャンもマルティニク島に立ち寄ったし、ここに住み着こうかとすら思ったというのは、なんとも印象的ではないか。

――そんなものはエグゾティスムだと非難されるかもしれない。エグゾティスム、この大げさな言葉は見捨てられてしまったが、しかしそもそもエグゾティスムとは一体何なのだろう。地球は丸ごと我々に属している。僕がシダレヤナギのそばで生まれたからといって、自分の表現をこの単純な結びつきに拘束しておかなくてはならないわけではないだろう。

――ましてや僕たちは、たとえどこで生きるよう定められているにしても、その場所の窓から見える風景に、全面的に拘束されているわけじゃない。たとえば子供時代に見た絵本の挿絵だ。そこからは、他の思い出と同じくらい現実的な思い出が引き出されているじゃないか。それにしても、もっと別のものを求める欲求は、ここでは他にいるより少なくてすむ。そう思わないか？　この景色を完全なものにするために付け加えるべきものなんて何もない。もちろん模倣の芸術を回復しようというわけではない。ただそれは、ここでは他の場所よりも、いくらか罪が軽いもののように思えるんだ。

――僕が思うに、罪といえばむしろ、存在しているものをより貧しくしてしまうことの方だろう。幼い頃僕たちは、『マガザン・ピトレスク』[2]誌の挿絵版画を見て夢想したものだし、のちには税官吏ルソーの処女林を愛したものだ。君だって、その森をメキシコで再発見したと思うのだが。[3]

――ここではおそらく、ルソーはなお一層自分の場所にいる。君も知っているだろうが、ルソーが自分の目でアメリカ大陸を見たかどうか、しばしば疑いが提出されてきた。僕が思うに、ここには実に重要な問題がある。どちらの陣営の意見も印象的なものだ。アポリネールは断言する。税官吏はメキシコで、楽士として兵役に服したと言う。ところがルソー自身の手で一八九二年に書きしるされた年譜の中には、この滞在についての記述はないんだ。誰を信じるべきだろう。これは美術批評家たちに問いただすべき、高度な検討課題に違いない。彼らに試験を受けてもらったらどうだろう。ルソーの絵画は、彼が熱帯を経験したことを証明しているのか、それとも経験しなかったことを証明しているのだろうか。[4]

――実際批評家たちは、この重要な問いかけにすぐさま反応した。そこではあらゆる夢の迂回が問い直されている。ところでこのまえ君は《蛇使いの女》について話してくれたね。ルーヴルにあるあの魅惑的なタブローだ。ここに来て以来、僕たちは毎日のように道ばたでこの絵とすれ違っているんだが、この絵はその神秘と魅力の何ものも失っていない。

――それこそ途方もないことだ。僕たちがさっき下草の生えた場所で出会ったあの黒人、彼は抜き身の刀を身につけていたが――いや、それはサトウキビを切り払うための鉈だったかもしれない――、なんともあの絵にふさわしかったと思わないか。もしルソーがフランスから出たことがないのだとしたら、彼はその未開人の心理構造によって、現実そのままの未開の空間を丸ごとそっくり発見したと認めなくてはいけないだろう。とすれば、文明によって押し付けられたあらゆる障害を乗り越えて、人間どうしのあいだには、もともと彼らを結び合わせていたもの、しかしその後彼らを分断してしまったものに基づいて、ある神秘的な、第二次的なコミュニケーションが常に可能だということになる。ルソーのアメリカ体験については、いつでも空疎な断言がなされるばかりだが、こう考える方がはるかに価値があるに違いない。

――今の話には僕も心を揺さぶられる。君はいつでも、詩人や芸術家には霊媒としての特性が必要だと主張してきた。事実ルソーは、大昔からの夢と欲望の保有者だと考えてもいいだろう。エデンの園での生活に対するノスタルジーは、彼の場合とても強烈なものだから。それはたとえば、フラ・アンジェリコの《楽園》が啓示しているノスタルジーよりも、よほど深遠なものだと思う。

僕は読んでいないのだが、君はクックの『旅行記』の話をしていたね。もう少し詳しく説明してくれるとありがたい。どうやらこの書物は、遠い島々――詩的な意味で遠い島々――の発見の歴史の中で特に重要なもののようだから。

――とりわけ印象に残っているのは、一人の水夫と島の美しい娘の出会いのエピソードだ。共通の言語はないのだけれど、愛しあっていた彼ら二人は、ただ抱擁だけからなる言語を発明し、それですべてを語りあうことができるようになった。このエピソードのおかげで僕は、クックの本について延々と思いをめぐらさなくてはならなかった。ヨーロッパ人は、この場合はイギリス人だが、実にみすぼらしい存在だ。視線が焦点を定められずにさまよっているこんな状況では、花の冠をかむって船を出迎えるために泳いでいく娘たちの方を、思い描かずにいるのは難しいだろう。愛は発明し直さねばならない[5]と我々が言うとすれば……。

――すべては発明し直さなくてはならないと思うね。世界があまりに統一されすぎてしまえば、許しがたい欠乏が生じるだろう。何も発明し直す必要のない世界なんて一体何だろう。世界の終わりだよ。

――おや、何か聞こえてくるようだ……。

――我らが友人たちはあれを山の口笛吹きと呼んでいる[6]。聞いてごらん。色々な音があって、そうした歌が結び合わさると、摘んでしまうのがもったいないようなあの星形の花のまわりに、メランコリックな霊気を作り出すんだ。

――メランコリック……。そう、一つの抑揚と次の抑揚のあいだの間隔が長いので、そんな感じがするわけだ。そのあいだの時間には、意味のある展開が何もない。『白い影』[7]の中では、おそらくただ口づけを交わすことだけが、こんな伴奏に耐えることを可能にしたんだろう。ただしこの蔓草の花は、星をかたどるには薄っぺらすぎるし、色も白すぎる。シルフィードの手紙から滑り落ちてきたものとしか思えない。しかしもしこれらの蔓草を一カ所に集めて眺められたら――あの真っ直ぐで背の高いやつのことだが――、それこそまさに大地の竪琴だ。それから星花の落ちたあとに実を結ぶ小さなリンゴだが、君は食べてみたかい。蛇でもあるイヴのためのあのリンゴを……。こんなふうに口の中で溶けるものがほかにあるだろうか。まるでハンミョウから採った、毒でも蜜でもある液体、そんなふうだ。我らが友人たる一九世紀末の偉大な倒錯者たちは、黒い長椅子に横たわり、ルヴェ[8]の詩に聞き入りながら、こうした果実をかじることを望んでいたものだ。

――『白い影』、それはなんと遠く、また同時に身近なものか。僕はこの映画を見たのと同じ頃、メルヴィルの『タイピー』[9]という本を読んでいた。女たち、それもみないくらかは妖術師であるような女たちの仲介があれば、人がどれほどすみやかに食人種のエデンにも慣れ親しんでしまうものか、その本には示されていた……。けれども見てくれないか。ほらそこの奔流の河床には、不安な黄色をした水のよどみと音を立てる泡が見えるが、あれは温泉の噴出口だ。この島では、火山がいつでもすぐそこにある。

――この火山は、たった一度で言うべきことをすべて言ってしまったわけだ。いやはや、囚人だけを助けてやろうなんて、サドの見事な登場人物、ロダンだって満足したに違いない[10]。第一この火山は、自分の手の内を隠していたことになる。僕はとても気に入ったんだが、こんなエピソードを聞いた。マルティニク島で人生を過してきた年寄りの僧侶が、噴火の少し前に島の外へ呼び出された。彼がお茶でも飲みに行こうとしていると、あわてた様子の修道士が一人やってきて、「すぐ来て下さいませ。修道院長様がお話があるそうです」と言う。慌てることもなかろう、時間はあるさ、と彼は考えた。ところが二人目の修道士が来て同じように催促する。続いて三人目もやってくる。「一体どうしたというんだね。昼食くらい取らせてくれてもいいじゃないか！」「あなたにはお教えするなと言われているのですが」と相手が言った、「どうやらマルティニク島で火山の噴火があったようでございます。――そういうことなら、私はお茶を飲みに行ってこよう。マルティニクには火山なんてないのだから」。

――実に素晴らしい話だ。いつの時代にも、英雄的な不信心というものはなくならないのだろう。火山なんてない、先史時代もなかったというわけだ。巨大な傘状の束になった木性シダの花が、こんなにも満開だというのに。島の南では木々が化石になっているというのに。だが幸いにも「火山博物館」の証拠物件が残っている（災害の博物館とは素敵な発想だ）。昨日あそこを訪ねたときは、僕たちも神妙にならざるをえなかった。これらのかき乱されたオブジェたちは、一九〇〇年スタイルには――噴火は一九〇二年だが――火という元素の手直しが必要だったことを教えてくれる。どちらかといえば甘ったるいランプにしても、ねじ曲がり方や変化に乏しかったガラス細工にしても、火山が改良してやったんだとは思わないか。陶工がかまどで作るものよりもはるかに進んだ、溶岩の作ったこの光彩を君がどんなに愛しているか、僕にはよくわかってる。

――まさに驚異だ。発掘されたガラス細工はどれも痙攣し、あらゆる光に抱かれているが、そのわずかの破片でも、ほんの「ありふれた」破片でも、バレスお気に入りのエミール・ガレを嫉妬で死にそうにしてしまうだろう。モダン・スタイルと地震の産物とは、一体どちらが先なのか、どちらがどちらの原因なのか、わからなくなってしまう。それにしてもあの香水の小瓶、博物館で大切そうに飾られていたあの小瓶は、とてもしっかり栓を閉められていたせいで容器の形が変わっても、中身は漏れずに済んだわけだが、もしあの栓を開けることが許されるなら、僕は何を惜しむだろう。それはまさにジャスミンの香りを放つ悪魔そのものであるはずだ。

――自然は芸術を模倣するというワイルドの例の台詞については、ここではどう考えたらいいのだろう。

――それを認めるのに一番不都合を感じるのは、間違いなく建築家たちだろう。あらゆるカテドラルを一列に並べ、そのいくつかをダイナマイトで爆破させ、それらすべてを湖に映した上で、観客たちにベラドンナの毒でも飲ませてみればいい。たとえそこまでやったとしても、これら曲芸専門の樹木が複雑に絡まりあっている様子の足下にも及ばないだろう。こうした木々は、梯子となって雲まで伸びていき、断崖を飛び越えて、粘りけのある花々を吸盤にし、呻きながらも愛しい魔女たちのアーチを描いていく。しかもその花々はアセチレン・ランプになっている。それは心の暗闇の中の秘められた土地、我々の生命の上で閉じたり開いたりする母なる地下室を照らすための弓形のランプなんだ。

――その通り。ここではあらゆる形態がぶつかりあい、あらゆる対比が強調される。「森の中心《クール》〔＝心臓〕で」とはなんて素晴らしい表現だろう。そう、僕たちの心臓はこの信じがたい錯綜の中心にある。これらの無慈悲な蔓草は夢に昇るための梯子だし、あれらの枝は、僕たちの思考の矢を射るためにぴんと張られた弓なんだ。

――空虚の部分もまた、なんと深遠であることか。それを取りまく茂みのおかげで、なんと魅惑的であることか。さっき君が橋の上から落とした小石は、終わることなく落ちていく。それは僕たちの中の何かであり、そして二つ目の小石は僕自身だろう。ローマ通りの橋[11]から身を投げるくらいなら、この橋から身を投げる方がいい、そんな気分にかられてしまう。もとの道に戻るのにも苦労するほどだ。ここでは僕たちの影の一つが僕たちから切り離されていく。それはほんの軽い、一瞬だけの死の予兆なのだろう。しかしほんの一瞬でも、死はやはり通り過ぎた。気を付けたまえ。地面は濡れていて滑りやすいし、葉はエナメルみたいに光っている。

——そう、あちこちに断崖や裂け目があって、この壮麗な密林は同時に井戸そのものだ。そしてそれらすべては湿り気に浸されている。見てほしい、急激に成長するあの竹林は、もうもうとした煙に包まれて見えるし、円形の小山《モルヌ》[12]の頂上はどれも、あんなに重く垂れこめた雲のターバンを巻いている。

——僕たちは森《ボワ》大通り[13]とはかけ離れたところにいるわけだ。

——たしかに僕たちは、人間の発明した見晴らしからは遠いところにいるらしい。大自然は真っ直ぐな通りがお気にめさないし、シンメトリーを認めたりもしない。それは昔から人間の専売特許なのだから。現代の大通りだけでなく、はるか昔の時代でも、巨石文化の列石や整然とした舞台配置、すべてはシンメトリーだ。「広大な建造物を見はるかす眺めることのもの悲しさ」[14]、ベックフォードもそう言っている。そしてパスカルにとっても、シンメトリーの感覚は人間の顔の形にだけ基づくものだった[15]。

——仮に人間からその感覚を取り去ったとすれば、目の前のものを解読する力がなくなるんじゃないだろうか。たしかに快楽を与えるものというのは、もっとも解読しにくいものではあるのだが。こんな実験を知ってるかい。白と黒からなる画面で、白地に黒の図にも見えるし黒地に白の図にも見えるようにしておくと、人間の目は、白より黒を優先させるわけでも黒より白を優先させるわけでもなく、シンメトリーになっている部分の形態を図として見るという。だとすると、もしシンメトリーを持たず材質も異なった二つのオブジェが、シンメトリーになった空間によって隔てられているとすれば、読みとられるのは空白の方であって、それこそが現実性を持ち、反対にオブジェの方はかき消えて、地の立場に追い込まれると考えて間違いないだろう。

——特権的な構造についての理論には、僕もとても関心を持った。人間の精神がある種の建築や幾何学的形態を好むとすれば、それはおそらく人間を安心させるからだろう。僕たちは、何の不都合もなく森に身を委ねられると考えているけれど、いざとなるとそのうねった形態に悩まされてしまうものだ。僕たちは果たしてこの緑の迷路を抜け出せるんだろうか。むしろ恐怖《ポルト＝パニック》の峡谷に出てしまうんじゃないだろうか。

——幸い解毒剤を手に入れるのは難しくないだろう。『ポールとヴィルジニー』の目的論[16]には陥らないようにするとして、島の南の一帯が、こちら側の風景の危険性に対抗し、それを払いのけてくれるだろうと考えると嬉しくなるのは事実だ。自然はまた、しばしばシンメトリーを愛することもある。たとえば自然はそれを水晶において愛するのだし、人間は、自然の埃の中からダイヤモンドに潜むまったき光だけを取り出すためには、自然そのものをモデルとし続けてきた。島から外海への出口のところにある岩山が、まさにダイヤモンド岩礁と呼ばれているのは、奇妙であるとともに必然的だとは思わないか。

――それはきっと、解放されるための代償だと僕は思うよ。そう、僕たちは植物の力に魅入られたのだけれど、自然の中でまさに不定形こそが、つまり枠組みの欠如こそが支配しているように見えるその場所に来て、規則的な形態についてどうしても語らねばならないと感じたわけだ。これ以上に示唆的な事実があるだろうか。

――象徴的な意味合いを込めて、生物種の最下層から最上層までを駆けめぐる血の流れのように美しい、このカンナの花を持っていこう。この花の杯《カリス》〔＝萼〕は、澱《おり》の部分さえ素晴らしい極上のワインによって縁まで満たされている。〔17〕この花こそは僕たちの探し求めている、把握できるものと狂おしいものとの和解、人生と夢との和解の紋章であってほしい。この花の柵を通り抜けることでだけ、僕たちは価値ある仕方で前進できる。前進する唯一の価値ある方法とは、炎を通過することなのだから。

訳註

〔1〕「花について詩人に語られたこと」、『ランボー全詩集』平井啓之・湯浅博雄・中地義和訳、青土社、一九九四年、一三六頁。

〔2〕一九世紀前半に創刊され、二〇世紀はじめまで子供たちに親しまれていた絵入り雑誌。

〔3〕一九三八年の四月から八月にかけて、ブルトンはメキシコに滞在している。しかし、そこで実際に熱帯のジャングルを訪れたという形跡はない。

〔4〕現在では、アンリ・ルソーが実際に熱帯のジャングルを目撃した経験のないことが証明されている。しかしアポリネールは一九一四年の『ソワレ・ド・パリ』誌上で逆のことを主張しており、この問題はしばしば議論の対象となった。次の書物などを参照。山崎貴夫『アンリ・ルソー　証言と資料』、みすず書房、一九八九年。

〔5〕「愛は発明し直さねばならない」とは言うまでもなく、ランボーの「錯乱Ⅰ」（『地獄の一季節』所収）に含まれる詩句である。

〔6〕ブルトン『全集』第三巻の註によると、マルティニクで「山の口笛吹き」と呼ばれている鳥は非常に特殊な鳴き方をするらしい（André Breton, *Œuvres complètes*, tome III, Paris, Gallimard («Bibliothèque de la Pléiade»), 1999, p. 1265）。

〔7〕『南海の白い影』（一九二八年）は、W・S・ヴァン・ダイクによるハリウッド映画。ペストに冒された船からただ一人生き残った白人医師と、タヒチ島民の娘との恋愛を描いたものだが、『極北のナヌーク』（一九二二年）以来シュルレアリストたちから注目されていたロバート・J・フラハーティが製作に協力していた。この映画に対するシュルレアリストたちの評価については次の文献を参照。*L'Autre et le sacré. Surréalisme, cinéma, ethnologie*, textes recueillis par C. W. Thompson, Paris, L'Harmattan, 1995, p. 271, n. 3.

〔8〕アンリ・ジャン＝マリー・エティエンヌ・ルヴェ（一八七四〜一九〇六年）はフランスの詩人。外交官としてインドやインドシナ、フィリピンなどに赴き、世界のさまざまな都市に題材を取ったコスモポリタン的な詩を発表した。ここでは、世紀末的、かつ社交界的エグゾティスムを体現した詩人の代表と考えればいいだろう。

〔9〕『タイピー』は一八四六年に出版されたハーマン・メルヴィルの処女小説。捕鯨船の乗組員として降り立ったマルキーズ諸島ヌク・ヒヴァ島で船から逃亡し、食人種とされていたタイピー族の村ですごした数週間を、実体験に沿って小説化したものである。

〔10〕ペレー山の大噴火でサン＝ピエール市が壊滅したとき、監獄の厚い壁に守られて囚人がただ一人生き残ったと伝えられている。なおロダンは『美徳の不幸』、『新ジュスティーヌ』に登場する医師で、特に若い娘の生体解剖に執着する。

〔11〕マラルメは友人への書簡の中で、学生時代ローマ通り近くのある橋を渡るたびに、身を投げたい誘惑にかられたと語っている。クローデルがこの書簡を取り上げており、ある程度知られたエピソードだったと考えられる。

〔12〕Morneというのは西インド諸島特有の地形で、古い火山が浸食されてできた丸い小山である。

〔13〕現在のパリのフォッシュ大通りはかつてこう呼ばれていた。街路樹が豊かに植えられた通りだが、マルティニクのそれと正反対の飼い馴らされた自然の象徴と考えられる（Breton, *op. cit.*, p. 1266）。

〔14〕この表現はウィリアム・ベックフォード（一七五九〜一八四四年）本人のものではなく、一八七六年に復刊されたベックフォードの主著『ヴァテック』のフランス語版に、マラルメが付した序文の中に含まれる表現。『マラルメ全集Ⅱ ディヴァ

ガシオン他』松室三郎他訳、筑摩書房、一九八九年、三七一頁（ただし訳文は多少変更した）。

〔15〕ブランシュヴィック版の『パンセ』で二八番の断章に、次のような文章が見出される。「シンメトリーは〔……〕同様に人間の顔形にも基づいている。そこから、人はシンメトリーを左右にだけ求めて、高さや奥行きには求めないという事態が生じるのである」。パスカル『パンセ』前田陽一・由木康訳、中公文庫、一九七三年、二二頁（ただし訳文は多少変更した）。

〔16〕『ポールとヴィルジニー』（一七八八年）は、ベルナルダン・ド・サン＝ピエール（一七三七～一八一四年）の小説であるが、もともと『自然研究』と題された大著の一部をなすものであり、一種決定論的な著者の自然観を解説するための物語という性格を持っている。

〔17〕原文は les calices emplis jusqu'au bord de cette lie merveilleuse（その萼《カリス》はこの驚異的な澱《おり》によって縁まで満たされている）であるが、これは boire la calice jusqu'à la lie（杯《カリス》を澱まで飲み干す→苦汁をなめ尽くす）という表現を踏まえており、カンナの花を酒の杯にたとえた上で、この血のように赤い花に含まれる水分は、その澱（つまりカス）の部分まで素晴らしい、あるいはこの花の象徴するマルティニク島が現在味わわされている苦汁すら、最終的には驚異的なものに変転を遂げるはずだ、といった意味であろう。

マルティニク島、エグゾティスムにおいてシュルレアリスム的な

ジャン＝クロード・ブラシェール
（鈴木雅雄訳）

『マルティニク島、蛇使いの女』は、ブルトンの著作の中でもっともよく知られたものとは言えないし、もっとも評価の高いものでもない。それを扱った批評は、直前に発表された『秘法一七』に関するそれに比べても微々たるものだ。この書物がそれほど人の関心を惹かないのは、隣りに置かれた『秘法一七』があまりに輝かしいからかもしれないし、内容が雑多なせいもあるだろう。あるいは「濁った水」という章がそうであるように、構成要素の中にあまりに状況的なものがあるために、射程の長い考察につながらないのかもしれない。さらにもう一つ悲観的な意見を述べておくとすれば、「震えるピン」を構成する散文詩が、「余白一杯に」や「総目録」のような同時代の長篇詩に比べてしまうと、一連の寸劇にすぎないと見えるのも事実であろう。

にもかかわらず、『マルティニク島、蛇使いの女』は再読さるべき書物である。まず第一にそれは歴史的重要性を持っている。亡命生活中にブルトンの書いた文章は多くないので、彼が合州国で出版したもののうち、アンティル諸島に関するテクストは注目すべき位置を占める。次に民族学的興味がある。この著作は、自分自身の野生的な根幹からいまだに隔てられていないとブルトンが考えた文化について、ブルトン自身の手で編まれた唯一のアンソロジーである。一九三八年のメキシコ、一九四五年のインディアン居留地、その半年後のハイチ。それらは、材料もあったし、著者自身そうする意図を持っていたにもかかわらず、こうした書物を生み出さなかったのである。しかし『マルティニク島』の最大の興味は、その特殊な構成からして、テクストの寄せ集めという以上の構造を持ったエッセーだとい

う点にある。ブルトンは、執筆や発表の年代を考慮せずにそれぞれのセクションを配列している。マッソンの詩「アンティル」は一九四四年発表であり、ブルトンとマッソンの「クレオールの対話」は一九四二年一月一日、「震えるピン」の一部は一九四一年八月、ついで一九四二年四月に発表されている。「濁った水」が雑誌に掲載されたのは一九四二年二月、「ある偉大な黒人詩人」は一九四三年末、「かつては自由通りという名で」は一九四一年五月の発表である。全体の配列は、分量としては多くない詩的エクリチュールに中心的な位置を与えるものになっている。一九四八年に「緒言」が付け加えられたことで、「震えるピン」の両側に三つずつの要素が対称的に配置される構成になり、「震えるピン」は書物の心臓部に位置することになった。同様に、詩篇を集めた三つのセクションがテクストに区切りを与えていることにも注意するべきだろう。「アンティル」（「前の島」とも読める）が開幕を宣言し、「かつては自由通りという名で」が締めくくる。軸となる位置に「震えるピン」があり、その周囲を著者の思索がくっきりと取り囲んでいる。書物が向きを変えるところにはどこにも、詩篇が置かれているのである。とりわけ「震えるピン」と「かつては……」の二つは、この作品を貫いている主要な問題、炸裂して分かたれたエクリチュールという問題への答えを組織し、また保有している。エグゾティスムは魅惑するが、憤激とは同居できない。貧困、圧制、警察の監視、思考の組織的な愚鈍化。これらもまた、感覚を幻惑する驚異と同様の緊急性を帯びて差し出されてくる。快楽と傷口とを同時に扱える共通の言語、和解のエクリチュールははたして存在するのだろうか。

　詩篇が書物の結節点に置かれていることからして、私はそれらを優先して取り扱い、ブルトンがいかにして視線を作り変えエグゾティスムを立て直そうとしたか、探ることにしたいと思う。

★

　ただちに次のことを認めなくてはならない。「我々の精神は、理想的かつ現実的なある場所の磁力には、留保なしに降伏してしまうものだ」(1)（AD 9）。同じ告白はさまざまな形で繰り返されている。「この島の呼び掛けに抵抗するすべがあろうか。その空に、その蠱惑的な波のうねりに、その愛撫するような語りかけに降参せずにいるすべがあろうか」（GPN 106）。エグゾティスムの誘惑は、正当化される理由があるだけになおさら強力だ。島がおよぼす魅惑の力は「航海の惨めさ」(ET 55)に比例する。「豪奢な自然の光景や惜しげなく与えられる恩恵の感覚」(ET 57)との対比はいっそう鮮烈になる。亡命という条件が、絵はがきの名所のような景色を受け入れさせるのである。「ココヤシにすっかり覆われた村、黒い砂の上に落ちる滝、あるいは大きな覆いで地面につなぎ止められた小さなゴムの木の明るい揺らめき」(ET 57)。やっと解放されてフォール゠ド゠フランスの街を徘徊することを許された直後の歓喜も、同じ心理的メカニズムで説明できる。「街なかに立った私は、かつて見たことのないものを見つけだそうと、どれほど貪欲に探しまわったことか。それはまばゆい市場であり、人の声に混じるハチドリの羽音であり、世界一周をしたポール・エリュアールが、かつて私に他のどこより美しいと言ったあの女性たちであった」(GPN 93-94)。一九二四年のエリュアールの旅が持ち出されており、エグゾティスムの魅惑が古い時代に根を持つことも感じ取れる。子供向けの絵本から(「幼い頃僕たちは、『マガザン・ピトレスク』誌の挿絵版画を見て夢想したものだ」(DC 20))、税官吏ルソーの絵画から、クックの旅行記のような書物から、またある種の小説や映画から、その魅惑は養分を吸い取っている。それはたとえば、一九二二年の『極北のナヌーク』ですでにシュルレアリストたちの称讃を浴びていたフラハーティが製作に加わった、あの『白い影』のような映画であろう。

マルティニク島が最終的に、必要不可欠とはいかないまでも受け入れ可能なものとなるのはやはり、女性の美しさによってである。エグゾティックな誘惑とはまずもって官能的なものであり、マッソンの場合はっきりエロティックなものである。「腹を裂かれた大地の樹木の毛皮。欲望の扇。樹液の躍動」(「アンティル」一二三頁)。ブルトンは島全体を、「優しく女性的な記号のもとに」(DET 37)置く。「虹色の影を伴った美しい肉体」(DET 45)や、「白い灰」と「赤い炭火」(DET 46)が奇跡のように均衡した肌の色に敏感に反応するのである。数年前のカナリア諸島では、美はブルトンにとって、溶岩と雪の姿をしていたことを思い出そう。女性の美しさこそが、歴史の荒波から一時避難することを可能にしてくれる。「世界中の大きな戦闘の物音も、その甘美な膝もとでは途絶えてしまう」(DET 37)。まるで「防波堤」が港を守るかのように。

一九四一年四月のこの日、地獄を通過したばかりの旅行者にとってはすべてが楽園だ。しかしながら、「サヴァンナを浸すこの光」は——ブルトンはここで、島全体を表現するために、フォール゠ド゠フランスのサヴァンナ広場というローカルな地名を利用している——、この希望の光は「溺れかけて」いるのである。

★

「しかしまもなく影が勝ち誇る〔……〕。この茂みの背後にあるのは植民地の人々の貧しさだ」(GPN 106)。アンティルの甘美なるエデンの園に身をまかせたいという誘惑は、だから罪深いものである。さらにシュルレアリスムは、もともといわゆる文学的な態度に対して警戒心を抱いてきた。つまりマルティニクのエグゾティスムには原罪の烙印が押されていて、それは非本来的な言葉でしかありえないのである。「そんなものはエグゾティスムだと非難されるかもしれない」(DC 19)。シュルレアリスムの表現の中には、はじめからエグゾティスムへの後ろめたさが働いていた。『リテラチュール』のグループも、モランやヴァレリー・ラルボー、サンドラールといった当時はやりのエグゾティスム作家たちと自分たちを区別するのを忘れなかった。あの炎のような『文体論』でアラゴンも、非難の声を高めている。エグゾティスムの「楽園」は事実上、「汚れた虚構の小世界」[2]にすぎない。「古びた詩句の惨めな兵器庫に抒情詩の組立材料を収めていく」ような映画[3]——フラハーティのことだろうか?——も槍玉に上げられる。「出発する」という言葉を使って文学をやるああした作家たち[4]——スーポーのことか?——を断罪するのもやはりアラゴンだ。少し後でクルヴェルも言っている。「フランスは〔……〕エグゾティスムへの嗜好を強め、その欲望に媚びる興行師たちは、彼方から輸入した珍品を陳列することになった〔……〕。だから植民地博では、マルティニクの舞踏会やキューバ音楽、ハーレムのオーケストラやあらゆる種類の太鼓演奏が成功を収めたのである[5]」。最後に政治的議論では、『ユマニテ』が普及させた共産党のスローガンが極めつけの太い釘を打ち込むことになる。[6]「旅行記録映画の中に、何らかの形で、たとえ製作者にそうしようという意図がなくても、人々を新しい国の征服に駆り立て、その国で帝国主義の手先として働くように仕向けない映画などあるだろうか」。

マルティニクでのブルトンも、「熱帯の歓喜」がいかに怪しげなものであるかをすぐに意識した。ラザレ[1]で足止めをくった彼が最初に抱いた島のイメージの一つは、珊瑚礁と難破船のそれであった。「浜辺のある小さな入江は〔……〕折り重なったイシサンゴで光輝いており、サンゴの向こうには錆びついた漂着物が流れ着いていて、見たこともない貝殻がこびりついている」(ET 61)。エデンの園はごく狭いものではあるけれど(「囲いの外に一歩でも踏み出せば〔……〕兵士が飛び出してくるのは避けようがない」)、魅入られた円の内側では魔法が機能する。しかし同じ逸話を扱った一年半後の二つ目のヴァージョンでは、雰囲気が際立って違っている。舞台背景は同じなのだが(難破船、珊瑚礁、浜辺、柵を見張る警備員)、シナリオの描かれ方が違うのだ。「視界を遮る船の骸骨は、浜辺の上にイシサンゴでつなぎ止められており〔……〕」、その不動性自体によって、銃剣の合間をゆっくりした足取りでしか移動できない苛立ちを休むことなく刺激する」(GPN 93)。船は監禁状態の象徴となり、エグゾティックな記号(サンゴ)そのものが、ここでは拘束の要因だ。この段落では不動性のテーマが、移動の不可能性とともにそれについて書くことの不可能性をも表現している。あらゆる眺めは差し押さえられていて、あらゆる美の感情は、「船の骸骨」という意図して醜い表現によって打ち消されているのである。一方有刺鉄線を離れてみても、町でさえ数日のうちに、心を慰めることはなくなってしまう。ここでもまたエグゾティスムを容赦しておくことはできない。フォール=ド=フランスの街が与えてくれるのはもはや「かつて見たことのないもの」ではなく、「視野全体を覆い尽く」そうとする新しい「漂着物」の風景である。ブルトンは座礁した船のメタファーを延長し、自分の航海の記憶と(警報の鐘は絶えることがなく、定時に鳴るサイレンと区別がつかないほどだ)、人々の不品行のせいで海に呑み込まれ、鐘の響きでだけその存在を知らせるというブルターニュのイスの町の伝説とを混ぜ合わせている。島の様相は、誘惑が毒を隠しているかもしれないと教える。マルティニクとは何か?「蛇でもあるイヴ」(DC 25)であり、「ジャスミンの香りを放つ悪魔」(DC 28)である。「震えるピン」の詩の一篇は、島の果実と味覚の目録を作成している。「天佑は落ちる」という失望をにおわせた題名の詩で――つきが「落ちる」ように「天佑」も「落ちる」のだ――、ブルトンはこの土地の奇妙で象徴的な産物のいくつかを名指しているのだが、そこでは目を引く植物に限って刺があり、また食べるのには適さない(DET 43)。政治的現実をごまかすのでない限り、純粋なエグゾティスムの喜びを味わうことは不可能だ。しかしまた、虚言を吐くのでない限り、この島が溢れるほどに与えてくれる感情を黙らせることもできはしない。一体どのように、そして何を書いたらいいというのか。

「緒言」で告発されている「堪えがたい不快感」は、植民地の貧困を目にしたせいで風景の情感が損なわれたというだけのことではない。それはまた、島の二面的なあり方を文字には移せないのではないか、眼差しが分割されてしまう症状を克服できないのではないかという恐れからも生じている。文体の「不整合」やあまりに「蛇行的」な言い回し、レヴェルの違う言語の奇妙な混在は、証言の力を弱めてしまうかもしれない。ブルトンが警戒し、また非難しようとしているのは、明晰さの不足や自発性の欠如なのである。しかし彼の議論をもっと近くから検討してみると、ブルトンが考えているのは自分の中の不統一ではないことがわかる。彼はむしろ、「声の同一性」（AD 9）をすら強調しているではないか。人はしばしば、『マルティニク島』をブルトン一人のものと考えてしまう。だが実は、マッソンによる序詩「アンティル」や、この画家が「クレオールの対話」で果たした役割、そして書物の要所要所に配置された彼の重要な七枚のデッサンの存在を忘れてはならない。この二つの異なった感受性の対立にこそ、真の不一致が存在するのである。マッソンの言語は炸裂する。ブルトンの場合のように、誘惑と傷口を一度に取り上げようとする意図は彼にはないからだ。マッソンの詩と版画は、一つの特異な人格の烙印を押されている。たしかに「アンティル」は、風やハチドリ、ペレー山の噴火や螢といった、ブルトンのテクストと同じ対象のいくつかを利用している。しかしマッソンはその詩の構成の中で、エロティックな色合いを帯びたマルティニクの大地への讃歌と、植民地体制への嫌悪とを切り離すのである。詩の最終行では、いくらか演劇的な、失墜と断絶の効果が生み出されている。それまでの三三行が「抒情的言語」に属するとすれば、最終行は純粋な憤激を表現するためのものだ。テクストを組織するこうしたやり方は、各イラストに主題を割り当てるやり方にも見つけることができる。一方でマッソンは、森や（木性シダ、つる植物／第一図）カンナの花（第二図）、風景（ダイヤモンド岩礁／第二図）の表象を提示する。「クレオールの対話」の特定の一節をなぞるようなデッサンすら存在するほどだ。「椅子になる花」（DC 18／第二図）や「樹木人間」（「僕たちは、階層構造を備えたこの木々の一本だ」DC 17／第四、七図）の場合がそうである（図1）。しかし他方で、デッサンの第五番や第六番には、蟹の要塞や稜堡となった岩山、昆虫戦車などの鋭角的で不気味な形象だけしか登場

★

せず、あらゆる誘惑は排除されている（図2）。これらの不安な形態は、暴力がのさばるこの監獄島で、画家が感じた憤激を表すものだ。デッサンのどれ一つとして、とがった人間型の怪物と抱きしめるような渦巻き模様を同時に登場させてはいないのである。マッソンは二つの視線を意図的に分離した。逆にブルトンの切望するのは、さまざまな言語の溶融状態を追求し、詩篇の中にそれを見出すことだったのである。

★

マルティニクはエグゾティスムにおいてシュルレアリスム的である。この島の自然の光景はもっとも狂おしい夢にすら勝っており、そこでの出会いの一つ一つは、それほどにも想像力に訴えかけ、飛躍へと誘うからだ。詩「龕灯」は、過剰とエクリチュールとのこうした競合関係を明らかにしている（DET 47-48）。詩は二楽章からなっている。まずはいくつものメタファーを利用して、マルティニクの雨を喚起することが試みられる。エグゾティスムのエクリ

図１　『マルティニク島，蛇使いの女』のためのマッソンのデッサン。全７点中の第４図，「樹木人間」の表現

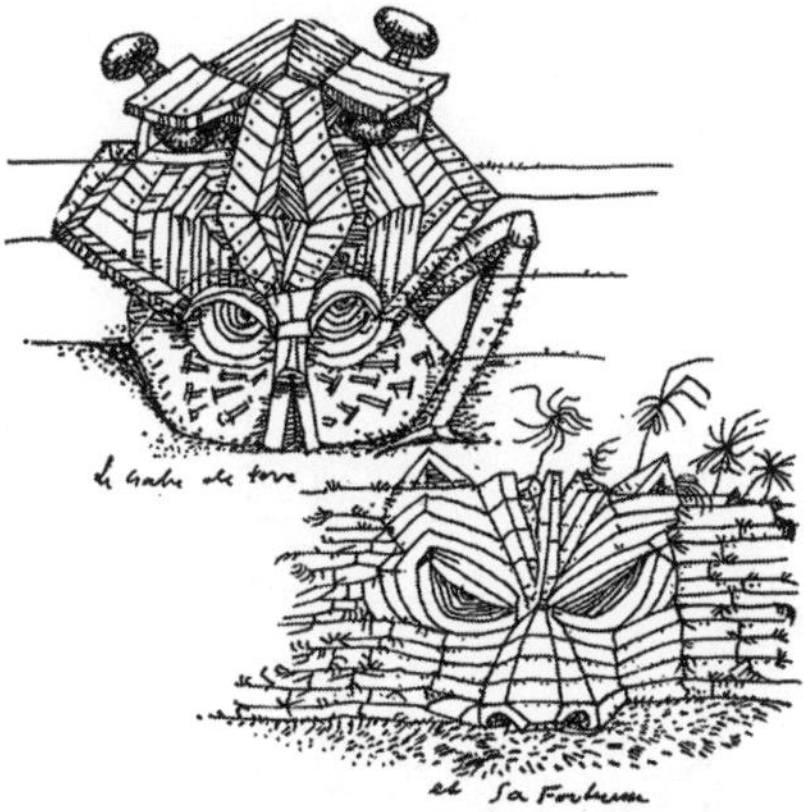

図２　『マルティニク島，蛇使いの女』のためのマッソンのデッサン。全７点中の第５図，「蟹の要塞や稜堡となった岩山」の表現

チュールは、熱に浮かされたように次々と異なったイメージを試してみるが、どれ一つとしてブルトンを満足させることはなく、数語あとにはことごとく放棄されてしまう。パイプ・オルガン、列車、槍騎兵の装備、夜の魔女たち……。どんな鍵もそぐわない。やがて啓示が訪れ、楽章が変わる。「そう、これだ！」詩人は自分のヴィジョンの中に進むべき方向を見定め、これ以後テクストの最後まで、サーカスの見せ物をめぐる継続的なメタファーの糸をたどっていくことができるだろう。彼はそこで、シュルレアリスム詩の中で抒情的な掲揚の大きな波が打ち寄せるとき、そのすべてに付き添ってきた身近な象徴を呼び出してくる。ひまわりや冠毛、おじぎ草、シダなどである。彼は一つのオートマティックなイメージによって単なるヴィジョンの限界を示唆しながら、エクリチュールの勝利声明を締めくくる。「私の目は一輪の閉じられたスミレ」。

アンティルのエグゾティスムが価値を持つのは、島全体がシュルレアリスムの風景であるからだ。それは詩人にとって、実際に目にする以前から夢の中で出会っていた親しい風景である。「たしかに君はここに来ることで、誰よりも自分を取り戻したように見える」（DC 18）。この情動的な力によってマルティニクの自然は、ブルトンが絶えず要求した人間悟性の「攪乱」に参与する。この作品で規定されるようなエグゾティスムのねらいは、精神の革命と結びついているのであり、それはまず第一に視線の変容を経由する。「偉大な詩とはすべて〔……〕それが作動させる変容の力によって最高度の力を持つのであるが、その変容とは、もっとも価値の低い材料から〔……〕自由を作り出すことなのである」（GPN 103-104）。さらに正確に言えば、この変貌は方向の転換という形を取る。「詩というものは、すでに見られ、聞かれ、認められているあらゆるものを現状のまま放置したり、すでに用いられているものを用いることを嫌がる。そうする場合詩は、かならずそれをもともとの用法から方向転換させてしまうのである」（GPN 103）。「クレオールの対話」の最初の数行ですでに、ヴィジョンの方向転換というテーマは比喩的な形で設定されており、自分のテクストを見かけとは逆方向の世界に位置づけようとするブルトンの意図が示されている。この「白いシミ」、それは一輪の花のように見えるかもしれないが、実は「ただの木の葉の裏側」なのである（DC 17）。「島の地図」という奇妙な詩は、エグゾティスムの紋切り型に対する攪乱作業の優れた実例となっている。一見題名は、マルティニク島の地図上に示された地名を数え上げているにすぎないこの詩の内容に対応しているように思える。それはおそらく、ブルトンを監視する役を負わされた密偵が彼に貸した子供用の地図帳であったかもしれない。第一の意外な事実。この三〇の地名の目録は、観光ルートにも、「濁った水」のような報告文書執筆のための覚書にも、ブルトンが滞在中に眺めた景観の一覧にも対応していない。この最後の仮定がありえないのは、ペレー山やアブサロン断崖、森林部といった、ブルトンにもっとも強く訴えた場所が、そこでは言及されていないからだ。固有名詞の配列には、海沿いの場所、河川、丘といった漠然とした分類がされている以外、これといった順序が見あたらない。この地図はだから、読者を戸惑わせる《デルテ》〔＝道に迷わせる〕ための偽りの地図である。二つ目の方向転換は、エグゾティックな描写の慣例に関わる。景観を愛でるエクリチュールの基本となるのは、品質形容詞とイメージである。だがそんなものは、ここには一切ない。ブルトンは、第一『宣言』で表明した断罪からその帰結を引き出したわけだ。「そしてあの描写の数々！　この無意味さに比較できるものなど何もない。それはカタログ図版の積み重ねでしかない。作家はそれをますます勝手に用いるようになり、機会を捉えては私の手元に絵はがきをすべりこませようとする。紋切り型の表現について、私の同意を取り付けようとするのだ」(7)。この詩はいわば、エグゾティスム作家たちのやり方の象徴としての絵はがきに照準を定めているわけだ。ジャクリーヌ・シェニウー＝ジャンドロンは「震えるピン」の草稿を分析したが、それによれば各々のテクストは、マルティニクの生活の一シーン、あるいは風景を表す絵はがきの裏に書き込まれているという(8)。たとえば「シュザンヌ・セゼール夫人のために」は、フォール＝ド＝フランスを流れるマダム川の眺めの裏面に書き込まれている。通常絵はがきとは、公的な観点から興味があると見なされた風景イメージを提示するものであり、私的なレヴェルに属する個人のメッセージは、裏面に身を隠している。ところがここで、ブルトンはそのヒエラルキーを覆す。イメージは消え去り、絵はがきは発送されたわけでもなければ、今のところ公表されたわけでもない。公表されたのはテクストの方である。いわば「島の地図」は偽の絵はがきなのである。ではこの詩の興味はどこにあるか。それは情動の表現にもう一つ別の道筋を提示することにある。まずこの島の地図は、一種の恋愛地図〔2〕をなしており、場所の名前は恋愛感情のさまざまなニュアンスをたどっていると考えられる。それは誘惑の態度にはじまり（ラ・ジャンベット〔＝きれいな脚〕、ラ・ファヴォリット〔＝甘言〕）、最初の接触を通過し（ラ・デマルシュ〔＝段階、手続き〕）、成就へ（ブラン・ダムール〔＝一かけらの愛〕、サン＝スーシ〔＝憂いのない心〕、エスペランス〔＝希望〕）、さらには失望へといたる（クレーヴ＝クール〔＝断腸の思い〕、フォリ〔＝狂気〕、ラ・フュメ〔＝靄〕）。さらに確実なこととして、この詩は純粋なシニフィアンとの戯れであると言える。不可思議な三〇の言い回しの呪術的な連結が――ここにはルー＝ギャルー〔＝狼男〕やル・ディアーブル〔＝悪魔〕といった地名すら見られる――、ブルトンの経験した魅入られた雰囲気を、イメージや形容詞、その他あらゆる想像力の支えを一切用いることなしに作り出している。手品師がちょっとしたカード《カルト》〔＝地図〕のマジックで、幻影を生み出したのである。

エグゾティスムの変容はまた、ある視線の革命をも通過する。「クレオールの対話」では、視線というものへの注意がしばしば喚起されていた（DC 17, 23, 25...）。詩「双翼の碑文」は、そのよい実例になっている。メッセージは明快だ。見かけにだまされてはいけないというのである。「極彩色の美しい看板」は「色褪せて」おり、それらを描写しようとすればエクリチュールを「枯れ果て」させてしまう。いっそ「魅惑」に身をまかせた方がよい。だから現実から離れなくてはならないのだ。「遠くから（de loin）」という副詞句とマグリット――「否定の時期」のマグリット[3]――への言及が、この点に関する保証を与えてくれる。題名が誘っているように、想像力は飛び立つことができるのである。この「鳩」は、自然を模倣しようとする素朴派の画家の手にかかったように、鷲の大きさの蝶に変わってしまう。視線の変容は新しい言語の探求をも伴うのであるが、それはマルティニクの二つの現実を同時に表せるような、双翼の碑文でもあるはずだ。「緒言」では、こうした言語は不可能だという弱気な告白がされているにしても、この点を錯覚してはいけない。ブルトンは、しばしばこの探求を示唆するにとどめているとしても、少なくともいくつかの詩の中では「ただ抱擁だけからなるこの発明された言語」（DC 23）に形を与えるところまで行ったのである。事実、この島そのものの美しさと切り離せない女性たちの美しさをたたえることが、情動の重要な仲介となっている。エグゾティックな森の色合いと溶けあった、「虹色の影を伴った美しい肉体」こそが「欲望を呼び覚ます」（DET 45）のである。

★

操作の最終段階は、視線の選んだエグゾティックなオブジェに「火という元素による手直し」を加えることである。

それはちょうど、ペレー山の噴火でサン＝ピエール市が呑み込まれたときに、「当惑したオブジェたち」が、溶岩に溶かされることで凡庸さから救い出されたのと同じような事態だ。「発掘されたガラス細工はどれも痙攣し、あらゆる光に抱かれているが、そのわずかの破片でも、ほんの『ありふれた』破片でも〔……〕」（DC 27）。かくしてブルトンは、画趣に富んだ場所や事物を象徴の位置に引き上げる。さらに言えば、一まとまりの意味と指示対象がそこで結びつき溶けあっている、そんな「坩堝」の位置にまで引き上げるのである。手直しを施されたエグゾティックなオブジェは、情動の源になり、欲望を認識するための象徴になり、さらには政治的なイコンになる。アブサロン断崖は——切り立ってはいるものの、とりたてて幻惑的とも言えない峡谷なのだが——、「世界を揺り動かすほどの力を持った詩的イメージが練り上げられる坩堝の具現」（GPN 99-100）と見なされるのだ。カンナ（balisier）の花は——その名がすでに航路を示す標識（balise）とつながっている——「槍の先端で波打っている三つに分かれた心臓」（GPN 100）であり、革命の象徴なのである。[9]「私はまさにこの花のおかげで、今日の人間が背負わされている責務、すなわちその存在を堪えがたいものにしている思考方法や感じ方と手を切るという責務を、決して期限切れになることのない真の姿で意識することになった」（GPN 100）。こうした条件のもとでなら、視線と言語はエグゾティスムから政治参加へと、不協和音なしにすべりこんでいくことができる。マルティニクの花々への讃歌も、低俗な常套句に従うことには決してならず、進歩へのエネルギーを動員する方向へと導いていく。「クレオールの対話」はカンナの花咲く森の夢幻的ヴィジョンで締めくくられているが、それは赤く燃えさかる花の鉄柵であり、詩人はまるで政治上のスローガンでも打ち出すように、その柵を踏み越えるようにと私たちを誘うのである。「この花の柵を通り抜けることでだけ、僕たちは価値ある仕方で前進できる。前進する唯一の価値ある方法とは、炎を通過することなのだから」（DC 33）。

この和解したエクリチュールでは、詩人のヴィジョンが、美への嗜好と抑圧された人々の発する鈍い反抗のざわめきを一つに結んでいるのだが、『マルティニク島』の二篇の詩はその完成度の高い実例となっている。「黒い女王の飾り金具（ferrets）」は、宝石のイメージと——そもそも「震えるピン」とはイヤリングのことではないのか？——、黒い島を囚われの身に縛り付けている鉄鎖（fers）への暗示（少なくとも音声上の暗示）のあいだで、その意味を往復させている。テクストはまず、一連の鮮やかなメタファーによって静かにはじまる。ブルトンはそこで、音楽と絵画の領域から慎重に拝借してきた語彙を巧みに操るのである。しかしやがて語彙にかかる過重な負担は、それらがパロディであることをほのめかしはじめる。色彩と色調の過剰はメタファーを失敗させるのだ。色彩や色調は現実的なものを描き出すにいたらず、飾りたてるにすぎない（「もっとも巧妙な斑点模様……」）。同時にまた、テクストは透かし彫りになっていることもわかってくる。調和した場面の向こうには不気味な記号が透けている。そこでは悪魔じみた「硫黄の黄色」が「司教紫」とぶつかりあい、「楽園」は「ジェム（宝石／岩塩）」のように「情熱的な」炎をはらんでいる。「きらびやかな」見かけを一歩越えれば、そのことがこの市場の物売台に「不安な性格」を与えているのだ。「ジェム」への言及が示唆しているように、私たちはここで「深海の底」に潜っていくのである。言うまでもなく、そこで問題になるのはもはや遠洋の魚たちではなく、〈歴史〉の動因である人間の欲望の隠された部分、この「影」である。「一九四八年」という日付はいわばテクストの傷痕であり、文字のシステムの中に数字を挿入することでそこに引っかき傷を残しているのだ。しかしながらマッソンの詩とは異なって、ページ構成の中に断絶はない。アンティル人民の反抗こそが「黒い女王の飾り金具」の本当のテーマであるわけだが、それはすでに詩の色調が変わるよりも前に暗に示されていた。黒い影はまるでプレ＝サン＝ジェルヴェの国旗のように赤い色をまとっている。エグゾティスムを否定するのではなく――市場以上に生彩に富んだ景観があろうか？――、珍しい品物（貝殻や熱帯の魚たち）に気を惹かれまいとするわけでもなしに、ブルトンはここでほとんどあからさまなメッセージを持った政治的な詩を提示するのである。そのメッセージとは、一見そう見えなくとも黒人の反抗は息づいており、自由への欲望は無意識の深淵から立ち昇ろうと身構えているというものだ。

書物を締めくくる詩もまた、見られたものからヴィジョンへの移行を実践している。ブルトンは最後に再び一群のエグゾティックなイメージを呼び出して一つに溶けあわせ、それらすべてを意味することのできる、またそれらすべてに政治的な意味合いを与えることのできる唯一の表象の中に注ぎ込むのである。「かつては自由通りという名で」の冒頭を、「目撃されたものたち」が再び通り過ぎていく。髪に羽飾りを付けたサヴァンナ広場のクレオール女性、それは「防波堤」のはじめに登場したジョゼフィーヌ・ド・ボーアルネの彫像だ。螢やハチドリ、溶岩は「クレオールの対話」につながり、同様に市場のまわりで数え上げられる看板上の店の名は「双翼の碑文」に共鳴する。「女王」の足取りは「荷物のない女使者」のイメージの一つを再現しているだろう。しかしこれらのはかない情景は、再び喚起されたにしても、意義深いメタファーを生み出すことなしに息絶えてしまう。それらは「間歇的に吹き出す生命」を例示するにすぎないのである。さて詩人はここで、「中傷された人種」への公正とその権利回復とを「渇望」する。ヴィシー政権下にある一九四一年のフォール＝ド＝フランスでブルトンは、壁に貼られたペタン元帥のポスター（ET 74）と、改名させられたいくつもの通りを目撃した。自由という語はそこで、記憶から消し去られていた。[10] だからこそ、「熱帯の夜」の中で意識の「ランプ」が「今でも機能できる」こと、足枷のない思考の叙述がまき散らされうること、どんなときも美は悪に打ち勝つ可能性を持つことを確信する必要がある。「ここには」、植民地の現前と卑しい模倣の精神（ウォレスの泉）[4] に抗するものとして、繁茂する「蔓植物」と、西洋に汚染されていない、したがって自由な自然の生活への回帰という集団的な夢がある。ここには、「向こう側」を選ぶ黒い女王がいるのだ。圧制の象徴たる「城の鉄柵」に彼女の手が、その「若さに溢れた手が戯れ」ると、触れられた格子は崩れ落ちるのである。

★

マルティニクで眼差しは分割され、精神は繁茂と貧困のあいだの裂傷に恐れおののいた。しかし『マルティニク島、蛇使いの女』は、ついに一つの和解した視線を提供するのである。当初の反応や初歩的な印象とは距離を取って一九四八年にまとめられた書物は、詩と政治参加という二つの緊急な必要の出会いによって課された問題に対しての、統一的な答えを構成しているのである。

詩人は、目にしたものに心を動かされ、それをまず愛するからこそ、その美しさを汚すであろうあらゆるものに抗して立ち上がることができる。もはやはかなく表面的な視線に属するのではなく、感性の生活に参加するようになったとき、エグゾティスムもまた行動への突破口なのである。

原註

（1） André Breton, «Avant-dire», *Martinique charmeuse de serpents*, Paris, Jean-Jacques Pauvert, 1972 (1ère éd., 1948), p. 9. 以下本稿では、註のシステムを簡略化するため、書物の各セクションについて次の略号を用いる。AD＝Avant-dire；DC＝Le Dialogue créole；DET＝Des épingles tremblantes；ET＝Eaux troubles；GPN＝Un grand poète noir〔「震えるピン」の詩篇は『アンドレ・ブルトン集成 4』（人文書院、一九七〇年）に、「ある偉大な黒人詩人」はエメ・セゼール『帰郷ノート／植民地主義論』（砂野幸稔訳、平凡社、一九九七年）にそれぞれ訳出されている〕.

（2） Louis Aragon, *Traité du style*, Paris, Gallimard (coll. «L'Imaginaire»), 1980 (1ère éd., 1928), pp. 84-85.

（3） *Ibid.*, p. 95.

（4） *Ibid.*, p. 80.

（5） René Crevel, *Le Clavecin de Diderot*, Paris, Jean-Jacques Pauvert, 1966 (1ère éd., 1932), p. 96.

（6） エミール・セルカンによる一九三二年九月八日の記事。次の引用による。Jean-Pierre Bernard, *Le Parti communiste et la question littéraire*, Grenoble, Presses Universitaires de Grenoble, 1972, p. 224〔J＝P・ベルナール『フランス共産党と作家・知識人』杉村昌昭訳、柘植書房、一九七九年、二九六頁。訳文は多少変更した〕.

（7） André Breton, *Manifeste du surréalisme* (1ère éd., 1924), *Œuvres complètes*, tome I, Paris, Gallimard («Bibliothèque de la Pléiade»), 1988, p. 314〔アンドレ・ブルトン『シュルレアリスム宣言』巖谷國士訳、岩波文庫、一九九二年、一四頁〕.

（8） Jacqueline Chénieux-Gendron, «L'image chez André Breton», *Revue des Sciences humaines*, n° 237, 1995 (voir : pp. 94-95). この記事でJ・シェニウー＝ジャンドロンは、用いられた絵はがきのうち二枚についてしか説明していない。

（9） エメ・セゼールは自らの党の紋章としてカンナの花を選んだ。

（10） 私は一九九七年にフォール＝ド＝フランスに近いデュコ市で、「存続した自由通り（rue de la liberté prolongée）」という通りを見つけたが、ブルトンもこれを知れば称讃したかもしれない。

訳註

〔1〕「ラザレ」はもともとハンセン氏病患者の収容施設だった建造物で、当時は危険人物とみなされた旅行者などの収容所として利用されていた。

〔2〕　恋愛のさまざまな段階を寓意的に示した地図。一七世紀の作家マドレーヌ・ド・スキュデリーの『クレリー』に挿入されたことで知られる。

〔3〕　一九二八〜三〇年頃の、描かれた対象と関係のない言葉が画面中に書き込まれた、一連の作品をさしている。ブルトンの詩「双翼の碑文」では、ピジョン（＝鳩）という店主の名が書かれた、巨大な蝶の形の看板が問題になっており、ブルトンはこの時期のマグリットを連想している。

〔4〕　リチャード・ウォレスはパリに飲料用の水道栓を設置した一九世紀イギリスの慈善家であり、「ウォレスの泉」という名は、パリの模倣を思わせる。

《死せる頭》あるいは錬金術師の女

ミシェル・レリス
（真島一郎訳）

一九三〇年の夏の初めのこと、そのころトゥーロンに逗留していたアメリカ人の作家で旅行家のW・B・シーブルックが、ここに転載する数枚の写真をぼくのところへ送ってきた（彼は象牙海岸のヤフバ族やバンディアガラ地方のハベ族のところに住み込むような旅を熱帯アフリカでしてきたばかりで、トゥーロンではその旅行記の執筆にかかりきりだった）。写真はどれも一人の女を写したもので、女が装着している革製の仮面は彼が構想し、自ら指示をあたえてニューヨークで作らせたものだ。[1] 写真を受けとったころのぼくはといえば、少しまえに彼と知りあいになったばかりだった。

彼に初めて、そして写真をうけとる前に一度きり会ったのは四月一二日、オデオン座近くの小さなカフェでのことだ。ぼくたち二人はそこで一時間あまり話したかどうか、カフェの向かいには彼が居所にきめている安ホテルがあった。

ぼくはシーブルックに向かい、『魔術の島』の書評執筆者として自己紹介した。それはハイチの黒人たちやそこでの妖術、ヴードゥー崇拝について彼が著した興味ぶかいルポルタージュの題名だ（『ドキュマン』誌、一九二九年第六号、三二四―三二五頁を参照）。そうして自己紹介したぼくは、この人物のすばらしく心のこもった応対ぶりや、見たところ無骨ながらもひどく心ひかれる風采と物腰にたちまち魅了されてしまった。そこには何よりもまず、真に「人間的」な要素があると感じられたからだ。

ぼくたちの会話は、お決まりのことがらや月並みな話題の垣根をすぐさま飛びこえていった。シーブルックもぼくもニグロが好きで、どちらもオカルティズムに熱中している（ぼくは興味本位に、彼は実践者として）。とりわけ二人とも近代西洋文明の益するところについては大いに懐疑的であり、次のような点にもゆるぎない確信をいだいている。つまり一人の人間がいま実現をめざせるこのうえなく有意義なつとめのひとつとして、ぼくたちの日常道徳に守られながら肉体と霊魂、物質と精神のあいだに根をおろしてきたこの耐えがたい二元性を、いかなる手段（神秘主義、狂気、冒険、詩、エロティスム……）によろうとも廃絶するつとめがあるという確信だ。ぼくたちがたちまち相手に親しみをおぼえるにはそれ以上何もいらなかったし——じきにヨーロッパを離れてかなり長い間そこから遠ざかっているつもりでいる今のぼくにとり——この不在の間に懐かしさを感じるだろう数少ない人間のうちでも、いちばん懐かしく感じるひとりが彼であることは十分に分かっている。

この対話の終わりごろ、ぼくがチベットの苦行者による神秘的な行いのいくつか（友人マルセル・ジュアンドーのすすめで読んだ『パリ評論』誌一九三〇年四月一〇日号掲載のアレクサンドラ・ダヴィド＝ネエル夫人の記事からおぼえていたこと）を話すと、ウィリー・シーブルックは次のような物語をぼくに教えてくれた。それはアラビアを旅した時に彼自身が人から語ってもらったという話だ。

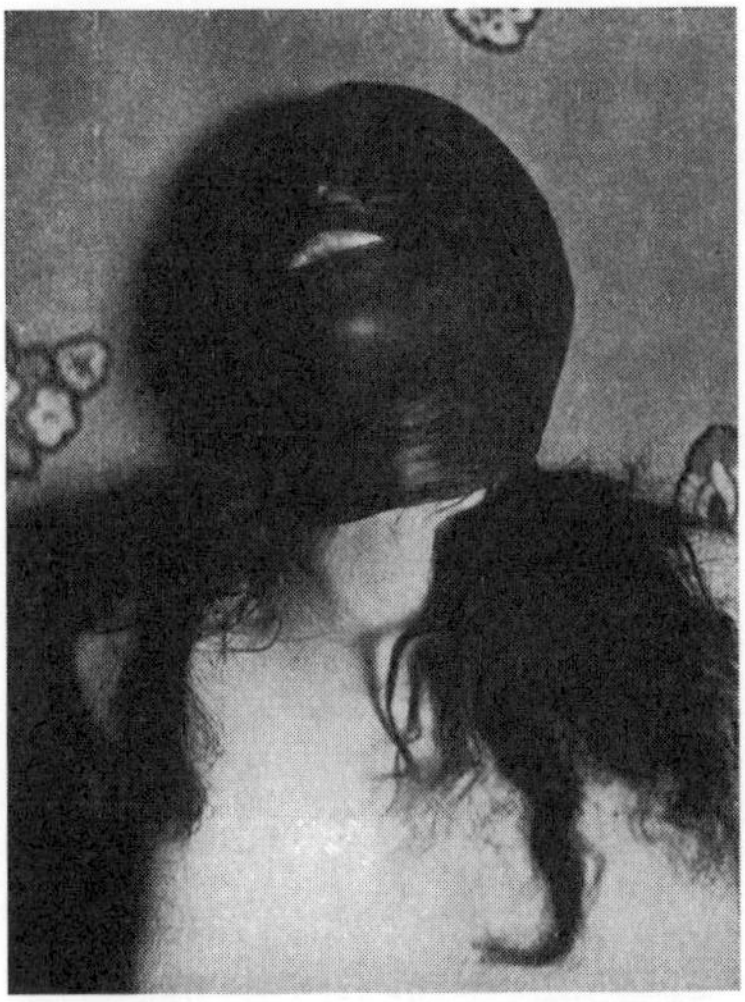
W・シーブルックの着想による革の仮面。
撮影W・B・シーブルック

とあるイスラーム僧院でのこと、デルウィーシュ[2]のなかでも一人の青年苦行者が、その篤信ぶりと神秘の力能により周囲の注目をひときわ集めていた。勤行のすべてを通じて彼の教導にあたっていた老僧は、あるとき青年の力の向上をみとめて彼を呼びよせ、およそ次のようなことを言った。「おまえは神秘の道のりをもうずいぶんと遠くまで進んできた。ただし道の果つるところまではいまだ達していない。おまえにはまだ越えねばならぬ境があるということだ。しかし今のおまえならばもうよかろう、望みとあらばおまえは神の顔を目にすることもかなうであろう」。そうして老僧は、僧院からすこし離れたところにある荒れ果てたモスクで一夜を明かしてくるよう青年にすすめた。そのモスクで特定の祈りをとなえ特定の儀礼をおこなえば、まちがいなく神の顔を目にするというのだった。青年苦行者は激しい動揺におそわれ、老僧のすすめを拒んだ。老僧は日ごと彼につきまとうのだが、青年はそのたびに、自分のような者にはとてもできませんと答え、己れが神と正対しているさまを想っただけで心に広がる聖なるものへの恐怖を隠そうとはしなかった。だが執拗な説得が功を奏して老僧はついにこうした抵抗をはねのけ、青年僧はモスクへと向かったのだった。

翌日、弟子が姿を見せにこないので老僧は彼のゆくえをさがした。ようやく見つけると、弟子は顔面を蒼白にし、見る影もなくやつれ憔悴したありさまが感得される。「おまえはたしかにモスクに行き、わたしが命じておいたことをすべてしたのか」と老僧が問うと、弟子は「はい」と答える。第二に「おまえは神の顔をたしかに見たのか」と問うても、弟子はやはり「はい」と答える。そこで第三に「神の顔はおまえにどのように見えたのか」と尋ねると、若きデルウィーシュは声もなく震えはじめた。それでも老僧の問いかけにせきたてられ、青年は恐怖にわななきながらもようやく答えた。「わたくしは神の顔を見ましたが、それはわたくし自身の顔でありました。モスクの廃墟ですごした昨夜のあいだ、こうしてわたくしは神と差し向かいで、いいえつまりはわたくし自身と差し向かいでいたのです[3]」。

この話――それはジェラール・ド・ネルヴァルが『オーレリア』でふれている伝説、ある騎士が「森のなかで夜を徹して闘った見知らぬ人間がじつは自分自身だった」という伝説とおなじくらい美しい話だ[4]――のことを、ぼくはシーブルックから仮面の写真を受けとったときに思い出していた。こうした連想をたよりにしながら、いったい顔を覆い隠す――あるいは否定する――だけのことからひとはなぜ深い喜悦（完全な熱狂状態のもとで必ず生ずるようなエロティックであり神秘的でもある喜悦）を引きだせるのかをぼくは理解した。

人間の数かぎりない営みのなかでも最重要のひとつにあげねばならないものがあるとすれば、それはまさしく扮装の営みだ。最もかんたんな装身具、着こなしや制服への関心にはじまり、劇場用の装束と仮面、カーニヴァルの仮装、けばけばしい道化芝居の衣装、女の化粧、告解者の覆面頭巾から、はてはトーテミックな扮装、刺青、彩色にいたるまで、どうやらひとは自らの皮膚を意識したとたん、それをあわてて別の皮膚にとりかえ刺激的な変身のただなかへとやみくもに身を投じていくようである。変身のおかげでひとは別の皮膚を身にまといつつ、自己のせまくるしい境界から自由になることができるのだ。

トーテミックな衣装をまとって自己を動物などの自然種と合一させる野蛮人と、ある女の装身具にみえる特定の細部にひどくエロティックな要素を感じとる男とのあいだに、認識のかまえとしてさほどの隔たりはない。いずれの場合でも問題なのは、ぼくたちに異質なものが知らないうちにぼくたちへむかって投げかけてくる魅力なのだ。しどけない着こなしにみえるしかじかの細部、素肌につけたアクセサリー、ガーターの紐、ありふれた短靴のような細部は、それがひとの手で加工された品物という特徴をもつだけにぼくたちを興奮させるのだろう。大いなる社会的価値をたたえた品物として、それはまったくの裸体とはげしく対立しつつ、両者の矛盾からある深遠な異質性をひきだしてくる。しかもこの異質性は、宗教的フェティシズムや聖遺物崇拝にほど近いエロティックなフェティシズムの起源とも関わっている。そこでは部分で全体を、アクセサリーで人格をといった同一の呪術的な思考様式が表明されていて、部分はただ全体と等価なだけでなく全体以上に強力でさえあるからだ。対象よりもそれを表す図式の方が強力なように、部分や図式は全体以上に人の心を動かし豊かな表現力をそなえた精髄のようなものだ。[5] それは全体に比べてより濃縮され、より現実味に欠け、ぼくたちからいっそう外在し異質であるから、だから現実を——そして現実

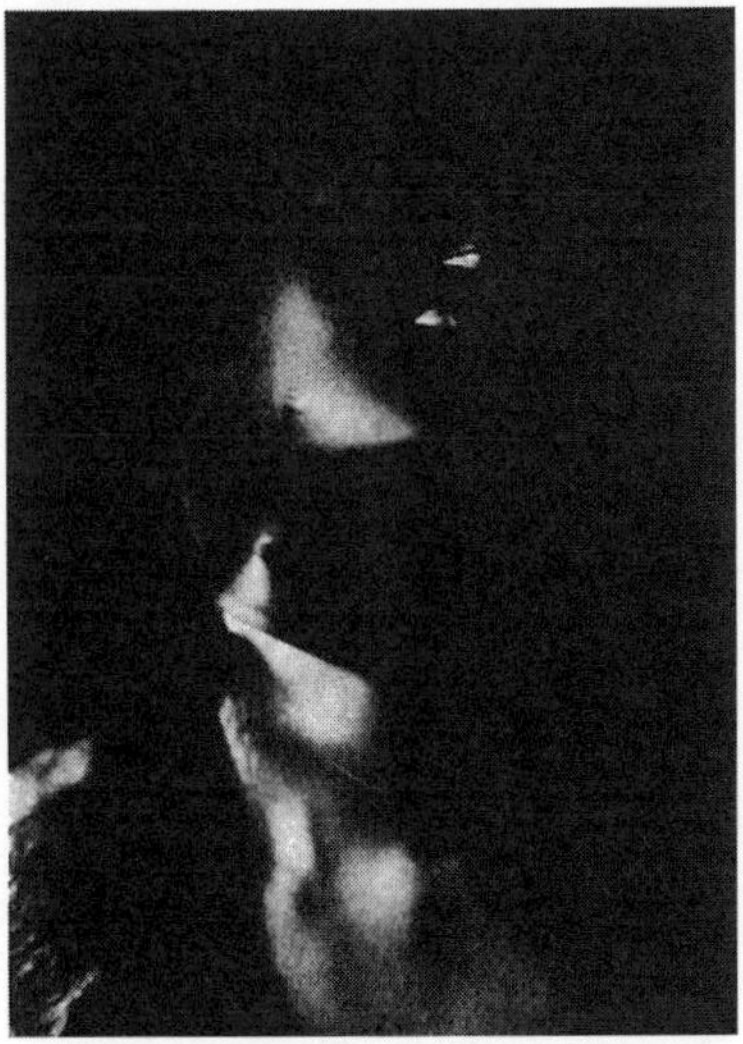
革の仮面。撮影W・B・シーブルック

の状況に応じて人間自身をも——変容させてしまう扮装のあり方と同列に考えられるのだ。

ぼくたちの関心事である先ほどの仮面の話にもどるなら、仮面はこうした種類の扮装と特徴を共有している点をまず指摘しておこう。女は仮面をつけているおかげで誰だか見分けがつかなくなり、いっそう図式化され、それとともに彼女の身体イマージュもいやましに強烈な印象をおびていくというわけだ。

部屋のかたすみにできた暗がりや井戸端をたどる不確かな道に忽然と姿を現す亡霊のように、その女もやはり仮面の装着によっていちだんと無気味に、いちだんと神秘的になっていく。顔が抹消されているために女はほぼ匿名の存在となり、革や金属でできたあの硬い首かせ、女の一部を隠してしまうあの厳格な幾何学により彼女はとほうもない一般性を獲得する。[6]

ここで問題となっているのはもはや特定の人格ではなく女性一般であり、まさに自然界の全体、外界の全体であるともいえるだろう。そうしてぼくたちは、この女性一般なり自然界なり外界なりを支配できる場所に置かれている。仮面女は革の内側で苦しみ、虐待と辱めをうける（そのことがぼくたちの権力欲と根源的な残酷さを満たすにちがいない）だけでなく、その頭部——彼女の個性と知性のしるし——は侮辱され否定される。女と交渉をもつ男はたとえ彼女を前にしても、両肩のいただきにまでせり上がったその顔が天体など高貴と清純の象徴をみつめるためにできあがっているような「神の創造物」をもはや前にしてはいない。代わりに男には、単純かつ万能な一個のエロティックな機械じかけが使用可能となる——なんたる瀆聖の快楽！——というわけだ。革の仮面をつけた女の交渉相手は、伝説中の若きデルウィーシュが神の顔を抹消し、それを自分自身の顔にすげかえたときに味わったはずの歓喜（青年僧は無自覚にも——あるいは偽善的にも——そのことを恐れていたのだが）とまさしく同一の悪魔的な歓喜をおぼえるにちがいない。なぜならどちらの歓喜も第一にサディスティックであるし、しかも神性冒瀆の罪が歓喜の内容を複雑にしているからだ。

仮面のおかげで女の脳は象徴的に破砕されているから、愛はかくして生理的、動物的な過程にまで——ごく明瞭に——還元される。ぼくたちに重くのしかかる宿命もついには克服される（自然それ自体ともいえるこの道具だてのおかげで、ぼくたちの手中にあるこの女は霊魂も人格もないまま盲目の掟にもはや翻弄されることなく、ちょうど自分が鎖でつながれているように一度ぼくたちから完全な束縛をうけるのだから）。そして視線――人間の表情にとってのあの精髄――はしばらくのあいだ視界を失い（そのため問題の女は、なおいっそう冥界と地下の意味あいをおびていく）、口は（それを見えるだけのものにしておくほっそりした開口部のおかげで）傷という動物的な機能へと還元され、装身にまつわる日常の規則は完全に逆転する（ふつうは頭部こそがむき出しで胴体は覆い隠されるのに対し、ここでは胴体がむき出しで頭部が覆い隠されるのだから）。これらの要素のどれもが、あの革（ブーツや鞭を作るときの素材だ）の断片を、実はエロティスムそのものである事象にみごとに適合した驚異的な器具へと仕立てあげている。エロティスム、それは自己を抜け出て道徳や知性や慣習が押しつけてくる束縛を断ちきるための一手段である。またそれは悪しき力を払いのけるためのやり方、すなわち神やその代理存在、世界の番犬たちの持ち物である宇宙全体をこれ以上識別できないくらいの、だがとくに意義ぶかい一小片のなかで所有し拘束しつつ、そうした番犬たちに刃向かっていくためのやり方なのだ。

革の仮面と首輪。撮影W・B・シーブルック

まったき官能の汚辱にむき出しの両足を沈めたままの生きた建築物、その上に覆いをかぶせて置かれた頭部は、形而上の雷雨に満ちた群雲に少しずつかき消されていく。もはや今となっては、何らかの身分証書をあたえられた一人の女が問題でもなければ、ぼくたちの眼前で永遠に女性的なるものを体現する一個の人像すらも問題ではない。蒸気の形づくる大きなアルファベットたちが、（シーブルックの目下滞在する）ニューヨークの摩天楼や、（万年筆を手に『ドキュマン』用のこの記事を書いているぼく自身が住む）パリのむやみに大きな建物よりさらにずっと上空を占めながら地上のはるかかなたへと移ろい流れていく。[7]

雌牛の頭をもつ女神ハトホルのように美しく、仮面女は死刑執行人のごとく――あるいは首をはねられた王妃のごとく

――身を起こす。〔8〕そして女の相手をする男はおのれの顔を神の顔としながら女の前にまっすぐ立ち、その肉体に感嘆する。女の肉体は顔の不在によりいちだんと壮麗さを増し、女自身をいっそう真実に近くしかもいっそう捉えがたい存在にして、しだいに一種の漠とした魅惑的、神秘的な物自体へと変容させていく――最も観念的な価値でも、あるいは最も下劣に物質的な価値でも、どちらでも色づけできる至高の残留物、物自体――スフィンクスやセイレンに劣らぬほど謎に満ち魅惑的なそれ――は大いなる万物の母なのだ。物自体を「自らの空虚な同一性を自らの対象としてしまうこの空虚な自我による思惟の産物、正確には純粋な抽象にまで退行した思惟の産物」とみなす老ヘーゲルは、それに死せる頭（*caput mortuum*）の異名をあたえていた。これはかつての錬金術師たちから借用された言葉で、「大いなる作業」のうちでもすべてが腐敗してしまったかのようにみえながら実際には再生されているという段階にこの名がつけられていたのだった。〔9〕

訳註

〔1〕レリスはこれらの写真をいずれもシーブルック本人の撮影としているが、実際の撮影者はマン・レイだった可能性が高い（この点については本書所収の拙稿「ヤフバ・ハベ幻想」を参照されたい）。

〔2〕「デルウィーシュ／ダルウィーシュ（derviche）」とはイスラーム神秘主義教団に属する修行者の総称。修行を通じて神秘体験の獲得をめざす。

〔3〕シーブルックは自著『アラビアの冒険』でも、同様のモティーフからなる神秘体験の事例をいくぶん場面設定を変えて紹介している（Seabrook 1928：235-236）。

〔4〕「私であると同時に私の外にもいるこの精霊はいったい何なのだろう？　はたしてそれは伝説の『分身』なのだろうか、それとも、オリエントの人々がフェルエール（祖霊原型）と呼ぶ神秘的な兄弟だろうか？――あの、自分自身に他ならぬ見知らぬ男と一晩中森の中で戦った騎士の物語にはおびやかされたものではなかったろうか？」（ネルヴァル 一九九一：二七）。

〔5〕古代・中世哲学の「第五元素」を語源とする「精髄（quintessence）」は、周知のごとく錬金術で蒸留過程の繰り返しにより物質から最終的に抽出されるべき「精髄」、もしくは不完全な金属を変成させるために抽出がこころみられたエーテル状

の物質をさす。レリスは文中で、この錬金術用語とレヴィ＝ブリュルの融即論理との接続を図っている。

〔6〕仮面により拘束された人体の形象を「厳格な幾何学（géométrie sévère）」と呼ぶときのレリスには、幾何学的イマージュに対する彼特有の嗜好――「冷たいもの、不動のもの、また幾何学的にととのった形態に対する愛」（レリス 一九七〇：八〇）――とともに、その一年ほど前から《檻》の制作を開始していたジャコメッティとの交流の影がみえる。

〔7〕官能の汚辱と形而上の雷雨とのはざまに立ちすくむ仮面女のイマージュ、およびアルファベットの蒸気が上空を流れていくイマージュの詩的源泉は、当時出版されたばかりのグリヨ・ド・ジヴリの著作――レリスは『ドキュマン』誌初年次第二号でその書評を執筆している――で紹介されたパラケルスス宇宙論の図像イマージュ（図1）にもとめられるかもしれない。「聖なる四文字《テトラグラム》に照らされた雲〔……〕身体の下半分は闇のなかへと浸かっており〔……〕」（Leiris 1929：114-116）。くわえて「摩天楼」とは、レリスが神秘思想の現代版イマージュとして好んでとりあげた対象だった。「この名前はあのおどろくべき女の運命にむすびつけられたものだが、彼女とは今、最後にのこった雲の断片にはこばれ〔……〕摩天楼にむかって進んでいるのだった」（レリス 一九七〇：一七二）。

〔8〕ここでは女神ハトホルの頭部をモティーフとした古代エジプトの神殿装飾柱「ハトホル柱」のイマージュが、革の仮面女に重ねられている。

〔9〕レリスによる直接の言及はないものの、この部分はヘーゲル『小論理学』（『エンチクロペディー第一部』）第四四節におけるカント批判の引用（ヘーゲル 一九五一：一七六―一七七）と思われる（用語「死せる頭」を介したレリスのヘーゲル理解、および当時のパリにおけるヘーゲル翻訳事情については本書所収の拙稿「頭蓋・顔・皮膚」を参照されたい）。また本文中の「最も観念的な価値でも、あるいは最も下劣に物質的な価値でも〔……〕」といった徴候的な言葉づかいからもうかがえるように、レリスの立論は同時期のバタイユの思想、なかでも最新号の『ドキュマン』誌上で後者が展開していた「変質《アルテラシオン》」の概念規定に強く影響されていたことを訳者の憶測として指

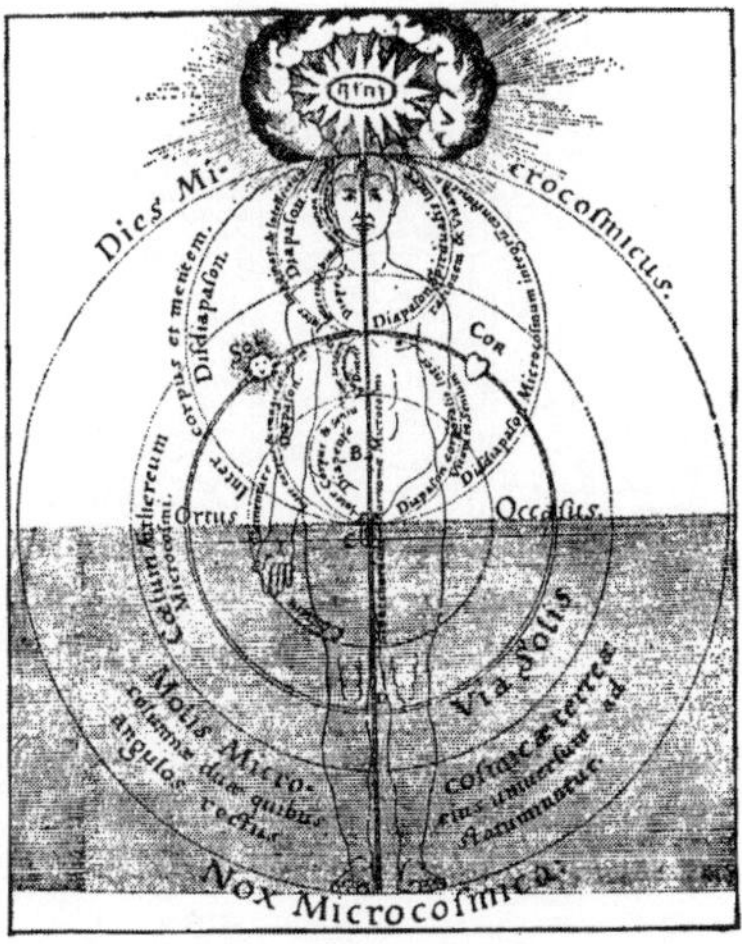

図1　ジヴリが著作中で紹介したロバート・フラッド作図の《小宇宙の昼と夜》（ジヴリ　一九八六：二九九）

摘しておきたい。「変質という用語には二重の利得がある。それは死骸の腐敗というときのような部分的腐敗を表すと同時に、新教徒のオットー教授が全的他者と呼ぶもの、つまりたとえば幽霊が具現しているような、聖なるものに通じる、まったく異質の一つの状態への移行をも表している」（バタイユ 一九七四：一五一—一五二）。なお、錬金術本来の「大いなる作業」で「哲学の卵」加熱プロセスの第二段階にあたる「黒化」は、「死体・骸骨・カラスの頭」などで象徴される腐敗を意味すると同時に、道士メルクリウス、すなわち水銀の生成を告げる再生の契機とされていた（図2、および澤井 一九九二：九八—一〇二）。

図2　ヴァレンティヌス『遺言書』中の錬金術象徴体系図。中欄第二段五行目に「死せる頭」の項がみえる（ホール 一九八一：四九）

＊ 本稿は、ミシェル・レリスが『ドキュマン』誌二年次第八号に発表した小論、Michel Leiris, «Le "*caput mortuum*", ou la femme de l'alchimiste», *Documents*, 2 (8): 21-26, 1931 の全訳である。本稿はこれまでに二度、再録の機会をえている（*Pleine Marge*, 1: 117-125, 1985; Michel Leiris, *Zébrage*, Paris: Gallimard, pp. 35-41, 1992）。なお、原文のイタリックによる強調箇所には、傍点を付した。

参照文献

澤井繁男 一九九二『錬金術——宇宙論的生の哲学』、講談社。

ジヴリ、グリヨ・ド 一九八六『妖術師・秘術師・錬金術師の博物館』林瑞枝訳、法政大学出版局。

ネルヴァル、ジェラール・ド 一九九一『オーレリア』篠田知和基訳、思潮社。

バタイユ、ジョルジュ　一九七四「素朴絵画」、『ドキュマン（ジョルジュ・バタイユ著作集11）』片山正樹訳、二見書房、一三九—一五三頁。

ヘーゲル、G・W・F　一九五一『小論理学（上）』松村一人訳、岩波書店。

ホール、マンリー・P　一九八一『象徴哲学大系Ⅳ　錬金術』大沼忠弘他訳、人文書院。

レリス、ミシェル　一九七〇『オーロラ』宮原庸太郎訳、思潮社。

Leiris, Michel 1929 «A propos du "Musée des sorciers"», *Documents*, 1 (2): 109-116.

Seabrook, William Buehler 1928 *Adventures in Arabia: Amongst the Bedouins, Druses, Whirling Dervishes and Yezidee Devil-worshippers.* London: George G. Harrap & Co. Ltd.

ヤフバ・ハベ幻想

——シーブルックと『ドキュマン』期のレリス

真島一郎

一九二九年、雑誌『ドキュマン』の運動に参画したころのミシェル・レリスは、定期的な寄稿ノルマへの強迫観念にくわえ、バタイユ、デスノス、ランブールら他の同人に対する劣等感や自作論文への嫌悪を人知れず日誌に書き連ねることしばしばであった。このことを思えば、晩年の彼が同じ日誌で三〇年代パリの思潮をアセファルの時代として回顧しながら、自作「《死せる頭》あるいは錬金術師の女」をバタイユの「低い唯物論とグノーシス」やエルンストの『百頭女』などと同列に並べ、めずらしく評価していた事実は注目に値するだろう。(1)なによりも「死せる頭」とは、人間の顔の喪失あるいは無頭をモティーフとしていた点でひときわ光彩をはなつ極北の仮面論であった。(2)

ただし今日の私たちにいささか奇妙に映ずるのは、仮面論としてはそれなりに硬質な内容を保つこの記事が、他方ではパリ・シュルレアリスムのごく周縁を浮遊していたひとりのアメリカ人作家にまつわる一見どうでもよいほど仔細な挿話をふんだんに行文へ送りとどけていた事実である。「死せる頭」を載せた『ドキュマン』二年次第八号が発行されるのは三一年四月、レリスがダカール＝ジブチ調査団の一員としてボルドーを出港するわずか一カ月前のことだった。その彼に仮面女の写真を送りつけ、「死せる頭」をめぐる思索の触媒役をつとめていたこの人物の影。作家シーブルックに目をむける私たちの作業は、西アフリカ渡航前夜のレリスが自らの内で育んでいた「アフリカ」というイマージュの源泉とともに、当時『ドキュマン』同人を構成していたシュルレアリスム離脱者たちとグリオール調査団——フランス民族学の歴史をそれ自体で塗りかえていくことになるドゴン研究の母体組織——に影響をあたえていた知の状況の一端を明らかにすることにもつながるだろう。

物語にひそむ幻の影を深刻にうけとめようとしない人びとは、ある時期までバンディアガラ断崖におけるグリオールとドゴン族の「邂逅」をフランス民族学史上最大の奇跡のひとつとして幸福にも語りついできた。宇宙開闢神話の舞台にふさわしい奇怪な地脈のはざまで未知の黒人種族がくりひろげる驚異の仮面儀礼、そして驚異の現場に出くわした民族学者の僥倖という物語。さりとて第三共和政初期の地理学調査団や内陸平定軍ならばともかく、アフリカ植民地の統治システムもおおむね確立した両大戦間期フランスの民族学者であるならば、彼は渡航に先だちフィールドの大まかな選定だけでも地図上ですませておくのが自然ではなかっただろうか。ましてやそれがフランス帝国意識の絶頂を画すことになるパリ国際植民地博と同じ年に挙行され、植民地帝国の宣伝事業もかねたアール・ネーグルの収集調査行であったのなら、収集予定地の絞りこみもなされぬままある種の邂逅が待たれていたなど、私たちにはとうてい想像しがたいのである。そもそもダカール＝ジブチ調査団が選びとった二つの集中調査地のうち、アビシニア（現エチオピア）は団長グリオールの数年来のフィールドであったから理解できるとしても、なぜもうひとつがことさらドゴンだったのであろう。私たちはこうした問いかけに対し、当時『ドキュマン』誌編集次長のポストを分けあっていたレリスとグリオールのあいだでフィールド選定をめぐり一種の作業分担がなされ、グリオールはアビシニアを、レリスは仏領象牙海岸（現コートディヴォワール）のダン族とゲレ族、および仏領スーダン（現マリ、以下では西スーダンと記す）のドゴン族を調査予定地に構想していたものと推定する。なかでも、これまでグリオールの名のもとに語られがちだったドゴン研究史の発端には、先のアメリカ人作家シーブルックの存在が、レリスとの交流を介して決定的な影響をおよぼしていた。

1　「民族誌学者の眼」

ウィリアム・シーブルック（一八八六～一九四五年）は、一九二八年の『アラビアの冒険』以来、現地での体験取材を売り物に非西洋世界のさまざまな密儀集団の実態をセンセーショナルな筆致で欧米諸国の大衆に喧伝したアメリカ

図1　書評文「魔術の島」に転載されたシーブルックの現地スナップ。レリスのキャプションには「ウィリアム・B・シーブルック，ヴードゥーの祭壇の傍らにて。額にある血の十字はヴードゥーのイニシエーションのしるし」とある（Leiris 1929c：335）

人ルポライターである。彼が活躍した一九二〇～三〇年代といえば、英仏の海外領土では植民地統治のシステムがほぼ確立し、民族誌家をふくむ一握りの西洋人旅行者の身柄もそこで最低限の保証をうけていた時期である。味気ない体裁をまもる民族誌家のモノグラフィーでは満たされず、さりとて自ら現地を訪れることもかなわなかった本国大衆の好奇心を満たすうえで、多少の文才とアウトサイダーの気質をそなえたこの秘境ルポライターの成功は、時代があらかじめ約束したものだったのかもしれない。

なかでも彼がアメリカ軍政下のハイチを訪れ、そこで目撃したヴードゥー教やゾンビ信仰の「密儀の実態」を虚実おりまぜ扇情的にえがいた二九年の『魔術の島』は、当時の記録的なベストセラーとなった。本国アメリカだけでなくフランス、ドイツ、イタリア、スペイン、スウェーデン、チェコなどヨーロッパ各国でもあいついで訳書が出版され、彼は一九三〇年までに大西洋の両側で一躍、秘境探検ジャーナリズムの寵児となっていた。[3]

『魔術の島』仏訳版が出版された二九年、当時のパリ文壇ですでにシーブルックと親密な交流があったのはポール・モランだった。第一期『リテラチュール』誌の寄稿者でもあるこのエグゾティスム志向の旅行作家は、おそらく『魔術の島』初版がニューヨークで刊行された前後に著者と知りあい、仏訳書の出版に際してはその序文を執筆するほどの肩の入れようであった。くわえて同じ二九年に創刊された『ドキュマン』誌上では、バタイユが小論「屠殺場」でいちはやく『魔術の島』を引用し、西洋人の「カクテルの中に供犠の血潮がまぜられることがないことを口惜しがる」シーブルックの見解を紹介している。レリスも『ドキュマン』掲載の書評文「魔術の島」で、著者シーブルックの現地スナップ写真（図1）を転載しながら「ヴードゥーの秘儀を伝授された初の白人」による貴重なルポルタージュとしてこれを絶讃しているのだった。[4]

レリスによる好意的な書評がパリで発表されたころ、シーブルックはすでにニューヨークを発ち、妻とともに西アフリカの取材旅行に出かけていた。モランはこの時も、出発前の彼にアフリカ旅行の先輩として——とりわけ『黒人の魔術』(一九二八年)の著者として——現地住民との接し方など実践上のアドヴァイスをあたえている。翌三〇年の初め、アフリカ旅行を終えたシーブルックは母国アメリカにもどらずそのままパリに逗留した。仮面女の写真を同封した書簡の投函地として「死せる頭」にも登場するトゥーロンには、このアメリカ人が西アフリカ探検記の執筆に専心できるよう、友人モランが破格の売値に目をつけあらかじめ確保しておいた古城があったからである。

その年の四月、レリスはパリのカフェでシーブルックと初めて出会い、黒人びいきやオカルト好き、西洋文明批判などの点でたちまち彼と意気投合する。このとき仏訳版『魔術の島』の書評者として自己紹介したレリスは、二カ月後に他誌で発表するナイーヴな黒人びいきの小論「聖黒人」でも、ふたたび『魔術の島』のパサージュを長々と転記することになるだろう。[5]『ドキュマン』編集部が二年次第五号で掲載した同人リストには、すでにこのアメリカ人の名が登録されてもいるはずである。

おそらくこの一九三〇年春から夏のあいだにレリスがシーブルックから見せられたはずの写真には、少なくとも二つの系列があったことを私たちはここで確認しておきたい。そのひとつはいうまでもなく、翌三一年四月発行の『ドキュマン』に撮影者シーブルックとして転載されることになるあのサディスティックな気味をおびた黒革の仮面女の写真群である。シーブルック個人のエロティックな嗜好に「優しいやりかたで女性を拷問したいという欲望」があったことは、当時彼と親しかった一部の芸術家のあいだでもつとに知られていた。『魔術の島』の成功で今やパリ文壇の名士となった彼は、たとえばオデオン広場ホテルの居室に若い娼婦をぼろぼろの腰巻きひとつのかっこうにしたまま鎖で柱に縛りつけていることがあった。南京錠をかけられ数日間「部屋のマスコット」にされていたこの娼婦の姿は、彼の部屋を訪れたマン・レイとリー・ミラーにより目撃されている。とりわけマン・レイは、シーブルックから妻の装身具として何かしらサディスティックな意図をこめた銀の首輪のデザインまで依頼されるほど彼と親しい関係にあった。[6]だとすれば、シーブルックが自ら撮影したものとしてレリスに送った仮面女の写真も、その真の撮影者は

図2　ジャック＝アンドレ・ボワファール撮影の1930年の写真（*Pleine Marge* 1985）

差出人の友人マン・レイだったと想像することが私たちには可能であろう。「死せる頭」に転載された問題の写真図版三枚のうち、一枚は『ドキュマン』専属の写真家だったマン・レイの助手ボワファールにこれと酷似した三〇年の作品がある点（図2）、また別の一枚にいたっては七〇年代のニューヨークで出版されたマン・レイ写真集にこの写真家の作品として正式に登録されている点などから、黒革の仮面女の写真は、当時シーブルックの居室に出入りしていたマン・レイの撮影によるものだった可能性が近年推測されている。(7)

　おそらくはその前後に、レリスは被写体を異にするもうひとつの写真群もシーブルックから見せられる機会があったにちがいない。なぜなら三〇年一一月発行の『ドキュマン』誌二年次第七号で、レリスはシーブルックが現地で撮影した仏領西アフリカの写真数点を撮影者の自著出版に先がけて転載し——そこにはシーブルックの英語版著作でついに掲載されなかった写真もある——数頁の記事を執筆しているからである。(8) 私たちがこの記事に注目したいのは、秘境ルポライターによるファインダー越しの視線をあたかもそのまま転用してできあがった文章であるかのようにそれが「民族誌学者の眼」と題されていたためだけではない。「ダカール＝ジブチ調査団について」の副題とともに、組織後援者の一人ジョルジュ・アンリ・リヴィエールの序文まで付されていた点で、それはこの調査団の意義と目的についてレリスが『ドキュマン』流に解説した、なかば公式の宣伝文といってよいほどの体裁をそなえていたからである。またそうであるだけに、この記事に転載された写真図版の構成、および各図版にレリスが添えた短いキャプションには、以後の調査団の動向を考えるときある種の意味深さが感じとれなくもないだろう。

　「民族誌学者の眼」に転載された写真は全七点、うち二点は調査団長グリオールが二八年の個人調査に際して撮影したアビシニアの写真、もう一点は東スーダン（現スーダン）の半裸の娘を写した写真だった。のこる四点は、いずれもシーブルックが前年の取材旅行で撮影してきたばかりの仏領西アフリカの映像である。前年の夏から『ドキュマン』編集次長の座を分けあってきたグリオールの調査地アビシニアとの対照をまるで必要以上にきわだたせるかのように、レリスがわざわざ大判サイズで——なんという不均衡であろう——配置したこの四点は、うち二点が西スーダン・ハベ族の祭壇関連の写真、二点が象牙海岸西部森林域の仮面の写真である。後者はシーブルックがゲレ族の村で撮影したものであるが、レリスはどうやらこれをヤフバ族の仮面と取りちがえ——あるいは両者の異同にさほど関心を払わぬまま——現地首長が仮面のかたわらに写る図版の下には「象牙海岸を通過する際、ダカール＝ジブチ調査団はこの首長を訪問するだろう」とのキャプションを付していた（図3、4）。ちなみに「ハベ」といい「ヤフバ」といい、それはあくまで当時のフランス人行政官のあいだで流通していた不正確な民族呼称にすぎず、フランス民族

図3　「民族誌学者の眼」に転載されたシーブルック撮影のゲレ族の写真。レリスのキャプションには「象牙海岸を通過する際，ダカール＝ジブチ調査団はこの首長を訪問するだろう」とある。この写真はシーブルック『密林のしきたり』英語版に掲載されなかった（Leiris 1930b：404）

図4　「民族誌学者の眼」に転載されたシーブルック撮影の写真。レリスのキャプションには「ヤフバ族の村」とあるが，『密林のしきたり』中のシーブルックのキャプションでは「ゲレ食人族の村」と記されている（Leiris 1930b：408；Seabrook 1931：301）

学はまもなくこれを「ドゴン族」、「ダン族」と呼びかえていくだろう。[9] レリスはシーブルックとの接触を通じて初めてその名を——誤称のままに——知った「ヤフバ」と「ハベ」を、きたるべきダカール＝ジブチ調査団の旅程前半における調査対象として自ら発案し構想していたことが、たとえばこうした一連の点からも自然と推測されてくるのである。[10]

『成熟の年齢』で回想されるあの金髪の未亡人、レリスがシーブルックを通じて知りあい、タクシーの中で唇を交わしただけで別れてしまったあの女との騒動がもちあがったのは、「民族誌学者の眼」が発表されるわずか二週間前のことであった。[11] この時レリスが女に駆け落ちを誘う手紙を託した相手もまた、シーブルックその人である。翌年、彼はシーブルックから送られた仮面女の写真群をもとに「死せる頭」を執筆し、同じ人物を出所とする第二の写真群からその存在を知ったヤフバとハベの土地を訪れるべくボルドーを出港する。『ドキュマン』誌に相前後して発表されたこれら二篇の小論は、こうしてレリスがある時期シーブルックから提供された二つの写真群とかなりの照応をみせながら、アフリカ渡航前夜の彼がいかに——執筆活動と私生活の両面で——このアメリカ人のつよい影響下にあったかを私たちに直截なしかたで物語っていることになるだろう。だとすれば、シーブルックが写真とともにレリスに説いてきかせたにちがいないアフリカ冒険譚のいったい何が聴き手の心をそれほどまでに動かしたのだろう。この点については、レリスの渡航後に出版されたシーブルックの仏領西アフリカ探検記『密林のしきたり』により、私たちはそれを間接的に推測するしかない。

2　『密林のしきたり』

親友モランへの献辞が付された『密林のしきたり』は、出版業界で前作と同様の売行きがあてこまれ、三一年に英語版と仏訳版がつづけて出版された。仏訳版のタイトル『密林の秘密』からもうかがえるように、これも前作と同じく、非西洋を対象とする真摯なルポルタージュというよりは「未開」や「秘境」に向けられた両大戦間期ヨーロッパ大衆の想像力を著者一流のセンセーショナルな筆致で存分に刺激する体の読み物となった。[12]

全体は四部構成で、著者がある時はシトロエンの軽トラックで、ある時は数十名のアフリカ人に荷役を課してハンモックで移動した旅の軌跡に沿うものだった（図5）。前半二部の舞台は象牙海岸西部の森林地帯である。第一部「森の民」で、旅行家は「蛮族ヤフバの奇習」をもとめてリベリアの内陸後背地にまで足を踏み入れ――『地図のない旅』のイギリス人作家が数年後にそこを通過するだろう――、つづく第二部「食人種たち」ではヤフバの隣人ゲレ族の生態が描かれる。後半は仏領オートヴォルタ（現ブルキナファソ）と西スーダンのサヴァンナ地帯に舞台を移し、第三部「トンブクトゥーの間奏」ではモシ王モロ・ナバとの会見記や神秘の古都トンブクトゥーでの見聞が、また第四部「山の民」では「断崖の住人、男根崇拝者、西アフリカ中央部で最も未知で奇怪な人種、伝説のハベ族」[13]の存在が、バンディアガラに達した旅行家により興奮ぎみにつづられていくのだった。

前作のヴードゥー崇拝につづく今回の秘境潜入ルポの売り物は「食人種」、「仮面」、「男根崇拝」の三本立てとなった。なかでも欧米の読書界でひときわ大きな反響をよんだのが、「食人種ゲレ」の村で著者が実際に食したという人肉の味、舌ざわり、臭いをめぐる執拗なまでの記述である。「パリに戻ってからフランスの友人の誰もが必ず微笑を浮かべてまず私に聞いてきた質問とは、私が食人種のあいだでちゃんと暮らしてこれたかどうか、またどんな食人のレシピを覚えてきたかということだった」[14]。彼がこの時「ゲレの人食い酋長」と呼ぶ長老のひとりは、「民族誌学者の眼」の図版キャプションでレリスが調査団の訪問を予告していた、あの写真の被写体（図3）であったことをここで急いで書き加えておこう。

図5　ダン族の村（現ダナネ市近郊）を通過するシーブルック一行（Seabrook 1931：285）

「民族誌学者の眼」の転載図版から判断するかぎり、レリスがシーブルックの探検譚から食人種におとらぬほどの夢想をかきたてられたものには、ダン族の仮面があった（図6）。彼のこうした関心の向きようは、実のところ同じダン族に対するシーブルックの関心の強度をかなり正確に反映したものである。『密林のしきたり』ではじつに総頁数の約四割が「蛮族ヤフバ」の記述にあてられ、「一マイルごとに神秘を増す密林」に踏み入る著者により彼らの「神秘思想」、すなわち不可視の超越存在を重視するあまり可視の事象をまったく無視するという非常に特異なオントロジー——むろん著者一流の捏造の産物だ——が発見される筋書となっていた。彼はその際、かつてハイチで目撃した秘儀宗教の起源をこのヤフバの思考形式に見いだそうとするほどの熱中ぶりである。それゆえ、象牙海岸領内で彼が撮影した仮面の写真をレリスがみなヤフバの仮面と思いちがったのも、シーブルックのこうした偏向を考えれば無理からぬことであった。

秘境ルポライターが提供した情報でレリスの関心を惹いたはずのものには、最後に「ハベ族」すなわちドゴンの存在があった。『密林のしきたり』の著者がその点で強調するのは、「最も深い密林にくらす森の黒人と比べてさえ、文明と白人植民地の影響からいっそう隔絶した」土地で彼らが「夢のような建築物」(図7)とともに独自に形成してきた「あべこべの世界」の怪奇である。「もしわれわれ白人が正気というのなら、そこはまったくの狂気の世界だ」

図6　『密林のしきたり』に掲載されたダン族の仮面 (Seabrook 1931: 292)

図7　『密林のしきたり』に掲載されたドゴン族の住居 (Seabrook 1931: 309)

という意味でのあべこべ。「ハベのような狂人どもと数週間でも暮らしていれば、ひとは狂った考え方をもち狂ったことがらを書くようになるだろう」[15]。その例証として、彼が秘境ルポライターの名にふさわしく現実に加えた味つけとは「男根崇拝」のそれであった。現地の長老が解釈の突飛さを指摘しているにもかかわらず、シーブルックは自分がそうと感じた「未開のオブジェ」をすべて男根の象徴とみなし――あの至高神アンマさえ彼の手にかかれば男根となる――真の未開蛮族ハベの異様さをきわだたせる（図8）。そして同じ理由から彼が記述の対象に選んだものこそ、やがてグリオールがロレーヌ十字の威光をそこに見いだすことになるドゴンの仮面文化にほかならなかった（図9）。眼前に出現した木彫面の異様さに驚くシーブルックは、横目でパリの知識人をとらえながらたくみに描写を組み立て、ハベの仮面が「キュビストやシュルレアリストならば非常にモダンなバレー用にデザインしたかもしれない」フォルムをもち、「ブランクーシの《鳥》の連作と同様の象徴性」をひめているなどと形容するのだった[16]。

図8　『密林のしきたり』に掲載された「ハベ族の男根崇拝の祭壇」(Seabrook 1931：313)

図9　『密林のしきたり』に掲載されたドゴン族の仮面 (Seabrook 1931：311)

こうした一連の探検譚の何かが『ドキュマン』期のレリスの感性を強烈に刺激したとすれば、それはまさしく三〇年四月の出会いで二人が確認しあった共通点、すなわち「ニグロ好き」とオカルティズム志向の二点に求められるであろうし、実際それはシーブルックの秘境ルポをいろどる二大特色といってよいものだった。

第一に、著作中でもすすんで「ニグロ好き」を自認するシーブルックは、ハイチから仏領西アフリカ、また三〇年代後半からは祖国アメリカの黒人社会へと取材対象を変えながらも、その主たる関心は「ニグロに残された原始文化」とその『驚くべき原始宗教』に終始する。しかも彼は「ハイチで習得したニグロの呪術」を西アフリカ住民のまえで大げさに披瀝して、彼らから「白い顔をした黒人」、「黒い白人」などと呼ばれたいきさつを得々と読者に伝える一方、おなじ黒人を「サル」、「児童」、「蛮人」にたとえるなど、二〇世紀前半の西洋に出現するネグロフィール――「ぼくは愚かなニグロどもが大好きだ」――の範例といってもよい個体である。黒人との親しさを実体験の密度から主張しようとするこの個体は、それゆえ当時のアカデミスム、とりわけ「現場に行きもせず現場を見もせずに鹿爪らしく考察をおこなう」民族学者の批判へと向かっていく。ニグロの女子割礼で切除される部位をクリトリスと記す知ったかぶりの民族誌家とはちがい、私は現場でちゃんと実地検分(!)をしたからそれが陰唇の余分な襞にすぎないと断言できる、あるいは人肉を実際に食べもせずにそれが豚肉のような味だと書く民族学者とはちがい、私は食人種の土地で現に人肉を食べたからその舌触りと風味を正確に記述できるといったしかたで。[17]

第二に、彼に出会ったときのレリスがすっかり信じこんでしまったように、シーブルックはオカルティズムの実践者、未開の秘儀の熟達者としての自己宣伝を、作家や芸術家との語らいのあいまにもつねに心がけているような人物だった。ハイチ探訪以来、彼の額は秘教ヴードゥーの加入者を示す血の十字でこれみよがしに飾られていたし、『密林のしきたり』では、世界中の供犠の現場に立ちあったジャーナリストとしての自己の姿が、生死さえ賭した英雄的な取材行為とともに活写されていた。その点で注目されるのは、彼が「未開の神秘思想」を語るときに援用する、多分に通俗的な理解をふまえたレヴィ=ブリュルの未開心性論であろう。「原始宗教にみられる西洋科学では説明不能な超常現象」にアクセントをおくべき箇所で、彼はしばしば「われわれ白人の心理」と「黒人の未開心理」との接続不能な二元性に言及する。レヴィ=ブリュルの未開心性論の術語である「超自然的(surnaturel)」にあたる言葉としてこのとき彼の用いる形容詞が、同時代のアメリカで流行していた一連の猟奇雑誌「ウィアード・テイルズ」と同じ《weird》であった事実は、シーブルックとレリスを取り巻いていた当時の民族学的な知とオカルティズムの結託度を測定するうえでもきわめて示唆的といえるはずである。[18]

いやおそらくそれだけではない。両大戦間期アメリカの秘境ルポライターが、一方では未開心性の民族学理論に共感をおぼえつつも、他方では同じ民族学アカデミスムに反感を抱いていたことは、『ドキュマン』期のレリスが民族誌学に期待していた「日常の驚異」と、やがては『幻のアフリカ』を経て失望へと転じていく「冷徹な学としての民族誌学」の二つを同時に——それだけに矛盾したしかたで——予示するものだったとはいえないだろうか。『密林のしきたり』の自己申告によるかぎり、宿営地の夜にはハリケーンランプのもとアポリネールをひもとき、供犠の現場ではバタイユの「屠殺場」を連想し、若い黒人娘のダンスを前にしてはムーラン・ルージュのブラックバーズとジョゼフィン・ベイカーの夢想に耽っていたアメリカ人。このおよそ一流とは呼びがたい「フィールドワーカー」の思想と行動は、しかしフランス民族学におけるドゴン研究の発端にいかなる歴史的な素因が作用していたかという問題とともに、当時ブロメ街に集っていたシュルレアリスム離脱者たちと『ドキュマン』にとり民族学とはいったい何でありえたのかという思想史上の問題にも連絡してくるはずである。

3 『ドキュマン』という場——パラケルススからレヴィ＝ブリュルへ

レリスの日誌には、ブルトンと知りあう前後の一九二四年前半からオカルティズム、魔術、錬金術などの単語が見え、神秘思想と詩作との連関が孤独な思索のテーマに好んでとりあげられていたことがうかがえる。この時期のブロメ街にオカルティズムの流行をもたらしたのもレリスとアルトーの二人であり、周知のとおりレリスはパラケルススの宇宙論と幻視者ネルヴァルの作品に強い影響をうけ、すでに二三年前半から夢見の記録をとりはじめていた。[19] 二七年のエジプト旅行で主要部分が書きつがれたシュルレアリスム小説『オーロラ』でも、二〇世紀の錬金術師と賢者の石はネルヴァル流の東方の地でその姿を現すことになるだろう。「言葉の錬金術〔……〕シュルレアリスムの探求は錬金術の探求と、目的において著しく似通っていることに注意していただきたい」[20]。ブルトンがバタイユの存在を強烈に意識しつつ「第二宣言」のこの箇所を綴っていた二九年、シュルレアリスム離脱直後のレリスが『ドキュマン』創刊号に寄せていた記事はなるほど依然としてパラケルススの引用をまじえたミクロコスム論ではあった。しかしこの記事の後註には、レヴィ＝ブリュルの未開心性論――空間分割の起源をめぐる「基本方位（les points cardinaux）」についての！――がすでにささやかながらも位置を占めていた点に私たちは注目しよう[21]。錬金術師や霊媒が大いなる詩作の秘法「驚異」の探求者であると考えていたシュルレアリスト時代から、レリスは将来の民族学的な展開を自らで予示するかのようにレヴィ＝ブリュルの著作へ目を向けていた形跡さえあった[22]。このレヴィ＝ブリュルをひとつの定点としてレリスの文献目録にまもなく追加されていくカール・アインシュタインやシーブルックらとの関連をさぐるうえで私たちに問題となるのは、それゆえ『ドキュマン』期レリスの思考様式にみられたオカルティズムと民族学の奇妙な共存状況であり、より一般的には当時のパリの思潮を一面で特徴づけていた、民族学的なるものをめぐる知の消費の様態でこそあるだろう。

「未開心性の集合表象において物体、生物、現象はわれわれの理解をこえた仕方でそれ自身であると同時にそれ以外のものでもありうる。おなじく理解しがたい仕方でそれらは自らの存在を中断することなく、自らの外部にあると感じられるような神秘の力、効果、性質、作用を放出し受容する。言いかえればこの心性にとり、一と多、同と異などの対立は一方を否定するときにもう一方を肯定するといった必要を課してこないのである」[23]。一九一〇年にレヴィ＝ブリュルが呈示したこの融即のシェーマは、シュルレアリストが探求した詩作の啓示をめぐる秘密にまたなんと近い内容をもっていたことであろう。とはいえこの民族学説は、たとえばツァラやサンドラールにそれがもたらしたような直接の影響力をブルトンの周辺には与えることがなく、また与えることが許されてもいなかった。シュルレアリストのあいだではフランス社会学派の業績――レヴィ＝ブリュルは実際この学派の周縁でしかない――を硬直したアカデミスムの産物として忌避する傾向がつよくみられたためである。たとえば三〇年代初めのシュルレアリスム系書籍目録に付された「お読み下さい／読まないで下さい」の著作家リストでも、デュルケムとレヴィ＝ブリュルの二人は「読まないで下さい」の項に入れられていたし、「伝統的思考」の考察に向かった時期のブルトンもあえてレヴィ

＝ブリュルの著作には近づこうとせず、わざわざヒンドゥーや神秘哲学系の文献から思考のモデルを得ようとする迂回ぶりを示していた、たとえその後の彼がシュルレアリスムと未開心性論をたくみに関連づけたモヌロの評論書を肯定することになったとしても。[24]

レリスやシーブルックにみられたレヴィ＝ブリュル理論の受容とは、それゆえすぐれて『ドキュマン』的な現象、『ドキュマン』の土壌を通じて育まれた運動のつかの間の実りであったということができるかもしれない。レリスにとり『ドキュマン』最後の寄稿論文となった「死せる頭」に、私たちはその実りの成果を明確にみてとることができるはずである。「そこでは部分で全体を、アクセサリーで人格をといった同一の呪術的な思考様式が表明されていて、部分はただ全体と等価なだけでなく全体以上に強力でさえある」。レヴィ＝ブリュルの発想を学説の束縛から解きはなち、自由な論理を組み立てていくこの種の文体テクニックについて、実のところレリスは『ドキュマン』同人のなかでもとくにカール・アインシュタインの美術評論からその多くを吸収していた。[25]

もとよりアインシュタインという人物は、アフリカ彫刻の作例をめぐる民族学のエピソディックな分析手法、すなわち作品それ自体の造形的な価値を考慮せずにそれを単なる社会機能や図像や象徴に還元してしまう手法を当初から論駁してきた美術史家である。[26] だがその一方で、同時代の前衛作家をめぐる彼の格調高い評論文には、おそらく当時の知識人に斬新な印象をあたえたにちがいない民族学の術語が豊富に散りばめられてもいた。たとえば「民族学的考察」の堂々たる副題をつけた彼のマッソン論、そこでは「神話」、「超自然」、「外婚制」、「仮面」、「祖先」、「呪力」、「供犠」、「豹人」など、従来の美術批評にはおよそ縁遠い系統の語彙群とともに、マッソンの絵画モティーフにみられる「生物学上の同一性をいささかも考慮しないトーテミックな同一性」、またその同一化を可能にしたマッソンの幻覚体験が「(シャーマニックな) エクスタシーの訓練」の効用として礼讃されてもいた。[27] 文中に直接の引用はないもののの、生物学の同定を無効とする「神秘的同一」の心性を想定したこの発想がレヴィ＝ブリュルのものであることはまちがいない。«ethnologique» や «ethnographique» などの形容が当時のフランス知識人のあいだでいかなる語彙と論調のもとにイメージされていたかを知るうえで、この論考はまさしくひとつの範例といってよいのかもしれない。たとえばシュルレアリスム離脱後のレリスが「驚異」を語る際にいくぶん熱狂的に採用したのも、『ドキュマン』同人の美術史家によりこうして範が示され境界づけられたかぎりでの「民族学」であり「民族誌学」だったのである。

詩人レリスの探求する「驚異」には、シュルレアリスト時代でさえ彼特有のレアリスムへの志向がひそんでいた。その後ブルトンと訣別し「レアリスムへの回帰」を鮮明にしていく彼の二九年にとり、重要なのは日常生活のはざまで人間——あるいは肉体——とじかに交流してくるような驚異であったのだから[28]、その彼が「日常の驚異」に近づく手がかりとして当時の民族学的な知、なかでも形式論理の厳格な二元論を超克するかのような「未開の融即法則」に目を向けたのもそれゆえけっして唐突なことではない。驚異的なるものが存在するのは自然の此岸でも彼岸でもなく、ほかでもない人間の内部であると規定する『ドキュマン』誌初年次第二号の小論で、彼はすでに「野蛮人の未開心性」が西洋社会のオカルティズムに相当するという興味ぶかい等式化をこころみている[29]。また、これと同じ号に掲載された先のマッソン論について、日誌中のレリスはアインシュタインが「エクスタシーの訓練」と呼ぶものをオートマティスムに比肩しうる詩作の秘法として、あるいは「トーテミックな同一性」を詩的創造にかかわる表現として彼なりに咀嚼しながら、この種の「民族学的」な語彙と文体とを孤独に学習していくであろう。「民族誌学の勉強のことばかり考えている」と当時日誌で告白する彼の机上にも、まもなくフロイトの『トーテムとタブー』やレヴィ＝ブリュルの『未開心性』が——いくぶん埃をかぶりながらも——積まれていくはずである[30]。

レリス流の「レアリスムの驚異」のうちで、民族学の知と神秘思想が矛盾することなく共存していた事実に今日の私たちがいくぶんなりとも当惑をおぼえるとすれば、それはフランス社会学派の台頭によりアカデミスム内部での位置を当時かろうじて確保していた民族学という新参の知が、「供犠」、「呪術」、「マナ」、「トーテミスム」などの風変わりな——またすでにそれ自体が秘教的な印象をあたえずにはいない——語彙をもとに、当時のフランス知識人に抱かせていたはずの強烈な異形性を想像しがたいためである。ましてや同と異、一と多などの概念弁別の無化を標榜したレヴィ＝ブリュルの融即論は、民族学と非西洋世界にエゾテリスムの匂いをかぎつけようとする読者にとってはまたとない知の形式であり、ひとをポエティックな驚異の世界へといざなう点でも、錬金術やオカルティズムとほぼ並置可能な知でありえたからである。あるいはこうもいうことはできないだろうか。神秘思想の「驚異」を民族誌学の「現場」に連絡させる発想とは、単に驚異をレアリスムの側へと引き入れるだけでなく、逆に民族学の知をいくぶんなりとも驚異の場に投げ入れて消費することをも意味していたと。驚異の自然化がすなわち民族学的フィールドの超自然化でもあるということ。ひとりレリスにかぎらず、そもそもバタイユが『ドキュマン』の編集作業を通じて活用することになったのも、はたしてそうしたロジックの操作ではなかっただろうか。レリスの言葉をかりれば「人を苛だたせるものそして人を不安にさせるというのでなければ異様であるもの(31)」の考察をめざしたバタイユ主導の雑誌と、そこで採用された「民族学的知見」というアカデミスムの意匠。何よりもこの「民族学的知見」という意匠に支えられ、『ドキュマン』はまもなく人身供犠、集団殺戮、流血、食人、脱魂といった驚異の事象の何もかもを公然と記述しうる特権的な言説空間となっていく。そうしたなか、非西洋世界の供犠や食人など、いかにもバタイユ的な主題に照応しそうな「フィールドデータ」をたずさえて登場したシーブルックは、この意味においてすら一九三〇年というまたとないタイミングでパリに漂着したことになるはずである。

4 『幻のアフリカ』にて

仏訳版『魔術の島』に『ドキュマン』誌上でいちはやく反応を示したバタイユとレリス。そのレリスが著者シーブルックからこんどは西アフリカのヤフバとハベを被写体とする衝撃的な写真を見せられたとき、やがては自らにとっての幻となるかもしれないアフリカに民族学的驚異の祖型を見いだし「民族誌学者の眼」を発表した経緯についてはすでにふれた。アフリカ渡航前夜の彼が『ドキュマン』に発表した「死せる頭」とは、それゆえ私たちがここでいう「レアリスムに投げこまれた驚異」の探求から「超自然化された民族学のフィールド」調査へとレリスの重心が移っていく過渡期、あるいはその結節点に位置する論考であったとみなすこともできるだろう。

レリスはダカール＝ジブチ調査団の研究分担として「宗教社会学」と「秘密結社の民族学」の調査項目を担当した。一行がバンディアガラ断崖に到達する三一年九月以降、こうしてレリスは秘密結社、割礼、仮面、人身供犠、呪物など、バタイユやアインシュタインが『ドキュマン』誌上で伝えていた「民族学的」なイマージュの現前にドゴンの地で立ち会うことになるだろう。この詩人の志向をなおも形づくっていたのは、日常と詩作を架橋しうる驚異的な何物かの探求であり、彼にとってはそのための「民族学」であり未開心性論でもあったのだから、たとえば同じレヴィ＝ブリュルの読者とはいえ、『コンゴ紀行』の著者のようにそれをアフリカ見聞録のアカデミックな註釈に利用する読み方とはおよそ立場を異にしていた(32)。むしろ旅の初発から彼の内面に深い影を落としつづけたのは、「アフリカ蛮族の奇習」にレヴィ＝ブリュル理論の例証となる驚異を見いだしていた「先行調査者」の幻影である。その幻影は、ドゴン入りを果たした後のレリスの心からも離れようとはしない。「シーブルックが撮影して『ドキュマン』に転載されたものに似た祭壇を見た。黒人の小学校教師はシーブルックがぼくに用心するよう言っていた人物で〔……〕(33)」。

しかしシーブルックの現地情報をたよりとしたレリスの旅は、まもなく西アフリカの土地で、現実による二つの裏切りを経験した。まず、ダカール入港時点まで主要調査地のひとつに予定され、シーブルックが伝える仮面と食人習俗の点でもレリスが「いちばん見てみたかった地域のひとつ」だったダン族、ゲレ族の調査は、黄熱病の流行でたまたま象牙海岸領内への通行が植民地当局により封鎖されたため、団長グリオールの決断で中止された。「民族誌学者の眼」でレリスが「ヤフバ」に期待していた仮面の調査は——西アフリカでも屈指の仮面文化をほこるダン族の居住域を彼らが訪れていれば、パリ人類博物館のアフリカ収蔵品目録とフランス民族学の歴史はまるでちがう方向に進んでいたかもしれない——「男根崇拝者ハベ」すなわちドゴンの地で代替されることになるだろう。「ぼくたちはもう、じきに訪れるはずのハベ族のことしか考えていない(34)」。

現実によるこの第一の裏切りが偶発的なものであったとすれば、レリスがバンディアガラ断崖で経験する裏切りは必然といってもよい性格をおびていた。西アフリカに潜入した自称ジャーナリストの「探検」が、実のところ粉飾と欺瞞にいろどられた一人芝居にすぎなかったという、それは苦々しい事実の発見である。もとよりシーブルックの西アフリカ旅行は、通過予定地のフランス人行政官にあらかじめ書簡で連絡をとり、宿営地での荷夫の調達や住民との接触については現地の植民地首長に便宜を強制した点で、両大戦間期アフリカにおける西洋知識人の旅のかたち——『コンゴ紀行』にせよ『地図のない旅』にせよあるいはこのダカール＝ジブチ調査団にせよ——として典型といえるものだった。それは一九世紀の西欧に流通していたアフリカ表象のもと、「自我と個体が不在の大陸」に植民地帝国が匿名の「サルの群れ」からあらかじめ抽出・配置しておいた「個人」、すなわちアフリカ人原住民首長の存在に支えられて初めて可能となる旅の形式であり、「アフリカの奥地へ」をうたいつつも実際は彼ら原住民首長の現地案内をたよりに内陸拠点を線状に移動していたにすぎない、いわば完全に馴致された「踏査」であり「探検」であったことを私たちはここで想起しておかねばならない[35]。秘境ルポライターが記録の外部へと執拗に排除し覆いかくそうとしたアフリカ、それは肌の黒い「フランス臣民」たちが強制労働とアンディジェナにあえぐ一方、ひとにぎりの黒人首長の周辺で特権的な植民地由来の家系が形成されつつあった文字どおり「闇の奥」であり、フランス本国が受けた世界恐慌の打撃でまもなく植民地首長の官僚化と行政機構のリストラが唐突に断行されようとしていた両大戦間期の仏領西アフリカそのものの姿だったのである。

　シーブルックが自らの筆力で懸命に仕立てあげようとした幻のアフリカと幻でないアフリカとのあいだに、それゆえ避けようもなく生じてしまうある種のきしみ。象牙海岸の宿営地で荷夫に夕食が供されなかったといって村人を殴る彼は、「ヒョウの牙で髪を編みあげているような蛮族ヤフバの首長」が近代式のアヒルの養殖場を所有するという植民地の凡々たる事実に今さらながら驚嘆してみせる。今回の秘境ルポの売り物となった「食人種」の記述についても、彼が地方行政官の紹介で出会った「四名の食人酋長」こそ、二〇世紀初頭のフランスが西アフリカの実質的な領土経営に先だって各地で任命しておいた原住民首長の後継者である事実に彼は気づこうとしない。しかも首長の任命は地図上での行政区分の作業を前提にするという植民地統治の常識を軽率にもやりすごし、「ゲレ族の土地はいまだほとんど地図に記されておらず、かつて白人が踏査したことのない地域が広がっている」という明らかな虚構をそこに外挿してくるのだった[36]。秘境ルポルタージュのなかで「驚異」の記述対象とされた蛮族の個体がじつはフランスによりあらかじめ用意された植民地個体であったという、現在の私たちからみればいささか凡庸さの印象をまぬがれない、だがスケールの壮大さという点ではそれなりに注目されてもよいひとつのパロディ。そしてそのパロディを通じて確実に現前してくるであろう驚異の蛮族、ドゴン。

　パリで出版されたばかりの仏訳版『密林の秘密』がダカール＝ジブチ調査団のもとに船便で届いたのは、一行がドゴンの地を去ってから三カ月あまりを経た三二年二月、ヤウンデ滞留中のことであった[37]。探検家の情報が約束していた「驚異の土地」で調査を始めてからというもの、しかしレリスは現実による第二の裏切りをもう存分に体験している。「仮面は洞窟の岩のひさしの下に置いてある〔……〕会話がまた始まる。まず次のようなさまざまな問題について。植民地博覧会でダンスをするために派遣された村の一二人の若者のうち一一人までが怒りに燃えていること（ひとり満足しているのはシーブルックの情報提供者で〔……〕）、補助医務員の往診がめったにないこと〔……〕ハベ族が現在平穏なのはフランス人が『顔を殴るだろう』から諍いは起こさぬ方がよいと彼らが判断しているためであること〔……〕」。シーブルックが撮影したものと似た祭壇があることをドゴン入りの初日でこそ興奮ぎみに日誌に記す彼ではあったが、こうしてその二週間後には、シーブルックが誤って呼んでいた民族呼称「ハベ」を日誌中でつとめてさりげなく彼は「ドゴン」に呼びあらためている。またシーブルックが自己申告とはちがい白人用のカンプマンに泊まりながら取材をしていた事実をほかでもないシーブルックの現地インフォーマントから聞かされたり、妻が手紙で送ってくれたシーブルック執筆の記事の切り抜きが欺瞞に満ちていることを知るレリスは、その妻やリヴィエールに宛てた書簡中で彼への疑念をしだいにつのらせていく。「ここでの滞在を通じてぼくにも見破れるようになったシーブルックの欺瞞〔……〕ぼくはシーブルックへの信頼をどんどん失くしていく〔……〕シーブルックの記事は恥知らずだ。それは嘘のかたまりで〔……〕まったくのでっちあげだ」。そうしてついに彼のもとへと届けられた仏訳版『密林の秘密』の著者謹呈本。ドゴン関連の箇所をヤウンデで拾い読みしたレリスはそのでたらめな内容に激怒し、妻への書簡でも「この『ボヘミアンな耽美主義者』であるアメリカ人の精神を最も下劣なしかたで反映した書物」などと記し、「死せる頭」の時点ではあれほど親しみをおぼえていたニグロ好きの同胞を酷評するのだった。(38)

5　幻のシーブルック

レリスがアフリカから帰国した一九三三年、ダカール＝ジブチ調査団特集号に続けて発行された『ミノトール』誌上では、ブルトンとエリュアールの連名による「出会いについてのアンケート」結果が発表される。回答者に名を連ねた各界の知識人・芸術家一三七名のうちに、私たちはあの『密林のしきたり』の著者の名もたしかに見いだすことであろう。翌年『幻のアフリカ』を出版するレリスはそのままパリでレヴィ＝ブリュルやモーリス・レーナルトの講義に加わり、四五年の象牙海岸訪問までは二度とアフリカの地を踏むこともない。逆にレリスと決定的な不和をきたしたグリオールは、調査団の構成を変えて三五年、三六年とふたたびバンディアガラ断崖に旅立っていくだろう。そして三八年、グリオールはフランス民族学の記念碑的な大著『ドゴン族の仮面』を上梓する。それはこれまで秘境探検の通俗読み物で「ハベ」と呼ばれてきた西アフリカの一集団にアカデミスムの司祭が「ドゴン」の改名儀礼を厳粛にほどこした歴史の瞬間にほかならなかった[39]。

一方その後のシーブルックは、重度のアルコール中毒から療養所に収監されたりサディスティックな性癖がもとで離婚と再婚をくりかえしたすえ、四五年に他界する。ヘミングウェイの二〇年代からヘンリー・ミラーの三〇年代へといたるアメリカ人作家のひとつの系譜、すなわち禁酒法時代の祖国をのがれてパリへと漂着してきた享楽者たちの系譜のなかに、同国人のひとりが「アウトサイダー中の最たる人間」とまで形容したこの秘境ルポライターもささやかながら自らの位置を見いだすことであろう[40]。

シーブルックの死去三年後に出版された民族学者レリスのモノグラフィー『サンガのドゴン族における秘密言語』では、総数一〇〇件をこえるドゴン関連、民族学関連の文献リストのなかからシーブルックの名がごく自然に抹消されていた[41]。ただし『密林のしきたり』が「植民地化に抗するようなことを何も述べようとしない」ことを妻への書簡で糾弾していたレリスもまた、少なくとも第二次大戦後にサルトルの影響下で民族学徒としての自己批判の地平を先鋭に意識化するまでは、調査現場で「オゴンもいなければ仮面もないしシギ祭もない」地方に失望を隠さない、当時としてはごく平凡なひとりの民族誌家であった[42]。ならばグリオール学派によるその後のドゴン研究は、はたしてシーブルックの創りあげた幻想から、またシーブルックという個体を創りあげたパリ一九三〇年代の幻想から、いやせめてシーブルックという個体そのものの幻影からだけでも十全に解かれたアカデミスムだったといえるだろうか。ダカール＝ジブチ調査団の時点では自嘲ぎみのレリスが「ぼくたちの本箱に入っている唯一の蔵書」と呼んでいた仏訳版『密林の秘密』。その著者の幻影は、たとえば第二次グリオール調査団の一員ドゥニーズ・ポルムに祭司首長オゴンのひとりがおそらくは自らの身分証書のつもりで差し出したはずの小さな紙片の内になおも暗く身をひそめているはずの、ことであろう。その小さな紙片とは、ここバンディアガラの地をたしかに数年前自らの足で踏みしめていたはずの、だが彼らグリオール学派が発表するモノグラフィーからは今後永久にその名が脱落するであろうあのアメリカ人、三〇年代パリにおける未開の驚異の代理人としてシュルレアリスムとその離脱者たちに近づいていこうとしたあの自称探検家の名を記す、一枚の古びた名刺なのであった(43)。

註

(1) Leiris 1992: 188-203, 721.

(2) 仮面論の観点からみた「死せる頭」の位置づけについては、本書所収の拙稿「頭蓋・顔・皮膚」を参照されたい。

(3) Seabrook 1928; Seabrook 1929. ちなみにシーブルック翻訳の波は数十年の時をへだてた第二次大戦後の日本にも到来した。経済成長期のレジャーブームのもとで秘境物の大衆ジャーナリズムを先導した出版社にとり、昭和四三年はシーブルック元年となる。大陸書房はこの年、日本語版『アラビアの冒険』(邦題『アラビア遊牧民』)と『魔術の島』(邦題『魔法の島〈ハイチ〉』)を続けて刊行、業界では老舗にあたる双葉社の月刊誌『世界の秘境シリーズ』も、後述するシーブルックの西アフリカ紀行『密林のしきたり』の抄訳兼紹介文を掲載している(白川 一九六八)。なかでも『アラビア遊牧民』は、昭和一八年に当時の東亜研究所々員が他社から出版した訳書の再録であり、それが「未開地への憧憬」をうたう大陸書房「世界のノンフィクションシリーズ」を生みだすきっかけとなった経緯は、この分野におけるシーブルックの影響力を例証するものといえよう。

(4) バタイユ 一九七四; Leiris 1929c. なお、『魔術の島』が一九四〇年前後のマビーユにあたえた影響については、本書所収のシアンピ論文を参照されたい。

(5) Leiris 1930a.

(6) マン・レイ 一九八一: 一九四—一九八。

(7) Chénieux-Gendron 1985. あるいはマン・レイ伝の著者による次の記述。「シーブルックにはもうひとつ、風変わりな趣味があった。若い女を縛りあげたり身動きできないほど飾りたてたりして、それをマン・レイに撮影させるのである」(ボールドウィン 一九九三: 二四八)。

(8) Leiris 1930b.

(9) 少なくとも一九三〇年代の象牙海岸植民地でフランス側に流布していたダン族の呼称は「ヤフバ(Yafouba)」というより「ヤクバ(Yacouba)」だった。この起源は、二〇世紀初頭の植民地派遣軍人による現地探査の際、北マンデ語系の通訳を介して民族呼称を問いただされた現地住民がダン語で口々に「彼(フランス人)はこう言っている(Ya peu bhaa)」と言ったひとことがそのまま民族呼称としてフランス側に誤認されたことにある(この定説がダン族側の植民地伝承でもおおむね共有されていることは、筆者の現地調査でも確認された)。また「ハベ(Hab(b)é)」は、ドゴン住民をさすフルベ語の他称表現にすぎないことが判明している。

(10) だとすれば、当のシーブルックはいかなる類の情報からダンやドゴンの存在を知りえたのかという疑問もむろん生じてこよう。まず確かなのは、象牙海岸派遣のフランス人行政官のあいだで当時すでに「西の森に生息する食人種」の噂が伝説化しており、その噂をシーブルックも聞きつけていたという事実である(Seabrook 1931: 124-125)。ダン族居住域にあたる問題の密林に「単なる想像の産物とは異なる最後の食人種が実在する」との言説であれば、私たちは一九〇一年のフランス人探査団による調査報告にまでその起源を遡行することが可能である(d'Ollone 1901)。同じくシーブルック以前のパリにドゴンをめぐる情報がまったく不在だったというわけでもない。植民地派遣軍人デプラーニュによる『ニジェール川中央高地』が出版されたのは一九〇七年であるし、トロカデロ民族誌博物館にはおそくともこの年までにドゴン由来の「収集品」が登録されている(Desplagnes 1907; ポドラ 一九九五)。しかもシュルレアリストの非難の的となった三一年のパリ国際植民地博では、数名のドゴン人による本物の仮面ダンスが会場に現れ、トロカデロの副館長リヴィエールの収集欲を刺激さえしているのだった(私たちは『幻のアフリカ』の間接的な記述(Leiris 1981: 107)をもとに、ドゴンの仮面グループをフランス本国まで招致した張本人さえ、実はシーブルックではなかったかと憶測したい誘惑にかられる)。ただしドゴンにまつわるこれら一連の植民地メッセージも、二九年時点での秘境ルポライターの興味を惹くにはあまりにも控えめなイマージュの断片にすぎなかったといわざるをえない。むしろシーブルックの情報源として可能性が高いのは、彼に疑いをもちはじめた時期のレリスが「アフリカについて書いたポール・モランの本はたしかに有名じゃないけれど、シーブルックの本よりはまだましだ」(Leiris 1996f: 362)と書簡で記すように、たとえば彼のごく身近にいた『黒人の魔術』の著者なのかもしれない(残念ながら、本稿執筆時点までに筆者は『黒人の魔術』原本を入手できなかった)。あるいは、シーブルックがドゴンの初訪問に先だちバンディアガラ駐在のフランス人行政官を介してあらかじめサンガの現地首長に書状と贈り物を届けている事実、またドゴンの仮面祭礼が行われる期日を彼が事前にキャッチしており、それに合わせて現地入りしている事実などを考慮するなら、彼が象牙海岸北部から西スーダンに入った後、たとえばモプティのような通過点で現地行政官から「断崖の奇怪な住人」の動向を確認――ないし再確認――していた可能性も否定できない（Seabrook 1931：227, 231-232)。

(11) Leiris 1946：216-217.

(12) パリで仏訳版『密林の秘密』を出版したベルナール・グラセ社は、自社が手がける廉価普及版「今日の大冒険者たち」シリーズでも、その抄訳書を発行していた。

(13) Seabrook 1931：221.

(14) Seabrook 1931：122.

(15) Seabrook 1931：247.

(16) Seabrook 1931：233-234.

(17) Seabrook 1931：55-56, 122-123.

(18) シーブルックは彼一流の神秘主義的な曲解からレヴィ＝ブリュルを崇拝するあまり、西アフリカの旅行で得られた「民族学的情報」の一部をパリのレヴィ＝ブリュル本人に提供さえしている（Seabrook 1931：93)。

(19) Leiris 1992：41, 77, 844 n.62；Armel 1997：209-212.

(20) ブルトン 一九七〇：一〇八―一一二。

(21) Leiris 1929a：52.

(22) Armel 1997：233.

(23) Lévy-Bruhl 1910：77.

(24) Pierre 1980：202；Jamin 1986：56；ブルトン 一九九四：二六六、二七五―二七六；モヌロ 一九七四。

(25) アインシュタインは一九〇七年以来いくどかパリを訪れており、二〇年代初頭には代表作『ニグロ彫刻』の仏訳もパリで出版されている。彼の旧友カーンワイラーがレリスの義父となるのは二六年、その二年後にアインシュタインはパリへ移り住む。一方のレリスも『ドキュマン』創刊後――その名目上の編集長はアインシュタインだった――はバタイユと連れ立って何度か彼の部屋を訪問していた。一九四〇年、疎開先のバイヨンヌでナチのユダヤ狩りに絶望したすえアドゥール川に身を投げるまで、この美術史家とレリスのあいだに親密な交流がつづいたことは疑いえない。

(26) Einstein 1986.

(27) Einstein 1929.
(28) Armel 1997：213.
(29) Leiris 1929b：110.
(30) Leiris 1992：137, 140, 146, 157, 161, 166-167, 188.
(31) Leiris 1966：261.
(32) Gide 1995：124, 328-329, 335-336, 373.
(33) Leiris 1981：89.
(34) Leiris 1981：59, 64；Leiris 1996b；Leiris 1996c.
(35) フランス植民地統治における住民の差異化と個体化のテクノロジーについては、別の場所でやや詳しく論じた（拙稿 一九九九）。
(36) Seabrook 1931：87, 92, 125-128.
(37) Leiris 1996f.
(38) Leiris 1981：89, 104, 107-108, 160；Leiris 1986；Leiris 1996d；Leiris 1996e；Leiris 1996f. ただしレリスはこの数週間後の日誌中で『密林の秘密』を文学作品として再読しながらいくぶん評価を和らげるとともに、目前で訪問の機会をのがしたダン族、ゲレ族をめぐるシーブルックの記述にはなおも信頼を寄せる一面があった（Leiris 1981：202)。
(39) Breton, Eluard 1933；Griaule 1938.
(40) マン・レイ 一九八一：一九四；クレスペル 一九七七：二四〇。
(41) Leiris 1948. ちなみにシーブルックのハイチ旅行記も、以後の社会人類学者に厳しく断罪されることとなった（ex. Mair 1969)。
(42) Leiris 1996f；Leiris 1981：133.
(43) Paulme 1992：24. あるいはシーブルックが『密林のしきたり』で言及するサンガの呪物保管者の長老オガテンビリ（Ogatembili）が、ドゴン研究の古典『水の神』により人類学史上最も有名なインフォーマントのひとりとなるあの盲目の長老オゴテンメリ（Ogotemmêli）と、よもや同一人物ではないことをここで私たちは祈るばかりである（Seabrook 1931：264；Griaule 1948)。

文　献

クレスペル、ジャン＝ポール　一九七七　『モンパルナス讃歌 1905—1930』佐藤昌訳、美術公論社。

白川龍彦　一九六八　「象牙海岸奥地の喰人族グエール」、『世界の秘境シリーズ 第74集』、双葉社、四二—四七頁。

バタイユ、ジョルジュ　一九七四　「屠殺場」、『ドキュマン（ジョルジュ・バタイユ著作集11）』片山正樹訳、二見書房、八〇—八一頁。

ブルトン、アンドレ　一九七〇　「シュルレアリスム第二宣言」、『アンドレ・ブルトン集成5』生田耕作他訳、人文書院、五七—一二三頁。

——　一九九四　『ブルトン、シュルレアリスムを語る』稲田三吉・佐山一訳、思潮社。

ボドラ、ジャン＝ルイ　一九九五　「アフリカから」、『20世紀美術におけるプリミティヴィズム（I）』、W・ルービン編、吉田憲司他日本語版監修、淡交社、一二四—一七五頁。

ボールドウィン、ニール　一九九三　『マン・レイ』鈴木主税訳、草思社。

真島一郎　一九九九　「植民地統治における差異化と個体化——仏領西アフリカ・象牙海岸植民地から」、『植民地経験——人類学と歴史学からのアプローチ』、栗本英世・井野瀬久美惠編、人文書院、九七—一四五頁。

マン・レイ　一九八一　『セルフポートレイト』千葉成夫訳、美術公論社。

モヌロ、ジュール　一九七四　『超現実主義と聖なるもの』有田忠郎訳、牧神社。

Armel, Aliette 1997 *Michel Leiris*. Paris : Librairie Arthème Fayard.

Breton, A., P. Eluard, éd. 1933 «Cent quarante réponses à l'enquête sur la Rencontre», *Minotaure*, 3/4 : 101-116.

Chénieux-Gendron, Jacqueline 1985 Note pour : Michel Leiris, «Le "*caput mortuum*" ou la femme de l'alchimiste», *Pleine Marge*, 1 : 125.

Desplagnes, Augustin 1907 *Le plateau central nigérien : Une mission archéologique et ethnographique au Soudan français*. Paris : Larose.

d'Ollone, Charles Alexandre 1901 «Populations anthropophages du Cavally», *Revue de Géographie*, 49 : 452-460.

Einstein, Carl 1929 «André Masson, étude ethnologique», *Documents*, 1(2) : 93-102.

—— 1986 [1915] «La sculpture nègre» (trad. Liliane Meffre), In *Qu'est-ce que la sculpture moderne ?* (Margit Rowell, dir.).

Paris : Editions du Centre Pompidou, pp. 344-353.

Gide, André 1995 [1927-28] *Voyage au Congo* (suivi de *Le retour du Tchad*). Paris : Gallimard（アンドレ・ジイド　一九三八―三九『コンゴ紀行』河盛好蔵訳，『續コンゴ紀行』杉捷夫訳，ともに岩波文庫）.

Griaule, Marcel 1938 *Masques Dogons.* Paris : Institut d'Ethnologie.

—— 1948 *Dieu d'eau : Entretiens avec Ogotemmêli.* Paris : Editions du Chêne（マルセル・グリオール　一九八一『水の神――ドゴン族の神話的世界』坂井信三・竹沢尚一郎訳，せりか書房）.

Jamin, Jean 1986 «L'ethnographie mode d'inemploi : De quelques rapports de l'ethnologie avec le malaise dans la civilisation», In *Le mal et la douleur,* Hainard, J. & R. Kaehr, éd., Neuchâtel : Musée d'ethnographie, pp. 45-79.

Leiris, Michel 1929a «Notes sur deux figures microcosmiques des XIVe et XVe siècles», *Documents,* 1(1) : 48-52.

—— 1929b «A propos du "Musée des sorciers" », *Documents,* 1(2) : 109-116.

—— 1929c «L'Ile Magique», *Documents,* 1(6) : 334-335.

—— 1930a «Saints noirs», *La Revue du cinéma,* 2(11) : 30-33.

—— 1930b «L'œil de l'ethnographe (à propos de la Mission Dakar-Djibouti)», *Documents,* 2(7) : 404-414.

—— 1946 [1939] *L'âge d'homme.* Paris : Gallimard（ミシェル・レリス　一九六九『成熟の年齢』松崎芳隆訳，現代思潮社）.

—— 1948 *La langue secrète des Dogons de Sanga* (*Soudan français*). Paris : Institut d'Ethnologie.

—— 1966 [1963] «De Bataille l'Impossible à l'impossible Documents», In *Brisées.* Paris : Mercure de France, pp. 256-266（同　一九七一『獣道』所収，後藤辰男訳，思潮社，三一六―三二九頁）.

—— 1981 [1934] *L'Afrique fantôme.* Paris : Gallimard（同　一九九五『幻のアフリカ』岡谷公二他訳，河出書房新社）.

—— 1986 «Lettres de Michel Leiris à Georges Henri Rivière (1931)», *Gradhiva,* 1 : 28-29.

—— 1992 *Journal : 1922-1989.* Paris : Gallimard.

—— 1996a *Miroir de l'Afrique.* J. Jamin, éd., Paris : Gallimard.

—— 1996b [n. d.] «Lettre du 11 juin 1931 à Zette», In *Miroir de l'Afrique.* J. Jamin, éd., Paris : Gallimard, pp. 119-120.

—— 1996c [n. d.] «Lettre du 13 juillet 1931 à Zette», In *Miroir de l'Afrique.* J. Jamin, éd., Paris : Gallimard, p. 145.

—— 1996d [n. d.] «Lettre du 11 décembre 1931 à Zette», In *Miroir de l'Afrique.* J. Jamin, éd., Paris : Gallimard, p. 292.

—— 1996e [n. d.] «Lettre du 16 janvier 1931 à Zette», In *Miroir de l'Afrique.* J. Jamin, éd., Paris : Gallimard, p. 324.

—— 1996f [n. d.] «Lettre du 28 février 1932 à Zette», In *Miroir de l'Afrique.* J. Jamin, éd., Paris : Gallimard, pp. 361-362.

Lévy-Bruhl, Lucien 1910 *Les fonctions mentales dans les sociétés inférieures.* Paris : Félix Alcan.

Mair, Lucy 1969 *Witchcraft.* London : Weidenfeld and Nicolson（ルーシー・メア 一九七〇『妖術――紛争・疑惑・呪詛の世界』馬淵東一・喜多村正訳、平凡社）.

Paulme, Denise 1992 *Lettres de Sanga à André Schaeffner,* suivi des *Lettres de Sanga de Deborah Lifchitz et Denise Paulme à Michel Leiris.* Paris : fourbis.

Pierre, José, éd. 1980 *Tracts surréalistes, et déclarations collectives,* tome I : 1922-1939. Paris : Le terrain vague.

Seabrook, William Buehler 1928 *Adventures in Arabia : Amongst the Bedouins, Druses, Whirling Dervishes and Yezidee Devil-worshippers.* London : George G. Harrap & Co. Ltd（W・B・シーブルック 一九六八『アラビア遊牧民』斎藤大助訳、大陸書房）.

—— 1929 *The Magic Island.* New York : Harcourt, Brace and Company（同 一九六八『魔法の島〈ハイチ〉』林剛至訳、大陸書房）.

—— 1931 *Jungle Ways.* London : George G. Harrap & Co. Ltd.

先コロンブス期の芸術に関するノート

バンジャマン・ペレ
（鈴木雅雄訳）

人間の目というものは、どこでも同じ能力を備えてはいても、風土によって異なる景色を眺めている。もしあらゆる人種的偏見を拒否して、ニグロ、ヨーロッパ人、アジア人、インディオのあいだには知性レヴェルの差異しかないと考えるにしても、人がそこで生まれ、生き、死んでいくその世界が、文化の形態や発達のリズムを決定していることは間違いがない。だがフレイザーを読みさえすれば、さまざまな土地の、さまざまな時代の人々が、同じ神話につきまとわれてきたことを理解できるだろう。現在メキシコの国旗を飾っている鷲と蛇の闘いは、紀元前数千年に遡るシュメールの碑文にも刻まれている。ヨーロッパ産のあらゆる災厄とともにスペイン人征服者たちがアメリカ大陸に持ち込んだ処女なる母の神話は、すでに古代メキシコの宗教世界においても力を持っていた。それは罪なくしてウイツィロポチトリを産んだコアトリクエであり、同様にしてケツァルコアトルを産んだチマルマである。[1] 結局ギリシア＝ローマ神話のほとんどの登場人物について、メキシコやマヤの神々の中に、多かれ少なかれ正確な対応物を見つけることができる。だからといって、カトリックの司祭たちのようにケツァルコアトルを聖トマスと同一視して、彼を媒介になんらかの連絡があったと考えたり、[2] あるいはアトランティス大陸を想定したりすることで、アメリカ大陸の住人がさまざまな時代にヨーロッパと関係を持っていたと結論してしまうのは軽率である。

だがこうしたあまりに単純な説明を受け入れないとしても、地上のいたるところで人間が同じような段階を通過したし、また通過しつつあるという事実、同じような自然の威力に神的な力を付与し、さらにこの力を崇拝の対象にしてしまったという単純な事実には、強い印象を受けずにいられない。人間が未開の状態にとどまっていればいるほど、その想像力は外界の直接的知覚との緊密な結びつきを維持していたのであり、この知覚の新鮮さにふさわしい発展をとげることができたのである。外界が想像力に働きかけると、刺激された想像力は、外界に対して自分から働きかけてそれを詩的に解釈し、ついでいつのまにかそれを自分の欲望や欲求に従って修正しようと試みる。しかしこの想像力はすべての人間に共通の無意識の底から湧き出してくるのであり、今日の未開人たちは、かつての我々の姿を示してくれるだけでなく、安上がりな現代的教育のうわべの裏側では我々が実はいまだにそうである本当の姿を、文明人が忘れようと無駄にあがいているその姿を、見せてくれるのだ。つまりは現在の人間も、自分自身の本性を意識しないままであるという点では、はるか昔の人々と変わることはないのである。

当然、芸術も同じ道をたどる。芸術もまた、もともとは人間が作り出した神々に対し、形を与えようという欲望から生まれたものだからだ。このことから、詩は造形芸術に先立つと言える。人間がその想像力を用いはじめたのは、自分の欲望や不安から生まれた存在に具体的な形を与えるための手段を所有するより以前のことだからである。だから、たとえばアメリカ大陸で、アマゾン森林地帯の未開民族が所有する伝説は、彼らが造形芸術を発見したときすでに詩的な豊かさを備えていたことは確実であろう。そしてこの豊かさは、我々の知っている先コロンブス期のメキシコ神話の貧しさと奇妙な対比をなしている。後者の神話は哲学的思考のいくぶんかをすら含んでおり、ましてこの時期メキシコは、造形芸術では新大陸のどこにおいてもこれ以上のものが見られないというレヴェルに達していたにもかかわらず、そうなのである。

芸術という語の通常の定義を踏襲し、それは美を創造するための「利害を離れた精神活動」だと考えてしまうなら、先コロンブス期の造形的産物について芸術を語ってもなんの意味もないだろう。その場合美というのは、ただギリシア＝ローマの古典的規範をしか表さないからだ。ニグロ彫刻や未開民族の作品群、中世絵画、また古代エジプトや中国その他の彫刻などと同じく、先コロンブス期の人々の製作品がこの定義に適合しないことは明白である。しかしながら、エジプトやオセアニア、先コロンブス期の彫刻を前にして真に深い感動を経験することがないとするなら、人は自身の無理解や盲目、偏見の大きさを証明してしまうことになる。ところでこの感動は、対象の奇妙さ、あるいは西欧の古典芸術との多かれ少なかれ希薄な関係などから来ると言えるだろうか。第一に指摘しておかねばならないが、一般に最大の情動的な衝撃を引き起こすのは古典芸術にもっとも近い対象ではないし、この奇妙さの感覚は、古典芸術からその対象が離れれば離れるほど増大するものだ。またこの奇妙さの質が、不変のものではないことにも注意すべきだろう。ある観察者はどれか特定の対象により強く惹かれるかもしれないし、したがって同じ対象を前にした複数の観察者はみな同じ奇妙さを経験するわけではなく、またその程度もさまざまであろう。つまりある対象の奇妙さとはまったく相対的なものである。ではこの相対性の原因とは何か。この奇妙さという感覚が表面的な性格のものにすぎないことを納得しない限り、この問いには答えられない。事実この見かけの奇妙さは、ちょうど夢の中でのように、より深い情動を包み隠すためのものにすぎないと思える。言い換えるなら、奇妙さという感覚はある情動の「顕在内容」であり、その「潜在内容」はまったく異なったものであって、幼年期の抑圧された記憶に結びついているのだろう。その対象を見ることによって、無意識の暗闇の中でその記憶が刺激されるに違いない。

我々の子供時代をいろどってくれるお伽噺や冒険談は、いつでも人間と動物を混ぜ合わせた、想像上の、そしてある意味で前神話的な存在に満ち満ちている。大人は外界を精査することで、というよりもむしろ自分がそこに取り込まれている外界の圧力のもとで、自分の幼年期とそれが与えてくれた喜び、またそこから生じていた直感的認識を少しずつ放棄して、ただの合理的認識をそれと取り替えてしまうのである。まして大人は自分の幼年期に対し、笑いとばしてすませるか、断罪の態度で臨むことしか知らない。だからこそ彼は、自分が思い出すのを拒否しているような状況に似た状況を他人が表現してしまったのを見つけると、驚き、また疎外感を感じることになる。このことがまた、彼の驚きに混じった情動の原因でもあり、そしてその情動は、自分の幼年期がここでは彼にとって一際近しく親しいものとなるために一層強まるのである。先コロンブス期の芸術が奇妙なのは直接的な現実と比較してのことにすぎないし、まさにこの現実が驚異に参与しているその限りでにすぎない。そういうわけで、この芸術は芸術家と詩人を惹きつける一方で、合理主義を愛する精神は、その中の西欧古典芸術にもっとも近い製作品にしか感動しないだろう。詩人と芸術家とは、あらゆる美の源泉である驚異に対し、さまざまなレヴェルで参与している。他方合理的精神は、いつでも直接的な外的現実と接触している必要があるために、これを拒否するのである。

ギリシア＝ローマ芸術は、芸術的見地からすると、当時最盛期にあった合理主義的傾向を満足させるものであるが、その比類ない成功は間違いなく、こうした外界との接触の必要性によるものである。だがもし古典古代の産物を、先コロンブス期メキシコのインディオに見せたとすれば、フェイディアス[3]がアステカやマヤの傑作品を見たら口にしたであろうような批判を引き出すことになったに違いない。実際、先コロンブス期のインディオの言語が想像力に語りかけるものであるのに対して、ギリシアの彫刻家はまず理性に呼びかける。だから先コロンブス期の産物は、想像力を後方に追いやって芸術の主たる源泉を無視してしまうギリシア＝ローマの産物よりも、芸術の深遠な意図により正確に適合しているのである。

認識への渇望は、まず詩を通して表現される。人間は、言語活動を独立したオブジェに仕立てる方法を所有するよりも以前に、まずそこから快楽を得るからである。しかしこの詩《ポエジー》は、完全に外界の説明へと向けられている。人間は外界が、自分とそっくりに作られていると想像し、自分のそれと同じような欲求や衝動、欲望や思考に従属していると考えるのである。大地は怒れる巨人の憤激のせいで揺れるのであり、だからその気まぐれはふさわしい供物を捧げることで鎮めることができる。それはちょうど力を持たない部族が、隣りのより強い部族に貢物をしなくてはならないようなものだ。また雨は、人間がその機嫌を取るための正しい言葉を知っているかどうかに従って、人の訴えに対し反抗的であったり従順であったりする。なぜなら、はじめは一つの考えを伝達する言葉にすぎなかったものが、その言葉の全能性を誰も疑わないでいると、それはやがて人間と、人間自身自分がそれに属していることを知っている自然とのあいだの厳密なコミュニケーションを支えるようになるからである。こうして一つの神話的文化のサイクルが始まり、それはあらゆる技術的発見によって急速に豊かなものになっていく。農耕民の定住生活が、詩的インスピレーションを犠牲にしつつこの技術をゆっくり進化させていくのである。ここで問題にしている地域について言えば、インディオはまず木を使い、黒曜石の破片でできたナイフでそれを彫刻した。次に粘土を、世界中どこにも見られないほど器用に操って作品を作り、最後には石を研磨して彫刻するすべを次第に学ぶようになるのである。

芸術はこのとき、はじめて神話的な詩という形で姿を現す。人間がこの時期に自分自身のために創造するイメージは、一方では彼の創造した超自然的存在を表象し、また同時に、彼がこれら想像上の実体を味方につけることを可能にする、そんな関係のあり方を表象するのである。こうした存在は、妖術の儀礼が作動させる呪力を備えており、それこそがあらゆる宗教の出発点となる。先コロンブス期のインディオの宗教は、スペインによる征服の時点ではまだ一つの信仰のまわりに結晶してはいなかったせいで、もっとも発達した近代的宗教の中にも見出される妖術や呪術にいっそう深く浸されていた。

★

いまだ論議を呼んではいるものの、かなり確かなものと思える仮説に従うならば、メキシコの、そして先コロンブス期のあらゆる中央アメリカの文化は、母胎となった一つの文化に由来するという。それがオルメカ文明であるが、この名は「ゴムの土地の人々」を意味する nahua ulmecatl から来ているらしい。ただし今のところ、オルメカ人の侵入には、おおよその年代を決定することすら可能となってはいない。

先コロンブス期芸術を研究するメキシコの歴史家、サルバドル・トスカノは、ある恐怖の雰囲気がアルカイック期の芸術全体を覆っていると言う。たしかにこの恐怖感は、この時期に属する人物像のいくつかには見られるが、支配的な性格はむしろ、優美、優雅、そして子供っぽい新鮮さであるように思われる。そうした性格は後の時代には次第に見られなくなっていき、恐怖感を与える恐ろしげな性格が発展して、先コロンブス期の造形芸術全体を包み込んでしまうのである。

先コロンブス期最古のメキシコ文化には、これほどにもかけ離れた二つの傾向が共存しているわけだが、このことは容易に説明がつくと、私には思われる。宗教的観念はすべて死者の崇拝から生まれるのであり、またその崇拝が死に対するアンビヴァレントな感情にもとづいたものであることを思い出しさえすればよい。事実死によって引き起こされる肉体的な恐怖は、他方では、心を慰めるような観念をも喚起する。死者のなんらかの部分が目には見えない国に生存しており、死者はその国から、さまざまな形で、彼の好意を勝ちうるすべを知っているものたちを庇護してくれるという考えがそれである。魂という観念の源でもあるこうしたアンビヴァレントな態度は、いまでもメキシコ人たちのあいだで観察できるものであり、たとえばそれは、繊細に飾り付けられた砂糖製のドクロなどによって表現さ

図1　後述のタラスカ文明に属する彩色された人物像（原文には，イラストとしてマヌエル・アルバレス・ブラボの写真が計８点掲載されているが，技術的な理由で転載することができず，ここでは別の写真を用いた。ただし図１～３は，原文イラストと同じ被写体を撮影したもの）

れている。死者の名が記されたこの砂糖菓子は、諸聖人の祝日にはどこの菓子屋にいっても売られている。しかしながら、こうした恐怖の雰囲気は、アルカイック期にはほとんど存在していなかった。おそらくは宗教的観念が微弱にしか発達していなかったせいであろう。当時まだそうした観念は、原初の呪術的な表現に限られていたのであろうが、それがもっと後になると、先コロンブス期の社会のまさに中心の位置を占めることになるのである。

アルカイック期のインディオは自然とじかに接触していたのであり、彼はそれを、すでに詩の言葉によって表現することを知っていた。そして道徳上の懲罰といったものとはほとんど完全に縁のないこうした未開の神話に先導されて、インディオたちは、いまだ分業がごく初歩的にしか存在していないその社会の中で、これらの優美なテラコッタ像を創造したのである。それらは最古のものからより後期のものまで、継続した技術的進歩を見せている。「パスティアージュ」[4]によって得られた粗雑な偶像から、ここに図版をのせたもののような、精妙な彩色を施された端正な人物像（図1）に移るまでに、数百年が経過したに違いない。

アルカイック期の最初の民族について我々はほとんど何も知らないが、少なくとももっと後の民族が――つまり数々の偉大なメキシコ文明の初期段階の直前か、ほとんどそれと重なる時期の民族が――相対的に高い文化程度に達していたことはわかっている。彼らはさまざまな素材とそれらを彩色する手段とに通じており、家畜を所有し、また多様な神々を知っていたのである。

アルカイック期の文明の最終局面はメキシコ中央高原で展開したが、これは初期テオティワカン文明と混ざりあっており、また南部のグァテマラ国境地帯では、マヤ文明の誕生とも重なり合っている。しかしアルカイック文化の最盛期において、すでにもう一つの文化がきわめて高い水準に達していた。それがオルメカ文化である。

アルカイック期の人物像とは異なり、また何を象徴しているかは今ではわからないものの、数多くのタイプが知られているその後の文明のそれとも異なって、オルメカの彫像はしばしば驚くべき自然主義の様相を呈している。古典期マヤ帝国の官能的で洗練された表情が生み出される以前にはほとんど見られない内面的な生の表現なのである。しばしば極端な暴力性と恐るべき残酷さが表現されており、他の種類の彫刻の、柔和で楽しげな性格と驚くような対比をなしている。しかしオルメカ芸術は、アルカイック期に最高の段階に達したとしても、技術的にも質的にもアルカイックなものではない。ラ・ベンタの巨大な人頭像や、メキシコじゅうで発見された壮麗な翡翠細工、その他の宝石細工が証明しているように、オルメカ人は石を彫刻し研磨する技術を知っていた。一方アルカイック期の人々は、テラコッタしか知らなかったのである。

オルメカ芸術が最高度の恐怖と不安を示しているとするならそれは、厳格な儀礼を有する――つまりそれに仕える僧侶階級が全権を握っているような――宗教が、先立つ時期の未開な呪術に打ち勝ったことの結果である。なぜなら恐怖と不安が芸術の中で市民権を得ることは、宗教が生まれ、僧侶たちの影響のせいでさらに複雑化した儀礼が現れることによってのみ可能となるからだ。もっと高い段階まで進化した現代の宗教ですら、その起源の痕跡を保っている。女神カーリーや、もっと新しくはキリストとその「聖心」の例を思い出していただきたい！

奇妙なことだが、テオティワカン民族へのオルメカ芸術の影響は疑いがないにもかかわらず、後者の芸術の際立って暴力的な性格は、前者にはまったく伝わることがなかった。この文明の芸術の特徴は、エジプト芸術に近い厳かな性格である（図2）。古代エジプトにおけるようにテオティワカンの芸術家たちは、人間や神について、個性的で具体的だがはかないイメージではなく、その時代の人々の絶対的で永遠な、いわば類としてのイメージを与えようとしたらしい。これはその芸術が恐怖と縁がないという意味ではない。しかしそれはオルメカ人の表現が持っていた非人称的部分を再現しており、ほとんど紋切り型と言えるほどの性格を獲得している。以後メキシコ中央高原の諸文明が、

図2　テオティワカン文明期の土偶。メキシコ，国立博物館蔵

この性格を全面的に払拭することはなかったのである。

宗教は、その教義が練り上げられていくに従って、芸術家の想像力により厳格な制限を押しつけるようになり、必然的に自分自身の豊かさを窒息させてしまうものだが、ただしその上昇期においては、雄大さや崇高さといった新しい精神を生み出しもする。エジプトのピラミッド、古典古代あるいはインドの神殿、それに中世のカテドラルなどと同様に、メキシコ中央部、ユカタン半島、グァテマラの祭祀センターにおいても、我々はこの崇高さの感覚に出会う。それはテオティワカンやチチェン・イツァー、ウシュマル、ミトラ等々の壮麗な規模に表現されているが、そこではいくつもの広大な空き地が見事に配置され、神殿の雄大な規模を引き立てているのである。おそらくこの崇高さの感覚こそが、テオティワカン期の偉大な文化をもっとも明確に特徴づけている。また、この傾向は、ラ・ベンタにあるオルメカの祭壇や巨大人頭像などと同様に、アルカイック期に属するクィクィルコやコピルコのピラミッドにも表現されていた。このことは明らかに新しい物質的状況を指し示しているし、この状況は同時に、その土地の人々に新しい心理的条件をもたらしたであろう。我々は確信をもって次のように言える。芸術に雄大さが現れるのは神話的な詩にとって創造的な時期の終わりのしるしであり、また英雄の神格化によって表現される合理的観念の登場のしるしでもある。なぜなら神話的な詩が神々を創造する能力を失ったとき、それは英雄をほめたたえ神格化する能力を獲得するからだ。文化の新しいサイクルがはじまる。それは英雄的サイクルであり、今日ヒトラーやスターリンといった偽の英雄とともに甦ったのは、まさにこれである。

他方、部族生活の発達が広範囲な分業を生みだし、農民や職人といった生産者と対立する軍人や僧侶の階級を形成する。おそらくこの時期に、征服されたすべての民族が従わねばならない奴隷制の最初の兆候も見つけることができるだろう。被征服者の隷従は、征服者に権力者としての感情を呼び覚まし、英雄への崇拝が生まれることを容易にしたはずだ。それは急速に最高の段階にまで発達し、芸術においては崇高への傾斜として顕在化した。数々の偉大なメキシコ文明において、また中世ヨーロッパにおいて、農奴制がその頂点に達したとき、このことは明らかとなる。

軍人階級は部族間の対抗関係を作り出さねばならなかったが、このことから、突然の襲撃に備えるために防衛隊を組織する必要が生じる。部族の他の人々は、侵入者を撃退するためにただ体を寄せあっているだけだったからだ。一方かつての呪術師の後継者である僧侶階級は、兵士たちへの神の加護と、敵への呪いとを呼びかけていたであろう。いずれにしても僧侶と軍人とのこうした結託は、あまりに確実な効果を示しているように思えるので、非常に古い起源を持ち、またテオティワカン文明や古典期マヤ帝国ですでに安定的に存在していたと考えないわけにはいかないのである。「剣と灌水器〔＝軍隊と教会〕の結婚」を揶揄するフランス語の軽蔑的表現が示している通り、こうした結託はもっとも発達した現代文明の中にも存在する。もっともここで問題にしている時代について言えば、この結託が進歩的な性格を持っていたことも事実である。軍事力に守られることで、僧侶は文化を、職人は技術を発展させることができたからだ。これに対し今日では、それはあらゆる進歩の邪魔をするばかりである。

まさにこの時期、恐怖と不安が先コロンブス期の宗教を完全に支配してしまう。それは血まみれの儀式に取り囲まれた宗教だが、こうした崇拝を打ち立てた諸部族の、好戦的な習俗には適合しているのである。当然こうした事実に対し、芸術はすぐに反応する。そしてテオティワカンの厳かな形態はほとんど完全に追放されてしまい、その後に来るのは、間断のない戦争によって苦しめられ、血腥い儀式で贖罪の生贄とされることへの無意識の恐怖にとりつかれたこの民族の大いなる不安を表現した、野蛮な人物像である。神々の顔は、痙攣し苦痛にゆがんでいる。ただ戦士たちの顔だけが、彼らの階級にふさわしい静謐さをたたえている。彼らは社会全体に対して際限のない権力を所有しており、この権力を分かち持つのは、戦士をも含めた全人民の知的・精神的生活を支配する僧侶たちだけであった。

トゥーラの没落の後、メキシコ中央部はスペイン人の登場まで恒常的な戦場となる。チチメカ人たちは近隣の部族と常に戦争状態にあり、アステカ人がそのくびきを振りほどくまで、それらの部族を支配していた。次にはそのアステカ人が、メキシコ盆地全体を支配し、その権力を行使することになるのである。

アステカ芸術のもっとも代表的なものは、間違いなくウイツィロポチトリの処女なる母、コアトリクエ〔「蛇のス

図3　コアトリクエ像。メキシコ，国立博物館蔵

カートをまとったもの」という意味）のモニュメントであろう（図3）。それは見るものに、一目で恐怖感の雰囲気を伝える。トゥーラのトルテカ人やチチメカ人の場合は、戦争を日常的なあり方とするような生活の危うさと苦悩とが、芸術に反映しているにすぎなかった。しかしアステカ人の場合、戦争は生活の根本的な目的であって、恐怖の感情は民族全体の心理的基軸となってしまう。言い方を変えると、それ以前の民族では、生活が恐怖の雰囲気をはぐくみその恐怖が芸術の中に映し出されているだけであったが、アステカ人は恐怖を一つの徳とみなし、それを物理的かつ精神的な支配の道具に変えてしまうのである。彼らの彫刻は、明らかにこうした恐怖を抱かせることを目的としているが、実はその恐怖は、彼ら自身の無意識的な不安の産物に他ならない。言い換えると、こうした不安を芸術作品として外在化することは、それを統御するための試みにすぎないのかもしれない。

この時期、先コロンブス期の世界は本質的な変容をこうむる。テオティワカンの崩壊の後、奴隷制と隷従とはとてつもない規模にまで達し、その地域のあらゆる部族が、代わる代わるそれに屈していった。ましてこれらの部族は、絶え間ない闘争によってしか独立を維持することができず、ウイツィロポチトリ神が表現しているような好戦的な伝統を保っていた。それは太陽の神話に由来する神であり、いわば太陽のイメージそのもの、いつでも暗闇に勝利する戦士なのである。今でも未開人にとって、闘いでの勝利を容易にするために敵を怖れさせようとするのは常套手段である。だからこうした攻撃的な習慣が、それまでの長い定住生活によっても中断されておらず、そこに由来する生活や宗教・芸術のすべてに深く影響していたとしても、驚くにはあたらない。テオティワカンの子孫にあたる人々にとって、戦争は部族の主要な関心事であり、またもっとも高い価値をなすものでもあった。宗教ですらそれに従属していた。なぜならもし平和が長く続いてしまうと、近隣の部族のあいだで模擬の戦闘を組織し、その捏造された戦闘の中で神に捧げる捕虜を得ることが必要となったからである。またアステカ社会では、産褥で死んだ女性はウイツィロポチトリの聖域に入り込むことが許されたが、これは彼女たちが戦場で死んだ戦士と見なされたためであった。

しかしながら、先進的な文化の後継者であり保有者でもあったメキシコ盆地の民族のかたわらで、はるかにゆっくりと芸術を進化させていった他の民族も存在する。タラスカ人たちは、トルテカ人のおかげで石や金属を細工するすべを学んでいたにしても、主として粘土での造形を続けていた。他の民族が持つ種々の技術やより完成された芸術は、彼らにはごく弱い印象しか与えなかったらしい。だがしばしば、古い「パスティアージュ」の方法に従って彼らの作る人物像は、用いられた手段の貧しさとはまったく対照的な芸術上の熟練を示している。また逆に、彼らの作り出す人物像が、技術的には非常に進んでいるにもかかわらず、同時にもっともアルカイックな類型を維持しているといったことも珍しくはない（図4）。この不均等な進歩はおそらく、タラスカ人たちが文明の重要な中心地域から離れていたためであろう。それが彼らの場合、いわば密室状態での進歩を可能にしたのである。メキシコ高原の「ナワ」人たちが単婚制であったのと対照的に、スペイン人の渡来の時点でもまだ行われていた一夫多妻制は、彼らの進歩の緩慢さを明確に表現している。アルカイック期にこの地域に住んでいた民族の芸術はすでに優美さと優雅さを示しており、比較的幸福で安楽な生活のおかげで、規則的かつ調和のとれた発展をとげたことの証明になっているが、逆にタラスカ人たちの人物像は、化け物のような見かけをしている。それは子供のデッサンと酷似しており、いかなる詩的説明によっても解き明かしえない未開状態の恐怖感を表している。こうした幼児性のもっとも印象的な具体例を、女のへそから赤ん坊が生まれようとしている分娩の図に見ることができるだろう。

図4　タラスカ文明の土器。犬を背負った男をかたどっているらしい。旧ブルトン蔵

★

まず第一に、先コロンブス期の芸術は、常により典型的な型を探求するという傾向を持っている。メキシコ高原の文化では、アルカイック期の終わり以来一貫してそうであった。この傾向はおそらく、熱烈に望まれている神話的存在を、誰もが同定できるような形で表現する必要に起源を持っている。それは必然的に、次第に厳格で複雑な宗教儀礼を伴うようになり、これがまた聖職者階級の誕生とも結びついていた。

これらのイメージを装飾する付属品もまた同じ道をたどる。そして人間は最終的に、そのもともとのイメージとはほど遠いところで――イメージは発展の最終段階に達してしまったのだ――象徴と紙一重のものとなり、抽象的なものとなって、一つの書体を形成するまでになる。そしてこの書体は、すでに獲得された知識の多かれ少なかれ正確な書き取りを可能にするとともに、より一層の進歩のために用いられることにもなるのである。事実、こうして直感的認識から合理的認識への移行の過程が生じ、芸術は二義的な位置に打ち捨てられてしまう。これと平行して、純粋に芸術的な次元でも同じような進化が生じ、芸術をその宗教的な基礎から切り離すことが試みられる。アルカイック期の終わり頃から後、我々は人体モデルをリアルに表象しようとする試みを見つけることができる。より進んだ文化を所有していたオルメカ人は、同じ頃すでに、やはりこの地点に達していた。彼らはそれ以前の古い芸術から一つの伝統を作り出しており、それがあのジャガーの顔をした人物〔5〕の中に示されている、そんなふうに思えるのだ。オルメカ文化は、あるいは少なくともその要素のいくらかは、アルカイックな文化の最終局面に養分を与え、そこからテオティワカンが生まれてきた。またそれは古典期マヤ人の中にも生き残っており、したがって後者のヒエログリフはオルメカ人のそれによく似ている。続いて我々は、芸術の一種の停滞を観察する。オルメカ文明を継承した諸文明が彼らなりの才能をそれにつぎ足したにしても、それらの寄与は、ほとんどすでになされた発見を精錬することに限られていた。やがてこの文明にデカダンスが訪れると、もっと若くエネルギーに満ちた新しい民族がやってきて、それまでの文化を自分たちのものにしてしまうだろう。どの段階においても、多かれ少なかれそれ以前の創造物から派生したものではあるが、同時にそれに新しい特徴をつけ加えてもいる、そんな典型的な型を示す人物像が現れるが、これは文化の進展の緩慢さを示すだけでなく、スペインの侵略によって完全に破壊されてしまったある一つの努力が連綿と続いていたことをも証明している。もちろん先コロンブス期の文化が、物理的手段を奪われたままの状態で、ヨーロッパの水準にまで進歩することができたかどうかはわからない。いずれにしてもその進化のリズムは、きわめて緩慢であり続けたであろう。といってそのことが、この文化を破壊する正当な理由であるとは思えないのだが。

訳註

〔1〕コアトリクエが、天から降ってきた羽毛の玉によってウイツィロポチトリを懐妊したというのはよく知られた神話だが、チマルマはケツァルコアトルの神話上の母親というわけではなく、ケツァルコアトルと同一視されたトゥーラの神官トピルツィンの母親とされる女性の名前。この女性も、男と交わることなくトピルツィンを産んだという伝承がある。

〔2〕聖トマスとケツァルコアトルの同一視については未詳。

〔3〕フェイディアスは紀元前五世紀のギリシアの彫刻家。

〔4〕器物の上に泥をたらして浮彫状の装飾をする陶芸技術。

〔5〕古代メソアメリカにおいて、人間と動物が融合した存在への信仰は広く行き渡ったものだが、ケツァルコアトルに代表されるように、ナワトル系の諸文化が鷲を重要なシンボルとしたのと同様、オルメカ人にとってはハグアルと呼ばれるジャガーと人間の融合した存在が重要な信仰対象であり、ハグアルの神像が数多く発見されている。

バンジャマン・ペレ、神話理論家としての

鈴木雅雄

一九五五年の八月、二カ月ほど前から四半世紀ぶりにブラジルを訪れていたペレは、パリ・グループの中でももっとも親しい友人の一人であったジャン＝ルイ・ベドゥアンに向けて、「すっかり金が底をついてしまったので、一七世紀に逃亡奴隷が作った一種の黒人共和国について、小さな本を書くことを承知した(1)」と知らせている。その約二カ月後、今度は第四インターでの、さらにその分派組織での政治闘争をともにしてきたグランディソ・ムニスへの手紙の中ではこう語る。「パルマーレスの黒人共和国の件にはかたをつけた。最初の情報から想像したほどに面白かったとは言えない。まず神権政治というのはどうも伝説だと思えるし、生活水準はあまりに低くて、窮乏下にある現在のアフリカのコミュニティ程度の発展すらおぼつかなかったほどだ(2)」。

ペレが残した決して少ないとは言えない民族誌関係の記事のほとんどが、活字の校正によって細々と支えられていた彼の生活に、ほんの数日間の糧を保証するためのものであったことは、おそらく間違いがない。選ばれたテーマもしばしば注文に応じてのものだったろうし、ブラジルにおける逃亡奴隷共同体の研究にとって、現在でも価値を失っていないとすら評価される(3)「パルマーレスのキロンボ」にしても、地道に集められた資料にもとづく綿密な考察の結果というよりは、雑誌掲載が可能とわかったテーマについて、急遽集めた数冊の文献（特にエディソン・カルネイロのもの）に書かれていた事実関係に、彼自身のマルクス主義的歴史観を接ぎ木した結果というのが実情だろう。たしかに非ヨーロッパ文化のさまざまな側面に彼が寄せていた民族誌的関心は、フィールドに密着したそのあり方において、

他のシュルレアリストたちのそれとは一線を画する独自の意義を持つものではあった。彼の友人たちの多くが、いわゆる「未開美術」をコレクションすることから民族学的領域に接近していったのと違って（ブルトンに輪をかけて貧しかったペレに大規模なコレクションなど到底不可能であった）、ペレは一九二九〜三一年の最初のブラジル滞在のときすでに、アフリカ起源の信仰がキリスト教の教義やブラジルの民間信仰と出会うことで生まれたカンドンブレやマクンバの儀礼に出席し、その記録を記事にしているし、一九五五〜五六年の二度目の滞在では、かねてからの念願通りアマゾンのインディオ居留地域まで足をのばし、シャバンテやカラジャなど主としてシングー川上流の諸部族と数度にわたって接触している。それにしても、そうしたペレの「フィールドワーク」は、彼の政治活動などによって大きく左右される不安定で偶発的な作業にすぎなかった。最初のブラジルでは左翼反対派系の労働者組織で活潑な活動を行ったために国外退却処分になっているし、第二次大戦中のシュルレアリストたちの「亡命」期には、反軍隊的活動のために収監されていたレンヌ監獄からは釈放されたものの、ブルトンらと同様合州国に逃れようとしてもその政治活動のためにビザがおりず、最終的にたどりついたメキシコでは、当時の妻レメディオス・バロの広告の仕事などに助けられながらトロツキー派の機関紙に協力し続ける（メキシコ滞在は一九四二〜四八年）。二回目のブラジル滞在はたしかに民族学的な調査をモティベーションの一つにはしていたらしいが、このときも警察に拘束された彼は、友人たちの働きかけでやっと解放されている。だとすれば、そうした合間を縫うようにして執筆されたしかも糊口をしのぐための雑誌記事が、しばしば互いに矛盾した評価を口走り、まして体系的な一貫性を備えていないのは、当然のことかもしれない。にもかかわらず、一見したところ事実の素朴な呈示にすぎないこれらのテクストは、ある強靱な意志によって貫かれている。それは新大陸が次々と突きつけてくる神話的思考の発現を、決して安定した宗教的思想体系に奉仕させることなく、その思考の意味を、いわば白熱した宙吊り状態の中で捉えようとする意志ではなかったろうか。

1　ケツァルコアトルの転生——神話は抵抗する

四〇年代以降シュルレアリスムの中心問題の一つとなった神話というテーマについて、ペレが残したもっとも重要な寄与が、先スペイン期のアメリカ文化に関する一連のテクストであることは疑いを入れない。そうした中で、よく知られた『アメリカの神話・伝説・民話選集』の序文などとともに、ここに訳出した「先コロンブス期の芸術に関するノート」はもっとも重要なものの一つであろう。一九四七年にロンドンの文学・芸術誌『ホライズン』に発表された文章であるが、雑誌に掲載されたのはピーター・ワトソンという翻訳者による英訳であり、もとになったフランス語のテクストは発見されていない（ペレの『全集』第六巻に収録されているヴァージョンも、英語版から再度フランス語に訳し直したものである）。[4]

現時点でペレのこうした文章を読む者はしかし、ずいぶん古めかしい理論だという印象を持つに違いない。神話を自然現象の象徴的解釈と見たり、過去の事実の歴史的記録として説明する発想は、私たちにとってとっくに廃れてしまったものであるからだ。だが一方、そうした素朴な前提にもとづいてペレが提出する一連のテーゼには、独創的とも奇妙とも言える何かが含まれている。彼にとって神話の機能とは、宗教儀礼を説明してそれに意味を与え、社会制度の維持に寄与することではない。むしろそれは、儀礼が遵守させようとする枠組みに抵抗し、社会制度を動揺させるというのだ。これはいわば、機能主義的な神話＝儀礼一体説の転倒である。ペレにとって神話の本質は、儀礼や宗教と対立するという点にある。それはいかなる対立か。

まず彼の用語法を整理しておくべきだろう。対立関係に置かれるのは宗教・儀礼と神話だけではなく、宗教と呪術が対置されたり、「慰め」を与える宗教的神話と「熱狂」を作り出す呪術的神話とが対置されたりする。特に『神話選集』の序文では、宗教／儀礼と呪術／神話とは、一つの心的マティエールを扱う二つの対照的な方法であると明確に規定されている。[5]たとえば、獲物の有無という偶然に生活を左右される狩猟民たちは、超自然的存在の問題と相対したときも、それを「いかにして」利用するかという呪術的な問いを発するが、逆にある程度安定した収穫を期待できる農耕民の定住生活は、「なぜ」世界はこのように構築されているかという宗教的な問いを生み出す。そして私たちが資料として手にすることのできる神話は、残念ながら大部分後者に属するのだという。だとすると、古代の人々が記録した神話のほとんどは読むにあたらないということだろうか。だがそれでは、そもそもあの大部の『神話選集』を編む理由がなくなってしまう。この「ノート」を読めば明らかな通り、宗教的思考と神話的思考とは、一つの社会の中でも、あるいはテクストとして記録された一つの神話自体の中にも、対立しつつ共存しているというのがペレの理解であろう。前者は特に支配階層＝聖職者層のイデオロギーと結びつき、後者は主として民衆的想像力に多くを負っているのである。このテクストの中には、両者の対立を明確にするための非常に重要な、次の一節がある。「芸術に雄大さが現れるのは神話的な詩にとって創造的な時期の終わりのしるしであり、また英雄の神格化によって表現される合理的観念の登場のしるしでもある。なぜなら神話的な詩が神々を創造する能力を失ったとき、それは英雄をほめたたえ神格化する能力を獲得するからだ」（本書二一八頁）。神話は「創造」する。だが宗教は「ほめたたえる」ことしかできない。宗教的思考は支配階層の要請を合理化し、儀礼の形で固定するが、神話的思考はそれを変形し流動化させる。おそらくペレの図式はこのように理解できるだろう。つまり宗教とは神話の堕落形態なのである。

したがって、俗信や迷信と宗教との関係も、ペレの場合常識とは逆転したものになる。宗教が堕落して迷信を生み出すのではない。迷信はある社会の集合的想像力の産物であって、それがなんらかの核のまわりに組織されると神話になる。だが「創造」された神話が支配的なイデオロギーに操作されて堕落すると、宗教的「崇拝」の対象になってしまうというのだ。今に伝わる古代メキシコの神話は、当然支配階層によって伝承されたものには違いないが、したがってその中でもペレは、流動性と可塑性に富み、集合的な想像力をより多く受け入れてきた神話について、とりわけ積極的に語る。『神話選集』序文で語られていたケツァルコアトルの例を思い出してみよう。テオティワカン文化の時期すでに大きな重要性を持っていた「羽毛の蛇」の神話は、やがてこの神に仕えるトゥーラの神官トピルツィンと同一視され、彼がトゥーラを追われた後に、ケツァルコアトルは「一の葦の年」に戻ってくるという周知の予言を生み出す。やがてアステカ民族が、長い放浪と戦争の末にメキシコ高原の覇者となると、羽毛の蛇の形象はこの北方からやってきた粗野な民族の神話体系に組み込まれ、新たな役割を果たすことになった。私たちはまるで、「神話上の際立った人物像が作り出している核を中心として、そのまわりで起こる一種の増殖過程に立ち会っているように思えるのであり」、「この人物像が、神話の創出者たちの精神の中で、徹底的な攪拌を行っているかのよう」[6]なのである。ケツァルコアトルの神話は常に生まれ変わり、繰り返し新しい価値体系の中で異なった意味を獲得していく。ペレにとって重要なのはこの点だ。たとえばアステカ本来の部族神であるウイツィロポチトリの方が、狩猟生活を営んでいたであろう彼らの祖先の心性を表現しているのかもしれないが、だからといってそれがより良い神話だというわけではない。神話の価値はあくまで、より多くの「創造」を受け入れるその力にかかっているのである。

「ノート」についても、おそらく同じことが言える。それは一見、原初の無垢な状態から次第に社会組織を整えることで古代メキシコの民族が堕落していったその過程が、徐々に恐怖の色を濃くしてゆく芸術作品に反映されている、という議論のような印象を与える。しかし実際にペレが呈示しているのは、芸術作品は各々の時代の社会において、支配階層のイデオロギーによる思考の固定化に抗するものであった（少なくともそうなる可能性を持っていた）という解釈である。たとえば恐怖心をあおるアステカの神像群について、別のテクストでもペレは、その恐怖感こそは犠牲を要求する死の神々に対する抵抗である――つまり「崇拝」ではない――と語っていた[7]。神話であれ彫刻であれ、重要なのはそれらが固定化されてしまった意味体系に抗する力となることであり、ペレが語る歴史もしたがって、発展とか退化といった物語ではなく、そうした抵抗が各時代において持ち得た可能性の総目録だったはずである。

おそらく歴史学的に言えば、アステカ民族の抱いたケツァルコアトルのイメージは、メキシコの覇権を掌握した王や行政官が、自らの支配体制を正当化するために過去の神話を書き換えて作ったものと考える方が合理的なのかもしれない。しかしペレはあくまで、神話が「一人、あるいはせいぜい二、三人の人々の作ったもの[8]」であると考えるのを拒否する。たとえある神話の変形が支配層からの押し付けという側面を持っているとしても、その変形が民衆的な想像力に影響され、またそれに影響するということはありうるはずだと、ペレは考える。だからこそ先スペイン期のメキシコ神話、とりわけアステカ神話は、彼の議論に格好の材料であった。なぜならそれは、もともとの部族神話が被征服民のより洗練された神話を取り込み、常によりヘテロジーニアスなものになっていく、そうした特殊な体系だからである。たとえば神々の犠牲によって太陽と月の運行が可能になったという神話は、実際には人身御供を正当化することに用いられているわけだが、もともとは古代前期からトルテカ世界へと伝承された呪術的な儀礼に（つまり外的世界に屈従するのでなくそれを利用しようとする行為に）連なるものだとペレは考える[9]。そしてこの宗教的心性（ほめたたえること）と呪術的心性（創造すること）との対立によって、神話は抵抗する力の表出の場となる可能性を持つ。とりわけ一つの社会が動揺しその価値体系が揺らぐようなとき、その可能性も大きくなるだろう。既成の宗教体系の隙間に、それに押さえ込まれていた想像力の割り込む余地が生まれるからである。言うまでもなくペレが、トルテカとアステカの神話体系を綿密に比較して自分のテーゼを実証したというわけではないが、神話をあくまで社会に内在する抵抗の力だと見るそれなりに一貫した解釈モデルが、ここではたしかに提出されている。ペレ自身にとってみればこの結論は、あらゆる社会は階級間の矛盾を含むというマルクス主義的な社会観の当然の帰結であって、なんら特別なものとして意識されていないのかもしれない。しかし、それが「何についての」、「いかなる」神話であるかだけでなく、「誰にとっての」神話であるかを問うというその姿勢は、神話をめぐるペレのディスクールの特殊性を端的に示しているし、また同様に、（この議論が古代メキシコをモデルとしたものである以上、たとえばペレが五〇年代に訪れたインディオ社会における神話と儀礼の関係にそのまま適用できるわけではないとしても）民族学的神話研究の中に彼の理論を位置づけることを、ある程度可能にするのではなかろうか[10]。

2　黒いブラジル——神話は変わる

ペレの神話論が古めかしく見えてしまうもう一つの理由は、ちょうど「ノート」の冒頭に見られるように、世界中の神話に類似した表象が登場するという事実を扱う場合、文化史的比較研究が用いるような伝播による説明を斥けながら、人類全体に共通の無意識といった表現を口にしてしまう点である。しかし彼の態度は決して、各民族の差異を抹消し、なんらかの普遍的な象徴体系を探索しようとするものでもない。「ノート」においても、古代メキシコの文化それぞれが持つ神話の独自性は、その文化が前提している社会関係の差異によって説明されている。神話が社会体制への異議申し立てであるなら、その社会が持つ抑圧の構造によって、それへの抵抗の戦略も異なるのは当然であろう。普遍的に共有されているものがあるとしても、それは象徴とその意味内容との対応関係ではなく、社会に抗する心的エネルギーであり、神話はそのさまざまな表現形態の一つなのである。

ではこの心的エネルギーはどういう場所で放出されるか。ある文化が別の文化に取って代わるような場所、というのがすでに見たペレの答えであった。だがまたそれは、複数の文化が突然の出会いを果たすような場合、一層大きなエネルギーを生み出しうるのではないか。だからペレは、たとえばエリアーデのように、複数の文化を比較してそこから共通項を抽出するのではなく、複数の文化が接触する地点で（多くの場合それは暴力的な接触だが）何が起こるかを観察することになる。実際彼は、しばしば例外的で周縁的な、さらには優れて「不純」な文化形態に興味を持った。そしてペレにとって、そうした混血文化の地とはとりもなおさずブラジルであった。いわばメキシコは過去において、ブラジルは現在において、ペレに民族学的な思考実験の場を与えたのである。

ペレが「カンドンブレとマクンバ」を『ディアリオ・ダ・ノイテ』誌に連載したのは、一九三〇年一一月から翌三一年一月にかけてのことであった。ケツァルコアトルの神話が常にその意味上の価値を組みかえていくことにおいて評価されていたように、ここでも注目されるのは、これらの宗教によるキリスト教の記号体系の占有のプロセスである。ブラジルに移入された奴隷の出身地域はアフリカ各地に分散していたために、英領奴隷海岸など西側のよりイスラーム化された地域の信仰に含まれている至高神の概念は、ガボン、コンゴ、アンゴラなどを起源とする信仰との接触で徐々に失われてしまう。したがってキリスト教の一神教体系を否応なく押し付けられたとき、黒人はきわめて具体的な人格を持った自分たちの神々を、抽象的な「神」にではなくキリスト教の「聖人」の各々に対応させることで、二つの宗教体系を接合し、自らの信仰をキリスト教の外見の下で生き残らせることを選択する。こうして生まれたカンドンブレやマクンバは、たしかに妥協としての側面を持つが、それはまたキリスト教およびそれを支える社会構造への抵抗でもあると、ペレは言う。その暴力的とすら言える憑依儀礼が、一方で社会的不満にはけ口を与える安全弁としての機能を持つとしても、そこで放出されるエネルギーは革命的なものに転化する可能性を持っているはずだ。だとすればここにあるのは、いわば宗教に抗する儀礼である。宗教儀礼もまた「変わる」のだ。ましてそれに伴う神話体系は、口頭で伝わるがために常に流動的であり、想像力によって変形されつつ広まっていく。ペレの考える革命的な神話のモデルが実体化するのは、二つの記号体系が衝突しあう場所においてなのである[11]。

四半世紀を隔てた二回目のブラジル滞在中に発表された「パルマーレスのキロンボ[12]」についても、基本的なモティーフは変わらない。キロンボ、すなわち逃亡奴隷による「共和国」として最大のものとされる「パルマーレスのキロンボ」は、最盛期には人口二〇万に達したらしいが、最終的にポルトガルによって破壊されるまで、複雑な発展過程をたどった。それはまったく異なった部族の集合体であり、少数のインディオや白人をすら含んでいたのだとすれば、既存の階級制度が機能しえないのも当然であろう。オランダの、ついでポルトガルの支配から独立を保つという動機以外の行動原理を共有しないこの集団は、少なくとも一時的には「緊急対策臨時政府」を実現したのだとされる。奴隷制のシステムそのものを問題化できなかった点にその歴史的限界があるとしても、複数の思考体系の暴力的な出会いが革命的なエネルギーを生み出す過程を、ペレはキロンボの成立過程に見出そうとするのである。

キロンボについての研究史を振り返りつつマリオ・マエストリが述べているように、ペレが参照することのできた今世紀前半までの論者（ニナ・ロドリゲスやエディソン・カルネイロ、特に後者）の見方が、キロンボを、アフリカの文化から引き離された黒人が自分たちの文化を再現するために作り出した「反＝文化変容」の装置とするものであり[13]、それをブラジルという「奴隷制社会における、特殊かつ本質的な階級闘争の一形態と捉える」[14]見方の登場するのが六〇年代以降なのだとすれば、ペレの視点がキロンボ研究の進展に先駆けるものであったと考えるのも、たしかにあながち暴論ではない。それにしても印象的なのは次の点である。ペレの論旨の思いがけない先駆性を規定しているのが彼自身のマルクス主義的世界観であるとすれば、ここでマルクス主義は、いわば社会進化論の呪縛から逃れるための装置として機能していることになる。ペレにとってキロンボは、失われたアフリカを取り戻そうとする回帰の試みではなく、全社会的な階級闘争に転化する可能性をはらんだ抵抗であった。未開社会は一旦近代社会を通過しなくては自らを解放できないと主張するのではなく、未開社会の論理を別の論理として認めねばならないといったヒューマニズムのレヴェルにとどまるのでもなしに、異なる社会、異なる論理の暴力的な出会いが起きてしまったとき、そのずれが生み出す巨大なエネルギーを、当の社会構造全体の布置を改変するために用いる可能性を問い続けること、これがペレによってブラジル史に応用された史的唯物論の生み出した帰結なのである[15]。

★

神話理論家としての、あるいは民族学者としてのペレのこうした選択が、シュルレアリスムのさまざまな実践が前提する記号観と重なり合うことを指摘するのも困難ではない。ブラジルの民衆芸術を扱う研究の中でペレは、二度目のブラジル滞在中に目にした、奇怪な奉納用の絵馬〔あるいは人形〕の流行現象について次のように語っていた。「誰一人気づかないうちに、〔……〕キリスト教はこうした人々の願望を満足させることができなくなっていた。人々は手始めに、それにあらゆる迷信を貼り付け、その儀礼と教義が持つ呪術的要素を強調しようとする。かくしてブラジルの農民にとって、記号は意味されるもののあとにまで生き残るのである」[16]。そして登場するのが、これらの奇怪な容貌をした奉納用の人形であり、このように旧文化を解体しつつ利用することで生まれる民衆芸術は、キリスト教ともアフリカの信仰とも異なる文化形態をめざして発展していくというのである。

注意を惹くのは「意味されるものに対する記号の生き残り」という表現であろう。これはブルトンが、内実を失って空洞化した記号や、名目だけを残して機能しなくなった政治党派を批判するのに繰り返し用いた表現である。この論文集でも特に浅利誠氏が論じているように、ブルトンが五五年のテクストで[17]、おそらくはレヴィ＝ストロースの「浮遊するシニフィアン」概念を参照しつつ、「シニフィアンの生成」にこそ達しなくてはいけないと言ったのもこの文脈でのことだった。記号が意味されるもののあとに生き残ってしまっているとしても、両者の本来的な正しい関係を復興しようとするのは単なるアナクロニズムであって、記号と意味とのあいだに、その時点までの思考方法に従うならありえなかったはずの関係が生まれる、そんな瞬間を到来させなくてはならない。それこそが「シニフィアンの生成」なのであった。

だとすればペレの神話論は、シュルレアリスム全体を包み込む記号観と同じ形をしているのだ。あるイメージ、ある語彙同士の結びつきは、まず一つの謎として与えられ、いまだ言語化されざる何かに訴えかけつつ呪術的な力を発揮する。しかしその意味付けが次第に確定し、あるいは定型化し、さらに標準的な言語制度の一要素となってしまうとき、それらは役割を終えて死んでいく。神話もまた、ある新しい社会状況の中で謎として発生し、人々の無意識的な要請を体現するが、その可能性が尽くされ、制度としての宗教に組み込まれてしまえば、生産的な力のほとんどを失ってしまうだろう。だがまたあるイメージ、ある語彙がまったく思いがけない意味と結びつけられて生まれ変わることがあるように、一旦制度化した神話が新しい意味を担って登場することもある。カンドンブレとマクンバが利用する聖人の名やケツァルコアトルのシンボルは、ブルトンが理解したような意味での「浮遊するシニフィアン」なのである。そして記号の体系が生まれ変わる地点で発生するそうした形象こそが、シュルレアリスムの求めた「新しい神話」に他ならなかった。いわばペレの試みは、この「新しい神話」のプログラムを、さまざまな部族神話や民間信仰のレヴェルにおいて発見し、正当化することだったのである。

3　一九五一年のクリスマス——神話は生産する

つまりこういうことだ。ブルトンとレヴィ＝ストロースの思索は、記号の問題において出会った。そしてブルトンとペレは、ある神話観を共有しているのである。ではもしそうだとするなら、レヴィ＝ストロースの神話論とペレのそれはいかにして出会うか、という問いを立てることも可能だろうか。だがこれは、いささか唐突な結びつけに見えるかもしれない。神話と儀礼を対立させるペレの発想は、神話と儀礼という象徴体系の差異を越えた変換の可能性を探ろうとする構造主義の意図とは切り結ぶところがないように思えるからだ。しかしここに、一つ触れておきたい事実がある。二人はともに、一九五一年に起きたある奇妙な事件に言及した（もっともペレの方は、古代メキシコ文化を語る中でほんの数行その問題に触れているにすぎないが）。この逸話から出発して、レヴィ＝ストロースの神話観＝記号観と、シュルレアリスムのそれとの対比にもう一つ別の次元を付け加えることも可能であるように思われる。

一九五一年のクリスマスに、ディジョンの聖職者たちが奇妙な示威行動を行った。キリスト降誕祭の本来の意味を見失わせ、この神聖な儀式を「異教化」しつつあるサンタクロースなる人物に対しかねがね告発の声を上げていた聖職者たちの幾人かが、ついにこの年の一二月二四日、ディジョンの大聖堂前広場でサンタクロースを火刑に処したのである。第二次大戦後フランスでも、アメリカの影響でサンタクロースのイメージは広く行き渡ったものになるが、これに対する一部聖職者の過激な反応は、当時あらゆる新聞で取り上げられ、多くは批判的なコメントの対象にされたらしい。当時そのライフワークとなる神話論の構想を抱きつつあったレヴィ＝ストロースがこの事件を分析した論文が、一九五二年三月に『レ・タン・モデルヌ』誌に発表された「火あぶりにされたサンタクロース」である(18)。彼の仕事としてはいささか特異なものに属するが、大人が子供に対し、サンタクロースからのものと偽って贈り物をするという行為が、古代ローマのサトゥルヌス祭にまでつながる民間信仰の現代的形態であるとする結論は説得力を持っている。ローマのサトゥルヌス祭は、夜が次第に長くなり死者が生者の世界に立ち戻ってくるこの時期、その死者たちが生者を脅かさないように贈り物をしてもてなす祭りであるが、これに際して人々は、死者を体現できる存在として、社会に不完全にしか属しておらず、社会の「外」に、つまり生者と死者の中間に位置している「子供」を選ぶ。戦後急速に普及したクリスマスの行事はこの祭りの現代版であり、つまりは死とつきあうための現代式の方法だというのである。

この同じ事件にペレも、一九五五年のブラジル滞在中に書きたした『神話選集』序文の後半部分で触れている[19]。ペレの方はこの事件を「分析」しているわけではないが、前後の文脈から彼がこの奇妙なトピックに与えた位置づけは明らかである。そこでは先スペイン期アメリカ社会における聖職者と呪術師の関係が語られていた。すでに述べた通り、後者は多くの場合より古い民間信仰を継承しているので、僧侶階級はそれをマージナルな位置に追いやろうとする。だが一般大衆は公式の教義や神話について体系的な知識は持っておらず、耳にした教義の断片にも多くの場合呪術的な価値を付与して記憶してしまうというのがペレの理解だった。この構造を図解するために持ち出されるのがクリスマスの祭礼である。もともと昼が夜に対して勝利を収めはじめる冬至を祝うものだった儀礼に、キリスト教はこの世に光をもたらすものとしてのイエスの誕生を重ね合わせ、それを回収してしまう。だからクリスマスは、キリスト教と異教の両方の要素が分離しつつ接合された行事であり、教会はその非キリスト教的意味合いが表面化しようとするたびにこれを排除しなくてはならない。近年におけるそのもっとも目覚ましい例が、数年前のサンタクロース事件なのである。

だからペレとレヴィ＝ストロースの議論は、クリスマスの両義的な性格を主張する限りでまったく一致している。たしかにレヴィ＝ストロースが、古代ヨーロッパ社会や多くの部族社会を汎通的に支えている、大人と子供、内部と外部、生と死といった対立構造を発見するその同じ場所で、ペレの方は、キリスト教の儀礼が別の神話によって浸食され取り込まれていくプロセスを強調している。しかしこれは決して非歴史的な視点と歴史的な視点の差異といった問題ではない。レヴィ＝ストロースにとってもサンタクロースは、古代神話の復活ではなく、現代人が編み出した

「死」とつきあう新たな方法なのであり、儀礼を支える心性の変化は確実に視野に入れられている。では二人の差異はどこにあるのか。

新しい社会関係の中で生と死についての新しい観念が生まれ、その観念に対応する記号としてのサンタクロースが登場する。レヴィ＝ストロースの語っているのがそうした過程だとすれば、逆にペレの場合、主導権を持つのはむしろ記号そのもの、あるいは記号と意味のあいだにそれまで存在しなかった関係を作り出す操作である。ここでは先スペイン期のアメリカ社会をモデルとして、聖職者たちの宗教的イデオロギーと、それに対する民衆層の呪術的な理解との二重構造が語られていたわけだが、こうした社会の（そして結局はあらゆる社会の）宗教的・神話的思考は、エリート層の理解する思考体系だけを取り出して眺めるのでない限り、必ず意味するものとされるもののあいだに一定のずれを含むと、ペレは考える。そして彼にとって、このずれこそは生産的であった。一般の民衆にとって社会の上層部から与えられる体系は、常に不透明な、理解しがたいものなので、彼らは機会さえあれば自分たちにとってのシニフィアンとシニフィエのずれを都合よく作り変えようと狙っている。たとえ彼らが公のイデオロギーを絶対的な権威と認めているのがむしろ普通であるとしても、にもかかわらず自分たちの呪術的世界観に好都合な機会があれば、彼らの不満と願望はすぐさま刺激され、支配者層が用いる記号を取り込んで別のものに変えてしまうのである。ブラジルの黒人宗教やあの奇妙な絵馬についてと同様に、クリスマスについて生じたのもこうした事態であった。もちろん、記号と意味のずれから生じる現象のすべてが新しい儀礼、新しい神話的イメージを定着させるに至るわけではないが、そうしたなかば自然発生的な、また同時に恣意的な記号と意味の関係の変形は、既成の思考体系そのものの変形を可能にする場合があると、ペレは考えるのである。

科学的思考を技師の仕事に、神話的思考をブリコラージュにたとえるレヴィ＝ストロース自身の有名な比喩を利用するなら、シュルレアリスムとは、一つの観念にもとづいてそれを実現しようとする技師の作業よりも、一見すでに存在するマティエールの配置を変えるだけであるかに思えるブリコラージュの作業こそが、新しい観念を生み出すと考える思想なのだと言ってもいい。ここで問われているのは、シニフィエから出発するプロセスとシニフィアンから出発するプロセスのどちらがより創造的かという問いである。そしてシュルレアリスムが後者を取るのは当然であろう。言語の流れにスピードという強制力を加えて変形する自動記述にしろ、文字どおりマティエールから出発するコラージュやフロッタージュの技法にしろ、シュルレアリスムとは結局のところ、記号に加えられる暴力の生産性への確信によって支えられた実践の総体だからである。

またペレとレヴィ＝ストロースの差異は次のようにも表現できるだろう。両者はともに思考の体系の変化を問題にする。しかしレヴィ＝ストロースが、古い体系と新しいそれを通底するなんらかの構造が存在し、その構造の共通性のゆえに変化を考えることができるとするのに対し、ペレは古い体系と新しいそれとの接触面で何が起きるかを観察するのである。だからそれは、共時的視点と通時的視点の違いではないし、構造と歴史の違いですらない。ある変化に視線を注いだとき、差異を乗り越えるものを見つめるか、あくまで差異そのものを見つめるかの違いである。ペレは、そしてシュルレアリスムは、必要とあらば構造にも歴史にも注意を向ける。フロイトもマルクスも、シュルレアリスムには必要だ。だがそれがいつでも最後に立ち戻ってくる本来の領地は、構造でも歴史でもなく「事件」である。ペレが自らに課すのは、時間的・空間的に離れた文化を私たちが思考するための枠組みを発見することではない。そのような変化が、それを被った主体にとって、どのように、またどの程度生産的なものでありえたか、そしてとりわけその変化を導き出すことは可能なのか、可能ならそれはいかにしてか、それを知ることである。だが生産的な事件、記号と意味の生産的なずれは、多くの場合暴力とともに到来した。では社会的暴力に抗しつつ、記号への暴力を遂行することはいかにして可能か、それもまたシュルレアリスムの課題となるだろう。これらの問いこそがペレを、シニフィアンから出発するプロセスの生産性について問い続けるよう仕向けたに違いない。このようにして、絶対化と崇拝に導く宗教に抗する力として神話を定義するペレの神話論は、その抵抗の力がもっとも激しく顕在化する外部との接触面に彼の注意を向けさせ、最終的にはそうした外部との境にとどまり続ける方法の探求へと連結されるのである。

★

この地点から振り返って理解できるのはまた、ペレの神話論は単にシュルレアリスム全体のそれを代表するのではなく、その中である特異な位置を占めているという事実でもある。「ノート」が発表されたのと同じ一九四七年に生じたある象徴的な出来事を、最後に思い出しておくべきだろう。その前年パリに戻っていたブルトンを中心として、多くの若い新メンバーをも加えて再出発したグループは、その再出発を画する声明文「開幕の決裂」を発表する。しかし旅費がないため亡命地のメキシコにとどまっていたペレは、この宣言に署名することを求められたとき、それを拒否するという意味の書簡を、ブルトンに書き送っていた。

それから最後に、これは僕の間違いかもしれないのだが、文章全体に何か神秘主義的な傾向が見受けられるような気がする。この点については、僕は賛成することができない。

神話というものが呪術を起源とするならば、すべての神秘主義の基盤である宗教というやつは、あらゆる呪術の、つまりあらゆる詩《ポエジー》の否定だ。もし仮に詩《ポエジー》というものが、いまだに宗教を通じて表現されることがあるとしても、それは暗に宗教に敵対しながらのことにすぎない。(20)

ここで用いてきた表現をもう一度取り上げるなら、この声明文に見られる態度は「創造する」ものではなく、「ほめたたえ」ようとするものではないか、というのがペレの主張であるに違いない。周知の通り同じ四七年のシュルレアリスム国際展は、「新しい神話」をその主要テーマとし、今生まれつつあるさまざまな神話的存在に祭壇を捧げようとするものであったが、ペレはこうした当時のグループの基本路線を大筋では肯定しつつ、同時にそこに一種の危険性を感じ取る。何を意味するかいまだ不明の謎めいた記号（浮遊するシニフィアン）の登場に注目しようとするグループの方向性に対し、ペレはそうした神話のすべてが本来の意味での「神話」とはかぎらず、「宗教」の偽装かもしれないことに注意を喚起しようとするのである。「ノート」にも明確に書かれている通り、ペレにとって、宗教へと堕落した神話の最悪の形態は、スターリニズムとナチのそれであった。ブルトンが、あるいはグループ全体が、断絶の体験としての新しい神話をその生成状態において捉えることに精力を傾けていたそのとき、民族学的事象とのさまざまなレヴェルでの接触から彼自身の神話理論を作り出しえたペレは、グループの企てがはらむ、しかし十分には意識化されていないある危険性に対し、警告を発することができたのである。

レヴィ＝ストロースは「断絶」を乗り越えるものを思考しようとする。それに対しブルトンは「断絶」そのものを思考し、そのことで「事件」を引き寄せようとした。その傍らでペレは、同様にあくまでこの「断絶」そのものを見つめながら、それをもたらしたもの、またそれがもたらしうるものに対し、常に警戒し続けるよう呼びかける。シュルレアリスムがいわば一つの「事件」の思考であるとするなら、シュルレアリスムにとってある「事件」を思考するとは、その「事件」に盲目的なまでに魅入られつつ、同時にその「事件」が消滅するほどにまでそれを分解し把握しつくすことでなければならない。解釈と無償性が互いに生産しあうような装置を作り出すというシュルレアリスムの企ての中心で、ブルトンの神話論とペレのそれとは、いわば一つの楕円としてのこの企ての、二つの焦点を定義しているのである。

註

（1）Benjamin Péret, *Œuvres complètes*, tome 7, Paris, José Corti, 1995, p. 422.

（2）*Ibid.*, p. 425.

（3）Robert Ponge, «Par-delà la superbe des grands arbres abattus par la tempête...», *in*: Péret, *La Commune des Palmares*, Paris, Editions Syllepse, 1999, p. 15.

（4）『神話選集』が実際に刊行されるのはペレの死後、一九六〇年であるが、ペレは三〇年代からこのアンソロジーを計画しており、そのために書かれた序文は著者のメキシコ滞在中に、ニューヨークに亡命していたシュルレアリストたちの手で単著として出版された（*La Parole est à Péret*, New York, Editions Surréalistes, 1943）。最終的なヴァージョンでは、これにさらに数頁が書き加えられている。Péret, *Œuvres complètes*, tome 6, Paris, José Corti, 1992, pp. 15-35.

（5）ここでの議論は、主に次の部分を念頭に置いている。Péret, *ibid.*, pp. 33-34. また迷信が、一方で神話に、他方で宗教儀礼に転化しうることを説いた次のテクストも参照のこと。Péret, «Le Sel répandu», *Œuvres complètes*, tome 7, *op. cit.*, 1995, pp. 68-70.

（6）Péret, *Œuvres complètes*, tome 6, *op. cit.*, pp. 30-31.

（7） *Ibid.*, p. 307.

（8） *Ibid.*, p. 30.

（9） Péret, *Anthologie des mythes, légendes et contes populaires d'Amérique* (réédition), Paris, Albin Michel («Bibliothèque Albin Michel» 19), 1989, pp. 82-85. ペレはサアグンからこの神話についての記述を引用し、それに関するコメントの中でこのように述べている（ペレの『全集』には、この部分は収録されていない）。

（10） 以上の考察は、インカ帝国によるアンデス先住民族の支配に関するモーリス・ゴドリエの分析を思いおこさせるかもしれない。インカ族の支配によってもたらされた新しい生産関係（賦役）は、古い生産関係（村落的相互扶助）のイデオロギー的表象をいわば横領し、自らの抑圧的性格を隠蔽かつ正当化する、というのがその論旨であるが（モーリス・ゴドリエ『人類学の地平と針路』山内昶訳、紀伊國屋書店、一九七六年。特に三〇〇―三〇一頁を参照）、これは私たちの（あるいはペレの）言葉で言えば、あらゆる階級社会で既存の神話は記号と意味のあいだにずれをはらみ、そのことによって革命的な力の発現に場を与える可能性を持つ、と言い換えられるだろう。ペレの理論を六〇年代以降のマルクス主義人類学の中で捉え直すことが生産的でありうるのかどうか、ここでは問いを開いた状態にしておく以外にはない。

（11） Péret, «Candomblé et Makumba», *Œuvres complètes*, tome 6, *op. cit.*, pp. 73-107. 特に後半の「ブラジル黒人の信仰の起源」（pp. 96-107）を参照。

（12） このテクストも「カンドンブレとマクンバ」と同様、ペレのフランス語原文は見つかっておらず、『全集』第六巻に収録されているのはポルトガル語から仏訳し直したもの。この訳にさらに手を加え、解説と参考資料を充実させた次の新版を参照するとよい。Péret, *La Commune des Palmares*, traduction du portugais de Carminda Batista, revue par Robert Ponge, Paris, Editions Syllepse, 1999.

（13） Mário Maestri, *L'esclavage au Brésil*, traduit du portugais par Florence Carboni et revu par Lyne Strouc, Paris, Editions Karthala, 1991, pp. 163-164.

（14） *Ibid.*, p. 165.

（15） ただし付け加えておくなら、一見以上のことと矛盾するようだが、ペレの関心は外部との接触を断たれて孤立した文化にも向けられる。インドや中国と隔てられ、一種の孤立状態で発達したチベット仏教の特殊性を語る文章がそうであり、外敵（特にトルコ）の侵攻によっていくつもの地域に分断され、その各々の村で独自の発展をとげたユーゴスラヴィアの民衆芸術に関する論考がそうである (Péret, «Mysticisme, magie et sorcellerie du Tibet», *Œuvres complètes*, tome 6, *op. cit.*, pp. 221-228 ; «L'Art populaire yougoslave», *ibid.*, pp. 205-206)。また私たちが訳出した「ノート」においても、文明の中心地たるメキシコ高地から隔てられたタラスカ人たちの特殊な文化形態が語られていた。ここにあるのは、純粋な文化と混淆の文化の対立ではない。おそらくペレには、一定の移動と接触はあらゆる文化にとって常態であるという、当然と言えば当然の前提がある。そして彼が注目するような新しい思考と記号の体系が生まれるのは、この常態が平衡を失うような事態、すなわち暴力的接触と隔離という二つの正反対の状況においてなのである。

(16) Péret, «L'Art populaire du Brésil», *Œuvres complètes*, tome 6, *op. cit.*, pp. 159-164. 引用は一五九頁から。

(17) André Breton, «Du surréalisme en ses œuvres vives», *Médium*, nouvelle série, n° 4, janvier 1955. 次の書物に再録。Breton, *Manifestes du surréalisme*, Paris, Jean-Jacques Pauvert, 1962.

(18) Claude Lévi-Strauss, «Le Père Noël supplicié», *Les Temps modernes*, mars 1952 (クロード・レヴィ=ストロース、中沢新一『サンタクロースの秘密』、せりか書房、一九九五年).

(19) Péret, *Œuvres complètes*, tome 6, *op. cit.*, p. 35.

(20) Claude Courtot, *Introduction à la lecture de Benjamin Péret*, Paris, Le Terrain vague, 1965, p. 47.

* この論文は、以下の二つの研究で展開した論点を、新たな材料を加えつつ構成し直したものである。「宗教に抗する神話——バンジャマン・ペレの神話理論を巡って」、『東京大学教養学部外国語科紀要』第四一巻第二号、一九九三年、四七—六二頁；«*Le Déshonneur des poètes* : Benjamin Péret et la théorie surréaliste du signe», *Pleine marge*, n° 21, juin 1995, pp. 111-117.

Ⅲ　表現者とフィールド

郷土への回帰
——ラム、カブレーラ、カルペンティエルと黒人の呪術

工藤多香子

1　原始の驚異《ル・メルヴェイユー・プリミティフ》

一九四四年六月、ニューヨークのピエール・マティス画廊でウィフレード・ラムの個展が開催された。この画廊ではすでに二回目の個展であった。展示作品は全部で一四点。その中には、ラムの代表作となった《ジャングル》も含まれていた（図1）。この二カ月ほど前に、ニューヨーク近代美術館では「キューバの現代画家」展が開催されている。ラムの作品は出展されていないこの展覧会の特徴が「喜びに満ちた色彩」や「快活さ」であったならば[1]、同じキューバ人画家でもラムの個展はきわめて対照的に見えたことだろう。彼の作品に描かれているのは、「小さな子供を怖がらせる[2]」ような、鬱蒼と茂った植物群、そして植物と渾然一体となって棲息している人間とも動物ともとれる生物たちだった。《不吉なマレンボ、十字路の神》や《エグエ・オリサ、神の草[3]》といった、ニューヨーク市民には馴染みのない言葉がならんだタイトル、そして、ラムがキューバ出身の黒い肌をした画家であるという事実は、キューバという国をよく知らないであろうアメリカの美術評論家にさえ、彼の作品が「エグゾティックな植物の成長と神々、そして今日のキューバでも実践されているアフリカ起源の儀礼[4]」と結びついていることを確信させていた（図2）。同じピエール・マティス画廊で四二年にラムの第一回個展が開催されたとき、カタログの序で「ラムには

原始の驚異《ル・メルヴェイユー・プリミティフ》[5]がそなわっている[6]」と論じたアンドレ・ブルトンの言葉は、第二回の個展の鑑賞者にとってますます説得力をもつものとなっていたにちがいない。この個展を見たニューヨークの美術評論家たちはラムがウィスキーのかわりに生き血を飲むと信じていたという逸話が残されている[7]。それほどに、この第二回の個展は鑑賞者に「原始の驚異」を強く想起させたのだろう。

美術を勉強するため一九二三年に渡欧したラムは、短期間の滞在を予定していたスペインに結局一五年間も生活することとなった（図3）。三六年に勃発した内戦にも参加し、ラムは共和国側について戦っている。しかし、敗北が濃厚となった三八年にパリに逃れ、そこで彼はピカソと知り合った。ピカソはこの若者の画家としての才能を見抜いていたのであろう。ラムの絵を見るとすぐに彼を画商ピエール・ローブに紹介した[8]。ローブはラムと契約を結び、三九年には彼の画廊においてパリで初の個展を開催している。しかし、順調に滑り出したかに見えたパリでの生活も再び戦争によって中断された。四〇年にパリは陥落し、ラムは出国の可能性のあるマルセイユへと向かう。そこには、

図1　ラム《ジャングル》1943年。グワッシュ，カンヴァスに貼った紙，239.4×229.9cm。ニューヨーク，近代美術館蔵

図2　ラム《不吉なマレンボ，十字路の神》1943年。油彩，カンヴァス，153×126.4cm。個人蔵

やはりアメリカに亡命する機会を待っていたブルトンがいた。すでにパリで彼と知り合っていたラムはシャトー・エール・ベルでブルトンが開く日曜午後の集会に参加するようになる（図4）。そして四一年三月、ラムと彼のドイツ人の妻ヘレーナはブルトン一行と共にポール・ルメルル大尉号に乗船し、アンティル諸島に向けて出発した。途中マルティニクに立ち寄ったあと、アメリカに行くブルトンらとドミニカ共和国で別れたラムとヘレーナは、その年の夏ようやくキューバに到着する。ラムにとっては一八年ぶりの母国であった。ラムはその後約一〇年間をキューバですごしている。その間も彼はニューヨークにいるブルトンと連絡を取り合っており、ブルトンが四二年に企画した「シュルレアリスムの帰化申請書」展に参加したほか、四三年と四四年の『W』には作品の図版を掲載している。また、ブルトンが仲介役となったおかげで、ラムはキューバにいながらにしてピエール・マティス画廊での個展が可能となった。第一回の個展では、ブルトンはカタログに序文を寄せたばかりではなく、作品のタイトルすら手がけてい

図3　キューバを離れ，再びフランスを拠点としていた頃のラム。撮影マン・レイ（Laurin-Lam 1996：201）

図4　マルセイユ，シャトー・エール・ベルの前で，ブルトンらと共に。中央に腰掛けているのがラム。1941年（Laurin-Lam 1996：184）

る。その後ラムはこの画廊と契約し、四二年から五〇年までに計五回の個展を開催した。

帰国後キューバで制作された彼の作品には明らかな変化が生じていた。第一回の個展に対する評価は、たとえば美術雑誌『アート・ダイジェスト』に掲載された批評にみられるように、まだピカソの影響を指摘するにとどまっていた。[9] ラムの評価が高まったのは《ジャングル》を発表した第二回の個展以降である。先の『アート・ダイジェスト』誌は、この個展をラムの「真の出発」と評し、[10] また当時ハイチに住んでいたピエール・マビーユは《ジャングル》を「遠近法の発見に匹敵する重要なできごと」と称讃した。[11] 遠近法とは「唯一神に基づいて世界は構成されているという考えの翻訳」であるというマビーユは、ヴードゥーの儀礼を例にひきながら、その儀礼は「中心へと向かう遠近法的収斂」とは異なる仕方で展開し、あらゆる部分が「リズムの法則」によってのみ同調する「生命ある総体」であると述べた上で、この儀礼と同じ世界にラムの絵は属していると説明するのだった。[12] 実際、この第二回個展以降、後述のキューバに伝わるアフリカ系カルトの信者たちが用いる言葉や神々の名前が、ラムの作品タイトルにしばしば登場するようになったことを思えば、それらのカルトと親近性のあるヴードゥーを連想したマビーユはまさに正鵠を射ていたといえよう。

キューバを長く離れていたラムは母国においてほとんど無名の存在だった。キューバ美術界とのつながりも薄かった。しかし、ラムがキューバを代表する画家となることをはやくから見抜いていた女性がいた。作家でキューバの民俗学的事象に興味を抱いていたリディア・カブレーラである。ラムが帰国して約一年が経った一九四二年五月、彼女はキューバの知識人層が好んで読んでいた『マリーナ新聞』に、「偉大なる画家ウィフレード・ラム」と題したコラムを書いている。[13] それは、画家ラムの存在をおそらくはじめてキューバ国内に知らしめる文章であった。さらに、完成した《ジャングル》を見てその重要性を確信したカブレーラは、ニューヨークの個展に先立つ四四年一月に、同じ『マリーナ新聞』に評論を掲載した。その文章の中で彼女は、国外ではすでに知られているラムの作品をキューバ国内でもいちはやく紹介し、彼の才能を認知すべきだと再び主張するとともに、ラムの作品世界ではあらゆるものが「魔術的」、「神話的」なもの、つまり「原初の泉」から生まれ出たものであると述べ、彼がこのような表現の境地に至り得たのは故郷キューバに帰国したからこそと論じるのだった。ラムが再会したのは「父祖伝来の黒い神々が木々に宿り、木の葉に住まい、あらゆる風景に溶け込んでいる」、「それ自体きわめて魔術的なわれわれの郷土」なのだとカブレーラは言うのである。[14]

ラムの第二回個展が開催されたあとの七月にも、彼の近作に関する評論がキューバの前衛文芸誌『カリブ新報』に掲載された。著者はやがてラテンアメリカを代表する作家となるアレホ・カルペンティエル。彼もまた、ラムは「原始的神話の世界に生気を吹き込む」ことに成功したとして、その作品を高く評価している。彼の作品では、キューバばかりでなくカリブ全体に深く結びついたヨーロッパの画家には描ききれない何か、すなわち「われわれの環境を取り巻いているあらゆる魔術的なもの、測り知れないもの、神秘なもの」が啓示されていると称讃するのだった。[15]

カブレーラとカルペンティエルはともにラムを高く評価している。しかもブルトンと同じく、彼らもラムの絵から「原始の驚異」を感得していたであろうことは、彼らが使う「原初の泉」、「原始的神話」、そして「魔術的」といった表現のなかに示唆されている。しかし、この二人に共通しているのはそれだけではない。ラムの作品が「われわれの郷土」との再会によって実現したと論じる点でも二人は一致している。カブレーラとカルペンティエルにとって、彼の作品の魅力はすなわち「われわれの郷土」の魅力でもあり、ラムの絵画は「われわれの郷土」を見事に代弁していた。キューバのいわゆる白人知識人が[16]ラムの作品から伝わる「原始の驚異」に感嘆し、そしてそれは「われわれの郷土」そのものと表現するとき、私たちはあるきわめて具体的な事象に思い至らずにはいられない。それは、彼らの生地キューバにおいて、「近代文明」と相いれない、つまりすぐれて「原始的」と考えられてきたがゆえに「ニグロのまじない《ブルヘリーア》（brujería）[17]」と呼ばれ蔑まれてきたキューバのアフリカ系カルトである。「われわれの郷土」を「原始の驚異」と結び付けているこの二人の知識人、そしてラムの目に、「郷土」のアフリカ系カルトは果たしてどのように映っていたのだろうか。

2　ラムの黒人意識

スペインの植民地時代（一五一一～一八九八年）、アフリカ大陸からキューバ島に連れて来られた黒人奴隷の総数は七〇万人とも一〇〇万人ともいわれる[18]。砂糖産業がキューバ経済を支えていた一九世紀には、統計上「黒人およびムラート」の人口がキューバの全人口の半数を超えていた時期もあった[19]。

ラムは一九〇二年、キューバ島の中央部よりに位置する町サグア・ラ・グランデで、中国人の父と混血女性《ムラータ》の母との間に生まれた。もとよりキューバには一九世紀半ば以降、かなりの数の中国人が移住しており[20]、その多くは、黒人奴隷にかわる労働力として主として白人の農場主に低賃金で雇われる契約労働者であったが、中には成功して飲食店や商店を経営する者もいた。ラムの父ラム・ヤムもそのような移民の一人で、食料雑貨店を経営していた。しかし、末息子のウィフレードが生まれた時点で高齢に達していた父親は、すでに店をたたみ、代書業や椅子作りをして生計を立てていたという[21]。ラム・ヤムのもとには頻繁に中国人の同胞たちが訪れた。ウィフレードはまた、父親が「孔子の偉大な文明」について誇らしげに話すのを聞いて育った。しかし、黒人奴隷であった母方の祖先が味わった苦しみをも同時に聞いていた彼は、中国のその「偉大な文明」よりも母親の悲しげな目に刻印された「黒人の悲劇」の方にむしろ共感していたと、後年述懐している[22]。

ラムが誕生したのは、一八八六年にキューバで奴隷制が廃止されてからわずか一六年しかたっていない頃であった。ラムの幼少時代、近郊に砂糖キビ畑が広がるサグア・ラ・グランデには、まだ奴隷制時代の面影が残っていたことだろう。近隣の砂糖キビ農場で働く黒人労働者の居住区が、ラムが暮らしていた街区に隣接していた。少年ラムは、彼らの居住区から夜な夜な響いてくる太鼓の音を聞きながら成長し、ときには彼らが実施する、今となっては特定できない何らかの儀礼に参加することもあったという[23]。また、キューバに伝わるアフリカ系カルトの一つ、サンテリーアを信仰する黒人女性マ・アントニーカの家にもラムはよく出かけ、彼女を「名付け親《マドリーナ》」として慕っていた[24](図5、6)。

一八九五年に始まった独立戦争で黒人はスペインを相手に白人と共に戦ったものの、ひとたび独立が実現してみると、新しい社会は黒人が期待していた平等な社会からはるかにかけ離れていた。独立後のキューバでも、あいかわらず黒人・ムラートに対する偏見は強いままだった。「アフリカ」的な風習はことごとく風紀を乱すものとして、白人ばかりか黒人知識人からも軽蔑されていた。一九一二年には、黒人政党の成立の是非をめぐる議論が内戦にまで発展し、多くの黒人が殺戮されている。新生キューバ国民一人一人の「人種」を決定しているのは、その個人の過去の系譜よりも肌の色や髪の特徴などの容貌だった。たとえば、中国系ムラートとはいえ褐色の肌と縮れた頭髪をもつラムは、社会の視線を通せば「中国人」というよりもむしろ「黒人」に近かった。そして、青少年時代のラムが生きたキューバでは、黒人であることをことさらに意識し主張することは、社会的に不利な状況に身を置くことを意味したのであった。

故郷サグア・ラ・グランデですでに美術の才能を示し始めていたラムは、一九一八年から首都ハバナの美術学校に通い始めた。当時のキューバでは、才能と経済力のある美術学生の多くがスペインやフランスに留学しており、ラムもまたヨーロッパで本格的な美術の勉強をしたいと望んでいた。しかし、ハバナでの生活費にも事欠いていた彼に、渡航費用の捻出は容易なことではなかった。出身地の町役場がラムにわずかばかりの奨学金を支給してくれることになり、ようやく彼の留学は実現したのだった(25)。

長いスペイン滞在を経た後、パリで実現したピカソとの邂逅は、中国系ムラートであるラムが自分の中の「黒人」

図5　ラムが慕っていたマ・アントニーカ。1900年（Laurin-Lam 1996：174）

図6　ラム12歳の頃。1914年（Laurin-Lam 1996：173）

図7　ラムが収集した「アフリカの彫像」。中央の女性はラムの当時の妻ヘレーナ。1947年（Balderrama 1992：171）

を強く意識する契機の一つとなった。ピカソはシュルレアリストを含む彼の友人たちにラムを紹介しただけではなく、ラムの関心をアール・ネーグルへと導く水先案内人の役目を果たしてもいた。ラムは、やはりピカソを介して知り合ったレリスの案内で、一九三八年にトロカデロ民族誌博物館を改装し再出発したばかりの人類博物館を訪れるようになり、また同時に、アフリカの仮面を収集してはその造形を創作上の参考にし始めた（図7）。しかし、ラムにとってアール・ネーグルは、単に造形的な興味を掻き立て、創作に刺激を与えるだけのものではなかった。後年ラムが語ったところによれば、ピカソはアフリカの彫像を彼に見せながら、「君は誇りに思うに違いない。〔……〕この作品を創ったのは一人のアフリカ人だ。そして君にもアフリカ人の血が流れているのだから」[26]と述べている。今にしてみれば、この言葉が人種主義に基づいていることは言うまでもなく明らかだろう。ところがラムはこのきわめて暴力的な言葉を称讃として素直に受け止め、述懐しているのだ。彼はピカソの言葉によって、キューバでは差別の理由にしかならない黒人であることを「誇り」と結び付けるという逆転の発想に気づいたに違いない。ラムにとってアール・ネーグルとの出会いは、自分が黒人であるという事実を認識し引き受けていくための原動力となったのであった。

その後ラムがマルセイユでブルトンとの親交を深めたことは既述のとおりである。ブルトンが開く集会には、やはりパリを逃げ出し、亡命の機会をうかがっていたマッソン、ペレ、ドミンゲスなどが顔を出していた。ラムは彼らとともに「優美なる死骸」に加わり、またブルトンが考案したマルセイユ・トランプにも参加している。マルセイユでのシュルレアリストたちとの交流は、ラムの創作活動に決定的な影響を与えるものだった。ブルトンの詩集『蜃気楼』の挿絵を含む、ラムがマルセイユで描いた作品は、パリ時代の作品とは異なる特徴を示し始めていた（図8）。

アフリカの仮面を思わせる表情の人物像は影をひそめ、のちにキューバで彼の個性となる、人間と動植物との共生や人間から動物、植物への変態を連想させる形象表現がそこにはすでにあらわれつつあった[27]。あるいはこれらの表現は、ラムが幼少時代に接し、そして帰国後再会することになるキューバのアフリカ系カルトと無関係ではないのかもしれない。

ヨーロッパで「黒人」を意識するようになったラムには、一九四一年に帰国して目の当たりにしたキューバの黒人の状況が、相かわらず悲劇的であるとしか映らなかった。前年の四〇年に新たに制定されたキューバ共和国憲法は人種差別の禁止を条文に含めているが、それを具体化するような法律が整えられることはなく、憲法の条文は実効性を伴わなかった。人種偏見はあいかわらず社会に蔓延し、黒人・ムラートに与えられる社会的地位向上の機会は少ないままであった。その一方で、打楽器を多用した複雑なリズムを特徴とするソンやルンバと呼ばれるキューバ生まれの音楽が、二〇年代から国内外で人気を博していた。三〇年代に米国からの旅行者が増え、観光産業が成長すると、それらの音楽はエグゾティスムを求める観光客に不可欠なものとなり、職業選択の幅が狭い黒人やムラートの多くがキャバレーやダンスホールに踊り子や演奏家の職を求めたのであった[28]。もちろんその中には観光客相手に売春をする混血女性《ムラータ》も少なくなかったことはいうまでもない。歓楽の街となったハバナで、アフリカ系キューバ人がエグゾティックな道具立てとしてのみみなされていることに心を痛めたラムは一つの決意を抱いている。「私は自国の悲劇を精いっぱい描きたいと思った。それも、黒人の精神、そして黒人の造形美術の美しさを徹底的に表現することによって[29]」。帰国後から作風を大きく変化させ、そしてやがて《ジャングル》という傑作を生み出すに至ったラム。画家としてのこのような変貌と成熟を彼にもたらしたのは、

図8　ラム『蜃気楼』（ブルトン著）の挿絵。1941年（Balderrama 1992：36）

まさにこの決意であったのかもしれない。

「黒人の精神」を表現したいと望んだラムが関心を寄せたものの一つが、祖国のアフリカ系カルトだった。先述したように、カルトに身近に接することのできる環境で育ったラムは、その信仰が「黒人」の生活と密接に関わっていると感じ取っていたのかもしれない。しかしそうであったとしても、ラム自身はイニシエーションを受けた信者ではなく、まして一八年間もキューバを離れていたとあっては、帰国当時のラムがキューバにおけるアフリカ系カルトの事情に通じていようはずはなかった。その不足を補う役割を担ったのが、先述のリディア・カブレーラである。カルト信者が神や精霊に対する信仰の証として実施する憑依儀礼にラムが足を運ぶようになったのも、カブレーラの案内によってであった。二人は儀礼の内容などについてもしばしば議論をしていた。そればかりか四三年頃には、アフリカ系カルトに関する自らの知識を参照しながら、カブレーラがラムのいくつかの作品にタイトルをつけるようにさえなっていた[30]。先述した《不吉なマレンボ、十字路の神》や《エグエ・オリサ、神の草》のタイトルを手がけたのもカブレーラである[31]。「黒人の精神」を表現するというラムの試みの到達点として、《ジャングル》を含む彼の代表作がキューバ時代に誕生した背景には、カブレーラの協力が大きな役割を果たしていたことになろう。

3　ニグロのまじない《ブルヘリーア》

アフリカから奴隷としてキューバに連れて来られた黒人たちは、異郷の地においても郷土の信仰を自らが置かれた状況に適応させながら継続した。やがてそれらの信仰はカトリックなどと混淆し、ヨルバ系の信仰を基盤としたサンテリーア、「コンゴ」系の要素が強いレグラ・デ・パロといったアフリカ系カルトへと発展していった[32]。サンテリーアとレグラ・デ・パロとは信者からすれば異なる信仰である。崇拝対象も異なれば、儀礼の行い方も違っている。しかしながら、いずれも打楽器演奏を伴う憑依儀礼を実施し、薬草を利用した治療や浄化を行い、そしてあらゆる自然現象には霊的な力が宿ると信じている点で共通している。さらに混乱を招くのは、サンテリーアとレグラ・デ・パロの両方に入信している信者がけっして少なくはないことである。そのような人々にとってこの二つの信仰は相互補完的であり両立可能なものなのだ。しかし、これらの信仰に縁遠い白人にとってみれば両者の違いはきわめてあいまいである。彼らにとってこの二つの信仰は等しく「ニグロのまじない《ブルヘリーア》」でしかなかった。一九〇二年に独立した当初、近代国民国家の仲間入りを急ごうとするキューバの知識人――そのほとんどは白人だった――にとって、「ニグロのまじない《ブルヘリーア》」は文明国にはそぐわない原始的で不道徳な行為であり、近代化の障壁でしかなかったのだ。このような「ニグロのまじない《ブルヘリーア》」を全面的に否定する見解は一九二〇年代前半まで根強かった。たとえば、一九二三年に設立されたキューバ民俗学会は、「ニグロのまじない《ブルヘリーア》」を病的な行為とみなし、「その社会的治療を目的とした研究」を課題の一つにあげている。[33]

アフリカ系カルトをめぐって新しい動きが生じたのは、一九二〇年代後半に入ってからだった。第一次大戦中、砂糖相場の高騰で経済的繁栄を迎えたキューバだったが、二〇年には砂糖の国際市場価格が暴落し、キューバ経済は急激に悪化した。それと同時に、独立以前の米軍統治以来、米国に政治・経済で従属したままとなっているキューバの状況に対する不満が、強い反米感情とナショナリズムのかたちをとって若い知識人、詩人・芸術家の間に広まった。なかでも傑出していたのが、ルベン・マルティーネス＝ビイェーナらの若い詩人たちが二三年頃から徐々に集まり、やがて結成した前衛芸術家集団ミノリスタ（少数派）である。彼らは政治意識を強くもった前衛芸術活動を目標とし、政府への抗議、対米批判などを活潑に繰り広げていった。ミノリスタの活動は、二七年から三〇年まで発行された文芸誌『アバンセ（前進）』に引き継がれた。カルペンティエルも創刊号の編集に参加したこの雑誌は、西欧アヴァンギャルドの導入とともに「キューバ的なもの」の探求を方針として掲げていた。そして、『アバンセ』の周囲に集まる詩人・芸術家の間から登場してきたのが、「ネグリスモ」あるいは「アフロキューバ主義」と呼ばれる芸術潮流であった。これは、西欧アヴァンギャルドの洗礼を受けた芸術家たちがキューバにおける「黒人的なもの」に美的な価値を見出し、作品の題材として取り入れていった潮流で、主として詩と音楽において活潑となった試みである。二〇年代後半、カルペンティエルはこの潮流の中心にいた。彼は、実際にアフリカ系カルトの儀礼を観察しては、そこで繰り広げられる音楽や舞踊をアフリカ起源の言葉をまじえて畳み掛けるように表現した詩をつくり、また作曲家アマデオ・ロルダンやアレハンドロ・ガルシア＝カトゥルラと協力して儀礼音楽に想を得たバレエやオペラの脚本を手がけていた。

この芸術潮流は、それまで「病的な行為」としかみなされてこなかったアフリカ系カルトのなかに、「キューバらしさ」と「芸術」としての価値を兼ね備えた表現を見出していたという点で重要な意義をもっている。しかし、この潮流は主として非アフリカ系キューバ人によって担われており、そのめざすところも黒人の社会的・文化的地位の向上というよりはむしろキューバらしい芸術表現の模索だった。しかも彼らアフロキューバ主義の芸術家たちは、音楽や舞踊をその儀礼的コンテクストから切り離したところで評価していたのであり、儀礼そのものに関心をむけることはなかった。つまりキューバのアフリカ系カルト自体に詩や芸術との連続性を見いだしていたのではなく、カルトにともなう諸表現を「芸術」に利用することに興味を示したのである。

アフロキューバ主義は、アフリカ系カルトにともなう諸表現を調査、採集することを目標としたアフロキューバ研究を誕生させた。この研究の立役者となったのが民俗学者フェルナンド・オルティス（一八八一〜一九六九年）である。彼は一九三四年に「アフロキューバ音楽――その研究の奨励」と題した論文を発表した。ここでいうアフロキューバ音楽とは、アフロキューバ主義の音楽ではなく、アフリカ系カルトの儀礼歌からポピュラー音楽までを含む「黒人」の音楽を意味している。オルティスはこの論文で、キューバの国民文化、特に音楽には黒人の影響があることを指摘し、その「価値ある遺産」を研究する必要性を主張した。[34] さらに、彼は三六年に「アフロキューバ研究協会」を設立し、アフロキューバ研究の推進に尽力した。オルティスが目的としているのは、キューバの国民文化に黒人の影響は存在しないという当時の知識人の間でまだ根強かった考え方に異を唱え、キューバの国民文化は白人と黒人のそれぞれの文化が混じり合った混血文化であると主張することであった。そのための戦略としてとられたのが、黒人的なものの中から「近代文明」に貢献しうる要素に着目し、その価値を強調することである。かくして、すでにアフロキューバ主義によって芸術的な価値を証明されている黒人音楽が、アフロキューバ研究の主要な対象となったのである。とりわけアフリカ系カルトの儀礼音楽は格好の素材だった。この研究は、アフリカ系カルトを「原始的」で劣ったものとみなす偏見から救い出し、国民的芸術に発展する可能性をもった音楽の宝庫としてとらえ直す試みでもあった。[35]

米国の政治・経済的覇権に対する危惧とナショナリズムの覚醒から生まれた、若い芸術家たちによる前衛は、学生や労働者が社会の変革を求めて闘争した時代、いわゆる「一九三三年の革命」へと向かう時代の中で生まれた。この革命で、米国の援助を後ろ盾に独裁色を強めていた大統領マチャードは失脚した。しかし、その後樹立した政権は短命に終わり、結果的に、「一九三三年の革命」はバティスタというもう一人の独裁者を誕生させたにすぎなかったのである。革命の失敗は前衛の時代の終焉でもあった。そして、前衛の一つの表現であったアフロキューバ主義もまた、一九三〇年代後半、徐々に下火となっていった。

4　カブレーラとラム

前衛の時代の失敗は、若い世代の詩人・芸術家を政治的な主義主張から遠ざけた。ラムが帰国した一九四〇年代のキューバでは、地域色に固執した前世代に対する反動からか、「普遍的な美」を探求しようとする芸術が主流を占め、フォークロアを強調した芸術表現は敬遠されていた。この時代の芸術潮流において、黒人的なものに対する以前のように熱のこもった関心はすでに過ぎ去っていたのである。したがって、帰国後「ニグロのまじない《ブルヘリーア》」を喚起する作品を制作し続けるラムの存在は、キューバ美術界からすれば異彩を放っていたのかもしれない。キューバの画家や評論家たちはラムの才能を認めつつもいくぶん距離をおいて彼を評価していたのである[36]。

カブレーラは、このようにキューバ国内でやや孤立していたラムを最初に評価したキューバ人の一人として、また、先述したようにキューバのアフリカ系カルトに関する知識の提供者としてラムとの親交を深めていた（図9、10）。しかし、二人の出会いは、アフリカ系カルトに関心を寄せる一人の芸術家とそのカルトに精通している知識人との単なる出会いに終わらなかった。カブレーラは、キューバ国内でラムの評価を高める役割を率先して担おうとしたのである。他方、ラムもまた、カブレーラを単なる民族誌的知識の提供者としてのみなしていたのではなかった。彼は、短篇作家でもあるカブレーラの芸術家としての感性に、自分の芸術と共鳴するものを感じ取っていた。

一九〇〇年、ハバナのブルジョア白人家庭に生まれたカブレーラは、美術の勉強をするため一九二七年にパリに渡り、三七年までそこで生活している（図11）。パリという都市と文化にはやくから強い憧れを抱いていたカブレーラだったが、パリに身を置き、当時のフランスの知識人・芸術家たちの関心に接することで、彼らの非ヨーロッパ的なものへの興味に彼女自身も染まっていった。芸術家たちがアフリカを含めた非ヨーロッパの「芸術」から刺激を得ていた時代の空気を、カブレーラはパリで吸い込んでいた。そして、パリで芽生えたこの関心が彼女をキューバの黒人へと向かわせたのである。

一九三〇年に一時帰国した際、彼女は黒人のインフォーマントを得てサンテリーアに関するはじめての調査を行っている。その後、パリに戻ったカブレーラはこの調査で得た情報と幼いころ黒人の使用人から聞いた話の記憶とをもとにして短篇を創作するようになった。やがてこれらの作品が作家ポール・モランの目にとまり、『キューバのニグロ物語集』として仏訳され、グァテマラの作家アストゥリアスの『グァテマラ伝説集』とともに、三六年にガリマー

図 9　左からマビーユ，カブレーラ，ラム。1942年 (Laurin-Lam 1996：186)

図10　ラム《リディア・カブレーラの肖像》1943年。油彩，厚紙に貼ったカンヴァス，22.5×18.5cm (Laurin-Lam 1996：336)

ル社から出版されるに至った。この出版が、三七年の帰国以降カブレーラがアフリカ系カルトの調査に没頭していく出発点となったことを考えるならば、その出発の段階ですでに創作行為と結びついていたカブレーラのアフリカ系カルトへの関心は、学術研究というよりもむしろ芸術を志向していたといえよう。

カブレーラがラムと知り合ったのは、アフリカ系カルトの儀礼に出向いたり、インフォーマントを自宅に呼んで彼らの話に耳を傾けることをすでに日課としていた頃だった（図12）。この当時、オルティスを中心にすでにアフロキューバ研究が進められていたとはいえ、ブルジョア家庭出身の白人女性が黒人の生活空間に入り込み、「ニグロの《ブルヘ》まじない《リーア》」に接近することは、社会常識をくつがえすことであった。カブレーラの家族も彼女の調査をけっして快くは思っていなかったのである。[37] また、彼女のインフォーマントとなる黒人たちの信用を得ることも容易なことではなかった。白人が自分たちの信仰を蔑みの対象としていることを知っている信者たちは、白人女性であるカブレーラになかなか口を開こうとはしなかった。[38] アフリカ系カルトに関する調査は、当時の白人女性にとって社会的な無理解と

図11　25歳のカブレーラ。すでにこの頃渡仏を決意していた（Hiriart 1978 : 139）

図12　自宅でインフォーマントと語らうカブレーラ。1955年頃（Balderrama 1992 : 39）

とてつもない苦労を伴う作業だったのである。それにもかかわらず彼女はアフリカ系カルトに近づいていった。後年カブレーラは、黒人の世界の何に魅了されたのかとの問いに対して、「彼らの詩趣《ポエシーア》（poesía）に」と答えている。[39] また、晩年に出版した『キューバのフォークロアと魔術における動物たち』の序文では、あらゆる生き物は人間のように考え行動すると信じること、すなわち「子供の心のなかに置き忘れ、空想力に乏しい大人になって獲得した知識や論理性の下に埋もれてしまった考えや概念」を黒人たちは表現しているとも述べている。[40] カブレーラは、アフリカ系カルトの信者が動植物、海川などの自然にはすべて霊的な力があると考え、それをときに擬人化して表現することを「子供の心」と結びつけ、黒人に特有な心性とみなしているのである。そして詩人は「子供の心」を失わないと考える彼女にとって、黒人は「子供の心」をもつゆえに詩人に通じる存在なのだった。この考え方は、現代の視点からみれば白人のロマンティックな未開主義にすぎない。しかし、カブレーラは黒人の世界に自分が感じている魅力が実は人種主義と表裏一体であると気づくことはなかった。否むしろ、黒人の詩趣《ポエシーア》、「子供の心」を信じて疑わなかったからこそ、彼女はアフリカ系カルトへの接近という困難な作業に挑むことができたのではなかろうか。彼女のアフリカ系カルトに対する視点は、カルトにともなう諸表現を「芸術」に利用しようとしたアフロキューバ主義とも、カルトを劣等な原始的文化とみなす偏見から救い出そうとしたアフロキューバ研究とも異なっていた。カブレーラは、「信仰と伝説と、そして詩趣とからなるあの驚くべき現実の世界」[41]に感嘆の念を抱きながら、アフリカ系カルトに関する探究を長年にわたって続けたのである。そして、その成果は五四年の著作『エル・モンテ』として結実した。

この本の第一章は「キューバの黒人の間では、エル・モンテのもつ霊的な力に対する信仰が驚くほどに根づいている」という文章ではじまっている。[42] エル・モンテとはスペイン語で山を意味するが、キューバでは山にかぎらず、人の手が加えられないままに植物が茂っている場所をさす言葉である。『エル・モンテ』では森や植物に対するアフリカ系カルト信者の信仰に焦点があてられている。アフリカ系カルトの信者はあらゆる草木に精霊や神が棲むと信じる。この本では、山や森に棲む神々に対する敬意と畏怖のこもった信仰が、ときに森の神は異形の姿をとって人の前に現れるといった、黒人インフォーマントの語りを通して描かれているのだ。序章の中で、カブレーラはこの本が「科学的」な意図から書かれたものではないとあらかじめ断っている。彼女が試みたのは、インフォーマントである黒人たちの話の分析ではなく、彼らの言葉をけずらずに書き残すことであった。黒人の信仰から感じ取れる詩趣こそが彼女の探索の動機であった以上、『エル・モンテ』を書く上での彼女の試みは当然であろう。彼女にとっては、「科学的」な分析よりも詩趣を伝えることが何よりも重要だったのである（図13）。

　また、彼女はこの本の序文で、キューバではアフリカの影響が白人にも及んでおり、「黒人を知らずにわれわれの民を知ることはできないであろう。〔……〕キューバの生活に少しでも踏み込めば、必ずアフリカの存在に出会うであろう。そしてその存在は、肌の色にだけ表れているのではない」と表現している。[43] 彼女は、黒人の世界が彼女を含めたキューバ人全員の心の中に何らかの形で宿っていると考えるようになっていたのだ。カブレーラの育った家庭では、黒人の使用人が常に数人働いていた。幼い頃のカブレーラは、ムラータの乳母に身の回りの世話をしてもらい、彼女の話を聞きながら育った。[44] また、カブレーラに最初のインフォーマントを紹介したのも彼女の家で手伝いをしていた黒人のお針子だった。カブレーラにしてみれば、黒人の世界は彼女の幼年時代の記憶にもたしかに入り込んでいたのである。白人でありながら黒人の世界を身をもって知るという経験は、ヨーロッパの知識人たちが求めても手に入れられない、キューバゆえの、そしてまたカブレーラゆえの特典なのだった。彼女はそのことに故郷を離れてはじめて気づいたのである。

図13　カブレーラ『サン・ホアキンの聖なる湖』に掲載された海の女神イェマヤを祝うサンテリーアの祭儀。写真はカブレーラの調査に同行した友人ホセフィーナ・タラーファによる。1956年（Cabrera 1993 [1973]：73）

　ラムは、アフリカ系カルトに詩趣を見出すカブレーラの視線に、シュルレアリストが「原始的」なものに向けるある種の感嘆のまなざしと類似したものがあることに気づいていたに違いない。彼はマルセイユからの帰途立ち寄ったマルティニクでエメ・セゼールと知り合い、その後も交流を続けていた。ラムと彼の妻は、セゼールから依頼されていた『帰郷ノート』のスペイン語訳をカブレーラに委ねている。その本はラム自身による装画とバンジャマン・ペレの序文を添えて、一九四三年に出版

図14 1943年に出版された西訳版セゼール『帰郷ノート』の表紙。鈴木雅雄氏蔵

された（図14）。また、セゼールが発行する雑誌『トロピック』の一〇号（一九四四年二月刊）には、先にふれた『キューバのニグロ物語集』の中の一作「ブレガンティーノ・ブレガンティン」が、セゼールの序文をともなって掲載されている。ラムがカブレーラをセゼールに紹介したのであろうと想像してみるのは無謀なことではあるまい。ラムはカブレーラの芸術家としての資質をもたしかに評価していた。この時期の二人の間には、互いに共通の資質を認め合った芸術家同士の創造的な協力関係が実現していたのである。そして、二人の代表作《ジャングル》と『エル・モンテ』がともに森を主題として黒人を表現していることも、彼らのこの協力関係とけっして無縁とはいえないだろう。

5 現実の驚異《ロ・レアル・マラビヨーソ》

もう一人のラム信奉者であったカルペンティエルは、先述した通り一九二〇年代後半、キューバでアフロキューバ主義を推進する芸術家の一人だった（図15）。彼が約一〇年間をパリで生活するのはその後のことである。したがってカブレーラと違い、カルペンティエルは渡仏以前からすでにアフリカ系カルトに対する興味をもっていたことになる。しかし、パリでの生活は、やはり黒人の信仰に対する彼の評価の仕方に変化をもたらしている。

カルペンティエルは一九〇四年ハバナで、フランス人建築家の父とロシア人の母との間に生まれた。両親は一九〇二年にキューバに移住したばかりだった。カルペンティエルは父親の影響で子供の頃からフランス語を学び、フランス文学に親しみ、ヨーロッパ的な教養を身に付けていた。二一年に彼はハバナ大学の建築科に進学したが、そのころ父親が家を出て消息不明となる。やむなく大学を中退したカルペンティエルは、家計を支えるためにジャーナリズムに携わると同時に文芸・音楽評論を手がけるようになった。やがて彼は、先述のミノリスタのメンバーたちと知り合い、その仲間に加わっていく。そして当時の前衛芸術家の一人として彼らとともに反政府運動に関与していたカルペンティエルは、当局からの弾圧を逃れるため二八年にパリに亡命した(45)。パリでは、亡命の手助けをしてくれた友人デスノスの紹介ですぐにシュルレアリストたちと知り合い、彼らの集会に参加している。しかし、それから間もなくして彼はシュルレアリスム運動の分裂に立ち会い、デスノスらとともに三〇年の『死骸』に署名したことで、ブルトンと対立する立場を示すことになった。結果的に、カルペンティエルはシュルレアリスム運動に参加することはなかったものの、彼らとの接触が彼ののちの創作活動に大きな足跡を残したことは否めない(46)。後年、彼は当時シュルレアリスムに参加する誘惑にかられていたこと、また実際にシュルレアリスムを意識した短篇を試みたことを認めている(47)。しかし、彼に運動への参加を思いとどまらせたのは、シュルレアリスムに自分が貢献する余地はもはやないという自覚と、「超文明化した都市で苦労して探し求められているシュルレアリスム的な雰囲気は、アメリカ大陸に純粋な状態で存在している」という感覚だった(48)。のちに「現実の驚異《ロ・レアル・マラビヨーソ》」として具体的に示されることになるこの感覚は、カルペンティエルがシュルレアリスムと接触し、不可思議なもの、驚異的なものを評価する感性を獲得したことによってはじめて得られた感覚であった。帰国後、彼はこの感覚を手掛かりとして、郷土ラテンアメリカをいかに表現するかに関心を集中させていくことになる。

図15　1962年に『光の世紀』を発表し，すでに大作家としての評価を確立していたカルペンティエル（Carpentier 1983: [4]）

彼の関心をラテンアメリカに向けさせたのは、そこにシュルレアリスム的な雰囲気が存在しているという予感だけではなかった。第一次大戦後、西欧の近代合理主義に対して疑義を抱き始めた知識人たちが、未来への期待をこめたまなざしでラテンアメリカを見つめ始めていることにカルペンティエルは気づいていた。彼は一九三〇年にパリで創刊されたスペイン語による文芸誌『磁石』の編集に携わった。創刊号のみで廃刊となったこの雑誌は、アンケートというすぐれてシュルレアリスム的な手法を用いて「ラテンアメリカに関する知識」と題する特集を組んでいる。質問は、ラテンアメリカにどのようなイメージを抱いているか、ラテンアメリカはヨーロッパに対していかなる態度をとるべきかといった内容で、回答者の中にはバタイユのほか、スーポー、デスノスなど一時期シュルレアリスムの核となっていた詩人たちも含まれていた。その一年後、カルペンティエルはキューバの知識人の間で広く読まれていた雑誌『カルテーレス（貼り紙）』に、「若きヨーロッパ文学の目に映るアメリカ」と題するエッセーをパリから書き送り、『磁石』誌のアンケート結果を引用している。そして、ラテンアメリカとヨーロッパとを対置したときに回答者が示す「反ヨーロッパ」的な態度、すなわちヨーロッパは衰亡の道をたどっているとする悲観的見解と、世界の未来をラテンアメリカに託そうとする期待とが組み合わさった態度にキューバの読者の注意を向け、ヨーロッパに気を取られその模倣に懸命になるよりも、われわれの思考、われわれの感性にこそ目をむけるべきだと結論しているのだ。[49] この頃、カルペンティエルが「われわれ」という言葉を使うとき、それはキューバ一国にとどまらず、「新大陸の発見」にはじまって以来、西欧との関係において共通の歴史をもつカリブ海地域およびラテンアメリカ全体へと広がりをもつものであった。カルペンティエルは、三〇年代のパリに生活することで、西欧になりきれない「遅れた」ラテンアメリカから世界の未来を担うラテンアメリカへと視点を転換した。そして、そのラテンアメリカを理解する鍵となるのがその地に存在する「シュルレアリスム的な雰囲気」なのだと彼は確信したのであった。

　一九三九年にカルペンティエルは帰国した。そして四一年に、「ヨーロッパの衰退」と題したエッセーを六回にわたり『カルテーレス』誌に掲載し、再びヨーロッパの文化状況に対する批判とラテンアメリカへの期待とを繰り返している。[50] カルペンティエルのラテンアメリカに対するこのようなこだわりは、実は彼の帰属先が曖昧であることの裏返しであったのかもしれない。フランス人の父をもち、長くパリで生活し、フランス語なまりのスペイン語を話していたカルペンティエルは、時にキューバ人ではなくフランス人とみなされることがあった。[51] また彼自身も、帰国当時

「足場を失い始めている」[52]と感じ、自分が帰属先不明の人間となりかねない不安を抱いていたという。彼が怖れたのは「ヨーロッパ人になりきれないまま、ラテンアメリカ人でもなくなってしまう」ことだった。[53]したがってカルペンティエルは、ヨーロッパの衰退と対比させてラテンアメリカの可能性を強調することで、自分の帰属先はラテンアメリカであることを周囲の人々にも、また自分自身にも言い聞かせていたのではなかろうか。

カルペンティエルは一九四三年にハイチを訪れ、ヴードゥーに接している。このときの体験をもとに、やがて四九年に彼は『この世の王国』という一つの小説を書いた。ハイチ革命の歴史を、ヴードゥーを信仰する一人の黒人奴隷の視点から描き出したこの小説の序文で、カルペンティエルは彼がハイチで接したことがらを「現実の驚異」と呼び、それはハイチにかぎらずラテンアメリカ全体が受け継いだ共有の遺産なのだと主張している。そして、ヨーロッパではシュルレアリストたちが「魔術師に変装」し「手品めいたトリック」を使って、驚異的なものを呼びさまそうと努めているのに対し、ラテンアメリカでは驚異が日常と隣り合わせの状態で存在するというのである。[54]

カルペンティエルは「現実の驚異」という概念を、もちろん黒人の信仰や呪術に対してのみあてはめるのではなく、ひろくラテンアメリカの事象一般に適用可能な概念として創出し、のちに彼が書くことになるラテンアメリカを主題とした小説群の基本理念とした。しかしながら、「現実の驚異」が、近代合理主義の精神が発達しているヨーロッパで失われかけているもの、つまり原始的、魔術的、神話的なものが、「われわれの郷土」では現実のものとしてしっかりと息づいているというカルペンティエルの確信に基づいているのならば、さらに、この概念がハイチでヴードゥーの信仰に接したことをきっかけとして誕生したことを考え合わせるならば、キューバでカルペンティエルが実際に体験しているアフリカ系カルトもまた、彼にとって「現実の驚異」の一つであると考えることは的外れではない。『この世の王国』の序文において、西欧では民衆の歌や舞踊がすでに「魔術的、もしくは祈禱的性格を完全に喪失してしまった」のに対し、ラテンアメリカのそれは儀式的意味を失っていないと指摘し、キューバのサンテリーアの舞踊をその一例に挙げている。[55]パリでラテンアメリカへの新たな関心を得たことによって、カルペンティエルはアフロキューバ主義が行ってきたようにキューバのアフリカ系カルト儀礼における音楽・舞踊をそのコンテクストから切り離すのではなく、むしろそれらに呪術としての性格がそなわっていることにこそ着目するようになったのである。

すでにスペインで知り合っていたカルペンティエルとラムは、帰国後キューバで再会した。カルペンティエルがカラカスに居を移す四五年まで、彼は頻繁にラムの家を訪れ、ときにはカブレーラ同様に画家をもう一つのアフリカ系カルトであるアバクアの儀礼に連れ出していた[56]（図16）。このころ、カルペンティエルはいまだ「現実の驚異」という概念には到達していなかった。しかし、ヨーロッパの画家には描ききれない、われわれの土地に特有の魔術的なもの、神秘的なものがラムの作品には啓示されているという、先述した彼のラム評の論調には明らかに「現実の驚異」と通じるものがある。実際、『この世の王国』の序文でもラムに言及し、マルティニクの密林を描こうとしたものの「驚くべき真実」を前にして「何もなすすべがなかった」マッソンに対して、「熱帯植物の魔術を教えてくれた」のはラテンアメリカの画家ラムであったと述べている[57]。カルペンティエルにとってラムは「現実の驚異」のすぐれた表現者にほかならないのであった（図17）。

図16　左からカルペンティエル，指揮者エーリヒ・クライバー，ラム。1942年（Laurin-Lam 1996：187）

図17　ラム《椅子》1943年。油彩，カンヴァス，115×81cm。ハバナ，国立美術館蔵。旧カルペンティエル蔵（Laurin-Lam 1996：335）

6　それぞれの郷土、それぞれの回帰

郷土キューバとの再会によって「黒人の精神」を表現しようとしたラム。そして、彼の作品には「われわれの郷土」が描かれていると称讃したカブレーラとカルペンティエル。キューバでだれよりも早くにラムを評価したのが、彼と同じくやはりヨーロッパで黒人の呪術が息づく郷土の魅力を発見し帰郷した二人であったことは必然であったのかもしれない。ヨーロッパ知識人の非ヨーロッパ文化に向ける関心に接し、近代合理主義が葬り去ってきたものを復権しようとするシュルレアリスム的な試みを吸収したこの三人の目には、黒人の呪術はもはや恥ずべき後進性の象徴ではなく、逆にヨーロッパでは入手し難い財宝として映っていたにちがいない。彼らにとっては、黒人の呪術が郷土に有効性をもって存在していることこそが重要となるのだった。彼らのこの態度が、原始的なものは原始的であるがゆえに驚異であり、魅力であると考えるロマンティックな差別にすぎないことは二〇世紀末を生きるわれわれには明らかである。彼らと呪術を実際に信じる人々との間には埋め難い溝が生じている。なるほどラムは他の二人とは違い、褐色の肌をもち、アフリカ系カルトにもっとも近いところで育ち、被差別者としての体験を有している。しかし、ロマンティックな差別に気づくことなくピカソの言葉を素直に受け入れ、アフリカ系カルトに詩趣を求めるカブレーラに共感をもっていたラムはやはり彼らと共犯関係を結んでしまっていた。だが、いまさらここで彼らの危険なロマンティシズムを告発してみたところで仕方あるまい。むしろ、彼らがそれぞれに再発見した驚異的な魅力を湛えた郷土、その郷土に各人がどのように回帰し、またそれをいかに表現しようとしたかこそが興味深くはないだろうか。

ラムの絵画のもっとも良き理解者となったカブレーラとカルペンティエルであったが、彼らもまたそれぞれに「われわれの郷土」の表現者たらんとしていた。しかし、表現者としてのカブレーラとカルペンティエルに目を移すと、同じような軌跡をたどった二人でありながらもそれぞれの回帰の仕方は何と対照的なことだろうか。カルペンティエルは「われわれの郷土」を表現するために「現実の驚異」という概念を生み出した。この概念を用いることでラテンアメリカにある「シュルレアリスム的な雰囲気」を努めて対象化し、説明しようとするカルペンティエルは、あたか

もそうすることで「われわれの郷土」を創り出そうとしているかのようでさえある。帰国に際して、ヨーロッパ人にもラテンアメリカ人にもなりきれないのではないかという不安を抱いていたカルペンティエルにとって、彼が回帰すべき先というのははたしてどこまで確かな感触をそなえていたのだろうか。

それに対してカブレーラは、「黒人の世界」に彼女が感じ取ったものを詩趣というきわめて主観的な言葉で表現するだけでそれ以上を説明しようとはしない。キューバでも有数のブルジョア家庭に生まれたカブレーラは、ことによればみずからの家族以上に親しみを感じていたかもしれないムラータの乳母やその他の黒人の使用人に囲まれて育っている。したがって、彼女は幼年時代に使用人たちを通して「黒人の世界」をたしかに垣間見ていたことであろう。また、先述した彼女の処女短篇集『キューバのニグロ物語集』は、黒人インフォーマントとの初めての調査で「幼い頃の空想の世界と再会」したことをきっかけに創作した作品であると彼女自身が語ってもいる[58]。そうであってみるならば、彼女にとっては、自らが回帰すべき郷土、黒人の呪術が根付いた驚異的な郷土はカルペンティエルのように対象化するまでもなく、確かな手ごたえをもって彼女の幼年期の内面化された記憶の中に存在していたのかもしれない。少なくとも彼女はそのように信じていたのだろう。

カルペンティエルが一九五三年に発表した『失われた足跡』で、その主人公は南米大陸奥地で出会った「原始的世界」に限りなく魅了されながらも、結局その世界の住人になることを果たせないままもとの「文明の世界」に舞い戻らざるを得なかった。「原始的世界」との同化を望みながらもそれをかなえられないこの主人公のやるせなさ——おそらくそれはカルペンティエル自身が抱えていた感情でもあったろう——は、カブレーラにとっては無縁であったに違いない。それでは彼女は、アフリカ系カルトに近づくことで何の障害もなく幼年時代に戻ることができると思い込んだ単なる夢想家にすぎなかったのであろうか。

一九四〇年にスペイン語による『キューバのニグロ物語集』がキューバで出版された。出版にあたってオルティスによる序文が加えられたが、その中で彼はこの本をカブレーラが収集した民話であると断定し、登場する動物や神の名前をあげてヨルバの民話との関連を指摘してさえいる[59]。しかし実際のところ、現実に崇拝されている神々の名前が登場するとはいえ、この本はカブレーラが黒人から聞いた話を参考にして創作した作品であり、したがってオルティスは完全な誤解をしていたことになる。マリノフスキーに「キューバにおけるアフリカの影響に関する彼の研究は、模範となる仕事として私に感銘を与えた[60]」と言わしめたアフロキューバ研究のパイオニア、オルティスをして、彼女はみずからの創作を民話と取り違えさせたのである。つまり、彼女はあたかも黒人インフォーマントから聞き取ったかのように話を創作することに結果的に成功したのだ。それほどにカブレーラは「黒人の世界」を書く術を心得ていたといえよう。そしてこの事実は、彼女の幼年時代の記憶が「黒人の世界」と通じているという彼女の信念を他者にも信じ込ませるに十分な説得力をもっているとはいえまいか。これほどの説得力を前にしてなお、私たちは彼女の信念を夢想家の戯言として片付けることができるであろうか。

カブレーラはオルティスの誤解を敢えて訂正することはなかった。彼女は自分の創作が民話と取り違えられたまま世に出ることを、あるいは楽しんでいたのかもしれない。ある個人の作り話が民話として流布することが起こりうるのならば、すでに世の中で「民話」として受けいれられているものが一個人の創作ではないという確証はいかにして得られるのであろうか。私たちはあくまでも著者/採集者の自己申告を信頼するほかないのである。『キューバのニグロ物語集』は、オルティスによる民話としてのお墨付きを得て出版されたことによって、はからずも、客観的な資料の収集・分析を建前とする民族誌とフィクションとのきわめて曖昧な境界を浮彫りとし、民族誌とは何かという問いをわれわれに投げかけてもいるのだ。

註

（1） Barr Jr. 1944 : 5.
（2） *The Art Digest* 1944 : 14.
（3） マレンボ (malembo) は、キューバのアフリカ系カルト信者が用いる、不運、呪いを意味する語（Cabrera 1992[1954] : 17）。また、エグエ・オリサは後述するリディア・カブレーラが「儀礼用の草木」と訳している語 ewe orisha にあたり（Cabrera 1986[1957] : 131）、キューバのアフリカ系カルトの一つ、サンテリーアの儀礼で用いられる草木を総称する言葉と思われる。
（4） *The Art Digest* 1944 : 14.

（5）本稿で論述の対象となった人々は仏語 primitif および西語 primitivo を、「本源的」という語感に重きをおいた称讃の意味を込めて用いている。しかし、だからといってむろんこの語がもつ社会進化論的な差別の意味合いが払拭されているわけではない。本稿では、論考の対象となった時代の語用を念頭に置きつつ「原始」の訳語を採用する。なお、primordial は「原初」と訳し分ける。また、merveilleux およびその西訳の maravilloso については、後述のカルペンティエルの概念 lo real maravilloso の訳語では通常「驚異」という語が用いられていることを考慮し、本稿ではすべて「驚異」と訳すこととする。

（6）Breton 1965 : 169. ちなみに、展覧会カタログの英訳では原語の le merveilleux primitif が the primitive myth となっている（Breton 1942）。

（7）Fouchet 1989 : 199.

（8）Núñez Jiménez 1982 : 140.

（9）*The Art Digest* 1942 : 7.

（10）*The Art Digest* 1944 : 14.

（11）Mabille 1944 : 252.

（12）Mabille 1944 : 252-256.

（13）Cabrera 1994 : 221-226.

（14）Cabrera 1994 : 263-264.

（15）Carpentier 1991[1944] : 304.

（16）本稿の対象となる今世紀前半のキューバにおいて、「白人」、「黒人」、「混血」という語は、肌の色の違いによる人種の分類として、その根拠を疑うことなく使用されていた。人種概念そのものが問い直されている現代において、これらの語をそのまま無批判に用いることは適当ではなく、論述の対象となっている時代の語用という意味で括弧付きで用いるのが妥当であろう。しかしながら、以上のことに留意しつつも、本稿では繁雑さを避けるために、特に強調する場合をのぞき、括弧をつけずに人種分類の表現を用いることとする。したがって、本稿に登場する黒人、白人、混血の語彙は、あくまでもその当時の語用にならって用いているものと理解していただきたい。なお、英語、仏語では中立的に黒人をさす black、noir のほかに、蔑称として negro、nègre が使用されるが、西語では同様の使い分けがなく、いずれの場合も negro が用いられる。

したがって本稿では場合によって negro を「黒人」、「ニグロ」と訳し分ける。

(17) スペイン語で呪術を意味する語には、mágia、brujería および hechicería がある。キューバでは mágia、hechicería が呪術一般をさす語として用いられるのに対し、brujería は他人に害を及ぼすことを目的とした呪術、あるいは異端の意味を含み、主としてアフリカ系カルトをさす蔑称として用いられている。後述する民俗学者オルティスは、ポルトガル語の feitiço から派生し、呪物を意味する語となった fetish(英)/fétiche(仏)という語彙がキューバには導入されず、その概念の翻訳としてキューバでは呪物崇拝者を brujo（呪術師）と呼ぶようになったと指摘している（Ortiz 1973[1906]：26）。本稿では、キューバでの語感を勘案し、brujería を「ニグロのまじない」と訳出する。なお、本稿は「呪術」を、超自然的存在を崇拝する信仰体系を意味する人類学的語用に基づき、カルトと同義で用いることとする。

(18) Castellanos & Castellanos 1988：25.

(19) Casal 1979：15.

(20) 一八六二年には六万人以上の中国系契約労働者がキューバで働いていたとの記録がある（Ortiz 1975[1916]：23）。

(21) Núñez Jiménez 1982：56.

(22) Núñez Jiménez 1982：50.

(23) Fouchet 1989：34.

(24) Núñez Jiménez 1982：66.

(25) Núñez Jiménez 1982：77.

(26) Núñez Jiménez 1982：131.

(27) ラムのマルセイユ時代の作品については、Fouchet 1989：150 および Sims 1992：23-24 を参照。

(28) Moore 1997：183.

(29) Fouchet 1989：188.

(30) ラムとカブレーラの親交については、Herzberg 1992 および Castellanos 1994 に詳しい。

(31) Herzberg 1992：40；Laurin-Lam 1996：328.

(32) キューバでは現在のカメルーン南部からアンゴラに達する地域出身の人々を総称して「コンゴ」と呼んできた(Castellanos & Castellanos 1988：35)。また、ヨルバ出身者に対してはしばしば「ルクミ（lucumí）」という呼称が用いられた。

ちなみに、サンテリーアおよびレグラ・デ・パロは現在もキューバで信仰されている。ただし、今日ではアフリカ系キューバ人のみならず、「白人」の間にも多くの信者がいる。現在のサンテリーアに関しては、拙稿 1998 を参照。

(33) *Archivo del Folklore Cubano* 1924：78. ほかにアフリカ系カルトを犯罪人類学の視点から研究したものとしては、たとえば Ortiz 1973[1906] などがある。なお、ハバナ市などにはカラバリ（現ナイジェリアの一民族）の風習を受け継いだアバクアあるいはニャニゴと呼ばれる男子秘密結社が存在している。今世紀初頭には、結社間の争いが頻繁に起きていたことから、一種の犯罪集団とみなされていた。また、他のアフリカ系カルトと混同して「ニグロのまじない《ブルヘリーア》」としてひとまとめにとらえられることも多くあった。

(34) Ortiz 1934：112-113.

(35) オルティスのアフロキューバ研究に関しては、拙稿 1997 を参照。

(36) Mosquera 1992：65.

(37) Castellanos 1994：47. ちなみに、オルティスはカブレーラの義兄であった。彼女は少女時代にオルティスから黒人の話を聞いたことを記憶している。しかし、オルティスの存在は彼女の関心を黒人に向かわせる直接のきっかけにはならなかったとも、カブレーラは述べている（Hiriart 1978：73)。

(38) インフォーマントがカブレーラに示した慎重な態度については、Cabrera 1992[1954]：27 を参照。

(39) Hiriart 1978：73.

(40) Cabrera 1988：7.

(41) Hiriart 1978：79.

(42) Cabrera 1992[1954]：13.

(43) Cabrera 1992[1954]：9.

(44) Hiriart 1978：87-88.

(45) マチャード政権に対する反政府運動に加わっていたカルペンティエルは、一九二七年に逮捕、投獄されている。

(46) パリ時代のカルペンティエルを論じた邦語文献に、千葉 1998 が存在する。カルペンティエルとデスノスとの交流を扱い、示唆に富む論考である。

(47) Padura 1989：2.

(48) Padura 1989 : 2.
(49) Carpentier 1976[1931]: 477-483.
(50) González Echevarría 1990[1977] : 39-41.
(51) González Echevarría 1990[1977] : 37-38.
(52) González Echevarría 1990[1977] : 38.
(53) González Echevarría 1990[1977] : 38.
(54) Carpentier 1983[1949]: 13-18〔邦訳書：九—一八〕.
(55) Carpentier 1983[1949] : 16〔邦訳書：一六〕.
(56) Herzberg 1992 : 40.
(57) Carpentier 1983[1949] : 14〔邦訳書：一一〕.
(58) Hiriart 1978 : 75.
(59) Ortiz 1989[1940] : 31-35.
(60) Malinowski 1991[1940] : XXXI.

参考文献

工藤多香子　一九九七　「言説から立ち現れる『アフロキューバ』——フェルナンド・オルティスの文化論をめぐる考察」、『アジア・アフリカ言語文化研究』五四号、五五—七六頁。

——　一九九八　「『文化』をめぐる戦略と操作の相克——キューバ・サンテリーアの儀礼太鼓バタを中心として」、『民族學研究』六二巻四号、四九四—五一六頁。

千葉文夫　一九九八　『ファントマ幻想——三〇年代パリのメディアと芸術家たち』、青土社。

Archivo del Folklore Cubano 1924 «Actas de la Sociedad del Folklore Cubano», *Archivo del Folklore Cubano*, 1(1), pp. 76-90.

The Art Digest 1942 «Picassolamming», *The Art Digest*. 17, Dec. 1, p. 7.

—— 1944 «The Lore of Cuba», *The Art Digest*. 43, June 1, p. 14.

Balderrama, María R., ed. 1992 *Wifredo Lam and His Contemporaries 1938-1952. New York*: The Studio Museum in Harlem.

Barr Jr., Alfred H. 1944 «Modern Cuban Painters», *Museum of Modern Art Bulletin.* April, vol. XI, n° 5, pp. 2-14.

Breton, André 1942 «Foreword», *Lam.* New York : Pierre Matisse Gallery.

—— 1965 *Le surréalisme et la peinture.* Paris : Gallimard（アンドレ・ブルトン『シュルレアリスムと絵画』瀧口修造・巖谷國士監修、人文書院、一九九七年）.

Cabrera, Lydia 1986[1957] *Anagó—Vocabulario Lucumí.* Miami : Ediciones Universal.

—— 1988 *Los animales en el folklore y la magia de Cuba.* Miami : Ediciones Universal.

—— 1992[1954] *El Monte.* Miami : Ediciones Universal.

—— 1993[1973] *La laguna sagrada de San Joaquín.* Miami : Ediciones Universal.

—— 1994 *Páginas Sueltas.* Miami : Ediciones Universal.

Carpentier, Alejo 1976 [1931] «América ante la joven literatura europea», *Crónicas,* tomo II. La Habana : Editorial Arte y Literatura, pp. 477-483.

—— 1983[1949] «El reino de este mundo», *Obras completas de Alejo Carpentier,* vol. 2. México : Siglo Veintiuno Editores, pp. 9-120（アレホ・カルペンティエル『この世の王国』木村榮一・平田渡訳、水声社、一九九二年）.

—— 1991[1944] «Reflexiones acerca de la pintura de Wifredo Lam», *Obras Completas de Alejo Carpentier,* vol. 14. México : Siglo veintiuno editores, pp. 301-305.

Casal, Lourdes 1979 «Race relations in contemporary Cuba», *The position of blacks in Brazilian & Cuban society.* London : Minority rights group, pp. 11-27.

Castellanos, Isabel 1994 «Introducción». *In* : Lydia Cabrera, *Páginas Sueltas.* Miami : Ediciones Universal, pp. 13-66.

Castellanos, Jorge & Isabel Castellanos 1988 *Cultura Afrocubana 1.* Miami : Ediciones Universal.

Fouchet, Max-Pol 1989 *Wifredo Lam.* Barcelona : Ediciones Polígrafa.

González Echevarría, Roberto 1990[1977] *Alejo Carpentier, The Pilgrim at Home.* Austin : University of Texas Press.

Herzberg, Julia P. 1992 «Wifredo Lam : The Development of a Style and World View, The Havana Years 1941-1952», María R. Balderrama, ed., *Wifredo Lam and His Contemporaries 1938-1952.* New York : The Studio Museum in Harlem, pp. 31-51.

Hiriart, Rosario 1978 *Lydia Cabrera : vida hecha arte.* New York : Eliseo Torres & Sons.

Laurin-Lam, Lou 1996 *Wifredo Lam Catalogue Raisonné of the Painted Work*, vol. I 1923-1960. Paris : Editions Acatos.

Mabille, Pierre 1944 «La Manigua», *Cuadernos Americanos.* México, n° 4, pp. 241-256.

Malinowski, Bronislaw 1991 [1940] «Introducción». *In*: Fernando Ortiz, *Contrapunteo cubano del tabaco y el azúcar.* La Habana : Editorial de Ciencias Sociales, pp. XXXI-XXXVIII.

Moore, Robin D. 1997 *Nationalizing blackness : Afrocubanismo and artistic revolution in Havana, 1920-1940.* Pittsburgh : The University of Pittsburg Press.

Mosquera, Gerardo 1992 «Modernidad & Africanía : Wifredo Lam in his Island», *Third Text.* 20, Autumn, pp. 43-68.

Núñez Jiménez, Antonio 1982 *Wifredo Lam.* La Habana : Editorial Letras Cubanas.

Ortiz, Fernando 1934 «De la música afrocubana. Un estímulo para su estudio», *Universidad de La Habana*, vol. 1, n° 3, pp. 111-125.

—— 1973[1906] *Los negros brujos.* Miami : Ediciones Universal.

—— 1975[1916] *Los negros esclavos.* La Habana : Editorial Letras Cubanas.

—— 1989[1940] «Prólogo a la primera edición castellana». *In*: Lydia Cabrera, *Cuentos negros de Cuba.* Barcelona : ICARIA editorial, pp. 31-35.

Padura, Leonardo 1989 «Carpentier surrealista», *La gaceta de Cuba.* Diciembre, p. 2.

Sims, Lowery Stokes 1992 «Wifredo Lam : From Spain Back to Cuba». *In*: María R. Balderrama, ed., *Wifredo Lam and His Contemporaries 1938-1952.* New York : The Studio Museum in Harlem.

バンジャマン・ペレのプリミティヴィスム

ピエール・リヴァース
（鈴木雅雄訳）

よく知られているように、未開のものへの興味は現代的《モデルニテ》思考の理論的＝美学的な基軸となっている。それは文学においても美術においても、ロマン主義が民間信仰や俗謡、民話や伝説を再発見したのに始まり（グリム、ネルヴァル等）、ランボーからシュルレアリスムにかけて急進化していく。アポリネールやサンドラールは、素朴派の絵画や馬鹿げた肖像を愛し、ただのエグゾティスムを詩と神話の領地に変えた。それは税官吏ルソーの絵画であり、ピカソやブラックのニグロ趣味であり、「オセアニアとギニアの神々」[1]である。

シュルレアリスムは、このアルカイックなものに関する作業をさらに押し進めていくが、そこでは「未開」民族に関する民族学の仕事とフロイトによる我々自身の中のアルカイックな部分の発見とが絡みあっている。未開のものをたたえることは、まず西洋的理性を拒否することであり、周縁にいる人々、狂人や反抗者、異質であるがゆえに奇妙なあらゆるものをたたえることとも連動していた。

もはやシャトーブリアンやロマン主義に見られるような、未開に憧れるだけのエグゾティスムはここにはない。モンテーニュから啓蒙の世紀に受け継がれた善き野蛮人の伝統の上にある善きインディオではなく、ブラジルのモダニズムは破壊的で反道徳的な「悪しきインディオ」を登場させる（一九二二年）[2]。マリオ・ジ・アンドラージの『マクナイーマ』（一九二八年）[3]や、モダニズムを急進化した「食人種」運動がそうである。『食人種雑誌』（一九二八〜二九年）にはバンジャマン・ペレもその最初のブラジル滞在時に寄稿することになるが、この運動の意図は、「トゥピ族であるかトゥピ族でないか、それが問題だ（Tupi or not tupi, that is the question）」というオスワルド・ジ・アンドラージのスローガン[4]に要約されている。ヨーロッパ、特にフランスの影響に対してブラジル文学をブラジル化しなくてはならないのであり、そのためにはインディオ（トゥピ族）というルーツを再発見するとともに、ヨーロッパ的な諸価値を食人種のように貪り食い飲み込んで同化することにより、そのルーツを豊かで現代的なものにしなくてはならない。ペレの友人であるとともにブラジルではその庇護者でもあったラウル・ボップは、詩『コブラ・ノラート』（一九三一年）の中でアマゾンの神話と伝説を称揚したが、やがて『アメリカの神話・伝説・民話選集』を編むことになるペレが、この作品に注目しなかったはずはない。ここでシュルレアリスムが、そしてペレが追求しているのは、もはやエグゾティックなもの珍しさ（original）ではなく、人間の基礎を構成する原初的なもの（origine）である。それは無意識と驚異とが協力しあうアルカイックな基底部であり、それが民族誌学とフロイト理論、そしてシュルレアリスムを結びつける。言い換えるならそれは、アマゾンのインディオ諸部族において、またマビーユにとってはカリブの黒人文化において、いまだに「純粋状態」（?）で生き続ける起源なのである。黒人とインディオとは、ペレのブラジルにとっていわば守護者であるが、その黒人は、『アンクル・トムの小屋』に登場するあの従順な黒人ではなく、反乱を起こす水兵であり、「パルマーレスのキロンボ」が扱うニグロの逃亡奴隷だ。黒人は無意識のディオニュソス的側面を表象し、インディオは謎めいて内省的な、より儀礼的だが恍惚状態には縁の薄い、そんな側面を表す。いずれにしろそれらはともに、大地に根を下ろしたプリミティヴィスムの二傾向なのである。

　バンジャマン・ペレが実行するのは、レリスのそれのような主観的民族誌学ではなくいわば「詩的民族誌学」である。アルトーの場合と同様に、インディオのアメリカは聖なるものへの起源回帰であるが、それは厳密に詩的次元でのことであって、形而上学的背景を持ってはいない。「より発達した他の宗教で起きていることとは反対に、〔アフリカ起源のブラジルの宗教は〕未開状態にある野生の詩《ポエジー》に満ち溢れており、私にはほとんど一つの啓示である」（O. C., t. VI, p. 73）。驚異的なものという概念はここで、「呪術師と詩人と狂人を結びつける」（O. C., t. VI, p. 25）という本来の意味を完全に取り戻している。

　ペレにとって人類史のはじめにあるのは、いまだ動物的本能に近い無意識が息づいているような、神話の形を取った詩的言語活動であり、また「我々の世界からはほとんど消えてしまった遊戯の精神と結びついた」夢幻的生活である。起源についての神話や伝説は神々を生む沃土であるが、やがてそれは宗教や唯一神という形で堕落していく。神話は教義へと退化するのだ。ところがシュルレアリスムの意味の一つは、まさに「再び世界に魔法をかける」ことであり、「新しい神話を創造するとともに、西洋的理性が幼稚なものとして貶めてきた未開の神話を活性化する」ことである。ペレとシュルレアリスムの目から見るならインディオの神話は、人類にとって乗り越えるべき子供じみた繰り言ではなく、人間の基底をなす人類学的構造である。我々は未開人の中に我々自身の未開性を、過去の一段階としてではなく、常にそこにある根本的で基底的な核として発見する。子供じみているのは宗教の方であり、インディオたちこそは、人間にとっての沃土というべき呪術と驚異に近いところにいる。だから彼らは文明人よりも巧みに推論するのだ。前者は「自らを探し求めている」が、後者は自らを見失っているのである（O. C., t. VI, p. 28)。「未開社会が人類の幼年時代の特徴を維持しているとするなら、現在の世界は人類の刑務所であり徒刑場である」(O. C., t. VI, p. 28)。

一九四四年の四月、ペレはこう書いている。シュルレアリスムは「未開芸術と未開の神話が、芸術や生活や詩に関する自身の理論を前もって論証していたと考える。〔……〕一八世紀の作家や思想家はフランス革命の前夜、無垢で罪を知らない野蛮人たちの習俗の中に『自然権』の確証を求めようとしたが、シュルレアリスムはある意味でそれに連なる道筋をたどりつつ、〔……〕いまだ宗教教義を持たないあらゆる民族の未開の思考の中に、未来の神なき神話の詩的本質を見出すのである。ただし一八世紀の哲学者たちとシュルレアリスムの主要な違いの一つは次の点だ。前者は神を否定しながらも、それに代えて〈理性〉という非宗教的な神を置いた。だが後者はこの〈理性〉に神の地位を与えるのを拒み、それが精神の覇権を握ることを厳しく批判する。そして精神を、常に光輝く無意識の太陽にさらすことで甦らせようとするのである」(O. C., t. VII, p. 142)。

『神話選集』を読めば、ペレがインディオたちによる宇宙解釈の豊かさと多様性に魅せられていることがよくわかる。それはこれらの民族の想像力が生気豊かで新鮮なものであることの証明である。「太古の人間は詩的な様式でしか思考することを知らないので、その無知にもかかわらず」、書物から得られる知識よりもはるかに深く、「自分自身の中へ、そして自然の中へと直感的に入り込んでいく」(O. C., t. VI, p. 18)。しかしこの最初の詩《ポエジー》は、呪術師や聖職者たちにかすめ取られて、呪術へと堕落する。そこから道徳や宗教、分業制度や社会階級、そして国家が生まれるのである。ペレはゴイアス州のインディオであるシャバンテ族の極端な陽気さを強調していた。彼らは「子犬のように快活でいささかやかまし」く、「ランの花と同じように」、臍の緒で森とつながっているというのだ(O. C., t. VI, p. 124)。

この意味でペレは、「食人主義」を唱えるブラジルのモダニストたちと考えを同じくしている。その中の一人オスワルド・ジ・アンドラージは、一九二九年三月一八日にサンパウロでペレの講演の紹介役を務め、人間がその「生の本能の喜ばしき拡大の中で」、無意識によって解放されることを祝っていた。オスワルドにとってシュルレアリスムは、食人行為の中で完成されるのである。未開状態の無意識が、いまだブラジルのインディオのあいだでは生きているのだ。インディオが理性に抗する神話の太古からの記憶であるなら、黒人は法に対しての、今現に生きられている侵犯である。ペレは一九三〇年一一月から一九三一年一月にかけて、あるリオの新聞に、ブラジルにおけるアフリカ起源の宗教に関する記事を一三回にわたって連載した。これほど徹底した反宗教的精神の持ち主としては驚くべきことと言っていい。しかし彼はこう説明する。「私はこれらを、とりわけ詩の視点から考察した。より発達した他の宗教で起きていることとは反対に、これらは未開状態にある野生の詩に満ち溢れて」いる(O. C., t. VI, p. 73)。こうした儀式(マクンバ、カンドンブレ)が、当時は禁止され抑圧されていたことを思い出そう。彼は宗教的であるとともにエロティックなそのダンスに反応した。体全体が、「まるでネズミにじゃれる猫のように、蛇のように、風に揺れる炎のように」(O. C., t. VI, p. 80)動かされるというのだ。

反対にペレは、その交霊術的な側面にはそれほど熱狂しない。彼にとってアフリカ起源の宗教は、西洋の宗教と何も共有していない。「事実黒人たちにとって、神々とは実際に生き、愛し、子孫を残した人間たちである。そうした霊、そうした〈分身〉はたしかにこの世をさまよっている。しかし霊という語は彼らにとって、文明人が考えるような非物質的な意味合いを持っていない。それは独立した生命を持つ流出物であり、自分を呼吸する空気のような何かである」(O. C., t. VI, p. 102)。黒人にとって、精神世界と物質世界は緊密に結びついている。カトリシズムは精神世界をその物質的基盤から恣意的に切り離してしまったので、「もともとは物質世界についての誤った説明であったものが、精神世界についての誤った説明になってしまったのである」(O. C., t. VI, p. 104)。もしここで宗教的なものがペレにとって意味を持つとすれば、黒人のシンクレティズムが白人植民者とカトリシズムに対する抵抗の戦略だからである。それは一七世紀におけるパルマーレスのキロンボ、つまり黒人逃亡奴隷が作り、百年近く続いたあの共和国の反抗と切り離せないし、一九一〇年のリオで起きた水兵たちの反乱とも切り離せない。警察に没収された「黒い提督」という研究の中で、ペレはこの事件をたたえようとしていたのである。[5]

どちらの場合もペレは、打ち負かされ排除されたものたちの視点から歴史を語っている。インディオと黒人は、ヨーロッパに「抵抗する」未開人である。パルマーレスとは一つの対抗社会のユートピアであり、本来ブラジルのすべての奴隷による反乱の導火線となり、アフリカ的な異教への回帰を果たせたはずだし、またそうなるべきだった。それは「人類による自由を求める闘争の一エピソード」(O. C., t. VI, p. 72) であり、「一九世紀におけるフーリエ思想と同様に」未来につながる大いなる希望なのである。こうして、既成秩序――むしろ既成無秩序と言うべきか――の破壊を通して起源へと回帰するものとしての革命という観念が打ち立てられる。ユートピア(フーリエのそれ)は人間とその欲望の切り離しという近代の悲劇を消し去って、未開状態の根源的な神話を回帰させるだろう。「君が泣いて恋しがるあの時代は、やがて帰ってくるだろう[6]」。世界を再び魔法にかけ、新たに発明し直しながら。ミシェル・ジンバッカとジャン＝ルイ・ベドゥアンの映画『世界の発明』のためにペレはナレーションのテクストを書いたが、彼はその中で、「残されたさまざまな造形的創造物にもとづいて我々が表象できるような、未開の思考の発展を追っていこう」(O. C., t. VI, p. 285) と試みる。ハンナ・アーレントが燃えかすを分析するものだと言った、考古学者や註釈者の仕事ではない。「生ける炎の謎を解読する」詩人と錬金術師の仕事である。バンジャマン・ペレのプリミティヴィスムは、驚異的なものというこの根源的概念にもとづいてしか解き明かされることはない。このシュルレアリスムの鍵概念だけが、人間の中にある、未開で野生の核心部を押し開くことができるのである。

訳註

〔1〕アポリネールのプリミティヴィスムを語るとき、しばしば引き合いに出される詩篇「地帯」(『アルコール』所収)中の詩句。

〔2〕一九二二年にサンパウロで催された「現代芸術週間」は、通常こうしたブラジル・モダニズムの出発点と見なされている。

〔3〕原始林で生まれ育った、怠け者で奔放なマクナイーマの冒険を語る小説作品。

〔4〕オスワルド・ジ・アンドラージの「食人種宣言」に含まれるスローガン。一九二八年、『食人種雑誌』第一号に発表。

〔5〕一九一〇年にリオ・デ・ジャネイロで、海軍での不当な体罰に抗議して、複数の軍艦の乗組員が反乱を起こした。ペレは最初のブラジル滞在中にこの事件についての研究を執筆したが、発表前に警察に没収され、その原稿はいまだに発見されていない。

〔6〕「君が泣いて恋しがるあの神々は、やがて帰ってくるだろう」という、ネルヴァルの詩句(『幻想詩篇』中の「デルフィカ」)をパラフレーズしたもの。

* なお引用のあとの略号は、ペレの『全集』を意味している。O. C., t. VI = Benjamin Péret, *Œuvres complètes*, tome 6, José Corti, 1992. O. C., t. VII = Benjamin Péret, *Œuvres complètes*, tome 7, José Corti, 1995.

「ギヴ・ミー・ユア・ブック」
——ブルトンとホピ・インディアンの出会いに関する覚書

鈴木雅雄

1 「その本を渡したまえ」——声

その日、ホピ居留地域内ミショングノヴィの村で、ブルトンとエリザ夫人、および案内役のアメリカ人の友人二人は、数時間前から「カモシカのダンス」の開始を待っていた。彼らを含む二〇人ほどの「白人」たちは、酷暑の中での待機にいくらか苛立ってもいたらしい。ましてやブルトンは、次々と村の家屋に首を突っ込んでカチナを探しまわるアメリカ人の娘たちに辟易していたらしいことが、そのときの彼の手帳からうかがわれる。だが咎めだてを受けたのはその娘たちではなく、ブルトンの方だった。

私がこの手帳を取り出し、衣装についてほんの二、三行ノートを取ったとき、背後からの声がこう言った（私は肩をつかまれていた）——«Give me your book.» 彼は手帳を取り上げると、ダンスのあいだじゅう私の後ろに立ち続けていた。私は英語がわからないこと、ほんの二行書き込んだだけであることをあとから説明してもらったのだが、彼はその二行がどこか問いただすと、該当頁をむしり取り、折り畳んで持ち去ってしまった。[1]

ブルトンが合州国南西部を旅行し、二〇年代から彼を魅了していたあのカチナを作り出す人々の土地を訪れたのは、一九四五年八月のことであった。ジャクリーヌとの離婚、およびエリザとの再婚の手続きがこの地方では容易であるがための旅行だったが、彼の詩作品の中でも特殊な位置を占める長篇詩『シャルル・フーリエへのオード』（一九四七年）がこの旅行中に書かれたこと、またこの詩がプエブロ・インディアンの土地での経験や、一九四五年八月という二〇世紀史の重要な日付に強く結びついたものであることを、私たちは知っている。また『オード』はブルトンの作品としては珍しく、発表からほどなくして綿密な文学研究の対象となったが、(2) そうした研究の中でこの詩はすでに、フーリエとホピ族とを世界の調和をうたう理論家（かつ詩人）として称揚し、さらにその両者の世界観をシュルレアリスムと結びつけるものであるという解釈が確立されたと言えるだろう。

★

この後ブルトンが複数のインタビューで、またとりわけ『オード』の批評校訂版を準備していたジャン・ゴルミエの質問に答えた手紙(3)の中で語ったプエブロ・インディアンへの畏敬の念からして、ブルトンがホピの思考を自らのそれに引き寄せて捉えたとするのは、たしかに自然な解釈には違いなかった。それにしても、ブルトンの『全集』第三巻の発表によって通読できるようになった、ホピ族の土地でのいわばフィールドノートであるこの旅行中の手帳（図1、2）の文章は、ホピ族の社会がブルトンにとって、シュルレアリスムを（あるいはフーリエ思想を）追認し、補強する実例などとは違う、もっと不透明な何かであったことを示唆している。北米とオセアニアの「未開芸術」を称讃し続けた彼がそれを作り出す人々と実際に出会ったのは結局このとき一度だけだったわけだが、彼がそこに見出したのは、シュルレアリスム思想に裏付けを与えてくれる賢人たちではなく、彼の思考に取り込まれることを拒む他者の姿であったように思われる。

印象的なことに、書物の題名や特殊な用語以外には基本的に英語の使われていないこの手帳の中で、«Give me your book» という文章は英語で書かれており、またその声の主はまず、on という非人称の主語で示されていた（«on m'a touché l'épaule»）。ブルトンからエクリチュールを奪うために発せられたこの言葉は、自動記述を起動させるあれ

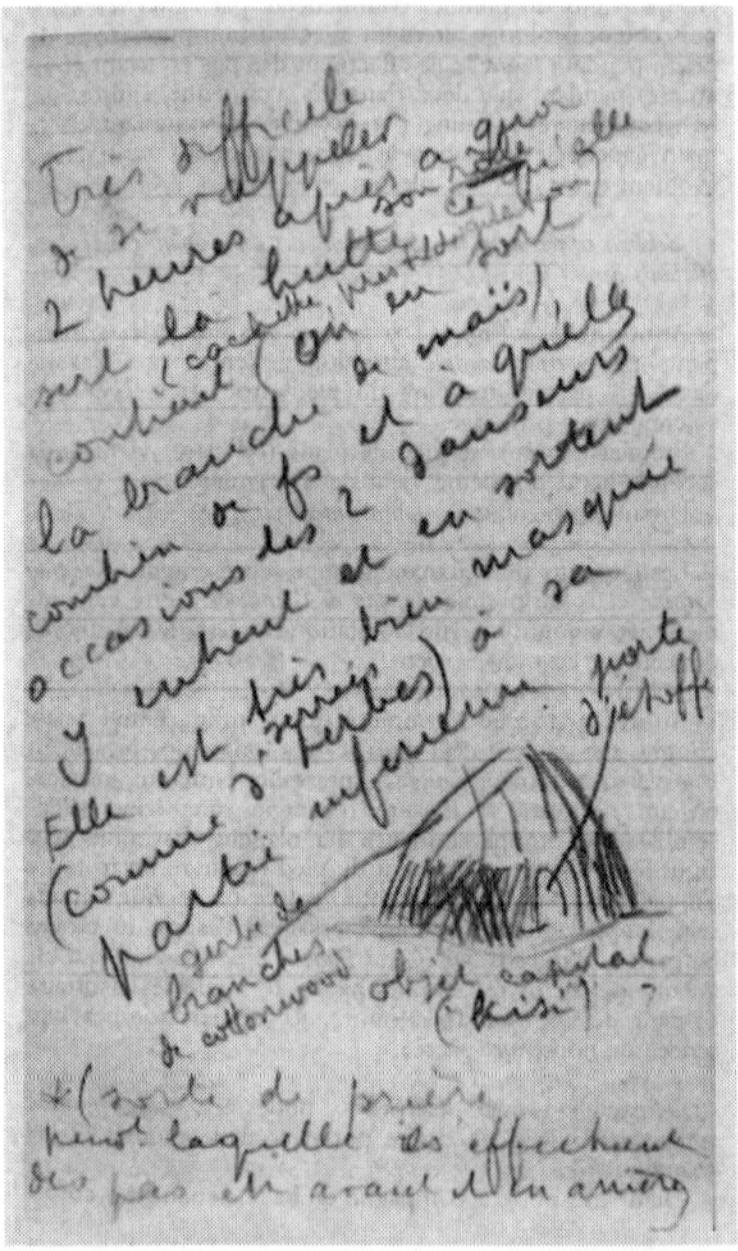

図1　ホピ・インディアンの土地でのブルトンの「フィールドノート」。文中で問題にしている，8月21日の「カモシカのダンス」のときのノートの一部で，儀礼で中心的な役割をはたす小屋のデッサンが見える

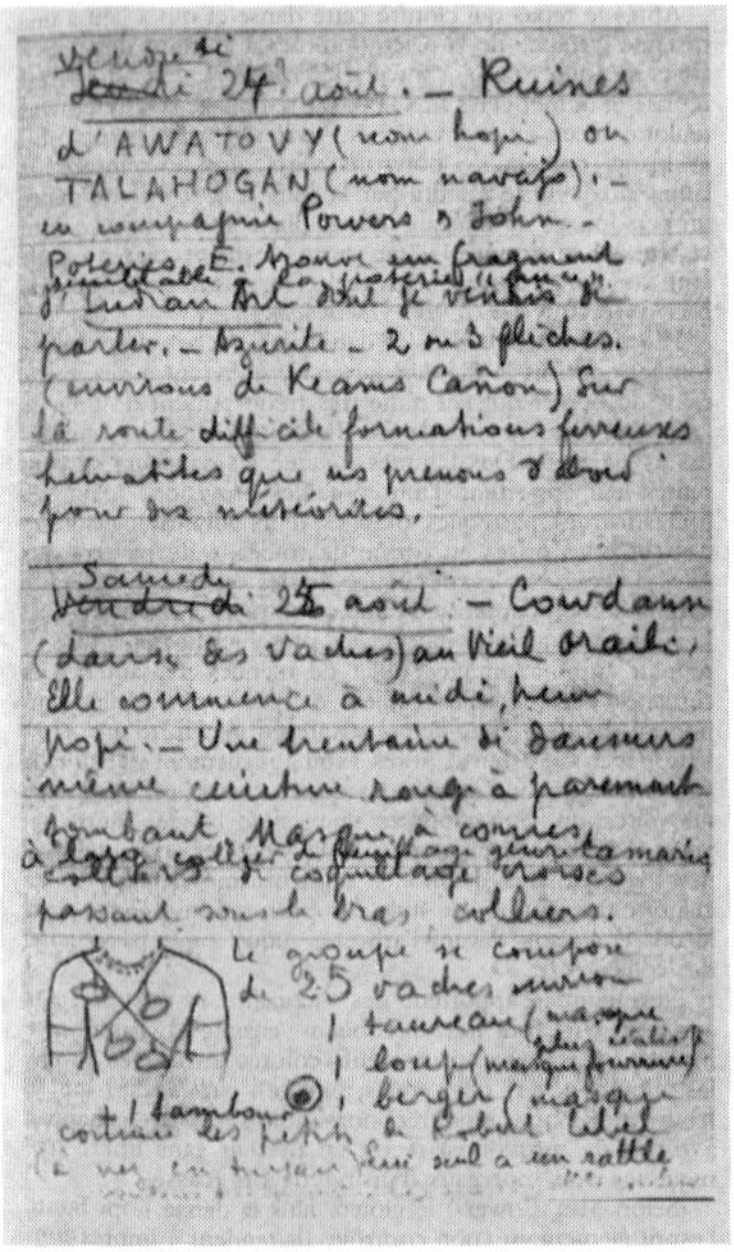

図2　同。8月25日，旧オライビでの「雌牛のダンス」のときのノート。ブルトンが，デッサンを混じえて踊り手の衣装を記録していくようすがわかる

らの「声」と同様に、厚みを持った不透明な姿で到来したのである。英語はここで、いわばブルトンとホピ族とが、思考を共有することを妨げる絶縁体であると言ってもいい。それがブルトンにとって理解できない外国語であったからだけではない。数日前の手帳では、一九〇六年にオライビで起きた、合州国政府への対応をめぐる村内の対立が語られていたが、そこでもいわゆる「押し合い戦争（push of war)」によって、友好派と敵対派の勝敗を決すると宣言するユキオマ首長の言葉は英語で書き取られていた。それは村の広場に引かれた線をはさんで両陣営が向かい合い、相手をその向こう側へ押しやった方が勝者であると告げる言葉、つまりはある境界の両側を共約不可能であると告げる言葉であるが、それが広場の岩盤に英語で書きつけられているのは「ホピの人々が英語でしか文字を書くことができないからだ」とブルトンは説明する[4]。つまり英語とは、ホピ族が自己表

現をするために自己をそこへ疎外するしかない言語なのである。エクリチュールを持たないがゆえに英語で書くしかない人々が、エクリチュールを禁止するためにブルトンに対して投げかけた《Give me your book》という言葉——だからそれは、ホピ族がブルトンにとって対話者として現れることを幾重にも禁止するのである。

ブルトンは手帳の中で、「議員（deputy）」バッジをした「インディアンの警察官」への敵意を隠してはいない。翌日のスネークダンスへの列席を拒否されないために、とりあえずその男に従うブルトンではあったが、事件のあとには友人で案内役のジャンヌに、自分は「何も後悔してはいないし、ホピの芸術を称讃しているとしても、ホピの宗教を他のなんらかの宗教より尊重しようとか、その決まり事（狂信や無政府状態）を遵守しようといった気はない[5]」と語ったことを、手帳に書き記している。ここでブルトンに対し、ホピの宗教と芸術を分離して理解するのは誤りだといった非難をしても、あまり意味はないだろう。ましてや彼は、たとえばカチナを宗教上の意味合いから切り離し、そのフォルムのみを造形的に評価するといった態度からは、もっとも遠いところにいたはずだ。むしろここにあるのは、ある社会の生み出したものを留保なしに愛することができたとしても、それがその社会全体の理解に（何か神秘的な霊感によって）つながるはずはないという当たり前といえば当たり前の事実を、ブルトンが意識せざるをえなくなった瞬間の記録ではなかろうか。

さらに翌日のスネークダンスでブルトンは、歌が突然中断されると、「蛇祭司」の一人が列を離れ、誰かを探すようすを見せたあと、インディアンの警官の一人を指し示すのを目撃する。それは最近キリスト教に改宗したその警官に対し、にもかかわらず蛇チーフが権力を維持していることを示す行為であり、またやがてはその警官を蛇のクランの宗教儀礼に取り込むためのイニシエーションでもあるといった説明を、ブルトンは他のインディアンから受けている。キリスト教や、さらには合州国政府とのあいだでホピが繰り広げているこうしたせめぎあいについて、彼が何らかの分析を加えているわけではないが、認識の対象にとどまるのではなく、西欧的なものの磁場に対して策略を仕掛けてくる誰かとしてのホピを、ブルトンもまたたしかに目の当たりにしたのである。

だとすれば、おそらくこんなふうにも言えるだろう。ブルトンにとってカチナの作り手たちとの出会いは、「作者とは誰か」という問いの一つの変奏という性格も持っていたのではないか。これは常にきわめて両義的な形で彼につきまとってきた問いである。ブルトンは、一方で作品が透明な媒体であることを望むように見えながら（「私はあくまで実名を要求する」[6]）、他方で作者の消滅の瞬間に魅入られてもいた（たとえばロートレアモンの場合のように、またそもそも自動記述がそうした体験であったように）。テクストにはすべてがあるようにも見え、「生」だけがすべてとも思える。作品の示すベクトルの延長上とは別の場所にしか姿を現すことのない、この「作者」という存在についての問いを媒介にして、たとえばランボーがブルトンに及ぼした磁力とホピが及ぼしたそれとを比較することができると、私たちは考えるのだが、ここではただ次のことを確認しておこう。タライェスヴァの自伝に感銘を受け、ホピの賢人をたたえる声明文を発表する十数年後にいたるまで、ブルトンはホピに対する敬意をたしかに失わなかった。しかしその敬意とは、シュルレアリスムと世界観を分かちあう偉大な思想家に対するものという以上に、ブルトン自身にも決してすべてを明かすことはない、不透明な他者への敬意だったに違いない[7]。

2 「私はあなたに挨拶を送る」――ユートピア

もちろんブルトンの体験そのものは、あらゆる民族学者が通過し乗り越えていく体験を何倍かに薄めたものにすぎないのではあろう。だがこうして私たちは、『オード』の中でフーリエとホピ族とシュルレアリスムの三者が、決して同じ向きに重ね合わされていたわけではないと考えることになる。ジョゼ・ピエールとともに、ブルトンにとってホピの社会は「実現したユートピア」であり、「成功したファランステール[8]」であったと結論するわけにはいかないのである。

たしかにホピの村々は、さまざまな問題を抱えつつもある深遠な原理によって支えられた社会を構成していると、ブルトンの目に映った瞬間はあったのだろう。だがそうだとしても彼にとって、それは参入し分有することのできない社会であった。フーリエへの呼びかけが繰り返される、『オード』の高揚した最終部分を思い出してみよう。そこではフーリエの思想や行動を語るストローフと、プエブロ・インディアンの土地を移動しつつあるブルトンが目にした情景を語るストローフが交互に置かれており、つまりはフーリエのユートピアとホピの世界とがパラレルに配置されていた。たしかにブルトンがフーリエに、「嵐のさなかで／インディアンのダンスが終わったその瞬間に」「挨拶を送る」[9]とすれば、それはファランステールでは自由に発現するはずの「祝祭の感覚」がそのダンスに見出されるからである。また「自然と人間の魂とは同じモデルに対応する」というフーリエの考えがホピ族のものでもあるからこそブルトンは、「ミショングノヴィで一九四五年八月二一日　臨終のとぐろを巻いた蛇たちが人間の口と接合する準備ができたと知らせる時刻に　地下の聖なる部屋　ホピの崇めるこのキヴァの大いなる神秘の中へと伸びた梯子の下から」[10]フーリエに「挨拶を送る」のである。だが「私はあなたに挨拶を送る (je te salue)」とは、眼前の情景がフーリエの夢の実現だということを意味するわけではない。同じ箇所でブルトンは、ガラガラヘビを神聖視するホピ族とは反対に、この動物はフーリエにとって「仇役の動物 (bêtes noires)」の一つだったことを喚起する。ただしフーリエは、「道徳が精神と感覚のもっとも卑しい錯乱だと見なしてしまうものも含めて、あらゆる情念は人間が解読するよう求められている分かちがたい一つの暗号文を構成している」[11]ことを疑わなかった。つまりフーリエの体系にとってホピの文化は、なんらかの共鳴を交わしあえる相手だとしても、依然として解読しがたい謎の記号なのである。

『オード』の詩句が一瞬与えてしまう印象とは逆に、「手帳」でも確認できる通り、ブルトンはキヴァの内部を目にしたわけではない。言うまでもなくそれは、踊り手にしか入ることのできない聖域である。ブルトンが目の前に存在することを全身で感じ取っていたはずのその「聖なるもの」は、しかし彼自身の「聖なるもの」ではありえないのであり、キヴァとそれに対するホピの崇拝はブルトンにとって、語るべき対象である以上に、それを足場として自分自身のユートピアに呼びかけるためのスプリングボードであったと考えた方が、いくらか実情に近いだろう。実現したユートピアにたどり着いた旅人が、それを夢見た思想家に送る「挨拶」ではない。旅人にとってはユートピアに見えるが彼自身は入っていくことのできない共同体――しかしその構成員自身にとっては決してユートピアではないであろう共同体――の傍らに立った旅人が、にもかかわらずその共同体をどうにか自らの思考の場として利用しながら、彼自身のユートピアの可能性を望み見ている、そんな「挨拶」である。

3　アメリカドクトカゲ――「電荷」

「文明」社会が抑圧してきた霊感に満ちた人間精神の深層があり、シュルレアリスムはその隠された圏域に通じる鍵を握っている「未開」文化に惹きつけられたのだという、幾度となく語られてきた物語とは別のところで、だから『オード』もまた読み直されねばならない。だが、それではこうして登場した「他者」の作り出すものと、ブルトンは一体どうつきあおうとするのであろうか。

一九四六年一〇月、新大陸から戻って間もない時期のインタヴューで、ブルトンは持ち帰ったカチナの一つを次のような言葉で説明している。「このホピの人形はトウモロコシの女神を喚起しています。頭に乗っている穴のあいた板状部分には山に懸かった雲を見ることができますし、額の中央のこの格子模様には穂を、口のまわりには虹を、服の縦縞には谷に降る雨を見ることができます」[12]。このまったくもって即物的な説明はしかし、キュビスムがアフリカ彫刻を参照する場合のような造形的・美学的レヴェルのものではないし、雲や虹がいかに幻想的に表象されているかといった「表現」の問題とも違う。カチナに見出される雲や穂や虹は、「表象」という以上に「記号」であることを意識しておこう。ブルトンがこのとき手にしていたのは、彼のコレクションについて現在参照できる資料[13]から考える限り、女性結社への加入儀礼に参加する娘たちを表すとされ、またブルトンがここで言う通り、神話上の「トウモロコシの娘」とも見なされる「パリーク・マナ」であろう(図3)。実際の「パリーク・マナ」とここでの記述を比べてみればわかる通り、たとえば頭に乗せられた板状部分の階段型の構造が雲であることは、その記号の意味を知らなくてはわからない。格子模様は穂を「表象」するのではなく、穂の「記号」なのである。だからカチナは、なんらかの芸術的な感性がそこに読み込むことのできるものによってではなく、あくまでホピ族がそれに担わせた意味、およびその担わせ方のゆえにブルトンを惹きつけていると、言わねばならない。しかもそれは、異文化との接触においては恣意的な(エグゾティックな)読み込みは避けるべきだといった倫理的なレヴェルの話ではない。五〇年代に書かれた『魔術的芸術』でも、そのアンケートの最後の質問は、呪術的なオブジェが「あなたの個人生活に組み込まれる可能性があるかどうか」、そしてその場合、オブジェはもともとの文脈で所有していた「電荷」のいくらかを保存するのかどうか、というものだった。[14] この質問はおそらく、見かけほど神秘的なものではない。具体的な作品やオブジェであれ、神話や宗教教義についての知識であれ、他者の土地から持ち帰られたものとの接触が、あくまで他者性を（つまりは謎としてのあり方を）維持したままで、観察者の想像世界に働きかけを行い、それをなんらかの意味で変形することはできるだろうかと、ブルトンは問う。ある人形を作り出した社会が、仮に私たちには分かちあうことのできない社会関係に規定されているとしても、その人形が実在の思考にとってある情念を受け入れるのに適したものであったという事実が、私たちにも無意味だとは限らない。ブルトンはそう考えた。ではホピの土地の事物は彼にとって、その「電荷」を作動させることができたのであろうか。

図3　旧ブルトン蔵のパリーク・マナ

ブルトンはそのアメリカ滞在中に（南西部への旅の最中だろうか?）、インディアンの用いる記号が列挙された絵はがきを購入している（図4）。おそらくはカチナに見られる記号表現を理解し記憶するためであったろう。[15] そこではブルトンが「パリーク・マナ」について説明していたような、山や雨、雨雲などの記号が列挙されているが、それらに混じって、ともに砂漠を意味するという「サボテン」と「アメリカドクトカゲ（gila monster）」の記号も挙げられている。周知の通りブルトンの想像力には、オオアリクイやホシハナモグラなどのいわゆる「珍獣」たちがつきまとい続けたわけだが、ドクトカゲもまた以前から馴染みのあるイメージで、それは一九三二年の詩集『白髪の拳銃』末尾に置かれた「危険な救助」にも、ロートレアモンの彫像の傍らで番をする動物として登場していた。[16] アリゾナを旅したときにもブルトンはドクトカゲとの出会いを期待していたらしく、「手帳」にも「この高度ではもうアメ

図4　ブルトンがアメリカでの旅行中に買い求めた絵はがき。プエブロ・インディアンの用いる記号が解説されており，左側の列にはサボテンとアメリカドクトカゲの記号が見える

リカドクトカゲはいない[17]」といったメモが見られる。ドクトカゲがブルトンの中で直接ホピの神話体系と結び合わされた証拠があるわけではないが、それがホピの記号を通過することでより多くの「電荷」を担うようになったと想像することは、決して無理ではないはずだ。やがて一九四七年のシュルレアリスム国際展で「タルサボテンの上のアメリカドクトカゲ」は、『マルドロール』に登場する「ファルメールの髪」やランボーのうたったあの謎の「レオニー・オーボワ・ダシュビー」と同様に、また「透明な巨人」と同様に、祭壇を捧げられる一二の神話的存在の一つに選ばれる。絵はがきで隣りあっていたホピの二つの記号は、他の「新しい神話」とともに、エリファス・レヴィが解説を施したティアナのアポロニウスの「ニュクタメロン」に組み込まれ、「蛇、ケルベロス、雷」に対応させられることになる[18]。

またアメリカドクトカゲはブルトンの想像世界で、フーリエのユートピアとも結びつけられていた。執筆時期は不明だが、「ユートピア文書草案」と題された未刊の奇妙なテクストでは、ドクトカゲはフーリエ的な主題系の登場人物に仕立て上げられるのである。おそらくフーリエとの出会いに触発されて、ブルトンは自分自身のユートピアのイメージを具体化しようと試みたのだろう。この文章には生活習慣や自然現象についてのファランステールめいたイメージが目まぐるしく登場してくるが、とりわけ動物界・植物界・鉱物界という区分を逸脱した生物たちが列挙されており、「火を吐くドクトカゲ[19]」は「機を織るサギ」とともに、「精神を所有する動物」の代表に挙げられている。まるで新世界で出会われたものたちが寄り集まって、意味のレヴェルとイメージのレヴェルを横断する一つの複合体を形成しているかのようだ。ブルトンの実験とはだから、自分を惹きつける未知の記号を、謎としての「電荷」を担ったままで他の文脈に挿入し、そこで何が作動するかを観察するというものである。手つかずに放置するのでも自分の文脈で「解釈」するのでもなく、作動させ機能させようとすること。魅惑するが踏み込むことを許さない他者との接触においてブルトンの選択した態度とは、おそらくそうしたものであったに違いない。

4　なんと世界は美しいのか――愛／隔たり

ブルトンの民族学者に対する批判的な言及としてすぐに思いつくのは、おそらく晩年の「最初の手」に見られるような、対象と客観的な距離を取ろうとする態度、情動的な反応を抑圧しようとする傾向を問題にするそれであろう[20]。分析するよりも「まず愛さ」なくてはならないというのである。だがこれだけでは、紋切り型と呼ぶのさえはばかられる科学批判に見えてしまう。またこれを、観察主体を巻き込んだ行為としてフィールドワークのあり方を定義し直そうとする試みであるかのように解釈するのも、あまりに強引に違いない。むしろこういう問いを立ててみよう。では「愛する」とはどういうことなのか。おそらくここでやっと、ブルトンのホピ・インディアンとの出会いを「作者」の問題と重ね合わせることができる。

たとえばランボーを愛するというとき、その「ランボー」とは作者ではなく作品であるという、いつの頃からか文学研究者や批評家が分け持つことを強要されてきたこのプルースト的なモラルを、ブルトンは軽々と乗り越えていく。特に四〇年代、ブルトンは幾度か「ランボーの神話」を語ったが、「いくつかの神話の残存について、あるいは増大ないし生成の途上にあるその他いくつかの神話について」（本書序章参照）と題されたあの奇妙なコンポジションの中で差し出されていた「ランボーの神話」は、何よりもまず詩を捨て去りハラルに旅立った詩人の行為を、その核としていた。四二年のこの作品で、また四七年の国際展で自分が試みたのは、まさにランボーの周囲で成長しつつあるこの神話の生育を助長することだったと、ランボー贋作事件を扱った『現行犯』（一九四七年）の中で、ブルトンははっきり語っている[21]。脱神話化し、作品を新たな光りの中に見出そうというのとは正反対に、作品にまつわりついている無数の不純物をむしろ最大限に動員することで、ブルトンは作品が彼に及ぼす磁力をなおいっそう激しいものにしようとする。愛するとは理解することではないが、語るのを拒否して沈黙することでもない。解釈するのとは別の仕方で語ること、作動させるために語ることなのであり、ホピの土地で出会った記号に対してブルトンが施そうとした「神話化」も、こうした意味での「愛する」ことだったという事実に、私たちはあらためて気づかねばならないだろう。

だから対象について多くを知ること、また場合によっては解釈することをすら、決してブルトンは否認しているわけではない。対象との関係を既知の論理へ解消しようとするベクトルが警戒されているだけである。『現行犯』のちょうど同じ箇所では、イースター島を訪れながら、すぐにあの石像群を目にしてしまうと冷静に眺められないのではないかと心配し、数日間はモアイ像を見ようとしなかった民族学者の逸話が槍玉に上げられていたが、これはやはり四〇年代に書かれた、非ヨーロッパ世界の事物をテーマとする詩篇群「外国人びいき」の中の一篇、「ラノ・ララク」で、アルフレッド・メトローの『イースター島』(一九四一年)が下敷きにされていたことを思い起こさせる。冒頭の二行、「なんと世界は美しいのか/ギリシアは決して存在しなかった」というのは、島の偉大さを古代ギリシアにたとえるメトローの記述を裏返そうとしたものだ。[22] 古典古代という架空の根源へと還元することで、世界を理解しようとする西欧の妄執に向けられた、決して揺らぐことのないブルトンの拒否。民族学者の「理解」がときに疑問視されるとすれば、それは客観的な理解が愛することを妨げるからではなく、この「理解」がしばしばすでに知られているものへと還元する自己投影の運動であり、対象の潜在力を抑止するからなのである。

『現行犯』でもう一点興味深いのは、こうした「神話化」の運動が、他ならぬホピ・インディアンの行動に内在する傾向と見なされている点であろう。犬のように身近な動物は手荒に扱うにもかかわらず、彼らは実生活にはさして関わりのないガラガラヘビを崇拝の対象とする。人間にはもともと、見知らぬものを必要とする心の動きがあるのではないか。ブルトンはそう問いかける。既知のものに似ていない何かへの働きかけであるという意味で、愛するとはノスタルジーと反対のベクトルを持った運動であり、たしかに「神話(化)」という言葉にはいくらかの曖昧さと、ブルトンの意図とは裏腹にそれが崇拝へと堕落してしまう危険が宿っているとしても、新世界で他者と遭遇したときに彼が選択したのはやはり、無視するのでも取り込むのでもなく、ここで見たような意味での愛することであった。

だがここで、ブルトンの試みるこの「神話化」は、たしかに既定の解釈格子へのはめ込みとは違うとしても、対象となる非ヨーロッパ世界を自分の想像世界の更新のために利用する一つの「オリエンタリズム」だと考える論者がいるとするなら、最終的にはその通りだと言うしかないのかもしれない。私たちはこの点で、ブルトンを過度に擁護しようとは思わない。にもかかわらず、ここには無視できない逆説がある。ブルトンの、あえて言うなら美しいまでに身勝手なこの仕種こそは、対等な主体といった抽象的な相貌においてではなく、あるオブジェの作り手という具体的な個体性の中に、他者が登場することを可能にする。彼が関心を向けるのは、任意の他者との関係である「モラル」ではなく、あくまでこの他者との関係でなくてはならない「愛」であった。モラルは主体性を可能にする（そしてもちろんブルトンは、こうした「モラル」を否定するわけではない）。だが愛することだけが、個体性を生み出すのである。

★

自らのアトリエに置かれたカチナについて、それがホピの社会で持った意味と役割に関する最大限の情報を蓄積すること。そうしながら、その神話体系と自らの想像世界とをさまざまなレヴェルで接続し、記号を解釈する仕種それ自体によって記号を機能させること。あるいはブルトンが生涯の最後の瞬間まで続けていたであろうそうした実験について、ここではまだ語るに十分な材料はない[23]。だが少なくとも私たちは、ブルトンの「手帳」と『オード』その他のテクストとのあいだに一種のねじれを発見するし、そこに未知のものとつきあうためのある態度決定を見出すことができる。ブルトンからの接触を拒もうとする、つまりは謎として立ち現れる社会に対し、彼は決して接触の意志を捨て去らないと同時に、矛盾を内包しない全体としてそれを理解しようとも試みない。それを自らの解釈空間へと常に部分的に接続し、その接触行為が解釈空間そのものの更新であるよう仕向けるのである。おそらくこの空間に踏みとどまろうとする意志はブルトンにとって恒常的なものであり、やはりとりわけ第二次大戦後に前面に押し出されるようになった錬金術への関心にしても、このための戦略という面を持っていた。錬金術的解釈とはそもそも両義的なものである。錬金術師は自らの正体を隠蔽するのが原則であるとすれば、そこにはいかなる恣意的な解釈も許容するような、思い込みと事実との境界が組織的に無効化された空間が開かれてしまうからだ。それは謎を放置するのでも解消するのでもなく、機能させる。ブルトンにとってあるテクストを、あるオブジェを愛するとは、そうした決定不可能性の空間に身を投げ入れることだったのである。

ブルトンの中でホピ・インディアンとフーリエを重ね合わせることを許さなかったものを私たちは強調してきたが、そこにはだから、たしかに重なり合うものもある。だがそれは、人間と自然の調和に基づく世界観などである以前に、こうした両義的な解釈空間を求め続ける意志であった。身近な動物を荒々しく扱う一方で、生活から遠い動物を崇拝するプエブロ・インディアンの感性とは、あらゆる想像界は機能するために「外部」を必要とするという、あの「絶対の隔たり」を要請する感性に他ならないのである。

註

（1） André Breton, *Œuvres complètes*, tome III, Gallimard («Bibliothèque de la Pléiade»), 1999, p. 197.

（2） Gérald Schaeffer, «Un petit matin de 1937», *in*: *André Breton*, essais recueillis par Marc Eigeldinger, Neuchâtel, Editions de la Baconnière, 1950 (réédition, 1970). Breton, *Ode à Charles Fourier*, commentée par Jean Gaulmier, Paris, Klincksieck, 1961.

（3） *Ibid.*, pp. 9-10.

（4） Breton, *op. cit.*, p. 187. ただしこの言葉は、実際にはそれに立ち会った白人たちがユキオマの言葉を英訳し、記念のために刻んだもののようである（北沢方邦『ホピ族の聖地へ』、東京書籍、一九九六年、九二頁）。

（5） *Ibid.*, p. 197. ブルトンはさらに、「咎めだてが宗教的なレヴェルのものか商業的なレヴェルのものか、結局はわからない」と付け加えている。

（6） 『ナジャ』第一部の有名な表現。

（7） たとえばブルトンが知り合いになったインディアンのピーターは、白人を呼ぶのに使われるBohanaという語が軽蔑的なものかというブルトンのおそらく多少不注意な問いに答えることはない。にもかかわらず、あるいはだからこそ、ピーターは「驚くべき高貴さ」を備えた人物と形容されている（*op. cit.*, p. 202）。

（8） José Pierre, «Le Hopi, la poupée et le poète», *in*: *Kachina des Indiens Hopi*, Saint-Vit, Editions Amez, 1992, p. 115.

（9） Breton, *op. cit.*, p. 361（『アンドレ・ブルトン集成４』、人文書院、一九七〇年、二五八頁）.

(10) *Ibid.*, p. 362（同書、二五九—二六〇頁）.

(11) *Ibid*（同書、二五九頁）.

(12) *Ibid.*, p. 593（『ブルトン、シュルレアリスムを語る』稲田三吉・佐山一訳、思潮社、一九九四年、二七五頁）.

(13) シュルレアリスムとホピの芸術、とりわけカチナとの関わりについては次の二冊の書物が基本文献であり、特に後者は、ブルトンなど幾人かの芸術家が所有していたカチナを体系的に紹介している。Marie-Elizabeth Laniel-Le François, *Kachina des Indiens Hopi*, *op. cit.* *La Danse des Kachina*, Paris, Pavillon des Arts / Les Musées de la ville de Paris, 1998.

(14) Breton, *L'Art magique*, Phébus, 1991 (1ère éd., 1957), p. 261（アンドレ・ブルトン『魔術的芸術』巖谷國士監修、河出書房新社、一九九七年、二六一頁）.

(15) *La Danse des Kachina*, *op. cit.*, p. 45.

(16) Breton, *Œuvres complètes*, tome II, Paris, Gallimard («Bibliothèque de la Pléiade»), 1992, p. 99.

(17) Breton, *Œuvres complètes*, tome III, *op. cit.*, p. 185.

(18) *Ibid.*, p. 1369.

(19) *Ibid.*, p. 345.

(20) Breton, *Perspective cavalière*, Paris, Gallimard, 1970, pp. 221-225.

(21) Breton, *Œuvres complètes*, tome III, *op. cit.*, p. 796（『アンドレ・ブルトン集成7』、人文書院、一九七一年、二一五頁）.

(22) *Ibid.*, p. 1283.

(23) こうした方向性を持った稀な論文として次のものを挙げておくことができる。Jean-Michel Goutier, «Au regard d'Uli», *André Breton, la beauté convulsive*, Paris, Musée national d'art moderne / Centre Georges Pompidou, 1991, pp. 427-429.

＊ 邦訳の頁数を示した文献についても、訳文はここでの文脈にあわせて変更してある。

アルトーのメキシコとタラフマラ族の啓示
——エクリチュールの旅

坂原眞里

1　文化、政治、演劇——旅とテクスト

アントナン・アルトーは、一九三六年二月七日から約九カ月間メキシコに滞在した。最初の半年はメキシコ・シティで、講演を行ったり、現地の定期刊行物に寄稿するなどして過ごした。この間に発表あるいは執筆した文化論は、のちにアルトー全集第八巻（一九七一年）において『革命のメッセージ』の表題でまとめられる。アルトーはその中で、精神と身体、思考と現実の乖離を招く二元論的なヨーロッパ文明は破産したと語り、ヨーロッパでは失われてしまったが、「有機的で」（VIII 164）、人間を「宇宙の触媒」（VIII 213）とする「文化の普遍的基盤」（VIII 189）がインディオの土地には生きているはずだと繰り返し期待を述べていた。その「文化の生きた基盤」（VIII 127）こそが、ヨーロッパの病と、それに重なり合うアルトーの病（生と精神の不一致を思考の剝奪として生きる苦しみ）に対して治癒をもたらしてくれるはずだった。しかし、カルデナス政権はメスティソの文化に沿った改革を進め、インディオに関してはむしろ同化政策を採っていたのである。落胆したアルトーは、ヨーロッパの影響が届いていない原住民の文化を求めてシエラ・マドレ奥地へと向かうと、そこに暮らすタラフマラ族のもとで、呪術師たちが執り行う太陽の儀式に立ち会い、ペヨトル（幻覚作用を有すサボテンの一種）を用いた儀式の一端を体験したらしい。この奥地での見聞に

まつわるテクストは、のちに全集第九巻（一九七一年）において『タラフマラ族』の表題でまとめられた。

原住民の土地を介する普遍的文化の探究は、アルトーの旅を文化人類学的企図に似通わせる。そして、『革命のメッセージ』がインディオの土地への期待を語っていた以上、期待に対する答えあるいは探究の成果は『タラフマラ族』の中に求められることになるだろう。しかし、ここで注意しておかねばならないことがある。まず第一に、アルトーはフィールドワークを行おうとしたのではない。そもそもメキシコ・シティ滞在期間については、交際のあった詩人ルイス・カルドーサ・イ・アラゴンが回想記を書いているが、アルトーの奥地での行動については、曖昧でごくわずかな証言があるにすぎない。アルトーによるタラフマラ族の風俗や儀式の記述に関しては、民族学者らから得ていたらしい知識の反映や、実情との相違が指摘されてもいる。[1] しかし、この点について、アルトーは自らの立場をきわめてはっきりと意識していた。インディオの儀式や聖なるダンスについて「考古学者は学者として語った、つまり非常にまずい語り方をした、芸術家は芸術家として語った、つまり、さらにまずい語り方をしたのだ」（VIII 186）という『革命のメッセージ』の言葉は、そののち書かれることになるテクストに対してあらかじめ民族誌学的評価を拒んでいるだけでなく、アルトーが求めているのは事実の学問的記述や理論的モデルの構築でも、審美的印象や判断でもなく、異なる語り方、いやむしろ新しいエクリチュール（書く行為へと向かわせる力でありその表出）であったことを明らかに示していると言える。

さらにアルトーは、このエクリチュールがどのようなものであるべきかについても、やはり『革命のメッセージ』の中で、それも旅の目的としてはっきりと述べていた。ヨーロッパ文明を批判し、「文化の普遍的基盤」（VIII 189）の探究を目的として表明する他に、アルトーはまた、フランス教育省の委任で「メキシコ演劇を研究しに」（VIII 186）来たとも、「芸術家ではなく政治家を探しに来た」（VIII 209）とも、あるいは、文化の源泉を発掘したい、「私は物見遊山にではなく労働者として来たのだ」（VIII 232）とも述べていたのだ。アルトーが求めるエクリチュールは、アルトー自身の活動において文化、政治、演劇を結ぶ論理が発動させ、その論理の生成そのものとなるだろう。例えばモニック・ボリは、[2] アルトーが異文化に惹かれたのは、演劇において言語の原初的形態を獲得するためであったとして、まさにその論理をレヴィ＝ストロースらの文化人類学に比し、アルトーにとってメキシコもそのような関心の一環であるととらえているが、この読解にはアルトーにおける政治的動因が欠けている。また、スレイニー[3]は、アルトーのタラフマラ族をめぐるテクストに、演劇のプリミティヴィスムからポストモダンの文化人類学へと接近するエクリチュールの変遷を見た上で、このエクリチュールは文化的アイデンティティの喪失を志向する点で都会の知識人を利するものだと、著者のポストモダン観による評価を下しているのだが、文化、政治、演劇の関係がアルトーの生きた軌跡において十分に考察されているとは言い難い。

アルトーのエクリチュールは、長い年月において変容を見せている。『タラフマラ族』はアルトー没後に編まれたものであり、そこに収録されているテクストは、四篇を除いてフランス帰国後に執筆され、さらに最後のテクストは最晩年の一九四八年に書かれている。それに何よりも、この原住民の記憶は『タラフマラ族』だけでなく、一九四七年に行われたラジオ放送用録音中にも朗読として組み込まれていることを忘れてはならない。アルトーの内的な旅は、実際の旅が終わってからもなお続いていた。一方で、メキシコへの関心は、メキシコ滞在に先立って、少なくとも一九三三年には始まっていたことも忘れるべきではない。なぜならそのときすでに——しかもそのときアルトーは《残酷劇場》上演候補作品としてまさに『メキシコの征服』を書いていたのだが——文化、政治、演劇を結びつけるエクリチュールの論理は発動していたからである。アルトーのメキシコを意味づけるには、それを三〇年代前半から晩年にいたるアルトーの思考と行動に照らして考えるとともに、『タラフマラ族』のテクストを時間軸に沿って解き放ってみる必要がある。

2　タラフマラ族の啓示とエクリチュールの変容——神話の転倒と実存の回復

『タラフマラ族』の中で最も執筆時期が早いテクストは、一九三六年一〇月にメキシコの『エル・ナシィオナル』誌に掲載された「表徴の山」と「東方三博士の土地」であり、一一月にやはり同誌に発表された「アトランティスの王の儀式」と「原-種族《ラース》」がこれに続く。いずれも紀行文の一種で、表題からも予想されるように、タラフマラ族の土地や風俗がヨーロッパ文化に照らして読み解かれている。周囲の岩山を覆う人形《ひとがた》は混沌と創世の物語を描き出しているようであり、何度も現れる数字はカバラに、象徴的な図柄は聖杯伝説や薔薇十字団の徴に通じる。深い谷間のブルーは、イタリア・ルネサンス前派によるキリスト降誕図のブルーの起源にほかならず、生贄の雄牛を前にして踊る、スペイン人がもたらしインディオが彼らなりに取り入れた儀式は、プラトンが描いたアトランティスの王の儀式に重なり合う。このようにヨーロッパとタラフマラ族の土地の両者に合致する符号から同じ生の起源が導き出され、前者ではルネサンス以来絶えている源が後者には生きているのだと結論づけられる。つまり、アルトーはここで、『革命のメッセージ』においてメキシコ旅行の目的として、インディオの土地への期待として語っていた「文化の生きた基盤」（VIII 127）の上にまさに身を置いていることになるだろう。ところが、異郷に普遍的文化を認めるスタイルは、一九三二年に執筆していた空想的ルポルタージュ「ガラパゴス、世界の果ての島々」でもすでに用いられていた。「これらの島々は、アトランティスの人々、あるいは古代の部族、私たちより無限に深遠で賢明な人々からなる種族《ラース》が呼吸していたに違いない、大気と空を知っている」（VIII 27）というような表現は、前述の紀行文にきわめて近い。

アルトーが土着の儀式を初めて取り上げるのは翌一九三七年二、三月頃であり、その「ペヨトルのダンス」が『新フランス評論』誌上に発表されるのは同年夏になってからのことである。それによれば、儀式は夕刻に始まり明け方まで続いた。鏡を結びつけた一〇本の十字架が東方に立てられ、地面に描かれた輪の中、焚き火の周囲で、鈴飾りを付けたインディオたちが病を表すリズムで踊るかたわら、呪術師たちは、イニシエーションを受けた者のみが所有する木でできたヤスリのようなものを使って、雌雄二原理の両性具有と見なされるペヨトルの根をすりつぶしている。ダンスが終わったあと、皆はその泥のような汁を口に含み、穴の中に吐き出した。アルトーは同じようにしたあと眠り込んでしまうが、起こされて、頭上に水を注ぐみそぎを受ける。そのあと、アルトーはペヨトルの「危険な解体作用」（IX 49）のせいで身体の自由が利かなくなり、馬に乗るにも二人の手助けを必要としたと言う。

アルトーはヨーロッパ文明と自らの病を癒す知恵をすぐに得ることはできなかった。このテクストは、体験から何かを引き出さねばならないと悲壮な決意を示す次の文で閉じられている。「その何かが〈役に立つ〉、まさに〈私の磔刑〉によって役に立つのでなければならなかった。〔……〕私はあらゆる火傷を受ける準備ができており、火傷の始まりを待っていた、やがて蔓延する燃焼のために」（IX 50）。ところで、私たちは、この殉教者的態度が、同時期の異なるテクストで、メキシコ、文化、演劇を結びつける文脈において繰り返されていることにも気づかずにはいられない。アルトーは、メキシコに発つ直前の一九三五年秋頃に、『演劇とその分身』の序文となる「演劇と文化」を執筆していたが、メキシコから帰国後に加筆したその末尾において、今の時期に呪われるべき態度とは「火炙りにされようとして薪の山の上で合図を送る死刑囚たちのように振る舞う代わりに、いつまでも芸術的に形態にかかずらっていることだ」(IV 14)と断じているのである。

一九三七年夏に「ペヨトルのダンス」が発表されたあと、同年末、空想のルポルタージュが掲載されたのと同じ『ヴォワラ』誌に、かつてと同様偽名で「失われた種族《ラース》」が発表されているが、それを除けば、六年半後までタラフマラ族についての新しいテクストは認められない。この間、アルトーはあたかも殉教者的態度を描いた自らの文章に促されるかのように、そして未曾有の大戦に突入していく世界の狂気を自身の身体で受け止めるかのようにして、しかも一九三七年九月末からは収容された精神病院で、主体の崩壊と病的な宗教性への傾斜(出版物に対する署名の拒否、殉教者・救世主との一体化など)を通過していく。

一九四三年末に書かれた「タラフマラ族のペヨトルの儀式」は、六年半前の「ペヨトルのダンス」よりも情報量が多い。後者とは異なり、ガイドや現地の住民との交流などが記されており、体験談をメキシコで発表しなかったのは、メキシコ政府の方針に反する報告をはばかったためかと推測させるような内容も含まれている。ペヨトルの儀式に到り着くまでには、老首長による儀式のあとトゥトゥグリ(おそらくタラフマラ族の「トゥトゥブリ」に当たる)、つまり太陽の儀式の司祭から導きを受けねばならなかったことも「ペヨトルのダンス」には書かれていなかった。一方で、儀式の描写は、演出の異なる二つの舞台を見ているかのようだ。例えば、「タラフマラ族のペヨトルの儀式」には「ペヨトルのダンス」に存在しなかった子供が現れるが、後者で踊り手が身につける銀や角の鈴飾りは見られず、鏡を付けた十字架にも言及されていない。登場人物も、衣裳や装置も異なっているのだ。その上、ペヨトル(ヒクリとも呼ばれるが、アルトーは別名をシグリと書いている)の形状や効果の描写も二つのテクストでは異なっている。「ペヨトルのダンス」では泥土のようなスープと記されていたものが、「タラフマラ族のペヨトルの儀式」では「白い粉」である。そして、「ペヨトルのダンス」では、身体の自由を奪う「危険な解体作用」(IX 49)をもっていたペヨトルは、ここではある種の浮遊感をもたらし（「さきほどまで身体の限界の中で保証されていたのだが、その身体を離れ、〔……〕自分自身によりも無限なものに属していることがはるかに幸福に感じられる」（IX 26））、幻覚らしきものを見させている（「私の脾臓や肝臓から出ていったものは、巨大な口が咀嚼した古代の神秘的なアルファベットの形をしていた」（IX 26））。しかし、二つのテクストで最も大きな違いは、「タラフマラ族のペヨトルの儀式」においてようやく、儀式の啓示が語られていることである。それは、アルトーがシグリのひらめきを受けて再構成したとことわっている首長の教え、つまり思いがけず実存主義的な次の言葉に要約される。「お前を同化し、あたかもお前がお前自身を産み出すようにしてお前を産む〈神〉のいない実存の中に、お前を縫い直しなさい、するとお前は〈虚無〉の中で虚無に逆らうようにして、いついかなる時も、お前自身を産むことになるのだ」（IX 12）。

原体験から七年あまりを経て、こうして神の超脱に誘う奇妙な宗教的実存主義を啓示として導き出したアルトーは、「かつてタラフマラ族のもとにおけるほど、事実の経験を通じ、それも風俗習慣において、文化とは〈宗教〉だというこの根本的で本質的な真実を強く感じ、認めたことはない」（IX 221, note 36）と、文化を宗教と同一視する言葉を書き記す。「タラフマラ族のペヨトルの儀式」のすぐあとに執筆された「タラフマラ族の土地への旅補遺」も同じ考えを引き継いでいた（「このように神の方へと向かい、私はタラフマラ族を見いだしたのだ」（IX 86））。しかし、タラフマラ族の記憶にしろ、その啓示にしろ、これが最終的なものではなかった。これらのテクストは、アルトーが食糧事情の劣悪なヴィル・エヴラールから南仏ロデーズの精神病院に移されたのち、そして再び継続的にものを書くようになってから一年と経たない時期に書かれていた。やがて、一九四五年頃から、アルトーはタラフマラ族にまつわる記憶に決定的な変更を加えていく。出版者アンリ・パリゾに対して、「タラフマラ族のもとに探しに行ったのはイエス＝キリストではなく、私自身、私、アントナン・アルトー」（IX 52）だと書き送る。さらに、一九四六年春パリに帰還して自由な生活を取り戻したアルトーは、翌一九四七年春、『アルバレート』誌から「タラフマラ族のペヨトルの儀式」を掲載しようとの申し出を受けるにおよんで、文化と宗教を同一視する先に引用した箇所を削除し、幻覚作用を描いていた箇所には、類似の体験を経て神に達する神秘主義者に対する揶揄を付け加え、さらに、初稿には「あちこちに救世主とイエス＝キリストの十字架についての譫言がある」（IX 31）と追記する。そして、のちに編まれた『タラフマラ族』でこのテクストが巻頭に置かれているのは、アルトー自身が望んだことだったらしい。またさらに付け加えるなら、神の方へと向かうことでこの種族《ラース》を見いだしたと書いていた「タラフマラ族の土地への旅補遺」に関しては、アルトーはのちに出版を望まなくなっていた。

アルトーのテクストにおけるこの時期の変化は、演劇に関しても同じように起こっている。一九四三年秋から翌年初頭頃ジャン゠ルイ・バローに送った手紙では、演劇は「宗教的なるものと聖なるものの現れである限りにおいてのみ偉大だった」(X 101-102) と書いていたが、一九四六年になると、イニシエーションはまやかしであり「演劇がその代わりになるだろう」(XX 411) とか、「私は演劇が好きだ、儀式は好きでない。私は自分のすることを信仰などしたくない、決して」(XXI 305) といったメモを書き付けるようになる。そして、一九四七年秋、神秘主義的宗教的偏向が取り除かれたタラフマラ族の啓示は、同様の過程を経た演劇の思考と結びつき、紀行文でも、体験談でもないテクストを生むことになる。朗読用テクスト「トゥトゥグリ、黒い太陽の儀式」と、その改作で『タラフマラ族』に含まれている一種の散文詩「トゥトゥグリ」である。

タラフマラ族の儀式にまつわる最後のテクストであるこの二篇は、内容に大きな違いはない。六人の男が十字架の周囲で楽器の響きに合わせて踊る。七人目の男が裸体で裸馬に乗って現れる。「儀式の主調はまさに〈十字架の廃棄〉だ」(XIII 79) と朗読は告げ、六人の男たちは地面から十字架を引き抜く。すると、裸の男は傷から出る血にまみれた巨大な蹄鉄をかかげる。男の身体には切り傷があり、蹄鉄はその傷から外した首枷の歯のようだと、「トゥトゥグリ」には書かれている。ここにはもはやペヨトルも、幻覚体験の記述もなく、ペヨトルをめぐる以前のテクストでは儀式に必要な装置とされていた十字架が引き抜かれる。そして、次節でその意味について触れることになるが、アステカ族の王国についてよく知られたひとつの神話が奇妙な転倒を見せている。古代メキシコでは、太陽を養うために人身供儀が行われていた。しかし、アルトーのトゥトゥグリは「黒い夜の、そして太陽の永遠の死の儀式」(IX 55) なのだ。

アルトーはここで、儀式の記憶と実存的教えとしての啓示を、人間の解放の儀式に、ヨーロッパの人間の、アルトーの、そしてタラフマラ族の解放の儀式に仕組んでいる。「十字架」がここで象徴するのは人間一般にとってのあらゆる抑圧であり、キリスト教文明の身体に対する抑圧的思想であり——さらに、二〇年代の左翼陣営やシュルレアリスムによる教権批判もアルトーの思想背景の一部であったことを思い起こそう——、アルトーの生涯の、精神病院での電気ショック療法を含む忌まわしい体験である。アルトーは最初に「トゥトゥグリ」を委ねた出版者マルク・バルブザに対して、「あなたのために書くこの新しいトゥトゥグリは、一九三六年にはなかった血まみれの経験に満ちている」(IX 233, note 1) とうち明けていたのだ。そして、ここでタラフマラ族にとっての「十字架」と考えられるものは、メキシコ政府によるインディオの同化政策であり、コルテスによる征服以来メキシコにもたらされたヨーロッパの宗教と制度であるだろう。ここで、私たちは、アルトーがメキシコに関心を持ち始めた一九三三年頃に、上演用テクストとして『メキシコの征服』を書いていたことを思い起こさないわけにはいかない。

3　メキシコと《残酷演劇》——文明の対立と人間の脱植民地化

朗読に仕立てられた「トゥトゥグリ、黒い太陽の儀式」はタラフマラ族の記憶だけから生まれたのではなかった。約九年におよぶ精神病院収容期間を含め、メキシコ旅行後の時間が大きく関わっていたことを前節で見てきたが、それに加えて過去から深く働きかけていたものがある。それは、アルトーに『メキシコの征服』を書かせ、メキシコに旅立たせた時代情勢とアルトー自身がとっていた態度決定である。なぜなら、「トゥトゥグリ、黒い太陽の儀式」を含む『神の裁きにけりをつけるため』は、両大戦間の植民地問題と反ファシズム文化運動に遭遇したアルトーによる、かつては十全に果たせなかった遅ればせの——そして、この点でブルトンらシュルレアリストたちの動きと多分に関わりをもつ——回答でもあると考えられるからだ。

アルトーはシュルレアリスム運動の草創期に約二年間メンバーとして参加したが、一九二六年一一月末、方針をめぐる意見の対立が原因でグループから除名されている。主流派メンバーはこののち相次いで共産党に入党していったが、彼らにそのような政治選択を促す流れの発端となっていたのが、「リーフ戦争（フランス政府による植民地モロッコでの反乱鎮圧）」に対する反撥だった。アルトーは抗議文の連署などに加わったものの、結局、自由な芸術活動を通じての精神革命を選ぶ。この過程で、とくにブルトンから演劇活動の反革命性をなじられていたアルトーは、自主上演組織アルフレッド・ジャリ劇場の宣言文に寄せて、革命の考え方が違う、自分がやろうとしているのは「習慣的に演劇と呼ばれるものとは似るところのないもの」(II 25) だと応酬していた。

加えて一九三一年の夏、今度はパリ郊外ヴァンセンヌの森で開かれた植民地博覧会がやはり両者に異なる反応を引き起こしている。ブルトンらは植民地政策に承認を与える催しはボイコットしようと主張する。アルトーは、オランダ館のバリ島舞踊劇を見に出かける。周知のように、この舞台はアルトーに大きな触発を与え、その後の演劇論の展開において、ひとつのきわめて重要な役割を果たす。アルトーはバリ島舞踊劇を通して、言葉が優位を占める西洋演劇とは異なる、具体的で物理的な演劇言語の可能態を見て取った。それはアルトーにとって、タラフマラ族の儀式に先立つ神話的思考の啓示だったと言ってもいいだろう。しかし、リーフ戦争をめぐる態度決定を経てきているアルトーは、バリ島文化の形式的鑑賞にとどまっていたわけではない。『新フランス評論』に発表した力強いテクスト「バリ島の演劇について」は、演劇言語の可能性を論じつつ、植民地原住民の文化を介してヨーロッパ文化を批判している。アルトーはすでにシュルレアリストたちとは異なる闘いを選んでいたのではなかったか。(4)

やがて《残酷劇場》構想を抱いたアルトーが、第一回作品の題材としてコルテスによるメキシコの征服を取り上げ、「残酷演劇(第二宣言)」で執筆内容の一部を紹介するのは、このような流れの延長線上においてなのである。植民地原住民の舞踊劇が開示した可能性を演劇による精神革命に生かすこと——これがアルトーの内なる要請であっただろう。アルトーは『メキシコの征服』文中で、表題の「出来事を舞台化する」(V 18) のは、今日性のため、植民地主義とヨーロッパの自惚れを糾弾し、キリスト教と異教を対比させて、「生と世界についての二つの概念を衝突させる」(V 19) ためであると書き、「残酷演劇(第二宣言)」の中では、映画に任せることなく、純粋な演劇言語を用いて現代世界の神話を明らかにしたいと明言していたのである (IV 118)。

このように構想された『メキシコの征服』は、シノプシスのように、あるいは演出ノートのように書かれている。(5) 俳優としてシナリオ作家として経験していた映画の世界や、当時エドガー・ヴァレーズの依頼で台本執筆にかかっていたオペラについての考えも反響している。メキシコの征服という出来事を、スペイン人たちの到来、コルテスとアステカ王モクテスマの対決、アステカの混乱、モクテスマの亡骸を捧げた原住民たちの反乱の四幕からなるスペクタクルとして構成するとあり、演出時にその場で指示するつもりであったらしい台詞は書かれていない。ダンス・シアターやミュージック・シアターという領域横断的スペクタクルが市民権を得ている今日、一般的戯曲形式を大きく逸脱した作品がすでに珍しくない二〇世紀後半の舞台芸術シーンからすれば、『メキシコの征服』には、そのような動きの先駆的特徴をもつ、まさにアルトーがそうありたいと願っていた「プロテウス的人間」（VIII 208）のエクリチュールを認めることができるだろう。しかしながら、『メキシコの征服』は、台詞とト書からなる一般的戯曲形式からすれば、当時はもちろん今日でさえ完成作とは見なされない。そのためもあってかどうか、一九三五年五月に実現した《残酷劇場》第一回公演で上演されたのは、スタンダールとシェリーの作品に基づく『チェンチ一族』だった。父権と教権が相同的でかつ結託した抑圧構造をなす世界が、絶対的な自由を求め娘をも犯す非道の父と、解放を求めて父の殺害という抵抗の方途を選ぶ悲運な娘とを似通わせてしまう悲劇である。アルトーはこれら二作品以外にも《残酷劇場》のための候補作を複数考えていたことから、上演された『チェンチ一族』と予告で終わった『メキシコの征服』のいずれが《残酷演劇》像の理解に役立つかを問うのはあまり意味があるとは言えない。明らかなのは、二つの作品には共通する演出観が認められるが、テクストのレヴェルでは『チェンチ一族』は従来の戯曲形式を踏襲していること、そして、前述したように、《残酷演劇》構想の過程と『メキシコの征服』執筆の経緯は確かに重なり合っていたことである。

『チェンチ一族』は、賛否両論も話題を招くにいたらず、興業成績不振のため一七回でうち切られる。アルトーはすでに一九三三年に、「やりたい演劇が可能であり、時代に受け入れられるためには、ひとつの別の形の文明が前提となる」（IV 113）と書いていたが、その思いをいっそう強めていたに違いない。そこに「文化」の考察を促す機会が訪れる。台頭するファシズムに対抗して人民戦線が結成されようとする動きの中で、六月に、フランス共産党主導の文化擁護国際作家会議が開かれた。参加の呼びかけを遅れて受け取ったアルトーは、次のような意見をしたためる。ファシズムに本を焼かれたからと言って、「私の文化も、いかなる文化も」傷つきはしない、武器で脅かされている文化を抗議で救うことはできないし、武器を拠り所にしている文化のために闘うつもりなどない。また、仮にロシアの文化がより論理的だとしても、それに免じてフランスの文化を許せるというものではない。この会議は祖国の実利的概念を正当化しようとしているようだが、形を免れる精神とも言うべき真の文化に祖国はないのだ（VIII 278-281)。一九三三年のナチによる焚書事件のおぞましさがスターリニズムの問題を忘れさせるわけではなく、ファシズムの脅威を前にしてもナショナリズムの台頭に目をつぶることはできない。——この時、アルトーの立場は、シュルレアリスム運動のかつての仲間らに近いのだが、ブルトンやエリュアールが「街頭の人民戦線[6]」を求めて革命的知識人闘争連合「反撃」に結集して行ったのに対して、文化擁護国際作家会議を契機とした異なる文化観との内的対決は、アルトーを「別の形の文明」（IV 113）のもとへと、それまでの比較演劇的考察からより直接的な文化論の展開へと向かわせて行った。出発前にすでにメキシコの「魔術的文化」を語っている「演劇と文化」も、メキシコで展開される『革命のメッセージ』も、芸術をも巻き込む時代情勢における選択と表現の困難を抱え込んでいたのである。

そして、一九四七年、アルトーは二〇年代以来の思考と行動のひとつの到達点を観客のいないパフォーマンスとして達成する。「トゥトゥグリ、黒い太陽の儀式」の朗読を含むラジオ放送用録音『神の裁きにけりをつけるため』である。これは次のような内容からなる。好戦的アメリカが兵士を増産するために子供たちの精液を集めているという妄想的噂話に始まり、それに対置して、ペヨトルという妄想を食って生まれ、太陽を殺して黒い夜の王国を築くタラフマラ族の紹介があり（「昨日知った」）、「十字架の廃棄」を主調とする「トゥトゥグリ、黒い太陽の儀式」が続く。次いで、毛虱の神によって十字架上に釘付けにされていた者たちの反乱が語られ（「糞便性の探究」）、「すべてを爆発させてやった」（XIII 97）のは、精神的圧迫が身体的なところにまで及んできたからだという叫びがある（「問題は……」）。そして、最後にダイアローグ形式で、録音の意義は、兵士増産のための人工授精とアメリカにおける古代アメリカの戦闘的帝国主義の甦りを告発する点にあることが述べられた上で、「残酷」とは人間の無意識の獣性から獣的な巡り合わせを引き抜くことだと説明され、人体構造を器官なき身体に作り直すなら、それはあらゆる機械的行動から解放されて逆さまに踊り出し、裏が表になるだろうと謳われる（「結論」）。打楽器やシロフォンなどによる効果音、ときに階段の反響を利用した叫びや、意味不明の音節、物的ともいえる変幻をなす男女四人の声、とりわけアルトーの声の信じられない抑揚からなる録音は、変容する空間の奥行きや厚みさえ感じさせて、今日聞いても驚嘆を招くパフォーマンスを達成している。精神病院で枕木を叩きながら詩の朗読を行っていたアルトーは、「感性の体操」（『演劇とその分身』）などで論じていた俳優論に基づき、タラフマラ族の儀式の記憶を練り直して、第二次世界大戦後の世界構造に直結するひとつの「現代世界の神話」を創り上げたのである。その「神話」は、ある社会集団の秩序を維持する装置からはほど遠い、「時代のおぞましさを詰め込む」（VIII 207）、「悪夢」（VIII 207）にも等しいものである。しかも、アルトーはこの中に、正気を疑われるアルトー自身を、つまり、言説に対する反論可能性をも書き込んでいた(7)。

ここには、『メキシコの征服』が提出しようとしていた実体的な「文明の対立」、つまりコルテスとモクテスマに象徴されるヨーロッパ近代と非ヨーロッパ古代社会の対立は存在しない。対立は妄想的アメリカ＝戦闘的帝国主義と、妄想を食って生まれ、自らのくびきを廃棄するタラフマラ族の間に、つまり「悪夢」のレヴェルに移行している。しかも、このアメリカは古代アメリカの戦闘的帝国主義の甦りであるとされ、タラフマラ族にはアステカが信仰した太陽を殺させることで、近代の乗り越えが古代社会回帰によって果たせるものでもないことさえ示唆されている。

この『神の裁きにけりをつけるため』もまたシュルレアリスムと無関係ではなかった。アルトーは、一九四七年一月一三日ヴィユ・コロンビエ座で「アルトー＝モモの体験談」と題した朗読と講演の会を行っていた。アルトーにとって社会的偽善や悪を企む意識を告発する――しかもアーティストに与えられた手段を介しての――機会であったこの会は、劇場を用いた以上やはり演劇にすぎないとブルトンによって批判された。ところが、実はこの会の朗読や講演原稿のエクリチュールは、『神の裁きにけりをつけるため』に引き継がれているのである。そして、かつて『メキシコの征服』を《残酷演劇》第一回作品と予告していたアルトーは、このパフォーマンスを「《残酷劇場》でやりたいことの縮小モデル」と呼んでいた（XIII 127）。

4　「演劇と文化」――文化批判としての人類学と芸術

アルトーにおけるメキシコの旅は、文明、時代、表現を問うエクリチュールの旅であった。そこにおいて主要な力線を構成するのは、ヨーロッパ／ロゴス中心主義、両大戦間から第二次世界大戦後の世界情勢、芸術の現実からの遊離に対する批判であり、生と世界の変革を芸術実践において求める身体性や神話的思考の探究であり、そして、現実、他者、さらには思考そのものの表象可能性をめぐる問いかけである。加えて、これら主要な力線は常に、直接的あるいは潜在的に演劇の思考と接続していた。『革命のメッセージ』は、新しいエクリチュールを、文化、政治、演劇を結ぶ論理の生成に求め、『タラフマラ族』は、実存的啓示を冒頭に置くテクストの配置や描写における演出的配慮などを通じて、このエクリチュールの探究のひとつの過程を示していた。そして、なによりもこの旅はその始めに、当時としては特異な演劇テクスト『メキシコの征服』を、その終わりに、まさに文化、政治、演劇が表象可能性の問いそのものとして立ち現れるパフォーマンス『神の裁きにけりをつけるため』を生んだのである。

　この旅をたどってきた私たちは、アルトーの演劇論集『演劇とその分身』を開く序文「演劇と文化」の成立過程を再認識し、その重要性をあらためて確認することになる。アルトーはこのテクストの中でメキシコに言及しつつ、時代の混乱の根底に現実と表象の乖離を見、ヨーロッパ近代文明の批判に立って文化と芸術の一致を求め、生の営みと抗議に文化を見いだし、そして表象を問い直して言語を創造する力を演劇に認めていたのである。『演劇とその分身』を「この書物は単なる規則集である以上の懇請なのであり、一つの演劇実践論である以上に、西欧史のすべてをゆるがす批評の一集成なのだ[8]」と評し、アルトーの演劇を「非植民地化された演劇[9]」と呼んだデリダは、アルトーのエクリチュールをきわめて厳密にとらえていた。アルトーの演劇論が六〇年代に多くの共感を得たのは、演劇における言語の原初的形態の探究のためというよりは、ボリもその書の末尾で若干触れているように、抗議としての文化の創出がそこに説かれていたからだろう。この点で、スレイニーが言うように、アルトーの立場はポストモダンの文化人類学――それを文化批判としての人類学ととるならばであるが――に触発を与え得たものであると言えるが、それはタラフマラ族をめぐるアルトーのテクストが都会の知識人を利するからではなく、そこに文化の政治学に対する感性が働いているからに他ならない。もちろん、近さは同じではない。アルトーがそのテクストに学術的評価を拒んでいたことは、第1節で見た通りである。同様に、アルトーの創造活動が神話的思考に近づくのは――芸術活動が神話的思考と器用仕事から、そして科学から等距離にあることを感得していたレヴィ＝ストロースの言葉を借りるなら――とりわけ神話的思考が「解放者でも」あり、「無意味に対したとき科学はまずあきらめて妥協したのであるが、神話的思考は抗議の声を上げるから(10)」であるだろう。アルトーは「演劇と歌のダンスは、理解できない問題を前にした人体の悲惨の、怒り狂った反乱の劇場である」（XIII 116）と書いていた。それは晩年に執筆された「残酷演劇」の中でのことである。そして当初このテクストが含まれる予定であった『神の裁きにけりをつけるため』は、タラフマラ族の啓示と儀式を、人間の脱植民地化の懇請と表象可能性の問いの中に再編成していたのである。

註

（1）アルトーはメキシコ行きに当たって、パリ民族学会創設者の一人ポール・リヴェの弟子ロベール・リカールから情報を得ていた。アルトーの記述と実情のずれなどについては、後述するスレイニーの論考にも指摘がある。ルイス・カルドーサ・イ・アラゴンの回想記に関しては、Joani Hocquenghem, «Artaud au Mexique», *Chimères*, n° 25, 1995, pp. 161-172 に概説がある。なお、民族学者や人類学者による比較的新しい調査（文献参照）によれば、タラフマラ族は、太陽を喜ばせるためとの説もある「トゥトゥブリ」のダンスを含む癒しの儀式を伝承している。アルトーが立ち会ったというペヨトルと「トゥトゥグリ」の儀式はおそらくこれに当たる。同調査によれば、ペヨトルの使用はきわめて限られているようだ。

（2）Monique Borie, *Antonin Artaud : le théâtre et le retour aux sources*, Paris, Gallimard (coll. «Bibliothèque des Idées»), 1989. 次の二論についても、ボリの論に対するのと同様の問題が指摘できる。Calro Pasi, «Dans le cercle de la cruauté : *Les Tarahumaras* d'Antonin Artaud», *in* : Daniel Lefort, Pierre, Rivas, Jacqueline Chénieux-Gendron, éd., *Nouveau monde, autres mondes. Surréalisme & Amériques*, Paris, Lachenal & Ritter (coll. «Pleine Marge», n° 5), 1995, pp. 147-159. André Coyné, «Le Surréalisme et le Mexique, deux rencontres : Antonin Artaud, Benjamin Péret», *ibid.*, pp. 161-178. 前者はアルトーのメキシコ旅行に東洋の伝統と西洋中世の伝統が結び付く神話的文化の探究を認め、後者は形而上的関心に旅の中心的な動機を見ている。

（3）Frances M. Slaney, «Un paysage entièrement moderne : Atraud dans la Sierra Tarahumara», *Anthropologie et Sociétés*, vol. 18, n° 1, 1994, pp. 133-155.

（4）オランダ館の展示をめぐる文化の政治学については、次の論考がある。永渕康之「パリに来たバリ――一九三一年パリ国際植民地博覧会オランダ館」、『季刊民族学』第七〇号、一九九四年秋、四四—五四頁。

(5) アルトーはこれをシナリオ (scénario) と呼んでいる。この語は演劇では「戯曲の筋書」を意味するが、アルトーは《残酷劇場》の出資者を募る会のために準備した招待状で、「直接舞台で実現するために書いた」(V 303) としている。

(6) ジョルジュ・バタイユが『反撃』手帖内容紹介パンフレットに寄せた文章の表題。

(7) トドロフは『革命のメッセージ』に人種主義的発言を読みとり、他者としてのタラフマラ族に対するアルトーの姿勢をアレゴリストと断じている (Tzvetan Todorov, *Nous et les autres : la réflexion française sur la diversité humaine*, Paris, Editions du Seuil (coll. «La Couleur des Idées», 1989) が、かつてアルトーの文体を論じたことがあるにもかかわらず (Todorov, *Poétique de la prose*, Paris, Editions du Seuil (coll. «Poétique», 1971)、ここではアルトーのエクリチュールを検討しようとせず、また、この朗読は考慮に入れていないようだ。

(8) Jacques Derrida, *L'écriture et la différence*, Paris, Editions du Seuil (coll. «Points»), 1979 (1ère éd., coll. «Tel Quel», 1967), p. 345 (ジャック・デリダ『エクリチュールと差異』下巻、若桑毅他訳、法政大学出版局、一九八三年、二二六頁).

(9) *Ibid.*, p. 285 (同書、四二頁).

(10) Claude Lévi-Strauss, *La Pensée sauvage*, Paris, Plon, 1962, p. 33 (クロード・レヴィ=ストロース『野生の思考』大橋保夫訳、みすず書房、一九七六年、二八頁).

* アルトーからの引用はすべて、ガリマール社から刊行中の全集 *Œuvres complètes d'Antonin Artaud*, tome II (1961/1980), IV (1967/1978), V (1964/1979), VIII (1971/1980), IX (1971/1979), X (1974), XIII (1974), XX (1984), XXI (1985), Paris, Gallimard (IX巻までは改訂新版) による。引用箇所は本文中に巻号をローマ数字で、頁数をアラビア数字で略記する。訳文はすべて拙訳により、原文中斜体には傍点を付し、大文字で始まる語およびすべて大文字による表記箇所は〈 〉で括った。『タラフマラ族』は、一九五五年にアルバレート社から出版されていた文集の表題である。全集では、これに別のテクストも加えられている。なお、本稿で取り上げたアルトーの主なテクストは、次の文献に邦訳がある。『演劇とその分身』安堂信也訳、『革命のメッセージ』高橋純・坂原眞里訳、白水社 (アントナン・アルトー著作集I、IV)、一九九六年。『神の裁きと訣別するため』宇野邦一訳、ペヨトル工房、一九八九年。『タラユマラ』伊東守男訳、ペヨトル工房、一九八一年。

本稿では Tarahumara (『オックスフォード英語辞典』によると語源がはっきりしない) を「タラフマラ」と表記したが、現代スペイン語の標準的発音では「タラウマラ」であり、実際、両方の発音・表記が用いられている（「タラユマラ」はフランス語読み）。なお、この名で指される原住民は「ララムリ」と自称している。

文献

国本伊代・畑恵子・細野昭雄『概説メキシコ史』、有斐閣（有斐閣選書八九四）、一九八四年。

柴田三千雄・樺山紘一・福井憲彦編『世界歴史大系　フランス史3――一九世紀半ば～現在』、山川出版社、一九九五年。

A・ジッド、A・マルロー、L・アラゴン他『文化の擁護――一九三五年パリ国際作家大会』相磯佳正他編訳、法政大学出版局（叢書・ウニベルシタス五八〇）、一九九七年。

ジョージ・E・マーカス、マイケル・M・J・フィッシャー『文化批判としての人類学』永渕康之訳、紀伊國屋書店、一九八九年。

増田義郎『古代アステカ王国』、中央公論社（中公新書6）、一九六三年。

アイリーン・ニコルソン『マヤ・アステカの神話』松田幸雄訳、青土社、一九九二年。

Stephen Barber, *Antonin Artaud: Blows and Bombs*, London, Faber and Faber, 1993（スティーヴン・バーバー『アントナン・アルトー伝　打撃と破砕』内野儀訳、白水社、一九九六年）.

Jean-Louis Brau, *Antonin Artaud*, Paris, La Table Ronde, 1971（ジャン＝ルイ・ブロー『アントナン・アルトー』安堂信也訳、白水社、一九七六年）.

Jacqueline Chénieux-Gendron, *Le Surréalisme*, Paris, P. U. F (coll. «Littéatures modernes»), 1984（ジャクリーヌ・シェニウー＝ジャンドロン『シュルレアリスム』星埜守之・鈴木雅雄訳、人文書院、一九九七年）.

Michèle Cointet, *Histoire culturelle de la France 1918-1958*, Paris, SEDES (coll. «Regards sur l'Histoire»), 1989 (1ère ed., 1988).

Catherine Coquery-Vidrovitch, Charles-Robert Ageron, *Histoire de la France coloniale III. Le Déclin*, Paris, Armand Colin (coll. «Agora»), 1991.

Jacqueline de Jomaron, éd., *Le Théâtre en France*, Paris, Armand Colin, 1989.

John G. Kennedy, *The Tarahumara*, New York, Chelsea House Publishers, 1990.

John G. Kennedy, *Tarahumara of the Sierra Madre: Survivors on the Canyon's Edge*, Pacific Grove, California, Asilomar

Press, 1996 (1st ed., 1978).

Thomas Maeder, *Antonin Artaud*, Paris, Plon, 1978.

William L. Merrill, *Raramuri souls : knowledge and social process in northern Mexico*, Washington D. C., Smithsonian Institution Press («Smithsonian series in ethnographic inquiry»), 1988.

Jacques Thobie, Gilbert Meynier, *Histoire de la France coloniale II. L'Apogée*, Paris, Armand Colin (coll. «Agora»), 1991.

Alain Virmaux, Odette Virmaux, *Artaud : un bilan critique*, Paris, Pierre Belfond (coll. «Textes et Critique»), 1979.

言葉への旅
――ジャン・ポーランのマダガスカル

深澤秀夫

「どうして、また？」
「そりゃ、島だからね」（ジャン・ポーラン[1]）

あわただしい旅立ち

一九〇七年一一月、ポーランは幼友達であるとともに無二の親友ギョーム・タルド宛てに一通の短い手紙をしたためている。

それでも、一五日以前に君に会いたい。だって、僕は八日後にはマダガスカルに向けて旅立ってしまうのだもの。僕は、タナナリヴの中学校の教師に採用されたんだ。マダガスカルは美しいところさ。そこには、大きなしっぽを持った小さなサル達がやまほどもいるんだよ。ワニもね。君に会いに三回立ち寄ったんだけど、会えなかった。土曜日の午前八時頃、僕を待っていてくれないだろうか。じゃあね。ジャン・P[2]

この時ポーランは、ソルボンヌで文学・哲学士号を修得したのち兵役を終えた二三歳に間近い年齢であった。この頃彼自身が意思して具体化していたこととは、「父親の影響力の下にあったが、手紙のやりとりや議論をとおして彼

図1　1910年頃，マダガスカル滞在中のポーラン（Paulhan 1982：口絵）

の思考は、明確でまた洗練されたものとなっていった。その一方、逃走を夢見ていた。そこで彼は、中国での就職を考えて中国語を習い始めていた[3]」ことぐらいである。司書でありながら哲学の本をものしある日突然に生活のあてもなく一家してパリに出てきてしまうような威厳があり尊敬されはするものの怖い父親、気丈なもののパリでの生活に疲れ果てたプチブル家庭出身の母親、そのためにさまざまな仕事に手をださねばならなくなりいささか孤独で夢想的な青少年期を過ごしてきたポーラン、そして生活のために始めた素人下宿に投宿したロシア人アナーキスト少女達との恋と政治活動[4]。そんな生い立ちと家庭を背負ってきたとしたら、思考の独創性、パラドックスへの嗜好、議論の緻密さの点でソルボンヌの教授達を刮目させたとしても、大学卒業と共にポーランの眼前に広がったものとは、父親と同じ道かさもなくば逃走としての旅という二者択一以外にはありえなかったのかもしれない。

それゆえ、無二の親友に暇乞いをする時間さえないくらいに、マダガスカルへの旅が唐突に始まったとしても、ポーランにとって事態は熟慮の末に旅を決意したこととさして変わりはなかった。ワニや「大きなしっぽを持った小さなサル達」すなわちキツネザルといった現代のマダガスカルへ旅する人の誰もが抱くのと同じ、そこで自分を待ち受けていてくれるであろう熱帯の自然を予感させるわずかばかりのマダガスカルの事物についての知識に心ときめかすポーランの姿は、少し微笑ましい。

しかしながら、ゴーギャンのタヒチ、ボードレールのモーリシャス、レリスのアフリカ、アルトーのメキシコ、ブルトンのカリブ、そこが人生の一通過点であれあるいは終着点であれ、それが「逃走」や「脱出」や「異化」の実現や行使であれ、作家と旅との関わりは枚挙に暇がないとしても、防暑ヘルメットに詰め襟の服、ゲートルを巻いた標準的な植民地の官吏姿（図1）でその旅を始め終えたポーランは、いささか異色であった。なぜなら、フランスによる植民地支配がマダガスカルにおいて確立されてゆくただ中、増え続けるフランス人入植者や兵士や官吏の子弟の教育機関として新たに時の総督によって設立された外国人中学校の教授への着任は、フランス本国における教員生活とさして変わりばえのしない堅実ではあるものの退屈な毎日と凡庸な経験しか、ポーラン以外の人間には約束しなかったかもしれないからである。

穏やかな旅路

一九〇七年一二月一〇日、二三歳になったばかりのポーランは、マルセイユからマダガスカルに向け船に乗った（図2）。当時既に、ルアーヴルから喜望峰経由とマルセイユからスエズ運河経由で毎月マダガスカルへ向け定期客船が就航していたが、ポーランが乗船したのは毎月一〇日にマルセイユから出航しタマタヴに二六日後に入港する運行の正確さで知られた郵便物をも運ぶ貨客船であった[5]。「私たちが眠っている間にも船は静かに進んで行く。私たちは八時に起きて、朝のシャワーを浴びる。それからは、ご婦人方と打ち興じるか、長椅子に寝そべるかあるいは物思いにふけるんだ[6]」と手紙に書かれているように、船はスエズ運河を通り、紅海を抜けてインド洋に出る順調な航海を続け、年明けの一月五日、イメリナ王国時代からのマダガスカル最大の港町タマタヴに入港した。初冬のフランスから着いた南半球のマダガスカルの季節は、雨季のただ中であった。わけても年間降水量三〇〇〇ミリを超える東海岸に位置するタマタヴの町の一月は、毎日トタン屋根を突き破るような激しい雷雨にみまわれ、一日太陽が顔をみせないことさえまれではなく、しかし時折午前中雲間に覗く紺

図2　レユニオン島に入港した貨客船，1904年。ポーランの乗船した船もほぼ同型と思われる。F. T. M. 蔵

図3　1903年当時のタマタヴの町並み。F. T. M. 蔵

図4　1899年当時のキャラバン。F. T. M. 蔵

碧の空から降り注ぐ陽の光はほとんど人の影さえ落としはしない。そんなむせかえるような湿った空気の中にたたずむ屋根に吹き抜けの小窓を設け庇を大きく張り出しあるいは回廊をめぐらせた熱帯植民地形式の家々、旅人木やヤシの葉で屋根を葺き竹で編んだ壁の一間きりの簡素なマダガスカル人の家屋、マダガスカル原産のホウオウボク（いわゆる火炎樹）の枝先に咲き乱れる痛いような紅い花、タマタヴの町並みは、生涯初めての長旅、生涯初めて出会う熱帯の景色として、ポーランに「逃走」の成就をはたして予感させたであろうか（図3）。

けれども、ポーランの着任を待って外国人中学校が開校される予定であったため、タマタヴの町を散策する暇さえも惜しむように、入港から四日後の一月九日にははや、ポーランは旧イメリナ王国の都であるとともに総督府の置かれていた中央高地のタナナリヴに到着した。東部の港町タマタヴと内陸の町タナナリヴとは、標高差にしておよそ一三〇〇メートル、道のりにして三四〇キロメートルを隔てている。この街道の旅は、ポーランが着任するほんの一二年前のイメリナ王国時代まで、輿・荷物・食糧を担ぐ人夫四〇人から五〇人を雇ってキャラバンを組み、熱帯雨林の丘陵や山々を越え河を艀で渡る道を一〇日ほどかけて踏破する旅行者には負担の大きなものであった（図4）。総督府は、イメリナ王国を軍事制圧した直後の一八九六年から、フランス軍工兵隊の指揮のもとでマダガスカル人人夫を徴用して内陸都市タナナリヴの生命線とでも呼ぶべきこの街道を橋をかけ山を切りくずし砂利を敷く突貫工事によって整備し、一九〇一年には馬車や自動車が通ることのできる近代的な道路として完成させた。一九〇三年からは、自動車による旅客と郵便の全線での搬送業務がはじまり、およそ二日間で二つの町を結んでいた（図5、6）。さらに、一九〇一年からは同区間における鉄道敷設もはじまり、一九〇九年にはタナナリヴ—ブリッカヴィーユ間二七一キロメートル、一九一三年に残るブリッカヴィーユ—タマタヴ間一〇一キロメートルが開通した[7]（図7）。したがって、ポーランは到着時には自動車便でタナナリヴに上り、一九一〇年の帰国時には鉄道便でタナナリヴからブリッカヴィーユまで下ったはずであり、つい先頃まで輿による徒歩の移動であった同じ道を時々の最新の輸送手段に身を委ねたその旅路は、あたかもフランス植民地支配が急速にマダガスカルの地に浸透してゆく歴史の流れと重なるかのごとくである。

図5　タナナリヴ—タマタヴ街道途中の川を艀で渡る自動車，1898年。F. T. M. 蔵

図6　街道途中のマハツァーラの町に設けられた自動車輸送基地，1901年。F. T. M. 蔵

図7　鉄道敷設現場におけるフランス人監督とマダガスカル人労働者，1903年。F. T. M. 蔵

冒険無き時代の旅人

ポーランがタナナリヴに到着した一九〇八年は、一八九六年からマダガスカルに赴任、全島の軍事平定作戦を指揮しイメリナ王国を滅ぼしてフランス植民地体制の基盤を築き上げた生粋の軍人であるだけではなく植民地行政の練達家でもあったガリエニ総督が去り、一九〇五年に初めての文民総督として着任したオガニュールの施政が確立されつつある頃であった。ポーランの眼には、フランス人男性とマダガスカル人女性との間にできた混血児達にマダガスカルの未来を託そうとさえした理想主義者のガリエニに対し、オガニュールは「誠実で中庸な精神を身につけた有能かつ極めて勤勉な人物(8)」ではあったものの、「彼には、冒険的なところや夢想的なところが少しもなかった」ばかりか「文学をくだらないものと見なしていた」ため、「あまり興味をそそるての人間ではない(9)」と映っていた。

一人総督だけが、ロマンから遠ざかりまた遠ざけられていただけではない。幼いレリスに「異国」を強く印象づけた、ガリエニに従いマダガスカル各地での厳しく血なまぐさい平定作戦に参加した「プロスペルおじさん(10)」の個人的ロマンさえ、もはや一九〇七年の旅人にとっては、等しく昔語りでしかなかったのかもしれない(図8)。一八世紀にマダガスカルに上陸していたのならば、現地の女を娶りインド洋で掠奪を繰り返しながら内紛や本国の絞首台で最期を迎えたキャプテン・キッドたちのような海賊の道、フランスの進出拠点を再構築するとの口実のもとに実際は自らの「王国」を造ろうとしたあげく横死したベニョフスキーのような不逞外人の道、すなわちデフォーやスティーブンスンの小説そのままに血湧き肉踊る波瀾万丈の人生の選択がありえたであろう。あるいは一九世紀に訪れていたのならば、自分の乗っていたインドに向かう船がマダガスカル沖で遭難したことをきっかけにイメリナ王国の女王に召し抱えられて、銃器や弾薬、煉瓦や石鹸などを造る工房を経営し王国の政治にも深く係わることとなったジャン・ラボルドに体現されるお雇い外国人の道、五年間をかけて内陸五〇〇〇キロメートルを踏破し『マダガスカルの政治・自然・物質の歴史』全六〇巻を書き上げたアルフレッド・グランディディエールに体現される博物学者の道、すなわち波瀾万丈とまではゆかなくとも自らの手で自らの人生をマダガスカルの地の上で結実させる選択がありえたであろう。自分と自分を投影する対象との間の未知と予測不可能の度合いが大きければ大きいほど、その対象と係わる人生の冒険とロマンの期待値は高くなるが、それらの冒険とロマンの心情がかの地では一九〇七年当時少なくとも中央高地一帯で既に終焉していたことを、タナナリヴで始まった新しい生活を親友のタルドに宛て書き送るポーランの手紙の中に、否応なく見ざるをえない。

一九〇八年三月二日付

僕は、自分専用の家を一軒持ったんだ。広い庭のついたマダガスカル風の古い家さ。各階とも壁紙を張り替えて塗り替えた。あとは空っぽで、ゴキブリとカタツムリと小さなキノコと茹でたカニみたいに真っ赤な大きなクモがいるだけさ。そいつは、僕に会いに来る人達をびっくりさせている。窓からは、はるか彼方に赤土でできた田舎家や大きな沼沢のような水田や赤い丘の連なりが見えるんだ[11](図9)。

図8　1898年，平定作戦時のフランス人士官とマダガスカル兵。F. T. M. 蔵

図9　1901年当時のタナナリヴの町並み。F. T. M. 蔵

仮に、この手紙の日付が九〇年時間を進めた二〇〇〇年であったとしても、そのことをいぶかしく思う人間はいない。この手紙の通りの家、この手紙の通りの遠景、それらは現代タナナリヴの町のそこかしこに見出される。そして何にもまして、友に伝えるべく記された異郷において始まった新しい生活の静謐とでも呼ぶべき平凡な穏やかさ。そこはもはや旧イメリナ王国の都たる

アンタナナリヴではなく、総督府が置かれフランス植民地秩序の中心地たるタナナリヴに他ならなかった。「原住民」との血と硝煙の匂いに彩られた戦闘の日々とも、湧き起こる驚くべき事どもと波瀾に彩られた日々とも、およそ無縁の生活をよくポーラン一人だけが送ったわけでは決してない。一九〇八年は、マダガスカルの地に立つ旅人の生としては、フランス陸軍部隊一万五〇〇〇人がアンタナナリヴを攻め落とした一八九五年よりも、二〇〇〇年の現在と一繋がりであった。

勤勉な教師の孤独

タナナリヴに上ったポーランを待っていたのは、オガニュール総督が開設した「タナナリヴ（外国人）中学校」における「文学担当教授」の職であった。一九〇八年の一月に開校された同校は、当初一年生・二年生・三年生の三クラス、九人の生徒から成るこじんまりとした学校として出発した。開校から二年近くが経った一九〇九年一一月には七一人にまで生徒数は予想を上回って増加し、軍人と官吏の子弟および入植者の子弟がタナナリヴのみならず全土からやって来ていた。教員側は、校長一名、教授三名、講師五名、教諭四名の態勢で出発し、一九一〇年には文学と科学担当の教授がそれぞれ一名ずつ増員され、翌年には高等課程も設置された。この中学校においてポーランは、生徒達に対してフランス語・ラテン語・ドイツ語・歴史学・地理学および体育を教え、時にはあまり才能がないにもかかわらず歌唱の指導までを行う一方、一九一〇年からは校長・舎監・出納役の三役をもこなし、『新フランス評論』誌の編集主幹としての後年の勤勉と精力の片鱗を垣間見せている。[12]

しかしながら、中学校が植民地体制の浸透・確立に歩を合わせて順調に発展してゆくのとは対照的に、ポーラン自身は中学校の生徒達を教えることに対する情熱を次第に失っていった。この間の事情について、『カイエ・ジャン・ポーラン』第二巻の編者たちは、ポーランがフリーメーソンに加入していなかったこと、プロテスタントであったこと、ダンスパーティーの席上での噂を広めたことなどのために、タナナリヴのフランス人社会に容易に馴染むことができなかったことを指摘している。[13] けれどもそれら自体が真実であったとしても、そのような事実をいくら積み重ねたところで、植民地内での同国人の輪に加わることをためらわせたポーランの孤独の内実に迫ることが必ずしもできるわけではない。この孤独を最もよく表しているのが、一九〇八年一〇月一六日付の手紙で描かれたマルザック神父との出会いおよびその時の二人の会話ではないだろうか。

昨日の午前中、マルザック神父に会いに行って来た。僕はながいことイエズス会の建物の中で、彼を捜し回った。やっと、悲しげな面もちで分厚い唇の農夫のような顔の腰の曲がった老神父と出会った。彼こそが、フランス人の中で、マダガスカル語を最もよく知る人なのだ。彼は、たいへん素晴らしい文法書と辞書を一冊ずつ書いている。彼は、薄汚い石灰で塗られた壁の小さな自室に僕を招き入れてくれた。部屋の隅には水を入れた瓶が置いてあり、床には本が山積みになり、彼が座る素敵な東洋風の肘掛け椅子があった。が、まったくもって不可思議であった。彼は、マダガスカル人に対してどのような考えも持ち合わせてはいなかった。また、彼は、マダガスカル人にもヨーロッパ人にも与していなかった。彼は、僕に、一言の非難めいた言葉も交えることなく、ガリエニ将軍のマダガスカル平定の有様を語ってくれた。彼が僕に言った。「私は、その平定戦争をもう一方の側、すなわちマダガスカル人の側から見てきた。突如としてフランスの歴史がひっくり返ってしまうような視点は、いろいろあるものだな」。僕は彼に尋ねた。「あなたはマダガスカル人の性格をどのように思われますか」。「性格だって！　そんなものは、フランス人と同じと思うがね。彼等はそんなもの持ち合わせてなんかいないさ！」[14]

マルザック神父は、一八七九年にマダガスカルに着任したイエズス会の神父である。この時既に彼は六八歳、ロンドン宣教協会による『マダガスカル語—英語辞典』（一八八五年）に対抗していささか性急にカトリック側から出版された感のある『マダガスカル語—仏語辞典』（一八八八年）、網羅的で正確かつ詳細であるがゆえに学習には用いづらい『マダガスカル語の文法』（一九〇八年）、同じイエズス会のカレ神父によるイメリナ地方の歴史伝承集成である『マダガスカルにおける王族の歴史』（一八八三年）の縮約版とでも呼ぶべき『フヴァ王国（イメリナ王国）の歴史』（一九〇二年）の三冊の著名な本を著すと共に、一九〇二年にガリエニ総督によって創設されたマダガスカル・アカデミー発起人一二名のうちの一人であった。[15] ポーランがマダガスカル語の学習を始めた当時、辞書としてはマルザック神父のものを用いていた一方、手許に置くことのできた浩瀚な文法書は、一八八七年からマダガスカルに滞在しマダガスカル・アカデミーの初代事務長を務めるとともにチュレアール州長官や主席行政官を歴任したギュスターヴ・ジュリアンが著した『マダガスカル語文法・実用概論』(一九〇三年)および外務省領事部の官吏として一八八七年から一〇年間マダガスカルに滞在したガブリエル・フェランが著した『マダガスカル語文法試論』(一九〇三年)の恐らく二冊だけであったが、後者について「彼は、間違いだらけの文法書を一冊書いている」[16] とポーランは酷評を加えている。

それゆえポーランが、一九〇八年に出版されたばかりのマルザック神父の文法書を手に入れて読み終わるやいなや、居ても立ってもいられず突然の面会に及んだのではないかと少しドラマティックにこの時の邂逅を想像することも許されよう。そして、その期待が裏切られることはなかった。「他者に対する同化」を恐れない人間は「我々からの異化」を余儀なくされる[17]という孤独を、ポーランがマルザック神父の内にはからずも見たことを確信させる、簡素であるがゆえに的確な描写を伴った印象的な一文である。ポーランの孤独とは、マダガスカル人との付き合いおよびその内面世界に対する遡行の深化と共に、より一層くっきりと立ち現れてくる性格のものであった。

ポーランのマダガスカル

官吏に他ならない教員生活に「逃走」の行き先や内実を求めることのできなかったポーランが、中学校の同僚教員とタナナリヴ平野を東西に流れるイクパ川で砂金探しを行ったり、あるいは固有種の多いマダガスカルの植物を採取して商売にしようとした話も伝えられている。[18] 仮にこれらの話が真実であったとしても、それは同時期にマダガスカルに滞在した様々なフランス人や外国人の凡百の行動や経験のひとつでしかありえないことは言うまでもないであろう。一見平凡に見えてその実ポーランのマダガスカル滞在を他者から際だたせていたこととは、冒険の対極に位置する次のような日常生活の繰り返しそのものであったかもしれない。

イメリナ王国の前の外務大臣の兄弟であるラファマンタナナを当主とするタナナリヴのフヴァ族（メリナ族）の家族の間でほぼ一年間生活した（図10）。次には、奴隷層の出身で元は兵隊であり現在は農民のラベの家族と生活した。最近では、南部出身のアンドリアナすなわち貴族の人々と生活した。私は、頻繁に彼等の許に足を運んだ。商人たちが食べ口論をするような小屋で食事をした。私は、イメリナ地方をくまなく歩きまわった。道から離れた村々やそんな村の中で自らの人生が過ぎて行くような農民達をも訪ねた（図11、12）。人々は皆、私を礼儀正しく迎えてくれた。実際には、私が彼等の前で感じるのと同じように、彼等もまた服従することの窮屈さを露わにしていた。そのため、彼等はへつらうこともしばしばであった。私の振るまいのおかしさも、ヨーロッパ人はおしなべて奇妙だとあらかじめ思っている人々には、さしたる驚きも呼び起こしはしなかった。私は、この服従の窮屈さをできうる限り押し通してみた。すなわち、私自身の置かれている立場が、自ずと私自身に与えてくれるもろもろの優位を一切利用しないことにこだわったのである。私は、一年の間読んだり書いたりすることに頼ることを自らに禁じるうちに、この優位に次第に自覚的になっていった。このようにしてもたらされたぎこちなさのおかげで、私は、当然のこととして事物と一緒に文を覚えねばならなかったのである。(19)

このような日常の経験の繰り返しと積み重ねを、今日人は「フィールドワーク」とも呼ぶ。家庭に下宿した外国人もいたであろう、農民の家で食事をとった外国人もいたであろう、地方を徒歩でめぐった外国人もいたであろう、あるいはマダガスカル語を話すことのできる外国人も少なくはなかったであろう。しかし、マダガスカル人にとってはありきたりの日常生活そのものの中に、「人生は恐るべき事柄に満ちている」（ポーラン）ことを見出し自ら進んでその実践に分け入った外国人が、その当時ポーラン以外に何人いたことであろうか。マリノフスキーのトロブリアンド諸島調査に先立つこと五年、またレーナルトは既に一九〇二年からニューカレドニアに滞在していたが『ド・カモ』の出版には一九四七年を待たねばならない。ポーランは、マダガスカルの中でも同時代の中でも等しく孤独であった。

図10　1903年当時のタナナリヴ在住のメリナ族の経済的上流層の家族。F. T. M. 蔵

図11　1903年当時のタナナリヴの町の市場。F. T. M. 蔵

図12　1903年当時のタナナリヴ近郊の農村。F. T. M. 蔵

未完の「国語」

五九万平方キロメートルのマダガスカルの大地の上に暮らすおよそ一四〇〇万人の人々の内インド―パキスタン系、コモロ系、中国系などの「外国人」を除くほぼ全ての人々が、方言差はあるものの相互に通話可能な、インドネシアやフィリピンの島々の人々と同じオーストロネシア語族に属するマダガスカル語を喋っている。すなわち、マダガスカル人は単一言語集団であり、逆にこの島ではマダガスカル語を母語とする人々がマダガスカル人である。この広大な領域におけるマダガスカル語の斉一性ないし共通性の成立は、およそ二つの歴史的事柄に起因する。

その第一は、マダガスカル島はおよそ一五〇〇年ほど前まで無人島であり、そこにインドネシア系の人々がインド洋を渡って最初にやって来て定住したことである。その後マダガスカルには、ひとりインドネシア系の人々のみならず、アラビアからも、アフリカからも、そして一六世紀からはヨーロッパからも人々がやってきたものの、それらの多様な地域からの移住者や出身者も、最初に島に定住し海岸部を中心に面積上も人口上も優位を占めていたインドネシア系の人々の言葉を、クレオール的な共通語として等しく受け入れ用いることになったと考えられているのである。

その第二は、一八世紀末から急速にその勢力を拡張し全島の三分の二を支配下におさめたイメリナ王国の下で、一八二〇年から布教を始めたロンドン宣教協会の活動である。すなわち、ロンドン宣教協会は、布教のためにメリナ方言を中心とするマダガスカル語のアルファベットによる正書法を確立したのである。それまで東海岸の一部で伝承されてきたアラビア文字によるマダガスカル語の表記には音声上の不都合が多かったのに対し、アルファベットでは特殊な表記を用いなくとも過不足無くマダガスカル語、とりわけメリナ方言を書き表すことができた。さらに、宣教協会は、活字印刷と学校教育をも同時に王国に持ち込んだ結果、マダガスカル語の識字化が民衆層へも浸透してゆくこととなった。一八三五年にはやくもマダガスカル語による完訳聖書とマダガスカル語—英語・英語—マダガスカル語辞典の出版をみただけではなく、その後も一八八〇年にイメリナ王国内において義務教育制度が施行され、一八九四年時点で一六万人の学校生徒を擁するまでに至ったのである[20]。

アルファベット表記され、学校教育に取り入れられたメリナ方言を基礎としたマダガスカル語が、「国語」としての道を歩み始めたかに見えたのもつかの間、一八九五年イメリナ王国は露骨な領有化の意図の下に仕掛けられた軍事侵攻の前に敗北し、翌年にはマダガスカル全島のフランス併合が国会で議決された。一八九六年九月にマダガスカルに着任したガリエニ総督は、当初いわゆる「人種政策」を導入し、一八九七年二月二八日にイメリナ女王を島外に追放してイメリナ王国を滅ぼし、またメリナ族の人々と対立ないし敵対していた民族やその支配層を国内保護領や現地行政官の形で優遇した上、同年一〇月には学校教育におけるフランス語学習を義務づけた。しかしながら皮肉にも、マダガスカルにおいて速やかなフランスの実効支配を確立するためには、島内の広範囲で実施されていた旧イメリナ王国の制度や組織および学校教育を受け識字率の高かったメリナ族の人材を採用することのほうがよほど効率的であることが、ほどなくガリエニをはじめとするフランスの支配者たちの間で認識された結果、「人種政策」は段階的に撤回されてゆくこととなった[21]。このため、フランス語学習の義務化こそ見直されはしなかったものの、フランス人教員といえどもマダガスカル語を学ぶことが要求されそのためにマダガスカル語の夜間授業が開設された上、マダガスカル語能力検定制も導入され、さらに一九〇二年にはマダガスカル・アカデミーがガリエニ自身の手によって創設された。

このようなガリエニの言語政策に対し後任のオガニュール総督は、反インフレーションという自らの政策信条に基づく財政支出削減の観点からマダガスカル語の夜間授業を廃止してフランス人教員のマダガスカル語学習義務を無くす一方、一九〇九年にはフランス語の会話能力といくつかの条件の下でマダガスカル人にフランス市民権を取得する道を正式に開いた。すなわち、表面上はガリエニ時代と言語教育政策の面で大きく変わった点はないものの、明らかにフランス語学習の必要性と優位性が高まったのである。学校内部においてフランス語は依然として必修外国語に過ぎなかったものの、かたやマダガスカル語はマダガスカル人を「国民」たらしめる「国語」としての地位を失っていた。そのような中で、在留フランス人の子弟に対し本国と同等の教育を与えるべく設立されたタナナリヴ外国人中学校の教員に任用されたポーランが、マダガスカル語の単なる習得に留まらずそれが生み出す広大な世界の探求へと旅立ったのである。

言葉の世界へ

タナナリヴに着いた直後から、ポーランは、マダガスカル人達にフランス語を教える代わりに彼等からマダガスカル語を習い始めていた。「僕はマダガスカル語を習っている。それはとても美しい言葉なんだ。陽気な文の中に置かれるか悲しい文の中に置かれるか、あるいは低い有声の文の中に置かれるか高音の文の中におかれるかで単語が突如一変してしまうんだ。それにマダガスカル語には性・数・格による語尾変化もなければ、性や時制もなく、唄うようなものなんだ[22]」と書く一九〇八年三月二日付の手紙は、言葉を通して「マダガスカル」という異世界と出会うことのできたポーランの初々しさと喜びをよく伝えている。言葉の世界に「逃走」としての旅の内実が結晶することの可能性を見出すことのできた官吏ポーランの魂は、ルソーやシュヴァルと同じ芸術家のそれに他ならなかった。

けれども、ポーランはまた、異なる言語の習得は異なる生活の経験そのものの獲得に他ならないことを知り抜いているフィールドワーカーでもあった。それゆえ、識字教育が浸透しつつあったとはいえ書き言葉よりも話し言葉としての歴史のほうが遙かに長く、またそうであるがゆえにフランス語においては古典としてしか残されていなかった口承詩のような話し言葉の世界が活き活きと根付いているマダガスカル語に、ポーランは、文字を介しての習得を意識的に排除し、話し言葉そのものから接近するという「遠回り」を選択したのである。そこにおいては、通訳を伴わないことやノートに書き留めないことからマダガスカル人との間に生じる拙さや気まずさやためらいさえ、自覚された武器であった。

このような言語の習得過程を自らに課したポーランのマダガスカル語の教授法が、確信に満ちたしかし当時としては特異なものとなったことは、当然すぎるほどであった。外国人中学校におけるマダガスカル語の講義の冒頭、ポーランは受講者にその進め方と受講の心構えについて語っている。

マダガスカル語は、目新しい言葉であるだけではなく、単純ではあるものの私たちのそれとは全く異なる新しい生活そのものなのであり、みんなはそのことを知らなければなりません。もし、私が、マダガスカル語でこの部屋、この腰掛けあるいは私たちが窓越しに見ることのできるものと外にあっても見ることのできないものについてみんなに伝えようとすると、四分の三の単語を新たに教えるかさもなくば極めて稚拙にマダガスカル語化されたフランス語ないし英語を用いざるをえなくなるのです。まさにこの点に、私たちがしなければならないことがあるのです。初級の講義の間、マダガスカル人たちによってラフィアヤシの布の上に描かれた大きな絵を持って来たいと思います。これらの絵は、美術的な価値はほとんどありませんが、マダガスカルの風景やマダガスカル人や彼等の生活の様子について、十分に具体的なイメージを提供してくれることでしょう。わかるでしょうか、私たちが初級の講義でしなければならないことは、これらの絵の上にあるのです。より鮮明に講義を記憶するためだけに、ノートを持ってくるようにして下さい。ノートには、私が教えた単語、それに単語と一緒にみんなが絵から学び取ったことを簡単に書き留めて下さい。そうすれば、やがてみんなの頭の中で、単語が孤立したものではなくなり、単語は具体的で活き活きしたものを表すようになることでしょう。つぎに、私たちは、最初に絵について簡単な会話をしましょう。その後、会話の中から、文法規則を導きだし、もっと多様で複雑な会話へと進んでゆきたいと考えています。(23)

ポーランが、ヨーロッパの言語とマダガスカル語との大きな違いの一つとして言及した事とは、場所に係わる前置詞および指示代名詞についてである。オーストロネシア語族に共通する特徴として、マダガスカル語の場合も、遠近の程度・話者と指示対象との位置関係に基づく前置詞と指示代名詞の数が多く、会話の脈絡の中でそれらを瞬時にかつ的確に選り分けて用いることは、マダガスカル語の初級学習者にとっては、常に厄介な学習事項なのである。ところが、ポーランは、この難物をも文法規則そのものとして丸暗記させるのではなく、風景や生活についての絵を見せながら、部屋の中で、家の中で、庭で、村の中で、水田で、野原や丘でといった具体的な会話の状況を設定した上で、理解させようと試みたのであろう。このようなマダガスカル語の講義は、語学の教授法から見れば、ポーラン自身も指摘するように、視覚よりも聴覚を重視した当時としては革新的なベルリッツ法に近似していた。(24)しかしながら、ここにははからずも、言葉をめぐる意味と思考に対するポーランの原初的な考察が、披瀝されている。すなわち、単語が担っているのは意味ではなく、個別化・具体化された「もの」に対する一連もしくは一群の喚起や想起であり、「思考する」こととは、単語を文法規則に従って並べたり入れ替えたりして運用することなどではなく、その「もの」から生じる喚起や想起のさまざまな連鎖を一つの全体の中で結びつけ読み解くことの可能性の枠を与えることなのである。

ポーランをマダガスカル語の世界の探求ひいては言語そのものの考察へと誘ったものが、言語エグゾティスムだけであったと考えることは、いささか単純にすぎるであろう。そのもう一つのマダガスカルにおける生活を抜きにして語ることの出来ない経験が、植民地化の過程の中で実施され眼前で進められてゆくフランス語教育に対する苦い思いであった。当時のマダガスカルにおける初等教育の現状に触れて、ポーランは痛烈な批判の手紙を書き残している。

そろそろ、マダガスカルでは教育が誤解されていること、すなわち一日二時間半二年間を小学校で過ごす田舎の子供達がフランス語を習うことは無益であり、その学習はマダガスカル語をいささかなりとも忘れさせることに貢献していることを、わかってもよいだろう。〔……〕ベツィミサラカ族の子供に、ベツィミサラカ族の言葉とフヴァ族（メリナ族の別称）の言葉とフランス語とを一時に覚えるよう求めることは、フランスの小学生が一〇年に満たない勉強で活語の学習に習熟しないとするならば、馬鹿げたことであることを知るべきである（図13）。フヴァ族の言葉がマダガスカル人の想像力にもっとも近く、唯一役に立つことを彼等に知らしむるべきなのだ。逆に、それなりの上級公務員は、フヴァ族の言葉をしゃべるために毎日一時間を使うということを考えてもよいであろう。〔……〕（マダガスカルの）子供達にフランス語の本を読ませるべきではない。全ての専制政治はおぞましいものであり、唯一の幸福とは自由な国であることを、子供達に教え込むことがどれほど馬鹿げたことであるかに、そろそろ気がつくべきである。〔……〕マダガスカル人を、意図的にフランスの文化や観念から、引き離すべきである。そのかわりに、彼等に自分たちの旧体制に戻ることの完全な自由を与え、それを後押しすべきである。それは、自分たちの言葉についての研究の中で、完全に実現されるであろう。オガニュールのように、不完全なフランス語を与えようと試みるのではなく、真のマダガスカル語を与えることこそを試みるべきなのだ。[25]

図13　1901年当時のベツィミサラカ族の小学生達。F. T. M. 蔵

これは、自分が他者に対して投影するエグゾティスムの枠から他者が抜け出ようとする時、勝手に他者をその枠の中に引き戻さずには居られない

種類の人間の戯れ言の類などではない。自らの言葉という呪縛の果てにしか人は他者の言葉と出会うことができないことを熟知している人間の言であり、そうでなければ「旧体制に戻る完全な自由を与える」との発言のありようがないであろう。

しかしその後の現実は、皮肉にもポーランの警鐘とは全く逆の方向へと進んでいった。第一次世界大戦の最中の一九一五年暮れ、タナナリヴにおいてラヴェルザウナ牧師の説くマダガスカル民族主義の主張に共鳴して集まった学生・教員・公務員・事務員などから成るフリーメーソン集団VVSが、「フランス人毒殺の謀議」を行ったとして植民地当局によって摘発されたのである。この事件を契機に、公教育におけるメリナ方言に基づいた公用マダガスカル語採用策が、メリナ族の人々の間にマダガスカル民族主義を発生させる温床となりうることへの危惧から見直され、公用マダガスカル語とフランス語の二言語併用策へと転換された。ついにフランス語は、必修外国語の位置づけから、紛れもない「国語」としての地位を獲得したのである。[26] この二言語併用策は、社会主義路線を採用したマダガスカル共和国第二次共和政の中の一九七六年から数年間を除き、一九六〇年の独立後から現在に至るまでも堅持されている。

ポーランは、マダガスカル語検定試験を二度受験し、一九一〇年一〇月には優秀の評価を得るとともに、マダガスカル・アカデミーにおいて後述する民衆詩「ハイン・テーニ」に関する二度の発表を行い、その業績が評価された結果、通信会員に選出された。一九一〇年一一月三日、来た時と同じタマタヴ港から乗船し、一二月一〇日にマルセイユで下船した。ポーランのマダガスカル滞在は、通算三四カ月、シュルレアリスムとは無縁の生であった。ただ一点、「言葉への探求」を除いて。

その後のポーラン

フランスに戻ったポーランは、一九一〇年から一年間、マダガスカル滞在中からその希望を洩らしていた国立東洋語学校におけるマダガスカル語講座の担当を務めている。一九一二年には、初めてハイン・テーニについての研究成果を「メリナ族のハイン・テーニ」と題した論文として公表し、翌年には、ポーラン自身が採集した八〇〇あまりにのぼるハイン・テーニの中から一六三首を選んで主題ごとに分類しフランス語訳を付した四六一頁にも及ぶ大著『ハイン・テーニ――マダガスカルの民衆詩』をパリで出版して世に問うた。その後も、一九三〇年に『ハイン・テーニ――難解な詩』と題した四二頁あまりの小冊子を出版し、訳文の推敲を重ねてきた成果を盛りこんだ『ハイン・テーニ』改訂第二版を一九三八年に今度はガリマール社から出版した。このガリマール社版『ハイン・テーニ』は、一九六〇年にも再版されている。

第一次世界大戦の勃発とともに、二九歳のポーランは伍長として出征し、その年の暮れには、負傷して病院に後送された。この大戦では、植民地からフランス人入植者および被植民地住人の双方あわせて五五万人がヨーロッパの戦場に兵士として送られ、一〇万人の戦死者を出したが[27]、事態はマダガスカルにおいても全く同一であった。大戦期間中、マダガスカルからは四万五〇〇〇人以上のマダガスカル人が「志願して」参戦し、そのうちの四万一〇〇〇人が兵士として一二のマダガスカル人歩兵連隊に組織され、四〇〇〇名あまりの戦死者を出した[28]。一九一六年にポーランは特務曹長に昇進し、自らマダガスカル人連隊への転属を願い出て、終戦までこのようなフランス語もあまりわからないままヨーロッパの戦場に立つこととなったマダガスカル兵士たちに、自動車の運転などの技術を指導した(図14)。この時マダガスカル兵士たちとマダガスカル語で交わされたであろう会話は、ポーランにフランス植民地統治がもたらした恐怖の性質を、まざまざと再認識させたかもしれない。一九一七年付で彼が記している。

図14　マダガスカル兵士達とポーラン，1916年
(Paulhan 1989)

ラクトウスーナは、父親に「お金を使わずにいろんな国にゆけるぞ」と言われて、好奇心から参戦したことを素直に認めている。しかし、この点について彼は、もっと複雑な心情を秘めた他の同僚とは、だいぶ異質である。サラーマは言ってのける。「フランスが私の父であり母であるため、私は出征しました。父や母を、守らなければならないのではないでしょうか」。ラヴェルは言う。「フランスが負

けるのを目にするくらいならば、異国の地に骨をさらすことのほうがましです」。これは、恐らくそれほど熟考された意見ではないであろう。彼等は、『ポールとヴィルジニー』をようやく読み終えて愛を知った一五歳の少年と変わらない愛国者であり、聞きかじったことのほとんどをそのまま実行してしまうのだった[29]。

それは、ポーラン自身がマダガスカル滞在中に「昨日は、現地人視学官への昇進試験に出席した。それは、最高位の肩書きであり、一〇年から一五年前には自身が生徒だったような教員のマダガスカル人候補者達三〇人ほどがいた。彼等の努力が、フランス語と同じように、マダガスカル語を話すことができない結果に終わっていることを目の当たりにすることは、痛ましいことであった。なるほど、彼等は堂々と喋ってはいた。がしかし、思考という観点からは、一貫しまた具体的な文がそこには一切存在しなかった。彼等は、定まった言葉を持たず、もはや深く考えるということができないように思われた[30]」と書き残してから、わずか七年後のことであった。『タルブの花』において言葉よりも観念に、物質よりも精神に価値があることを認め、言葉や形式を観念や精神に従属させあるいは抹殺しようとする文学者を「テロリスト」と名付け非難してやまないポーランにとって、このことがもうひとつの恐怖政治でなくて何であろうか。そして、ポーランが見通したこの暗い未来は、九〇年後の今もマダガスカルの地においてなお健在である。

一九一〇年に島を去った後、再訪の意志を胸に抱いたまま、ついにそれを果たすことなく、一九六八年一〇月、ジャン・ポーランは、八四歳で亡くなった。その八年前の一九六〇年六月、マダガスカル共和国が独立し、植民地化の歴史は終わりを告げていた。その「精神」を除いて。

ハイン・テーニの「難解さ」

ポーランは、一九一二年にハイン・テーニについて初めて発表した論文および一九一三年の『ハイン・テーニ――マダガスカルの民衆詩』の双方の中で、最初に内容別に分類を施さない七篇のハイン・テーニを紹介している。その七篇の第一篇め、すなわち読者が初めて出会うことになるハイン・テーニはつぎのような短いものである。(31)原文と訳文のそれぞれから、私訳をつけてみる。(32)

マダガスカル語原文から

月の光は濠の上に
村は明るく
西には煙
東では米搗き
そは煙に非ずして気まぐれ
そは米搗きに非ずして移り気
女ありて　訪ねたしき我
人に恥ずかしきゆえ　留まりし我

フランス語訳文から

月の光は濠の中に
光は村に
西には煙
煙に非ずして思わせぶり
東では米を搗く
米を搗くに非ず　愛のきまぐれ
訪ねてよきか　我には女あり
ここにおりては　我恥ずかしきなり

この詩について、ポーランは次の四つの脚註をつけて読者の理解を促している。

＊男性が、謡っている。

＊濠——不意の攻撃に備えて、メリナ族の村々の周囲には環濠がめぐらされている。

＊訪ねてよきか——意味は、「あなたに会いに行ってよいか」。ここでは、一人の男性が女性の許に行き、自らの愛を告白している。「月夜の今宵、米搗きの音も家々からの煙も、全てが恋しているように見える」と彼が言う。「私はあなたが好きだ、私はあなたの許を訪ねたい」。

＊最後の一連の意味——「私は既に結婚しているため、あなたの許を訪れることができない。もはや諦めて家に留まっていることもできない」。

この短い一篇の中からだけでも、ハイン・テーニのもつ特徴を幾つか看取することができる。先ず、ハイン・テーニは、男性と女性との間での掛け合いで謡われ、そのためポーランの採取した八〇〇篇のうちのじつに七八三篇が恋愛を主題としていることである。[33] この一篇も、一九一三年版では冒頭の七篇として取りあげられているが、一九三八年版ではポーラン自身の分類法による第四章「ためらいの主題」の部の第二篇として収録されている。すなわち、愛する女性の許を訪れたものかどうかためらい悩んでいる男性が、自らの心情を女性に対して謡いかけているわけである。次に、現代の創作ハイン・テーニを除き、[34] その「民衆詩」というポーランの与えた副題が示すように、殆どのハイン・テーニは詠み人知らずとして伝承されており、そのため一九一三年版の補遺に示されている通りしばしば異伝が存在する。また、第三に、詩の形式を見た場合、マダガスカル語原文では、一連と二連が対に、三連と四連が五連と六連と対に、そして最後の七連と八連も対になると共に、三連は四連と対照になり、五連は六連と対照になっていることからわかるように、韻文調ではなく対や対照また重畳の繰り返しやたたみかけを用いた律文調から成ることである。さらに、ポーランの採取したハイン・テーニは一九世紀以前に成立したものであり、口誦が前提となっている。

しかし、ハイン・テーニを「難解」なものにしている要素、それゆえハイン・テーニを特徴づけている最大の要素は、ポーランがいみじくも脚註をつけた部分に表れているように、叙景や叙事の部分が叙情の部分の理解の導入や前提として置かれていることであり、またその叙景や叙事はさらにマダガスカルという個別的な具体性や脈絡を抜きにして存在しないということである。先のハイン・テーニの場合も、メリナ族の人々の村とそこでの生活についての知識なしに、叙景部から最後の叙情部に至るこの詩としての技法の巧みさと面白さ、また秀歌としての鑑賞をなしえないと共に、そこに叙景と叙情が渾然一体となった不思議さと難解さが醸し出されていることを看取しえないのである。すなわち、灯火の無い村では月の明るい夕方から晩は子供の遊び時間であると同時に大人にとっては家庭内の仕事をしたり会話をしたりする時間でありまた若者にとっては恋を語らう時間であること、メリナ族の主食は米であり籾米の形で貯蔵しているため食事の前に米搗きをしなければならないこと、米搗きと食事の準備は女性の仕事でありそれゆえこの詩において炊事の煙と米搗きの音は恋人を想起させうること、メリナ族は同一村内の同じ親族同士の男女でも結婚できるため村内での恋愛が普通におこりうること、[35] などが共通知識や理解としてあってはじめて最後の叙情のためらいの様が叙景を伴って立ち現れてくるのである。さらに、このハイン・テーニの中には、謡い手ないし相手の性別を特定するような単語は一切含まれていない。「我」と訳したマダガスカル語のahoは、男女何れもが用いる一人称単数の代名詞であり、また「女」とされているilaは、正確には「片割れ」の意で、女性から用いれば逆に「男」の意になるわけであり、謡い手を男性、謡いかけられている相手を女性として訳出できるのは、先に述べたように米搗きと炊事の煙から相手を想うという叙述の脈絡からだけに過ぎない。

この叙事・叙景と叙情の融合という特徴と「難解さ」を、他の詩篇で見てみよう。先の一篇の次に紹介されている、一番短いハイン・テーニのひとつである。

原文と訳文に対する私訳は以下の通り[36]。

原文から	訳文から
我は蟻なる蟻 西の方にと人は言う 稲が僅かに伸びし水田あり 稲が僅かに伸びし水田に非ず 私たち二人の僅かに伸びし愛	我は蟻　一匹の蟻 西の向こうにと　人が言いし 小さき小さき稲の水田あり 小さき小さき稲の水田に非ずして 小さき小さきは私たちの愛

ポーランの付した脚註は、次の通り。

＊一連から三連まで最初に男性が謡い、四連と五連は女性が応えている。

＊我は蟻——自分はとるに足らず、つまらない者である。すなわち、男性が自分自身をへりくだって紹介している。

＊四連と五連では、諺がほのめかされている。すなわち、「少しずつやってくるのは雨ではなく、私たち二人の会話」。この諺は、「ちょっと雨が降っている」と最初の人が言い、もう一人のそれを聞いた人間が「ちょっと雨が降っているのではなく、あなたが会話の内容を解っていない」と答えているさまを想定している。諺の皮肉な調子は、女性からの返歌の中にも見られる。

この詩は、一九三八年の改訂版では、第八章「からかい」の部の第一二篇、すなわち本の一番終わりの頁に置かれている。連毎の対と対照の関係はそれほど厳格ではないものの、重畳状の形式ととりわけ叙事と叙情との融合点は、明確である。蟻の小ささと水田に植えられた苗の小ささが叙事と叙景として謡われた後、一転して恋愛の危うさがからかいをこめて謡われている。また、この詩で謡い込まれている叙事と叙景をめぐる事前の知識は、メリナ族の人々は灌漑水田稲作民であるため水田と稲は日常の風景であること、および古くから移植稲作法を採りその場合女性が専ら田植えを行うことぐらいで、それほど多くのものが要求されているわけではない。しかしそれでもなお、この詩が「難解なもの」とならざるをえないのは、ポーランの脚註にある通り、諺との深い繋がりの上に創られているからに他ならない。そしてこの点に、ハイン・テーニのもう一つの大きな特徴がある。すなわち、ハイン・テーニはしばしば諺を一部に織り込みながらもしくは特定の諺についての知識を前提として謡われており、さらにその諺の織り込み方の巧みさが称揚されるという点である。このハイン・テーニの場合も、ポーランが挙げる諺を知らないと、四連と五連が女性からの、それもいささか皮肉を込めた返歌であることを理解することは至難である。先のハイン・テーニと同じく、マダガスカル語の原文そのものの中には、性別を直接に特定することのできる単語は一語も含まれてはいないのである。

叙事と叙情の融合点が、すなわち喩の用法が日本人にとっては簡潔で明瞭なハイン・テーニの一篇を挙げておこう。私訳は、次の通り(37)。

原文から

我は稲　あなたは水
野にては互いに離れることなく
村にては互いに別れることなく
会うたび毎に
愛は新たなり

訳文から

我は稲　あなたは水
野にて稲と水は離れることなく
村にて米と水は別れることなく
二つが出会う毎に
そは二人の間の新たな愛

マダガスカル語で稲と米と飯は、同じ vary という一語で指示されることさえ知っているならば、恐らく、日本人には直訳で大意は通じるはずであり、むしろ直訳の方がこの詩の情感をよく捉えうるかもしれない。

ポーランは、フランス人の読者のために次のような脚註を補足している。

＊男性が、謡っている。
＊二連め――水田は、常時灌漑されていなければならない。
＊三連め――水の中で煮られた米は、メリナ族のあらゆる食事における主食である。

稲・米と水が、私とあなたとの換喩になっていることは、誰の目にも明らかであり、逆にそうであるがゆえに「月並み」との印象を印すおそれが多い詩であるが、最後の五連の叙情部の存在が全体を救っていると言えよう。仮に、このハイン・テーニが「二人はいつも出会う」と四連めで終わっていたと考えるならば、換喩が換喩以上の働きをすることがなくなり、叙情に至るための叙事ないし叙景としての効果を果たさなくなるであろう。連同士の対や対照の形式性や叙景部の「月並みさ」に口誦としての「古式」を匂わせているにしても、五連めに現れる叙情部を挿入する作者の創意には、詠み人知らずとは言え創作や創造の個性という「近代」を想わせる部分がありはしないだろうか。

このような換喩の効果を最大限に用いたハイン・テーニのひとつが、一九一三年版の第一章「愛の告白の主題」、一九三八年版の同じく第一章「願いの主題」の下に集められた詩群の冒頭に挙げられている第一篇である。(38)

この詩に対するポーランのフランス語訳は、初版と改訂版とではいささか異なっているため、それぞれの版のフランス語に私訳をつけてみよう。(39)

一九一三年版からの訳	一九三八年版からの訳
あなたは望まれし果実 大切なバナナ	あなたは望まれし果実 大切なバナナ

たとえ蝶があなたにやってこれども
もはやあなたを離れることなし
愛するもののために死せるものは
母鰐に飲み込まれし子鰐
そを収めし腹に食される

たとえ蝶はあなたにひととき立ち寄れども
我はあなたを去ることなし
恋人のために死せるものは
母鰐が食べし子鰐
自らが知りし腹に戻る

この詩篇にポーランの付けた脚註は、以下の三つである。
＊男性が、謡っている。
＊三連め——黒い蝶が問題であり、黒い蝶は死の予兆である。
＊六連と七連——この諺のここでの意味は、「わたしが生命を保ち長らえるのはあなたゆえであり、あなたはわたしを甦らせることができる」。

ここでも換喩の関係にあるもの同士を特定することは容易であり、果実—バナナ—あなた、蝶—自分、母鰐—あなた、子鰐—自分の関係であることは、ことさら指摘するまでもない。ところが、換喩における置換関係の平凡さに比べ、当の換喩がもたらす効果が巧みである分だけ、その解釈は幅をもったものとならざるをえず、そこにポーランをして訳文を変更させた余地が生じたと言えよう。さらに、六連と七連が諺を背景にしていることも、この詩の「難解さ」を増幅しており、そのことが今度は詩篇に盛られた叙情部分を豊かなものとしている。

マダガスカルには、メリナ族のみならずさまざまな民族の間において、口誦され時には即興や掛け合いで唄われる謡が存在する。そのような謡のひとつに、北西部に居住する稲作—牛牧民のツィミヘティ族の間で謡われているジージもしくはソーヴァがある。その一例を、次に掲げる(40)

日は明るくなり　陽がのぼる　　日は夜となり　月がのぼる

あなたは私の主　火くち入れにはできない
蟻塚のよう
ウコンのよう(41)
大きな角の赤ウシの角
大きな角の赤ウシのこぶ
大きな角の赤ウシの脂

連同士が、規則正しく対や対照をなしており、そのため全体を通して実に律動的であり、そのことは実際に口に出して謡った際にはより一層際だつであろう。けれどもこの謡も、マダガスカルの個別の具体性を背負っているという点では、これまでに取り上げてきたメリナ族のハイン・テーニ以上に「難解」である。ツィミヘテイ族は、メリナ族と同じように水田稲作を行っているものの、目に見ることのできる財産・稲作の際の牽引獣・儀礼の際の供犠獣として数多くの牛を飼育しており、メリナ族以上に牛に対する親近感と愛着が顕著である。したがって、ツィミヘテイ族の人々にとってこの謡にでてくる大きな角・大きな背のこぶ・太って大きな体は牛を評価する際の基準であること、そして火打ち石の火くちの綿やパンヤを入れておく器は牛の角から造られていること、マダガスカルの蟻塚はその円錐型の形といい大きさといい熱帯牛であるゼブ牛の背のこぶにそっくりであること、煮えた牛の脂はウコンと同じ黄色であることは、この謡を理解するための最小限の知識である。その知識がなければ、この謡を創った人物の心情、「すばらしい自分の牛を褒めたたえそれを人にも伝えたい」、に触れることは叶わない。がしかし、このジージが、ハイン・テーニと律動や個別社会の具体性ないし脈絡を共有するとしても、一連と二連の叙景部分が叙情を導くために設定されているわけではないこと、角と角製の火くちいれ・こぶと蟻塚・脂の黄色とウコンの黄色は全て直喩であることに表れる「難解さ」の差異を見過ごすことはできない。ここにおける喩は、自己の心情の投影や表象として設定されているのではなく、あくまでも牛そのものの属性表現以上でも以下でもない水準で機能している。隠喩や換喩のほうが、直喩より「高等」でありまた「進歩」しているとの見解ににわかに賛意を表することはできないとしても、謡い手ないし作者の他者に対する感情を叙事や叙景の「月並み」を一度通して表現することとその上での技法の優劣を主題に据えるハイン・テーニであればこそ、ポーランが自らをも含めた文学表現の初原とその未来の双方の可能性をそこに見通したとしてもいささかの不思議もない。

定型に非ざる定型の救い

ブルトンとエリュアールが訣別した一九三八年に、『ハイン・テーニ』の改訂第二版が、ガリマール社から出版された。それから三年後、迫り来る戦争の足音の中でポーランは、詩・文学・言語についての代表的論考である『タルブの花　文学における恐怖政治』を同じガリマール社から世に問うた。

創造や精神や思想や観念の優位を掲げ、諺や紋切り型や常套句、果てはいかなる規則や様式までをも文学や詩から追放しようと図る人々を「テロリスト」と名付けた上、花泥棒を警戒するあまり一切の花の持ち込みを禁止したタルブ市の公園の入り口に掲げられているという掲示になぞらえ、その試みの不毛性を論難し、諺や紋切り型や常套句の秘めた可能性を指摘することがこの『タルブの花』の基調である。

諺・格言・紋切り型・常套句――「テロリスト」によればそれこそが思想や精神を抑圧する言語の代表――がこれまでに培ってきた豊饒性と現在でも孕む可能性について、ポーランは本の全編にわたって繰り返しさまざまな言葉を費やしながら説いている。

われわれに対してもっともよく隠されてあるものこそまさしく当の陳腐なものであるということも間々あることなのだ。常に詩とは、習慣が被い隠していたところの一匹の犬だとか、一つの石ころだとか、ある陽差しだとかを不思議なものとしてわれわれに示してくれるものなのである。[42]

ともかくわたしは、言語というものはすべて表現であって欲しいし、表現はすべてわれわれを拘束するものであって欲しい。そうであればあとは、その拘束が恒久的なものであるということを証明することだけが残るだろう。ところがここでも全くその反対で、言葉は一度発せられると、もっとも支離滅裂な深い人生にわたしを連れ戻してしまうようなことがおこるし、また拘束されていればいるほど、それだけいっそう、わたしは自由に感ずるという

こともおこるのである。(43)

常套句という場においてわれわれは言語の創造の恒常的な執拗な試みに立ち会っているのだともいえるのである。〔……〕あらゆる家庭、あらゆる部族、あらゆる流派は、他人に秘密の意味をもたせた自分たちだけの《言葉》や自分たちだけの親しい言い廻しをつくりあげるものである。それは、もっと広い社会におけるスローガンとかはやりの冗談とか歌い文句などについても同様である。こうした数々の新語が生れでて、さまざまな暗示に充ち、やがて単一の意味を帯び――数年間、時には数日間の常套句の道を辿りながら――大概の場合には消え去ってしまうのである。ところで日常経験することだが、こうした語句の使用は、いささかでも贅言の印象を与えるどころか〔……〕それとはほど遠いものなのである。われわれにとってそれらを使用するときほど、思想が言葉から自由になることはないのである。(44)

われわれにとっては、はっきりと確かめられた点が一つある。それは常套句が常套句ではないということである。その名に反して。見かけによらず。その全く反対に、常套句を特徴づけている――無力から混乱にいたるまでこれまでみてきたところのさまざまな欠陥がそこから生じてきているところの――一性質があるとすれば、それは常套句が殊更に二重あるいは四重の解釈を許す不安定な変化しやすい表現であり、言語の怪物、省察の怪物のごときものだということである。〔……〕紋切り型は、曖昧さや混乱をようやく取り除かれたその日から、文学の世界にふたたび市民権を取戻すことができるであろう。ところでそのためには、ただそれを紋切り型だとみなすことを決定的に認めるだけで足りるはずであろう、というのは混乱はその性質に対するある疑いから生じているのであるから。要するに、常套句を常套句にし――また共に同じ運命を辿り同じ法則に従うところの、さらに広範な常套句すなわち規則や法則や比喩や三単一の法則などを常套的にするだけで足りるのだ。せいぜいいくつかのリストといくばくかの註釈が要るだけであろうし、まず手始めに僅かばかりの善意と単なる決意とがあればいいのだ。(45)

一切の言葉、あるいはほとんどすべての言葉は恣意的であるということをたまたま観察したことがあった。だがそれはまた恐怖政治が常に抱いている郷愁、すなわち無垢の直接的な言語、そこにおいては言葉が物に似ており、どの言葉も呼びだされ、どの語も《あらゆる意味に通ずる》ような黄金時代という固定観念でもあるのだ。したがって、言葉がそのように透明なものになるならば、言葉の力なぞ、いささかもそこに忍び込む余地はありえないのである。こうした言語を喚びさまして感動せぬものが誰がいよう？　だがしかし、それを手に入れることができるかどうかは、一にかかってわれわれが次第なのである。なぜならば、いかなる常套句も――詩句も脚韻もあるいはジャンルも――そうしたものと見なすや否や――こうした言語に属するものとならぬような、そしてまた、まさしくこうした言葉とならないようなものは一つも存在しないからである。[46]

「言葉を覚えるのではなかった」という想いあるいは「言葉を覚えていない赤ん坊や原始の人間という存在」への遡行の夢想を抱いたことのない作家は、恐らく存在しないであろう。それはもちろん、自らが他者に対して伝えたい事柄に比べ、言葉によって伝えることのできる事柄がいかばかりかわずかであり、なおかつそのわずかばかりの事柄を成すのにどれほどの時として虚しい努力を必要とするのか、そのもろもろが作家にささやきかける誘惑であり、その時人は「言葉の無い世界の無限の広大さと自由さ」に一瞬の憧憬を抱かないわけにはゆかない。しかし、『O嬢の物語』の跋文においてバルバドス島の解放された奴隷たちが再び奴隷となることを求めて起こした暴動に言及しながら「この世の自由に対する無条件の情熱は、やはりそれに劣らず無条件の闘争や戦争をひき起こさずにはいないということを、誰もが知っている〔……〕結局、恋人や神秘主義者によくあるように、他人の意志に身をまかせるということ、自分一個の快楽や利害や複合感情から解放されたわが身を知るということは、崇高なことなのであり、歓びを伴うことなのである」[47]と書くポーランにとって、他者と係わるものとして言語が存在する限り言語が拘束を伴うことは不可避であり、そうであるがゆえに拘束そのものの中に言語の可能性を見出すことは、ことさらに逆説を弄ぶことなどではなかった。このような視点に立った時、「話し手同士が互いにある表現に通じていて理解し合い、その言葉づかいに決してつまづいたりすることなぞな[48]い常套句とは、他者との間に既にして開かれた言葉の最大限の自由に他ならない。あたかも、「愛し合う二人が激しくまた生き生きした自由を感じながら互いに求め合ったのも、まさしく一生の間、互いに節を守り通すということだった」[49]ごとくに。

ポーランは、この言葉と人間との分かちがたい関係の逆説を逆説として拘束を拘束として進んで受け入れることを、繰り返し主張してやまない。

超現実主義者が、聖なる恍惚とか内奥の旋律とかに比して、語の計量や計測を軽視するなら、このうえなく不愉快な仕方で罰せられることになる。というのは、詩作品から離れ去って行くのを示すために彼は書かねばならなくなるだろうし、自分が語になんら拘束されていないのを確証するために語を並べたてるはめに陥るからである。結局、彼には、人間に固有の条件が何もなくても、詩となるには充分だと思われる。鳥は空気の抵抗がなければもっとよく飛べるような気になるが、謹厳に規則を守る詩人も、韻や語が存在せず、音節がなければと思うのである。[50]

では、常套句を常套句として紋切り型を紋切り型として受け入れ用いた時、現実にはどのような詩や文学を書くことができるというのか？ あるいは、シュルレアリスムの自動記述などの試みに対し、このような主張の実践がどれほどの可能性を言語とその表現にもたらすものなのか？「ただそれをあるがままに受け入れればいい」とポーランが述べる時、作家ならば必ず糺してみたくなるこれらの問いに対して、ポーラン自身は、何ら作品をもって答えてはいない。[51]もちろん、「名伯楽」とも謳われた『新フランス評論』誌編集主幹としてのポーランとすれば、『タルブの花』を書き終えた時点で、全ての責は全うしたとも言えよう。がしかし、ここで『タルブの花』に先がけて出版された改訂版『ハイン・テーニ』を、今一度二つの点から振り返ってみる必要があろう。

その第一点は、ハイン・テーニとは何か、すなわちハイン・テーニをハイン・テーニたらしめるものとは何かということである。この一見自明ともみゆる問いをたてた瞬間、人は堂々めぐりの袋小路に陥らざるをえなくなる。その思いは、「ハイン・テーニ」の説明を求めてマダガスカル語関係の辞典をひもとく時、より一層深い。

(1) 「当意即妙のやりとり。格言。諺。通常、愛の事柄についての民衆の格言に対して用いられる[52]」。

(2) 「諺、言葉の比喩。当意即妙のやりとり、格言[53]」。
(3) 「諺[54]」。
(4) 「愛についてとりわけ身体を求めることについて、男性と女性とが相互に応える美しい単語や諺に彩られたひとまとまりの言葉[55]」。
(5) 「諺に彩られた例を用いて、知識や頭の良さを示した言葉。昔の人々は忠告の際に用いあるいは恋愛を語りあう際に男女が互いにやりとりしあった[56]」。

既に見てきたようにハイン・テーニにおいては、諺や格言がとりわけ喩の構成の上で重要な働きをしているが、ハイン・テーニそのものが諺や格言と同等なわけではない。恋愛が多くのハイン・テーニの主題であり、男性と女性の間でのやりとりもしくは掛け合いがその構成や発話形態の基本であるにしても、いずれの辞書の説明や釈義もハイン・テーニの外延を規定してみせているにすぎない。なぜなら、少数ではあるもののポーランが収集したハイン・テーニの中にも恋愛を主題としないものが存在し、またやりとりや掛け合いが暗示されているにしてもモノローグ形式として伝えられているものも少なくはないからである。

では、ポーラン自身は、どのような定義を与えているのだろうか。先ず、ハイン・テーニとはマダガスカル語のハイとテーニとの複合語であり、ハイは「解っている」、テーニは「言葉、語」、そのまま直訳すれば「言葉の理解」ないし「言葉の知識」ぐらいの意味である。ポーランは、これに対し「言葉の学問」との意訳を与えている[57]。ハイン・テーニが、その主題や形式はなんであれ、その謡を創った人の格言や諺をも含めた言葉総体の知識や理解あるいは当意即妙の度合いを表し、掛け合いの相手や聴衆はその技巧の巧拙を評価の対象とすることを考えれば、「言葉の学問」という意訳はハイン・テーニを支える観念ないし哲学に迫るけだし名訳と言えよう。しかしながら、そこを離れてハイン・テーニに与えられた一般的な説明は、ポーランといえどもその外延をなぞっているにすぎないとの印象が強い。「ハイン・テーニとは民衆詩である。メリナ族の人々はこれをウハトラないしウハブーラナすなわち『例』や『言葉の例』とも呼ぶ。実際、格言や諺は、ハイン・テーニの基礎ないし切り離すことのできない骨組みなのである[58]」、「マダガスカル人の間とりわけマダガスカルの中央部に居住するメリナ族の間で流布されている民衆詩。多様な面をもつ難解で謎に満ちた詩であり、ファトラジーやトゥルバドゥールと文学史が名付ける解釈の難しい詩に類似している」(59)。ハイン・テーニとはいかなる種類の詩なのか？　そもそもそれは、定型詩なのか？　脚韻の規則もなければもちろん字句の数に制限があるわけでもなく、また各連の間に対や対照の関係が設定されていることが多いにしてもそれはなんら強制ではなく、口誦した際の律動に対する配慮から出ているにすぎない。それでは、非定型・自由詩なのか？　既に見てきたように、叙事や叙景だけから成ることもなく、また逆に叙情だけからなることもない。詩そのものの主題は叙情でありながら、必ず叙事や叙景の部分が挿入されている。さらに、男女の掛け合いややりとりの形式をとり、諺や格言を下敷きに用いている場合が極めて多い。すなわち、ハイン・テーニは定型詩と呼ぶには自由すぎ、自由詩と呼ぶには制約が多すぎるのである。あえて逆説的な言い方が許されるとするならば、「非定型の定型詩」ないし「定型の非定型詩」とでも形容することが最も適切であろう。とするならば、『タルブの花』において主張されている言葉としての拘束を進んで受け入れつつ、その中に言葉としての自由を最大限に見出すような創作の実践例のひとつとして、ポーランがハイン・テーニを措定していることは、たとえ本文において一切の言及がなされていないとしても、疑問の余地はない。

改訂版の性格をめぐる議論の第二点は、『ハイン・テーニ』一九一三年版と一九三八年版との間に存在する隔たりである。両版の違いは、次の通りである。

(1)　初版では解説の後に掲げられていた七つの詩が、改訂版では八つの分類された主題の下での詩群にそれぞれ分散されて収められた。

(2)　初版では、第一の詩群の主題は、「愛の告白」と名付けられていたのに対し、改訂版では「願い」と改名された。

(3)　初版と改訂版とでは、詩の配列の順番に異同が見られるとともに、改訂版から削除された詩が一〇篇以上ある。

(4)　初版と比べ改訂版では、四章の第一一篇、五章の第一五篇、六章の第三篇、四章の第一五篇など、訳文が大幅に改変された詩がある。

(5)　初版では本編の後に置かれていた、収集された同じハイン・テーニの異伝およびハイン・テーニとしては異例に長文のもの三篇を載せた補遺が、改訂版からは全て削除された。

(6) 初版では、マダガスカル語原文とフランス語訳文の双方が併記されていたが、改訂版ではマダガスカル語原文が全て削除された。

ポーランが一九一三年の出版後も常に訳文を推敲し再版の機会を伺いながらようやく陽の目を見たのが、一九三八年の改訂版だと常識的には考えることができる。しかしながら、初版がマダガスカル・メリナ族のハイン・テーニの収集・分類と翻訳および解説という民族誌としての十全な体裁を完備していたのに対し、改訂版では口承を考察する上で重要な資料となる補遺の部分が削除されたばかりか、マダガスカル語の原文までもが削除されてしまっているのである。もしこの改訂版を民族誌として考えるならば、たとえ訳文の訂正等がなされていたとしても初版からこれほど後退しましたこれほど不完全なものもないであろう。もちろんガリマールという大手出版社から刊行し、ハイン・テーニを広く人に読んでもらうためにポーランが選んだ妥協の結果ないし戦略と考えることも、ひとつの可能性ではある。が、単に上記の六点の改訂ないし改変を施して『ハイン・テーニ』を再版することだけが目的であったならば、果たして二五年の時を待つ必要があったであろうか?

以上の二点を考え合わせるならば、改訂版『ハイン・テーニ』は、もはやマダガスカルという個別文化研究の脈絡を離れ、ハイン・テーニという名の下に『タルブの花』で約束することになる言葉の未来について、ポーラン自身が実践した創作集そのものではなかったのか。とすればそれは、マダガスカルという一フランス植民地で青年期の一時を過ごした一人のフランス人中学校教師によって、その言葉への旅の果てからシュルレアリスム運動の最後の花が咲く中に向けて放たれた、「定型に非らざる定型」という新たな救いともあるいは永遠の呪縛ともなりうる見事な実果そのものであったやもしれない。それでもなお、この凛と張りつめられた糸の先にある錘鉛の重さを、人は植民地という歴史的コンテクストに捉えられた一個人のエグゾティスムとして語らねばならないのであろうか。

註

（1）自身の仕事に直接関係のないアイルランドや日本に旅したことの理由を問われた一九六三年のジャン・ポーランの言葉（Domenichini-Ramiaramanana 1983 : 21）。
（2）Paulhan 1980 : 56.
（3）anonyme 1979 : 357.
（4）anonyme 1979 : 357.
（5）anonyme 1899 : 3-9.
（6）Paulhan 1980 : 58.
（7）Oberlé 1976 : 75.
（8）Paulhan 1982 : 47.
（9）Paulhan 1982 : 47-48.
（10）レリス　一九九五：三二―三三。
（11）Paulhan 1980 : 60-61.
（12）anonyme 1979 : 357 ; Paulhan 1989 : 136-137.
（13）Paulhan 1982 : 42.
（14）Paulhan 1982 : 49.
（15）anonyme 1979 : 316-317.
（16）Paulhan 1982 : 79.
（17）レヴィ＝ストロース　一九六九：六三―六八。
（18）Paulhan 1989 : 137.
（19）Paulhan 1982 : 267-268.
（20）Bloch 1968 ; Gow 1979.
（21）エスアベルマンドルウス　一九八八：三四五―三四六。
（22）Paulhan 1980 : 61.

(23) Paulhan 1982 : 177.
(24) Paulhan 1982 : 177-178.
(25) Paulhan 1982 : 77.
(26) Esoavelomandroso 1976 : 105-165.
(27) ヤコノ　一九九八：八六。
(28) Deschamps 1972 : 254.
(29) Paulhan 1989 : 176-177.
(30) Paulhan 1982 : 37.
(31) 以下に引用するハイン・テーニは、
Paulhan, *Hain-Teny Merina : poésies populaires malgaches*, Antananarivo : Foi et Justice, 1991.
Paulhan, *Les Hain-Tenys*, Paris : Gallimard, 1938.
の二冊を出典として用いている。一九九一年出版の『ハイン・テーニ』は、ハイン・テーニについてのポーランの解説文が省かれているが、原文と訳文の点では一九一三年の初版を底本とした復刻版である。一方、一九三八年の『ハイン・テーニ』は、ポーラン自身の手になる改訂第二版である。
(32) 原文およびフランス語訳文は以下の通り。

マダガスカル語の原文	一九一三年のポーランのフランス語訳
Diavolana an-kady	Clair de lune dans le fossé.
Mazava an-tanana	Clarté dans le village.
Izany setrok'afon'ny atsy andrefana	Cette fumée, vers l'Ouest,
Tsy mba setrok'afo fa angolagola	N'est pas de la fumée, mais une coquetterie.
Izany toto varin'ny aroa atsinanana	Ce riz que l'on pile, vers l'Est,
Tsy mba toto vary fa haitraitra	N'est pas du riz que l'on pile, mais un caprice d'amour.
Hitsidika aho manan'ila	Irai-je en visite ? J'ai une femme.
Hitoetra aho menatr'olona	Si je reste ici, j'aurais honte.

(33) Paulhan 1912 : 152.

(34) 二〇世紀に入ってから創作され、作者の特定されているハイン・テーニのアンソロジーとしては、François Rakotonaivo, éd., *Hainteny Ankehitriny*, Fianarantsoa : Ambozontany, 1990 を参照。

(35) マダガスカルの農村風景等を視覚的に知りたい人は、文／写真：堀内孝「アフリカの中のアジア　マダガスカル」、『アサヒグラフ』三九八五号、一九九八年、一―二五頁および文／写真：堀内孝、文：深澤秀夫「マダガスカル断章」、『季刊民族学』八六号、一九九八年、三―五八頁を参照のこと。

(36) 原文およびフランス語訳文は以下の通り。

マダガスカル語の原文	一九一三年のポーランのフランス語訳
Vitsika aho ka vitsika Aroa andrefana aroa hono Misy tanimbary madinidini-bary Tsy ny tanimbary no madinidini-bary Fa isika roroa no madinidini-pitiavana	Je suis une fourmi, et une fourmi Là-bas, dit-on, à l'Ouest, Il y a des rizières au riz petit, petit. Ce ne sont pas les rizières dont le riz est petit, petit : Mais c'est notre amour à tous deux qui est petit, petit.

(37) 原文およびフランス語訳文は以下の通り。

マダガスカル語の原文	一九一三年のポーランのフランス語訳
Izaho vary ary hianao rano An-tsaha tsy mifandao An-tanana tsy misaraka Fa isak'izay mihaona Fitia vaovao ihany	Je suis le riz, et vous êtes l'eau : Ils ne se quittent pas dans les champs, Ils ne se séparent pas dans le village ; Mais chaque fois qu'ils se rencontrent, C'est entre eux un amour nouveau.

(38) マダガスカル語原文およびそれに対する私訳は以下の通り。

マダガスカル語の原文	原文からの私訳
Voan-kazo nirina hianao	あなたは欲せし果実
Akondro notadiavina	探し求めしバナナ
Ka na seranin-dolo aza	ゆえに立ち寄る蝶さえ
Dia tsy havela tsy akory	たえて立ち去ることなかりし
Fa raha matin-java-nirina	探し求めしもの死せる時は
Zana-mamba natelin-dreniny	母鰐に飲み込まれし子鰐
Ka lanin'ny kibo nitoerana	かつて在りし腹にて食される

(39) 一九一三年版および一九三八年版のポーランのフランス語訳文は以下の通り。

一九一三年版のフランス語訳	一九三八年版のフランス語訳
Vous êtes le fruit désiré,	Vous êtes un fruit désiré,
La banane précieuse.	Une précieuse banane.
Même si le papillon vous affleure,	Même si le papillon vous effleure,
L'on ne vous quittera point.	Je ne vous quitte pas.
Celui qui meurt pour ce qu'il aime	Celui qui meurt pour l'aimée
Est un petit caïman avalé par sa mère :	Est un petit caïman que sa mère mange
Il est mangé par le ventre qui l'a abrité.	Il revient au ventre qu'il connaît bien.

(40) マダガスカル語の原文は以下の通り。

Kiaka ny andro, vaky ny masova ; Aliny ny andro, vaky ny diavolana.
Tandrok'i Menagala, tompoko anao, Tsy azo atao kapeky ;
Tongoan'iMenagala, Merana am-botria ;

Jaboran'iMenagala, Karaha tamotamo.

(41) Michel-Andrianarahinjaka 1968 : 32.

(42) ポーラン　一九六八：四三。

(43) ポーラン　一九六八：八五—八六。

(44) ポーラン　一九六八：一〇六—一〇七。

(45) ポーラン　一九六八：一六二—一六三。

(46) ポーラン　一九六八：一六六—一六七。

(47) レアージュ　一九七三：三—五。

(48) ポーラン　一九六八：一五六。

(49) ポーラン　一九六八：一九〇。

(50) ポーラン　一九八六：一一八。

(51) 晩年、ポーランがHAI-KAIすなわち俳諧の名の下に、未発表ではあったものの作品を創って残していることは、この点から注目に値する（*La Nouvelle Revue Française : Jean Paulhan 1884-1968*, Paris, N. R. F., 1991, pp. 300-302)。

(52) Johns 1835 : 93. この辞書は、ロンドン宣教協会の手によって編纂された、マダガスカル語についての英語はもとより文字によって記され解説が加えられた初めての本格的な辞書である。

(53) Richardson 1885 : 220. この辞書は、ロンドン宣教協会によるマダガスカル語研究の集大成と位置づけることができ、現在に至るまで最も詳細なマダガスカル語—英語辞典である。

(54) Abinal, Malzac 1885 : 205. この辞書は、恐らくロンドン宣教協会の上記のマダガスカル語—英語辞典に対抗してカトリックの側がマダガスカル語研究の成果を急いで誇示するために編纂したものであるが、これもまた現在に至るまで最も詳細なマダガスカル語—仏語辞典である。

(55) anonyme 1937-1973 : 77. この辞書は、複数の著者によって一九三七年からAの項目より書き始められ、一九七三年にMAの項目まで達した時に著者全員の逝去によって終刊した、最も浩瀚なマダガスカル語によるマダガスカル語およびマダガスカルの事物についての解説書ないし百科事典である。

(56) Rajemisa-Raolison 1985 : 400. この辞書は、一九八五年に出版され、現在最も新しいマダガスカル語によるマダガスカル語についての辞典である。
(57) Paulhan 1912 : 134.
(58) Paulhan 1912 : 133.
(59) Paulhan 1938 : 7.

＊ 本稿は筆者勤務先の同僚・高知尾仁助教授主宰の共同研究プロジェクト「旅と表象の比較研究」における口頭発表「ジャン・ポーラン——マダガスカルの旅と言葉」（一九九七年一〇月一一日、於東京外国語大学アジア・アフリカ言語文化研究所）の発表草稿を元にしたものである。

参考文献

エスアベルマンドルウス、M　一九八八「マダガスカル、一八八〇年代から一九三〇年代まで」深澤秀夫訳、『ユネスコ　アフリカの歴史　第七巻』、同朋舎、三二一—三六九頁。
レリス、ミシェル　一九九五『ゲームの規則　ビフュール』岡谷公二訳、筑摩書房。
レヴィ＝ストロース、クロード　一九六九「人類学の創始者ルソー」塙嘉彦訳、『現代人の思想15　未開と文明』、山口昌男編、平凡社、五六—六八頁。
ポーラン、ジャン　一九六八『タルブの花　文学における恐怖政治』野村英夫訳、晶文社。
——　一九八六『詩の鍵』高橋隆訳、国文社。
レアージュ、ポーリーヌ　一九七三『O嬢の物語』澁澤龍彦訳、角川書店。
ヤコノ、グザヴィエ　一九九八『フランス植民地帝国の歴史』平野千果子訳、白水社。
Abinal, Malzac 1885 *Dictionnaire Malgache-Français.* Antananarivo.
anonyme 1899 *Guide de L'Immigrant à Madagascar tome troisième.* Paris : Armand Colin.
anonyme 1979 *Hommes et Destins Madagascar.* Paris : Académie des Sciences d'Outre-Mer.
anonyme 1937-1973 *Boky Firketana ny Fiteny sy ny Zavatra Malagasy.* Antananarivo : Imprimerie Industrielle.
Bloch, Maurice 1968 «Astrology and writing in Madagascar», In *Literacy in Traditional Societies.* ed. by J. Goody, London :

Cambridge University Press, pp. 278-297.

Deschamps, Hubert 1972 *Histoire de Madagascar.* Paris : Berger-Levrault.

Domenichini-Ramiaramanana, Bakoly 1983 *Du Ohabolana au Hainteny.* Paris : Editions Karthala.

Esoaveolomandroso, F. V. E. 1976 «Langue, culture, et colonisation à Madagascar : malgache et français dans l'enseignement officiel (1916-1940)», *Omaly sy Anio*, 3-4 : 105-165.

Gow, B. A. 1979 *Madagascar and the Protestant Impact : the work of the british missions 1818-1895.* New York : African Publishing Company.

Johns, David 1835 *Malgasy sy English.* Antananarivo : Ny Press Ny London Missionary Society.

Michel-Andrianarahinjaka, Lucien X. 1968 «La poésie tsimihety», *Annales de l'Université de Madagscar : série lettres et sciences humaines*, 8 : 17-37.

Oberlé, Philippe 1976 *Tananarive et l'Imerina.* Tananarive : Librairie de Madagscar.

Paulhan, Jean 1912 «Les hain-teny merinas», *Journal Asiatique*, 19 : 133-162.

—— 1938 *Les Hain-Tenys.* Paris : Gallimard.

—— 1989 *La Vie est pleine de choses redoutables.* Paris : Sehgers.

—— 1991 *Hain-Teny Merina : poésies populaires malgaches.* Antananarivo : Foi et Justice.

—— 1980 *Cahiers Jean Paulhan 1 : Correspondance Jean Paulhan-Guillaume de Tarde 1904-1920.* Paris : Gallimard.

—— 1982 *Cahiers Jean Paulahn 2 : Jean Paulhan et Madagascar 1908-1910.* Paris : Gallimard.

Rajemisa-Raolison, Regis 1985 *Rakibolana Malagasy.* Fianarantsoa : Ambozontany.

Richardson, Rev. J. 1885 *A New Malgasy-English Dictionary.* Antananarivo : The London Missionary Society.

Ⅳ　驚異・他者・歴史

贈与と驚異
——『ナジャ』論

守中高明

1　構造・出来事・出会い

構造と出来事のあいだの必然的関係を、人は今日どのように定式化し得るだろうか。言うまでもなく、構造という概念自体、数学的厳密性の側からそれを記述するか、あるいはテクストの構造分析といった作業の中で——しかしその輪郭はしばしばきわめて曖昧なままにとどまる——それを経験的に理解するかによって、その同一性は大きく振幅するだろうし、出来事は出来事で、それをしかるべく名づけその力と効果を評価するためには、人は野生の眼差しのままでいることはできず、そのつど記号論的・解釈学的・存在論的等々の概念装置に訴えねばなるまい。われわれの生には、或るときはたしかに構造と呼ぶことによって把握され得る経験の相があり、また或るときは構造がみずからの内部にそれを回収しようとして果たせず、それが場を持つことで逆に構造の構造性が宙吊りになりその機能が不全状態に陥り、さらには解体へと導かれさえする、そんな出来事がある。構造と出来事とは、われわれの生の二つの不可欠な契機をなしているのであり、われわれはそのどちらもなしで済ますことなどできはしない。いかなる構造も持たぬ純粋な出来事の連鎖のみからなる生とは、みずからの時間を社会—経済的諸制度による計量化と交換（賃労働）の中に不可避的にゆだねて生きる有限な個体であるわれわれにとって、不可能な——夢見るほかない——経験であるだろうし、他方、いかなる出来事も孕まぬ構造などというものは、われわれの一瞬ごとに更新される生の事実とはまったく無縁の抽象物であるだろう。だから、構造と出来事のあいだの関係を思考することは、一つの生の本質を思考することである。それは、一つの生がどのような組成のもとにあるか、そしてどのような強度を生産することが可能であるかを思考することに等しい。

ところで、記号とは、まさしく構造と出来事との関係そのものである。われわれの生を構成する記号の数々は、その境界を俯瞰的に確定することが可能な一つの構造を前提とする諸要素なのでもなければ、境界を持たずつねに構造ぬきにみずからを絶対的分離において肯定し得るような純粋に無媒介的な力なのでもない。それはつねにすでに、二つの契機のあいだにみずからを保ちつつ、みずからを絶えず組み替えていく運動のことだ。そして、詩とは、何よりもまず、この運動を最大限に解放しようとする言葉の生々しい欲望にほかならない。詩において記号は、みずからの与件としての構造をおよそ最も緻密に透視する。だがそれは、構造の存立を堅固なものにしその不変性を確認するためではない。そうではなく、それは、みずからが場を持つことによってはじめて可能となるかも知れぬ構造の新しい未来を指し示し、つまりは、いまだ存在せぬ来るべき開かれた不確定な時間へむけて構造を送り出し、送り届けるためなのである。

アンドレ・ブルトンの『ナジャ』（一九二八年）を人が詩的テクストと呼び得るのは、この意味においてである。他の多くのテクストと同様、この作品もまたすでに夥しい読解と註釈の対象となっており、ブルトンのその後の一連の準《パラ》-物語的作品群、すなわち『通底器』（一九三二年）、『狂気の愛』（一九三七年）、『秘法一七』（一九四四年）と比べても、そこにはもはや未知の部分は少なく、今や伝記的事実による読解の補強のみが残された課題であるかにも見える。『ナジャ』――それは何よりもまず、出会いの物語であるだろう。パリの街路で一人の未知の女にブルトンが出会い、突然そこに流れ始め、唐突に終わりを迎える束の間の濃密な時間――そこでは、さまざまなオブジェやイマージュや人格が、ことごとく不思議な予兆と予言の性質を帯び、ブルトンはみずからが「一種の怪しげな諸観念の連合」[1]を引き起こす張りめぐらされた蜘蛛の糸の網目の中にいることを告げる。それはいかにも謎めいた経験だ。けれども、そこにはたらいている「圧縮」や「置換」の法則に注目し、いくつもの意識化されざる欲望の系列による「多元決定」

（というのはブルトン自身が援用しているフロイトの術語だ）の作用にわれわれが敏感になるとき、物語はその難解さをかなりの程度減ずるだろう。『ナジャ』とは、周知のように、後にはっきりと概念形成される「客観的偶然」の問題の端緒を切る作品であり、そこでは複数の記号系列が特有の情動的価値付与の運動によって互いにずれゆきながら日常的規範性とは別種の解釈のシステムを形成しているのであり、その繰り延べられる記号の運動を読み取ることができれば、われわれは、なるほどテクストの本質をつかんだということになるだろう。

しかも他方で、テクストに記された出来事の現実性もまた今日広く確認されており、われわれはいわば作品の出自を細部にわたって知ってすらいる。ナジャこと本名レオナ＝カミーユ＝ジスレーヌ・Dは、一九〇二年五月二三日にリール近郊で生まれた実在の人物である。一九二三年頃パリにやって来て臨時雇いの売り子や売春をしながら貧しい生活を続けてきたこの女性がブルトンに出会うのは、作品に書き込まれたとおり、一九二六年一〇月四日のことだ。それからの一〇日間、一〇月一三日にサン＝ジェルマン（＝アン＝レイ）のホテル「プランス・ド・ガル」での一夜に至るまでのあいだ、ナジャはブルトンにとって「始めの日から終わりの日まで」「一人の自由な妖精(2)」であり、「唯一の価値ある経験の場」たる「街路」にいることだけを好む「つねに霊感を吹き込まれ、かつ霊感を人に吹き込む女(3)」として作家を幻惑し続けた。ナジャは、未知の記号を発し無限の解釈を誘発するその特異な資質によって、ブルトンのエクリチュールを新たな次元へと押し上げ、拡大することにたしかに寄与したのである（その後、作品の後半部分が語るように、ブルトンとの付き合いが疎遠になっていく中で、ナジャ＝レオナは一九二七年三月二一日、精神病を決定的に発症し、同二四日にペレー＝ヴォークリューズの精神病院に収容され、翌年北フランスに移送されるが、ついに回復することのないまま一九四一年一月一五日に死去することになる）。

だが、ここで問うてみよう。『シュルレアリスム宣言』（一九二四年）によって決定的に開かれた詩的テクストの生産における偶然性と複数性という問いを、ナジャ＝レオナという現実の女性との出会いがもたらした新たな情動の領野を最大限に拡張しつつ、ふたたび新たに前進させること――それがここでのブルトンの企てであることがたしかだとしても、はたしてこの出会いは、記号とその解釈という次元にその効果の全体を還元し得るものなのか。この出会いの特権的重要性が、単に一人のミューズの出現による言葉の豊饒な生成といった因果性のうちに収まるものでないのは言うまでもない。だがさらに、それが解釈におけるいかに特殊な時間性を要求するものであれ、この出会いの効果を記号の諸系列の攪乱とその結果における非‐目的論的で無償の幸福な記号の生成といった方向においてのみ評価するのもまた、事態を縮減することになりはしまいか。むしろわれわれには、この出会いの中で、ナジャという存在において、ブルトンがわれわれの経験の一般性の教える出会いとはまったく異質で過剰な何かに触れており、その異質で過剰な何かを伝達するべく、作品がみずからの構造に必然的な歪みと亀裂を生じさせている点こそが重要だと思われる。ナジャ――それはブルトンの言葉によれば「およそ最も単純なる革命的形態のもとで決定的に構想された人間の解放」に「仕えるべく作られた」女、それも「ただ単に想像力の中に存在するだけでな」い、むしろ「最も憎むべき牢獄」たる「論理」の「鉄格子」を押し広げ、突き破る、そんな「特殊な一つの陰謀」なるものが「各人の周りに引き起こされねばならないことを明らかに」[4]して見せた女である。われわれの「論理」を失効させる「陰謀」に結ばれた女――この言葉を文字どおりに受け取ろう。そしてこの「陰謀」こそは、「あらゆる厳密な計算」や「筋の通った実践を要求するあらゆる行為」[5]の彼方でのみ、つまり――これこそ完全なパラドックスと言うべきだが――それに関与する主体による予測や組織化の意図を裏切ることにおいてのみ生起する出来事なのである。ブルトンは書いている――

私には分からない――いったいなぜ、私の歩みがそこへ私を運んでいくのか、いったいなぜ、ほとんどつねに決まった目的もないままで、あの漠然とした与件以外には、すなわちそこでこそそれ(?)が起きるだろうということ以外には何一つ決定的な事柄もないままで、私がそこへ赴くことになるのかが。この急な行程において、私の知らぬ間にせよ、いったい何が私にとって空間においても時間においても誘引の極を構成しているのかが、私にはほとんど見えないのだ。[6]

ここには、作品が設定し得る構造と出来事の関係の一つの限界的形態がある。ブルトンにおいては「それがそこで起きるだろう」という出来事の予感だけがあり、その起こるべき出来事が何をもたらすかはつねに明らかではない。

にもかかわらず、ブルトンは、来るべき出来事の場としてのみ、みずからの作品を構築する。換言するなら、ブルトンは『ナジャ』という作品をして、一つの出来事を指し示し、その到来を加速しその効果を最大値において受けとめ、しかしその意味を事後的にすら解釈せず、決定しない、そんな開かれた構造たらしめようとしていると見える。すなわち、ただ「空間においても時間においても」「ほとんど見えない」「誘引の極」だけが、それとして打ち震えているような作品……。

だが、そうだとすれば、この出来事においてブルトンとナジャとのあいだに結ばれる関係とはどのようなものなのか。繰り返される出会いの中で、ナジャとはいったい誰であったということになるのだろうか。

2　ナジャ、浮遊するシニフィアン？

ナジャ――どこまでも曖昧な、捉えがたい女。実際、その言動の一つひとつを辿り直し、特徴的ないし徴候的な諸部分を数え上げてみても、人は結局、その同一性を確定するには至るまい。

一方に、予言者的な、あるいは偶然の一致を呼び込む稀有な能力をそなえたナジャがいる。たとえば、一〇月六日、読んだばかりの「『溶ける魚』の終わりの部分にある短い対話形式の一幕」――それはブルトン自身「これまで一度も明確な意味を付与することができなかった」ものだ――について、ナジャは「自分がそこに本当に参加し、エレーヌ〔という登場人物〕の役を演じすらしたという印象」を持ち、その一幕が実際に「どこで起こったか」を教えようとして「ドーフィーヌ広場」へと（みずからの意図から外れて、誤って）ブルトンを連れて行くが、「不思議なこと」に、この「ドーフィーヌ広場」は「『溶ける魚』のまた別の挿話である『接吻はかくも速やかに忘れ去られる』が設定されている場所」[7]なのである（ついで二人は「ドーフィーヌ広場（place Dauphine）」から「ドーファン（Dauphin）」という名のバーへ移動するが、「ドーファン」＝海豚《イルカ》は或る種の占いにおいてブルトンのトーテムでもある）。あるいは、通りすがりの家の窓を指してナジャは、暗いその窓に「一分後」に明かりが灯り、「それが赤くなる」と言うが、事態はナジャの予告どおりになる――「一分が経過する。窓に明かりが灯る。はたして、そこには赤いカーテンがある」[8]。また同じ日、チュイルリー公園の噴水を前にしてナジャはその水の運動を詳細に描写することに執着するが、それはブルトンが読んだばかりのバークレーの『ハイラスとフィロナウス対話篇』第三篇冒頭に掲げられているのとまったく同一のイマージュである――「ああ、ナジャ、なんて奇妙なんだろう！　そんなイマージュをきみはいったいどこで見つけたっていうんだ？　それは、きみが知るはずもない、そして私が読んだばかりの或る本の中に、ほとんど同じ形で描かれているイマージュじゃないか[9]」。あるいはさらに別の日、パレ＝ロワイヤルのと或る回廊の下を散歩中に二人が出会った老婆が口にする「カメー夫人 (Madame Camée)」という名と「浮き彫り宝石細工《カメオ》 (CAMÉES DURS)」という看板の名の一致[10]……。

他方、作品の後半部分が (そして伝記的事実が) 傍証を差し出しているように、精神病理学的視点から、ナジャを深く分裂病圏に浸された存在だと見なすこともできよう。ナジャはいたるところに未知の何か、隠れた何かの徴《しるし》を読み取る。それは、ナジャの前で世界が分裂病者に特有の一種の「信号空間[11]」と化しているかのようだ。ナジャは木立の中に「青い風」が吹き抜けていくのを見るが、そのとき恐怖とともに想起されるのはかつて同じ風を見たときに聴いた「おまえは死ぬ、おまえは死ぬ」という誰のものとも知れぬ声であり、また、警察署の中庭の一つの窓から目を離せなくなるとき、ナジャにとって「あらゆることが到来し得る」のは、そして「あらゆることが始まる」のはその窓からだと無根拠に確信されているのであり、それゆえに彼女はその前で「絶対に待機しなければなら」ず、さらにブルトンと交わした口づけは、直後に「何か脅威がその中に含まれている口づけ」として新たな恐怖を抱かせる。そしてセーヌの流れを見下ろしてそこに「手」が「燃えている」のを見ながらナジャは言う――「ほらあの手、セーヌに映っているあの手、どうしてあの手は水面で燃えているのかしら？　火と水が同じものだというのは本当ね。でもあの手はいったい何を意味しているのかしら？　あなたはどう解釈する？　だからお願い、もっとあの手を見させて[12]」。

同じ分裂病的特性は、人格の不定形な変容と不安定な同一化というかたちでも随所にはっきりと読み取れる。たとえば、一〇月一二日のナジャ。夕食後、パレ＝ロワイヤルの庭園で彼女の夢想は「神話的な性質を帯」び、ナジャは「一瞬、実に奇妙な錯覚を引き起こすほどの巧みさで、メリュジーヌの人格を組み立て」て見せるかと思えば (周知のようにメリュジーヌは『秘法一七』をはじめブルトンの作品に最も親しい神話的形象の一つである)、唐突に「誰がゴルゴンを殺したの、教えて、ねえ[13]」とブルトンに問いかける。その結果、いわば当然のことだが、ブルトンはナジャの「独り言についてゆくのがだんだん辛くな」っていくと書きつけるに至る。ナジャとブルトンのあいだにあるのは、揺れ動き、時としてまったく実体を欠いたかに見えるような人格を相手にした「死に物狂いの追跡[14]」なのである。

だが、それを予言者的と呼ぶにせよ分裂病者的と呼ぶにせよ、その存在の根本的特徴を指摘するなら、ナジャとは要するに、つねに今‐ここにない何かに関わっている女だということが言える。偶然性を呼びこみ、あらゆる予兆と信号によって磁化された場を出来させ、みずからの人格を変形することで、みずからをつねに時間的にも空間的にも非決定な状態に置き、その同一性を宙に吊ったままにし続けるナジャ……。

このようなナジャを、記号論的見地から一種の「浮遊するシニフィアン」と見なすことは、だから、たしかに一定の妥当性を持つと言えるかも知れない。ナジャとは、ブルトンとの関係において、その同一性のたしかな存在であるよりも、むしろ一つのシニフィアン、それも、シニフィエとの安定した結びつきを解かれ、最終的なシニフィエとの出会いをつねに先送りされる、空虚な運動するシニフィアンであると言ってよい。すなわち、かの「マルセル・モース論文集への序文」においてレヴィ＝ストロースが定義した「マナ」（ないし「ワカン」ないし「オレンダ」）の役割に、ナジャは近いのである――

換言するなら、そしてあらゆる社会現象は言語活動になぞらえ得るというモースの教えに想を得て、われわれはマナやワカンやオレンダやその他の同型の諸観念のうちに、或る意味論的なはたらきの意識的表現を見る。この意味論的なはたらきの役割は、象徴的思考がその思考に固有の矛盾にもかかわらず実行されるのを可能にする点にある。かくして、この観念に結ばれた見たところ解消不可能なアンチノミーの数々が説明されることになる〔……〕。すなわち、力にして行為、性質にして状態、同時に実詞にして形容詞にして動詞、抽象的かつ具体的、偏在的かつ局在的であるというアンチノミーである。そして実際、マナは同時にそれらすべてである。しかし、まさしくそれは、マナがそれらすべてのどれでもないからなのではなかろうか？　すなわちそれは、純粋な形式、あるいはより正確に言えば、純粋状態にあり、したがってどんな象徴内容をも担うことができる、そんな象徴なのではなかろうか？

あらゆるコスモロジーが構成するこの諸象徴の体系において、それは単に一つの象徴的ゼロ価値であるだろう。つまりそれは、すでにシニフィエを充たしている記号に対する代補的象徴内容の必要性を刻印するような記号、だがそれも、いまだそれが使用可能な留保分の一部をなしており——音韻論学者たちの言うように——グループの一項とはなっていないかぎりにおいて、何らかの価値であり得るような記号であるだろう(15)。

それ自体空虚であるがゆえにどんな象徴内容をも担うことのできる「象徴的ゼロ価値」、あるいはどんなシニフィエの充溢に対しても「代補的象徴内容」の「必要性」を示す特殊なシニフィアン——このようなはたらきにおいてナジャを捉えることは、したがって、いくつかの有益な視野を与えてくれるだろう。第一に、この作品に書き込まれた予兆と暗示に満ちた時間 - 空間の経験は、ナジャというつねに今 - ここの充溢から切り離された「浮遊するシニフィアン」が介入することで、ブルトンの環境を構成していた諸記号の体系の内部で剰余が運動し始めたことによるとも言えよう。そこでは、シニフィアンの数々がそのシニフィエとの一義的な対応関係を離れて、つねに別のシニフィアンへの送付において読み取られるべく差し出されているのである。その場合、ナジャのまわりで起こる偶然の一致とは、流動化され、固定した距離を失った諸シニフィアンのあいだの相互的牽引作用の結果とでも言えるだろうし、分裂病的とも形容し得る「信号空間」の形成もまた、すべての記号が、ナジャみずからがそれである「象徴的ゼロ価値」の効果のもとで、日常とは別の時間性にしたがって組織変更されつつある結果だと言えるだろう。

第二に、ナジャ自身がすでに部分的に体現し、やがて作品の最後において決定的になる「人格の置換」についても、この記号論的視点は一つの解答を与えてくれるだろう。作品は、ナジャとの関係の破綻、狂気の淵へ呑み込まれていったナジャへの呼びかけを書き記した後、不意に「きみ」と呼ばれる別の女を指し示す。ブルトンによればこの「きみ」は「私にとって最も親しかった形態の数々に取って代わり、同時に私の予感のいくつもの形姿に取って代わった」のであり、ナジャは「この形姿のうちの一つ」だったにすぎない。そして「きみ」がナジャを私の目から完全に隠してしまった今、「こうした人格の置換もきみのところで停止」する、とブルトンは言う。なぜなら「何ものも君に取って代わることはできないから」、「こうした謎の継起もきみの前で永遠に終わりをむかえるはず」だからである。[16] この場合、ここで告げられているのは、端的に「浮遊するシニフィアン」のもとへの別のシニフィエ、別の象徴内容の代入だということになるだろう。つまり、ブルトンにおいて問題なのは終始「象徴的ゼロ価値」の運動がいかに諸記号の体系をダイナミックに揺さぶり、記号の諸系列を攪乱して、その中からいかに特権的なシニフィエとの出会いを引き起こすかということなのである。この運動には定義上終わりはない。事実、置換不可能だと思われた束の間の特権的シニフィエたる「きみ」＝シュザンヌ・ミュザールもまた、『通底器』を経て『狂気の愛』に至るやジャクリーヌ・ランバというさらに別の特権的シニフィエに置き換わることをわれわれは知っている。「客観的偶然」の理論の厳密化とともに、そこにはおそらく記号体系の再組織化の仕方に関して無視できない差異が認められるかも知れない。だが、「マナ」＝「浮遊するシニフィアン」としての女の機能という視点を維持するかぎり、問題の基本的な構図に変わりはないと言ってよい。要するにブルトンにとって、出会いとは「浮遊するシニフィアン」が——その到来を予感しつつであれ予感を完全に裏切るアクシデントとしてであれ——特権的シニフィエと結びつくことなのだと言うこともできるだろう。

しかし、こうして「浮遊するシニフィアン」の論理が、ブルトン的な出会いと偶然性の物語に一定の整合的理解を与えてくれるように見えるにしても、われわれはこのような解釈に満足することはできない。それは、一言でいえば、このような解釈が結局のところ、出会いの単独性を記号形成の一般性のうちに解消してしまうものであるからだ。「浮遊するシニフィアン」として女のイマージュが到来し、記号体系に介入して攪乱的に作用し、そのつど特権的シニフィエを見出すという論理は、特権的シニフィエというその呼び名にもかかわらず、問題のシニフィエを一般性の内部における特殊性としてしか解釈できない。すなわち「浮遊するシニフィアン」の一般性に適合する特殊なシニフィエとしてのこの女……。

だが、言うまでもなくナジャは、そのような意味での存在の特殊性によってブルトンを魅惑しているわけではない。ナジャが驚異的であり惑乱的であるとすれば、それは、出会いの中で、ナジャが一般性に還元されない特異性であるから、そして特異性であり続けることによって、ブルトンの存在をもまたいかなる一般性へ訴えることも不可能な「茫然自失」の次元へと誘《いざな》うからにほかならない——

現実を前にして、つまり、まるで一匹の狡猾な犬のようにナジャの足元に伏せていたと今では私にも分かるあの現実を前にして、私たちはいったい誰だったのか？　私たちはいったいどのような緯度のもとにあったのだろうか——さまざまな象徴の狂乱に身をゆだね、類推の魔の餌食となり、みずからの思うところ最終的な歩みの対象であり、特異で特別な注目の対象であった私たちは？　決定的に、地上からかくも遠くへ一緒に投げ出されて、みずからの驚異的な茫然自失状態が私たちに与えてくれたわずかな間隙の中で、いったいどうして私たちは、古ぼけた思考と相も変らぬ生活というくすぶる瓦礫を越えて、信じがたいほど一致したいくつかの眼差しを交わすことができたのだろうか？(17)

「驚異的な茫然自失状態」が与えてくれた「わずかな間隙」において「私たちは誰だったのか」——このように問いかけるとき、ブルトンが、ナジャとの出会いを記号形成の一般性の内部における特殊性とは別の論理によって語ろうとしていることは明らかだ。「私たちは誰だったのか？」——作品の劈頭の「私とは誰か？」という問いと、ナジャへのあの最後の呼びかけ、すなわち夜警が発する誰何の言葉でもあるあの「そこにいるのは誰か？」という呼びかけとのあいだにあって、みずからの出会いの謎を解き明かそうとするこの問い——だがそれにしても、実際ブルトンはこのとき「どのような緯度のもとにいた」のか。

3　贈与という驚異

マルセル・モース以後、そしてクロード・レヴィ＝ストロース以後の人類学にとって、女が本質的に贈与と交換の対象であることは、いわば論証済みの命題であるだろう。近親相姦の禁止によって象徴的＝文化的に秩序づけられたものとなり、外婚制の確立と同時に相互性を獲得する諸集団間において、女はすぐれて財であり、交換の対象である。しかもその際、女という存在は「自然的刺激物から記号への変容」を遂げ、そのようなものとして社会的価値を表現するようになる。(18)人類学的知が教える女の社会構造論上の役割は、ごく大まかに言えば、そのように要約し得るだろう（そのような解釈が歴史的‐文化的差異を超えて今日どこまで有効性を持つかは、むろん別の話である）。

ところで、ナジャという女は、こうした人類学的視点に照らしてみるとき、どう意味づけられるだろうか。ナジャもまたそのような一つの記号としてブルトンに与えられているということ——それはたしかなことだ。全面的な偶然性の中にあり、しかも繰り返すたびに新たな偶然を惹起しさえするナジャという記号との出会いを形容するには、まさしくどことも知れぬ荒々しい外部からの贈与という表現がふさわしく思われる。そして、すでに見たように、その経験の全体は或る種の記号論的解釈によって接近可能に見えもするだろう。しかし、このナジャが与えられたという出来事、すなわちナジャの贈与という出来事はいったいどう理解されるべきなのか。ブルトンはおそらくこの出来事を可能なかぎり現実的に、つまりは一切の抽象化なしに生きたのであり、そのときブルトンが直面することになったパラドックスこそが、『ナジャ』という作品体験の本質をなしていると思われる。

贈与という出来事を、われわれの習慣的思考は「AがBにXを与える」と言語化する。すなわち、そこには与える者がおり、贈与される物があり、受け取る者がおり、そのような贈与者—贈り物—受贈者という三項性が贈与という出来事の不可欠な構造をなしていると考えるのが一般的である。そして、この三項性は、その立場の入れ替え可能性をいわば必然的前提としている。すなわち、モースの「贈与論」[19]が明らかにしたように、贈与はそれを受け取るものに「負債」ないし「返礼の義務」の感情を生じさせ、「対抗‐贈与」を行わせる力をそなえているのである。モースは「マナ」や「ハウ」のうちにその力を見ていた。そしてそこから、贈与はつねに一種の円環的運動を稼動させ構成すると見なされる。ジャック・ラカンが明晰に見て取ったように「聖なるハウあるいは偏在するマナと同一視された、この侵すべからざる〈負債〉こそは、女たちや財の数々を積み込んだ航海が、不足なしに、円環を描いて、同一の実質の担い手たる別の女たちや別の財の数々を出発点までふたたび持って来るという保証なのである」[20]。

だが、このような円環的運動は、はたして贈与という出来事の本質を表現していると言えるだろうか。ジャック・デリダはその独自の「贈与論」である『時間を与える——1、贋金』の中で、モース的な「贈与」の三項性が表しているのが、実のところ「交換」にすぎないことを指摘している。すなわち、贈与が贈与として認識され、それが現実的次元であれ象徴的次元であれ、負債の感情や対抗‐贈与を生み出すとき、そこにあるのはすでに贈与ではなく、交換という別のエコノミーの回路にすぎないのである。だがそうだとすれば、交換のエコノミーに変質しないような贈与は、はたして可能か。贈与が交換のエコノミーを免れて起きるためには、何が必要なのか。それは、贈与が受贈者からそれと気づかれず、贈与として受け取られないことであり、同時に、贈与者においてもまた贈与がそれとして意識されないことだ、とデリダは言う――

もし受贈者がそれを贈与として認識し、贈与が彼のもとにそれとして姿を現したら、すなわちプレゼントが彼にプレゼントとして現前化したら、この単なる認識だけで贈与を消去するに充分である。なぜか？ なぜなら、この認識は、いわば物そのものの代わりに一つの象徴的等価物を返すことになるからである。〔……〕極限的には、贈与としての贈与は、受贈者のもとにも贈与者のもとにも贈与として姿を現してはならないだろう。[21]

だとすれば、贈与という出来事の場面は奇妙な時間‐空間構造をしていることになる。交換のエコノミーに変質しない純粋な贈与とは、それを与える者にも与えられる者にもそれとして現前化することはなく、しかし、にもかかわらずそれは今‐ここ（ならざる今‐ここ）に差し出されている。現前性の場を構成せず、したがって対象化されず認識されない差し出し――それが贈与という出来事の本質なのである。

ナジャがそなえている圧倒的な、しかし同時に異様に希薄とも言えるパラドクシカルな存在感は、おそらく、彼女がつねにこのような場面を志向し、その中に身を置こうとしていることに起因している。ナジャは、ブルトンとの出会いにおいて繰り返しみずからを差し出す。だが、それはつねに自己の純粋な贈与としてなのだ。すなわち、ナジャがみずからをブルトンの前に差し出すとき、この「みずから」は決して交換のエコノミーに組み込まれるような対象ではなく、通常の現前性の様態のもとにあるのでもない。そうではなく、みずからを相手の主体によっては対象化不可能なそれとして差し出し、相手の現前性に属することなく相手に関係すること――それがおそらく、ナジャという捉えがたい存在が行っていることなのである。

奇妙な存在、奇妙な関係である。だが『ナジャ』という作品を通して繰り返され、繰り返されるたびに強度を増していくのは、まさしくこのような自己の贈与の純粋性への欲望であると言えはしまいか。実際、われわれの日常の「論理」を解体する「陰謀」という表現が、そして「驚異的な茫然自失状態が私たちに与えてくれたわずかな間隙」における「信じがたいほど一致したいくつかの眼差し」という言葉が指し示しているのは、そのような不可能な経験の領野であると見える。この経験は、なるほど維持しがたいもの、持続しがたいものではあるだろう。「本当のナジャとはいったい誰なのか[22]」と問い、「どれほど願望を抱いていたにせよ、おそらくまたどれほど幻想を抱いていたにせよ、私にはおそらく、彼女が私に申し出ていたものの高みに達する力はなかった。それにしても、彼女はいったい何を私に申し出ていたのか？[23]」と書きつけるとき、ブルトンはこの経験の一般化不可能な特異性を強く意識している。そして他方、それは同時にそもそも物語による表象に抵抗する経験でもある。つねにすでに現前性《プレザンス》に属さない経験なのであってみれば、表象《ルプレザンタシオン》の装置に投入されるとき、それは不可避的にその力を減衰させてしまうだろう。事実、ナジャが絶望的に、しかし正確に告げているのは、そのことである――

アンドレ？　アンドレ？……あなたは私についての小説を書くわ。きっとね。書かないとは言わないで。注意して。すべてが弱っていき、すべてが消えていくわ。私たちの中から何かが残らなければいけないのに……[24]

それはたしかに、表象の一般性には受け容れられない経験ではあるかも知れない。だが、だからと言って、その経験が現実のものでないということにはむろんならない。まったく反対に、この経験の還元不可能な具体性と現実性をそれとして伝達することこそが『ナジャ』という作品の企図するところであり、『ナジャ』とは、表象に抵抗し表象に対する残留性そのものですらあるそのような経験を、作品の一種の形成不全を代償としてでも告げ知らせるべく書かれた作品なのである。ブルトンが「驚異」の名で呼んでいるのは、まさしくそのようなプロセスの全体にほかならない。「この本の最初のページから最後のページまで私のそれへの信頼がともかく変わらなかったということになるだろう〈驚異〉[25]」において、ナジャとの出会いは表象されているのではない。非現前的な出会いにおける純粋な贈与という出来事は、物語の手前あるいは彼方において、あるいは物語に穿たれたいくつもの裂孔において、「ほとんど見えない」「誘引の極」として、ただそれが場を持ったであろうことのしるしを送ってくるだけなのである。
……偶然性、非現前的な出会いの反復、純粋な贈与——これらの経験は、ブルトンのその後の著作の総体においてはたして互いにどのような連関にあり、どのように拡大されているか。それを見渡すためには別の空間が必要だが、さしあたり少なくとも言えるのは、それらの経験がいずれもわれわれの「世界像の時代」（ハイデガー）におけるテクノロジーとともに加速し続ける全体化と均質化の運動とは——その歴史的条件にブルトンがきわめて敏感であるがゆえにこそ——根本的に相容れないものであるということだ。『ナジャ』はブルトンの「唯一の愛」の形式を単に美学的に表現しているだけではない。それは、世界へのわれわれの別の新しい関係設定の可能性を開き、その困難な到来に賭け続けようとする書物なのである。その巨大な賭金を測るために、われわれは『ナジャ』を、『通底器』を、そして『狂気の愛』を、より広い思考の文脈の中にあらためて置き直してみなければならない。

註

（1） André Breton, *Œuvres complètes*, tome I, Paris, Gallimard («Bibliothèque de la Pléiade»), 1988, p. 651（『アンドレ・ブルトン集成1』巖谷國士訳、人文書院、一九七〇年、二一頁）。以下、引用ごとに同様に既存の邦訳書の対応頁を示すが、訳文は筆者による。

（2） *Ibid.*, p. 714（同書、一一二頁）.

（3） *Ibid.*, p. 716（同書、一一三頁）.

（4） *Ibid.*, p. 741（同書、一四二—一四三頁）.

（5） *Ibid.*, p. 681（同書、五八頁）.

（6） *Ibid.*, pp. 662-663（同書、二八、三三頁）.

（7） *Ibid.*, pp. 693-694（同書、七九—八〇頁）.

（8） *Ibid.*, p. 695（同書、八一頁）.

(9) *Ibid.*, p. 698（同書、八四頁）.

(10) *Ibid.*, p. 708（同書、一〇二頁）.

(11) 中井久夫「分裂病の発病過程とその転導」、『中井久夫著作集1』、岩崎学術出版社、一九八四年、二二〇頁以下を参照。

(12) Breton, *op. cit.*, pp. 696-697（ブルトン、前掲書、八一—八三頁）.

(13) *Ibid.*, p. 710（同書、一〇四頁）.

(14) *Ibid.*, p. 714（同書、一一一頁）.

(15) Claude Lévi-Strauss, «Introduction à l'œuvre de M. Mauss», *in*: Marcel Mauss, *Sociologie et Anthropologie*, Paris, P. U. F., 1950, pp. XLIX-L（クロード・レヴィ＝ストロース「マルセル・モースの著作への序文」、マルセル・モース『社会学と人類学I』有地亨・伊藤昌司・山口俊夫訳、弘文堂、一九七八年、四一—四二頁）.

(16) Breton, *op. cit.*, pp. 751-752（ブルトン、前掲書、一五七—一五八頁）.

(17) *Ibid.*, p. 714（同書、一一一—一一二頁）.

(18) Lévi-Strauss, *Les Structures élémentaires de la parenté*, Paris, P. U. F., 1949, pp. 60-73（レヴィ＝ストロース『親族の基本構造』上巻、馬渕東一・田島節夫監訳、番町書房、一九七七年、一二九—一四八頁）.

(19) モース、前掲書、第二部「贈与論——太古の社会における交換の諸形態と契機」。

(20) Jacques Lacan, «Fonction et champ de la parole et du langage en psychanalyse», *Ecrits*, Paris, Editions du Seuil, 1966, p. 279（ジャック・ラカン「精神分析における言葉と言語活動の機能と領野」、『エクリI』竹内迪也訳、弘文堂、一九七二年、三八九頁）.

(21) Jacques Derrida, *Donner le temps—1. La fausse monnaie*, Paris, Galilée, 1991. p. 26.

(22) Breton, *op. cit.*, p. 716（ブルトン、前掲書、一一三頁）.

(23) *Ibid.*, p. 736（同書、一三一頁）.

(24) *Ibid.*, pp. 707-708（同書、一〇一頁）.

(25) *Ibid.*, p. 746（同書、一四七頁）.

しなやかにローカルであること
——ジュリアン・グラックと人文地理学

永井敦子

はじめに

フランスの温暖で肥沃な地方のプチ・ブルジョワという生活環境と、その後のエリート養成教育によって認識の土台が培われたことを自覚しながら、それでも社会層的にも地理的にも「外」を識ろうとせず、ヨーロッパ以外の土地に一歩も足を踏み入れることもないまま世界の「平板化」、「均質化」を云々すること、それが怠惰や独善でなくて何なのか。(1)そのうえごく常識的で引きこもった日常を営みながら、テクストの中では「生を変える」ランボーやブルトンへの全面的な傾倒を表明するのは、むしろ行動と思索の間に小器用な線引きをこなす健全さという病に冒されている証ではないのか。「ポストコロニアル」的言説が定式化され、「フランス文学」という境界づけ自体がもともと仮想のものでしかないことが常識化している現在、そうした境界のゆらぎとは無縁の生活を営む現存作家ジュリアン・グラックにはこうした問いが投げかけられもし、彼の作品には「詩的散文」を味わうという超脱的快楽以外に、もうもたらすものがないようにも見える。しかし逆説的なことに、たとえこの快楽に身をゆだねるだけのつもりでその作品を開いたとしても、私たちがそこで多く目にするのは、自分の生きる時代に何を見て、そこに自分がどう立つのかをめぐる思考の断片の数々なのである。そこで私たちは、先に述べたような怠惰や独善という評価をもってそうした思考の断片を一蹴する前に、彼の世界への対しかたに見られるその選択や論理の一端を、彼が人文地理学に向けた関心を出発点にしてたどってみたいと思う。

もちろん著書から判断する限り、西欧中心主義の蒙昧とも同一視できそうな彼の行動や興味の範囲の限定を全面的に正当化することが、本稿の目的ではない。本稿の目的は、グラックのテクストが彼自身のフィールドの狭さゆえに、人々が同時代をめぐって紡ぎ出してきた幾多のテクストの中で、今その場所を完全に失うしかないのかどうかを問うことにある。

人文地理学とシュルレアリスム

処女作『アルゴールの城にて』（一九三八年）の出版以前に学術誌にふたつの地理学論文を本名で発表したグラックは、作家である前に地理学者としてのキャリアを歩み出していた。[2] 一九一〇年に生れ、高等師範学校で学び、三四年に地歴のアグレガシオンを通過したルイ・ポワリエは、動員解除後に占領下のカンで地理学の研究職につきながら博士論文を準備する。結局この論文が発表されることはなかったが、彼の知の履歴における地理学の重要性は、四七年にバタイユ主宰の書評誌『クリティック』に掲載された論文、「人文地理学の展開」[3] によっても確認することができる。三九年の共産党脱党以降はいかなる政治活動にも加わらなかったのに対し、二〇歳の頃並行して始まった地理学とシュルレアリスムへの関心と共感は、グラックにおいて戦後も継続したのである。

風景や地図をながめる楽しみは地理学を専攻する前から知っていたと言うグラックにとって、[4] 地理学はその資料と方法によって楽しみにさらに幅と深みを与えてくれる学問であった。師事したのはエマニュエル・ド・マルトンヌであり、イニシエーションの役割を果たした書物はフランス現代地理学の草分、ヴィダル・ド・ラ＝ブラシュの『フランス地理総覧』[5] であったと言う彼は、一九三〇年代の地理学、すなわち過度の専門化や細分化にいたる以前の、隣接の学問領域とも密な交流を保っていた[6] 生成期の現代地理学を学んだことの幸福、観察の楽しみと分析的な認識とが乖離していなかった幸福をふりかえり、特にその学問の具体的側面にとても惹きつけられたと述べている。[7] また方法としてはフィールドワークを好み、とりわけカン時代にはバス＝ノルマンディー地方をひとりで歩き回り、自然地理学の博士論文のための調査を行ったのだった[8]。

具体的な事象への関心と体を使ったフィールドワーク、それは知覚を総合的に用いる観察によって得られた知見を科学的認識の基礎として第一に重んじ、両者を不可分のものと考える態度である。この態度への信頼と志向は彼が同時代の哲学を遠ざけた理由のひとつであったし、彼のひとつの意思決定でもあった。またシュルレアリスムとの関連で言えば、こうした具体的事象への関心こそ、彼が地理学と同様、ブルトンと自分との間にも見ていた接点だったのである。ブルトンがどんな些細なものにも示し、そして絶えず新たにしていた「直接の生」への嗜好こそ、何にもまして彼を自分に近い者と感じさせた要因であるとグラックは言う。だからこそ、ブルトンの死後に彼が想起するフォンテーヌ通りのアパルトマンの室内には、カン大学旧校舎の地理学教室の光景が重なってきたのだろう[9]。

しかしながら、じかに接する対象から知覚によって得られる知を認識の出発点に据える者には、その観察主体の性格と位置づけに関して避けがたいジレンマが課されることになる。そしてグラックはそうしたジレンマに対し、哲学的、認識論的視点というよりも人文地理学的視点から、彼なりの答えを見いだそうとしているようにみえる。

そのジレンマとは第一に、自分の感覚を介して得られる知見は空間的にも時間的にも制約を被っている以上、それらを与件として諸事象を解釈しようとすれば、偏狭な決定論に陥る可能性があるという点。また第二にそうした態度がそもそも観察主体の無謬性、絶対的な中立性という仮想条件を前提とするのであれば、そこから導かれるものは、結局自己中心的で欺瞞に満ちた解釈にすぎないのではないかという疑問である。

第一の点についてグラックは、一九世紀前半の自然主義的関心の中で生れた人文地理学には、人間の自然への密接な従属や人間生活に自然がもたらす決定因の上に重点を置く、決定論的傾向があったことを認めている。しかし同時に彼は、ヴィダル・ド・ラ＝ブラシュが前掲書において社会を有機体のようにとらえ、また地方ごとの特殊性よりは地方間のつながりや推移に重点を置いていた点を強調する[10]。またやはりグラックが師事したアルベール・ドゥマンジョンは、古文書、地籍図、古地図などの歴史的資料にも関心を寄せ、彼が進めたこうした新しい方向性においてこの学問が、戦争や経済危機などの出来事、運搬や工業や金融に関わる技術の向上がもたらす通時的変化、さらに地球規模で生じつつある変化などを視野に含めるようになっている点を指摘している[11]。つまりグラックが学んだ人文地理学は、彼の了解によれば、「自然にまつわる現実と歴史的展開の継続性という二面の交わり」を研究対象とする学問[12]なのである。したがって彼が重視する事物への直接の接触に関しても、それがひとつの前提、すなわち自分の知覚がとらえる具体的事象は通時的に見れば流動変転する状態の一過程にすぎず、また空間的にも、知覚による把握が可能な範囲を超えた拡がりを持つ、移動と流通の一点にすぎないという前提を伴うものであったと言えよう。

次に観察主体の問題であるが、これに対する彼の態度は、特に彼が自分について語るテクストの中に読みとることができる。それは、観察している自分の知覚が環境その他による制約を不可避に被っていることを認めた上で、そうした自分自身をも観察の対象にして考察の与件に組みこんでゆく態度である。たとえば彼は、地方のプチ・ブルジョワという出自や、教師という時間的拘束のゆるい職業のせいなどで、自分が労働者層との接触を持たずにきた人間であると分析する。そしてそのことについて、「ともかくそんなぐあいである。それでもどんな景色も社会も、それらをどこか一点からとらえない限り、生命も活気も持たないのである[13]」と述べている。また工業と自分との最初の接触が、子どもの頃、ナントで商品の注文をする小間物商の親に連れられて見学した「コンゴの王子たちの石鹸」の製造工場の清潔で甘いにおいであり、「機械的労働」にもっと近くで接する機会を持たなかったことを回想する時も、やはり、「私がそれを屁とも感じていないと思われてももっともなのだが、ともかくそんなぐあいである[14]」と言っている。この両方の箇所に共通する「ともかくそんなぐあいである（c'est ainsi）」という表現に、投げやりで無責任な自己反省の欠如を見ることもできよう。しかし万物を均等に見渡す無謬の観察主体が抽象的にしか想定できない以上、彼が選んだのは、観察する自己を完結した個体として存立させるかわりに、それが種々の人文地理学的所与の集積と相互干渉からなるいびつで不安定な知覚器官であることを認識し、その所与を分析的にとらえ、それと同時に知覚の対象をなるべく即物的に描き出すことなのである。こうした自己の分析的相対化は、作家が自己の感覚を出発点にして内外の事象をとらえる時に陥りがちな感傷を、彼とは無縁のものにしている。

しかしそれでも、彼に対して別の問いをたてることもできよう。なるほど彼にとって社会や風景の観察主体である自己とは、人文地理学の観察対象としてのどこかの土地と同様、時間の経過の中でおこる出来事や、遠近の他者との交流によって変化、生成しうる流動的な存在である。それならばなぜ彼は、自らの立つ場所をラディカルに変えて、観察と認識の主体としての自己に新たな所与をつけ加えようとしなかったのか。学問的な関心について言えば、なぜ彼は当時の人文地理学研究の範囲にとどまったまま、この学問と隣接かつ並行して生成、発展しつつあった民族学や⑮いわゆる文化人類学に、つまり彼の好む具体的な知やフィールドワークを自分の周囲ではなく、外部に求める学問に入ろうとしなかったのかという問いである。たとえば、子どもの頃から地質学に惹かれ、ラングドック地方でふたつの地層が接する線をたどりながら感じた喜びの記憶を終生大切にしているレヴィ゠ストロースのように⑯、やがて生まれ育った土地を離れ、異文化と接触してそれを研究対象とし、それによって内側を外側から眺めてみようとはしなかったのかという問いである。

しかしながら大戦下の亡命のような、なかば強いられた異文化体験をも持たなかったグラックにも、一度だけ、自分が育った環境から離れた地をフィールドとした地理学の博士論文執筆を構想し、マルトンヌがその指導を承諾したことがあった。それは一九三六年、クリミア地方を研究対象に選び、リセを休職してパリの東洋語学校でロシア語を学んだ時のことである。しかしソ連入国のビザが下りず、計画は断念された⑰。三六年は彼の共産党入党の年でもあり、政治活動にもっとも積極的であった時期にあたるから、このフィールドの選択に政治的関心が含まれていたことも大いに考えられる。しかしいずれにせよ、わずかの旅行を除けば勤務地のパリとロワール河下流沿岸の故郷にとどまった彼の戦後の行動範囲を考えれば、その異文化体験の欠如は物理的制約の結果というより、自分が思索すべき位置の自身による選択の結果であったと言える。もちろんその理由には、冒頭に述べたように彼が地球の平板化、均質化を意識するがゆえに、「異文化」の実在そのものにもともと懐疑的であったことがあるだろう。そして結果的に彼は、圧倒的な外部との出会いによって自分を壊滅的に変質させる夢や、外側からの「はるかな視線」で内側を眺める可能性の放棄を代償として、地球の平板化、均質化の傾向に目を閉ざして異文化を理想化し、自分の社会で満たされないものをそこに投影するような時代錯誤的で身勝手な文化相対主義や、「グローバル化」の名の下になされる地球規模の西欧植民地化などからは、自分を遠ざけることができた。しかし同時に彼は、自分がとどまる環境の中で特に「少数派」でも「異種混淆」でもない、あるいは少なくともいかなる点においてもそれを標榜しないのである。「私の素性がどんなかと言うなら、私にはまざりあいが欠けている。私の血統には有益な異種交配がない」で始まる『街道手帖』（一九九二年）のひとつのフラグマンは、両親の出自とそこから受け継いだとおぼしき自分の性格を説明し、「ほとんど風通しのない生活、物理的にも精神的にも可動性が欠けていること、それがこうした根づきのよさによって私が手に入れた大地の上のきわめて堅固な土台のみかえりに、私が支払った代償である。風をはらんだ人種とは、私はほとんど縁がなかった」[18]としめくくられている。冗談半分にせよ彼が用いた「異種交配」という生物学の用語、さらに「利益になる」という形容詞によってここでグラックが出しているテーゼには、危険がなくはない。なぜなら、ここでグラックが「純血性」に価値を与えるようなイデオロギーに与していないことは明白であるが、同時にこの発言は、「混合されたのちの産物がオリジナルを質的に凌駕するという進化主義と優生思想」[19]に結びつき、個人の優劣をその出自によって判断するにいたる可能性を含んでいるからだ。しかしこうした危険を踏まえた上で私たちが気づくのは、グラックがここで自分を構成する諸与件として挙げるものが、主として「〜ではない」という欠如の表現で示されるものであり、しかもそうした諸与件のいずれをも、自分を他者から決定的に差異化する要素とはみなしていない点である。たとえば現実に私たちが知りうる彼の出自や生活に関しては、彼が終生独身で家族や子どもを持たなかったということが指摘できるが、彼自身がこの「独身者」という側面に言及や自己分析を加えることはない。たとえ空間的に自分を異文化におかずとも、また自分の出自や生い立ちに際立った周囲との差異がなくとも、意志の如何にかかわらず何らかの「負」の符号を背負うことで内側に生きながら外的な存在となり、それによって内側に対する批判的発言権を獲得しようとするケース、それもグラックにはあてはまらないのである。よしんばホモセクシュアルや麻薬中毒や放浪癖など、一般的な了解で「負」の符号とみなされるものが彼にあったとしても、諸与件が相互干渉する集積体として主体を相対的に理解する彼の考えに沿うならば、そうした性質のどれかをもってして自己を絶対的に外的な存在と位置づけることは不可能なのである。

したがって自分のいる場所としてグラックが選択したのは、内側にとどまる自己をできるだけ相対化することによって、空想の外部との境目に近づいてゆくことであると言えよう。そしてその場所は、彼が「向境界性（le tropisme des lisières）」と呼んでいる地理的な境目への好み、想像力にとっては都市と田園部との境から国と国との境まではアナロジーのはたらきでほんのひとまたぎでしかないと言う、外との境目ぎりぎりのところへ惹きつけられる気持ちと呼応しているのである。彼にとっては、多様な所与の組合せと相互干渉からなる現実の世界には絶対的な外部がない以上、境界の感覚は想像の中で獲得されるものであり、そうした想像の中の境界は、現実の中のささやかな、しかし彼にとっては特権的な現実感をもって感じられる境界に立つことで形成されるのである。現実の異文化体験の有無以上に、こうしたアナロジックな発想に基づく想像の中の境界の有効性とそこから生まれるイマジネールの現実性を認めるか否かが、読者がグラックのテクストに与える評価を分かつ点のひとつになっていると思われる。[20]

ブリコラージュの実践

グラックは異文化との出会いを放棄し、自分を育てた環境の中にとどまって、あえてどこかに出て行こうとしなかった。したがって書くための手持ちの材料は、ある意味で限られてくる。そこでこの限界と折り合いをつけるためにも、彼はしばしばレヴィ=ストロースが『野生の思考』の中で神話的思考を説明して言った、「ブリコラージュ」[21]に匹敵する方法をとる。また同時に彼は、生活の中でブリコラージュの産物と出会うことにも感覚的な喜びを見いだし、それを記述しているのである。

グラックによってなされるブリコラージュの実践をもっとも端的に示すケースのひとつは、キリストのイメージや聖書の中のエピソード、またキリスト教の暦などの作品における使いかたであろう。なぜなら、教会からは思春期に自然に足が遠のいたまま、典礼からも疎遠になった[22]彼とキリスト教との関係を考えれば、彼が作品の中で、キリスト教的モティーフをその伝統的な象徴性を持たせたまま使っているとは考えられないからだ。しかし同時に自分を育てた環境の中にとどまることを選んだ彼にとって、それらのモティーフは身近にふんだんにある材料であり、そうである以上彼はその使用を拒まない。ただ、ひとくちに「キリスト教」と括ってしまうと、その対象は漠とした抽象的な次元にとどまり、彼がそこに見る歴史的、社会的に重層的な意味合いを取り逃がすことになる。そこでグラックによるブリコラージュの実践がもたらす作用をより鮮明にとらえるために、まずグラックがキリスト教にみる主な諸相を確認しておこう。

第一に彼が文明論的な視座から、キリスト教に肯定的な意義を認めている場合。たとえば『花文字2』のある断章では、ひとつの文明の価値観がすべて崩壊した後に必ず革命が起きるわけではなく、ローマ帝国においてキリスト教が勃興した時も、それが社会や国家の土台を冒したわけではないという指摘がなされ、続いて、「真の価値観の転換――キリスト教、仏教――にはその成熟の法則として、以前とかわらぬ政治や社会の構造の内部に、具体的なあらゆる暴力的介入をくだらぬものと退ける新しい魂が息づくという、打ち消しがたい啓示があったように思われる」[23]と述べられている。ここには信仰の対象としてのキリスト教観はないが、この宗教が成立期に持ちえた革新的な社会的意義とありかたを認め、それを肯定的に受け止めていることは否定できない。また他所では、キリスト教が最近まで強さと健康を維持していたのは、その内部の教義の複雑さからくる対立などによるところがあるという分析もなされている。[24]次に、キリスト教の歴史的展開の中に彼が指摘する、むしろ否定的なキリスト教観がある。それはたとえば『漁夫王』(一九四八年)の序文で、「他に例がないほど断罪のもとにうめいた中世」、「中世において悲劇的なものとは徹底的に生きられたキリスト教のことで、それ以外にはなかった」[25]と言われる時のキリスト教観である。中世という時代区分を離れても原罪という言葉が象徴し続けてきたキリスト教の持つ閉塞的な意識、それに抗してグラックは、「前キリスト教的」なトリスタン神話や聖杯伝説、さらにニーチェやシュルレアリスムを対置する。そしてこの側面における彼のキリスト教批判が、新たな文明のためには、何よりも「『野生の』文化遺産の上にごまかしと死の影をのしかからせ続けているキリスト教のシステムを清算せねばならない」[26]とブルトンが言う時のシュルレアリスム的キリスト教観と、もっとも一致するところなのである。ただ彼が自分自身に、また同時代の社会にこうした「原罪」との葛藤を実感しているかと言えば、そうではない。彼によればこの感覚は、モーリアックの小説を人々に理解させないほどすでに現実感を失ってしまっており、[27]もはや闘争の対象にはなりえないのだ。こうした葛藤の消滅の認識とその表明は、グラックのキリスト教観において絶対に無視できない点であると思われる。そして最後に、生まれ育った社会の中で彼が見聞してきたキリスト教がある。ここでは理念や教義に対する懐疑や否定というよりも、感覚的に実感した違和感や断絶が問題になっている。たとえば第一次大戦中、ブルターニュのリゾート地、ポルニシェにある閉鎖中のカジノで開かれた負傷兵のための慈善パーティーで合唱された、安っぽい感動の押しつけのような「カンタータ」の思い出。その作曲者は、「模倣的階調に目がなかったように思われる、徳義心にかられた田舎司祭C……神父」であった。[28] また、「トルヴェールのうたと模倣的階調と『タイス』の『瞑想曲』を崇拝していた」父親をめぐっては、故郷に近い村を通りながら、そこで昔父親が夏の夕涼みの途中に「教会の中で練習する子ども達の合唱をステンドグラスごしに聞きながら、数分間うっとりしていた」のを思い出し、「突然、自分とは全く違う父のすぐ近くにいるような気がした」[29] と記している。そして、「模倣的階調」に信頼を置く人々がキリスト教の典礼やその催しをめぐって織りなすこうした光景への違和感は、キリスト教が仏教と同様「もともと母岩を持たない移動性の宗教」で、「古きヨーロッパの文明人たちは教皇にとって、初期のユダヤ人のキリスト教徒たちが異教徒たちに対してすぐにそうなってしまったような、死んだおもりになろうとしている」[30] という彼のキリスト教に対する認識と、おそらく不可分の関係にある。

このようにグラックは、キリスト教を全面的に否認したり、それと対決したりはしない。彼にとっていたたまれないのは、キリスト教にまつわる道徳、習慣、風俗において、意味内容がすたれたことに気づかずに、あるいは気づかぬふりをして象徴を反復したり再生産することの、グロテスクさや滑稽さである。それは彼の小説『シルトの岸辺』の中で主人公アルドーが、「都の天下太平ぶりはいかにも対照的に、現実離れのした、ほとんど妄想的と言ってもいいほどのものに思える——手つかずのまま虫に食われて行く都というものに慣れ親しんで来たおかげで、誰もがそういうくせを身につけてしまったのか、象徴される意味内容がほろんでしまっても象徴の権威は依然として存続しているのだ」[31] と語る時の首都マレンマの状況や、ブルトンがマルセイユのトランプを創作するにあたって、「意味されるものがなくなってもその記号が残存している」さまは認められないと述べた従来のトランプと、[32] 同じ性質の頽廃である。またグラックが、「ティエポロとゴルドーニのヴェニス」を、「宮殿も軍艦も総督も修道院も元老院議員もきれいな仮面もゴンドラの船頭も漁師も、最後の糸くず一本まで一緒に衰弱していった、おそらく歴史の中で唯一のすばらしい時代」[33] と言い、「遺言を残さずに死んだ」そんなヴェニスの対極にあって、つねに争いの種を重ね続けるヒステリックなエルサレムを呪詛する時にも、[34] 終焉をめぐる同じ価値観がはたらいていると言っていいだろう。

それでもグラックは自分にとって、またおそらく多くの人々にとっても意味内容が空疎になった象徴の転がる自分の土地にとどまる。そしてそこで慣れ親しんだ象徴を拾い上げ、ブリコラージュの実践として書く。それは臆病な選択かもしれないが、新しい象徴を求めて「外側」に出て行き、結果的に世界中を象徴の墓場にする危険を冒さないという決断を含んだ選択でもあろう。しかし同時に、それらの象徴にかつての意味内容を再充塡し、その象徴体系のほころびを繕うことに彼の意志はない。グラックが自分の精神的指導者であったブルトンやマルトンヌをキリストになぞらえる場合なども、そうしたブリコラージュの実践として理解できるだろう。

たとえばグラックは、彼がエマニュエル・ド・マルトンヌの先導で他の学生たちと共にイル＝ド＝フランスに地質学のフィールドワークに出かけた時の思い出を語って、自分たちのことを「わが師エマニュエル・ド・マルトンヌ」に率いられた「彼の真の信徒たちの小さい群」と呼ぶ。そして当時自分が書物から得ていたイル＝ド＝フランスの地層に関する知識からは考えつかなかった「緑色泥灰土」の存在を、地質学用槌の二、三ふりでマルトンヌが地表の下から取り出して示すにいたって、「聖痕を前にした聖トマスのように目を見開き、そしてその日から、固くそして永久に、私は信じた」[35]と書き、マルトンヌと自分たち学生とのかつての関係を、キリストとその弟子たちになぞらえる。しかしすでに見たように、キリスト教自体は彼にとって信仰の対象ではなく、呪詛の対象でもなく、それとの感覚的な断絶を自覚する対象である。一方この箇所には、アナロジーの若干のわざとらしさに作家のはにかみを読みとることは可能であれ、彼のマルトンヌへの感謝の念の真摯さから言っても、キリストと弟子たちの印象的な場面をパロディ化して自分を偶像破壊者《イコノクラスト》たらしめようとする意志は見られない。さらにグラックが、エマウスへ向かう弟子たちへの出現をはじめとするキリストの十字架による死から復活、昇天にいたるまでのエピソードが持つ現存と神秘性の共存の感覚に特別な愛着を寄せていることは、『陰鬱な美青年』（一九四五年）の中でそれが繰り返し言及されていることからもわかる[36]。しかもそうした現存と神秘性の共存に対する驚異と憧憬の感覚自体は、そこで変質を被ってはいないのである。彼がここで見せる態度は、自分にとって宗教的な意味を失ってしまった教会建築を、もっぱら美学的あるいは技術的な関心から鑑賞、評価するような態度とも異なる。つまりキリスト教という体系が伝統的な意味を失って、彼の意志や行動の上に指針や抑制としてプラスにもマイナスにも作用しなくなっているとしても、その中の特定の事象や聖書の中のいくつかの場面が自分を引きつけ、体系の中の単なる一部分であることを止め、それについてめぐらす思いが自分にあるならば、それらのモティーフを拾い出し、一種の切り抜き《デクパージュ》と貼りつけ《コラージュ》によってそれを生かすのは、彼にとって自然なことなのである。また彼は、宗教性を帯びた象徴が転用されて再利用されているケースを日常生活の中に見つけ、それを書きとめる。たとえば街道をそれた木立の中に見つけた忘れられた人物の墓、今では遠足の人の休息に供されている墓についてこう言う。

私は家具や道具（あるいは風景）になってしまったこうした墓が好きだ——人の座るベンチ、人の涼む木立。最後に草むらの中で、他人の身体の休息や目の愉しみのためにこんなに安らかに、こんなにやさしく横たわる者は誰でも、完全にその生命を終えたわけではない。木を植えたり、水源を開いた人と同じように。[37]

これらの墓はもはや聖域ではなく、その象徴性も失われている。しかしそのまま遺棄されているわけではなく、まさにレヴィ＝ストロースがブリコラージュに与えた、「前には目的であったものが手段の役にまわされる」、「シニフィエがシニフィアンに、シニフィアンがシニフィエにかわる[38]」といった定義を思わせる転用が起きているのである。そのありかたは、たとえばグラックが『七つの丘のまわりで』の中でコンコルド広場のオベリスクについて言う、化石化し、周囲との有機的なつながりを絶っているさま、「前世紀になされた、コンコルド広場への古代エジプトのかけらの移植」、「考古学的死体防腐処理[39]」とは対照をなすものだ。ここでは既製のベンチを運んでくることによってでも、目的に応じて準備された部品を組立てることによってでもない新たなベンチの獲得が、「手持ちの材料」である墓の転用によってなされている。墓には名前が刻まれているものの、それがどういう人だったのか、すなわちシニフィエが忘却されてしまっている以上、建立当時にはあったであろう死をめぐる禁忌、故人に対する畏敬の念からくる聖性の名残を守るふりをして、実際は遺棄して象徴のごみにするよりも、実用に供し、建立当初には思いもよらなかった道具としての有用性を獲得させるほうが、グラックには好ましいのである。それによってその石は、人に座られたり、触られたり、荷物を置かれたりして、新たな意味、現在の時空に生きる人間と新たな接触や関係を持つ。そうして祈りの場であった以前とは、まったく異なるありかたで生き直されるのである。そしてグラック自身もここで、無名の人々によってなされた象徴から道具への転用というブリコラージュの鑑賞者、記述者として、その発見と媒介の役割を担うことにより、その石と、また彼の時代の社会とささやかなコミュニケーションを持つ。『七つの丘のまわりで』の最後でグラックは、シュペングラーが『西洋の没落』の中でじゅうぶんに強調しなかったこととして、ひとつの文明が「文化的に」成就させたものだけでなく、住まいや土木建築などもっとも純粋に実用的な次元のものですら、続く文明の者にその実用性が継承されることはなく、それらの建造物も単なる風景になってしまうことを指摘している。(40) そうであればなおさら、外に新しいものを探しに行くことを断念、あるいは放棄して身近にあるもので間に合わせるためには、目的や手段、シニフィアンとシニフィエといったありかたの別を跨ぎこした柔軟な転用と、それによる同じ場所での新たな世界の編成とが求められるだろう。

しなやかなリサイクル

レヴィ＝ストロースがその文化人類学研究において、資料の検証やフィールドワークを通じて指摘したこうしたメカニズムを、自分が生まれ育ち、人文地理学的研究のフィールドとした場所にグラックが読みとること、また自分自身もそれを実践すること、そこにはどのような意味があるのだろうか。

レヴィ＝ストロースは、神話的思考を典型的な例とするようなブリコラージュが、「私たちの精神活動の基本的メカニズムを明るみにするものであって、私たちが近代的な思考と思っているものから非常に遠く隔たった知的操作と同じ平面に私たちを置く(41)」ものであると説明している。したがってこの操作のあらわれを西欧社会の一隅に認めたり、それを自分で実践することの意味とは、それがいかに「近代的な思考と思っているものから非常に遠く隔たった知的操作」であるにしろ、それが「私たちの精神活動の基本的メカニズム」である以上、たとえ「近代的な思考」に席捲されてしまった自分たちの社会にあっても、その基本的メカニズムを抑圧する必要はまったくないし、そのささやかなあらわれを見つけた時には、それに気づかぬふりをせずに語り出してやればよいということなのである。そしておそらくそうした発見と実践こそが、むしろ「近代的な思考」とそこから生まれたシステムをほころばせてゆく手助けをするのだ。特にキリスト教に関わる事象を用いるブリコラージュの発見や実践があらわしているのは、たとえ歴史的展開の中で、キリスト教を盾としてきた西欧社会がそうした野生の思考を抑圧してきた面があったにせよ、そのことはキリスト教自体がブリコラージュの材料として利用可能であることを妨げないし、身近にふんだんにある材料を利用することが、人間にとってもっとも自然であるということであろう。だからキリスト教という体系そのものに違和感や断絶を覚えるとしても、もしもそれにまつわる行事などで幼年期に感覚的な喜びを経験したり、その中に捨てがたい思想や挿話があるならば、その快感の記憶を無理矢理トラウマに転じてヒステリックな呪詛の対象にしたり、局所的に感じる自分の愛着を抑圧したりすることのほうが、むしろ「近代的な思考」なのかもしれないのである。また自分が地理学的所与の集積体、すなわち自分が生まれ育った環境のシニフィエであり、いくら後天的に職業や住居を選択したとしてもこのことを完全に免れるわけではない中で、ブリコラージュを実践するということはどういうことか。それは、外部での新しいシニフィエの獲得を期待しないかわりに、自分のシニフィエを固定化せず、既存の全体の透明な部分であることを免れ、何かのシニフィアンに転じて運動することだ。しかしこの何かはあらかじめ設定できるような性質のものではないから、自分を転じて生成させるシニフィアンそのものが探してゆく以外にない。そしてこうしたブリコラージュのメカニズムは、自分の周りとの具体的な感覚的接触とコミュニケーションを契機として発動させる以外になく、それによって自分の周りのものも、目的と手段、シニフィエとシニフィアンの間の転用を伴うリサイクルをとげてゆくことができるのである。

グラックが人文地理学のフィールドにとどまって、外側から内側をながめる「はるかな視線」を放棄したかわりにそこで獲得したのは、ローカルであることが自分と自分の生きる世界の再編を妨げないような、こうしたしなやかな知のありかたであったのだと思う。

註

(1) Louis Poirier (alias Julien Gracq), «L'évolution de la géographie humaine», *Critique*, n°s 8-9, janv.-fév. 1947, pp. 90-91.

(2) Poirier, «Bocage et plaine dans le sud de l'Anjou», *Annales de Géographie*, Paris, Armand Colin, n° 241, 15 janvier 1934, tome XLIII, pp. 22-31 ; «Essai sur la morphologie de l'Anjou méridional (Mauges et Saumurois)», *Annales de Géographie*, n° 251, 15 septembre 1935, tome XLIV, pp. 474-491.

(3) Poirier, «L'évolution de la géographie humaine», *art. cit.*, pp. 86-94.

(4) Julien Gracq, «Entretien avec Jean-Louis Tissier» (1978), *Œuvres complètes*, tome II, Paris, Gallimard («Bibliothèque de la Pléiade»), 1995, p. 1193.

(5) *Ibid.*, pp. 1193-1194.

(6) Gracq, *Carnets du grand chemin* (1992), *Œuvres complètes*, tome II, *op. cit.*, pp. 1020-1021.

(7) Gracq, «Entretien avec Jean-Louis Tissier», *Œuvres complètes*, tome II, *ibid.*, p. 1194.

(8) Gracq, *Lettrines 2* (1974), *Œuvres complètes*, tome II, *ibid.*, pp. 278-279.

(9) Gracq, *En lisant en écrivant* (1980), *Œuvres complètes*, tome II, *ibid.*, pp. 730-732.

(10) Gracq, «Entretien avec Jean-Louis Tissier», *Œuvres complètes*, tome II, *ibid.*, p. 1196.

(11) Poirier , «L'évolution de la géographie humaine», *art. cit.*, pp. 88-90.

(12) *Ibid.*, p. 89.

(13) Gracq, *La Forme d'une ville* (1985), *Œuvres complètes*, tome II, *op. cit.*, p. 850.

(14) *Ibid.*, p. 783.

(15) レヴィ＝ストロースは、フランスにおける研究の特殊性のひとつとして、「ヴィダル・ド・ラ＝ブラシュ以来の伝統において明らかになっている、民族学と人文地理学とのつながり」を指摘している。Claude Lévi-Strauss, Didier Eribon, *De près et de loin*, Paris, Editions Odile Jacob, 1988（『遠近の回想』竹内信夫訳、みすず書房、一九九一年）, p. 95.

(16) Lévi-Strauss, *Tristes tropiques* (1955), Paris, Plon, 1997（『悲しき熱帯』上巻、川田順造訳、中央公論社、一九七七年）, pp. 58-59. グラックも地理学的な視点から、自分が地質学的な境界に寄せる興味を語っている。Gracq, «Entretien avec Jean-Louis Tissier», *Œuvres complètes*, tome II, *op. cit.*, p. 1198.

(17) Etablie par Bernhild Boie, «Chronologie», Gracq, *Œuvres complètes*, tome I, Paris, Gallimard («Bibliothèque de la Pléiade»), 1989, pp. LXVIII-LXIX.

(18) Gracq, *Carnets du grand chemin*, *Œuvres complètes*, tome II, *op. cit.*, pp. 1014-1015.

(19) 北原恵「文化の多様性の解釈と表現をコントロールする者は誰か?」、複数文化研究会編『〈複数文化〉のために』、人文書院、一九九八年、六〇頁。

(20) Gracq, *La Forme d'une ville* (1985), *Œuvres complètes*, tome II, *op. cit.*, pp. 791-793.

(21) Lévi-Strauss, *La pensée sauvage* (1962), Paris, Plon, 1996 (『野生の思考』大橋保夫訳、みすず書房、一九七六年), pp. 30-36.

(22) Gracq, *Lettrines 2*, *Œuvres complètes*, tome II, *op. cit.*, p. 291.

(23) *Ibid.*, p. 290.

(24) Gracq, *Carnets du grand chemin*, *Œuvres complètes*, tome II, *op. cit.*, pp. 1064-1065.

(25) Gracq, *Le Roi pêcheur* (1948), «Avant-propos», *Œuvres complètes*, tome I, *op. cit.*, p. 329.

(26) André Breton (avec le concours de Gérard Legrand), *L'Art magique* (1957), Paris, Phébus, 1991 (『魔術的芸術』巖谷國士監修、河出書房新社、一九九七年), pp. 238-239.

(27) Gracq, *En lisant en écrivant*, *Œuvres complètes*, tome II, *op. cit.*, pp. 765-766.

(28) Gracq, *Lettrines* (1967), *Œuvres complètes*, tome II, *ibid.*, p. 217.

(29) Gracq, *Lettrines 2*, *Œuvres complètes*, tome II, *ibid.*, p. 352.

(30) *Ibid.*, p. 291.

(31) Gracq, *Le Rivage des Syrtes* (1951), *Œuvres complètes*, tome I, *op. cit.*, p. 810 (『シルトの岸辺』安藤元雄訳、『集英社版世界の文学12 ブランショ/グラック』集英社、一九七八年、四三九頁).

(32) Breton, «Le Jeu de Marseille», *La clé des champs* (1953), Paris, Société Nouvelle des Editions Pauvert, 1979 (『アンドレ・ブルトン集成7』粟津則雄訳、人文書院、一九七一年), p. 56.

(33) Gracq, *Lettrines*, *Œuvres complètes*, tome II, *op. cit.*, p. 229.

(34) *Ibid.*, pp. 229-230.

(35) Gracq, *Lettrines 2*, *Œuvres complètes*, tome II, *op. cit.*, p. 342.

(36) Gracq, *Un beau ténébreux* (1945), *Œuvres complètes*, tome I, *op. cit.*（『陰鬱な美青年』小佐井伸二訳、筑摩書房、一九七〇年）, pp. 147-148, pp. 189-190. キリストの現存と死なくしてキリスト教は存在しえなかったという主人公アランの言葉には、コジェーヴのヘーゲル解釈の影響を見ることが可能であろう。Cf. Alexandre Kojève, *Introduction à la lecture de Hegel* (1947), Paris, Gallimard, 1985（『ヘーゲル読解入門——「精神現象学」を読む』上妻精・今野雅方訳、国文社、一九八七年）, p. 521.

(37) Gracq, *Carnets du grand chemin*, *Œuvres complètes*, tome II, *op. cit.*, p. 1011.

(38) Lévi-Strauss, *La pensée sauvage*, *op. cit.*, p. 35.

(39) Gracq, *Autour des sept collines* (1988), *Œuvres complètes*, tome II, *op. cit.*, p. 907.

(40) *Ibid.*, p. 935.

(41) Lévi-Strauss, Didier Eribon, *De près et de loin*, *op. cit.*, pp. 154-155.

ピエール・マビーユにおける《驚異的なもの》と歴史

イルレマル・シアンピ
（飯島みどり訳）

記号の認識は事物の認識に通ずる（マビーユ『驚異の鏡』）

本稿の目的は、医師ピエール・マビーユ（一九〇三～五二年）の案出した《驚異的なもの《メルヴェイユ》》の理論を、彼の民族学研究、とりわけラテンアメリカの土着文化・黒人文化に関する研究の視角から議論することである。同様に、「民衆における《驚異的なもの》」という概念が、歴史の流れに関するマビーユの理論や、また彼が独自の文明観の下でラテンアメリカにあてがう役割をめぐるその理論と、どう切り結ぶかという点も考察の対象となる。

一九四〇年、ピエール・マビーユは『驚異の鏡』と題する書を刊行し、シュルレアリスム詩論の中心を占めながらも従来系統だった省察を向けられることの稀だったこの観念に、焦点を絞った検討を加えた。だが既に一〇年前マビーユは、アメリカ世界に新たな文明が誕生する先触れを示すため、『エグレゴール、もしくは諸文明の生涯』（一九三八年）において、西洋の没落という主題を提起し直していた。(1)

今日、シュルレアリスムの精神がどう進展してきたかを理解し、またヨーロッパ近代の文脈の中で「新世界」がいかなる次元の存在となりえたのかを、それもシュルレアリスム運動第二期の終幕を目あてとして理解しようとするなら、これら二冊の書物にみられる詩論と歴史理論は不可欠の要素である。(2) そこでマビーユのさまざまな省察を、そしてアメリカをユートピアとみなす発想の展開に向けて彼が立てた見通しを検討しなくてはならない。以下、マビーユの思想を年代順とは逆に解説したい。まず『鏡』の詩論から始め、そののち『エグレゴール』の歴史理論を検討するが、このような作戦をとれば《驚異的なもの《メルヴェイユ》》の民族＝人類学的基盤を説明することができるだろう。

イニシエーションとしての鏡

『鏡』に恭々しく捧げられた（意味深長にも「跳ね橋」と題された）はしがきの中で、ブルトンはマビーユを「確固たることこの上ない知に支えられた論証的思考と、長いアンテナを張って探索しようとする嗜好のあいだ」を往復する者と見ている（MM 10/11）。マビーユの戦略はまさに、この書物を読むことが二重の意味でイニシエーションとなるように、（ヘルメス派哲学から精神分析、人類学、オカルティズム、フォークロアまでをも含む）該博な学識と刺激的な推論とをバランスよく配備することなのである。一種宗教的な意味では、そのような読みは同書第二部のアンソロジー風の行程をたどることで満たされる（MM 72-332/88-428）。そこでは、さまざまな文化的伝統に属するさまざまな時代のテクストの集成が、《驚異的なもの》という一貫したモティーフ——自然現象と死を通じての世界の創造と破壊、驚異的な旅、宿命、聖杯の探求——の角度からまとめられ、批評を加えられた形で呈示されている。

マビーユはこの行程を百科事典的なものにするつもりはなく、それは実のところ、よりはるかに野心的な狙いを持っている。古来より今日まで、宇宙の謎を前にした人間がその穏やかならぬ心境を託してきた象徴的言語への接近の冒険に、読者をさし向けようというのである。かくしてモティーフの並べ方は、ちょうどこれをくぐらなければ一人前と認められない遍歴過程のように、入門者たる読者に次々立ちはだかる「試練」の役割を果たす。こうしてみると、マビーユが同書の内容を呈示するときに用いる「城」（隠された知のありか）（MM 17-19/20-22）という謎めいた比喩の意味がわかる。またブルトンが、紹介すべき当のテクストを脇へやり、「跳ね橋」を掲げる理由もわかるだろう〔つまりブルトンの序言は、「跳ね橋」を降ろして読者をマビーユの城に導き入れるものだということ〕。イニシエーション的な読みのいまひとつの形態は、同書第一部（MM 17-71/20-87）において理論的なレヴェルで実践されているが、そこでマビーユは、第二部に登場する魔術的な知の「城」に接近するための、手がかりとなる概念を提供している。「城」

の門をくぐるための鍵のひとつは、「驚異的なもの」ということばの語源を探る議論である――「merveilles（驚異）は mirabilia なる語に由来し、後者はさらに miror に由来する。つまり『まなざしの対象となりうる、またはまなざされるにあたいするもの』である。おそらくラテン語をまたぎ越し、mir という語根の源をサンスクリットに見出すこともできるだろうが、ここではそこまで遠くへは遡るまい。Merveilles がこれほど大きな変転をとげてきた一方で、admirable は変形なく今日まで伝わってきたという説明には驚かされるものの、公認の語源学の言うところは事実のように思える。両者の軌跡は異なるものだったし、民族と社会的カテゴリーの差異が意味を持ったのであろう。いずれにせよ miror という語根の周囲には一風変わった一群の語彙が栄えた――mirer（〔鏡に映して〕見る）、se mirer（自分を映す）、admirer（称讃する）、admirable（称讃すべき）、merveille（驚異）、およびこれから派生した miracle（奇跡）、mirage（幻影）、そして最後に miroir（鏡）、である。《驚異的なもの》の定義を探し求めつつ、こうして我々は鏡へ、魔術的な道具のうちでもとりわけ月並みにして並みはずれた道具へと導かれる」（MM 22/26-27）。

鏡＝《驚異的なもの》という連結をここで採り上げるのは単なる訓詁学的踏査のためではない。マビーユにとって、鏡は魔術の道具である。というのも、磨き上げられたその面《おもて》に、人間は、物質と精神の分裂を乗り越え、直接的感覚の言うところを疑い、また論理が呈示する偽りの確かさというものを疑ってみる可能性を発見するからである。《驚異的なもの》（常軌を逸したもの、物事の通常の道すじからはずれるもの）とは、感覚や外観が与える錯覚を通過することで目に見えるようになる、力と豊饒さの次元である。反映（倒立像）は物質的なものと物質的ならざるものの分離を否定し、従って対立物の還元不可能性をも否定し、こうして心的表象とオブジェのあいだに、また人間と宇宙《コスモス》のあいだに本質的な相似が存在することを明らかにするのである（MM 22-23/27-28）。

こうして我々は、鏡の前に立つと、現実の正確な本性とはいかなるものか、心的表象とそうした表象を喚起するオブジェを結びつけているつながりとはいかなるものか、そうした自問へと誘われる〔……〕。娯楽や好奇心を越え、また物語やお伽噺や言い伝えが与えてくれるあらゆる感情を越えたところに、また気を紛らわせたり、忘却したり、楽しい気分や恐ろしい気分を味わったりする必要を越えたところに、驚異的な旅の真の目標がある。それは

既に我々が理解しつつある通り、普遍的な現実のより総合的な探求なのである。(MM 24/28)[3]

つまりマビーユは、近代思想がもつ二元論的概念に抗し、世界の諸現象を断固として一元論的に解釈する自らの立場を確立するために、「現実的《ロ・レアル》なもの」に内在するものとしての《驚異的なもの》を呼び出すのである。[4] これは単に、文化という装いの下ではあたりまえになってしまっている対立(知覚と想像力、自然と超自然の対立)を退けるというにとどまらず、現実の懐に《驚異的なもの》の遍在を回復することでもある――「《驚異的なもの》はどこにでも」、つまり「人間の内にも外にも」、「ものとものとのあいだ、存在と存在のあいだにも」見つかる(MM 30-32/36-38)。さらにマビーユはつけ加える。そうした全体性の中では形という形が、たとえどんなにささやかなものであれ宇宙の構造を反映しているのだが、我々はそれを知る術がない。というのも、我々の感覚は「日常生活の慣性によって麻痺させられているからである」(MM 30/35)。

驚異的な旅

マビーユは、《驚異的なもの》という概念をこの語の語源にあたることで明確にし、秘教的伝統の語る全宇宙的アナロジーに結びつけ、しかも知覚の諸状態に関する心理学風の語彙を手放すことなしに、普遍的一元論というシュルレアリスムの輝かしいイデオロギーのうちにそれを具体化した。マビーユの関心を惹くのは、経験的世界に内在する奇跡としての《驚異的なもの》であり、主体が直接的感覚の萎縮から解放されさえすれば《驚異的なもの》を把握できるのではないか、という可能性である。「驚異的な旅」は常に途方もない知覚様式を想定しており、それはいったん主体に変化が起こるなら、世界に関するその認識を押し拡げるような啓示・天啓に達しうるものなのである。

《驚異的なもの》は内在するというマビーユの認識は、このような特権的知覚を解き放つよう誘う助言の形をとって現れる。もちろん特権的知覚とは、さまざまな「心理学的限界状況」――それは「意識の手前に、つまり夢の中にも位置づけられるし、あるいは意識の彼方、理性を超えた超意識的な明晰性の中にも位置づけられる」(MM 68/

81-82)――を通じての探索をも含んでいる。

ここでいう限界状況とは、何らかの方向づけを施された訓練により達成されるものだろうか？　それは夢幻的な実践なのか、それとも意識的実践なのだろうか？　たしかに奇跡、啓示、天啓といったある種の言葉の使われ方が、ときに心からの感動（言ってみれば宗教信者のそれ）を示しているように見えるとしても、ただ『鏡』の文脈を追っていくことでのみ「限界状況」という表現の意味は明確になる。そして、感覚解放のメカニズムを信仰というもののうちに位置づけることにもなるのである。ともあれ、さしあたりこの論題をめぐるマビーユの思考の道すじに従っておくのが賢明であろう。その先はまさに、宗教信者たちの自然発生的な信仰をどう評価するかという方向へ収斂してゆくからである。

《驚異的なもの》への接近を目的とした感覚解放の手始めとして、ある一定の条件下でなら、「壊乱的デペイズマン」を追求し、さらには引き起こすことができる、とマビーユは説明する。真の感情を解き放つとは、省察（「良識や論理というけがらわしい次元」（MM 33/39））を振り捨て、普遍的メカニズムの大いなる綜合を取り戻すべく分析的な意志を撤回し（MM 34/39）、良心のやましさから来る自己検閲を中止する（MM 34/40）ことと考えられる。感受性を拡げてこのような内的明晰性を獲得することは、「呪術的な儀式、集中と恍惚へ至る精神的な修行、心的オートマティスムの解放、病的態度の偽装」（MM 35/41）など幾つかの手だてによって可能となる。

これらの提案は明らかに、「目もくらむような下降」を実現し、「禁断地帯のただ中を闊歩」する(5)ためにシュルレアリストたちが頼みとしたもの、つまり不安な衝動にさいなまれた状態やその他さまざまな心理の動き――単なる夢や錯乱から、憑依状態や催眠状態、ヒステリー、狂気に至るまで――を幅広く共有する。

マビーユはここで、心的な力を全面回復するというシュルレアリスムの原則を支持し、理性を超越した明晰性へと到達するために、感覚の無秩序状態が有する発見《ヒューリスティック》的な価値に信任を与える。シュルレアリスム運動の公理に彼の発想が連なっているという事実はさらに、精神の攪乱を通じて人為的に獲得されたイメージが文学・造形作品などの具体的な形をとったとき、その詩的価値を彼が認めていることからも確認できる（MM 35/42）。マビーユによれば、シュルレアリスムのなした探索は、「それまで神聖で神秘的な、そして個人的な才能とみなされていたインスピレーションの問題を解明する」という功績を有していたし、「夢や自動記述の系統だった利用、反省的な統御の拒絶、一連の芸術的手段の廃棄などにより、《驚異的なもの》の源泉と再び合流することを可能にした」(MM 53/64) のである。

《驚異的なもの》対《空想的なもの》もしくは〈信仰〉対〈空想〉

既に指摘した通り、《驚異的なもの》の王国へ到達し、それを詩的記号に込めて表現するために、マビーユは、感覚の解放を実践する手段の幾つかに発見的な価値を置いている。しかしながら、そのような立場を取ったからといって、《驚異的なもの》の純然たる現れが、人々の魂、神秘的な衝動(「神秘主義の高揚」)、要するに自然発生した集団的信仰のうちにも存続することを否定するわけではない。未開の儀礼や神話を踏み台としながら、そうしたものに道徳的目標をあてがってゆくのが宗教であるが、このような教義の体系化に触れてマビーユは言う——「すなわち《驚異的なもの》が前提とするのは解決よりも未知の領域を探索しようという不断の意志である。ところが本当の信者は、信仰を持つやいなやこの未知なるものを無視することになる」(MM 49/60)。議論の柱は、《驚異的なもの》ないし奇跡は、信者の信仰によって自然化されてしまうと超自然ではなくなる、という命題の擁護にある。

《驚異的なもの》の人為的な探求と自然発生的な信仰とが同時に評価されるわけだが、このことはいかなる矛盾をも来さない。それどころか、詩的行為(それは夢想の力や想像力の開花を前提とするが、あくまで理性の統御下にある)と自然発生する信仰——こちらは理性のメカニズムに足をとられない——とのあいだには、正当な境界線があり、ましてや前者は、《驚異的なもの》の領野を教義や道徳観の称揚に矮小化してしまう宗教からは区別される。さらに、インスピレーションというシュルレアリスムの手法をマビーユが肯定するのは、「《驚異的なもの》の源泉と再び合流する」(MM 53/64) その力を大いに買っているからだという点を思い出しておきたい。言い換えれば、未開の信仰本来の源に還り、理性によって押さえつけられた情念の衝動を回復する力のことである。彼はその先でもつけ加えている——「それをなしうるのは、大いなる冒険を続行する革新者である。より注意深く無意識の声に耳を傾けることで、彼らは宇宙の声をよりよく理解し、集団的次元における《驚異的なもの》の領域を拡げることさえ期待できる」

(MM 53/64)。近代詩人が果たすこの役割をマビーユが認めるとき、彼の見解は多少とも強固なものとなる。なぜなら詩人は、文化の表出されるさまざまな審級(民衆的、カルト的審級)を保持し、それらとの和解の可能性を軽視することがないからである。つまり《驚異的なもの》の源については、民衆文化こそ未開の信仰が存続し、神話や伝説といった人類の琴線に触れる表現が最も信頼に足る形で息づいている比類のない場である、というのがマビーユの教示するところである。

民衆における《驚異的なもの》

自らの民族誌研究に基づいて「民衆における《驚異的なもの》」の諸特徴を検証することに、マビーユは自論の相当部分を割いている(MM 37-69/44-83)が、そこには人類学的・精神分析学的角度からの突っ込んだ観察が数多く開示されている。以下では、本稿の主題に最も関連する点にのみ触れることとする。

《驚異的なもの》を知るためには信仰を重視すべきであるというマビーユの態度は、彼の省察過程に見られる二つの流れ、二方向に分かれつつ相関する流れのうちに確認することができる。第一の方向は、聖性を剝ぎ取られた近代性に対する批判だが、これについては後述する。もうひとつの方向は、フォークロアを集団的無意識に属する表象の貯蔵庫として価値づけることである。歴史的な内容の下に隠れながら、地方ごとにヴァリエーションがあるにもかかわらず、民話や伝説には深い同一性を表現するイメージやモティーフが託されていると彼は指摘する。

それらは現実の歴史や、存在したがままの社会生活を表現するが、それにもまして、人類のうちに永続する情動的な要請を反映しているのである。(MM 37/44)(6)

《驚異的なもの》のモティーフは特定の歴史や文化を越える性格を持つということが立証されると、マビーユは、民衆の叙述と宗教神話との入り組んだ結びつきの中に、彼の詩論の基礎を置くことになる。サンティーヴの命題(民衆の叙述や伝統というものは、古典的な宗教儀礼が徐々に聖性を失っていった果ての抜け殻である）のおかげで、童話の中に本来の呪術的内容が拭い難く刻印されているという彼の示唆は、説得力を強める（MM 42-46/50-56）。同様に彼は、原初的な宗教性が《驚異的なもの》の存続に果たす役割、遊びや習慣の中に生き続ける儀礼的配慮、当初の荘重さは薄まりつつも民話の中に保たれている不可解さ、アルカイックな象徴の力学をヨーロッパの最近の神話にすら求めようとする試みなどについて検証する（MM 47-51/57-62）。

このように集団的象徴の永続性を評価する文脈において、マビーユは、「民衆における《驚異的なもの》」を個人が文学として搾取することを、すかさず非難している。種々の規則、技巧上のしきたり、形式や文体上の仕掛けなどは、未開的伝統の鍵となるイメージを裏打ちする原初的な感情の力、つまり呪術的価値を殺ぐというのである（MM 51-52/62-64）。「《驚異的なもの》が民衆の手から奪われ個人の作品の契機となってしまうと、その力は弱まる。表現上の慣習的規則を用いて完成度を高めようとする書き手の意志は、感情をも真の神秘をも貶めてしまう」（MM 51/62）。シュルレアリスム詩人や《驚異的なもの》のヨーロッパ的伝統へと導くこうした批判は、大仰な表現と高尚にして威厳たっぷりの文体、「麗しく」「抒情的」で「際立った」イメージに満ちた文学を標的としている（MM 51-52/62-64）。マビーユは名指しの批判を避けているが、「博物館の御用商人」や「アカデミーの番人」（MM 53/64）に言及していることから、その批判は同時代のシュルレアリストたちも攻撃していた——少なくともアナトール・フランス（さらにはバレスやロティ）に向けて弓を引いた小冊子『死骸』（一九二四年）以来攻撃の対象としていた——その同じ作家たちに向かっていることは明らかである。[7] 伝統的なものと近代的なもの——民衆的なものと人為的なもの——の批判的区分以上に興味深いのは、マビーユがこうした議論の中で、幻想的なものと《驚異的なもの》のあいだに提起する区分である。《驚異的なもの》の内在性を定義するにあたり、まず手始めに、ある理解不可能な世界の持つ全的現実性を眠りこませまいと切望する読者を指して、マビーユは言う——「彼は真の《驚異的なもの》を、幻想的なもの、奇妙なもの、偽りの閃めきから明確に区別したいと考えている。ところが発見の陶酔や、おし拡げられた地平線を眺めることで生じる真の異郷感覚《デペイズマン》は、文学的策略や罪深いパロディが引き起こす、より劣った感情と、簡単に混同されてしまう」（MM 21/24）。

この境界線は、のちに出版される著書で再び採用されるが、そこではマビーユはこう主張する――「《驚異的なもの》を寓意に、幻想的なものに、安手の幻に、簡単に同化させてしまうことには、どんなに抗議してもしすぎにはならないだろう」（『驚異的なもの』、七一頁）。幻想と驚異の区別――ブルトンはこれが『鏡』の理論的支柱のひとつであると指摘している(8)――はもちろん、マビーユが擁護する概念、（人間的・文化的・宇宙的）現実の中に内在する《驚異的なもの》という概念にとって、不可欠である。

ここで《驚異的なもの》の（地理的）出自の焦点を定めてくれる、もう一本の境界線へと議論を移したい。

〈未開文化〉対〈聖性を拭いさられた近代性〉

この対立関係は『鏡』の議論を貫いている。《驚異的なもの》の存続を評価するために民衆的伝統の重要性を指摘するとき、マビーユはこう打ち明ける――「この仕事をするために西洋文明の最も著名なテクストを再読することになったが、世界のフォークロアが有する豊饒さに比べそれらがいかに貧しいかを確認した」（MM 53/64）。著者の言葉に従えば、こうした豊饒さは野生の部族のあいだにも、近代国家という政治・経済的大構造の真只中に位置する国々にも残っている（MM 38/45）。また別のくだりでは、マビーユは近代性の際《きわ》に位置する周縁地域を具体的にあげている。「私はアイルランドやブルターニュ、シュヴァルツヴァルト、スペインの一部を念頭に置いている」（MM 50/60）と彼は言うのだ。その説明に従えば、違いが生じるのは歴史の発展方向が統一へ向かっているからであり、その歴史の流れが根本的に、瀆聖の過程――聖なるものから俗なるものへの移行という、文字通りの意味での瀆聖の過程――を伴うからである。この移行は歴史の基本法則であり、それゆえ未開の儀礼は、歴史が進めば進むほど当初の重みを失うことになる（MM 38/45, MM 48/58）。

『鏡』（とりわけその第二部）に引用されるテクストもまた、近代性の周縁を構成する地理的空間の範囲を相当程度に押し拡げつつ、近代文化と未開文化を分かつのはこの点であることを裏づけている。オセアニア、アフリカ、アジア、アイスランド、アフロアメリカ、先スペイン期アメリカなどの書き手不明のテクストは、それが呈示する《驚異的なもの》の数においても、またモティーフの多様性においても、ヨーロッパ人が書いたテクストの中から選ばれたものをしのいでいる。

マビーユがアメリカ世界から選び出したテクストは、ハイチのヴードゥーおよびメソアメリカの宇宙創世神話を論ずるものである。ヴードゥーの神話体系のうちでは、ゾンビ――プランテーションでの終わりなき奴隷労働を宿命づけられた生ける死人――伝説や、血の洗礼の儀礼、つまりいずれもシーブルックがその著『魔術の島』（一九二九年）に描き出しているところのものが、何よりもマビーユの関心を惹いているようである（MM 101-102/125-126, MM 185-190/240-246）。メソアメリカの宇宙創世神話でいえば、彼の関心はマヤ - キチェー文明の聖典『ポポル・ヴフ』（ポポルとは助言あるいは共同体を意味し、ヴフは書物を意味する）の叙述に集中している。この聖典は、何よりもまず人類創世の神話を浮き彫りにするものだが、マビーユはこれに夢中になり、人類創造のさまざまな試みを語ろうと考える。ここで神々は、まるで科学者のように形態と生命の関係を問い、失敗したりためらったりするのである（MM 47/58, MM 89-91/108-112）。しかし彼にとってなおいっそう刺激的に感じられるのは、文明をもたらす英雄たち、つまりウアナウプ（太陽神、男性）とイスバランケ（月神、女性）という双子が、悪の勢力ヒバルバの神々にうち克とうと繰り広げる闘いの逸話である。マビーユは一八六一年のブラッスール神父による翻訳を用い、もっぱら累々たる屍を越え呪術を用いて英雄たちが勝利を収めた「闇の館」でのすさまじい試練の数々を引用している（MM 155-165/204-217）。こうした試練のうちに、マビーユはただ驚異的な民話が持つ語りの構造のみならず、自然現象との闘いに見られる無意識的・集団的不安の存在をも示している。

マビーユにとって、黒人文化やアメリカ土着の文化こそ、何はともあれ《驚異的なもの》を内包する存在だということを、引用されたテクストは教えている。ただし、以下続いて検討の対象となる『エグレゴール、もしくは諸文明の生涯』では、マビーユはアメリカ世界にはっきりと、西洋的文脈の中で一段高い地位をあてがっていた。いずれにせよ、『鏡』の中で定式化されたものを考慮するかぎり、マビーユの取り上げる地理的範囲においては、アメリカこそ、アフロアメリカンの、また先住民の神話体系ゆえに、《驚異的なもの》を規定する範例的世界としてたち現れると言ってよい。しかしこの処置の陰には、ある歴史概念が横たわっており、これをもとにマビーユは、両大戦間に発展した新世界《アメリカ》ユートピア論へ実り豊かな解釈を与えることとなるのである。

アメリカ――ポストモダンの「エグレゴール」

周縁文化と近代文化のあいだの差異は、当然のことながらヨーロッパの衰退という大きなテーマにつながってくる。(オスヴァルト・シュペングラーによる『西洋の没落』(一九一八～二二年)を皮切りとして)歴史・哲学の両面にわたり両大戦間の思想状況を席捲するこのテーマに、マビーユは『エグレゴール、もしくは文明の生涯』(一九三八年)を著すことによって貢献したが、そこで彼は、歴史的変化のメカニズムを究明するために、ヘルメス思想的ディスクールの諸要素を取り込んだ、比類のない省察を呈示している。しかも当時、ラテンアメリカという名が期待をいっそう募らせることになったのは、新世界こそポストモダンの時代における将来を約束された、エグレゴールの胎児とみなされていたからである。

エグレゴールとは――マビーユはヘルメス思想の用語を使っているのだが――「それを形成する個々人の人格とは異なる人格を付与された人間集団のことである」(EG 29)。すなわち強烈な感情的衝突、何らかの強大なエネルギーを必要とする行動を機に形成された集団である。文明、つまり複雑なエグレゴールとは、それらの集団を諸価値の階梯という整合性ある体系にまとめ上げる、人間や社会関係、自然などについての概念を基礎として形成された、そのような人間集団をいう(EG 36-37)。あるエグレゴールの生涯において神秘学が(数字や文字表記の体系において、また時間・空間・物質の測定方法の体系において)どれほど重要かを指摘したのち(EG 39-41)、生体器官との相関関係を注視しながら、マビーユはその成長を分析する。初期にみられる信仰、感情、情動はその誕生を画す。やがて成熟期にかかると、教義、慣習、道徳規範がこれにとって代わり、集団生活や独自の神話を解体してしまう。そして人間の生命を左右する種々の欲求がもはや表明されなくなると、衰弱のみが命脈を保ち、うち続く危機や戦争が、末期症状として無情に生起するのである(EG 42-51)。

このような、歴史を生命の営みになぞらえる見方を表明するとき、マビーユは宇宙や自然の体系との相似性を主張するために、この過程の中に現れる継続的メカニズムと断続的メカニズムの調和を指摘する（EG 42-43）。唯物論的な歴史観は、社会経済的要因のみを絶対視するものとしてこれを批判しつつ（EG 54）、マビーユは、歴史の転換の周期性が、絡み合う二つのメカニズム——ともども太陽系宇宙の律動に支配される、空間と時間のメカニズム——に従うものであることを示そうと試みる。[9] 時間のメカニズムに従えば、エグレゴールの生命力と春分・秋分の歳差運動が続く期間とのあいだには、ある対応関係が存在する（EG 56）。一方空間のメカニズムは文明の地理的軌道に対して作用し、その結果、文明は地球の自転方向とは反対に東から西へと進むことになる（EG 59）。移民の流れは（拡大もするし縮みもするから）断続的なものではあるとしても、西へ西へと人が吐き出されてゆく傾向は不可避である——中央アジアから小アジアへ、ヨーロッパへ、アメリカへ、そして宇宙のエネルギーが統制するこの流れは、一世紀のうちにヨーロッパの完全な壊滅を決するであろう（EG 61）。

ここでマビーユの預言の当否や彼の文化論の科学的価値を議論する余地はない。「夜明けの兆し」と題された『エグレゴール』終章において、キリスト教文明の衰退過程（第二部）とスペイン内戦の意味（第三部）の検討を踏まえたマビーユは、メキシコにおける新たなエグレゴールの誕生を告知する。

三六〇年の時が流れたのち、アメリカを征服した者たちは、自分たちがこの上なく血腥い襲撃をもって組み敷いた民族に庇護を求めねばならない。〔……〕燃え立つ空の下、古代の太陽神殿がいまだそそり立つメキシコ。生き返ったインディオたちに取り込まれていく形で民族が混じり合うメキシコ。メキシコは今まさに、革新の遂行という任務を友愛に満ちたしぐさで受け入れようとしている。〔……〕かつて地中海が有していた価値は数世紀の時を経て大西洋に与えられ、そこにこそ一つの文明を担うだけの力を持った人間の一群が構成されているのである。（EG 183）

かくして夜明けとは、「永久革命」を通じてシュルレアリストたちが建設を希求していた「大いなる神話」の成就にふさわしい条件をもつ、「アメリカの夜明け」のことである。[10] もっとも、アメリカと《驚異的なもの》の連関が明示的に語られているわけではない。それでも『エグレゴール』最後のメッセージにおいてマビーユはこう説く、新世界は人間を個々に分解する二律背反・二元論を無力化する助けとなり、夢想の対象であった一元論、精神と物質の合一をすっかり可能にするであろう、と（EG 185-186）。『鏡』における《驚異的なもの》の理論を先導するのが一元論的構想であったことを思い出せばわかるように、アメリカというエグレゴールはまさしく現実と驚異の連結を体現しているのであり、またこの結合は、アメリカにおける「新たな始まり」という提起の根拠として再発見されるのである。

ラテンアメリカがシュルレアリスム運動第三期の中で果たした役割について、デュロゾワは次のように述べる――「注目すべきことにシュルレアリスムは、大陸という大陸の最も古い部分（マルティニク、北米インディアンの土地、メキシコ、ハイチ）および最も新しい部分と接触したことで、その野心のより高い段階に進んだのである。このためにシュルレアリスムは、新しい神話へと向かう緊張状態に飲み込まれ解体していくという、（当人の目には積極的と映る）危険を冒した。そしてこの緊張状態は、その航跡のうちに運動のさまざまな構成要素を融合していくことになるが、こうした新たな動きは、よく言われるシュルレアリスム『運動』の難破とは正反対であり、むしろその運動の実現なのである」（前掲書、六六―六七頁）。マビーユについて言えば、『エグレゴール』に続くいくつかの著作において、彼はアメリカ世界をシュルレアリスムの視野内で解釈し続けた。たとえば論文「新世界について」では、アメリカ大陸の歴史における決定論をヘルメス思想的（かつ反マルクス主義的）角度から扱い、「不可欠なる連結……」では、アメリカ世界の社会政治体制をヨーロッパのそれと対比させながら分析している（原註（1）参照）。

ハイチの魔力

一九三〇年代以降シュルレアリスム運動の企てがどのように展開してゆくかを研究するとき、避けて通れない問題の一つは、アメリカが持つ《驚異的なもの》の開示される場としてハイチが選び出されたことにはいかなる重要性があるか、という論点である。キューバの作家アレホ・カルペンティエルはその小説『この世の王国』（一九四九年）においてこう明言した――「一九四三年末、私はアンリ・クリストフの王国を訪れる機会に恵まれた〔……〕。ハイチという土地の偽りなき魔力を実感し、中央台地の赤々とした道に魔術的予告を見出し、ペトロやラダといった太鼓の音を耳にしてしまったからには〔……〕[11]。ハイチは生《なま》のシュルレアリスム、文学的創作の入らぬシュルレアリスムを構想するために参照すべき極である――「〔……〕気がつくと私は、ここ三〇年ばかりある種のヨーロッパ文学を特徴づけていた、《驚異的なもの》を呼び戻したいという懸命なる願いの許へ、いま体験したばかりの驚異的な現実をもたらしているのであった」(同書)。先へ行ってヨーロッパの芸術家たちのあいだに神秘主義が欠けていることを指摘し、カルペンティエルは言う――「ハイチにとどまり、驚異的な現実と呼びうるものと日々触れあうことを通して、私にはこのことがとりわけはっきりと得心されたのであった」(同書、五四頁)。ここまでに展開してきた議論の筋道からすれば、ハイチという選択は自明であるように見える。なぜならハイチは真正の《驚異的なもの》と信仰の地であり、ヨーロッパはつくりものの《驚異的なもの》と懐疑の地だからである。

ハイチは呪術と信仰にとって願ってもない場所である。マビーユとカルペンティエルはともにこのことを発見したわけだが、この発想の一致は、彼ら二人の友情にも支えられている。両者の最初の接点は『鏡』の中に現れており(MM 201/302)、そこでは著者がアステカ呪術をめぐるテクストのスペイン語訳に関して、キューバ人の友に謝辞を記している(これらのテクストは後年『驚異的なもの』に収められる。同書、六一―六四頁)。シンポジウム「ラテンアメリカの語りにおける歴史と虚構」(一九七九年三月三〇~三一日、イェール大学にて開催)の折、筆者がカルペンティエル本人から聞き出したところでは、彼は一九三七年、パリでマビーユと知り合っており、その後フランス南部でキャンプ生活をともにしながら、親交を深めた。友情はアメリカの地にも及び、一九四三年末に、二人はポルト＝プランスで再会を果たしている(一九二八年以来フランスに居を定めていたカルペンティエルは、一九三九年キューバに戻り、一方マビーユは、フランスがドイツ軍に占領されると、一九四一年ハイチへ居を移す)。二人はまた、一九四四年にはメキシコで改めて再会する(マビーユはハイチからメキシコへ渡り、一九四四~四六年にかけ滞在、カルペンティエルは同地で休暇を過ごす)が、このときカルペンティエルはマビーユの『人間の構成』出版に手を貸すのである。

この魔力が宿る当のハイチ、カルペンティエルがアメリカの真髄とみなし、《驚異的なもの》をわざわざ作り出すシュルレアリスムへの彼の批判に正当性を与えてくれると考えたこの地には、彼と前後して、アメリカの奇跡を称揚することにかけては互いにひけをとらぬフランスのシュルレアリスト二名が降り立っていた。そのうちのひとりマビーユは、フランス学院を設立し、民族学局の科学研究班に協力するため、フランス大使館付文化担当官として一九四一年、ポルト＝プランスに着任した。そしておそらくは、ヴードゥーの儀式に関して、たとえばW・B・シーブルックなどから得た文献上の知識――「ハイチで私が見たものは、世界の通常の歩みからはかけ離れた事象の数々であり、その結果、私は苦悶の、さらには恐慌《パニック》のいっときを経験した」（シーブルックからの引用：MM 102/126）――を、直接経験して確かめたいと張り切っていたに違いない。

いまひとりはブルトンである。一九四五年、アメリカからフランスへの帰路、彼は旧友からハイチで一連の講演を行うようにと依頼される。このときの邂逅を思い起こし、ブルトンは、マビーユが足繁くウムフォール（寺院）へ通い、儀式の催される折にはウンガン（ヴードゥーの僧）から大変親しく迎えられていたことを記している。また憑依を理解するマビーユの能力、とりわけ自らとは民族も文化も大きく異なる集団と全く一体化できる能力に、目を見張っている（『鏡』への序言：MM 13-14/14-16）。

ブルトンその人について言えば、ハイチの特異性を前にした彼の態度は、その理解力において決してマビーユを下回るものではなかったようである。クレオールの聴衆がぎっしりと詰めかけた講演の席上、彼はハイチ人の民族的遺産と西洋文明とのあいだの差異をほめたたえ、文明化の力がハイチ民族の真正なる天分を脅かしていると警告した。

ブルトンの力強いメッセージを要約し、アンナ・バラキアンはこう言っている――「彼が称讃するのは、アフリカのアニミズムを土着のヴードゥー信仰と、またキリスト教神秘主義の最良部分と結合させるハイチ人たちの力である。彼らは三者の力がもつ本質部分を、物質と精神の、また感情と理性の合一という説得力ある単一のヴィジョンの中に摑み取り、現実への感性を掘り下げるのである」[12]。

マビーユとともにヴードゥーの儀式に八回列席したというブルトンは、自らの動揺を認めながらもつけ加える――「私にできることと言えば、その儀式の雰囲気に身を浸し、それが作動させる未開の力の大波に身を任せることだけであった」（『鏡』への序言：MM 13／14-15）。ヴードゥー儀礼中のブルトンの態度についてカルペンティエルが述べるところは、シュルレアリスム詩人その人の言とは異なっている。カルペンティエルによれば、ブルトンは驚愕のために失神寸前となり、「ひどい！」と叫んだという。[13] ともあれ、「ヴードゥー様式」に従った一九四七年のシュルレアリスム展（マーグ画廊）においては、ブルトンはこうした未開の力がもつ《驚異的なもの》への理解（カルペンティエルはこれを否定しているが）を表現しようと努めている。

ピエール・マビーユは、シュルレアリスムが政治的路線の違いに由来する大分裂を被った後のその発展に、濃密な形で寄与した。彼はアメリカ世界において開けた広大な民族誌の領域を、医者として、哲学者として、社会学者として渉猟し、科学的思考と呪術を分かつ境界線に疑義を呈するに至った。ハイチの未開儀礼に好奇心を抱いたことで、呪術と科学とを認識の二形態として並置する道を模索し、両者の対立を乗り越える方向へ踏み出すことが可能になったのである。人間に生起する出来事を外からやって来る力によって説明しようとする試みは、普遍的なものである。ブルトンはそうした力を予感や夢のうちに見出したが、それに対しマビーユは、魔術的（＝呪術的）象徴主義を通じて、悪魔祓いや透視のメカニズム、そしてとりわけ自然と超自然の矛盾なき関係という宗教的＝儀礼的生活経験のありようを追求しようと努めたのである。

原註

（1） Pierre Mabille, *Egrégores ou la vie des civilisations*, Paris, Jean Flory, 1938（再版は Paris, Le Sagittaire, 1962）および *Le Miroir du merveilleux*, Paris, Le Sagittaire, 1940（再版は Paris, Les Editions de Minuit, 1962. アンドレ・ブルトンの序文を含む）。本稿では『エグレゴール』は初版、『驚異の鏡』は再版に依拠するものとし、それぞれ EG, MM と略記する〔後者については、原書の頁数のうしろに次の邦訳書の該当頁数を記してある。ピエール・マビーユ『驚異の鏡』（セリ・シュルレアリスム＝3）山中散生他訳、国文社、一九七二年。ただし、文脈の都合で訳文を変更した箇所もある〕。マビーユの著作としては、このほかに *La Construction de l'homme*, Paris, Jean Flory, 1936；*Initiation à la connaissance de l'homme*, Paris, P. U. F., 1949 などがある。一九三四年から三九年にかけては『ミノトール』誌、一九四二年から四四年には『VVV』誌、一九四八年には『ネオン』誌にも寄稿。*Cuadernos Americanos* 誌第一巻第二号（一九四二年）には『エグレゴール』最終章に該当する「夜明けの兆し」（三三一―四五頁）、同第二巻第五号（一九四三年）には「新世界について」（九四―一一〇頁）、同第三巻第四号（一九四四年）には「ジャングル」（二四一―二五六頁）、同第五巻第二号（一九四五年）には「不可欠なる連結――ヨーロッパとアメリカの形態論的カテゴリー」（三一―四四頁）、同第七巻第一号（一九四八年）には「途上の光陰」（七九―九〇頁）が掲載されている。

（2）次の書物によれば、ブルトンの『シュルレアリスム宣言』刊行に始まるシュルレアリスム運動は、一九二四～三二年、一九三二～四二年、一九四二～五四年の三期に分けられる。Gérard Durozoi, Bernard Lecherbonnier, *Le Surréalisme. Théories, thèmes, techniques*, Paris, Larousse, 1972.

（3）ツヴェタン・トドロフはその著 *Introduction à la littérature fantastique* (Paris, Editions du Seuil, 1970, p. 62)〔『幻想文学論序説』三好郁朗訳、東京創元社（創元ライブラリ）、一九九九年、八九頁〕に同じくだりを引用し、人類学的現象として《驚異的なもの》を深く研究するには『鏡』は必読文献であると勧めている。

（4）「シュルレアリスムの哲学」としての一元論についてはデュロゾワとルシェルボニエの前掲書（八四―八七頁）、シュルレアリストたちにとっての内在論の教義については次の研究を参照。Ferdinand Alquié, *Philosophie du surréalisme*, Paris, Flammarion, 1955〔フェルディナン・アルキエ『シュルレアリスムの哲学』巖谷國士・内田洋訳、河出書房新社、一九八一年〕。

（5）André Breton, *Manifestes du surréalisme*, Paris, Gallimard, 1969, p. 92〔アンドレ・ブルトン『シュールレアリスム宣言集』森本和夫訳、現代思潮社、一九八二年、一〇七頁〕。

（6）神話／民話の関係、個体発生の過程を考える上で語りの形をとった宇宙創世論がもつ価値、子供の想像力（MM 46-57/56-69）などについてのマビーユの観察は、当時の人類学やフロイト派精神分析、ピアジェ派心理学の優れた応用例となっている。さらに目を見張るべきは、驚異的な民話にみられるある種の要素、歴史上に現れたその異説、その神話的・宗教的源泉に関するマビーユの分析であり（MM 39-41, 47-49, 54-55, 165/46-49, 57-60, 65-67, 217-218）、彼の分析はこのテーマをめぐるV・プロップの研究を裏づけている（V. Propp, *Morfologia del cuento*〔『昔話の形態学』北岡誠司・福田美智代訳、白馬書房、一九八三年〕, Madrid, Fundamentos, 1977 ; *Raices históricas del cuento*〔『魔法昔話の起源』斎藤君子訳、せりか書房、一九八三年〕, Madrid, Fundamentos, 1974. なお両書のロシア語版はそれぞれ一九二八年、一九四六年に刊行されている）。

（7）M. Nadeau, *Documents surréalistes*, Paris, Editions du Seuil, 1946, pp. 11-15〔『シュルレアリスム読本――4 シュルレアリスムの資料』稲田三吉・笹本孝・塚原史訳、思潮社、一九八一年、二〇―二三頁〕。この文書にはフィリップ・スーポー、ポール・エリュアール、ブルトン、およびアラゴンが署名している。

（8）ブルトンは『鏡』の詩論のために、この区分を次のようにまとめている――「かつて彼ほど巧みに《驚異的なもの》を定義しえたものはいない。彼はそれを《幻想的なもの》と対置するのだが、残念ながら我らの同時代人たちの場合、次第に後者が前者を押しのけようとしているのである。ところが、《幻想的なもの》はほとんどいつでも、取るに足りない虚構の次元にとどまっているのに対し、《驚異的なもの》こそは、生の運動の先端で光り輝き、感受性全体を巻き込んでいるのである」（『鏡』への序言：M 16/18）。

（9）人間と宇宙の関係を定義すべくマビーユが擁護する「類似性のディスクール」は、宇宙が決定するところを社会・歴史現象の中で解釈するマルクス主義的概念と明らかに対立する。マルクス主義的矮小化への彼の批判は著書の随所に見られる（特に MM 41/48-49、および EG 31-54）。

（10）「夜明けの兆し」の章は *Cuadernos Americanos* 誌に掲載された（原註（1）参照）。マビーユの思想がラテンアメリカの人々にどのような衝撃を与えたかは、たとえばファン・ラレアがエグレゴール論を用いてシュルレアリスムとアメリカ世界を関係づけ、その上でマビーユの預言を裏づけようとした論文「新旧世界のあいだのシュルレアリスム」（一九四四年）に現れている（Juan Larrea, «El surrealismo entre el Viejo y el Nuevo Mundo», *Del surrealismo a Machupichu*, México, J. Mortiz, 1967, pp. 17-100. とりわけ六三頁とその前後）。

（11）Alejo Carpentier, *El reino de este mundo*, Buenos Aires, Librería del Colegio, 1975, p. 53. 序言部分〔アレホ・カルペンティエル『この世の王国』木村榮一・平田渡訳、水声社、一九九二年、九頁〕。

（12）Anna Balakian, *André Breton, Magus of Surrealism*, New York, Oxford University Press, 1971, p. 181. やや誇張があるが、ブルトンのメッセージは革命的行動を刺激したと考えられており、事実間もなくハイチ政府は瓦解することとなる。ブルトンの訪問が引き起こした（当局にとっての）負の反響のおかげで、マビーユは外交官職を失う。同書一八頁、および MM 11/12（ブルトンの序言）を参照。

（13）E・ゴンサレス＝ベルメホによるアレホ・カルペンティエルへのインタヴュー。*Crisis*, oct. 1975, p. 43.

＊ このマビーユ論は、以下の論文を本書のために書き改めたものである。Irlemar Chiampi, «Alejo Carpentier y el surrealismo», *Revista de la Universidad de México*, vol. XXXVII, Nueva Época, n° 5 septiembre de 1981, pp. 2-10.

ブルトンとピカソ
——接近遭遇

谷川 渥

アンドレ・ブルトンは、『シュルレアリスム革命』第四号（一九二五年七月一五日発行）から、のち一九二八年に一冊の書物にまとめられることになる絵画論「シュルレアリスムと絵画」を発表し始めた。そこでブルトンはこう書いている。

シュルレアリスム絵画というものはありえないだろうといわれた。絵画、文学、それがなんだというのか、おおピカソ、あなたは、もはや矛盾の精神ではない脱走の精神を、最高度のものにまで引き上げた！(1)

あるいは、こういう言葉もある。

シュルレアリスムはなにか行動方針を立てようとするとき、ピカソがこれまで耐えてきたところ、これからも耐えてゆくだろうところを、おなじように耐えて通って行きさえすればよい。(2)

シュルレアリスム絵画の存在を宣揚するにあたって、ブルトンは誰よりもまずピカソに訴えているのである。それにしてもブルトンのピカソへの思い入れは、いささか尋常ではない。ブルトンにとって、シュルレアリスムにとって、シュルレアリスム絵画にとって、ピカソはいったいどんな存在だったのか。シュルレアリスムとピカソとは、どんな関係をとり結びえたのだろうか。

ブルトンがこうした言葉を発するに至った経緯を整理しておこう。ブルトンは『シュルレアリスム宣言』(一九二四年)[3]において、シュルレアリスムを「心の純粋な自動現象《オートマティスム》」、あらゆる理性的コントロールを排除した「思考の書きとり」と定義した。そのかぎりでシュルレアリスムは、言語の次元、詩的言語の次元でのみ問題とされるように思われた。もっとも、ブルトンはみずからの体験を例示する際に、言葉の生成と軌を一にする「ぼんやりした視覚表現」、「すこぶる特殊な絵画性」に触れており、詩的想像力における視覚性の問題を意識的に開かれたままにしているように思われる。そして『宣言』の本文にではなく、ひとつの註に、こんなふうに画家の名前を列挙している。「古い時代では、ウッチェッロ、近代では、スーラ、ギュスターヴ・モロー、マティス(たとえば「音楽」における)、ドラン、ピカソ(とびぬけて純粋だ)、ブラック、デュシャン、ピカビア、キリコ(じつに長いことすばらしかった)、クレー、マン・レイ、マックス・エルンスト、またごく近いところでは、アンドレ・マッソン」。もし本文に挙げられていたなら、当然、「誰それは~においてシュルレアリストである」と表現されていなければならなかっただろう。この時点で、ブルトンは個々の画家について、たぶんそこまでは突き詰めていなかった。

同じ年の一二月に刊行された『シュルレアリスム革命』誌の創刊号に「魅惑された眼」[4]という短いエッセーを発表したマックス・モリーズは、詩的言語と同じような「シュルレアリスム的造形」の可能性を問い、対象抜きの形態と色彩が、「いっさいの熟慮を逃れ、姿を現わすと同時に、おのずから成り、おのずから壊れるような法則」によって組織される、そのような絵画のありようを描いてみせた。この文章のなかでモリーズは、デ・キリコ、ピカソ、マン・レイの名前に触れているが、みずからの想定する「シュルレアリスム的造形」を担う画家の名前を具体的に挙げているわけではない。しかしそこにはマッソンの一枚のデッサンがさりげなく掲げられている。はなはだキュビスム的なデッサンで、タイトルも付いていないが、モリーズはマッソンという若い画家(このとき二八歳、ブルトンと同い歳である)のうちに「シュルレアリスム的造形」の未来を見ていたのかもしれない。

ところが、モリーズのこの文章に対して、『シュルレアリスム革命』第三号(一九二五年)において、ピエール・ナヴィルはこう断言した。「もはや誰ひとり知らぬ者はないが、シュルレアリスム絵画というものは存在しない。偶然の身振りに委ねられた鉛筆の線も、夢の形象をなぞった画像も、さまざまな空想も、シュルレアリスム絵画というわけにはいかない」[5]と。ナヴィルは、オートマティスムの造形的可能性というものをあっさりと否定したのである。

ブルトンが『シュルレアリスム革命』第四号から「シュルレアリスムと絵画」を連載し始めた背景には、直接にはナヴィルのこの発言への反撥があったわけである。ブルトンは、同誌の第三号までの編集責任者だったピエール・ナヴィルその人とバンジャマン・ペレに替わって、第四号からみずから編集に乗り出した。これは一九二九年の最終第一二号まで続けられたのである。

ブルトンによるピカソの召還は、しかし突然のようになされたわけではない。ブルトンは、アポリネールの主宰する『ソワレ・ド・パリ』誌の一九一三年一一月号にすでにピカソを発見していたが[6]、一九二〇年以降、服飾業者ジャック・ドゥーセの個人コレクションのための芸術顧問のような仕事をしながら、ドゥーセにピカソの作品の購入を勧め、みずからも一九二一年一一月一七日のカーンワイラーの競売で、ブラック、ドラン、グリス、レジェ、ヴラマンク、ヴァン・ドンゲンとともにピカソの作品を自費で購入している[7]。一九二二年一一月一七日のバルセロナでの講演でも、ピカソに言及し、キュビスム、未来派、ダダの潮流が、伝統と訣別しつつ、ついにはシュルレアリスムに到達するという図式を提示している[8]。ブルトンが一九二三年に出版した詩集『地の光』の豪華版四〇部には、ピカソによるブルトンの銅版肖像画が掲載されているから、少なくとも『シュルレアリスム宣言』以前に、ブルトンはピカソを個人的にもよく知っていたわけである。

『シュルレアリスム革命』誌に連載され始めた「シュルレアリスムと絵画」に呼応するかのように、一九二五年一一月、パリのピエール画廊で「シュルレアリスム絵画」展が開かれた。これには、ピカソをはじめ、デ・キリコ、エルンスト、アルプ、マッソン、マン・レイ、ミロ、ピエール・ロワ、クレーなどの作品が並んだが、ピカソは自分の作品が出ていることをはじめ知らず、あとで知って了承し、しかもシュルレアリスムの刊行物での複製許可を与えたようである。

ピカソへの熱いオマージュの背景には、おおよそこのような事実関係があった。それが、たとえばブルトンとポール・エリュアールの共編になる『シュルレアリスム簡約辞典』（一九三八年）では、「ピカソ」の項目の記述は、こんなにそっけなくなっている。「かれの作品は、一九二六年以来、客観的にみて、シュルレアリスムにかかわりあいをもっている。シュルレアリスムの詩の作者（一九三五〜一九三八）(9)」。明らかに熱は冷めている。にもかかわらず、なおシュルレアリスムとの一定の「かかわりあい」は認めている。この微妙にして決定的な変化の内実を探らなくてはならない。

「シュルレアリスムと絵画」の冒頭に、あまりにも有名な「眼は野生の状態で存在する」という一文がくる。「野生の状態（l'état sauvage）」とはなんだろうか。「野生の状態で存在する」眼とは、たとえばジョン・ラスキン（『ドローイングの要義』、一八五六〜五七年）のいう「眼の無垢性」と同じようなものなのだろうか。この一文を読んだかぎりでは、そう思われもしよう。つまり、あれこれの社会的しがらみ、日常的些事、現実的規範から解放された「無垢な眼」のことであると。換言すれば、コード化された知覚ではない、ベルクソン的な「純粋知覚」のようなものを、ブルトンは「野生状態」という言葉で指したのではないか。フッサールの「エポケー」、シクロフスキーの「オストラネーニエ」、ブレヒトの「異化《エントフレムドゥング》」といった考え方ともつながるこの時代に特有の思想モードを、それは暗示しているのではないだろうか。

そのような最初の思いは、しかしブルトンの文章を読み進むと修正を余儀なくされる。どうやらブルトンは、「野生の状態」という言葉で、眼前に直接に現前する知覚世界にはとらわれないことを指しているらしいのである。「感じかたのさまざまな段階」に言及したあと、ブルトンは「眼をひらいたまま、眼をとじたまま」という表現を用いている。眼を見ひらいて、眼前の対象のありのままの姿を直視することが、つまりその意味で「無垢な眼」あるいは「純粋知覚」が問題になっているわけでは必ずしもないようだ。「眼をとじたまま」でもいいわけである。

さてそのあとの箇所に、「私たちの全面的なプリミティヴィスムの前でもちこたえられる芸術作品はなにひとつない」という一文がくる。「野生の《ソヴァージュ》」という言葉にせよ、「プリミティヴィスム」という言葉にせよ、明らかに人類学の領域との関係を想定させずにはいない。もっとも、プリミティフという形容詞やプリミティヴィスムという名詞は、美術史の上では、盛期ルネサンス以前のイタリア美術、中世美術、ギリシア・アルカイック期の美術、古代エジプト美術などの、ルネサンス以降の西洋美術史の「正統」ではないものにしばしば適用され、日本の浮世絵版画すらその適用を免れなかったから、必ずしも人類学的な意味をになわされてきたわけではない。プリミティヴィスムは、いわば「他者性」をあらわす言葉なのである。しかしブルトンの「私たちの全面的なプリミティヴィスム」という表現のうちには、従来の美術史的用法とは明らかに異なる「人類学」的なニュアンスが込められている。「他者性」の領域が拡大したといってもいい。

レヴィ＝ブリュルは、一九一〇年に『劣等社会における心的機能』を、一九二二年に『未開心性』を、さらに一九二七年に『未開霊魂』を出版し、そしてジュール・モヌロの『現代詩と聖なるもの』（一九四五年）[10]も強調するように、ブルトンをはじめシュルレアリストたちがレヴィ＝ブリュルの著作を耽読したのだとすれば、夢やトーテムや融即の法則を説く彼の、その「未開《プリミティフ》の」という言葉遣いが、ブルトンの「プリミティヴィスム」に反映しているとみても間違いではあるまい。また、ジェイムズ・フレイザーの『金枝篇』は、一八九〇年の初版以来、何度も版を重ねたり改めたりしているから、ブルトンもその「未開」社会の記述を知らなかったはずはない。「全面的なプリミティヴィスム」というブルトンの表現は、こうした人類学的な文脈を抜きにしてはありえなかっただろう。

ジョン・ゴールディングは、もうひとつおもしろい見方を付け加えている。[11]ブルトンは、『シュルレアリスム宣言』のなかで、「ボードレールは道徳においてシュルレアリストである」と述べているが、ボードレールは、その「赤裸の心」のなかに、「イマージュ崇拝（私の大きな、唯一の、原初的《プリミティヴ》な情熱）」と書きとめている。ブルトンは、ボードレールの「一八四六年のサロン」をモデルに、ボードレールがドラクロワを称揚したように、ピカソを称揚しようとしたのだろう、とゴールディングはいう。ブルトンの頭のなかに「一八四六年のサロン」があったかどうかは定かではないが、「イマージュ崇拝」を「原初的《プリミティヴ》な情熱」と呼ぶボードレールの言葉がなにがしか響いていたとしてもおかしくはない。

いずれにせよ、ブルトンの「プリミティヴィスム」とは、人類学的文脈に触発されながらも、しかし直接に「未開」社会の、あるいは「部族」社会の何かへと送り返されるのではなくて、もっと原則的に、可視的なものと不可視的なもの、合理的なものと非合理的なもの、知覚と想像といった二元論を解体する基本的構えを意味する言葉であったろうと思われる。その中核に、「イマージュ崇拝」がある。

この二元論が、外部と内部という言葉で置き換えられるとすれば、その解体は「内部」の強調というかたちをとらざるをえない。外部の世界の模倣と対比的に、ブルトンが「純粋に内的なモデル」という表現をもちだしてきたのは、そういうことだろう。「存在しない何か、だが存在するものとおなじ密度をもった何か」とか、「新しく本物の視覚的イメージ」といった表現が、この「内的なモデル」に呼応する。ピカソの名前が挙げられるのは、まさにここにおいてである。

ブルトンが「シュルレアリスムと絵画」において具体的に言及しているピカソの作品は、《クラリネットをもつ男》（一九一一年）と《シュミーズの女》（一九一三年）の二点である。一九五七年に刊行された『魔術的芸術』のなかでは、ブルトンはやはり《クラリネットをもつ男》というタイトルの、しかしこちらは一九一四年のピカソの作品と、同年のブラックの《ギターをもつ男》とを挙げて、こう書いている。「注目にあたいするのは、キュビスムの誕生を左右したもろもろの意図、外的対象のすべての側面を同時に伝えようとするキュビスムの意志が、それまで理解されていた意味でのイリュージョニスムの基礎をなす視覚的レアリスムに対して一挙に背を向けてしまったという観察である」と。「それらの構造物は、画家がかつて前にしていた人や物、絵のタイトルの指示している人物や物体とはもはやなんの関係もない、ひとつの存在に格上げされることになる」[12]。「シュルレアリスムと絵画」からほぼ三〇年後の文章ということになるが、外部の世界の模倣と対立する「内的なモデル」という表現でどういうことを考えていたかが、むしろこれによってよく理解できるかもしれない。

だが不思議なことに、「シュルレアリスムと絵画」で言及されたピカソの二点の作品の図版は、『シュルレアリスム革命』第四号のどこにも掲載されていない。「シュルレアリスムと絵画」というブルトンの文章とともに掲載されているのは、ピカソの別の三点、《アルルカン》（一九二四年）、《学生》（一九一三年）、《女子小学生》（一九二〇年）である。しかもこれらとは別に、この雑誌の別の箇所にピカソの大作《アヴィニョンの娘たち》（一九〇七年）と《窓の前で踊る少女たち》（一九二五年）の図版が掲載されている。ブルトンの言葉はないものの、ピカソの二つの大作の図版が同時に掲載されていることは、なかなかに象徴的である。このことは、ブルトンの「プリミティヴィスム」とどう関係するのだろうか。
まず、《アヴィニョンの娘たち》（図1）が、一九二一年頃、ブルトンの働きによってジャック・ドゥーセのコレクションに入った事実があることを銘記しておこう。『シュルレアリスム革命』誌への掲載も、ひとつにはそうした事実があってのことであるのかもしれない。しかし、ブルトンがみずから編集の責任を買って出たその雑誌にこの記念碑的作品の図版をいのいちばんに載せたのは、やはりそれが彼の「全面的なプリミティヴィスム」に多少とも関係するものであったからに相違ない。

図1　ピカソ《アヴィニョンの娘たち》1907年。油彩，カンヴァス，243.9×223.7cm。ニューヨーク，近代美術館蔵

あらためて強調するまでもなく、《アヴィニョンの娘たち》という作品には、エル・グレコ的なマニエリスム、アフリカの彫刻や仮面といった「部族美術」、古代イベリアの「アルカイック」美術などの「影響」が指摘されている。一八八二年にトロカデロ民族誌博物館（現在、人類博物館）が開館し、一九〇〇年にはパリ万博が開かれて、部族美術はすでに周知の存在になっていたといっていい。だが、部族美術的な意味でのプリミティヴィスムは、ピカソの《アヴィニョンの娘たち》以前に、真に西洋芸術の世界に入りこむことはなかった。もちろん、ゴーギャンのような特異な前例があり、しかも一九〇六年にサロン・ドートンヌでゴーギャンの大回顧展が開かれ、この画家の全貌が明らかにされたから、それがひとつの引き金になったことはたぶん間違いあるまい。このあたりからモダニズムに部族美術的なプリミティヴィスムが組みこまれ始めるのである。ちなみに、アポリネールは、その詩集『アルコール』（一九一三年）の冒頭の一篇「地帯」のなかで、「おまえはこれから眠るのか　オセアニアとギニアの彫像に見まもられて」[13]と詠っている。

部族美術の「影響」の内実については、アンドレ・マルローの伝えるピカソ自身の証言がある。[14]「トロカデロに行ったとき、胸がむかついた」と、ピカソはいう。日付は詳らかではないが、《アヴィニョンの娘たち》の制作以前であることは確かだ。「《アヴィニョンの娘たち》は、あの日心に浮かんだのに違いないが、形のせいなんかじゃ全然

ない」と、ピカソは語っている。トロカデロにあるのは、「フェティッシュ（呪物）」だというのである。「あれは魔術的なものだった」ともいっている。「フェティッシュ」を前にして、「自分がなぜ画家なのか、ぼくにはわかった」と語るピカソは、《アヴィニョンの娘たち》について、「あれはぼくの最初の悪魔祓いの絵だった」とも位置づけている。絵のなかの女性の顔の鼻が横向きになっていようが、またその顔が黒人風であろうが、仮面的であろうが、あるいはイベリア様式であろうが、ピカソのこの「呪物《フェティッシュ》」とか「魔術的」という言葉ほど、ブルトンの「野生《ソヴァージュ》の状態」や「プリミティヴィスム」と通底するものはあるまい。

とはいえ、それを「形」とはまったく無縁だと考えてしまうのも、やはり早計である。ピカソがアフリカの仮面や彫刻のコレクションを始めたのは、《アヴィニョンの娘たち》制作後のことらしいが、ウィリアム・ルービンによれば、ピカソの百点ほどのコレクションのうち真にすばらしいのは六点かそこらにすぎない[15]。一九一二年にマルセイユで「アール・ネーグル漁り」をしたが、あとはのみの市などで買ったものばかりだという。ピカソにとって問題なのは、それらの質よりはあくまでも形式的特徴であり様式だったのである。

図2　ピカソ《窓の前で踊る少女たち》
1925年。油彩，カンヴァス，21.5×14.2cm。
ロンドン，テート・ギャラリー蔵

ブルトンが《窓の前で踊る少女たち》（図2）の図版を同時に掲載したのも、一八年を隔たる二つの作品のあいだに、やはりなにか呪物《フェティッシュ》的な共通性のようなものを感じとったからだけではなく、そのような呪物性を支える形式的特徴の共通性、「視覚的レアリスム」に対して一挙に背を向けてしまった」そのありようを認めたからでもあるに相違ない。英訳では《三人のダンサー》と呼ばれるこの作品が、なにか異様な、不安な感じを与えることは確かで、ブルトンはそこに外部世界の模倣と対立する夢の論理、いうところの「内的なモデル」に通じるものを見てとったのかもしれない。

フランス語のタイトルは《少女たち》だが、右側のうしろにいるダンサーが男のようにも見える。左側のダンサーと真中のダンサーの顔が仮面的であるとすれば、右側うしろのダンサーは黒人的《アフリカ》である。光と闇、昼と夜の対照的な部分の組み合わせから成るといってもいいこの画面構成において、右側の黒い男の影のようなものが、この絵の制作中に死んだピカソの親友を暗示するとの証言もあるけれども、それはそうかもしれないしそうではないかもしれない。いずれにせよ、伝統的な磔刑の場面を思わせもするこの画面は、ピカソが部族美術的な形式的特徴を採り入れて周到に構成したものにほかならない。

この「構成」という言葉を、多くの論者、たとえばW・ルービンとともに「概念化」という言葉で置き換えることもできるだろう[16]。ルービンは、ゴーギャン、あるいはもっと遡ってマネあたりから、最前衛にある芸術の性格が、視覚的認知に根ざした様式から概念化にもとづいた様式へと根本的に変化したと書いている。知覚的なものから概念的なものへのこの変化が、ピカソの作品のうちに端的に見てとれるなら、それは外部世界の模倣から「内的なモデル」への転換をいうブルトンの主張と軌を一にしていることにもなろう。とはいえ、ブルトンはピカソの作品を無差別に評価しているわけではない。《アヴィニョンの娘たち》を例外として、『シュルレアリスム革命』第四号に掲載されたのは、一九一三年の《学生》、一九二〇年の《女子小学生》、一九二四年の《アルルカン》といった、いわゆる綜合的キュビスムの作品、コラージュの技法を主体とする作品だといっていい。《アヴィニョンの娘たち》にしても、これはキュビスム以前の作品であって、要するにブルトンは、いわゆる分析的キュビスム時代のピカソを積極的に評価することを周到に避けている。ブルトンのいう「ピカソがこれまで耐えてきたところ、これからも耐えてゆくだろうところ」とは、「視覚的レアリスム」に背を向けたピカソが、それでもなお知覚的なもの、ある意味で徹底的に知覚的なものかもしれぬ分析的キュビスムから一九一二年頃のパピエ・コレないしコラージュの技法の発見を機に概念的造形を旨とする綜合的キュビスムへと移行し、しかもイベリアやアフリカや、さらにはエスキモーやオセアニアの部族美術の様式的特徴を貪欲に採り入れてその造形世界を進展させつつあるということを暗示する表現であったに違いない。

しかしピカソが「客観的にみて」シュルレアリスムに「かかわりあい」をもったのは、『シュルレアリスム簡約辞典』によれば、一九二六年以降のことにすぎない。『シュルレアリスム革命』第四号の時点では、ピカソはシュルレアリスムにとって、やはりまだ偉大な他者でしかない。だが、同誌第七号（一九二六年六月一五日発行）には、ピカソの一点の作品、それまでのピカソ作品とははなはだ趣きの異なる作品の写真が掲載されている。一九二六年制作のコラージュ作品《ギター》（図3）である。コラージュという点では、なお綜合的キュビスムの統辞法《シンタックス》に従っているともいえようが、画面に縫いつけられたらしい布を貫く釘と糸のありようは、平面性にこだわるキュビスム的美学を明らかに逸脱して、シュルレアリスム的といっても差しつかえないような一種サディスティックな雰囲気をかもし出している。これはピカソとシュルレアリスムとの「かかわりあい」を象徴する一点だといっていいだろう。

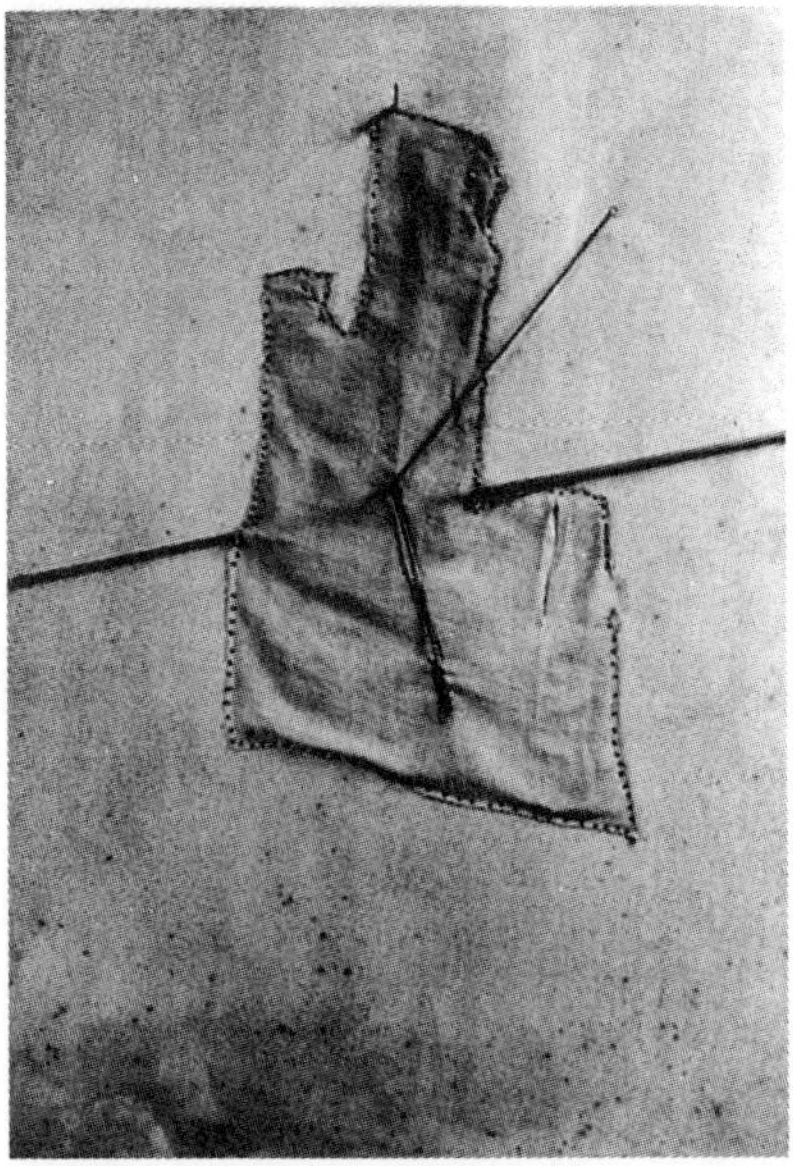

図3　ピカソ《ギター》1926年。布，釘，紐，彩色した木板，130×96.5cm。パリ，ピカソ美術館蔵

一九二六年以降、三〇年代初頭までのピカソの作品をひとつひとつ検証している余裕は、いまはない。ミロ的な生命形態主義《ビオモルフィスム》的な、その意味でシュルレアリスム的なメタモルフォーシスを示すような作品もあれば、アフリカの仮面、あるいはニューギニアの仮面を思わせるような作品もあり、あるいはオセアニア芸術に特徴的な、顔と性器との重ね合わせを示すデッサンや彫刻もあり、端的にシュルレアリスム的といえなくもない、人体の暴力的な歪曲を見せる作品もある。プリミティヴィスムというなら、この時期のピカソほど貪欲にプリミティヴ・アートを吸収し利用して多様な試みを実践した者は稀れであろう。

そうして創出されたピカソのイメージ群のなかから、象徴的題材ないし神話という観点から徐々にあらわになってくる三つの領域がある。ミノトール（ミノタウロス）、磔刑、そして闘牛である。ミノトールは古典的地中海的遺産であり、磔刑はキリスト教的遺産であり、闘牛はスペイン的国民的遺産である。[17] それぞれが暴力、死、勝利に対応し、また互いに融合してもいるテーマである。ちなみに、ミノトールについては、一九二八年に最も早い作品が描かれている。磔刑については、あの《窓の前で踊る少女たち》（一九二五年）がすでにそれを暗示していたが、ピカソは一九三〇年に《磔刑》というタイトルの作品を制作し、そして一九三二年にはグリューネヴァルトの作品にもとづいて一連のヴァリエーションを描いている。

ところで、ミシェル・レリスは、雑誌『ドキュマン』二年次第二号（一九三〇年三月）の「ピカソの近作について」のなかで、こんなふうに書いている。「ピカソに関してここ数年来ひろがっている粗雑な、ただし有害な誤解のなかで、筆頭にくるのは、彼を多かれ少なかれシュルレアリストと取り違えているものである。つまり彼を一種の反抗者と、いやむしろ現実からの逃亡者とみなそうとするのである。〔……〕彼にとって問題なのは、現実を、作り変えるだけの目的で作り変えることではない。彼にとってもっとはるかに、比較にならないほど重要なのは、それにもっと近接し、真にそれに触れることができるように、現実のあらゆる可能性と、あらゆる分岐を表現することである[18]」と。レリスの「現実からの逃亡者」という表現のうちに、「シュルレアリスムと絵画」においてブルトンがピカソに対して用いた「脱走の精神」という言葉へのアリュージョンを見てとってもおそらく間違いではあるまい。レリスは、苛立ちを隠さずに、こう続けている。「ピカソの大部分の作品において気づくのは、『主題』（このような表現を使うことが許されるならば）がほとんどつねに卑近なものであるということだ。なにはともあれそれは夢のようなものでもない。即ち少しも『シュルレアリスム的』ではない[19]」。

ピカソの作品が、「大部分」あるいは「ほとんどつねに」、卑近な「主題」を扱っていることは本当である。そしてそれが、レリスのいうように、「徹底して現実的な性格」をもつことも。とはいえ、すべての作品がそうであるわけではない。とりわけ、この時期に浮上してきた「神話的」テーマ、すなわちミノトール、磔刑、闘牛は、決して「卑近」とはいえないだろう。「なにはともあれそれは夢のようなものでもない」としても、そこにピカソとシュルレアリスムとの接点はありえた。実際、その接点は、雑誌『ミノトール』において具体的にひとつのかたちをとることになる。

『ミノトール』第一号は、アルベール・スキラによって一九三三年に刊行された。芸術主幹はE・テリアード。「造形美術—詩—音楽—建築—民族誌および神話学—見世物—精神分析的研究および観察」というのが、そのサブタイトルである。シュルレアリスムの機関誌であるわけではなかったが、一九二九年に『シュルレアリスム革命』誌の廃刊を余儀なくされたブルトンは、これを恰好の発表の場とみなして利用したようである。一九三九年の第一二—一三合併号をもって役割を閉じるまで、ブルトンはほとんど毎号のように文章を掲載している。もっとも、『ミノトール』第一号には、一九二九年一二月の「シュルレアリスム第二宣言」においてブルトンが「除名」したマッソンのデッサンや、ピカソをシュルレアリストとみなす傾向を非難したレリスの「ドゴン族の葬儀舞踊」という文章も載っており、この雑誌がシュルレアリスム内部あるいは周辺の抗争・確執にかかわりなく広く門戸を開放するという姿勢を貫いたことを示している。

『ミノトール』というタイトルは、マッソンとジョルジュ・バタイユの示唆を受けて付けられたようである。マッソンとバタイユは、ほかならぬレリスを通じて一九二五年頃に知り合っていたが、マッソンの妻ローズの妹がバタイユの妻となって、いわば親戚づきあいという側面もあったわけである。もっとも、マッソンの義妹は、のちにジャック・ラカンと再婚した。ちなみに、『ミノトール』第一号には、ダリの「強迫的イマージュの偏執狂的批判的解釈、ミレーの《晩鐘》」なる文章とともに、ラカンの「様式問題と経験の偏執狂的形態についての精神医学的見解」なる文章が掲載されている。『ミノトール』誌は、どうやらマッソンとバタイユの強い磁場のなかで誕生したもののようである。いうまでもなく、ブルトンは「シュルレアリスム第二宣言」において、このバタイユを激しく非難していた。

いずれにせよ、『ミノトール』というタイトルは、無意識の闇、非合理的衝動の根源たるミノタウロス、そのミノタウロスの在り処《か》へと導く紆余曲折たる迷路、未知の領域へと果敢に向かい、またそこから回帰する意識的精神たるテセウスというシュルレアリスム的ドラマを象徴していたと見ていいだろう。そしてこのシュルレアリスム的ドラマは、そのまま精神分析的プロセスと重なりあうものでもあった。少なくとも三〇年代のシュルレアリストたちにとって、「ミノトール」はそのようなパースペクティヴのもとでとらえられていたはずである。

それがピカソの「ミノトール」と、はたして同じ「ミノトール」であったかどうかは疑わしい。シュルレアリストにとって無意識的、非合理的、性的、フロイト的な象徴であった「ミノトール」は、ピカソにとっては、より複雑な人間的ドラマ、物質と生命、闇と光、混沌《カオス》と真理との闘いの象徴であったといえるかもしれない。非合理という点で重なるとしても、ピカソには少なくとも精神分析的な下方への志向はなかった。

そのピカソが『ミノトール』第一号に全面的に協力した。ピカソは雑誌のカヴァー（ミノトールのデッサンを中心にした、紙ナプキン、木の葉、リボン、板などのコラージュ作品）を作製しただけでなく、四枚のミノトールのエッチングと、さらに「グリューネヴァルトの磔刑にもとづく」と銘打たれたあの《磔刑》なる数点のデッサンと、《解剖学》と題する一連のデッサンを掲載している。いずれも、一九二七年頃からピカソが実践していた、影付けによって彫刻的な立体のイリュージョンを与える、骨の寄せ集めのような、しかもいささか生命形態的《ビオモルフィック》な様相を帯びた奇妙な人像群である。

しかし『ミノトール』第一号において特筆すべきは、これらピカソの作品群を理論的に支えるかのように、ブルトンが「ピカソ――その生の棲み処」なる文章を寄せていることである。そしてこれには、写真家ブラッサイによるピカソの作品とそのアトリエの貴重な写真が数多く添えられている。『ミノトール』第一号の全体が、まるでブルトンによって仕組まれたピカソ特集号であるかのような趣きである。

図4　ピカソ《蝶のいるコンポジション》1932年9月15日。布，木，植物，紐，画鋲，蝶，油彩，カンヴァス，16×22×2.5cm。パリ，ピカソ美術館蔵。撮影ブラッサイ

ブルトンの文章は、ピカソの一点のコラージュ作品への熱いオマージュで始まる。本物の一羽の蝶が一枚の葉や藁《わら》細工とともに画布に貼りつけられているこの作品（図4）を前にした「特異な感動」をブルトンは述べたてているのだが、要は電位差をもったオブジェの遭遇と衝突というシュルレアリスムの詩学の輝かしい例にほかならないということらしい。ブルトンは、こう書いている。「世界でもっとも微妙なもののすべて、認識が重苦しい足取りで徐々にしか到達できないもののすべて――無生物から生物への、客観的な生から主観的な生への移行、鉱物界から植物界、動物界への疑似的な移行、それはここで、そのもっとも驚くべき解決を見出しており、そのもっとも神秘的でもっとも感性豊かな統一性に到達しているのである。前人未到のこの地点からならば、芸術的『レアリスム』とやらが遅ればせに耽っている幼稚な遊戯の数々を傲然と見下す資格もあろうというものだ、――そうした自称『レアリスト』の

輩とは、物事の外観《アスペクト》にころりと騙されてしまう連中であり、彼らにとって、事物にあまねく働く錬金変化は、絵具塗料を壺に満たしてもらったあとは画家がそれを用いるばかりになった瞬間に、停止してしまい、彼ら自身はそうした変容の力と何の関わりも持てずに終るのだから[20]」。

「外観《アスペクト》」にだまされる「レアリスト」と対比的に称揚されるピカソ。ブルトンは「シュルレアリスト」という言葉を明示的にピカソに与えているわけではないが、そしてさすがにそこまで断言してしまうことを避けてはいるが、次のように書くとき、ピカソはシュルレアリストであるといっていることと同じではないだろうか。「私の見るところ、ピカソの偉大さとは、ひとえに、彼がこれら外界の事物に対し、このようにして絶えず自分の身を護りつづけることができたという点によるものなのであって、その事物の中には、彼が自分自身の中から引き出していた事物も含まれるのだ[21]」。

ブルトンとピカソとの接近遭遇は、ブルトンのこの文章において極まる。一九三五年の『カイエ・ダール』誌に、ブルトンはピカソの詩を採り上げて「詩人ピカソ」なる文章を寄せているが、あたかもピカソがシュルレアリスム詩人とみなされるかのようなこの文章を別にすれば、造形的な意味での、つまりシュルレアリスム美術の問題圏での両者の「かかわりあい」に積極的に言及したものは、これ以降にはない。

ブルトンが意識下に抑圧していた、あるいは触れずに済ませていた、あるいは見て見ぬふりをしていたシュルレアリスムとピカソとの差異が、一九三〇年代半ば以降、もはや隠しおおすことのできぬほどにあらわになったといってもいい。それを象徴するのが、《ゲルニカ》(一九三七年)である。この作品において、ピカソはミノトール、磔刑、闘牛という三つの神話的テーマを統合しただけではない。いうなれば、キュビスム、表現主義、シュルレアリスム、古典主義をも統合した。ピカソは、彼独自の道を歩み続けていたのである。

差異は、別のかたちでもあらわになったといえるかもしれない。それは、アフリカ美術とオセアニア美術とへの嗜好の差異として、ピカソとシュルレアリスムとをつなぐ最大の契機となっていた「プリミティヴィスム」の内実に微妙な亀裂が入り始めたということである。もっとも、ピカソその人は、アフリカ美術のみならずオセアニア美術に対しても貪欲な好奇心を示して、しばしばその様式的特徴を自分の作品に採り入れているから、ピカソとシュルレアリスムというよりは、もう少し一般的にキュビスムとシュルレアリスムといったほうが適当だろう。ブルトンは、一九四八年の「オセアニア」展のための序文において、両者の対立を明記している。シュルレアリスムが、アフリカの部族美術ではなくオセアニアのそれを好んだとすれば、前者がヨーロッパ植民地主義に毒された、すでに「卑近」な部族美術であったのに対し、オセアニアや、さらにはアメリカやエスキモーの部族美術がなお「高貴なる野蛮人」の手になるものとして称揚の対象になりえたということもあったかもしれない。後者とてもヨーロッパ植民地主義と無縁ではありえなかったわけだが、少なくともシュルレアリストにとってそれは「卑近」なものではなかったのだ。

ブルトンは、『魔術的芸術』のなかでは、こんなふうにコメントしている。「最後に、『キュビスム風の』の造形性のおかげですでに飾り物のスノビズムにとりこまれていたアフリカ芸術に対抗させるべく、シュルレアリスムはごく早い時期から、オセアニアやインディアンのアメリカを、はるかに幅広い知的・精神的な射程を保証するものとして称えていた[22]」と。

しかし、本質的な差異はもっと別のところにあるというべきだろう。この点でルービンの説[23]は、きわめて説得的である。ルービンによれば、アフリカの美術は、キュビスムと同様、その抽象度に違いこそあれ、基本的に目に見える世界の具体的な現実に根ざしているのに対して、オセアニア（少なくともメラネシア）の美術は、シュルレアリスムと同様、想像の世界、目に見える世界よりも空想の世界の表現をめざす。それは、アフリカの彫刻の強固な三次元性とメラネシア、特にニューギニアの彫刻の本質的に絵画的な構造とを比較してみれば明らかだ、とルービンはいう。後者の絵画性とは、多くの場合相対的に平面的で「本体がない」のを特徴とするということばかりでなく、丸彫り彫刻ですら、真正面か真横かのひとつの視点から見るだけで全体が把握されるということを意味している。オセアニアの彫刻には、アフリカ彫刻の本質的要素をなす、触感的で立体的な量塊というものは、ほとんど見られないのである。ルービンは、ヴェルフリンの言葉を用いて、アフリカの彫刻が「触覚的」であるとすれば、オセアニア（特にメラネシア）の彫刻は「視覚的」あるいは「絵画的」である、と結論する。一般に色彩のない、構成的、立体的、触覚的なアフリカの彫刻よりも、色彩鮮やかで平面的で「幻想的」なオセアニアの部族美術のほうが、シュルレアリストたちをはるかに魅きつけたであろうことは、想像に難くない。ピカソは、オセアニアの部族美術にも興味を示したが、彼がそこから得たものは、ヴェルフリン＝ルービン的にいえば、やはり「絵画的」なものではなくて「触覚的」な側面、つまり色彩や平面性や幻想性ではなくて、顔や四肢の扱い方、その意味で構造的、構成的な側面だったのだろうと思われる。人は（芸術家は、といってもいいが）、結局、みずからの資質にしたがって、みずからの資質に合ったものしか選ばない。ブルトンとピカソとの接近遭遇も、両者の資質の違いのなかから、「プリミティヴィスム」の束の間の（とはいえ一〇年間ほどの）幻想のうちに成立しえたにすぎない。ブルトンは、一九六一年の文章のなかで、端的にこう書いている。「ピカソの見解と私たちのそれとのさらに完全な結合を不断にさまたげていたのは、外部世界（「対象」の）に対する彼の執拗な執着であり、またこの体質が夢や想像力の領域において彼にもたらした盲目状態であった[24]」と。

「内的なモデル」に言及したときにピカソの名を持ち出しさえしなければ、ブルトンのこの幻滅はなかったはずだ。だが、逆にブルトンの「誤解」（と、あえていおう。あるいはこれに「意図的な」という言葉を付け加えてもいい）がなかったなら、両者の接近遭遇（それはまぎれもない歴史的事実である）もまたありえなかっただろう。

註

（1）アンドレ・ブルトン「シュルレアリスムと絵画」巖谷國士訳、『シュルレアリスムと絵画』瀧口修造・巖谷國士監修、人文書院、一九九七年、二二頁。

（2）同書、二三頁。

（3）ブルトン『シュルレアリスム宣言・溶ける魚』巖谷國士訳、岩波文庫、一九九二年。以下、「シュルレアリスム宣言」からの引用は、すべてこの訳書による。

（4）Max Morise, «Les yeux enchantés», *La Révolution Surréaliste*, n° 1, 1er décembre 1924, pp. 26-27.

（5）Pierre Naville, «Beaux-Arts», *La Révolution Surréaliste*, n° 3, 15 avril 1925, p. 27.

（6）ブルトン「パブロ・ピカソ　八〇カラットの……だが瑕が」（一九六一年）参照。ブルトン『シュルレアリスムと絵画』、前掲書、一四五頁。

（7）たとえば、アンリ・ベアール『アンドレ・ブルトン伝』塚原史・谷昌親訳、思潮社、一九九七年、一三七頁参照。

(8) Breton, «Caractères de l'évolution moderne et ce qui en participe», *Œuvres complètes*, tome I, Paris, Gallimard («Bibliothèque de la Pléiade»), 1988, pp. 291-308（『アンドレ・ブルトン集成６』巖谷國士訳、人文書院、一九七四年、一五五―一八二頁）.

(9) アンドレ・ブルトン、ポール・エリュアール編『シュルレアリスム簡約辞典』江原順訳、現代思潮社、一九七六年、二一頁。

(10) ジュール・モヌロの著書の邦訳としては、『超現実主義と聖なるもの』有田忠郎訳、牧神社、一九七四年がある。なお、ブルトン『ブルトン、シュルレアリスムを語る』稲田三吉・佐山一訳、思潮社、一九九四年、二六六頁参照。

(11) John Golding, *Visions of the Modern*, London, Thames and Hudson, 1994, pp. 251-252.

(12) ブルトン『魔術的芸術』巖谷國士監修、河出書房新社、一九九七年、七八頁。

(13) 『アポリネール全集』鈴木信太郎・渡邊一民編纂、紀伊國屋書店、一九六四年、二〇〇頁。

(14) アンドレ・マルロー『黒耀石の頭』岩崎力訳、みすず書房、一九九〇年、一三―一四頁。なお、ウィリアム・ルービン「ピカソ」米村典子・小林留美訳、ルービン編『20世紀美術におけるプリミティヴィズム（Ⅰ）』、吉田憲司他日本語版監修、淡交社、一九九五年には、ピカソがトロカデロ民族誌博物館で、部族社会の仮面と呪物を前にして、「ショック」と「啓示」を受けたという話が出てくる。ピカソは、「その瞬間、絵画とはどういうことなのかわかった」と語ったという。一九〇七年六月のことである。

なお、一九八四年九月二七日から一九八五年一月一五日まで、ニューヨーク近代美術館で開かれた「二〇世紀美術におけるプリミティヴィズム」展とルービン編による前掲の大部のカタログが、激しい議論の的となったことを、私も知らないわけではない。カタログの「日本語版の補遺編」で、監修者の吉田憲司氏の言及しているジェイムズ・クリフォードの批判、そしてそれに対するルービン自身の反論を一読するだけでも、事情は明らかだ。クリフォード以外にも、たとえばすでに、Hal Foster, *Recordings: Art, Spectacle, Cultural politics*, Seattle, Bay Press, 1985 なども、ニューヨーク近代美術館（MOMA）こそは、他者のトラウマを同一者の顕現《エピファニー》へと転化する装置であり、「プリミティヴィズム」とは帝国主義の換喩《メトニミー》であって、それを「用意した」ゴーギャンと、それを「具体化した」ピカソをヒーローとするところのモダニズムは、MOMAイズムにほかならない、と述べている。わが国でも、これは編者の鈴木・真島両氏に教えていただいたが、富山妙子・浜田和子・萩原弘子『美術史を解き放つ』（時事通信社、一九九四年）の「第三章　他者を位置づける視線」において萩原氏が、クリフォードにもとづきながら、この展覧会とカタログを支える考え方を激しく批判している。しかし私は、ルービンを中心とする当の展覧会とカタログの出版を高く評価する。いかなる意味においても、この企画は西洋の植民地主義ないし帝国主義にくみするものではない。ルービン自身が幾度も書いているように、「プリミティヴィズム」は完全に西洋の文化現象なのであり、当の企画を「ヨーロッパ中心主義」と批判することは、そもそも批判になっていないからである。ついでにいえば、私は萩原氏が「二〇世紀美術におけるプリミティヴィズム」展と対比して問題点を指摘しながらも比較的に評価しているらしい「大地の魔術師」展（ポンピドゥー・センター、一九八九年）のほうが、どちらかといえば質《たち》が悪いと思っている。いずれにせよ、植民地主義を指弾する「ポリティカリー・コレクト」な言説と、ブルトンとピカソとの「接近遭遇」を素描する小論とは、原則的に交叉することはありえない。小論にとっては、ピカソをフィレンツェ派と呼んだクレメント・グリーンバーグの議論のほうが、はるかに重要である。Cf. Clement Greenberg, «Review of an Exhibition of Picasso» (1949), *The Collected Essays and Criticism*, vol. 2, Chicago, The University of Chicago Press, 1986, pp. 297-299. グリーンバーグによれば、線描派＝フィレンツェ派であるピカソが、「フランス的」に描き始めたとき、つまりヴェネツィア派以来の色彩中心主義に目配せをし始めたとき、彼の危機が始まったという。こうした観点は、次のエッセーでも貫かれていて、その「危機」のありようが詳細に論じられている。Greenberg, «Picasso at Seventy-Five» (1957), *Art and Culture*, Boston, Beacon Press, 1961, pp. 59-69. ヴェルフリン的ともいえるこうした観点は、以下の拙論に少なからず関係してこよう。

(15) ルービン「モダニズムにおけるプリミティヴィズム」小林留美・長谷川祐子訳、前掲書、一四頁。

(16) ルービン「モダニズムにおけるプリミティヴィズム」、同書、一二頁。

(17) Cf. William S. Rubin, *Dada and Surrealist Art*, New York, Harry N. Abrams, 1968, p. 290.

(18) ミシェル・レリス『ピカソ ジャコメッティ ベイコン』岡谷公二編訳、人文書院、一九九九年、一一頁。

(19) 同書、一二頁。

(20) ブルトン『シュルレアリスムと絵画』、前掲書、一二六頁。

(21) 同書、一三二頁。

(22) ブルトン『魔術的芸術』、前掲書、二四三頁。

(23) ルービン「モダニズムにおけるプリミティヴィズム」、前掲書、四一頁。

(24) ブルトン『シュルレアリスムと絵画』、前掲書、一四六―一四七頁。なお、本訳書では「夢や創造力の領域」となっているが、これは明らかに誤植であるので、「夢や想像力の領域」と訂正しておく。

「野蛮の品々」と「オブジェ」の三〇年代を巡って

星埜守之

一九三一年五月五日、パリ東部に隣接するヴァンセンヌの森で、フランス植民地帝国の一大祭典の幕が切って落とされる。およそ一一〇ヘクタールに及ぶ敷地に、アンコールワットやジャワの寺院、ラオスのパゴダ、コンゴの巨大な藁葺きの住居、アルジェリア館の白い丸天井が、広大な動物園や植民地宮殿（後のアフリカ・オセアニア博物館）とともに忽然と出現し、数十万の人々が日夜詰めかけては、ヨーロッパ各国――ポルトガル、ベルギー、オランダ、イタリア……そしてとりわけフランスの海外領土からの物産や「美術工芸品」に目を奪われ、数々の講演会に足を運んだのだ。極右から社会党系まで、言論界こぞっての称讃を浴びて大きな成功を収めたこの「国際植民地博覧会」は、入場者のエグゾティスムを満足させるとともに、植民地の「文明化」の使命を帯びた「偉大なる第三共和政」のスペクタクルを展開し、帝国のイデオロギーをいかんなく放射したのである。(1)

この「植民地博」に対してフランス共産党とならんで反対の声を上げた数少ない勢力のなかに、アンドレ・ブルトンを中心とするシュルレアリスムのグループがあったことはよく知られている。すなわち、ブルトン、アラゴンらは、五月にビラ『植民地博に行くな』を発行、また七月三日付でビラ『植民地博の最初の決算報告』を発行し、博覧会を厳しく批判している。(2) ちなみに、当時グループにかかわっていたアンドレ・ティリオンによれば、これらのビラはそれぞれ五千枚ほど印刷され、いわゆるインテリ層だけにとどまらず、工場の玄関や街頭、博覧会のために延長された地下鉄八号線のポルト・ドレ駅などでも配られたようだ。(3) 批判のトーンと内容を確認するために、まず前者の一部を引用してみよう。

これらの〔＝インドシナでの〕虐殺を道徳的に正当化するために持ち出される、国家の領土の一体性の教義、それを基礎づけている言葉遊びは、植民地では毎週のように人々が殺されているということを忘れさせるには不十分なのだ。植民地博の開幕式の演壇に共和国大統領、安南皇帝、パリ大司教枢機卿、それに幾人もの総督や兵隊上がりの連中が、宣教師たちのパヴィリオン、ルノーやシトロエンのパヴィリオンの正面で肩を並べていた事実は、あるひとつのとりわけ許しがたい概念の誕生において全ブルジョワが共謀していることをはっきりとあらわしている。その概念とは「大フランス」である。ヴァンセンヌの博覧会のもろもろのパヴィリオンが建てられたのは、この詐欺的概念を植え込むためなのである。(4)

仏領インドシナ出身の学生が博覧会開幕直前に逮捕された事件に言及するところから始まるこのビラの記述は、「植民地人民のなかに世界プロレタリアの盟友を認める」レーニンへの言及を経て、安南、レバノン、モロッコ、中央アフリカでの虐殺の責任者の植民地からの排除と告発を求めるかたちで締めくくられ、当時のシュルレアリスム・グループの政治的立場をはっきりと語っていると同時に、植民地博の政治的・イデオロギー的な意味を先鋭的に抉りだしていると、ひとまずは言うことができる。

いっぽう、七月のビラのほうは、同じ植民地博批判とはいっても、五月のものとはかなりおもむきを異にしている。『最初の決算報告』は、六月二八日に起こった「オランダ領インド〔＝インドネシア〕」館の火災をめぐるもので、ととりわけ、館に展示されていた仮面や呪物などの焼失が問題とされ、その責任がブルジョワ階級に帰せられているのである。

ビラの起草者〔ジョゼ・ピエールによればおそらくブルトンとエリュアール〕は、この火災を西欧資本主義による植民地の文化の破壊になぞらえる立場から、たとえば次のような議論を提出している——「ナショナリズムの敵が被抑圧人民のナショナリズムを擁護しなければならないのと同様、資本主義経済の果実である芸術に敵対する者もまた、その芸術に被抑圧人民の芸術を弁証法的に対置せねばならない」。ここでは、焼失した具体的なものを直接指しているわけではないが、「芸術（＝l'art）」という言葉が使われており、二つの「芸術」の対称関係が図式的に描きだされている。また、一般論として「いわゆる未開（primitifs）民族の芸術」という用語も使われているし、「美術品（objet d'art）」も出てくる。植民地の「未開」社会の生み出した品々が、一九一〇年代あたりから「ニグロ芸術」、「オセアニア芸術」といった用語で「芸術」というコンテクストに取り込まれていった過程の延長線上に、このビラの文章もまた位置していると、——この文書が不特定多数の人々に差し向けられたビラという特殊な性格のものであるにしても——とりあえずは言えそうだ。

だが、より具体的に問題の品々を指し示すにあたって、起草者の筆はある種の慎重さを帯びているようにも見える。これらの品々は「こうした地域の、知られているかぎりもっとも希少でしかももっとも古い芸術的サンプル（spécimens artistiques）」と呼ばれる一方で、「暴力によってもぎ取られた品々」、「マレーシアとメラネシアの知的生活のもっとも貴重なしるし」、「マレー諸島の呪物」とも言われており、さらに、キリスト教の呪物と区別する意味で「私たちにとってはマレー諸島の呪物は議論の余地なく科学的な価値をもっており、その事実からしてあらゆる聖なる（sacré）性格を失ったものである」ことが強調されている。つまり、「芸術」という位置づけにたいしてある種の揺らぎが感じられる。

こうした慎重さ、ないしは曖昧さは、シュルレアリスムにおける、例えばブルトンの、「芸術（art）」という語の使用についての曖昧さに呼応するものと言えるかもしれない。それに、「アール・ブリュット」とか、「魔術的芸術（Art magique ＝「魔術」とも読める）」とかいった場合には、既成の「芸術」をはみ出す意味合いで«art»という単語が用いられてきたはずである。しかし、この慎重さを、問題の品々が政治（コロニアリズム）と芸術（「未開芸術」！）と科学（人類学）が交差する微妙な地点に位置している、という事実に引き寄せて考えてみることもできる。アフリカ・オセアニア・東南アジアの諸地域が一八八〇年代から次々と植民地化され、フランスの「第二次植民地帝国」が形成されてゆくと同時に、「芸術」という、ヨーロッパの歴史的コンテクストのなかで形作られてきた概念が「未開社会」の生産物をも領有し、「人類学」がそうした社会そのものを科学の対象にしてゆく過程——一九三一年六月二八日の火災は、そうした過程のさなかに一挙にシュルレアリスム・グループを置きなおすとともに、シュルレアリスムと「いわゆる未開民族の芸術」との関係について再考を促すものとも言える。

★

ここで、パリの前衛芸術の文脈に「未開民族の芸術」が登場する流れを、ざっと見渡しておこう。問題の「芸術」が最初に登場するのは、ヴラマンク、マティス、ブラック、ピカソ等のフォーヴ、そしてキュビスムの芸術家たちのアトリエであり、その最初期の日付は、一般にヴラマンクがアフリカの「美術品」を手に入れた一九〇四年頃とされている。一九一〇年代前半には彫刻家から美術商に転身したジョゼフ・ブリュメルが、ラスパイユ大通り六番地に――一九〇九年頃に――開いた画廊でアフリカ・オセアニアの彫刻を扱って大きな成功を収め、美術マーケットへの「未開民族の芸術」の参入の先鞭を付けている。また、美術ジャーナリズムの世界でも、一九一一年頃の「ニグロ芸術（Art nègre）」という言葉の登場以来、カール・アインシュタインの『ニグロ彫刻（Nigerplastik）』（一九一五年。仏訳――部分訳――は一九二一年）、アポリネールと画商のポール・ギョームによる『ニグロ彫刻（Sculptures nègres）』（一九一七年）、さらにドゥヴァンベズ画廊での展覧会の折に刊行された、アンリ・クルゾ、アンドレ・ルヴェル『ニグロ芸術とオセアニア芸術（L'Art nègre et l'Art océanien）』（一九一九年）など、当時の動きを伝えるいくつかの出版物が現れている。(5) とくに、シュルレアリスムの世代の人々にとっては、詩人・美術批評家ギョーム・アポリネールの存在が重要だろう。彼らがパリの前衛芸術シーンに参入するのは、アポリネールを中心とするコンテクストに参入することに他ならなかったからだ。

アンドレ・ブルトンがアポリネール周辺に導き入れられた一九一七年、アポリネールは『メルキュール・ド・フランス』誌（一九一七年四月一日号）に「黒人愛好あるいは黒人マニア（Mélanophilie ou mélanomanie）」という文章を寄稿し、これが先程の『ニグロ彫刻』の序文のもとにもなっているのだが、この記事は「未開芸術」の当時の位置をよく物語っている。

ここ数年来、芸術家や美術愛好家の人々は、アフリカやオセアニアの偶像に対して、純粋に芸術的観点から、そして、それらを作った芸術家たちやそれらを讃える信心深い人たちによって付与されていた超自然的な性格を捨象したうえで、関心を抱くことができると信じてきた。それを認めるか否かは別として、そういう運動は存在するわけだが、しかし黒人愛好ないし黒人マニアとでもいうべきこの新たな興味には、まだなんの批評的道具も備わっておらず、また、たとえばニグロの彫像のコレクションや展覧会は、ヨーロッパで、アジアやエジプトの古代文明で、あるいは北アフリカのローマ領諸地域で製作された美術品、絵画、彫像などと同じやり方で見せるわけにはゆかないだろう。

〔……〕

これらのニグロの彫像が真の芸術作品と見なされるようになったのは、非常に斬新な美的感覚によるのである。(6)

さらに翌年七月にアポリネールが、ポール・ギョームが発行元になっている『パリの芸術（Les Arts à Paris）』誌に寄せた「アフリカとオセアニアの彫刻」では、問題の彫刻の興味が「造形上の形態（forme plastique）」に存し、「ニグロ彫刻の傑作のいくつかは完璧に、よき時代のヨーロッパの美しい彫刻作品の傍らに置くことができる」ものであるとしており、「未開芸術」をヨーロッパの美術と同じ美的な基準で評価できることが強調されている。(7)

「未開芸術」をヨーロッパの美術と同等の美術品として評価してゆく展望が獲得され、しかしそれが未だ「斬新さ」を保っていた地点――やがてシュルレアリスム運動を展開してゆく若きブルトン、アラゴンらがパリの前衛芸術の文脈に参入したのも、この同じ地点においてのことだったのである。

★

話を一九三一年の七月に戻そう。というのも、『最初の決算報告』のビラが発行されたまさにその七月三日に、パリのオークション会場ドゥルオ館である競売がおこなわれていたことにも言及しておかねばならないからだ。ビラの起草者と同じエリュアールとブルトンの二人の「いわゆる未開民族の芸術」のコレクションが、経済的な事情から、美術商シャルル・ラットン主催のオークションで七月二日から三日にかけて売りに出されたのである。「アフリカ、アメリカ、オセアニアの彫刻」という触れ込みでおこなわれた競りは、両大戦間のこの種のオークションのなかでも最大級のもののひとつといわれ、三一三点が出品されている。また、その内訳は、アフリカのものが三〇点、オセアニアが一三四点、アメリカが一二七点、マレーシアが一五点、その他の地域が七点となっていて、オセアニアとアメリカの突出ぶりが目につく。(8) この競売について、『パリ・マガジン』誌(一九三一年九月)はこう伝えている――「ブルトン、エリュアール両氏は、ニグロ芸術やオセアニア、アメリカ等の美術品を愛好してきた。数年前にはまだ不完全にしか知られておらず、ごく僅かの関心しか惹いていないように思われたこれらの芸術が、今日のコレクターたちにどんな魅力を及ぼしているかは、『パリ・マガジン』の読者諸氏にはいまさら言うまでもないことだろう。〔……〕これらの品々のなかには、線の純粋さや意図の誠実さにおいて大芸術の域に達しているものもあることは、認めねばならない〔……〕」。また、全体の売値の合計は「専門家の評価を大幅に上回る」ものであったことも報告されている。(9) これらの「未開芸術」はすでに、アポリネールが「斬新な美的感覚」を語っていた一九一七年とは違った次元に位置していたと言えるだろう。

それにしても、ここには、「暴力によってもぎ取られた品々」のコレクションが経済的な理由から手放されようとしているさなかに、同様の品々の焼失を嘆き非難するビラが書き起こされるという、奇妙な符合が存在している。ブルトン、エリュアール各人にとってこの符合はいかなる必然性を帯びていたのか……今となってはただ想像力を逞しくするしかなさそうだが、いずれにせよこの符合は、シュルレアリスムの文脈における「いわゆる未開芸術」の危機とでもいうべき地点を指し示している。「ブルジョワジー」による純然たる破壊――焼失――と、やはり同じ「ブルジョワジー」による「美術品」としての回収――オークション――という二重の喪失が交差する地点。そして、この「危機」はもうひとつのより一般的な「危機」と独特な仕方で結びついている。もうひとつの「危機」とは「オブジェの危機」(10) のことだ。

★

それでは、それはいかなる結びつきだったのだろうか。そのことを考えるためには、この同じ一九三一年の一二月に発行された機関誌『革命に奉仕するシュルレアリスム』第三号に、「オブジェ・シュルレアリスト」という言葉が初めて具体的な内容をともなって登場した事実、さらに五年後の一九三六年にシャルル・ラットン画廊で「オブジェのシュルレアリスム」展が開かれたことなどを考慮に入れる必要があるが、その前に、手元にあるシュルレアリスムの機関誌などを何冊かめくりながら、「いわゆる未開民族の芸術」がシュルレアリスムの文脈に出現する様子を眺めてみることにしよう。

シュルレアリスムの機関誌に「いわゆる未開民族の芸術」が最初に登場するのは、一九二六年三月の『シュルレアリスム革命』誌第六号である。「テクスト・シュルレアリスト」と題されたブルトンの文章――のちに「空飛ぶ基地」、「免訴」、「昇降する道で」等と題されて『白髪の拳銃』(一九三二年)に収録されるテクスト――の同じ頁にオセアニア(メラネシア)のニューメクレンブルグ島の仮面の写真が挿入されている(図1)。一見したところ、文章と写真との明示的な関連はなく、頁を繰る側はまずもって、本文とは異なった文脈に属するものが闖入してきていることによる違和感を覚えるだろう。いわゆる「デペイズマン(dépaysement)」の効果だ。同誌第七号に挿入されているニューブリテン島の「儀礼の場面」も同様で、フィリップ・スーポーの「凪なのか」という詩的テクストのなかに仮面をつけた三人の男(?)の映った写真が挿入されている(図2)。さらに、一九二七年一〇月の同誌第九―一〇号には、バンジャマン・ペレの「格闘(Corps à corps)」の文中にニューメキシコの「カチナ」と呼ばれる人形の写真が挿入されている。

思えば、二〇世紀の初頭に「芸術」の文脈に登場してくるアフリカ、オセアニアの「彫刻」や「呪物」や「仮面」自体からして、シュルレアリスム以前にまずもってこの「デペイズマン」を体現していたはずである。デペイズマンという語のもともとの意味が、「異国へ移されること、異邦へ追放されること」であればなおさらのこと、植民地化のなかで元の場所・社会のコンテクストからもぎ離され、「文化」の断片としてヨーロッパの岸辺に到来したこれら

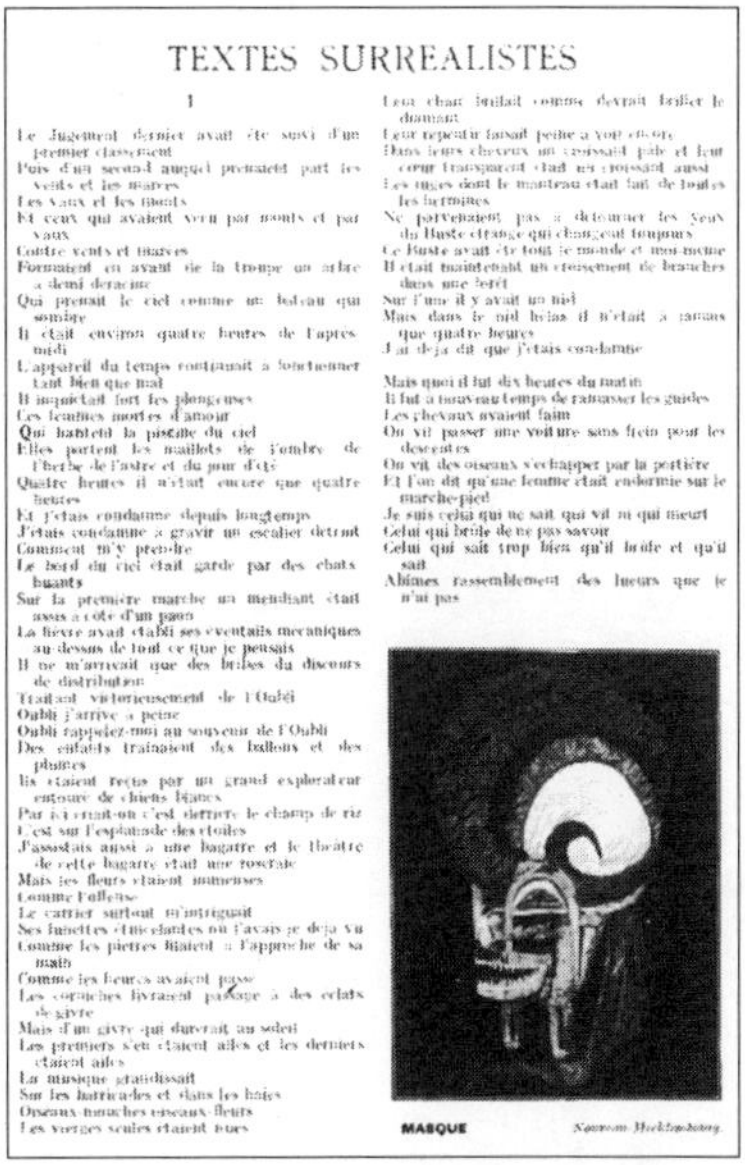

TEXTES SURREALISTES

1

Le Jugement dernier avait été suivi d'un premier classement
Puis d'un second auquel prenaient part les vents et les marées
Les vaux et les monts
Et ceux qui avaient vu par monts et par vaux
Contre vents et marées
Formaient en avant de la troupe un arbre à demi déraciné
Qui prenait le ciel comme un bateau qui sombre
Il était environ quatre heures de l'après-midi
L'appareil du temps continuait à fonctionner tant bien que mal
Il inquiétait fort les plongeuses
Les femmes mortes d'amour
Qui hantent la piscine du ciel
Elles portent les maillots de l'ombre de l'herbe de l'astre et du jour d'été
Quatre heures il n'était encore que quatre heures
Et j'étais condamné depuis longtemps
J'étais condamné à gravir un escalier détruit
Comment m'y prendre
Le bord du ciel était gardé par des chats-huants
Sur la première marche un mendiant était assis à côté d'un paon
La fièvre avait établi ses éventails mécaniques au-dessus de tout ce que je pensais
Il ne m'arrivait que des bribes du discours de distribution
Traitant victorieusement de l'Oubli
Oubli j'arrive à peine
Oubli rappelez-moi au souvenir de l'Oubli
Des enfants traînaient des ballons et des plumes
Ils étaient reçus par un grand explorateur entouré de chiens blancs
Par ici vraiment-on c'est derrière le champ de riz
C'est sur l'esplanade des étoiles
J'assistais aussi à une bagarre et le théâtre de cette bagarre était une roseraie
Mais les fleurs étaient immenses
Comme l'offense
Le carrier surtout m'intriguait
Ses lunettes étincelantes où l'avais-je déjà vu
Comme les pierres fuiaient à l'approche de sa main
Comme les heures avaient passé
Les corniches livraient passage à des éclats de givre
Mais d'un givre qui durerait au soleil
Les premiers s'en étaient allés et les derniers étaient ailés
La musique grandissait
Sur les barricades et dans les haies
Oiseaux-mouches oiseaux-fleurs
Les vierges seules étaient nues

Leur chair brillait comme devrait briller le diamant
Leur repentir faisait peine à voir encore
Dans leurs cheveux un croissant pâle et leur cœur transparent était un croissant aussi
Les anges dont le manteau était fait de toutes les hermines
Ne parvenaient pas à détourner les yeux du Buste étrange qui changeait toujours
Ce Buste avait été tout le monde et moi-même
Il était maintenant un croisement de branches dans une forêt
Sur l'une il y avait un nid
Mais dans le nid hélas il n'était à jamais que quatre heures
J'ai déjà dit que j'étais condamné

Mais quoi il fut dix heures du matin
Il fut à nouveau temps de ramasser les guides
Les chevaux avaient faim
On vit passer une voiture sans frein pour les descentes
On vit des oiseaux s'échapper par la portière
Et l'on dit qu'une femme était endormie sur le marche-pied
Je suis celui qui ne sait qui vit ni qui meurt
Celui qui brûle de ne pas savoir
Celui qui sait trop bien qu'il brûle et qu'il sait
Abîmes rassemblement des lueurs que je n'ai pas

MASQUE

図1　『シュルレアリスム革命』第６号（1926年３月）。ブルトンの詩的テクストにニューメクレンブルグ島の仮面の写真が挿入されている

16　POEMES

avant le grand départ comme l'on dit
Me voici tout habillé enfin
avec une casquette et un grand foulard autour du cou
les mains rouges et la gueule en avant
Me voici comme un grand lâche
un incendie ou bien une belle catastrophe
ces autres que j'oublie
Comme ils étaient déjà morts
pâles et crachant ce qu'ils appellent leur âme
je renifle moi pendant ce temps-là

SCÈNE RITUELLE

qui oublie tout
et qui sait encore tout de même
que les autres dans le fond derrière
derrière les forêts et toute la campagne
au milieu de leur ville qui bouge comme une toupie
les autres les amis ont le mal de terre
et ils sont là qui attendent on ne sait quoi
avec mon nez en coupe-vent
l'odeur du sel et l'odeur du charbon
Encore trois jours et voici la mer
que je vais toucher avec mes pieds de coton
et puis il y aura là-bas plus loin derrière
un morceau de verre
qui deviendra un fil de verre
ou un nuage

図2　『シュルレアリスム革命』第７号（1926年６月）。スーポーの詩篇と同じ頁に挿入された，ニューブリテン島の儀礼場面の写真

の物たちは、元来デペイズマンの産物として、ある種の「異物」として存在したのではなかったか。しかし、そのような「異化作用」は、これらの事物が、アポリネールの詩篇のなかで言われている「ほかの形をしたほかの信仰のキリストたち」、「冥い希望を数々に満ちた下等なキリストたち」（「地帯（Zone）」、詩集『アルコール』、一九一二年所収）にとどまって終わるどころか、「ニグロ芸術」、「オセアニア芸術」というかたちで「芸術」の一分野になり、また、「フォーヴ」や「キュビスム」といった流派への「影響」というかたちでも再びコンテクスト化されることによって、シュルレアリストたちの二〇年代には徐々にその異質性を失いつつあったとも考えられる。アポリネールの一九一七～一八年と「植民地博」の一九三一年とを隔てる道のりがそこには横たわっているのである。『シュルレアリスム革命』誌そのものにも、ラットン、アシエルといった「アフリカ・アジア・オセアニア」を得意とするギャラリーが何度か広告を出しており、そのような芸術の「ジャンル」の確立を辿ることさえできそうな具合なのだ。とすれば、『シュルレアリスム革命』に挿入された写

真は、失われつつあった「異質性」、「異物性」を再提示する演出になっていると、今の段階では言えるかもしれない。

★

さて、ここで少しパースペクティヴを拡大するために、「いわゆる未開民族の芸術」の「芸術化」と同時代に、しかもそれと対称関係をなすかのように登場したある動きについても目をやっておきたい。つまり、「未開芸術」の形成とは少し違ったかたちで、「芸術」という文脈への参入をめぐっておこなわれたある試み——マルセル・デュシャンのレディ・メイドについてだ。

こころみに、デュシャンが初期のレディ・メイドを発明した日付を並べてみよう。一九一三年、《自転車の車輪》。一九一四年、《瓶干し》。一九一七年、《泉》(例の男性用小便器)。これに、すでに概観した「未開芸術」にかかわるいくつかの日付を重ね合わせてみよう。一九一二年、アポリネール、「地帯」。一九一七年、アポリネール、『ニグロ彫刻』の序文。一九一九年、ドゥヴァンベズ画廊で「アフリカ・オセアニア芸術」の展覧会。同年、アンリ・クルゾ、アンドレ・ルヴェル著『ニグロ芸術とオセアニア芸術』。さらに、アポリネールの『キュビスムの画家たち』(一九一三年)にデュシャンの名前も挙げられていたことを思い出してみれば、アポリネール周辺で二つの動きがほぼ並行して展開されていたことが確認できる。そして、この二つに共通して言えるのは、いずれも「芸術」のコンテクストのなかに異なるコンテクストに属するモノが侵入してくるという事態をあらわしている、ということだ。また、これらは「芸術」の境界線を踏み越えることで、「芸術」の二つの境界線——西欧と植民地とのあいだ、そして、ハイ・カルチャーと工業製品とのあいだの境界線を露呈させているともいえるだろう。しかも、「未開芸術」の品は、ヨーロッパの芸術の文脈の外で「既に作られた」ものなのだから、文字通り「レディ・メイド」ということさえできる。さらに、レディ・メイドがデュシャンの署名によって芸術(反芸術といってもよいが)のコンテクストに闖入するのと対照的に、「未開芸術」というジャンルが作者の匿名性という制度のなかで分類されてきたものであることを考えると、両者は互いの陰画をなしているという見方もできるかもしれない。いずれにしても、シュルレアリスムに先立って、現代「芸術」が、別の文脈に属する異質なものの参入というあり方に大きく規定されていたということだろう。

そして、それらのものがたとえば「呪物」から「美術品（objet d'art）」や「芸術作品（œuvre d'art）」に変わったのだとすれば、「芸術」の境界線は変化を被ったのであって、見方を変えれば、当時の（とは限らないが）「芸術」は異質なものを「芸術品」に変えるメカニズムを現していたのである。(11)

★

だいぶ迂回したので、このあたりでシュルレアリスムに戻るとして、こうした「デペイズマン」と再コンテクスト化のメカニズムは、もちろんシュルレアリスム自体にもあてはまる。「イマージュ」にしても「客観的偶然」にしても「蚤の市」にしても、ブルトンの言説を中心としたシュルレアリスムは、既知のものを未知の相貌で出現させるという側面──デペイズマン──と、その出現の後にその意味を発明してゆく──再コンテクスト化──という側面をもっているが、すでに見たように、『シュルレアリスム革命』誌の例では、「芸術」という文脈のなかで「既知のもの」になりつつあったものを「芸術」とは別の──シュルレアリスムの──文脈に呼び込むことで「デペイズマン」を生じさせていたとも見ることができる（シュルレアリスムを「芸術とは別」とするのは一種の単純化とも言えるが、ここでは便宜的に図式化しておく）。

ならば、「再コンテクスト化」のほうはどのように展開するのだろうか。だが、そのことを考える前に、まず、この時期、問題の「品々」がシュルレアリスムの文脈のなかに姿をあらわす様子をもう少し追いかけてみよう。たとえば、『シュルレアリスム革命』誌の第六号（一九二六年三月一日）を再びめくってみると、同じ三月の一〇日に「シュルレアリスム画廊（Galerie surréaliste）」のオープニングが予告されており、次の第七号（ニューブリテン島の「儀礼の場面」が載ったのと同じ号）の見開きに刷り込まれた同画廊の広告には、画廊が扱っている画家たちの名前──マッソン、タンギー、キリコ、マン・レイ、ローズ・セラヴィ（＝デュシャン）等々──とならんで、これらと唯一異質なものとして「野蛮の品々（objets sauvages）」の文字が見える。もちろんこれは、オセアニアやアフリカの「芸術」のことだ（ちなみに、この「野蛮の品々（objets sauvages）」の文字は、同誌第一二号のラットン画廊の広告にも見える）。これらの「品々（＝オブジェ）」は、実際、シュルレアリスムの展覧会空間に早くから登場していて、一九二六年三月のシュルレアリスム画廊の最初の展覧会「マン・レイのタブローと島々からの品（＝オブジェ）」にはミクロネシアの「品々」が導入され、同画廊の翌年五月の展覧会ではイヴ・タンギーの絵画が「アメリカの品々」とともに展示されている。こうした品々の登場は機関誌・展覧会にはとどまらない。たとえばブルトンの『ナジャ』（一九二八年）には、「かつてアンリ・マティスが所有していた大きなギニアの仮面」や「ニューブリテン島の、赤いニワトコの髄と葦で編んだ円錐形の仮面」や「カシック（＝中央アメリカのインディオの長）の小像」や「ぼくが最初に手に入れた野蛮のオブジェ（objet sauvage）[12]であるイースター島の呪物」などが、ブラックやキリコやエルンストの名前の間にまに見え隠れする一節があり、ニューブリテン島の仮面とイースター島のものについては写真も挿入されている（写真がこの一節からわざわざ三〇頁も離れたところに置かれているのは、ある種のデペイズマン効果を狙ったものだろうか）。さらに興味深いのは、『シュルレアリスム革命』第八号（一九二六年一二月）の見開きにあるシュルレアリスム画廊の同じレイアウトの（したがってもちろん「野蛮の品々」の文字も見える）広告の横に、次のような予告がなされていることだ（図3）。

LA RÉVOLUTION SURRÉALISTE
Directeur : André BRETON
42, Rue Fontaine, PARIS (IXe) Tél. Trudaine 38-18

ÉDITIONS SURRÉALISTES
COLLECTION DE BOULES DE NEIGE
N° 1 HOMMAGE A PICASSO
Il reste 10 exemplaires à 100 fr.
N° 2 BOULE par MAN RAY
Il a été tiré de cette Boule 150 exemplaires numérotés de 1 à 150
L'exemplaire signé : 125 fr.
N° 3 (en préparation) L'AME DES AMANTS par N. D.
Prochainement :
EXPOSITION d'OBJETS SURRÉALISTES
Retenir dès maintenant le catalogue qui définira formellement l'objet surréaliste et reproduira les types d'objets exposés.
En préparation
Anthologie de la Poésie moderne
10 disques phonographiques.
Lectures par : Louis Aragon, Antonin Artaud, André Breton, Robert Desnos, Paul Eluard, Max Morise, Benjamin Peret, Philippe Soupault.

MaSson
TangUy
ChiRico
Man Ray
Rose SÉlavy
PicAbia
MaLkine
MIro
PicaSso
ErnsT
GALERIE
Objets Sauvages
Paris (VIe)
16, Rue Jacques-Callot

図3　『シュルレアリスム革命』第8号（1926年12月）の見返し頁。シュルレアリスム画廊の広告のなかには「野蛮の品々（objets sauvages）」の文字が見える。左側には「オブジェ・シュルレアリスト」展の予告が刷り込まれている

次回——オブジェ・シュルレアリスト展

オブジェ・シュルレアリストを明快に定義し、出品オブジェのあらゆるタイプの図版を収録したカタログを、いますぐご予約ください。

ということは、先に挙げた『革命に奉仕するシュルレアリスム』第三号（一九三一年一二月）で「オブジェ・シュルレアリスト」という概念が大々的に登場するより五年も前に、「オブジェ・シュルレアリスト」というコンセプトがはっきりと意識されていたわけだ。しかも、シュルレアリスム画廊で「オブジェ」という名称で展示されたもっとも早い例が「野蛮の品々」であったとすれば、これらの「品々＝オブジェ」は、シュルレアリスムにおける「オブジェ」の問題系にもっとも早い時期から登場していたということになる。また、こうした「品々」が「芸術（「未開芸術」）」ではなく一貫して「野蛮の品々＝オブジェ」としてとりあげられていたことを考え合わせるなら、これらは「芸術」／「モノ＝オブジェ」という対概念の境界線を示していたともいえる。つまり、「絵画」、「彫刻」、「芸術作品」、「呪物」といった名称をすり抜けて、「島からの品々」、「アメリカの品々」、「未開の品々」等々、まさに「品々＝オブジェ」としか呼びようのないモノとして登場してきたそれらはまず、「芸術」――「絵画」、「彫刻」、「展覧会」等――と隣接しつつ、「芸術」の境界を攪乱するべき「オブジェ」の問題系の形成にかかわるというかたちで、シュルレアリスムのコンテクストに組み込まれてゆくかにみえる。

★

さて、「オブジェの問題系」という言葉がでてきたところで、問題の『革命に奉仕するシュルレアリスム』第三号（一九三一年一二月）の「オブジェ」にかかわる記述をざっと見ておかねばならない。

まずこの号では、サルヴァドール・ダリが「オブジェ・シュルレアリスト――総目録」のタイトルのもと、オブジェ・シュルレアリストの六つの類型を呈示し、さらにその第一の類型である「象徴的機能をもつオブジェ」について説明を加えている――「これらの、最小限のメカニックな機能を果たすオブジェ群は、無意識の行為の実現によって引き起こされやすいファンタスムや表象にもとづいている」、「その実現から引き出される快楽が決して説明されることのない、ないしは、検閲と抑圧によって作り上げられた誤った諸理論が説明を与えている、諸々の行為」、「象徴的機能をもつオブジェにはフォルムにかんする配慮の余地はまったくない」等々。このあとに「性的倒錯」にも擬せられるこの「象徴的機能をもつオブジェ」の例として、ジャコメッティ、ヴァランティヌ・ユゴー、アンドレ・ブル

図4　1936年のオブジェ展の会場風景。「野蛮の品々」と「オブジェ・シュルレアリスト」，さらに「数学的オブジェ」やピカソの作品が混在している

トン、ガラ・エリュアール、そしてダリ自身の「オブジェ」分析が添えられており、巻末にはこれらの写真図版も収録されている。

　次の頁をめくると、「黙ったまま動くオブジェたち」と題して、ジャコメッティが見開きで例の《つり下げられた球》を含む立体作品のデッサンを七点呈示しており、また、その次の頁からはブルトンの「幽霊オブジェ」と題された文章（『通底器』の一部として書かれたもの）が掲載されている。

　これら一連の頁から読み取ることができるのは、この時点での「オブジェ」の問題が、個人的な無意識の領域のいわば投影として作りだされ、とりわけ性的な意味で象徴性を帯びたモノ、という提起のされ方をしていることだ。«objet» という語の歴史から考えれば、一九一〇年代頃からフランスへの精神分析の導入とともに「自我の外部にある欲動の対象」という意味でこの語が使われるようになったことの延長線上に、シュルレアリスムの「オブジェ」概念のあらたな展開が位置づけられる。また、ブルトンがフロイトの『夢判断』の仏訳（一九二六年）と対峙しながら『通底器』（一九三二年刊）を執筆しつつある時期であったことも忘れてはならないだろう。いずれにしても、ここでいわれているオブジェの問題は、「レディ・メイド」の問題系に連なる「デペイズマン／再コンテクスト化」とは異なる、いわば「投影的な」オブジェ観にもとづくものであり、その意味では「未開のオブジェ」の問題はあえて遠ざけられているという感じもする。じっさいブルトンは「詩的オブジェ」について論じた「幽霊オブジェ」のなかで、

「これら〔＝ピカソの《クラリネット奏者》からダリの《おおいなる自瀆者》にいたる「怪物」〕の祖先を未開人や神秘論者に求めようとこころみるのは、大きな間違いであると考える[13]」とわざわざ断ったりもしている。

一方、実際にオブジェ展が開かれたのは一〇年後の一九三六年だが、この時の展覧会タイトルは一九二六年に予告されていた「オブジェ・シュルレアリスト」展ではなく「オブジェのシュルレアリスム」展で、オブジェの問題をより一般的な設定で提起した形になっている。事実、展覧会ではシュルレアリスト・グループに属する作家たちの製作したオブジェのほかに、「数学的オブジェ」、「自然のオブジェ」、「レディ・メイドのオブジェ」等々が展示され、また、オセアニア・アフリカ・アメリカの品々を扱うラットン画廊という会場にふさわしく、数々の「野蛮の品々」も展示されていた（図4）。

この機会に出版された『カイエ・ダール』誌五月号には、ブルトンによる重要な論考「オブジェの危機[14]」が掲載されるが、このなかでもブルトンは「オブジェ」の問題をいわゆる「オブジェ・シュルレアリスト」にとどまらない、より一般的な観点から論じており、しかもむしろ「デペイズマン」の問題系を強調している。たとえばブルトンは「オブジェのトータルな革命を引き起こすことを目指すシュルレアリスム的なやり方」を数え上げているが、そこでは、レディ・メイドを始めとして、既存のモノを別のコンテクストに置きなおす方法が列挙されており、また、「本来の意味でのオブジェ・シュルレアリスト」についても、「直接的な所与のなかから取り入れられた雑多な要素を出発点に、一から構成しなおしたもの」という、いわば既存のモノの配置や組合せの転換——つまりはコンテクストの変換——を強調する言い方をしていて、かつてのダリの定義よりも「デペイズマン」のほうにアクセントを置いている。さらに、展覧会にあつめられた様々なオブジェについて、「こうして集められたオブジェの共通点は、単なる役割転換によって、私たちを取り巻く諸々のモノから彷徨いだしてそれらと違うものになりおおせているところにある」といった総括がなされているのである。

★

このように、一九三一年の『革命に奉仕するシュルレアリスム』誌、さらに一九三六年の「オブジェの危機」のふたつから読み取れるのは、三〇年代のシュルレアリスムの「オブジェ」の問題系には、「無意識」もふくめた主体から客体（＝オブジェ）へと向かうベクトルと、モノ（＝オブジェ）のコンテクスト変更によって主体に驚きや違和感を与える――モノから主体へと向かうベクトルという、二つの極が存在するということだ。これは、たとえばマックス・エルンストの「コラージュ」と「フロッタージュ」の二つの手法とも概ね対応すると言えるかもしれない。つまり、複数の「既成の現実」を通常のコンテクストから切り離して思いがけない形で出会わせる「コラージュ」が「モノから主体へ」という方向に、そして、内的な瞑想や強迫観念を外部に投影することから得られる「フロッタージュ」が「主体から客体へ」という方向に対応するというわけだ。

ところで、こうして形作られていった「オブジェ」を巡る（理論的な）物語の特徴のひとつは、これまで問題にしてきた、そして、「オブジェ・シュルレアリスト」の概念の成り立ちの初期から「オブジェ」の問題の身近に存在してきたはずの「野蛮の品々＝オブジェ」が、この物語のなかに登場しない、という点にある。事実、「オブジェの危機」、あるいは同じブルトンの「オブジェのシュルレアリスム的状況――オブジェ・シュルレアリストの状況」（一九三五年、プラハでの講演テクスト、『シュルレアリスムの政治的位置』に収録）[15]にも、またエルンストの「いかにして霊感をこじ開けるか（Comment on force l'inspiration）」（『革命に奉仕するシュルレアリスム』第六号、一九三三年五月）にも、これらの「品々」に割り振られた場所はない。モノとして――一九三六年のロンドンの「シュルレアリスム国際」展でも多数の「野蛮の品々」が展示されている――、また時には図像として――例えばマックス・エルンストのコラージュに登場する「モアイ像」――たびたびシュルレアリスムの文脈のなかに登場するにもかかわらず[16]、そして、「芸術／「オブジェ」の二項の境界の標識として「オブジェ」の問題系のなかに早い時期から現れていたにもかかわらず、これらの「品々」は、あたかも語りえぬ存在であるかのように、そして例えば「オブジェ」理論のなかに折り込まれ位置づけられるといった形での「再コンテクスト化」から取り残されたかのように、三〇年代のシュルレアリスムの岸辺に浮遊しつづけるのである。

ならばどうして、「未開の品々」について語れないのか。

もちろん、「語れない」ことの背景に、当時のシュルレアリスム運動のなかでこれらの「オブジェ」について語るための十分な知識——仮に「人類学的知見」とでも言っておこう——が共有されていなかったということはあるだろう。また、そうした人類学的知見そのものが、すでに完成した参照軸として存在したわけではなく、シュルレアリスムと同時代的に、たとえば『幻のアフリカ』のミシェル・レリスや、バタイユらの「コレージュ・ド・ソシオロジー」や、「植民地博」を受けた様々な展開とともにダイナミックに形成されてゆく途上であったことからすれば、そのような知識が共有されていないことが「語れない」ことの理由であると考えられなくもない。しかし、現在の視点から見た学の体系としての人類学・民族学が未完成であったにしても、それ以前の民族学の萌芽期の研究や入門書などはすでに多数出版されていたはずで、ブルトンらは、たとえばマルセル・モースやレヴィ゠ブリュルの著作（ちなみに、レヴィ゠ブリュルの『未開霊魂（L'Ame primitive）』が一九二七年、『未開心性における超自然と自然（Le Surnaturel et la nature dans la mentalité primitive）』が一九三一年に刊行されている）に触れることはあったに違いないし、フロイトの『トーテムとタブー』も仏訳で読むことができた（cf. *Totem et tabou*, traduit par S. Jankélévitch, Paris, Payot, 1923）。にもかかわらず、そのようなリファレンスをあえて遠ざけるような態度がシュルレアリスムのなかには見られる。たとえば、一九三一年に発表した宣言「お読み下さい／読まないで下さい」の「読まないで下さい」のほうのリストを見ると、デュルケムとソレルのあいだに挟まってレヴィ゠ブリュルの名前がある。[17] シュルレアリストたちは、「野蛮のオブジェ」のなかに、当時の民族学的・人類学的知識では語ることのできないなにかを見ようとしていたふしがあるのだ。

しかし、それならば、「芸術」に隣接し「オブジェ」の問題系に寄り添うようにして存在していた「野蛮のオブジェ」について、ストレートに「オブジェ」の問題系のなかで語ることはできないのだろうか。性的な欲望の「投影」の対象として、あるいはもともとの役割からもぎはなされた「デペイズマン」の一例として、なぜ語ることが憚られるのだろうか。それは、これらの「品々」がまさに、「欲望の対象」一般として取り込むことからどうしてもはみ出してしまう、そして、「もともとの役割＝コンテクスト」から完全にもぎはなしてしまうこともできない、つまり、オブジェの問題系の二つの極を逸脱してしまうなにものかだからなのではないだろうか。そして、なぜそうなのかといえば、それらが、いわば「別のコンテクストの断片」そのものとして存在するという予感が、そこにはあったのではないだろうか。

このような観点は、より一般的にシュルレアリスムと「非＝ヨーロッパ的規範」との関係について概観したジャクリーヌ・シェニウー＝ジャンドロンの議論とも結び付けることができるかもしれない。それによれば、キュビスムの文脈のなかで「アフリカ美術」が、それが生み出された文脈から切り離されて、もっぱら「フォルム」や「造形的規範」という視点から捉えられ――つまりは「芸術」の言説のなかで捉えられたのに反し、「シュルレアリストたちはオセアニアの仮面を、その機能そのものにおいて検討している」ということになる。[18] すなわち、シュルレアリスムにおいては「野蛮の品々」はもともとのコンテクストから離脱したモノとしてではなく、たとえば元来の「儀礼」的な意味合いを担いつづけているものである限りにおいて評価されているということだ。ブルトンは「オセアニア」（一九四八年）で、「光の暈を帯びた品々」という言葉を使っているが、この「光の暈」が由来するのも、「それらがやって来た場所[19]」なのだ。

あるいは、そういった議論の延長線上に、ブルトン（およびジェラール・ルグラン）の『魔術的芸術』（一九五七年）に収録されたアンケートを置いてみることもできる。アンケートの五つある設問のなかで、「魔術的次元の対象物（＝オブジェ）」が元来の場所から離れることによって「最初の『電荷』」を失うかどうかについて見解が求められているが、[20] これは「別のコンテクスト」に属していたものの「機能」にかかわる省察にいざなうものにほかならない。

だが、一九三〇年代に視点を戻そう。シェニウー＝ジャンドロンの言うような「検討」を跡付けることが可能になるのはおもに一九四〇年代以降であって、三〇年代の「オブジェ」の問題系ではまだ、これらの「品々」は奇妙な沈黙に取り巻かれながらその異質性を晒している。それらはモノとしてシュルレアリスムの海域に漂いながら――そして「シュルレアリストたち」に所有されたりもしながら――、同時にモノ以上のものとして、しかもとりあえず語ることのできない根源的に異なるコンテクストの一部として、「オブジェ」と「芸術」の領域に寄り添っている。

こうした根源的な異質性をブルトンたちが三〇年代にどのように予感していたかについては、問題の品々をとりまく沈黙ゆえに直接的に示すことは難しい。しかし、そのことを考えるための補助線として、三〇年代の問題圏を少なくとも二つ挙げてみることができる。そのひとつは、三〇年代からあらたな重要性を帯びはじめ、とりわけ四〇年代以降にシュルレアリスムの文脈の前面に登場する「神話」の問題系であり、もうひとつはとりわけ三〇年代に意識化される「客観的偶然」の問題系である。本稿の守備範囲内で、そのうち後者について一瞥を加えておこう。ブルトンの『狂気の愛』（一九三七年）に見られるように、「客観的偶然」の物語とは、外部からやってくる「事件」とその「意味」を巡る言説によって織り成されており、広い意味ではデペイズマンと再コンテクスト化とを巡る特異な理論構成とも考えることができる。そしてそこにおいて注目しておくべきなのは、「事件」がそれまでの「意味」のシステムに収まらない――異質な、語りがたい――形で現れるにもかかわらず、いや、そうであるからこそ、「事件」の「意味」を徹底的に考え抜くというパラドクサルな方向性であり、また、そのことによってそれまでの「意味」のシステム――コンテクスト――が変形を被りうるということであろう。(21) とすれば、三〇年代の「野蛮の品々」も、異質であるがゆえにその意味を考え抜かねばならない、そして、それによって従来のコンテクストに変更を迫ることもありうるなにか、といった視点で捉えることが可能である。その観点から仮設的に言うならば、三〇年代におけるこれらの「品々」は四〇年代以降の新たなコンテクスト形成の出発点となる存在、ということになるだろう。

私は当初「再コンテクスト化」という言葉を使った。しかし、この時点ではシュルレアリスムはこれらの「品々」を位置づけるべきコンテクストはまだ作りえていない。いや、『魔術的芸術』にいたる四〇年代以降の流れ全体によって初めて、シュルレアリスムがこれらを包摂できる物語として作り上げられていったというべきなのだ。

★

一九二六年――シュルレアリスム画廊、そして『シュルレアリスム革命』誌に「野蛮の品々」が登場する。一九三一年――「植民地博」に反対するビラ、そして、「オブジェ・シュルレアリスト」の最初の定義。一九三六年――「オブジェのシュルレアリスム」展、そして「オブジェの危機」。私がここまで考察の主たる対象としてきたのは、この三つの日付によって区切られる、およそ一〇年間の時期である。そして、そのちょうど中間の、いわば蝶番に位置する一九三一年から、この論考が出発したのだった。いま、その出発点の「植民地博」にもどってみるとき（図5）、あの『最初の決算報告』のビラの微妙な表現が再び思い起こされる。そこでは、私の文章のなかでしつこく括弧に入れられていた「野蛮の品々」ないし「野蛮のオブジェ」が、「芸術品」、「呪物」、あるいは「科学的な価値」を

図５　「国際植民地博覧会」の「北アフリカ広場」に溢れかえる人々。半年で600万以上の人々が博覧会を訪れた

もったモノといった規定のあいだに漂っていたはずだった。そしておそらく、それらを位置づけるためのコンテクストを織り上げるためには、たとえば「芸術（Art）」に関するパースペクティヴを作り変える必要があったのであり、『魔術的芸術』にいたる後期シュルレアリスムの営みが描きだしているのも、そのような行程であった。もちろん、これらの「品々」が、「魔術的芸術」へ向かうのとは違った運命を辿るのを思い描くことは可能である。たとえば、その出発点から、ミシェル・レリスの民族学に関する一連の論考のほうへ線を引いてみることができるし――「ダカール＝ジブチ調査団」が組織されたのも、一九三一年だったことを思い出そう[22]――、もうすこし一般化して、ジェイムズ・クリフォードの言う「民族誌学的シュルレアリスム」といった方向へ視線を向けることもできる[23]。

しかしながら、小論がこだわりたかったのはむしろ、そうした様々な線が交差する地点での「モノ」のつかのまの沈黙であり、漂流である。すでに示唆したように、これらの「モノ」に関連しては、同時代に形成されていった人類学的「知見」ないしは「物語」がその後のシュルレアリスムにいかに接続されていったかという視点がある。しかし、本稿ではあえて「モノ＝オブジェ」の位置を巡る展開にのみ着目してみた。なぜなら、シュルレアリストたちの非＝西欧世界との最初の重要な遭遇は、そうした世界から西欧の文脈に移入されたモノとの出会いだったからだ。

問題の「品々」の「二重の喪失」という地点で交わる「植民地主義」、「オブジェ・シュルレアリスト」、「芸術」、それにおそらくは「人類学」――そこで露呈したはずの異質なにかについて、暫定的であるにせよ、そのコンテクストをシュルレアリスム運動の歴史的なある地点に即して描きなおしてみること。そのことに思いをいたすことは、「植民地博」が「異質ななにか」の決定的な通俗化（banalisation）の出発点であったという視点をともないつつ、シュルレアリスムのそれ以降の展開についてもあらたな視座を与えてくれるのではないだろうか。

★

一九九九年の三月のある日、長くて暗い冬もようやく終わりかけ、久しぶりの陽光が降り注ぎ始めたころ、私はヴァンセンヌの森の入口あたりに位置する「アフリカ・オセアニア博物館」を訪れた。幾度目かの訪問ゆえ、見慣れた回廊をいつまでも彷徨うのでも、地下の水族館を訪ねるのでもなく、入口付近に店を開いている書店に並べてある本を眺めてまわるのがおもな目的だ。書店で私はアルジェリアのモハメッド・ディブの写真・文集、カメルーン生まれの作家モンゴ・ベティの小説、それにマルティニク島の作家ジョゼフ・ゾベルの名作『奴隷小屋通り（La Rue Cases-Nègres)』のペーパーバックなどを買って博物館を出て、ポルト・ドレの地下鉄駅を通りすぎ、ゆっくりパリの街のなかに向かって歩いてゆく。七〇年近く前に「植民地博」が開かれた場所に背を向けながら……そう、こうしていま手にしている何冊かの本と三〇年代のシュルレアリスムとのあいだに横たわる荒地へと踏み出すための、貧しい戦術を思い描きながら。(24)

註

（1） Cf. Jacques Thobie et al., *Histoire de la France coloniale II* : 1914-1990, Paris, Armand Colin, 1990.

（2） «Ne visitez pas l'Exposition Coloniale», «Premier bilan de L'Exposition Coloniale». Repris dans : José Pierre, éd., *Tracts surréalistes et déclarations collectives*, tome 1, 1922-1939, Paris, Losfeld, 1980, pp. 194-198.

（3） *Ibid.*, p. 451.

（4） *Ibid.*, p. 195.

（5） これらの概観については、Jean-Louis Paudrat, «Afrique», *in* : William Rubin, éd., *Primitivisme dans l'art du 20e siècle*, Paris, Flammarion, 1987, pp. 125-175（ウィリアム・ルービン編『20世紀美術におけるプリミティヴィズム（I）』吉田憲司他日本語版監修、淡交社、一九九五年、一二四―一七五頁）、および、Philippe Peltier, «Océanie», *ibid.*, pp. 99-123 参照。

（6） Guillaume Apollinaire, *Œuvres en prose complètes*, tome III, Paris, Gallimard («Bibliothèque de la Pléiade»), 1993, pp.

252-254. ちなみに、当時は「ニグロ愛好家 (négrophile)」なる用語も使われていた。前衛雑誌『SIC』を主催していたピエール・アルベール＝ビロはこんなふうに書いている――「この一九一七年、一一月の一三番目の日／われわれはニグロ愛好家ポール・ギョームのところにいた／フォブール・サントノレ通り一〇八番地、八時のことだ／それからしばらくして／アポリネールが到着した〔……〕」(Pierre Albert-Birot, «Chronique quelques fois rimée», *SIC*, n° 24, décembre 1917)。

（7） Apollinaire, *Chroniques d'art, 1902-1918*, Paris, Gallimard (coll. «Idées»), 1981, pp. 552-554.

（8） Cf. Evan Maurer, «Dada et surréalisme», *in*: Rubin, *op. cit.*, pp. 535-593.

（9） *André Breton, La beauté convulsive*, Paris, Centre Georges Pompidou, 1991, p. 203.

（10） Cf. André Breton, «Crise de l'objet», *Cahier d'art*, mai 1936. 註(14)参照。

（11） レディ・メイドは「芸術品」ではない、という考え方も当然存在するが、ここではブルトンによるレディ・メイドの規定――「芸術家の選択によって厳正な芸術品へと格上げされた、工業製品」(「オブジェのシュルレアリスム的状況――オブジェ・シュルレアリストの状況」参照。Voir: Breton, *Œuvres complètes*, tome II, Paris, Gallimard («Bibliothèque de le Pléiade»), 1992, p. 494 (『アンドレ・ブルトン集成5』、人文書院、一九七〇年、二六二頁)――に引き寄せて話を進めたい。

（12） Breton, *Nadja*, Paris, Gallimard, 1928, pp. 163-164 (アンドレ・ブルトン『ナジャ』巖谷國士訳、白水Uブックス、一二二頁). なお、『ナジャ』の出版年は一九二八年だが、ブルトンとナジャという女性との出会いは一九二六年のことである。

（13） Breton, *Œuvres complètes*, tome II, *op. cit.*, pp. 137-140 (『アンドレ・ブルトン集成1』、人文書院、一九七〇年、一二四頁).

（14） Breton, «Crise de l'objet». Repris dans : Breton, *Le Surréalisme et la peinture*, Paris, Gallimard, 1965, pp. 275-281 (ブルトン『シュルレアリスムと絵画』巖谷國士監修、人文書院、一九九七年、三〇八頁).

（15） Breton, «Situation surréaliste de l'objet ; situation de l'objet surréaliste». Repris dans : Breton, *Œuvres complètes*, tome II, *op. cit.*, pp. 473-496. 註(11)参照。

（16） こうした図像のより詳細な分析については、Maurer の前掲論文および次のものを参照されたい。Elza Adamowicz, «Un masque peut en masquer (ou démasquer) un autre : le masque et le surréalisme», *in* : C. W. Thompson, éd., *L'Autre et le sacré. Surréalisme, cinéma, ethnologie*, Paris, L'Harmattan, 1995, pp. 73-91.

（17） «Lisez/Ne lisez pas». Repris dans : Pierre, *op. cit.*, p. 202.

（18） Jacqueline Chénieux-Gendron, *Le Surréalisme*, Paris, P. U. F., 1984, pp. 31-32 (ジャクリーヌ・シェニウー＝ジャンドロン

『シュルレアリスム』星埜守之・鈴木雅雄訳、人文書院、一九九七年、四六頁).

(19) Breton, *La Clé des champs*, Paris, Jean-Jacques Pauvert, 1967, pp. 212-217（『アンドレ・ブルトン集成7』、人文書院、一九七一年、二八一頁).

(20) Breton (avec le concours de Gérard Legrand), *L'Art magique*, Paris, Club français du livre, 1957, p. 51（アンドレ・ブルトン『魔術的芸術』巖谷國士監修、河出書房新社、一九九七年、二六一頁).

(21) これについては、たとえば鈴木雅雄「ひまわりは誰の花――『狂気の愛』と客観的偶然の問題」、『ユリイカ』一九九二年一二月号、五〇―七一頁参照。

(22) Cf. Michel Leiris, *Cinq études d'ethnologie*, Paris, Gallimard, 1988. なお、シュルレアリスムの準機関誌的な役割を果たすことになる『ミノトール』誌の第二号は、全編がダカール＝ジブチ調査団に捧げられているが、これがシュルレアリスム色の強い第一号と同時刊行されている事実も示唆的である（ともに一九三三年六月一日付）。『ミノトール』誌関係については、また機会を改めて考えてみたい。

(23) Cf. James Clifford, *The Predicament of Culture: Twentieth-Centuriy Ethnography, Literature, and Art*, Cambridge, Mass., Harverd University Press, 1988, pp. 117-151.

(24) ここで私が考えているパースペクティヴがなにかという問題については、今後の展開ということも含めてまだ十分に語りつくすことはできない。しかし、幾つかのラインを引くことはできるかもしれない。そのひとつは、私じしんがシュルレアリスムについて語るという歴史的・空間的位置についての省察に関係する。ある意味では当たり前なのかもしれないが、日本といわれる地域で日本語という言語を使って、また、二〇世紀的な世界システムとその様々な装置が歴史的に相対化されつつある現在という場所に立って、しかも、「異なるもの」との出会い方を様々に発明しようとしたシュルレアリスムというコンテクストの束について語る場合になにが必要なのか――それについて考えるための戦術が求められている、ということだ。もうすこし風呂敷を広げるならば、問題は、一九～二〇世紀の西欧による世界の「世界化」の様々な過程を、象徴的価値の転移と交換の歴史としてどのように構想するのかにかかわっているといってもいい。たとえばイマニュエル・ウォーラーステインの世界システム論――それが天下り的な参照軸だと言いたいわけではないが――などを念頭に置きながら、しかしあくまでも個別な事象に問いかけながら、異なったコンテクスト間の象徴的な価値の移転をどう考えてゆくのか。シュルレアリスムの歴史は、そのような問いを問い続けるための特権的な場所のひとつを提供している、そう私は考えている。

その場合、シュルレアリスムのコンテクストへの「異なるもの」の登場という方向だけではなく、シュルレアリスムそのもののの多様な受容の形——たとえばアメリカの文脈や、「第三世界」の「近代化」の文脈のなかでの、シュルレアリスムの再コンテクスト化——、さらには、ヨーロッパへのその再登場など、双方向、いや、むしろ多方向の意味の流れが問題になってくるだろう。そして、その意味の流れのなかには、いま私がワープロに向かっている、この東京という場所も存在するはずである。とすればまた、私が日本語で書いていることも含めて、広い意味での「翻訳論」(「意味」の移転の理論)に思いを凝らすことも必要だろう。

なにか茫漠とした話になってしまったが、私の貧しい想像力が最近思い描いている事柄の一端を——そのうえ、註という中途半端な場所で!——記したところで、とりあえず筆をおくことにする。

★

終章　並置と混淆
——モダンをこえた読みの不自由について

真島一郎

「〔……〕ただ、わたしはここで自己批判をしなければなりません。わたしはラムについての著作を書きました……この本でわたしは、彼の二重の出自（キューバ在住の中国人の父とムラータの母）を強調しながら語っています〔……〕この画家について、わたしは民族誌学の言葉づかいで語っているのです〔……〕わたしはベイコンについて、彼がアイルランドで競走馬を育てるイングランド人の父から生まれたなどとは、けっしてふざけて言ったりしませんでした」
（Leiris 1992b：26）

「実地研究中の人類学者は二十世紀的意識の典型になる」
（ソンタグ　一九九六b：一一七）

「純粋なものを断罪せよ、純粋さはきみの中で断罪されている」
（ブルトン、エリュアール　一九七〇：四三〇）

1　解体の接合面と切断面

おそくとも一九八〇年代以降の思潮をつうじて顕在化した民族学＝人類学的パラダイムの危機ないし崩壊とは、従来この分野で確立・維持・強化され、この分野の存在理由とともに延命をほどこされてきたかぎりでの実体的な文化概念が解体をはじめた結果である。パラダイムが生産された過去のコンテクストを歴史化する視線によりそのとき根底から突き崩されたのは、「オセアニア文化」、「アフリカ文化」など、文化相対主義のモラルと欲動をもとにモナド的な物象化と序列化をこうむってきた非西洋「文化圏」の実体性、あるいは人類学内部でかつてより疑問が囁かれながらも「ホピ文化」、「トロブリアンド文化」、「ドゴン文化」などの本質を構成するものとして、「民族」、「部族」ごとに想定されてきた文化システムの非歴史的な実体性であった。

一九世紀には帝国主義の暴力を、二〇世紀には速度と資本の恩寵を介してかつてないグローバリゼイションのただなかに置かれてきたあれこれの文化は、いまや自らのアルケーも本質も問われぬまま並置と混淆の運動をとめどなく更新し、きたるべき新世紀の波頭にかなう大文字の「文化」へと豊かな変貌をとげていく……。そうした史観のもとでは、両大戦間の西欧で民族学的な知と微妙な距離をとりながら自文化の――そして自らが西欧合理主義と呼ぶものの――「解体（décomposition）」をさけび、文化が設定してきた境界を暴力的に破砕する並置と混淆の試みに「驚異（le merveilleux）」の誘発を賭けてきたシュルレアリスム運動の姿に、越境的な創造・発明・戦略・ブリコラージュの動作主である「ポストコロニアルの主体」の早熟な祖型があわただしく読みこまれたとしてもふしぎではない。

デペイズマンの詩学を地理上の距離に投影しつつ、想像上または現実の異郷でシュルレアリストがいくぶんエグゾティックに綴った、しかし結果として反民族学的とも対話的ともよびうる革新がひらかれていった分類不能なテクスト群の存在。「未開」を自文化解体の鏡像として讃美するときのナイーヴさは否定しがたい彼らの言説が、しかし反植民地主義という表層のスローガンのままいつしかネグリチュードの思想形成に専有化されていく戦後史一九四〇年代の逆説。そこには今日の文化批評の光学に照らして、もっぱら断罪されるべきアンチヒーローもいなければ、いかなる意味でのヒーローも不在であるという、およそ捉えどころのない風景が広がっている。ただむしろ、そうした捉えどころのなさとして今日の私たちに映じている反物語的な風景こそ、あるいは彼ら反逆の専門家たちが二〇世紀の思想史に刻みつけた無二の遺産であったとも予感されてはこないだろうか。逆にモダニティの臨界点を明晰に見すえた何らかの英雄の姿をその風景に強引に割り込ませる二〇世紀末の読みは、たとえば人類学者もシュルレアリストも近代特有の異文化ロマンティスムに酔いしれた優しいレイシストたちにすぎなかったと斬って捨てる読みにおとらず、いかにも不誠実な遺産継承のしかたであるだろう。はからずも双方の読みで省察の外に置かれているのは、「文明化」

の使命を口実に国内金融資本の投資先が模索された帝国主義期なりの文化概念と、「民主化」の使命のもと「自由」市場社会の拡張先がグローバルな規模で模索されるにいたった冷戦終結期なりの文化概念とが、「純粋」対「混淆」という表向きの弁別指標にもかかわらず、はたして――あるいは依然として――誰がどの場所からかつて語り現在語っている「文化」なのかという、同じ問いかけへの要請である。両大戦間期のパリ・アヴァンギャルドとポスト冷戦期の文化批評とが、それぞれ異なる歴史のコンテクストからこの世界に見いだそうとした二つの「並置と混淆」、二つの「文化解体」、あるいは二つの「想像力」の接合面と切断面について、私たちが相続しえた風景の捉えどころのなさをかてにささやかな素描を試みること、それが本書終章の目的である。

2　二つの自己批判の余白に

一九八五から八六年にかけてパリ六区の自宅で収録されたインタヴュー記録『セタディール』では、齢八五に達した最晩年のミシェル・レリスがジャン・ジャマンとサリー・プライスを聞き手に、民族誌家としてはこれで最後となるだろう自らの想いを淡々と伝えていた[1]。民族誌家としての想い、それは彼の場合ふたたび、だがかつてなく静閑な響きをおびた自己批判のことばとして明かされる。おそらくはサイード以後の思潮を鋭敏に感じとったその内容とは、たとえば両大戦間期の自分が「ニグロ」をめぐる種々のステレオタイプ――「性の放縦」やら「トランス性向」やら――を理由に、未開は西欧より優れているという「裏返しのラシスム」に甘んじていたこと、また西洋人画家ベイコンを論ずるときには用いなかった「民族誌学の言葉づかい」を非西洋人ラムの批評では用いてしまったこと[2]、いわば表層の論調はいずれも顕揚であれ、けっきょくは「未開」にむかう民族誌家の視線こそが当の対象を生みだし実体化もしてしまうというテクスト化の権力作用にかつて自分もささやかながら加担していたことへの、誠実すぎるほどの批判だった。

くわえてこのインタヴュー記録で注目されるのは、『幻のアフリカ』が民族誌テクストとして近年帯びはじめた価値に問いをさし向けようとする聞き手に対し、著者本人が執筆の半世紀後に示すある種のとまどい、また周囲の評価によらず彼の内面に長らく宿ってきたと思われるひかえめな矜持であるだろう――「『幻のアフリカ』の素材となった日々のメモを現場でつけているとき、自分が民族誌を作成しているなどとはよもや思っていませんでした。それとは別のもの、自分にとっての民族誌学の仕事とは別のものだったんです〔……〕私は『幻のアフリカ』を何より自分のために書いていました〔……〕あれは実験的な書物だったんです〔……〕〔フィールドワークを脱神話化する企てだったのでは、とのジャマンの問いに〕そうです、それと旅の脱神話化、旅行記の脱神話化ですね〔……〕[3]」。インタヴューを閉じるのも、プライスの問いに対するレリスの次のことばだった。

プライス――現在流行している人類学についてはどうお考えですか、われわれの世界で内省的人類学と呼ばれる、主観的要素を再導入した人類学のことですが。それはほとんど、民族学であなたの擁護する主観性が五〇年ののちに時の話題となったかのようですが。

レリス――〔……〕主観的要素は現前しているべきだと思います。それはつねに現前しているんです。〔……〕主観性は隠蔽されるより、告白されるほうがどれだけましか知れません。どこまで自分がよしとしているかを知るうえでもね[4]。

『幻のアフリカ』が実験民族誌の先駆として近年再評価をうけてきたのは、「人は主観性を通じて客観性に到達する」というその一見パラドクサルな公準、すなわち「主観的に自分の考えを述べ〔……〕個人的係数を白日のもとにさらけだすことによって誤差の計測を可能にする〔……〕それが客観性を保障するために可能な最良の方法」だとする著者の執筆姿勢が[5]、既往の民族誌テクストを支配してきた実証主義的スタイルの脱構築をうながすものと位置づけられたためである。じっさい主観性の意義をめぐるレリスの思想は『幻のアフリカ』戦後再版の序文中でいっそうヒストリサイズされ、「三〇歳のヨーロッパ人が、第二次大戦前のこの黒人アフリカを西から東に横断した時に何を感じとったか」についての「資料価値」までもが想定されていた[6]。そのことを思えば、特定の時代性に拘束された主観のありようを問いつづける彼の思想に逆らい、『幻のアフリカ』をもっぱら近年のテクスト論の見地から評価する

――たとえばギアーツの――姿勢が疑われるのと同じ趣旨で[7]、いやそれ以上に、ひとりのシュルレアリスム離脱者の思考がすでに両大戦間の時点からコロニアル民族学と植民地帝国の枠外でその告発にそなえていたとする読みの説得性にも、私たちは疑いを禁じえなくなるだろう。かつて旅と人類学の物語を脱神話化してみせた証言者の思考を今日流のモラルに還元して英雄＝神話化し、作品そのものの意義を封印さえしてしまいかねない読みの淵源。一九八五年がこの民族誌家の生にきざした第二の自己批判の時であったとすれば、それはあの第一の自己批判、一九五〇年の「植民地主義を前にした民族誌学者」[8]にまで遡るのかもしれない。

『レ・タン・モデルヌ』誌掲載のこの一文は同じ年の講演原稿をもとにしており、このときの聴講者にはレヴィ＝ストロースやルーシュのほか、『植民地主義論』刊行を目前にひかえたセゼールの姿もまじっていた[9]。被植民地住民に益するような民族誌学のありかたを説くその内容が『植民地主義論』の声とも少なからず共振しているのは、レリスが一九四二年秋の出会い以後、セゼールとともに深い薫陶をうけることになったサルトルの影響によるものである。帝国主義との関わりからみた民族誌学者の政治責任、あるいは今後の民族誌学が「過去の完全な文化」への幻想から植民地状況の社会分析へと視点を転ずる必要をレリスが訴えるとき、したがってそこにはサルトルを核とする戦後フランス思想界特有のイデオロギー負荷をおびた形容、たとえば「自身の運命を引き受けられるように、民衆が資本主義の特性と結合している圧制に勝利するために敢行されるべき戦い」や、「ブルジョワジーによって表される共通の敵に対抗して」などの形容が添えられていたことを想起しておこう。くわえて民族誌学者が被植民地住民の「弁護人」となるべきことや、住民の将来にとって「有害」な行為をひとしく非難すべきことを語る当時の彼の論調が、ポリティカリー・コレクトな研究モラルを標榜する近年のアメリカ人類学のそれと著しく似かよっているのも、じっさい半世紀の時をへだてて叫ばれた二つの「民主化」――第二次大戦後および冷戦終結後の――で近代政治史上の似かよった概念、たとえば「歴史主体」の意味と第三世界へのその適用可能性とがアナロジカルなしかたでともに問いなおされているためであることも同時に考慮にいれておこう[10]。レリスがこの一文をもって告発対象に選んだのは、近年の人類学もまた自らの告発対象として弁別的に名ざすところのコロニアル人類学、つまりはシュルレアリスム離脱直後に民族誌家への転身をとげた彼自らの姿であり、逆にサルトルと接触する以前の両大戦間期の彼が、これほどまでに組織的な帝国主義批判＝政治的自己批判や、アンガージュマンへの要請を準備していたなど、とうてい考えられはしないのである。

植民地で生起する現実——なかでも植民地官吏の日常——に対するレリスの嫌悪は、一九二七年の東方旅行以来すでに記述の内にきざしてはいた。ただし、ネルヴァル流の啓示にも刻印されたその四年後のアフリカ調査が、フランス植民地帝国の欲望とも折り合いのつく「オリエント＝アフリカ」のロマンティックな等式化を誘因としていたように、日誌『幻のアフリカ』に戦後の彼の姿、ましてサルトルの姿を重ね合わせる読みは私たちに許されるべくもない。むしろ戦後のレリスは、だからこそ自らの「コンラッド的嗜好」、つまりほんの一瞬ではあれ「横暴なフランス人植民者に同化しそうになった」[11]過去の自分の姿を、民族誌学の「資料価値」としてそのまま告白しつづけたのではなかっただろうか。それはたとえば、「終始嘘をつく」インフォーマントの老人を「もう少しで絞め殺してしまいそう」になる彼であり、調査団への便宜供与として強制労働に駆りだされた子どもを打擲する彼、また調査団の賦役夫を「彼らは僕たちに仕えて幸福だったと思う」と臆さず記し、黒人住民を「自らの怠惰のもとに押しつぶされている君たち」と仏領西アフリカ流の見識で呼びかけるときの彼である。[12]くわえて、戦後に民族学的「資料収集」の暴力性を告発し、対象社会の文化を民族学の流儀で「保存」するなど文化の化石化にひとしいとも訴える彼は、かつてグリオールの略奪行為を「正当すぎるほどの値段を払って黒人から引き取った」ものとみなし、「未開の美とは秩序である」ことを調査日誌に綴る彼でもなかっただろうか。[13]そして旅の後半に「これこそアフリカだ。ようやく異国情緒の入り口まで辿りついた」と彼を叫ばせるアビシニアの景観。「秘儀を伝授される者はつねに遠方で啓示をうける」としながら自らを「旅する錬金術師」に擬していくレリスにとり、それこそは一八世紀のジェイムズ・ブルースよりこのかた西欧の視線に長らく封緘されてきた「大いなる東方」の姿であり、フロベール、デュ・カン、ネルヴァルを魅了しつづけたあの同じ東方、しかしリチャード・ライトがやがて強烈な拒否反応を示すことになる白人文学者流のカタルティークなアフリカ礼讃の系譜にもつらなる表象ではなかっただろうか。[14]戦後のレリスの日誌で「アンガージュマン」、「植民地問題」、「実存主義」などの言葉がようやく相互につながりはじめるのは、四五年の仏領象牙海岸旅行——ＲＤＡ結成前夜のウフエ＝ボワニの母国への旅——以後であり、四六年からは自己のアンガージュマンの対象に見定めていた「ニグロ」がさりげなく「黒人」へと書き改められていく。[15] さりとて『プレザンス・アフリケーヌ』誌への参画から約半年が経過した四八年二月の時点でさえ、彼の思考は「有色女が私にひきおこす魅力」こそ自分にとっての「反人種主義」であるとみなすような、[16] ひとつの無邪気さとも歪みともいえる要素をたたえているはずなのだ。

レリスの思考の転回にまつわるこれらの事実関係に私たちが注目するのは、過去のある時代を生きた個人の思索を今日の視点の高みから告発するためではむろんない。イザールやアルメルが正当にも指摘するように、[17] むしろ私たちはその種の告発におとらず不毛な作業、つまり『幻のアフリカ』という両大戦間のテクストに何かしら政治的な著者の主張、戦後の思想風土を開示するような反植民地主義の英雄譚を読みこむ作業の不毛さに——ジッドの『コンゴ紀行』についてと同じ意味で——ひとまずは注意を喚起しておきたいからである。『幻のアフリカ』はいわばひとつの歴史的な、より正確には思想史上の「資料価値」として、ヒーローもアンチヒーローもあらかじめ用意しえない徹底して反物語的な、それだけにかけがえのない風景のまま読み継がれるべき作品であり、じっさいはテクストに現前すらしていない植民地システムや民族学の政治性への告発を詮索する類の読みは、その好意的な外見に反して彼の思想に多大な失調をもたらしてしまうだろう。[18]「人は主観性を通じて客観性に到達する」——『幻のアフリカ』が初版刊行直後からグリオールの激怒やモースの不評を買うなか、バタイユの盟友マルセル・モレがいちはやく評価してみせたこの公準のもつ意味をいまいちど思いおこしてみよう。[19]『幻のアフリカ』はそのとき、二〇世紀末の評価とは必ずしも連絡しない、「とまどい」と「矜持」のはざまに置かれるべき「テクスト論」的効果を帯びていたことが知れるはずだ。あらゆる二項対立がそうであるようにこの場合の「客観性」も「主観性」の等価な対立項でないことは明白である。主観性の追求を通じてそこで最終的に権利づけられる客観性とは、著者レリスが自らの個人的係数をさらけだすことで主観的誤差の計測を託そうともくろむ相手、すなわち読者が、レリスによる「さらけだし」——著者による匿名的権威の放棄——の磁場に引き寄せられ、自らもテクストの織りなす空間の内へと次々に巻き込まれ連座していく可能性にひとしい。観察者が観察対象の一部となり、彼自身のふるまいがひとつの「資料価値」へと転じていくこの奇妙な「民族誌（ethnographie）」は、それゆえ観察者の思索と行為のなりゆきを目で追っていく読者もまた

«ethno-» のポテンシャルな記述対象としていつしかテクストとの同化をとげ、本来「読者であること」が保証していた匿名性の特権を奪われつつ、制度や学に対する組織的な肯定もなければ否定もいまだ手さぐりな両大戦間期の風景の内へと引き込まれ、逆説的にもまさにそのことによって時代をこえた自己参照をテクストの内側から試される仕掛けを内蔵している。だからこそ両大戦間期の告白作家はそれ自体でひとりの民族誌家となるのだ、しかも客観的な。[20] レリスの作品に対するこうした読みの可能性と不可能性とは、しかし彼ひとりの事例に限定されうるものだろうか。私たちが並置と混淆の概念をめぐって以下で考えてみたいのは、これとほぼ類似の構図をもった、シュルレアリスムに対する読みの可能性と不可能性についてなのである。

3 並置と混淆の余白に

一九八〇年代アメリカの文化批評では、両大戦間のパリ・シュルレアリスムが一定の共通理解のもとで思想史上の新たな位置づけを与えられようとしていた。それは第一に、シュルレアリスムがかつて人類学と微妙な交わりをむすび、二〇世紀の西欧で内発的に生じた自文化批判、他者の異質性を起爆力とした自文化解体の試みとして、人類学的な知の源泉にも通ずるところがあったという理解である。また第二に、このうち一方の人類学が帝国主義への関与を通じ、まもなく硬直した文化本質主義へと堕していったのに対し、シュルレアリスムは二〇世紀末流の文化混淆をある程度まで予告するモダニティの解体、文化解体の想像力を宿しつづけたという理解である。

アメリカ人類学に新分野「エスノグラフィー論」の到来を告げた論文集『文化を書く』の編者マーカスとクリフォードは、いずれも八〇年代の初頭から半ばにかけ、民族誌学におけるシュルレアリスムの新たな可能性とでもいうべき立論を手がけていた。[21] このうちフィッシャーとの共著でマーカスが指摘するのは、パリ・シュルレアリスムが隣国ドイツのフランクフルト学派と並び、両大戦間一九二〇～三〇年代の西欧における先鋭な文化批判として機能していた点である。ことにモダニストとしての自意識をとぎすませたシュルレアリストたちは、相互に異質な事象を予期せぬしかたで並置しながら、伝統や慣習のもとで物象化してしまった自らの西欧文化を過激に転覆させパロディ化し、侵犯しようとした。シュルレアリスムはそれゆえひとつの芸術手法であるとともにひとつの文化批判として、人間が文化に対抗しそれを変更しうるとの視点をひらくとともに、マーカスが「モダニスト的民族誌」と呼ぶ新世代の民族誌テクストに二重の遺産をのこしたのだという。それは第一に、文化とはスタティックに共在する個別の実体ではなく、たえまない相互作用のはざまで並置され混淆されつづける社会的構成物だという認識である。人間の創造力に焦点をあわせたこの認識により、第二には民族誌テクストの書法や表象も必然的に変容し、最終的には他者の声を自らの内にとりこんだマルティヴォーカルな、それゆえポリセミックでもあるテクスト生産の可能性を人類学者に気づかせていくだろう。シュルレアリスムが体系性に乏しいゲリラ的な批判にとどまり、その関心の向きようにもエスノセントリックな嫌いがあった点を留保しつつも、かくしてマーカスは、両大戦間期アヴァンギャルドの芸術運動に文化批判としてひとつの肯定的な位置づけをほどこしたことになる。[22]

ただし彼の立論は、八〇年代初頭にクリフォードが発表したシュルレアリスム論[23]にその多くを負っていた。「民族誌学的シュルレアリスムについて」と題されたこの論考で、クリフォードはまず「シュルレアリスム」の範囲を狭義のブルトン・グループに限定せず、ブロメ街のシュルレアリスム離脱者たちにも共有されていた同時代の美学的な構え、すなわちエロティックな、エグゾティックな、あるいは無意識的な事象の予期せざる並置から異常な現実を顕現させようとした美学的な構えとして彼なりに規定しなおす。

両大戦間のパリで相互に接近しつつ成長した民族誌学とシュルレアリスムは、いずれも自文化西欧の規範――および合理主義的理性――から産出されるリアリティへの深刻な疑義をもとに、それとは別の可能性を「他者」や「異なる現実」にもとめた点で、手法としても思想としても遠からぬ間柄にあった。くわえて芸術と学問を峻別する境界も歴史を通じて不断に流動してきた点にふれながら、クリフォードは他者をめぐる新たな文化分析の可能性をひめた「ユートピア的な複合概念」として、自らのいう「民族誌学的シュルレアリスム」の構想を呈示する。この概念複合のうち、たしかに一方の民族誌学は未知の事象を理解可能なものとする知であってきたのに対し、シュルレアリスムがめざしたのは逆の運動、つまり既知の事象の異化にこそあった。未知と既知、異化と同化をつなぐこうした際限のないたわむれのなかにあって、しかし二つの知に共通していたのは文化的な価値体系の再編成へとむかう意志であり、高次の文化と低次の文化を截然と分かつ硬化した判断基準からの解放にほかならなかった。きたるべき民族誌学的シュルレアリスムとは、それゆえ文化的な不純物やシンクレティックな攪乱に歓喜し、ありふれた事象のうちに予期せざる他者性の侵入を見いだす運動となるだろう。クリフォードのみるところ、一九三〇年代パリの『ドキュマン』誌には、すでにそうした運動の萌芽がきざしていた――「この雑誌を基礎づけていた手法とは並置、つまり偶発性やアイロニーをともなったコラージュである〔……〕文化にそなわる『自然な』ヒエラルキーや連関を構築しては解体し〔……〕『ドキュマン』誌には〔……〕民族誌学的な並置の利用がみとめられる[24]」。そうして考察の末尾におかれる結論とは以後の彼の著作でも一貫して語りつがれていくテーゼ、すなわちきたるべき民族誌学は、絶えざる文化混淆のただなかで懸命に意味を解体しては再構築していく人間の発明ないしは創造力の研究、「並置をめぐる理論と実践」の方へと進んでいくだろうというものだった。

冷戦終結後の世界情勢をうつしたある種の思想風土が、並置なり混淆なりブリコラージュなりといった形容をもとに、システムと本質の解体、境界の書き換えと抹消の方向へと向かいつつあることはほぼまちがいない。たとえばそれは、近年のアメリカで文芸批評を核としながらも旧弊の学問分野をこえて文字どおり脱領域的に展開してきた一連の文化批判であり、またその動きとけっして無縁とはいえないクレオリテの論争であるだろう。とりわけクレオールの礼讃者たちが「ヨーロッパ」や「アフリカ」といった物象化された文化=領域概念を「二つの相反する論理から派生した外在性」と断じつつ、「我々こそ諸文化の接触を予告し、出現しつつある近未来世界を先取りしていたのだ[25]」と明言するとき、そこで微妙なかたどりを与えられるシュルレアリスム思想史の影。かつて『マルドロールの歌』を「史的唯物論的解釈」で武装しようとしたセゼールの詩的企てを、ブルトンが「特異な錬金術的変成の力」として祝福し、サルトルですらそれを「アンガジェされた自動記述」や、「奇跡と排泄とのこの二重の痙攣」といったシュルレアリスティックな形容にのせて絶讃したように[26]、二〇世紀末のクレオール思想が――ネグリチュードという歴史の中継点にかなりの屈折をこうむりつつも――シュルレアリスム流「混淆」の批判的継承者としての、あるいはランボー流「他者=ニグロ」を常時自らに装塡させたレジスタンとしての自覚をいだいていることもまた確かなことである――「シュルレアリストとは自分がなにかを知らないニグロなのだ。あるいは人間のうちに人々が圧殺しようとしたニグロを目覚めさせるのだ(27)」。

もとより両大戦間パリ・シュルレアリスムが自らの思考を語る際に、あるいは以後の批評家がその彼らの思考を語る際にもちいた語彙には、この「並置（juxtaposition）」や「解体（décomposition）」にかぎらず、「置換（déplacement）」、「代置（substitution）」、「移行（passage）」、「転移（transfert）」、「組み換え（recomposition）」、「パスティシュ（pastiche）」、さらには「横滑り（glissade）」にいたるまで、個別のテクストやコンテクストを支配しかねないイゾトピーの構造に亀裂を走らせようとする挑発的な表現がひしめいていた。同時代の精神分析用語との重なりもあるとはいえ、これらの語彙に託されたシュルレアリストの目標がかりに二つの乖離した現実の「電位差」から驚異という「閃光」を導出するルヴェルディ詩論の批判的継承にあったとすれば(28)、本質主義的に思念された「文化の同一性」を硬直したイゾトピーの姿になぞらえつつ、その発想を現代の文化批判へとじかに接続させることもけっして不自然ではないかのようである。唐突に隣接関係へと置かれた複数の事象を換喩でつなげ、その連鎖をとめどなく横滑りさせていく詩法の運動(29)にクレオール流の文化ダイナミズムを見いだし、そこに二〇世紀末流の速度ないし加速度のモメントを加味させたとき、「コラージュ」が、「レディ・メイド」が、あるいは「ソラリゼーション」さえもが、人間の飽くなき創造力という「驚異」をことほぐ異種混淆文化論の基本語彙に転じていくかのようである――「自由は驚異が生まれるところに始まる(30)」、あるいは文化というこの「溶ける魚」たちの交わり。

並置と混淆の発想を後景にすえおけば、私たちはさらに当時のシュルレアリスムと民族学の思想史的な関わりについても、いくつかの新たな定点を見いだすことになるだろう。第一に、シュルレアリスムにとっての並置とは現実のただなかに痙攣的な美、驚異をひきだす錬金術に与えられたひとつの異名である。とはいえブルトンが、「だれしもが他者に求めるのは自分自身の本質である」というエンゲルスの定言――ヘーゲルの、といってもよい――を引用し、あるいは「感覚をデペイズマンさせることをためらってはならぬ」と訴えるとき(31)、この場合の他者といいデペイズマンといい、そこには彼自身がおぼろに相対化していた二〇世紀前半の時代状況とともに(32)、フランス植民地帝国のもとで成長をとげつつあった同時代の民族学的な知の様式が――ブルトン本人の意向によらず――刻印されていたといっても過言ではなかろう。ロマン主義期の「想像力」が二〇世紀の思想系に再備給されることで、異郷の衝撃力としての民族学的デペイズマンは、詩的異化の衝撃力としてのデペイズマンと等価におかれる。同一性の壊乱がこうして二重の意味ではかられた後では、「何か羽毛がこめかみをかすめたときに感じる特有の肉体的混乱」と、「ハワイの酋長たちが身につけていたという壮麗で痙攣的なマント」[33]とが、テクストの表層でメタレヴェルでも「並置」され「横滑り」していたはずである。

第二に、シュルレアリスムと民族学は、前者の「痙攣（convulsion）」、およびフランス社会学派を介した後者の「沸騰（effervescence）」の思考としても、相互に照らしあうところがあったといえるだろう。祝祭や革命にともなう熱狂の場で集合表象が攪乱された瞬間に出来する超個人的な「沸騰」の高まりを「恍惚（extase）」、「痙攣」、「眩暈（vertige）」とみなし、いかなる意味でも反エリアーデ的なエピファニーをそこに見いだそうとする発想は、なるほどシュルレアリスムというより、むしろ「驚異」と「美」を否定して「痙攣技法の社会学」をめざしたバタイユ・グループの特質ではあっただろう。[34]さりとて『ナジャ』の閃光を閉ざしつつ開いていくあのあまりにも有名な一文——「美とは痙攣的なものだろう、さもなくば存在しないだろう」——をブルトンが綴ったその一〇年後に、バタイユが痙攣の極北としての供犠と殺戮を、カイヨワが「社会構造とは社会的痙攣の結果である」とのテーゼを口にしたからといって、同じ年の『狂気の愛』でなされた表現の補足——「痙攣的な美はエロティックであると同時にヴェールに被われ、爆発的であると同時に静止の状態をつづけ、魔術的であると同時に状況的なものであろう。さもなくば、存在しないであろう」——が、コレージュ・ド・ソシオロジー流の「牽引力と反撥力」に影響された一種の修正文であったなどと考えるべきではけっしてない。[35]デュルケム学派の「沸騰」はたとえ用いずとも、愛する状態と詩的「熱狂」とのあいだに結びつきがあると断言すること、それはむしろブルトンのモラルとさえいうべき姿勢であり、[36]詩に驚異と熱狂をうみだす痙攣的な美もまた、それは対立する事象の並置に支えられていたはずだからである。

そしてレリス。コレージュ期の彼は、フランス社会学派の「聖」に前提された集合性を個人性へ、非日常性を日常性へと変換しながら、対立要素の拮抗——非対称の構造をもつ二極聖性としての「右」と「左」——にほかでもない痙攣的な「美」を見いだしている。[37]しかも「それぞれの形態が活性化し形を成し消滅する混沌」を「痙攣」と呼びかえたバタイユの注目すべき等式化に範を得るかのようにして、[38]戦後のレリスは西インド諸島のそれ自体が「痙攣」であるところの文化混淆を礼讃していることだろう――「さまざまの土地に由来する諸要素の出あいが、豊かさのしるしであることを認めるなら、人間の生成の観点からしてはかりしれない興味を提供する文化の十字路〔……〕」[39]。のみならずまた、作家としてのレリスが自らの創作ノートの紙上に「空間上でつきあわされた異種の資料の衝突がもたらす呪術的効果」[40]を見いだしていたとすれば、西インド諸島と創作ノートというこの大小二つの空間に、民族誌学と文学の境界を越え出たひとつの事態、すなわち並置の運動がもたらす痙攣であり沸騰でありシュルレアリストにとっては美でさえあったような、抜きさしならぬ何ごとかが生起するさまを見いだすことも可能なはずである。異種の交接がもたらす「沸騰」を今日流の議論にひきよせさえすれば、そこには異質な文化要素を自らとたえずコネクトさせネゴシエートしていく近未来の文化主体の姿、祝祭や革命とは無縁な場でハイブリッドな痙攣と沸騰を日々更新し、生活世界に新たな意味を構築してやまない二〇世紀末のアナーキーな身体の姿を見いだすことさえ可能となるかのようである。

第三に、シュルレアリスムと民族学は「調査法」や「記録法」の次元でも、ある程度まで類比が可能なのかもしれない。シュルレアリスムの主要テーマの変遷を一九二〇年代の「自動記述」、三〇年代の「客観的偶然」、そして大戦前夜パリ思想界の流行を反映した四〇年代の「神話」というしかたでひとまず大別し[41]、そこにいささか乱暴な民族学の彩りを添えるなら、自動記述は憑依論に、客観的偶然は災因論に、また神話は文字どおり神話論でなければイデオロギー論に応ずるところがある――ただしシュルレアリスムでこれらの現象に想定される「内在」が民族誌の記述ではいずれも他界的な「超越」に変換される――のも、民族学が「未開人＝外なる他者」の語りを通じてシュルレアリスム流の「内なる他者」の語りを代補しようとしたからなのかもしれない[42]。このうち自動記述をめぐる初期の「実験」では、ブルトンがカメラや蓄音器といった新時代の記録媒体を用いた客観的記録の手法をグリオールさながらに構想していた。また、理解すべき対象を演じてみるという発想――ターナーの「ソシオドラマ」にも通ずる発想――のもとで、「精神薄弱、急性錯乱、進行性麻痺、解釈妄想、早発性痴呆」それぞれの疑似症実験から「内なる他者」の詩学をつきとめようとするときのブルトンには、ヒステリー症例者をめぐる同時代の臨床実験医の姿とともに、異郷であれこれの憑依や霊媒術のしぐさに接近していくフィールドワーカーの姿さえ見いだせるのかもしれない[43]。しかし同時代の民族誌学とは異なりそこから革新的に胚胎したものとは、想像力によって「内なる他者」を自らと並置させるというかぎりでの他者との対話可能性でこそあった。「被験者の批判的精神がそれに対してどんな判断をくだすこともなく、できるだけ正確に語られた思考になっているような独り言」、つまり自らを内なる他者の「謙虚な記録装置」[44]に仕立てあげながら驚異を綴っていくというこの超主観的な調査法が、逆説的にも一種独特の客観性と対話の契機とをテクストの内へ送りとどけていく――「シュルレアリスム言語の諸形態がいちばんよく適合するのは、やはり対話である〔……〕詩的シュルレアリスムは、こんにちまでのところ〔……〕対話をその絶対的真理のうちに建てなおそうと専念してきた」[45]。たとえば『ナジャ』というテクストもまた「私とは誰か」という問いを皮切に、内なる他者に対して「実名を要求し、扉のように開け放しにされた」書物となることをめざして書き継がれていくとき[46]、私たちはそこに「人は主観性を通じて客観性に到達する」というレリスのテーゼとともに、自己なる他者との対話をもとに作成されたあの不可思議な民族誌『幻のアフリカ』のはるかなる祖型を見いだすことにさえなるのかもしれない。そのかぎりで両大戦間期パリの並置の詩学は、たとえばクラパンザーノ流の実験民族誌とも、あるいはテクストや表象が再生産される現場に多声性の復権をめざす「文化の政治学」とも接続可能になるかのようである。

デペイズマン、痙攣、そして対話。並置と混淆をめぐるシュルレアリスムの思想は、これらいずれのキーワードについても今日同じひとつの読みを可能にしていくかのようである。モダニティとの訣別を意識しながら二〇世紀末の世界にたえざる並置と混淆の主体を認定しようと身構えるこの読みは、そうしてシュルレアリスム運動にモダニティの破壊者、文化混淆の礼讃者としての自らの祖型を読み込んできたことだろう。だがこうした読みは、当のシュルレアリスムがデペイズマン・痙攣・対話のいずれについてもそれと知らず署名が隣り合ってきた同時代の民族学の知を、自らの告発対象のひとつに読み込んできたはずでもなかっただろうか。だとすれば、両大戦間の人類学をめぐる限界や可能性とともに、同時代の拘束下でシュルレアリスム流の並置と混淆が到達しえた地点と到達しえなかった地点とを正確にみきわめる作業こそが、今日の私たちを思想の誠実な読みへとみちびく鍵鑰になってくるはずである。シュルレアリスムという思想の価値を徹底してヒストリサイズしてみること。シュルレアリスム運動に秘められた思想の衝迫力をアナロジーとして吸引しつつ自己流の文化ヴィジョンを足早に語る以前に、まずもって両大戦間から戦後へといたる二〇世紀フランス思想史の布置を考えぬこうという本書のスタンスは、おそらく執筆者のあいだでゆるやかに共有されたこの研究姿勢にこそ由来している。(47) 近年の文学批評にあっては、驚異の詩法における隠喩と換喩の対立よりもむしろ「権力との距離」にまつわるシンボルとアレゴリーの対比が論じられ、自動記述の霊媒術よりもむしろ「かつて沈黙を余儀なくされてきた人々」をテクストに呼びもどすコンジャリングの霊媒術へと視線が向かっていくなかで、シュルレアリスムはいかにヒストリサイズされうるのか。それはおそらく、未知の世紀に踏み入ろうとしている現在の私たちが二〇世紀のあれこれの知にほどこす正と負の価値づけについて、そのいずれかのみが強調されることをあらかじめ意図しつつ「たしかに～ではあったが、しかし～」のような譲歩の修辞を用い、けっきょくは当の知にまつわる一面的な物語を生産してしまう誘惑と罠から、正当にも逃れるための作業を意味するはずなのだ。

4　譲歩の修辞に抗して

譲歩の修辞を回避したときに人類学およびシュルレアリスムの知からともに洗いだされてくるもの、それはたとえばグリーンブラットが文化詩学の手法にうったえて見いだした「驚異と占有」のモメントであるだろう。(48) 彼は西洋における「驚異」の概念形成史に分け入りながら、人間が未知の事象に根源的な差異を目撃したとき発動する情念《パッション》として、また人間が産みだす複雑な表象体系全域のまさに中核をなす情緒として「驚異」を位置づける。西洋思想史上における「驚異」は、それゆえ「発見に関わるディスコースを構成するほとんど不可避的な」(49) 事態とされてきた一方で、権力との距離関係をめぐり大航海時代を境にひとつの大きな変質をきたしていった。それまでの中世的な意味における「驚異」とは、キリスト教会権力が築きあげてきた知の体系に背馳する自然認識の総体、権力にとって「安全に保持することのできない全て、領有に抵抗する全てのもの」をさしていた。だが新大陸の「発見」をむかえたコロンブス期の西欧では、同じ驚異のディスコースが「法的に不備のある領土上の主張を代補する」語りへと奇妙なる変貌をとげていく。いいかえれば、未知の驚異が占有の想像力へと唐突に連絡され、領有のふるまいを美化する代補として戦略的に機能し、西欧側の想像力による世界占有の契機を強化していったという構図である――「新世界に

〔……〕驚きを生産すること、それは〔……〕計算ずくの修辞的戦略でもある。〔……〕審美的反応を喚起し、合法化の過程に役立てること〔……〕」[50]。

コロンブスにとっての占有が、「宣言すること、目撃すること、記録すること」を意味していたように、ひとは未知の事象に対する最初の驚きの時がすぎた後でそれに「触れて、目録を作り、そこに記載し、占有することができるように」驚異の姿を外在化してきた。くわえて「原住民を転置されたヨーロッパ人の自己表象として表象することは〔……〕他者を占有せんとする冷徹な意志へと至る」との警句をグリーンブラットが発するとき[51]、私たちは植民地という悲しむべき空間の発生を予告するこの一六世紀転換期の事件のうちに、「驚異の未開」をめぐる近代人類学の知の政治性とも少なからず連絡した特質を見いだすことになるはずである。だとすればこのさい追究されるべきなのは、異郷におけるかつての大航海者なり人類学者なりのふるまいを譲歩の修辞にうったえて擁護し、あるいは告発することですらなく、むしろ「発見のディスコースにはほとんど不可避な」驚異の情緒性と、非合法の占有へとつながりかねないその暴力性とを同時に問題としていくことなのだ。人類学に刻印された二〇世紀の感受性が、ソンタグの言うように他者の内に自我を見いだすという一種の「応用ヘーゲル主義」に特徴づけられるとすれば、人類学者はそうして他者を自我の苛烈な純化として体験しつつ同時に当の他者を植民地化してきた、つまり「異国的なものに身をまかせる衝動と、科学によって異国的なものを飼いならそうとする衝動」[52]とのあいだで矛盾をはらみつつ揺れ動いてきたことになる。そしてシュルレアリストもまた、他者にまつわる二〇世紀の感受性を呼吸しつつ、しかも人類学者とは異なり植民地体制の完全撃破をも同時に叫んでいたのだとすれば、彼らは二つの衝動間の葛藤をそれだけ苛烈に――つまり「驚異」と「占有の否定」との維持しがたい両立として――体験していただろうことは、今日の私たちの想像にもかたくない――「政治的現実をごまかすのでない限り、純粋なエグゾティスムの喜びを味わうことは不可能だ。しかしまた、虚言を吐くのでない限り、この島が溢れるほどに与えてくれる感情を黙らせることもできはしない。一体どのように、そして何を書いたらいいというのか[53]」。

シュルレアリストがブルジョワ体制への反逆者として表明した「占有の否定」ですら、それが「驚異」とむすびついていたかぎりで他と変わらぬ「占有」の視線へとつねに頽落しかねない、凡庸とはいわぬまでもきわめて危うい帝国主義期の「否定」であったことは周知のとおりである。シュルレアリスム擁護をもくろむ譲歩の修辞で、きまったように前半の「たしかに～ではあったが」へと送り込まれてきた事実関係の数々。それはたとえば、戦後のレリスを以てしても「ニグロの素質のもっともいちじるしい特徴の一つと認められている抒情的才能」が西インド諸島の美点に挙げられていたように、マルティニク島でひとりの詩人に出会うときのブルトンが「〔……〕彼のあまりのまじり気なしの黒さ〔……〕今日ただひとりの白人も成しえないような仕方でフランス語を操るこの男は、ひとりの黒人なのだ」と述べ、その表向き感嘆調の表現がもたらす表象効果の内実がファノンにより厳しく告発された事実であろう。(54)また時を遡れば、アフリカをはじめアメリカ、オセアニアといった「未開の」事象すべてをニュアンスに取り込んだ一九二〇年代パリの「ネーグル」の語義にも支えられながら、初期のシュルレアリストがあからさまに表明した「東方」礼讃の言説群であるだろう。(55)西洋で長らく驚異の大貯蔵庫とされてきた「東方」が、そこでは『クラルテ』誌のコミュニスト・グループによるロシア革命観――蛮族と革命家の永遠の故国としての東方――と交錯し、同時にブッダやダライ・ラマをはぐくんだ賢者と神秘主義の祖国としての東方観を介して、一九二七年のレリスがそうであったように「ネーグル」や「驚異の未開黒人」などの表象とも微妙に接続されていた。同時代のナヴィルがそれを西欧中心神話の対立軸として用意されたもうひとつの神話にすぎないと正当にも批判したように、彼らの「東方」には西欧ないしフランス的価値の一切を否定するかぎりで用意された「他者」の、とほうもない広がりが想定されていた。(56)『シュルレアリスム革命』誌第三号でアルトーが展開したあの熱烈なアジア礼讃の域をはるかに越え、そこには「西欧文明を破壊する東洋の力に属するドイツ」さえ含まれていたのだし、「現実僅少論序説」の末尾を飾るあの叫び――「『東方』よ、勝利者たる『東方』よ〔……〕わたしに霊感を与えてくれ」(57)――には「ジャズの神秘的な旋風」といった形容が添えられていたことも、今日の私たちはよく知るところである。これらの事実を想起するなら、世界恐慌勃発の年におそらくタンギーが作成したあの「シュルレアリスト期の世界」地図（図1）にしても、帝国主義の想像力と欲望を投射した視覚媒体＝地図によるシュルレアリスト流の「驚異の他者」表象の具現――フランスの領土がパリに極小化されるという反植民地主義のアリバイを添えた――として、あるいは近代民族学流の「占有」にもつらなる「記載され、記録され、外在化された驚異」とも紙一重の姿として私たちに映じてはこないだろうか。ちょう

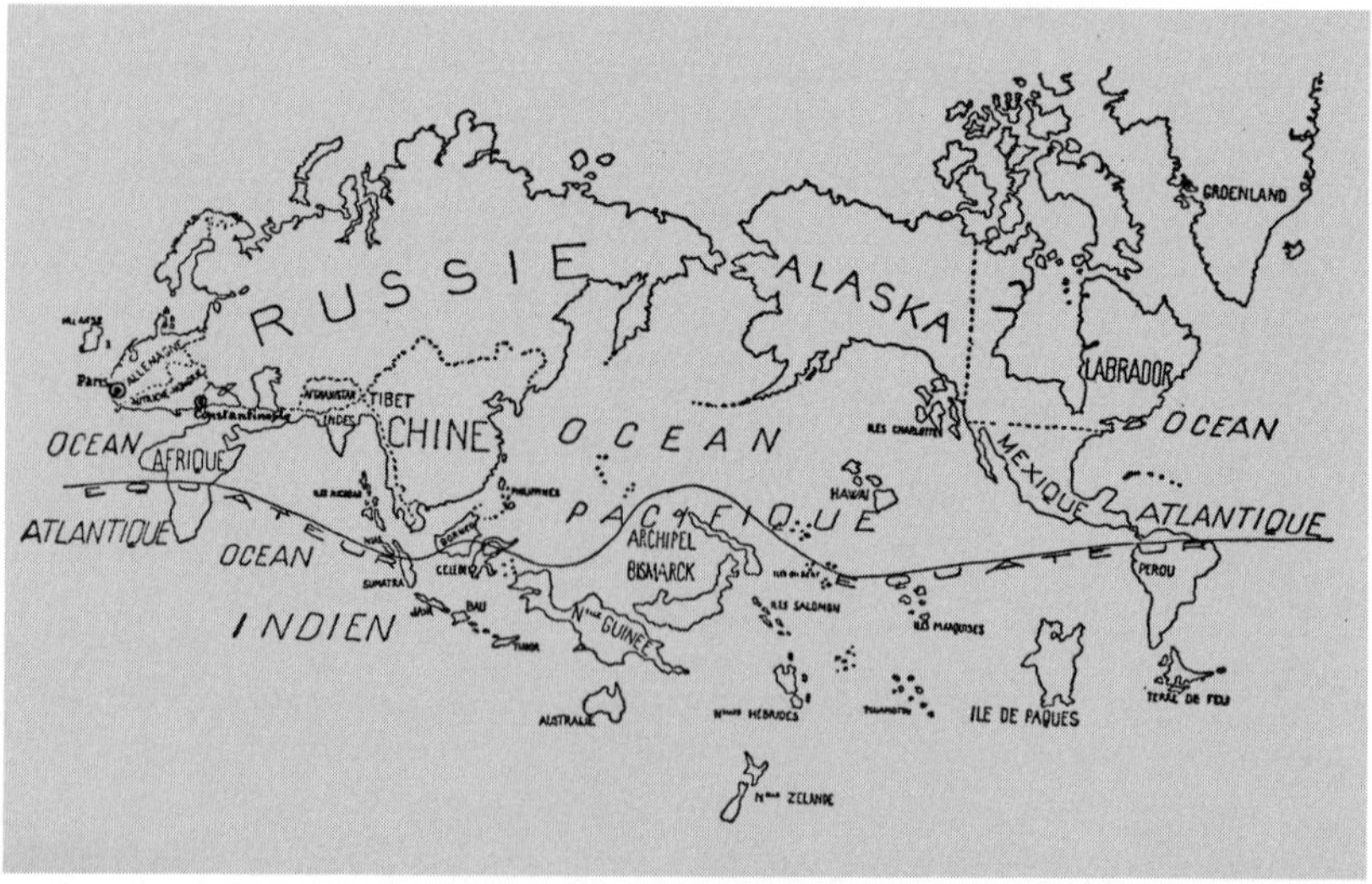

図1　「シュルレアリスム期の世界」地図。『ヴァリエテ』1929年6月号（特集「1929年のシュルレアリスム」）所収

ど同じ「他者」であれ、大半が男性だったシュルレアリストにとっての他者、すなわち「栄光が最後に帰するのは女性である〔……〕彼女の上に付けられる、そして唯一人の男にしか価値のない〔……〕選択の印〔……〕[58]」といった女性礼讃のしかたに「占有する驚異」の呵責なき暴力性が見え隠れしていたように、占有の想像力をもとに礼讃された「驚異の未開」言説には、他者を一方的に侮蔑する表象がそれを一方的に顕揚する表象と同等の権力効果をひきおこすというロマンティック・レイシズムの範例にひとしい内実があったことを、私たちは否定すべきでないし、それを譲歩の前半に送り込んで決済すべきでもないのである——「未開人のヴィジョンとの交流を取り戻すこと〔……〕すでに黒人彫刻は大いに活用されました。今日私たちが、認識と諸関係の新しい体系に到達することを可能にしてくれるのは、とりわけ、アメリカ・インディアンの造形美術なのです〔……〕インディアンの思考は、いまも昔とかわらず生命力と創造力にあふれ〔……〕[59]」。

その点、私たちのこうした論の運びには、次のような反論が考えられるかもしれない、シュルレアリスムは中世流の驚異を二〇世紀に蘇生させることで、逆に同時代の支配イデオロギーとモダニティとを個別撃破したのではなかったかと。中世の驚異が支配イデオロギーに混乱を導き入れる何か、正統なる体系への抵抗の技法として「魔術」とも呼ばれてきたように、[60]まさしく驚異の魔術的な作用で「家族とか、祖国とか、宗教とかいった概念をぶちこわす」ことを目標に掲げたこの「反逆の専門家」たちは、近代合理主義、近代ブルジョワ思想とともにフランス帝国意識、すなわち「フランスにおいてフランス的感情を高揚することに断固として反対」してきたのではなかったかと。[61]ただ、私たちがここで一度はヒストリサイズしておかねばならないのは、シュルレアリスム流の「反抗する驚異」と植民地流の「占有する驚異」とのあいだにはそれでもなおロマンティスムとしての重なりが否応なく見いだせてしまう点、および反植民地主義と植民地主義という表層の対立にもかかわらず、仮に前者が「虐げられているからという理由で虐げられたものを礼拝[62]」し、自文化解体のあくまで手段としてカテゴリックな未開像をねりあげる「絶対的反逆者」だったとすれば、そこには後者に劣らずエスノセントリックな表象効果が抜きがたく潜伏していたといえる点なのである——「〔……〕シュルレアリスムは有色民族と強く結ばれています。そういえる理由のひとつには、シュルレアリスムが、あらゆる形の白人による帝国主義〔……〕に反対し〔……〕もうひとつの理由は、いわゆる《未開の》思考とシュルレアリスム的思考との間にはこれ以上なく深い親近性があり〔……〕意識的なものや日常的なものの主導権を排して、啓示的感動を獲得することを目指すからです〔……〕」[63]。

仮にこれら一連の事実関係について必要以上の意義を見いだすとすれば、それはあなたが過去の思想に対する尊大な告発者の役を演じたいからである。反対に、そこにいわれなき不具合をおぼえるとすれば、それは必要以上に過去の思想の擁護者を演じたいあなただからなのかもしれない。逆に私たちがいまめざそうとしているのは、これらの役柄がともに語りの内へと導き入れてくる譲歩の修辞に抗する試みである。非難と顕揚のいずれか一方に与するわけでもなく、ましてあらゆる理論構築からの絶えざる逃走と差延を心がけているわけですらない私たちは、あくまでも方法論の不備をうめる要請として、過去の思想をめぐる譲歩の修辞からいわば「附加の修辞」への転換こそをここで訴えようとしているのだ。告発者と擁護者がそれぞれ互いに項を逆転させつつ同じ譲歩の修辞に嵌め込んできた二つの背反する事実関係を、「～そして同時に～」のような開かれた修辞のもとであえて同時性として、同時代の同一思想の派生肢として検討すること。たとえば両大戦間期と冷戦終結期それぞれの並置と混淆にまつわる思想史のアナロジーから、今日の私たちが何ほどかの教訓をひきだせるとすれば、それは譲歩の修辞空間を通じてではなく、ほかでもないこの附加の修辞空間を通じてなのである。

5　並置の歴史化のために

附加の修辞空間において重要な何ごとかを告げ知らせているのは、部分的に接続しあったり亀裂が走っている過去の事実関係の錯綜、いわば歴史の軋みそのものである。戦後リベラリズムのもとで成長したアメリカ人類学流の文化相対主義が、ちょうど二〇世紀後半の人類学に功と罪の二面を遺したように、シュルレアリスムにとっての歴史の軋みとは、たとえば東方礼讃の言説群と同時に『植民地博に行くな』のビラが作成された両大戦間期のそれであり、あるいは「未開社会」や「有色詩人」へのロマンティックな礼讃が同時に第三世界における脱植民地化運動の発火点となった戦後のそれであるだろう[64]。

附加の修辞へ至り着くための助走として、さしあたり戦後状況論者サルトルによるシュルレアリスム批判にふれておこう。シュルレアリスム運動の矛盾であるという「永久暴力」への志向と「静寂主義」の二面性について、彼は典型的な譲歩の修辞に訴えつつ以下のごとく述べたてる。「彼らはみな〔……〕植民地政策やモロッコ戦争には健気にも吐き気を催す〔……〕ただしかし、それはまた、世界には指一本触れないままでいる表現でもある。なるほどたしかに彼らはそれに何らかの散発的な暴力行動をつけ加えるが、だがそうしたちりぢりばらばらの意志表示は、たかだかスキャンダルをひき起こすのに成功するだけだ[65]」。かかる譲歩の修辞には、私たちもあえて同じ修辞で応対しよう。「アウシュヴィッツ以後、詩を書くことは野蛮である」と断じたアドルノの箴言に直接結びつくものではないにせよ、徹底したアナーキズムに依拠するシュルレアリスム文学運動の「反逆」では、なるほど世界変革と生の変革を同時に訴える彼らのマニフェストも、二〇世紀の悲劇の世界史を前にあまりに散発的な衝撃力しかもちえなかったことは否定しがたい。またしばしば指摘されるように、植民地システムの単なる全面否定からは、むしろ西洋流の抽象と普遍に依拠したエスノセントリックな自己顕示しか導かれえない一面もそこにはたしかにあったはずである[66]。その意味では、シュルレアリストの反逆行動の貴族性を「この騒々しい若いブルジョワたち」と揶揄したサルトルよりこのかた、彼らにほどこされた同じ「高踏派（Parnassiens）」の形容が、モヌロやファノンを経由して『クレオール礼讃』の著者たちにまで継承されている事実[67]に、私たちは文学史の規定を離れた次元でもひとまず注目しておいてよいだろう。だが、結局は「状況の中での主体の選択」を力説するためだけに用意された譲歩の修辞からこのとき脱落してしまうのは、皮肉なことに反植民地主義と驚異の他者とのはざまでまさしく「状況的」に引き裂かれたシュルレアリストの「主体的選択」ないしは相克でこそあり、くわえて附加の修辞によりはじめて記述が可能となる戦後思想史それ自体の軋み――むろんサルトルもその内部にいる――にほかならないのだ[68]。

シュルレアリストのこの苦悶、および彼らをとりまいていた戦後史の軋みを考えるうえで合わせて注目されるのは、「シュルレアリストたちやモランなどの破壊主義者」が打ち鳴らすという「エグゾティスムの弔鐘」についてサルトルが述べた箇所であろう。彼によれば、シュルレアリストは鉄道や飛行機といった移動媒体の「速度」にあずかる二〇世紀の旅行者として、風習や言語をめぐる文化間の差異を相互に接触させて無化し、それらを「蟹のように笊《ざる》のなかに投げ入れ、何の註釈もなしに互いに引き裂き合うままに」してしまう。そのため彼らの文学は、エグゾティックな美と西欧合理主義とが並置され、互いに互いを破壊しあう「戦場」と化す。サルトルはそうしたシュルレアリスム流の「自己破壊」――つまり並置と混淆から生ずる痙攣のことだ――の好例として、彼自身がかつて目撃した「ヴェールを顔にかけながら自転車のペダルをこぐムスリム女」の光景に仮託しつつこう述べる。「〔……〕自転車の精確なメカニスムは、通りすぎてゆくときのあのヴェールをかけた女に寄せられるハレムのゆるやかな夢ごとに異議をたてる〔……〕。しかしこの同じ瞬間に、あの色どられた眉のあわいに、あの狭い額のうしろに、肉感的で魔法的な闇の名残りが、こんどは機械主義に異議をたて〔……〕彼ら〔モランとシュルレアリスト〕は、人とはつねに何らかの人にかんしてエグゾティックであるからという理由で、しかも自分たちはそうあることを欲しないからという理由で、エグゾティスムを禁じ、自分たちの歴史的状況から逃れるために伝統と歴史とを破壊し〔……〕虚構的な解放を抽象的な国際主義によって遂行しようとし、世界主義によって上空飛行的貴族主義を実現しようとする〔……〕[69]」。ここで批判的に言及されているのが、シュルレアリストのあいだに長らく根づいてきた「エグゾティスムへの後ろめたさ[70]」

であることは明らかだろう。ただしそれは、エグゾティスムが帝国主義の欲望と容易に手を結びかねないことへの危惧とともに、同じエグゾティスムが異郷におけるデペイズマンの現場で人に驚異をもたらすという明白な真実を彼らが否定しえなかったからこその「後ろめたさ」——またモランなどのエグゾティスム作家と一線を画すために彼らが払わねばならなかった労力——だったはずである。本書所収のブラシェール論文がマッソンとの比較から光をあてたように、とりわけヴィシー政権下のマルティニク島に至り着いたブルトンは、詩人の眼に映るこの島の二面性、すなわち島の誘惑と傷口であり、「エロティックな色合いを帯びたマルティニクの大地への讃歌と、植民地体制への嫌悪」であるような二面性を、詩作のエクリチュールとしていかに和解させるかに腐心していた。たとえ彼自身は明晰なしかたでそこにまで到達しえなかったにせよ、二〇世紀の「異郷」を旅したいかなる西洋人——および民族学者——をも例外としないであろうこうした苦悶の数歩先でまちがいなく旅人を待ちうけているのは、『ノア・ノア』の著者に対して投じられてきた問いかけと同じく、汚れた西欧文明から脱出してきたはずの「未開」とはいいながらなぜこの島ではそれでもフランス語が通ずるのか、またそもそもなぜ自分がいまこの島に立つことができているのか——占領下のパリから逃れ来る途次とはいえ、そこは依然としてフランス海外領土だ——という問いかけであり、あるいはなぜ「彼ら」ではなく自分が、並置と混淆とそこから生みだされる驚異とを発見する主体——もしくは「謙虚な記録装置」——でありえているのかという問いかけ、つまりは「驚異する旅人」であることの特権性を白日のもとにさらしかねないメトロポールとコロニーの政治=歴史的な距離の測定をめぐる、暗澹とした問いかけの数々であるだろう。それはサルトル流の譲歩の修辞からは永久に見逃されるであろう、そして今日の私たちには附加の修辞でしか掬いあげようのないヴィシー政権期の「並置する詩人」による深刻な苦悶、そしてまた歴史の軋みだったのだ。

附加の修辞をもとに両大戦間期のパリにまでいったん立ち戻るなら、ブルトンに苦悶を与えた一九四一年の思想史の風景がより鮮明に見えてくるかもしれない。一九三〇年代パリ・アヴァンギャルドと民族学の関係について従来しばしば指摘されてきたのは、一方のシュルレアリストが同時代の民族学アカデミスムにはげしい拒否反応を示したのに対し、シュルレアリスム離脱者と民族学者からなる『ドキュマン』グループでは、当の民族学がむしろ公然と受容されていたという対比のしかたである。さりとて、バタイユを追悼する六〇年代のメトローが彼のロジックを職業民族学者として受容することにはいくぶんの躊躇をみせていたように、学としての分析手続や手法の次元では『ドキュマン』グループですら、はたして従来言われてきたほど民族学的たりえたのかという問いがジャマンにより提起されている。[71] だとすれば、私たちは逆に『ドキュマン』同人の民族学者も、言われてきたほど「ドキュマン的」たりえたのかという問いを書き添えることができるだろう。この問題を考えるために、『ドキュマン』誌を自らのいう「民族誌学的シュルレアリスム」の先駆とみなした先のクリフォードの論評をしばし検証してみよう。文化混淆の不純さに愉悦をいだき、並置やコラージュの手法によって文化の再編成を企てた当時の民族学的考察の一例として、彼は『ドキュマン』掲載の小文「ある銃撃」を引用する。ただし私たちがそこに見いだすのは、トロカデロ民族誌博物館収蔵の仏領象牙海岸バウレ族の太鼓（図2）にヨーロッパ製の銃を模したモティーフがあるからといってこの太鼓の純粋なアフリカ性を疑うたぐいのアマチュア未開美術愛好家を軽妙に揶揄するという、なるほどその意味では文化混淆の不純さを愉しむかのような、しかし生涯にわたってそうした愉悦からはおよそ程遠い場所に身を置いてきた民族誌家、マルセル・グリオールの一文なのだった。[72] フランス民族学のドゴン研究史を知る者にはひどく奇妙に映ずる彼のこの論調とは、じつのところクリフォードがあえて言及しない『ドキュマン』誌掲載の少なくとも三つの小論「文明」、「カリファラ・シディベ展」、「ベンガ」――うち二点は「ある銃撃」以前の掲載文――で、民族誌家となる直前のレリスが示した未開美術鑑賞者への批判的なスタンス、および同時代を生きるアフリカ人芸術家の個体性を顕揚するスタンスにグリオールがつかのまの共闘を示したものといってよい。[73] くわえてクリフォードが提供する残り二つの事例にしても、アインシュタインによるマッソンの「民族学的考察」は彼が評価するような「オルターナティヴを提示する文化批

図2　「ある銃撃」に転載された仏領象牙海岸植民地バウレ族出所の太鼓（側面部分）。193×48cm。旧トロカデロ民族誌博物館蔵

判」というより、過去の脈絡に忠実であればむしろ当時流行していたレヴィ＝ブリュル理論の文体レヴェルでの応用こそがそこで示されていたのだし、[74]「民族誌博物館の楽器」について執筆したシェフネルの場合も、クリフォードのいうように彼が「文化カテゴリーの解体と再編成」をめざした民族学者だったというのなら、同じ著者がその数年前に発表したジャズ論で、アフリカとアメリカ黒人をともに含みこむ人種＝文化概念「ネーグル」の実体性――「ジャズの神秘的な旋風」という先のブルトンの形容が想起される――が考察のよりどころにされていた事実との接合がいかにも困難となってくるだろう。いわばクリフォードの論の運びにあって、譲歩の修辞の前半部分は不在のままに現前している。それがもっぱら持論の強調のために用意された「シュルレアリスム再評価」の論調となるにつれ、私たちは彼の修辞が不可視の前半へと送り込み滅却しようとした不整合な事実関係、つまりは歴史の軋みを、不在の現前としてそれだけ確実に感知してもしまうだろう。

これに対し私たちは、シュルレアリスムの戦後の苦悶をうらなう視点として、ひとまず以下の二点を考察のうちに確保しておきたい。それは第一に、批判的な脈絡のもとで従来シュルレアリスムについて指摘されてきた抽象＝普遍主義と、コロニアル人類学について指摘されてきた文化本質主義との連関である。いうまでもなく前者の抽象＝普遍主義とは、シュルレアリストがその復権をかかげた「狂気」、「夢」、「無意識」であれ、その解体をさけんだ「家族」、「祖国」、「宗教」であれ、彼らの主張はつねに個別事象の具体性を考慮しないままの無力な抽象、もしくは普遍概念のレヴェルにとどまってきた点を指弾する形容である。[75]そして後者の文化本質主義もまた、「部族」、「人種」、「文化圏」などと名ざされたローカルな人間集団に、歴史性の捨象からなるきわめて抽象的な実体性と「異文化たる本質」を貼り付ける概念操作をさしていた。いいかえればそれは、世界各地の広域にまたがる自国海外領土を前に、それでも一定程度の斉一性は維持しなければならなかった二〇世紀植民地統治システムによる、被植民地社会の普遍化と序列化を同時にはかった論理操作の基幹原理だった。

さて、両大戦間期の二つの知に対する批判がこうしていずれも抽象概念の操作にまつわるものであったことに気づくとき、たとえば先にふれた「シュルレアリスト期の世界」地図（図1）が、私たちの前にいっそう意味深い姿で立ち現れてはこないだろうか。ジョゼ・ピエールの解説によれば、この歪んだ世界地図の比率は当時のシュルレアリストにとっての政治的な関心と、そして何より「未開美術」をめぐる嗜好の偏りとを反映していた。したがってそこではメラネシアとポリネシア、そして「エスキモー」美術のアラスカが極大化される――戦後の地図ならば北米先住民の居住域が極大化されたはずだ――一方、アフリカ大陸はかろうじてイースター島をこえる程度にまで極小化されていた。[76]いいかえれば、同時代の民族学にみられた作図法――文化圏域図、部族分布図――にも呼応しながらここで表明されているのは、帝国主義流の欲望を自らの審美的嗜好へと転用した、「未開美術」をめぐる分類と序列化の構想もしくは夢想だったことになりはしないだろうか。一例としてブルトンがじつに戦後にいたるまで、あたかも個々の作例からそれを客観的に検証しえたかのごとく「アフリカ美術」と「オセアニア美術」の対照性を論じ、そのことで自らが前者を遠ざけ後者を偏愛する根拠を権利づけようとしたことは知られていよう。この種の議論が、今日からみればさながら「西洋美術」と「東洋美術」の実体性を前提としつつ両者の「本質」的な違いを一言で断ずるほどの解像度しかもちえない無意味な定式化であることは、オルブレヒツ以後の芸術人類学における精緻な作例・様式研究の成果をまたずとも明らかである。しかもこうした彼の発言には、現実のアフリカ大陸――現五三カ国七億五千万強の人口をかかえるこの大陸の総面積は、CISをのぞくアジアのそれをこえている――やオセアニア島嶼部を置き去りとしたあまりに些細な企図、つまりアール・ネーグルを礼讃したパリ・アヴァンギャルドの先行世代に対抗しようとの意図が作用していただけに、そこで行使される概念の抽象性――シャモワゾーやコンフィアンが外在性と呼ぶもの――もいやましに高じていたはずである。

この点と関連して第二に注目されるのは、両大戦間から戦後にかけてのフランス思想史に及ぼしたマルセル・モースの影響、とくに彼の用語「全体的社会事実（fait social total）」――贈与や交換の社会システムを単に経済制度としてだけでなく法、宗教、芸術、社会形態などをめぐる諸制度の複合した総体とみなすための用語――が、両大戦間と戦後それぞれの思想にあたえた影響の質的相違である。クリフォードは、モースの社会学講義が受講生に「ひらめきに満ちた混乱」をあたえる縦横無尽の知識の往還から成っていた点にふれながら、そうした彼の発案による全体的社会事実の概念が『ドキュマン』同人に現実の多元決定的な特質、また表層の現実はたえず転覆されうるという民族誌学的シュルレアリスムの形成を促したものと推定する。『ドキュマン』グループとシュルレアリストは別物であるという思想史の詳細（本書序章参照）をひとまず措くとすれば、並置と混淆をめぐる両大戦間期アヴァンギャルドの思想と「全体的社会事実」の発想とのあいだには、他者理解や多元的現実の解釈にかかわる発見学的な手法として、たしかにある程度の親縁性は認められるかもしれない。全体的社会事実をバタイユ流に読み換えれば、それは「高い文化」と「低い文化」との境界を破断する可能性、およびそれらの文化要素が混淆された果てに発現する「聖」を予示した概念と映らぬこともないだろう。だが私たちがそうしたクリフォードの指摘にはからずも見いだすのは、「全体的社会事実」の概念が戦後のフランス民族学にもたらしたもうひとつの多元的社会観、あるいは並置と混淆の操作をそもそも可能たらしめている政治＝歴史的なリアリティへの配慮が、彼の考察からほぼ脱落している点なのだ。モースが一介の社会学徒であるにとどまらず、同時代の政治情勢に鋭敏に反応した活動家でもあったように、彼の用語「全体的社会事実」はレリスとバランディエに受け継がれることで、戦後一九五〇年代のフランス民族学に「全体的社会事実としての植民地状況」という脱植民地期のパースペクティヴをもたらしていた。それが戦後フランス民族学に「並置と混淆」からなる重苦しい課題を投げかけていたことを知るには、当時のバランディエによるマリノフスキー批判の内容を想起すれば足りるはずだ。植民地期アフリカの『文化変化の動態』について、マリノフスキーは「接触の状況」にもとづく新たな融合文化の概念を呈示していた。だがバランディエによれば、彼は植民地社会に三つの独立した文化実体、すなわち「アフリカ文化」、「西洋文化」、「接触により生まれた文化」をあらかじめ想定したうえでこれら三者を個別に検討したため、そこでいう「接触」も「混ざり合った要素の機械的な同化」の域を超え出ぬまま、現実の植民地にみられる複雑な葛藤関係それ自体への引照を欠いてしまった。バランディエはこれに対し、現実の植民地とは第一に経済、行政、人種表象など多岐にわたる問題群が錯綜した複合的な状況の現場であり、しかも西欧人植民者、アフリカ住民、非アフリカ系の有色商人層などがひとしくその一部を構成するような異質性にみちた社会空間、つまりはモースのいう「全体的社会事実」にふさわしい分析法を要請する空間である点を指摘する。そして彼がこの新たな民族学的対象を名ざすのに選んだ用語こそ、レリスが戦後の講演で口にしたあの「植民地状況」なのであった(77)。

モースの同じ用語に影響をうけた同じ「並置と混淆」であれ、両大戦間期と戦後の間には、またなんと深い断層が顔をのぞかせていることであろう。両大戦間の「コラージュ」が西欧の知的エリートにより植民地宗主国にいながらにして夢想された「驚異をうながす並置と混淆」であったとすれば、戦後のフランス民族学が遅ればせながら追認しはじめた「植民地状況」とは、いわば植民地の一般住民に激烈な葛藤として日々体験される「占有からうながされた並置と混淆」にほかならなかった。(78)「接触」という一見幸福な、しかし実際はこのうえもなく無神経な抽象表現にセゼールがおぼえた苛だちも、並置と混淆の思想をめぐるこの歴史的な断層に由来していたことが、今の私たちにはもう明らかなはずだ――「異なった文明を互いに接触させることはよいことだ〔……しかし……〕植民地化する者と植民地化される者のあいだには苦役、威嚇、抑圧、警察、課税、略奪、強姦、文化強制、蔑視、不信、高慢、尊大、粗野、思考力を奪われたエリート、堕落した大衆しか存在しない」(79)。このとき「接触」は、「並置」は、そして「混淆」は、それらの発現をそもそも可能にしている権力構造の意識化に対し、ひとつの封印として十全に機能していくことだろう。

　以上の二点を確認したうえで、一九四一年のマルティニク島の風景へとふたたび立ち帰ってみることにしよう。この島にそなわる二面性を自らのエクリチュールの内で和解させようとした詩人ブルトンは、島が自らに投げかけてくるエグゾティスムを否定せず、しかも同時に島とその住民に対する自らの政治的メッセージをも内在させた詩作「震えるピン」を構想していった――「そのメッセージとは、一見そう見えなくとも黒人の反抗は息づいており、自由への欲望は無意識の深淵から立ち昇ろうと身構えているというものだ〔……〕植民地の現前〔……〕に抗するものとして〔……〕西洋に汚染されていない〔……〕自由な自然の生活への回帰という集団的な夢がある〔……〕エグゾティスムもまた行動への突破口なのである」(80)。

　西洋に汚されていない自然への回帰が植民地体制への抵抗につながるという政治的エグゾティスムの夢。両大戦間期シュルレアリスムを特徴づけていた「未開美術」流の実体志向と並置の夢想とを戦後のコンテクストにそのまま搬入し、しかも同時に植民地状況下で今や先鋭に問題化した「並置と混淆」になおも真剣に向きあおうとしたときのシュルレアリストの苦悶、それはまさしくこの地点に端を発していたはずである。すなわち、エグゾティスムと帝国意識のあいだには後ろめたい絆がある、そして同時にエグゾティスムがひとに驚異をひきおこすという真実の重みはけっして否定されるべきでない、そしてまた同時にこのとき突破口として見いだされるエグゾティスムには「全体的社会事実としての植民地状況」に背馳するかのごとき文化実体の壁――「植民地」と「西洋に汚染されていない生活」を仕切る壁――が前提されているという、いわば三つ巴に震えるピンの先端にこの苦悶は括りつけられているのだ。「震えるピン」と同時期に発表され、『マルティニク島、蛇使いの女』で共に再録された「クレオールの対話」でも、ブルトンとマッソンがある箇所では「そんなものはエグゾティスムだと非難されるかもしれない」と躊躇を示し、そして別の箇所では「現実そのままの未開の空間」に魅了されてもいるとき、私たちはそこにも戦後シュルレアリスムにおける同じ三つ巴の苦悶を予見することになるはずである[81]。

思想内部の三つ巴の相克に寄り添うようにして、まもなくシュルレアリスムの周辺ではフランス戦後史の、そしてフランス第四「共和」政体の軋みが音を響かせていくだろう。『トロピック』誌創刊（一九四一年）、ブルトン「ある偉大な黒人詩人」（一九四三年）、ブラザヴィル会議（四四年）、『プレザンス・アフリケーヌ』誌創刊（四七年）、『マルティニク島、蛇使いの女』（四八年）、セゼール『植民地主義論』（五〇年）、ファノン『黒い皮膚・白い仮面』（五二年）、バンドン会議（五五年）、そしてバランディエの新語『第三世界』が登場するのは一九五六年のことである。それはまた、コロニアル人類学の前提とする研究「対象」が揺らぎはじめ、「部族」や「過去の完全な文化」といった従来の構えが戦後左翼の色彩を帯びた「社会」、「生きる人間」、「民衆の声」などの形容へと変換されていく十数年であり、仏領赤道アフリカ・対独レジスタンスの英雄フェリクス・エブエから、コンゴ独立闘争の殉教者ルムンバまでがひとつづきに語られた十数年でもあった[82]。

そうしたなか、ラムやセゼールが自らの思想の支柱をそこに見いだし、ファノンが「原住民文学の第一段階[83]」としてそれを規定した当のシュルレアリスムは、同時代の植民地状況に内在する「並置と混淆」にいかなる希望を託そうとしていたのか、そのことこそが今の私たちには問われているはずである。本書所収のシアンピ論文が考察する一九四〇年代のマビーユとブルトンのケースでそれを考えてみよう。当時のマビーユは、シュルレアリストが「未開の信仰」という驚異の源泉に立ち帰るべきこと、また「黒人文化」や「アメリカ土着文化」の神話・伝説に息づく情念の衝動を回復すべきことを主張し、そして同時に「民族の混じり合う」新世界こそが「将来を約束されたエグレゴールの胎児」であるともみなしていた。文化間の本質的な相違をまずもって確認したうえで、しかるのちにそれら複数文化の並置、混淆、接触を祝福するという、構図としては先のマリノフスキーのそれにも似たロジックは、パリ解放直後のハイチでなされたブルトンの講演内容にも表出していることだろう――「〔……〕クレオールの聴衆がぎっしりと詰めかけた講演の席上、彼はハイチ人の民族的遺産と西洋文明とのあいだの差異をほめたたえ、文明化の力がハイチ民族の真正なる天分を脅かしていると警告した〔……アンナ・バラキアンの要約によれば……〕『彼が称讃するのは、アフリカのアニミズムを土着のヴードゥー信仰と、またキリスト教神秘主義の最良部分と結合させるハイチ人たちの力である。彼らは三者の力がもつ本質部分を〔……〕単一のヴィジョンの中に摑み取り、現実への感性を掘り下げるのである』」。(84)

6　ロマン主義の円環

告発も礼讃もめざさぬ附加の修辞によって過去の思想をかえりみるとき、並置と混淆をめぐる思想史の二つの風景から私たちが継承しうる遺産、それはおそらくモダニティの解体を予告する二〇世紀末の読みがシュルレアリスムについて見いだす価値の不確かさであり、逆にモダンをこえたと自称するその読みがシュルレアリスムについて見すごす価値の確かさでこそあるだろう。

第一に、モダンをこえた読みが再評価をほどこすシュルレアリスム流の並置と混淆には、並置や混淆の発生に先だってかなりの強度をたたえた文化実体が想定され、しかもそうした絶対的な「他者」の驚異が、文化混淆のもたらす横滑りの衝撃力とほぼ同等の資格をもって礼讃されてもいた。だが今日の私たちは、それがひとえに過去の思想の未熟さに因るものでありモダンをこえた読みはこの地点をすでに易々と乗り越えているなどと、はたして明言できるだろうか。むしろ過去の思想がひとつの教訓として私たちに送りとどけているのは、「並置」や「混淆」といった概念がまさに概念それ自体として不断に呼び寄せてしまう危うさでこそあるはずだ。引用の織物に準じた仕方でいかにアルケーの抹消を企ててみたところで、並置や混淆といった概念はあらかじめ「本質」、「純粋」、「実体」などの先行概念を措定せずには成立しえないアポリアをかかえている。文化混淆を讃える言説は、それゆえ逆に混淆さるべき文化の「本質」を創造し強化しかねないばかりか、純粋と混淆の二項対立がそのつどの話者によるイデオロギッシュな境界設定に支えられている事実を忘却し、さらにはそうして恣意的に認定された「混淆文化」が同じく恣意的に認定された「純粋文化」よりもブリコラージュのダイナミズムに満ちた脱近代の文化形態をつねに約するものと即断し、「混淆的」という特徴自体を任意の文化の「本質」のごとく論じてしまい……、といった派生的な概念操作のあやまちを次々と産み落としていくことだろう(85)。

第二に、人間の文化そのものをめぐる並置と混淆の裏側には、大航海時代以来つねに深刻な政治＝歴史性、あるいは複数の大陸をまたぐ権力構造が刻印されてきたにもかかわらず、モダンをこえた読みが評価する両大戦間期アヴァンギャルドの並置と混淆には、そもそも同時代のいかなるエコノミーが非西洋の文化断片の並置と混淆を可能にし、またそれをかつてなく容易にしているのかという問いかけへの契機がややもすれば希薄だったことは否定しがたい。そのかぎりでの「並置と混淆」を自らの先駆としてたたえたまま、それを今日のロジックに接続させてしまうとき、文化混淆の裏側にひそむ同時代の権力構造への引照を欠いた、またそれだけにオプティミスティックな外観をたたえた主張がモダンをこえた読みの内部で引きつづき生産されていくことだろう。さながら植民地宗主国にいながらにして並置と混淆を夢想していた両大戦間期西欧の知的エリートのごとく、「民族誌学的シュルレアリスム」の文化混淆に革新的なユートピアの夢を託す今日のエリートにあっても、同時代のいかなる政治状況が加速度的な並置と混淆を今まさに世界規模で可能にしつつあるのかという問いかけ自体は、たとえば「国家社会主義の終焉」や「ポスト冷戦期」といったひとつの結末を連想させる形容により代補され封印されているかのごとくである。両大戦間のメトロポールで夢想された並置と混淆の裏側には、同時代のコロニーで進行しつつあった植民地状況の暗澹たる葛藤が刻印されていたように、ポスト冷戦期の圧倒的なグローバリゼイションのただなかで「並置の文化実践をいとなむ人間の発明戦略」を祝福し、「民族誌学的シュルレアリスム」の到来を夢想する発想には、幸福なクレオールたちによる「並置と混淆」の裏側でその運動をじっさいに言説・物流の両面で促進している歴史状況への配慮が致命的なまでに――よもや故意にではあるまい――欠落している。それがたとえ「地球全体の紛れもない西欧化(86)」や、「功利主義的戦略の装いをまとったウルトラリベラリズム」[87]といった形容におさまりきるほど明快な状況ではないにせよ、たとえば二〇世紀末の今もなお西アフリカのポストコロニーで「フランス臣民」の子孫たちが否応なく営まされている経済実践が、「ブリコラージュ」などという余暇活動＝日曜大工の喩をかりた耳当たりがよいだけの「並置の実践」などではなく、むしろ「デブルイヤージュ（débrouillage）」[88]とでも呼ぶべき深傷をともなった苦境の産物であるという現実、そうした現実とはまるで無縁な場から気軽に礼讃され祝福された「シュルレアリスム的な並置と混淆」であることだけはまちがいない[89]。モダンをこえた読みの脈絡に拘束されつつ今日シュルレアリスムがこうして再評価を受け、そのアクチュアリテを一方的に「再確認」されてしまうこと、それははたして過去の思想に対する誠実な継承のしかたであり、また過去の思想からみても世紀末における自己の喜ばしき復権の姿といえる事態なのであろうか。思想史のアナロジーに託しつつセゼールの形容をあえてここで借りれば、「西欧がヒューマニズムという言葉にもっとも浮かれているまさにこの時代[90]」に、モダンをこえた読みが過去の思想にそして私たちに課してくる、それこそがまさにひとつの不自由なのである。

一方こうしたアポリアの遺産とは対照的に、モダンをこえた読みがシュルレアリスムについて言及しない場所には、いくつかの可能性の遺産が埋蔵されているだろう。たとえばそれは、デペイズマンの環境下で発現する驚異への省察をめぐる遺産である。すでにふれたように、この場合の驚異がたとえエグゾティスムやロマンティック・レイシズムにつながる「占有」の契機をはらんでいたとしても、驚異という情緒の発現そのものを私たちはけっして否定することができない。人類学的思考そのものの源泉に立ち帰るまでもなく、未知の他者を前にした精神のうちで抗いがたく湧きおこるエグゾティックな驚異の情緒それ自体をさながら帝国主義の心の病のごとく軽んじながら、かかるエグゾティスムの暴力から「第三世界の主体」を救抜すべきことのみを訴えるスローガンの無邪気さやリアリティの無さとは、まさにこうした認識の欠如に由来している。そもそもグローバル化のただなかで並置と混淆を産出しつづける二〇世紀末のクレオールについてクリフォードが強調するのも、彼らのあくなき「発明」と「創造力」、つまりシュルレアリストがかつて驚異と呼んだものから引き起こされる文化解体・文化革新の起爆力だったはずである。同じ理由から、シュルレアリスム思想の根底にある「想像力（imagination）」の概念とこの「創造力」とを類比することも私たちには許されるはずだ。一方、驚異の発現を二〇世紀末の日常で体験するのはもはや植民地宗主国の知的エリートでなく、「民族誌学的シュルレアリスム」の対象となるような社会の一般生活者であり、そうした文化実践をいとなむ生活「戦略」者こそが「ポストコロニアルの主体」として顕揚されるという視軸の転換がそこには見いだせるだろう。

ところで、このときネオ・リベラリズムの大前提として躊躇なく提示されるこの「戦略する自由な主体」の発想と比べたとき、かつてシュルレアリスムが「驚異する主体」の権利づけをめぐっていかに細心の注意をはらってきたかということが、思想史上の明確なコントラストとして私たちの前に送り届けられてくるはずである。ブルトンをはじめとするシュルレアリストたちが詩人の精神に現前する「驚異」の人称性《ペルソナ》について展開した苦闘の歴史、それはこの二〇世紀の思想が「詩人の自己放棄」の姿勢を前面にうちだし、詩人が驚異なるものの木偶《でく》にすぎないとするロマン派的な伝統に近づきつつも、さまざまな理論武装をもとに広義のロマン主義から厳しく身を引き離そうとしたことに由来する苦闘、つまりは「主体自らによる主体の問いなおし」に起因する苦闘の歴史であったものとひとまず考えてみよう[91]。くわえてロマン主義との距離にかかわるこの苦闘は、並置と混淆から驚異をみちびきだす主体とはいったい誰なのかという問いの変奏として、同じ彼らが「驚異」と「占有」のあいだで引き裂かれつつ展開してきた戦後の苦闘と表裏一体の間柄にあったと推測してみることも私たちには許されるはずである。だとすれば、並置と混淆をめぐる思想史の二つの風景には、たとえば西欧ロマン主義が一八世紀市民革命の結末をひとつの転回点として帯びることになった独特の二面性、すなわち人間の「主体性」を文化生成と革新の根本に掲げる、宴の前のオプティミスティックな発想と、人間の主体性とはじつのところそれほど自由な「主体性」だったのかを問いなおす、宴の後のペシミスティックな——ただしニヒリズムとは対極の真摯さをそなえた——発想とからなる二面性が、二〇世紀のコンテクストにおいて再現されていたことになるのかもしれない。このうち一方の両大戦間の風景にあっては、初期の自動記述から得られた非人称的、非個人的な「声」の体験が、戦後のシュルレアリストに「神話」という第二の集合的理性への探究をうながしていくことだろう。そしてまた、反シュルレアリスムで糾合した『ドキュマン』の一部メンバーも、三〇年代にはファシズムとの差異化に留意しながらシュルレアリスム流の「非人称の驚異」を「超個人的な聖」に変換した独自の共同体論を組み立てていくだろう。これに対し二〇世紀末の風景にあっては、もともとサルトルと同時代の世界情勢――ファシズムの敗退――を追い風として成長した戦後アメリカ社会学、「方法論的個人主義」と「闘争理論」の末裔たちが、「文化」なり「民族」なりの本質主義的な了解に代えて「ポストコロニアルの自由な主体」が相互の戦略をたくみにコネクトし上書きしていく奇妙にも晴れやかな世界像を模索しているとすれば、そのとき私たちは西欧ロマン主義の二面性に裏打ちされたひとつの思想史の円環、すなわち「自由なる主体（sujet libre）」の理想をかかげて近代国民国家原理の基盤を築いたというフランス市民革命のあの大いなる頓挫とはいったい何であり、また何でありえなかったのかという政治思想史の解きがたい円環を、今またたどりなおそうとしているのかもしれない。[92] いわばこうした思想史の円環にまつわる相対化への配慮こそ、シュルレアリスムの近代がロマン主義との対峙を通じて私たちへと投げかけ、また附加の修辞とともに私たちへと預託しつづけている、最大にして最良の可能性の遺産なのである。

本章冒頭で私たちは、レリスとその二つの自己批判をめぐる問題を考察の出発点においてきた。今にして思えば、これまで譲歩の修辞に代えて本章で思考の踏み台としてきた附加の修辞、それ自体が文字どおりひとつの並置から構成されるところのこの修辞とは、またすぐれてひとりの告白作家の用いる修辞でもなかっただろうか。本書のジャマン論文による形容をかりるなら、自らが民族誌家として過去におかした「へま（gaffe）」や「不手際（maladresse）」[93]――それは徴候的なことにレリスを英雄視する譲歩の修辞では厭われる形容だ――について、それを譲歩の前半部分に押し込めながら過剰な弁解を組み立てることもなく、この告白作家が死の時にいたるまでじつに淡々と営んできたのは、「他者の驚異」にまつわる自らの過去の「しくじり」を認め、そして同時にブルトンと同じく「他者の驚異」それ自体の価値は否定せず、またそして同時に「驚異をいだくこの自分とはいったい何者なのか」を自らに向かって問いつづける、その問いかけの集積でこそなかっただろうか。深い陰影に織りこめられた附加の修辞は、やがて晩年にさしかかった彼の日誌のうちで、占有への抵抗者セゼールと驚異の仲介者アッバ・ジェロームとをつなげてさえいくだろう――「アディスアベバのアフリカ諸国首脳会議に招待され出席した帰り、セゼールは私の勧めどおりアッバ・ジェロームに会いにいった。ジェロームは正確には図書館の司書というより博物館の警備員兼ガイドになっていて、老いさらばえて髪も乱れてはいたけれど、いまだにとても頑健だった。セゼールが暇乞いをすると、ジェロームはこう言ったそうだ、『レリスさんに伝えてくださいい、ザールの師は今でもずっとここにいますよって……』[94]。たとえば、両大戦間期にシュルレアリストから民族誌家への転身をとげたこの告白作家のしくじりと可能性とは、附加の修辞にこだまする倍音の厚みごと、現在の私たちにむけても確実に投げ返されているだろう、あるいはシュルレアリスムと人類学的思考、の近代として。

註

（1） Leiris 1992b.
（2） Leiris 1992b : 22-23, 26.『オリエンタリズム』仏訳初版は一九八〇年発行。
（3） Leiris 1992b : 34-35, 46, 48.
（4） Leiris 1992b : 55.
（5） レリス 一九九五ａ：二一八―二二一。
（6） レリス 一九九五ａ：二一。
（7） Jamin 1996b : 69.
（8） レリス 一九七一ｂ。
（9） Armel 1997 : 510.
（10） 拙稿 二〇〇〇ａ；拙稿 二〇〇〇ｂ。
（11） レリス 一九九五ａ：二三。
（12） レリス 一九九五ａ：一二五、一四三、一八八―一八九。
（13） レリス 一九七一ｂ：一五四、一五九、一六六；レリス 一九九五ａ：九八、二〇〇。『幻のアフリカ』では、仏領スーダン（現マリ）滞在中の調査団に対し、略奪した仮面を住民に返還するよう当時の植民地総督が電報で要請してくる場面が描かれている（レリス 一九九五ａ：九八）。仏領西アフリカにおける両大戦間期の民族学調査では宗主国出身者によるたいていの「収集」行為が黙認されたこと、しかもグリオールは、動植物の収集もふくめた本国植民地省発行の「捕獲許可証（permis de capture）」を所持していたうえ（Armel 1997 : 316）、通過予定地の管轄行政官にあらかじめ資料品収集の「指示書

(Instructions)」(Jamin 1982：71) を送付していたことなどを考えあわせれば、これは相当に尋常ならざる事態だったといわねばならない。にもかかわらず、たとえば自国の「懲戒討伐隊」が一八九七年にベニン王宮から略奪した「美術品」の返還を大英博物館が検討しはじめる一九八〇年代にいたってもなお、グリオールが住民から「合法的に購入」して持ち帰ったパリ人類博物館の収蔵品について、その返還の必要をかたくなに否定する一面がレリスにはあった (Leiris 1992b：43-44)。
(14) 順に、レリス 一九九五 a：二三一—二三三、三二一；高知尾 一九九四；レリス 一九八九；タッカー 一九九二：三二。
(15) Ex. Leiris 1992a：423, 425, 427.
(16) Leiris 1992a：461.
(17) Armel 1997：318；Izard 1983.
(18) 「レリスは、自分が英雄的であることを証そうというのではない、自分は英雄的ではさらさらないことを証そうと望んでいるのだ」(ソンタグ 一九九六 a：一一四)。あるいは類似の視点から『幻のアフリカ』と読者とのありうべき関係にふれたスーポーの書評を参照 (Soupault 1934)。
(19) Moré 1934.
(20) 印象的な微光と質感をおびたモノクローム写真集『幻のアフリカの跡をおって』(Huguier 1990) は、写真家フランソワーズ・ユギエが私たちのいう意味における最も誠実なレリスの読み手であることを証している。主観性と客観性の比率を測定するうえでは特権的な記録媒体カメラ・ファインダーを通じ、彼女はレリスのテクストを内側から突き抜け、両大戦間期アフリカのノスタルジーとも訣別しながら、文字どおりレリスが仕掛けた自己参照のエコノミーに身をゆだねて一九八〇年代末の西アフリカの風景へと引き込まれていった。
(21) マーカス、フィッシャー 一九八九。
(22) マーカス、フィッシャー 一九八九：一三六、一三二—一三三。
(23) Clifford 1988a.
(24) Clifford 1988a：132.
(25) ベルナベ、シャモワゾー、コンフィアン 一九九七：二四、四〇。
(26) 順にセゼール 一九九七：一六一；ブルトン 一九九七：一三；サルトル 一九六四 b：一八〇—一八二。
(27) シャモワゾー、コンフィアン 一九九五：一八二。

(28) ブルトン 一九九二：六六。
(29) 「ブルトンがここで採用している夢遊病的な語り口は、換喩の修辞学をほとんど錯乱的に徹底化し、現実世界に投影しているところから来ている」（松浦 一九九七：六八）。
(30) アラゴン 一九七七：三三。
(31) 順に、ブルトン 一九七〇b：二四六；ブルトン 一九七〇f：二四二。
(32) 「驚異はいつの時代でもおなじということはない。それはいわば一時代をおおう啓示の性質をぼんやりとおびている」（ブルトン 一九九二：二九）。
「こんにち自動的思考のさまざまな表明にそそがれている次第に高まる好奇心はかならずや時代の一つの徴候として解釈されるにちがいない、つまり、少なくとも二十世紀前半にたいして、感受性の一つの普遍的要求を証言するということである」（ブルトン一九七四b：三三二）。
(33) ブルトン 一九九四a：二四、二八。
(34) シュリヤ 一九九一：上巻一六五、上巻三一六原註二五；オリエ 一九八七：一二。
(35) 順に、ブルトン 一九七〇a：一六一；オリエ 一九八七：二〇九、二三〇；ブルトン 一九九四a：三六。
(36) シェニウー＝ジャンドロン 一九九七：二六四。これをバタイユ流に変換すれば、「互いを結びつける痙攣の中にわれを失う」交接のコミュニケーションへの注目となり、また供犠への欲望が表明されているかぎりでの「愛」となるはずだ（cf. オリエ 一九八七：五〇八―五〇九）。
(37) Jamin 1996a: 45；レリス 一九七一a：三四―三六；千葉 一九九四。
(38) オリエ 一九八七：五〇四―五〇五。傍点は引用者。
(39) レリス 一九七二：四五。傍点は引用者。
(40) レリス 一九九五b：二六九―二七七。
(41) シェニウー＝ジャンドロン 一九九七：六六―六七。
(42) このうち「客観的偶然」に比しうる災因論のロジックでは、超越と内在の逆転にくわえ、モヌロが指摘するような正負の価値づけの逆転も生じている（モヌロ 一九七四：一三二―一三六）。ただし、たとえば『通底器』で客観的偶然の反鏡像にあてられた「解釈妄想」（ブルトン 一九七〇b：二七七）と、東スーダン・アザンデ族の託宣をめぐる古典的考察でエヴァンズ＝

プリチャードが執着したフロイト用語「二次加工」(Evans-Pritchard 1937：part III) との親縁性を、私たちは精神分析の知に媒介された同時代の――シュルレアリスムの一九三二年、民族学の三七年における――思想史的事件としてここで指摘しておこう。

(43) ベアール 一九九七：一五六；シェニウー＝ジャンドロン 一九九七：五〇；ブルトン、エリュアール 一九七〇：三六八。

(44) 順に、ブルトン 一九九二：四〇、四九。

(45) ブルトン 一九九二：六一、六三。

(46) ブルトン 一九七〇a：九、一六。

(47)「クレオール」という言葉が第二次大戦前後のシュルレアリストにとり現実にいかなる含意をもって思念されていたかを私たちに伝えるブルトンとマッソンの対話文を、本書はその意味で収録した。くわえて「自分の生きる時代に何を見て、そこに自分がどう立つのかをめぐる思考」をジュリアン・グラックの作品世界に真摯なしかたで探りあてようとする永井論文、あるいはオブジェや植民地主義、人類学などの概念が両大戦間期に構成していた脈絡を「シュルレアリスム運動の歴史的なある地点に即して描きなおしてみること」の可能性を追究する星埜論文において、この姿勢はひときわ鮮明に表出している。付言すれば、両大戦間の一九二九年を「象牙の塔としてのアヴァンギャルド芸術運動、高踏派の末裔としての芸術運動なるものの神話が一挙に風化をはじめる年」と見さだめつつ、同時代のマス・メディアの変貌をはじめとする歴史的な「コンテクストのなかに一九二〇年代末のアヴァンギャルド運動の分裂もしくは解体作用を置きなおしてみる」(千葉 一九九八：五三―五四) 千葉文夫氏の視点も、本書のとろうとするスタンスにきわめてちかい。

(48) グリーンブラット 一九九三；グリーンブラット 一九九四。

(49) グリーンブラット 一九九四：三二。傍点は引用者。

(50) グリーンブラット 一九九四：一一七―一一八。

(51) 順に、グリーンブラット 一九九四：九二、三六、一五七。傍点は引用者。

(52) ソンタグ 一九九六b：一二〇。

(53) 本書一七三頁のブラシェール論文からの引用。

(54) 順に、レリス 一九七二：三九、ブルトン 一九九七：九―一〇；ファノン 一九七〇：三八。傍点は引用者。

(55)「ネーグル」の当時の語用およびこの語をめぐるシュルレアリスムのスタンスについては Clifford 1988a：136；Jamin

1986：60を参照。たとえばブルトンは、「シュルレアリスム第三宣言か否かのための序論」中でも、「ニューギニア土人」と「磁力をもった黒人エメ・セゼール」とを、第二次大戦の当事者である「白色人種や黄色人種」との対照で並置していた（ブルトン 一九七〇d：二二八）。

(56) 順に、ナドー 一九六六：一一七；ブルトン 一九七四a：二二二。

(57) Armel 1997：237；ベアール、カラスー 一九九七：三〇、一九一―一九二；ナドー 一九六六：一〇八―一一〇、一三九。

(58) ブルトン 一九七〇e：一四五。くわえて、しばしば指摘される二〇世紀植民地心性の特質、すなわち「植民者／被植民者」の対立軸で後者に属する「未開社会」を男女の二項対立における「女」と連合させることで、帝国主義イデオロギーが男性中心主義をとりこみつついっそう強度を増したという特質――とりわけフランスでは、「有色女」の裸体写真を題材としたコロニアルポストカードが世紀転換期から驚異的に流通し（ex. Sabarese 1995）、それが両大戦間期にいたりあの『植民地の愛の技法』（Jacobus 1927）の出版を促していた――のもと、「驚異」としての「女」と「未開」をそれぞれ別個に、だがともにロマンティックに語るディスクールは、両大戦間期のそれとしてさほど珍しいものではない。

(59) ブルトン 一九九四b：二七六。傍点は引用者。

(60) グリーンブラット 一九九四、とくに二四五頁原註二七。

(61) 順に、ブルトン 一九七〇c：六二；ナドー 一九六六：一〇六；ブルトン 一九七〇f：二一一。

(62) モヌロ 一九七四：四四。あるいは次の指摘。「シュルレアリストたちは、環境に適応できぬ人間からの啓示を計画的に期待し〔……〕敗者として社会的に劣等の状態に置かれているある種の精神分裂症患者を、他の人々よりもある種の光を奪われていないに違いないと考える方針を取った」（モヌロ 一九七四：一六〇、あるいは同訳書一三六頁）。

(63) ブルトン 一九九四b：二六六。あるいは次の指摘。「驚異なるものに批判〔……〕する力が備わっていることが、このように発見されたからといって、占有と奴隷化の目的で新世界にやってきた者たちのディスコースに、驚異なるものが使用されていたこと、そのことが魔術的に補償されるわけではない――まるで芸術が、歴史の悪夢を償うかのように」（グリーンブラット 一九九四：四〇）。

(64) 本書所収の工藤論文では、一九二〇年代後半のキューバ「ネグリスモ」運動への言及とともに、両大戦間期から戦後をつうじてラム、カブレーラ、カルペンティエルという三人のラテンアメリカ人帰郷者の生、および彼らの郷土それ自体に刻印されつづけたシュルレアリスム思想史の軋みのありようが克明に追跡されている。

(65) サルトル 一九六四a：一六八―一六九。傍点は引用者。

(66) 「西欧人の反植民地主義とは、社会学者や人類学者の場合も含めて、あくまでも西欧的な判断と視点に立つ立場であった。アメリカの相対主義者たちのように、そのような西欧的判断や視点がすでに過去のものであると信じるふりをしていた場合でさえ、同じことである〔……〕（被植民地の住民自身による）脱植民地化は、西欧の反植民地主義を無用にしたにとどまらず、反植民地主義そのものが自民族中心主義の表現であることを明らかにした」（ルクレール 一九七六：一七八―一七九）。

(67) サルトル 一九六四a：一六三；サルトル 一九六四b：一七九；ファノン 一九六九：一一六；ベルナベ、シャモワゾー、コンフィアン 一九九七：二五。

(68) サルトルはそのため、セゼールへのシュルレアリスム思想の影響度を自らの修辞の内で正確には測定しえなくなる。またサルトルの論理自体に内在する軋みであれば、彼の『ユダヤ人問題に関する省察』のうち、「反ユダヤ主義者」のアナロジーに利用された非西洋または「原始」社会にまつわる数々の否定的な表象とともに、「ユダヤ人にシュルレアリストはいない」（サルトル 一九五六：一六六）とする、きわめて陰鬱な問題性をはらんだその発言を一瞥すれば足りるはずだ。

(69) サルトル 一九六四a：一七二―一七三。「状況」に付された以外の傍点は引用者。なお、引用文中のエクゾティック、およびエクゾティスムは、それぞれエグゾティック、エグゾティスムに変更させていただいた。

(70) 本書一七二頁参照。

(71) 順に、Métraux 1963；Jamin 1999。

(72) Griaule 1930. なお、「ユダヤ姓だから」という理由で同僚リフシッツの原稿掲載を拒否したヴィシー政権期のグリオールについては Armel 1997：440 を、また第二次大戦後の講演会場でひとりのアフリカ人聴講者を「私の研究している真の黒人は、君のような白人ではない」と罵倒した戦後のグリオールについては、拙稿 二〇〇〇bを参照。

(73) Leiris 1929a；Leiris 1929b；Leiris 1930。

(74) この点については本書所収の拙稿「ヤフバ・ハベ幻想」を参照。

(75) とりわけ私たちは、「ロマン主義」や「グノーシス派」の形容を介した同種のシュルレアリスム批判がマルティニク島出身者モヌロにより、ヴィシー政権期に執筆されていた事実に着目しておきたい（モヌロ 一九七四）。

(76) Pierre 1980：421-422.

(77) マリノフスキー 一九六二；バランディエ 一九八三：第一章。

(78) ここでいう「占有からうながされた並置と混淆」の葛藤については、たとえば旅人ポーランと同時代の仏領マダガスカルにおける言語政策のゆくえを克明にあとづけた、本書所収の深澤論文を参照されたい。あるいは、拙稿 二〇〇〇c。

(79) セゼール 一九九七：一二二、一二三。

(80) 本書一八〇―一八一頁のブラシェール論文から引用。

(81) 本書一六〇、一六一頁に訳出した「クレオールの対話」から引用。

(82) ファノン 一九七〇；サルトル 一九六五。第四共和政期のフランス民族学の転換については、本書所収のジャマン論文を参照。

(83) ファノン 一九六九：一二六。

(84) 本書四一〇頁のシアンピ論文から引用。

(85) この点については、北原 一九九八で的確な論点整理がなされている。ちなみにこの新たな文化本質主義とでもいうべきアポリアは、文化混淆の肯定論にかぎらず、それを批判する立論のうちでは、むしろいっそう容易に侵入してしまうだろう。

(86) マザマ 一九九七：一三八。

(87) ダオメ 一九九八：一七三。

(88) 小川 一九九八：二六七―二七三。

(89) あるいは以下の二つの指摘。星埜守之氏の批評は、短文ながらもクレオリテをめぐる近年の論争のうち最も鋭利で周到な考察のひとつになりえている。

「圧倒的フランス語支配と人々の生活のほぼ全般にわたるフランスへの従属構造の中で、『クレオリテ』は、ネグリチュードがそうであったようにひとつの神話であることを忘れてはならない〔……〕多様性の神話〔……〕」（砂野 一九九七：二五七―二五八）。

「クレオール性の言説が植民地主義・新植民地主義の終焉や精算といった虚構を補強する形でヨーロッパに回収されてしまうおそれは常に存在する〔……〕クレオール性が、ダーウィニズム的進歩史観ではない世界観をヨーロッパと共有することで、支配のイデオロギーに取り込まれてしまう危険〔……〕」（星埜 一九九七：一四四）。

(90) セゼール 一九九七：一七〇。

(91) シェニウー＝ジャンドロン 一九九七：九〇―九一；松浦 一九九七：三八。

(92) Cf. 拙稿 二〇〇〇a. なお、第三帝国流のファシズムがその表層のスローガンに反し、近代個人主義の発想——とりわけ「闘争する自由な個人」のそれ——から十全に派生したひとつの病だったことの考察については、デュモン 一九九三：第六章を参照。

(93) 本書所収のジャマン論文を参照。

(94) Leiris 1992a：592.

文献

アラゴン、ルイ 一九七七「夢の波」、『イレーヌのコン・夢の波』江原順訳、現代思潮社、三—五七頁。

小川了 一九九八『可能性としての国家誌——現代アフリカ国家の人と宗教』、世界思想社。

オリエ、ドゥニ編 一九八七『聖社会学』兼子正勝・中沢信一・西谷修訳、工作舎。

北原恵 一九九八「文化の多様性の解釈と表現をコントロールする者は誰か?」、『〈複数文化〉のために——ポストコロニアリズムとクレオール性の現在』、複数文化研究会編、人文書院、四九—六八頁。

グリーンブラット、スティーヴン、J 一九九三「共鳴と驚嘆」、『悪口を習う』磯山甚一訳、法政大学出版局、二四六—二七九頁。

—— 一九九四『驚異と占有——新世界の驚き』荒木正純訳、みすず書房。

サルトル、ジャン＝ポール 一九五六『ユダヤ人』安堂信也訳、岩波書店。

—— 一九六四a「文学とは何か」加藤周一・白井健三郎訳、『サルトル全集第九巻 シチュアシオンⅡ』、人文書院、四五—二六一頁。

—— 一九六四b「黒いオルフェ」鈴木道彦・海老坂武訳、『サルトル全集第一〇巻 シチュアシオンⅢ』、人文書院、一五九—二〇七頁。

—— 一九六五「パトリス・ルムンバの政治思想」鈴木道彦訳、『サルトル全集第三一巻 シチュアシオンⅤ』、人文書院、一六九—二一五頁。

シェニウー＝ジャンドロン、ジャクリーヌ 一九九七『シュルレアリスム』星埜守之・鈴木雅雄訳、人文書院。

シャモワゾー、パトリック、ラファエル・コンフィアン 一九九五『クレオールとは何か』西谷修訳、平凡社。

シュリヤ、ミシェル　一九九一『G・バタイユ伝（上）1897～1936』西谷修・中沢信一・川竹英克訳、河出書房新社。

砂野幸稔　一九九七「エメ・セゼール小論」、エメ・セゼール『帰郷ノート／植民地主義論』、平凡社、一八九―二六二頁。

セゼール、エメ　一九九七「植民地主義論」、『帰郷ノート／植民地主義論』砂野幸稔訳、平凡社、一一九―一八七頁。

ソンタグ、スーザン　一九九六a「ミシェル・レリスの『成熟の年齢』」、『反解釈』高橋康也他訳、筑摩書房、一〇七―一一八頁。

――　一九九六b「英雄としての文化人類学者」、『反解釈』高橋康也他訳、筑摩書房、一一九―一三九頁。

ダオメ、ジャッキー　一九九八「アンティルのアイデンティティと〈クレオール性〉」元木淳子訳、『〈複数文化〉のために――ポストコロニアリズムとクレオール性の現在』、複数文化研究会編、人文書院、一五五―一七七頁。

高知尾仁　一九九四「端正と奇異――近代エチオピア表象論」、『現代思想』第二二巻第二号、八―三二頁；第二二巻第三号、三六―六二頁。

タッカー、マーティン　一九九二『アフリカ――文学的イメージ』山崎勉訳、彩流社。

千葉文夫　一九九四「鏡と剣――ミシェル・レリス『闘牛鑑』をめぐって」、『文学研究科紀要』（早稲田大学大学院文学研究科）第四〇輯、七三―八八頁。

――　一九九八『ファントマ幻想――30年代パリのメディアと芸術家たち』、青土社。

デュモン、ルイ　一九九三『個人主義論考――近代イデオロギーについての人類学的展望』渡辺公三・浅野房一訳、言叢社。

ナドー、モーリス　一九六六『シュールレアリスムの歴史』稲田三吉・大沢寛三訳、思潮社。

バランディエ、ジョルジュ　一九八三『黒アフリカ社会の研究――植民地状況とメシアニズム』井上兼行抄訳、紀伊國屋書店。

ファノン、フランツ　一九六九『地に呪われたる者』鈴木道彦・浦野衣子訳、みすず書房。

――　一九七〇『黒い皮膚・白い仮面』海老坂武・加藤晴久訳、みすず書房。

ブルトン、アンドレ、ポール・エリュアール　一九七〇「処女懐胎」阿部良雄訳、『アンドレ・ブルトン集成4』、人文書院、三五三―四三三頁。

ブルトン、アンドレ　一九七〇a「ナジャ」巖谷國士訳、『アンドレ・ブルトン集成1』、人文書院、五―一六三頁。

――　一九七〇b「通底器」豊崎光一訳、『アンドレ・ブルトン集成1』、人文書院、一六五―三五〇頁。

――　一九七〇c「シュルレアリスム第二宣言」生田耕作訳、『アンドレ・ブルトン集成5』、人文書院、五七―一二三頁。

――　一九七〇d「シュルレアリスム第三宣言　発表か否かのための序論」生田耕作訳、『アンドレ・ブルトン集成5』、人文書院、一二五―一三九頁。

――一九七〇e「吃水部におけるシュルレアリスム」生田耕作訳、『アンドレ・ブルトン集成5』、人文書院、一四一―一四八頁。

――一九七〇f「シュルレアリスムの政治的位置」田淵晋也訳、『アンドレ・ブルトン集成5』、人文書院、一五三―二七四頁。

――一九七四a「現実僅少論序説」生田耕作・田村俶訳、『アンドレ・ブルトン集成6』、人文書院、二〇一―二二一頁。

――一九七四b「自動記述的託宣」生田耕作・田村俶訳、『アンドレ・ブルトン集成6』、人文書院、三二八―三四八頁。

――一九九二「シュルレアリスム宣言」、『シュルレアリスム宣言・溶ける魚』巖谷國士訳、岩波書店、五―八四頁。

――一九九四a『狂気の愛』笹本孝訳、思潮社。

――一九九四b『ブルトン、シュルレアリスムを語る』稲田三吉・佐山一訳、思潮社。

――一九九七「偉大なる黒人詩人」砂野幸稔訳、エメ・セゼール『帰郷ノート／植民地主義論』、平凡社、五―一八頁。

ベアール、アンリ　一九九七『アンドレ・ブルトン伝』塚原史・谷昌親訳、思潮社。

ベアール、アンリ、ミシェル・カラスー　一九九七『シュルレアリスム証言集』濱田明・三好郁朗・大平具彦訳、思潮社。

ベルナベ、ジャン、パトリック・シャモワゾー、ラファエル・コンフィアン　一九九七『クレオール礼賛』恒川邦夫訳、平凡社。

星埜守之　一九九七「訳者付記」、『現代思想』第二五巻第一号、一四三―一四五頁。

マーカス、ジョージ、マイケル・M・J・フィッシャー　一九八九『文化批判としての人類学――人間科学における実験的試み』永渕康之訳、紀伊國屋書店。

マザマ、アマ　一九九七『クレオール性を讃える』批判――アフリカ中心主義の観点から」星埜守之訳、『現代思想』第二五巻第一号、一三三―一四五頁。

真島一郎　二〇〇〇a「市民概念の語用とその限界――リベリア共和国から」、『現代アフリカの紛争――歴史と主体』、武内進一編、アジア経済研究所、二九三―三五三頁。

――二〇〇〇b「歴史主体の構築技術と人類学――ヴィシー政権期・仏領西アフリカにおける原住民首長の自殺事件から」、『民族學研究』第六四巻第四号、四五〇―四七三頁。

—— 二〇〇〇c 「仏領西アフリカの記憶——ダン語およびフランス語によるインタヴュー記録」、『アフリカ比較研究に向けて——諸学の挑戦』、平野克己編、アジア経済研究所、一七三—二五九頁。
松浦寿輝 一九九七 「「解釈」と「置換」——『通底器』あるいは反＝解釈学の装置」、『謎・死・閾——フランス文学論集成』、筑摩書房、五四—七八頁。
マリノフスキー、ブロニスラフ 一九六三 『文化変化の動態——アフリカにおける人種関係の研究』藤井正雄訳、理想社。
モヌロ、ジュール 一九七四 『超現実主義と聖なるもの』有田忠郎訳、牧神社。
ルクレール、ジェラール 一九七六 『人類学と植民地主義』宮治一雄・宮治美江子訳、平凡社。
レリス、ミシェル 一九七一a 『闘牛鑑』須藤哲生訳、現代思潮社。
—— 一九七一b 「植民地主義を前にした民族誌学者」、『獣道』後藤辰男訳、思潮社、一五一—一七八頁。
—— 一九七二 「マルティニック、ガドゥループ、ハイチ」、『日常生活の中の聖なるもの』岡谷公二訳、思潮社、三五—七八頁。
—— 一九八九 「内的アビシニア」谷昌親訳、『現代詩手帖』第三二巻第六号、九四—一〇〇頁。
—— 一九九五a 『幻のアフリカ』岡谷公二・田中淳一・高橋達明訳、河出書房新社。
—— 一九九五b 『ゲームの規則 ビフュール』岡谷公二訳、筑摩書房。
Armel, Aliette 1997 *Michel Leiris*. Paris : Librairie Arthème Fayard.
Clifford, James 1988a «On Ethnographic Surrealism». In *The Predicament of Culture : Twentieth-Century Ethnography, Literature, and Art*. Cambridge, Mass. : Harvard University Press, pp. 117-151.
—— 1988b «Power and Dialogue in Ethnography : Marcel Griaule's Initiation». In *The Predicament of Culture : Twentieth-Century Ethnography, Literature, and Art*. Cambridge, Mass. : Harvard University Press, pp. 55-91.
Evans-Pritchard, Edward Evan 1937 *Witchcraft, oracles and magic among the Azande*. Oxford : Clarendon Press.
Griaule, Marcel 1930 «Un coup de fusil», *Documents*, 2 (1) : 46-47.
Huguier, Françoise 1990 *Sur les traces de L'Afrique Fantôme* (texte de M. Cressole). Paris : Maeght Editeur.
Izard, Michel 1983 «L'Afrique fantôme de Michel Leiris», *Les Temps Modernes*, 444 : 136-142.
Jacobus, (Dr.) 1927 *L'Art d'aimer aux colonies*. Paris : Les Editions Georges Anquetil.

Jamin, Jean 1986 «L'ethnographie mode d'inemploi : De quelques rapports de l'ethnologie avec le malaise dans la civilisation». In *Le mal et la douleur*. J. Hainard, R. Kaehr, éd., Neuchâtel : Musée d'ethnographie, pp. 45-79.

—— 1996a «Introduction à Miroir de l'Afrique». In M. Leiris, *Miroir de l'Afrique*. Paris : Gallimard, pp. 9-59.

—— 1996b «Présentation de L'Afrique Fantôme». In M. Leiris, *Miroir de l'Afrique*. Paris : Gallimard, pp. 65-89.

—— 1999 «Documetns revue : La part maudite de l'ethnographie», *L'Homme*, 151 : 257-266.

Leiris, Michel 1929a «Civilisation», *Documents*, 1 (4) : 221-222.

—— 1929b «Exposition Kalifala Sidibé (Galerie Georges Bernheim)», *Documents*, 1 (6) : 343.

—— 1930 «Benga (Féral)», *Documents*, 2 (4) : 235.

—— 1992a *Journal : 1922-1989*. Paris : Gallimard.

—— 1992b *C'est-à-dire : Entretien avec Sally Price et Jean Jamin*. Paris : Jean-Michel Place.

Métraux, Alfred 1963 «Rencontre avec les ethnologues», *Critique*, 195 / 196 : 677-684.

Moré, Marcel 1934 «L'Afrique fantôme», *Les Cahiers du Sud*, 165 : 626-632.

Pierre, José, éd. 1980 *Tracts surréalistes et déclarations collectives*, tome I 1922-1939. Paris : Le terrain vague.

Sabarese, Eric 1995 «La femme noire en image : Objet érotique ou sujet domestique». In P. Blanchard et al. *L'Autre et Nous : «Scènes et Types»*. Paris : ACAHC, pp. 78-84.

Soupault, Philippe 1934 «Michel Leiris—L'Afrique fantôme», *Europe*, 36 : 299-301.

編集覚書——「そんなものはエグゾティスムだと非難されるかもしれない」

本書を企画したのは三年ほど前になる。たしかシェニウー＝ジャンドロンの翻訳書を出したあとで、鈴木雅雄氏とともに『シュルレアリスム』に続く書物をあれこれ考えていたころのことだ。「シュルレアリスムと事件」、「シュルレアリスムと写真」、あるいはジョゼ・ピエールがまとめた『シュルレアリスムのビラ』の翻訳等々。それらはほとんど、シェニウー＝ジャンドロンも属するＣＮＲＳの研究者たちが切り拓いているような精緻な研究の地平、「夢」や「ユーモア」などの大テーマを切口にシュルレアリスムのアクチュアリティを多面的に語ろうとするもので、すべてがシュルレアリスムという大枠のなかの話——たとえそこに、テル・ケルなどによる「前衛の終焉」宣告後の大きな思想的な布置がふまえられていたとしても——であり、その肯定が前提となるものであった。そうしたなかに本書の萌芽もあった。同じく「と」でシュルレアリスムとつながっていても、人類学が結ばれることで取り扱う内容の射程は格段に広く深くなる。ちょうど、カルチュラルスタディーズやポストコロニアル批評がジャーナリズムにおいても話題になりはじめていた……。

鈴木氏の研究室から真島一郎氏にはじめて電話をかけたときのことをいまでもよく憶えている。おだやかな初秋の昼下がりのことで、本書の意図——この時点ではあくまでシュルレアリスムに傾いた論文集——を伝え、編者としての全面的な協力を求めたのだった。突然の申し出にもかかわらず、真島氏の口からは数名の執筆候補者の名前が即座にあがった。選定にある偏りを感じたが、それもいまにして思えば納得がいく。

われわれがめざしたものは何だったのか。出発点にはシュルレアリスムの／についての書物があった。そして、ブルトンとレヴィ＝ストロースの出会いという逸話に象徴されるような、シュルレアリスムと民族誌学＝人類学との起源の分有といったひどく無邪気な物語があった。まるで、シュルレアリスムがまとっている「エグゾティスム」をなぞるかのように。ところが、そんな単純な図式はすぐさま通用しなくなってしまった。シュルレアリスムと人類学のキアスムなどと簡単に「と」で結ぶことなどできはしなかったのだ。

★

事は今世紀の思想史上の大問題にかかわる。その具体的・理論的な内容は真島氏の終章に詳しいが、たとえばそれは、シュルレアリスム運動の軌跡を西欧ロマン主義以来の「主体自らによる主体の問いなおし」という大きな文脈のなかにおき、サルトルが批判したような（「エグゾティスムの弔鐘」、ロマンティック・レイシズム、PC言説等）あるいはポストモダン人類学が称揚するような（「民族誌学的シュルレアリスム」、ポストコロニアルの主体、クレオール的自由等）画一的なシュルレアリスム像ではなく、「並置」と「混淆」から驚異をみちびきだす主体として彼らがどのような苦闘を演じたのかを、人類学的知の歴史と二重写しにすることで正確に見極めることに通じていた。

この作業の困難さは両編者による序章と終章のトーンの違いにもよく表れているように思う。また、本書完成までにいたる紆余曲折が如実に物語ってもいるだろう。それは、個人の私がもっていた偏向したシュルレアリスム観——まさにエグゾティックなものだった——が大きく変質していく過程、編集者として各論考に向かいあうなかで逆に気づかされ変えられていった過程といい換えてもよい。程度の差こそあれ編者も同じだったのではないだろうか。

企画意図は蛇行し、それにともなって編集方針も変更を余儀なくされた。執筆を依頼したときと実際に原稿が集まってからでは、各論考の位相の判断が大きくふれた。結果、相当な議論を幾たびか重ねることになったが、根底において評価軸はかなり一貫していたこともまた確かである。広範な領域や時代をあつかう本書にあって基本概念の用語統一は最重要になるが、本書のテーマにおいて内容レヴェルで問題になる語彙——呪術／魔術（magie）系統、ニグロ／黒人（Nègre/Noir）系統、「蛮人」（sauvage/primitif/indigène）系統など——については、あくまで思想史上の視軸の確保という目標のもと、それらの用語が発話された当時の思潮や思考のフレームを忠実に再現する方針が堅持された。民族誌学＝人類学の学問としての制度化の歴史的背景が見え隠れするところでもあり、細心の注意を払ったつもりである。

★

本書は文学・思想、美学、人類学など複数の学問領域の研究者による共同作業である。論文集という形態には「玉石混淆」といった形容がつきまとうが、本書の場合、じっくりと共通了解を築きながらの本来的な共同研究であり、テーマの一貫性と各論文の密度の高さは一定レヴェルに達しているように思われる。もちろん、結論めいたひとつの地点に全体を無理やり押し込めるのではなく、さまざまなベクトルが交差し、あらゆる方向に開かれた書物であろうとしたことはいうまでもない。註や文献の表記作法は学により異なるが、あえて一つの形式に合わせることはしなかった。これもひとえに内容的な実質を優先したためである。ご容赦願いたい。

「それは生そのものであって語る対象にするものではない」式にシュルレアリスムを研究すること自体がしばしば問題にされてきた。また、「何かが語られねばならない」前提のもと、シュルレアリスム研究は所詮、問題を捏造し、説明のための説明を繰り返しているにすぎないとする言もある。しかし本書は、内なる／外なる他者をまえに繰りひろげられた「並置」と「混淆」の遺産を正しく歴史化するものであり、シュルレアリスムと草創期の人類学が二〇世紀思想史上いかなる閃光を放ったのかを測定する試みであるという点で、また、各テクストがはからずも露呈している、主体としてのおのれを見失わんばかりの対象へのかぎりない愛の強度において、これらの厳しい批判を超えるものだと思っている。

★

個人的なモティベーションがさまざまに変形されて予想もつかなかった場所に出る。今回の仕事を終えて、編集という場のことをあらためて考えている。本書はある意味で、ポストモダン人類学の立役者ジェイムズ・クリフォードに対する強烈な批判を含みもっているが、同じ私という場から、彼の記念碑的書物 *The Predicament of Culture* の日本語版が、その風通しがよい立論の価値と魅力を伝える解説を付していずれ出ていくことになるだろう。一見背反するふたつを出会わせること、きちんとした議論の土台をつくること、この場づくりのための場が編集なのではないかと思っている。

最後になるが、論考を寄せてくださった執筆者の方々に感謝したい。とりわけ、鈴木雅雄と真島一郎の両氏に最大限の感謝と友情を捧げることを許していただきたい。シュルレアリスムと文化人類学にたいするお二人のかくまでに深い愛がなければ、この破格の書物が生まれることはなかっただろう。

二〇〇〇年六月一五日

松井　純

TABLE DES MATIERES

★

III Des écrivains sur le terrain

IV Le merveilleux, l'autre, l'histoire

★

Conclusion

執筆者・翻訳者一覧

（★印は編者）

鈴木雅雄（すずき・まさお）★
1962年生。東京大学大学院博士課程中退，パリ第7大学博士課程修了。早稲田大学助教授。シュルレアリスム研究。『地中海　終末論の誘惑』（共著，東京大学出版会，1996），『シュルレアリスムの射程』（編著，せりか書房，1998），*Pensée mythique et surréalisme*（共著，Paris, Lachenal & Ritter, 1996），J・シェニウー＝ジャンドロン『シュルレアリスム』（共訳，人文書院，1997），A・ブルトン『魔術的芸術』（共訳，河出書房新社，1997）など。

渡辺公三（わたなべ・こうぞう）
1949年生。東京大学大学院修士課程修了。立命館大学教授。文化人類学。『現代思想の冒険者たち20　レヴィ＝ストロース　構造』（講談社，1996），『多文化主義・多言語主義の現在』（共編著，人文書院，1997），『世紀転換期の国際秩序と国民文化の形成』（共編著，柏書房，1999），P・クラストル『国家に抗する社会』（水声社，1989），C・レヴィ＝ストロース『やきもち焼きの土器つくり』（みすず書房，1990，新装版，1997），L・デュモン『個人主義論考』（共訳，言叢社，1994）など。

浅利　誠（あさり・まこと）
1948年生。早稲田大学大学院修士課程修了。フランス国立東洋言語文化研究院助教授。日本近代思想。『他者なき思想』（共編著，藤原書店，1996），『シュルレアリスムの射程』（共著，せりか書房，1998），*Violence, théorie, surréalisme*（共著，Paris, Lachenal & Ritter, 1994），*Pensée mythique et surréalisme*（共著，Paris, Lachenal & Ritter, 1996），Ph・ラクー＝ラバルト『政治という虚構』（共訳，藤原書店，1992）など。

千葉文夫（ちば・ふみお）
1949生。早稲田大学大学院博士課程中退，パリ第1大学大学院博士課程修了。早稲田大学教授。フランス文学。『ファントマ幻想』（青土社，1998），『シュルレアリスムの射程』（共著，せりか書房，1998），M・レリス『角笛と叫び』（青土社，1989），P・クロソウスキー『ローマの貴婦人』（哲学書房，1989），M・シュネデール『グレン・グールド　孤独のアリア』（筑摩書房，1991，ちくま学芸文庫，1995），G・マセ『最後のエジプト人』（白水社，1995），など。

真島一郎（まじま・いちろう）★
1962年生。東京大学大学院博士課程単位取得退学。東京外国語大学アジア・アフリカ

言語文化研究所助教授，国立コートディヴォワール大学民族＝社会学研究所客員研究員。文化人類学。*Cultures sonores d'Afrique*（共著，東京外国語大学アジア・アフリカ言語文化研究所，1997），『岩波講座文化人類学 9　儀礼とパフォーマンス』（共著，岩波書店，1998），『植民地経験』（共著，人文書院，1999），『現代アフリカの紛争』（共著，アジア経済研究所，2000），W・ルービン編『20世紀美術におけるプリミティヴィズム（Ⅰ・Ⅱ）』（日本語版監修・共訳，淡交社，1995）など。

Jean Jamin（ジャン・ジャマン）
パリ社会科学高等研究所。文化人類学。*Les lois du silence* (Paris, François Maspero, 1977), *C'est-à-dire* (avec Michel Leiris et Sally Price, Paris, Jean-Michel Place, 1992), *Aux origines de l'anthropologie française* (avec Jean Copans, Paris, Jean-Michel Place, 1994), Michel Leiris, *Miroir de l'Afrique* (éd., Paris, Gallimard, 1996) など。

André Breton（アンドレ・ブルトン）
1896－1966年。詩人，作家。主要著書に『シュルレアリスム宣言・溶ける魚』（1924／岩波文庫，1991），『ナジャ』（1928／白水Uブックス，1989），『狂気の愛』（1937／思潮社，1988），『魔術的芸術』（1957／河出書房新社，1997），『シュルレアリスムと絵画』（最終改訂版，1965／人文書院，1997）など。『アンドレ・ブルトン集成』（人文書院，1970－1974）に著作のかなりの部分が収録されている。André Breton, *Œuvres complètes* が刊行中（Paris, Gallimard，現在第 3 巻まで）。

André Masson（アンドレ・マッソン）
1896－1987年。画家。画業については Françoise Levaillant, *André Masson. Rupture et tradition* (Milano, Mazzotta, 1988)，F・ルヴァイヤン『記号の殺戮』（みすず書房，1995）などに詳しい。マッソン自身のテクストを集めたものとして André Masson, *Le rebelle du surréalisme. Ecrits* (Paris, Hermann, 1976) などがある。

Jean-Claude Blachère（ジャン＝クロード・ブラシェール）
モンペリエ第 3 大学教授。20世紀フランス文学（特にシュルレアリスムとその周辺）。*Le modèle nègre. Aspects littéraires du mythe primitivisme au XXe siècle chez Apollinaire, Cendrars, Tzara* (Dakar / Abidjan / Lomé, Les Nouvelles Editions Africaines, 1981), *Négritudes. Les écrivains d'Afrique noire et la langue française* (Paris, L'Harmattan, 1993), *Les totems d'André Breton. Surréalisme et primitivisme littéraire* (Paris, L'Harmattan, 1996) など。

Michel Leiris（ミシェル・レリス）
1901－1990年。作家，民族誌学者。主要著書に『幻のアフリカ』（1934／河出書房新社，1995），『成熟の年齢』（1939／現代思潮社，1969），『ゲームの規則　ビフュール』

(1948／筑摩書房，1997)，『夜なき夜，昼なき昼』(1961／現代思潮社，1970)，『黒人アフリカの美術』(1967／新潮社，1973)，『日常生活の中の聖なるもの』(1938 - 1965／思潮社，1972)，『オランピアの頸のリボン』(1981／人文書院，1999)，『ピカソ ジャコメッティ ベイコン』(1930 - 1990／人文書院，1999) など。

Benjamin Péret (バンジャマン・ペレ)
1899 - 1959年。詩人。主要著書に *Le grand jeu* (Paris, Gallimard, 1928), *Je ne mange pas de ce pain-là* (Paris, Editions Surréalistes, 1936), *Le gigot, sa vie, son œuvre* (Paris, Terrain vague, 1957), *Anthologie des mythes, légendes et contes populaires d'Amérique* (Paris, Albin Michel, 1955) など。全集は Benjamin Péret, *Œuvres complètes*, 7 tomes (t. 1-3 : Paris, Eric Losfeld, t. 4-7 : Paris, José Corti, 1969-1995)。

工藤多香子 (くどう・たかこ)
1965生。東京外国語大学大学院博士後期課程単位取得退学。慶應義塾大学専任講師。文化人類学。R・シーガル『ブラック・ディアスポラ』(共訳，明石書店，1999) など。

Pierre Rivas (ピエール・リヴァース)
パリ第10大学教授。中南米シュルレアリスム研究。*Avatars au surréalisme ou Pérou et en Amérique latine* (共著, Lima, Institut Français d'Etudes Andines, Pntifica Universidad, 1992), *Nouveau Monde, autres mondes. Surréalisme et Amériques* (共編著, Paris, Lachenal & Ritter, 1995) など。

坂原眞里 (さかはら・まり)
1952年生。京都大学大学院博士後期課程単位取得退学。東京女子大学非常勤講師。フランス文学，演劇。『シュルレアリスムの射程』(共著，せりか書房，1998)，A・アルトー『アントナン・アルトー著作集Ⅲ　貝殻と牧師』(白水社，1996)，S・ベケット『エレウテリア (自由)』(白水社，1997) など。

深澤秀夫 (ふかざわ・ひでお)
1954年生。一橋大学大学院博士課程単位取得退学。東京外国語大学アジア・アフリカ言語文化研究所助教授。社会人類学。『オセアニア２　伝統に生きる』(共著，東京大学出版会，1993)，『土地所有の政治史』(共著，風響社，1999)，『海外農業開発調査研究　国別研究シリーズ　No. 32　マダガスカルの農業』(共編著，国際農林業協力協会，2000) など。

守中高明 (もりなか・たかあき)
1960年生。学習院大学大学院博士後期課程単位取得退学。詩人，学習院大学非常勤講師。フランス文学，批評理論。『ドゥルーズ横断』(共著，河出書房新社，1994)，『反

＝詩的文法』（思潮社，1995），『シュルレアリスムの射程』（共著，せりか書房，1998），『脱構築』（岩波書店，1999），『現代詩文庫　守中高明詩集』（思潮社，1999），J・デリダ『シボレート』（共訳，岩波書店，1990）など。

永井敦子（ながい・あつこ）
1961年生。上智大学大学院博士後期課程中退，アンジェ大学大学院博士課程修了。上智大学助教授。20世紀フランス文学。『シュルレアリスムの射程』（共著，せりか書房，1998），J・グラック『アンドレ・ブルトン　作家の諸相』（人文書院，1997），A・ブルトン『魔術的芸術』（共訳，河出書房新社，1997）など。

Irlemar Chiampi（イルレマル・シアンピ）
サンパウロ大学教授，イェール大学，モントリオール大学，シカゴ大学ほか客員教授。イスパノアメリカ文学，文学理論。*El realismo maravilloso. Forma e ideologia en la novela hispanoamericana* (Caracas, Monte Avila, 1984, Sān Paulo, Perspectiva, 1980), *Barroco e modernidade. Ensaios sobre literatura latino-americana* (Sān Paulo, Perspectiva, 1988) など。

飯島みどり（いいじま・みどり）
1960年生。東京大学大学院博士課程修了。立教大学ラテンアメリカ研究所助教授。ラテンアメリカ近現代史，イベリア－アフリカ関係史。『国際情勢ベーシックシリーズ・ラテンアメリカ』（共著，自由国民社，1999），『歴史における「修正主義」』（共著，青木書店，2000），E・ガレアーノ『スタジアムの神と悪魔』（みすず書房，1998）など。

谷川　渥（たにがわ・あつし）
1948年生。東京大学大学院博士課程修了。國學院大学教授。美学。『構造と解釈』（世界書院，1984），『形象と時間』（白水社，1986，講談社学術文庫，1998），『表象の迷宮』（ありな書房，1992，新編，1995），『美学の逆説』（勁草書房，1993），『鏡と皮膚』（ポーラ文化研究所，1994），『見ることの逸楽』（白水社，1995），『図説・だまし絵』（河出書房新社，1999），『芸術理論の現在』（共編著，東信堂，1999），『芸術をめぐる言葉』（美術出版社，2000），J・バルトルシャイティス『鏡』（国書刊行会，1994），C・ビュシ＝グリュックスマン『見ることの狂気』（ありな書房，1995）など。

星埜守之（ほしの・もりゆき）
1958年生。東京大学大学院博士課程中退。白百合女子大学助教授。シュルレアリスム研究。『シュルレアリスムの射程』（共著，せりか書房，1998），J・シェニウー＝ジャンドロン『シュルリアリスム』（共訳，人文書院，1997），A・ブルトン『魔術的芸術』（共訳，河出書房新社，1997），P・シャモワゾー『テキサコ（上・下）』（平凡社，1997），A・マキーヌ『フランスの遺言書』（水声社，2000）など。

索　引

（n は註番号，f は図版番号）

人　名

ア　行

アインシュタイン，カール　Carl Einstein　100, 115, 206-209, 216n25, 435, 479
浅利誠　29n31
アストゥリアス，ミゲル　Miguel Angel Asturias　266
アッバ・ジェローム　Abba Jérôme Gabra　72, 74, 77, 489
アドルノ，テオドール　Theodor W. Adorno　476
アベレス，マルク　Marc Abélès　129, 130, 131, 133
アポリネール，ギョーム　Guillaume Apollinaire　161, 166n4, 205, 284, 289n1, 416, 420, 435-437, 439, 440, 452n6
アラゴン，ルイ　Louis Aragon　43, 94, 172, 412n7, 432, 436
アリストテレス　Aristotelēs　37, 41
アルトー，アントナン　Antonin Artaud　13, 25, 99, 205, 285, 304-317, 317n1, 317n2, 318n5, 318n7, 322, 473
アルバレス・ブラボ，マヌエル　Manuel Alvarez Bravo　226f1
アルプ，ジャン（ハンス）　Jean (Hans) Arp　416
アルベール＝ビロ，ピエール　Pierre Albert-Birot　452n6
アルメル，アリエット　Aliette Armel　95, 463
アーレント，ハンナ　Hannah Arendt　288
アンジェリコ，フラ　Fra Angelico　161
アンドラージ，オスワルド・ジ　Oswald de Andrade　285, 287, 289n4
アンドラージ，マリオ・ジ　Mário de Andrade　284
アンドレール，ピエール　Pierre Andler　19
アントワーヌ，レジス　Régis Antoine　158
イザール，ミシェル　Michel Izard　463
ヴァールブルク，アビ　Aby Warburg　80
ヴァレーズ，エドガー　Edgard Varèse　312
ヴァレンティヌス，バジリウス　Basilius Valentinus　192f2
ヴァン・ダイク，ウッドブリッジ・ストロング　Woodbridge Strong Van Dyke　167n7
ヴァン・ドンゲン，キース　Kees Van Dongen　416
ヴィオ，ジャック　Jacques Viot　144
ヴィダー，キング　King Vidor　76
ヴィダル・ド・ラ＝ブラシュ，ポール　Paul Vidal de la Blache　381, 382, 393n15

ウェーバー，マックス　Max Weber　142
ヴェルフリン，ハインリヒ　Heinrich Wölfflin　428, 429, 431n14
ウォーラーステイン，イマニュエル　Immanuel Wallerstein　453n24
ヴォルネィ，コンスタンタン＝フランソワ　Constantin-François de Chasseboeuf Volney　138
ウォレス，リチャード　Richard Wallace　181, 183n4
ウーシュ，リュック・ド　Luc de Heusch　14, 27n18
ウッチェッロ，パオロ　Paolo Uccello　415
ウフエ＝ボワニ，フェリクス　Félix Houphouët-Boigny　462
ヴラマンク，モーリス・ド　Maurice de Vlaminck　416, 435
ウントンジ，ポーラン　Paulin J. Hountondji　141
エヴァンズ＝プリチャード，エドワード　Edward E. Evans-Pritchard　152n1, 492n42
江藤淳　50
エブエ，フェリクス　Félix Eboué　484
エマワイシュ　Emmawayyeš　Boggalä　77, 78, 88, 91n19, 91n20, 112
エモネ，ジャン＝ミシェル　Jean-Michel Heimonet　14
エリアーデ，ミルチャ　Mircea Eliade　240, 468
エリュアール，ガラ　Gala Eluard　444
エリュアール，ポール　Paul Eluard　10, 171, 212, 314, 348, 412n7, 416, 433, 436, 437
エリントン，デューク　Duke Ellington (Edward Kennedy Ellington)　76
エルツ，ロベール　Robert Hertz　37, 81
エルンスト，マックス　Max Ernst　15, 16, 19, 20, 23, 35, 41, 99, 100f2, 194, 415, 416, 442, 446
エンゲルス，フリードリヒ　Friedrich Engels　467
オガテンビリ　Ogatembili　217n43
オガニュール，ヴィクトル　Victor Augagneur　326, 328, 334, 337
オゴテンメリ　Ogotemmêli　217n43
オジェ，マルク　Marc Augé　123, 129
オットー，ルドルフ　Rudolf Otto　192n9
オードリクール，アンドレ　André Georges Haudricourt　36
オリエ，ドゥニ　Denis Hollier　12, 16
オルティス，フェルナンド　Fernando Ortiz　264, 267, 276, 277, 279n17, 280n35, 280n37
オルブレヒツ，フランツ　Frans M. Olbrechts　481

カ 行

カー，エドワード　Edward Hallett Carr　37, 44
カイヨワ，ロジェ　Roger Caillois　16, 20, 34-37, 71, 102, 468
カガメ，アレクシス　Alexis Kagame　141
カズヌーヴ，ジャン　Jean Cazeneuve　143
カディジャ　Khadidja　91n20
カネッティ，エリアス　Elias Canetti　128
カブレーラ，リディア　Lydia Cabrera　256, 257, 262, 265, 266, 266f9, 266f10, 267, 267f11, 267f12, 268, 269, 269f13, 270, 274-277, 277n3, 279n30, 280n37, 280n38, 494n64
柄谷行人　64, 67n5, 68n18, 69n32
ガリエニ，ジョゼフ　Joseph S. Gallieni　326, 329, 333, 334

ガル，フランツ　Franz J. Gall　103
ガルシア＝カトゥルラ，アレハンドロ　Alejandro García Caturla　263
カルデナス，ラサロ　Lázaro Cárdenas del Rio　304
カルドーサ・イ・アラゴン，ルイス　Luis Cardoza y Aragón　305, 317n1
カルネイロ，エディソン　Edison Carneiro　234, 241
カルペンティエル，アレホ　Alejo Carpentier　257, 263, 270, 271, 271f15, 272-274, 274f16, 274f17, 275, 276, 278n5, 280n45, 280n46, 408-411, 494n64
カレ神父　François Callet　329
ガレ，エミール　Emile Gallé　164
カント，イマニュエル　Immanuel Kant　101, 103, 118n16, 191n9
カーンワイラー，ダニエル＝ヘンリー　Daniel-Henry Kahnweiler　216n25, 416
ギアーツ，クリフォード　Clifford Geertz　131, 147, 148, 461
キッド，ウィリアム（キャプテン・キッド）　William Kidd　326
ギュルヴィッチ，ジョルジュ　Georges Gurvitch　117n16
ギョーム，ポール　Paul Guillaume　435, 436, 452n6
キリコ，ジョルジオ・デ　Giorgio de Chirico　415, 416, 441, 442
キルケゴール，ゼーレン　Søren Kierkegaard　17
クザーヌス，ニコラウス　Nicolaus Cusanus　91n23
クック，ジェイムズ　James Cook　158, 161, 162, 171
クライバー，エーリヒ　Erich Kleiber　274f16
クラウス，ロザリンド　Rosalind Krauss　11
グラック，ジュリアン　Julien Gracq　13, 25, 380-392, 393n16
クラナハ，ルーカス（父）　Lucas Cranach der Altere　107, 109
クラパンザーノ，ヴィンセント　Vincent Crapanzano　470
グランディディエール，アルフレッド　Alfred Grandidier　326
グリオール，マルセル　Marcel Griaule　34, 36, 41, 72, 74, 75, 80, 92n27, 96, 111, 114, 141, 194, 195, 198, 199, 203, 210, 213, 214, 462, 463, 469, 479, 490n13, 491n13, 495n72
グリス，フアン　Juan Gris　416
クリストフ，アンリ　Christophe, Henry　409
クリフォード，ジェイムズ　James Clifford　9-13, 26n7, 27n8, 27n11, 27n12, 90n13, 131, 148, 152n4, 430n14, 450, 464-466, 479-482, 487
グリム兄弟（ヤーコプ・グリム，ウィルヘルム・グリム）　Jacob Grimm, Wilhelm Grimm　284
グリューネヴァルト，マティアス　Matthias Grünewald　424, 426
グリーンバーグ，クレメント　Clement Greenberg　431n14
グリーンブラット，スティーヴン　Stephen Greenblatt　471, 472
クルヴェル，ルネ　René Crevel　172
クルゾ，アンリ　Henri Clouzot　435, 440
クレー，パウル　Paul Klee　415, 416
グレコ，エル　El Greco　420
クローデル，ポール　Paul Claudel　167n11
クーン，トーマス　Thomas S. Kuhn　147
ケーニヒスヴァルト，ラルフ・フォン　Ralph von Koenigswald　107, 108f7, 109, 118n24

コイレ，アレクサンドル　Alexandre Koyré　41
孔子　258
ゴーギャン，ポール　Paul Gauguin　160, 322, 420, 422, 430n14
コジェーヴ，アレクサンドル　Alexandre Kojève　34, 117n16, 395n36
ゴドリエ，モーリス　Maurice Godelier　249n10
小林秀雄　50, 51
ゴールディング，ジョン　John Golding　418
コルテス，エルナン　Hernán Cortés　311, 312, 315
ゴルドーニ，カルロ　Carlo Goldoni　388
ゴルミエ，ジャン　Jean Gaulmier　291
コロンブス，クリストフォルス　Christophorus Columbus　106f5, 107, 222-226, 229, 230, 232, 233, 236, 471, 472
コンフィアン，ラファエル　Raphaël Confiant　481
コンラッド，ジョゼフ　Joseph Conrad (Josef Teodor Konrad Nalecz Korzeniowski)　73, 75, 111, 462

サ　行

サアグン，ベルナルディノ・デ　Bernardino de Sahagún　249n9
サイード，エドワード　Edward W. Said　459
サド，ドナティアン・アルフォンス・フランソワ・ド　Donatien Alphonse François de Sade　17, 20, 163
サルトル，ジャン＝ポール　Jean-Paul Sartre　116, 213, 461, 462, 466, 476-478, 488, 495n68
サンドラール，ブレーズ　Blaise Cendrars　142, 172, 206, 284
ジヴリ，グリヨ・ド　Grillot de Givry　191n7, 191f1
シェニウー＝ジャンドロン，ジャクリーヌ　Jacqueline Chénieux-Gendron　177, 182n8, 448
シェフネル，アンドレ　André Schaeffner　84, 85, 89, 119n39, 480
ジェランド，ジョゼフ＝マリー・ド　Joseph-Marie de Gérando　125
シェリー，パーシー・ビッシュ　Percy Bysshe Shelly　313
シクロフスキー，ヴィクトル・ボリソヴィチ　Viktor Borisovich Shklovskii　417
ジッド，アンドレ　André Gide　463
シディベ，カリファラ　Kalifala Sidibé　479
シーブルック，ウィリアム　William Buehler Seabrook　76, 99, 184, 185, 185f, 186, 187f, 189, 189f, 190n1, 190n3, 196f1, 197-199, 199f3, 199f4, 200, 201, 201f5, 202-207, 209-213, 214n3, 214n7, 215n10, 216n18, 217n38, 217n41, 217n43, 405, 410
ジャコメッティ，アルベルト　Alberto Giacometti　104, 104f3, 105, 105f4, 106, 107, 109, 115, 191n6, 443, 444
シャトーブリアン，フランソワ・ルネ・ド　François René de Chateaubriand　284
ジャマン，ジャン　Jean Jamin　27n8, 85, 90n6, 459, 460, 479, 489
シャモワゾー，パトリック　Patrick Chamoiseau　481
ジャリ，アルフレッド　Alfred Jarry　312
ジュアンドー，マルセル　Marcel Jouhandeau　185
シュヴァル，フェルディナン　Ferdinand Cheval　335
シュステル，ジャン　Jean Schuster　83

ジュネット，ジェラール　Gérard Genette　130, 152n6
シュペングラー，オスヴァルト　Oswald Spengler　391, 406
ジュリアン，ギュスターヴ　Gustave Julien　330
ジョラス，ウージェーヌ　Eugène Jolas　16
ジョーレス，ジャン　Jean L. Jaurés　43
ジョーンズ，テッド　Ted Joans　14
ジンバッカ，ミシェル　Michel Zimbacca　288
ジンメル，ゲオルク　Georg Simmel　115
スヴァーリン，ボリス　Boris Souvarine　28n28
スキュデリー，マドレーヌ・ド　Madeleine de Scudéry　183n2
スキラ，アルベール　Albert Skira　424
スーステル，ジャック　Jacques Soustelle　36
スタヴィスキー，セルジュ　Serge A. Stavisky　34
スターリン，イオシフ　Iosif Vissarionovitch Stalin　41, 228, 247, 314
スタンダール　Stendhal　313
スティーブンスン，ロバート　Robert L. Stevenson　326
スペンサー，ハーバート　Herbert Spencer　44
スーポー，フィリップ　Philippe Soupault　172, 272, 412n7, 438, 439f2, 491n18
スーラ，ジョルジュ　Georges Seurat　415
スーレ，フィリップ　Philippe Soulez　139
スレイニー，フランセス　Frances M. Slaney　306, 316, 317n1
セゼール，エメ　Aimé Césaire　91n23, 158, 182n9, 269, 270, 270f14, 461, 466, 483, 484, 487, 489, 494n55, 495n68
セゼール，シュザンヌ　Suzanne Césaire　177
セラヴィ，ローズ　Rrose Sélavy　441　→デュシャン，マルセル
セルカン，エミール　Emile Cerquant　182n6
ソシュール，フェルディナン・ド　Ferdinand de Saussure　64
ゾベル，ジョゼフ　Joseph Zobel　451
ソレル，ジョルジュ　Georges Sorel　46, 447
ソンタグ，スーザン　Susan Sontag　11, 27n8, 472

タ　行

ダヴィド＝ネエル，アレクサンドラ　Alexandra David-Neel　185
ターナー，ヴィクター　Victor W. Turner　469
タライェスヴァ　Talayesva　294
ダライ・ラマ　Dalāi Lama　473
タラーファ，ホセフィーナ　Josefina Tarafa　269f13
ダリ，サルヴァドール　Salvador Dalí　425, 443-445
タルド，ギョーム（・ド）　Guillaume (de) Tarde　321, 327
タンギー，イヴ　Yves Tanguy　441, 442, 473
タンペル神父　Placide Tempels　141
チェンゲル，セイフ　Seyfou Tchenger　73
千葉文夫　493n47

ツァラ，トリスタン　Tristan Tzara　41, 142, 206
ティエポロ，ジョヴァンニ・バッティスタ　Giovanni Battista Tiepolo　388
ディディ＝ユベルマン，ジョルジュ　Georges Didi-Huberman　105, 110
ディブ，モハメッド　Mohammed Dib　451
ティリオン，アンドレ　André Thirion　432
デカルト，ルネ　René Descartes　66, 69n32
デコンブ，ヴァンサン　Vincent Descombes　129
デスノス，ロベール　Robert Desnos　95, 194, 271, 272, 280n46
デフォー，ダニエル　Daniel Defoe　326
デプラーニュ，ルイ　Louis Desplagnes　215n10
デュ・カン，マクシム　Maxime Du Camp　462
デュシャン，マルセル　Marcel Duchamp　42, 415, 440, 441
デュテュイ，ジョルジュ　Georges Duthuit　16-20
デュモン，ルイ　Louis Dumont　36, 49
デュルケム，エミール　Emile Durkheim　37, 81, 141-143, 206, 447, 468
デュロゾワ，ジェラール　Gérard Durozoi　408
テリアード，エドゥアール　Edouard Tériade　424
デリダ，ジャック　Jacques Derrida　57, 64, 65, 69n26, 116, 139, 316, 375, 376
ドゥヴルー，ジョルジュ　Georges Devereux　36
ドゥーセ，ジャック　Jacques Doucet　416, 420
ドゥマンジョン，アルベール　Albert Demangeon　382
トスカノ，サルバドル　Salvador Toscano　225
トドロフ，ツヴェタン　Tzvetan Todorov　318n7, 412n3
ドビュッシー，クロード　Claude A. Debussy　89
ドミンゲス，オスカル　Oscar Dominguez　260
ドラクロワ，ウージェーヌ　Eugène Delacroix　418
ドラン，アンドレ　André Derain　415, 416
ドリオ，ジャック　Jacques Doriot　144
トロツキー，レオン　Leon Trotskij　35, 53, 235
トンプソン，C・W　C. W. Thompson　27n13

ナ　行

ナヴィル，ピエール　Pierre Naville　144, 415, 416, 473
ナジャ（レオナ＝カミーユ＝ジスレーヌ・D）　Nadja (Léona-Camille-Ghislaine D.)　43, 302n6, 367-378, 442, 452n12, 468, 470
ニーチェ，フリードリヒ　Friedrich W. Nietzsche　17, 20, 21, 387
ニナ・ロドリゲス，ライムンド　Raimund Nina Rodrigues　241
ネルヴァル，ジェラール・ド　Gérard de Nerval　79, 91n23, 186, 205, 284, 289n6, 462
ノヴァーリス　Novalis　99

ハ　行

ハイデガー，マルティン　Martin Heidegger　36, 378
萩原弘子　430n14, 431n14

バークレー，ジョージ　George Berkeley　370
バシュラール，ガストン　Gaston Bachelard　124, 147
パスカル，ブレーズ　Blaise Pascal　165
バタイユ，ジョルジュ　Georges Bataille　9, 11-21, 23, 24, 26n7, 27n12, 28n28, 34-36, 43, 71, 75-77, 81, 92n27, 94, 96, 102, 104-107, 109f8, 110, 112, 115, 117n16, 158, 191n9, 194, 196, 205, 206, 209, 216n25, 272, 318n6, 381, 425, 447, 463, 468, 478, 482, 492n36
バティスタ，フルヘンシオ　Fulgencio Batista　265
バラキアン，アンナ　Anna Balakian　410, 485
パラケルスス　Paracelsus　22, 22f4, 96, 191n7, 205, 206
バランディエ，ジョルジュ　Georges Balandier　145, 482, 484
パリゾ，アンリ　Henri Parisot　309
バルザック，オノレ・ド　Honoré de Balzac　126
バルブザ，マルク　Marc Barbezat　311
バルベイ・ドールヴィイ，ジュール　Jules Barbey d'Aurevilly　126
バレス，モーリス　Maurice Barrès　164, 403
パーレン，ヴォルフガング　Wolfgang Paalen　14
バロ，レメディオス　Remedios Varo　235
バロー，ジャン＝ルイ　Jean-Louis Barrault　310
ピアジェ，ジャン　Jean Piaget　412n6
ピエール，ジョゼ　José Pierre　294, 433, 480
ピカソ，パブロ　Pablo Picasso　34, 254, 256, 259, 260, 275, 284, 414-420, 420f1, 421, 421f2, 422, 423, 423f3, 424-426, 426f4, 427-429, 430n14, 431n14, 435, 444f4, 445
ピカビア，フランシス　Francis Picabia　415
ヒトラー，アドルフ　Adolf Hitler　21, 34, 36, 42, 46, 228
ビンスヴァンガー，ルートウィヒ　Ludwig Binswanger　80
ファヴレ＝サーダ，ジャンヌ　Jeanne Favret-Saada　152n6
ファノン，フランツ　Frantz Fanon　473, 477, 484
フィッシャー，マイケル　Michael M. J. Fischer　26n7, 464
フェイディアス（フィディアス）　Pheidias (Phidias)　224, 233n3
フェラン，ガブリエル　Gabriel Ferrand　330
ブーグレ，セレスタン　Célestin Bouglé　36
ブーシェ，フランソワ　François Boucher　22, 22f3
フッサール，エドムント　Edmund Husserl　139-141, 417
ブハーリン，ニコライ　Nikolaj Ivanovich Bukharin　35
プライス，サリー　Sally Price　459, 460
ブラック，ジョルジュ　Georges Braque　284, 415, 416, 419, 435, 442
ブラッサイ　Brassaï　426, 426f4
ブラッスール神父　Charles Etienne Brasseur de Bourbourg　405
フラッド，ロバート　Robert Fludd　191f1
プラトン　Platon　307
フラハーティ，ロバート・J　Robert J. Flaherty　167n7, 171, 172
ブランクーシ，コンスタンタン　Constantin Brancusi　203
フランコ，フランシスコ　Francisco Franco　34

フランス，アナトール　Anatole France　403
フーリエ，シャルル　Charles Fourier　288, 291, 294, 295, 298, 302
フリシェ，クレール　Claire Friché　86-88
ブリュメル，ジョゼフ　Joseph Brummer　435
ブルジャン，ユベール　Hubert Bourgin　144
ブルース，ジェイムズ　James Bruce　462
プルースト，マルセル　Marcel Proust　78, 133, 299
ブルトン，アンドレ　André Breton　9, 10, 13-21, 21f2, 22f3, 22f4, 23-25, 34-36, 41-43, 49, 53-67, 67n7, 68n10, 68n12, 68n15, 69n22, 78, 91n23, 95, 97, 97f1, 98, 107, 144, 157-159, 166n3, 167n6, 169-181, 182n10, 183n3, 205, 206, 208, 212, 231f4, 235, 242, 243, 247, 248, 254, 255, 255f4, 257, 260, 261f8, 271, 290-292, 292f1, 292f2, 293-297, 297f3, 298, 298f4, 299-302, 302n5, 302n7, 303n13, 311, 312, 314, 315, 322, 348, 366-378, 380, 382, 387-389, 397, 404, 410, 411, 412n2, 412n7, 413n8, 413n12, 414-422, 424-429, 431n14, 432-438, 439f1, 441-449, 452n11, 452n12, 465-469, 473, 478, 480, 481, 483-485, 488, 489, 492n29, 493n47, 494n55
ブルトン，エリザ　Elisa Breton　290, 291
ブルム，レオン　Léon Blum　34
ブレイエ，エミール　Emile Bréhier　117n16
フレイザー，ジェイムズ　James Frazer　221, 418
ブレヒト，ベルトルト　Bertolt Brecht　148, 417
フロイト，ジークムント　Sigmund Freud　9, 60, 61, 64, 68n18, 79, 208, 246, 284, 285, 367, 412n6, 425, 444, 447, 493n42
ブロッス，シャルル・ド　Charles de Brosses　15, 16
プロップ，ウラジミール　Vladimir Propp　412n6
フロベール，ギュスターヴ　Gustave Flaubert　462
ベイカー，ジョゼフィン　Joséphine Baker　42, 76, 111, 205
ベイコン，フランシス　Francis Bacon　457, 459
ヘーゲル，ゲオルク　Georg W. F. Hegel　9, 34, 100, 101, 103-105, 117n16, 140, 190, 191n9, 395n36, 467, 472
ペタン，アンリ　Henri P. Pétain　181
ベックフォード，ウィリアム　William Beckford　165, 167n14
ベティ，モンゴ　Mongo Beti　451
ベドゥアン，ジャン＝ルイ　Jean-Louis Bédouin　99, 234, 288
ベニョフスキー，モーリツ　Móric Benyovszky　326
ヘミングウェイ，アーネスト　Ernest Hemingway　213
ベルクソン，アンリ　Henri Bergson　36, 131, 417
ベルナルダン・ド・サン＝ピエール，アンリ　Henri Bernardin de Saint-Pierre　168n16
ペレ，バンジャマン　Benjamin Péret　24, 25, 234-248, 248n4, 249n9, 249n10, 249n12, 249n15, 250n15, 260, 269, 284-288, 289n5, 416, 438
ベンガ，フェラル　Féral Benga　479
ボアイエ，パスカル　Pascal Boyer　126
ボーアルネ，ジョゼフィーヌ・ド　Joséphine de Beauharnais　180
星埜守之　496n89
ボーダン，ニコラ　Nicolas Baudin　152n3

ボップ，ラウル　Raoul Bopp　285
ボードレール，シャルル　Charles Baudelaire　91n23, 125-127, 137, 146, 148, 153, 322, 418
ポーラン，ジャン　Jean Paulhan　13, 321, 322, 322f1, 323, 323f2, 324-331, 334-339, 339f14, 340-348, 350-354, 355n1, 356n31, 359n51, 495n78
ボリ，モニック　Monique Borie　305, 316, 317n2
ポルム，ドゥニーズ　Denise Paulme　213
ボレル，アドリアン　Adrien Borel　76
ボワファール，ジャック＝アンドレ　Jacques-André Boiffard　198, 198f2
ポワリエ，ルイ　Louis Poirier　381　→グラック，ジュリアン

マ　行

マ・アントニーカ（ウィルソン・アントニーカ）　Ma'Antoñica (Wilson Antoñica)　258, 259f5
マイヤー，ミハエル　Michael Maier　20, 21f2, 22
マエストリ，マリオ　Mário Maestri　241
マーカス，ジョージ　George E. Marcus　26n7, 464, 465
マグリット，ルネ　René Magritte　178, 183n3
マグロワール＝サン＝トード，クレマン　Clément Magloire-Saint-Aude　14
マシニョン，ルイ　Louis Massignon　81
マチャード，ヘラルド　Gerardo Machado　265, 280n45
マッソン，アンドレ　André Masson　16, 18, 20, 21f1, 106, 157, 158, 170, 171, 174, 175, 175f1, 175f2, 180, 207, 208, 260, 274, 415, 416, 425, 441, 478, 479, 484, 493n47
マッソン，ローズ　Rose Masson　425
マッタ・エチャウレン，ロベルト　Roberto Matta Echaurren　21
マティス，アンリ　Henri Matisse　415, 435, 442
マティス，ピエール　Pierre Matisse　253, 255
マネ，エドゥアール　Edouard Manet　422
マビーユ，ピエール　Pierre Mabille　214n4, 256, 266f9, 285, 396-411, 412n6, 413n9, 413n10, 413n12, 484
マラルメ，ステファヌ　Stéphane Mallarmé　85, 167n11, 167n14
マリノフスキー，ブロニスラフ　Bronislaw K. Malinowski　41, 127, 128, 133, 277, 331, 482, 485
マルカム・アッヤフ　Mälkam Ayyähu　72-74, 76, 77, 88, 91n19
マルクス，カール　Karl H. Marx　51, 123, 234, 239, 241, 246, 249n10, 408, 413n9
マルザック神父　Victorin Malzac　329, 330
マルティーネス＝ビイェーナ，ルベン　Rubén Martínez Villena　263
マルトンヌ，エマニュエル・ド　Emmanuel de Martonne　381, 384, 389
マルロー，アンドレ　André Malraux　90n6, 420
マン・レイ　Man Ray　190n1, 197, 198, 214n7, 255f3, 415, 416, 441, 442
ミュザール，シュザンヌ　Suzanne Muzard　373
ミラー，ヘンリー　Henry Miller　213
ミラー，リー　Lee Miller　197
ミレー，ジャン＝フランソワ　Jean-François Millet　425
ミロ，ジョアン　Joan Miró　416, 423
ムッソリーニ，ベニート　Benito Mussolini　46

ムニス，グランディソ　Grandizo Munis　234
メトロー，アルフレッド　Alfred Métraux　36, 41, 80, 83-85, 92n32, 119n39, 300, 478
メニル，ルネ　René Ménil　14
メルヴィル，ハーマン　Herman Melville　162, 167n9
メルシエ，ジャック　Jacques Mercier　91n19
メルロ＝ポンティ，モーリス　Maurice Merleau-Ponty　139, 140
モクテスマ二世　Moctezuma Xocoyotzín　313, 315
モース，マルセル　Marcel Mauss　33-40, 43-51, 54, 56, 58-60, 62, 67n7, 68n12, 69n26, 73, 81, 84, 144, 371, 374, 375, 447, 463, 481, 482
モヌロ，ジュール　Jules Monnerot　14, 207, 418, 477, 492n42, 495n75
モラン，ポール　Paul Morand　172, 196, 197, 200, 215n10, 266, 477, 478
モーリアック，フランソワ　François Mauriac　131, 387
モリーズ，マックス　Max Morise　415
モレ，マルセル　Marcel Moré　463
モロー，ギュスターヴ　Gustave Moreau　415
モンテーニュ，ミシェル・ド　Michel de Montaigne　284

ヤ 行

ヤコブソン，ローマン　Roman Jakobson　63, 68n8, 68n21
ヤム・ラム　Yam Lam　258
ユギエ，フランソワーズ　Françoise Huguier　491n20
ユキオマ　Yukioma (Youkeyouma)　292, 302n4
ユゴー，ヴァランティヌ　Valentine Hugo　443
ユベール，アンリ　Henri Hubert　37
吉田憲司　430n14

ラ 行

ライト，リチャード　Richard Wright　462
ラヴェルザウナ牧師　Ravelojaona　338
ラカン，ジャック　Jacques Lacan　34, 68n18, 375, 425
ラスキン，ジョン　John Ruskin　417
ラットレー，R・S　R. S. Rattray　145
ラットン，シャルル　Charles Ratton　437-439, 441, 445
ラドクリフ＝ブラウン，アルフレッド　Alfred R. Radcliffe-Brown　41
ラブレー，フランソワ　François Rabelais　39
ラボルド，ジャン　Jean (-Baptiste) Laborde　326
ラム，ウィフレード　Wifredo Lam　14, 253, 254, 254f1, 254f2, 255, 255f3, 255f4, 256-259, 259f5, 259f6, 260, 260f7, 261, 261f8, 262, 265, 266f9, 266f10, 267, 269, 270, 274, 274f16, 274f17, 275, 279n27, 279n30, 457, 459, 484, 494n64
ラム，ヘレーナ（ヘレーナ・ホルツェル＝ラム）　Helena Holzer Lam　255, 260f7
ラルボー，ヴァレリー　Valery Larbaud　172
ラレア，フアン　Juan Larrea　413n10
ランバ，ジャクリーヌ　Jacqueline Lamba　291, 373

ランブール，ジョルジュ　Georges Limbour　94, 194
ランボー，アルチュール　Arthur Rimbaud　17, 20, 55, 135, 142, 159, 167n5, 284, 294, 298, 299, 380, 466
リヴィエール，ジョルジュ・アンリ　Georges Henri Rivière　89, 198, 212, 215n10
リヴィングストン，デイヴィッド　David Livingstone　90n15
リヴェ，ポール　Paul Rivet　144, 145, 317n1
リカール，ロベール　Robert Ricard　317n1
リフシッツ，デボラ　Déborah Lifchitz　495n72
リブモン＝デセーニュ，ジョルジュ　Georges Ribemont-Dessaignes　91n17
ルヴェ，アンリ・ジャン＝マリー・エティエンヌ　Henry Jean-Marie Etienne Levet　162, 167n8
ルヴェル，アンドレ　André Level　435, 440
ルヴェルディ，ピエール　Pierre Reverdy　467
ルグラン，ジェラール　Gérard Legrand　448
ルーシュ，ジャン　Jean Rouch　461
ルージュモン，ドゥニ・ド　Denis de Rougemont　16
ルーセル，レーモン　Raymond Roussel　76
ルソー，アンリ（税官吏ルソー）　Henri Rousseau (douanier Rousseau)　157, 158, 160, 161, 166n4, 171, 284, 335
ルソー，ジャン＝ジャック　Jean-Jacques Rousseau　135
ルービン，ウィリアム　William Rubin　421, 422, 428, 429, 430n14, 431n14
ルベル，ロベール　Robert Lebel　16, 18, 28n26
ルムンバ，パトリス　Patrice Lumumba　484
レヴィ，エリファス　Eliphas Lévi　298
レヴィ＝ストロース，クロード　Claude Lévi-Strauss　24, 34-36, 53, 54, 56-60, 62-67, 67n5, 68n10, 68n12, 69n32, 97, 98, 111, 111f9, 114, 116, 128, 133-137, 139, 242-246, 248, 305, 316, 371, 374, 384, 386, 390, 391, 393n15, 461
レヴィナス，エマニュエル　Emmanuel Levinas　143
レヴィ＝ブリュル，リュシアン　Lucien Lévy-Bruhl　42, 95, 100, 124, 139-145, 152n1, 152n2, 191n5, 204, 206-208, 210, 212, 216n18, 418, 447, 480
レジェ，フェルナン　Fernand Léger　416
レスリー，ルー　Lew Leslie　76
レーナルト，モーリス　Maurice Leenhardt　112, 113, 113f10, 143, 212, 331
レーニン，ウラジミール　Vladimir Il'ich Lenin　42, 46, 433
レリス，ミシェル　Michel Leiris　13, 15, 24, 34, 70-89, 90n7, 91n17, 91n19, 91n23, 92n23, 92n27, 92n32, 93n34, 94-104, 106, 109, 111-116, 117n16, 119n39, 129, 132, 133, 145, 190n1, 191n5, 191n6, 191n7, 191n9, 192, 194-196, 196f1, 197-199, 199f3, 199f4, 200-202, 204-213, 215n10, 216n25, 217n38, 260, 285, 322, 326, 424, 425, 447, 450, 459-464, 468-470, 473, 479, 482, 489, 490, 490n13, 491n13, 491n18, 491n20
ロティ，ピエール　Pierre Loti　403
ロートレアモン　Lautréamont　17, 142, 294, 297
ローブ，ピエール　Pierre Loeb　254
ロラン，ジャン　Jean Rollin　19

ワ　行

著作・テクスト名

ア　行

カ　行

サ　行

タ　行

ナ　行

ハ　行

マ　行

ヤ　行

ラ　行

ワ　行

定期刊行物（雑誌・新聞）名

美術作品（絵画・彫刻・オブジェ）名

映画・演劇作品名

展覧会・博覧会名

地域・国・遺跡名

カ　行

サ　行

タ 行

ナ 行

ハ 行

マ　行

ヤ　行

ラ　行

ワ　行

人種・民族・旧文化名

マ 行

ヤ 行

ラ 行

文化解体の想像力
シュルレアリスムと人類学的思考の近代

2000年7月20日　初版第1刷印刷
2000年7月30日　初版第1刷発行

編　者　鈴木雅雄
　　　　真島一郎

発行者　渡辺睦久

発行所　人文書院
〒612-8447 京都市伏見区竹田西内畑町9
電話 075-603-1344　振替 01000-8-1103

装幀者　間村俊一
印刷所　内外印刷株式会社
製本所　坂井製本所

落丁・乱丁本は小社送料負担にてお取替えいたします

ISBN 4-409-04048-0 C3010